国家卫生和计划生育委员会"十二五"规划教材
全国高等医药教材建设研究会"十二五"规划教材

U0722828

全国高等学校器官-系统整合教材

Organ-systems-based Curriculum

供临床医学及相关专业用

中枢神经系统与感觉器官

主　审　鞠　躬

主　编　闫剑群

副 主 编　王唯析　罗本燕　安美霞

编　者（以姓氏笔画为序）

王唯析（西安交通大学医学部）	陈洪雷（武汉大学医学部）
刘传勇（山东大学医学院）	易西南（海南医学院）
刘海岩（吉林大学）	罗本燕（浙江大学）
闫剑群（西安交通大学医学部）	金昌洙（滨州医学院）
安美霞（南方医科大学）	周厚纶（华中科技大学）
肖　玲（中南大学湘雅医学院）	高艳琴（复旦大学）
邹　原（大连医科大学）	彭　亮（中国医科大学）
汪雪兰（中山大学中山医学院）	董炜疆（西安交通大学医学部）
陈　尧（四川大学华西基础医学与法医学院）	温海霞（哈尔滨医科大学）

学术秘书　董炜疆（西安交通大学医学部）

器官-系统
整合教材
O S B C

人民卫生出版社
PEOPLE'S MEDICAL PUBLISHING HOUSE

图书在版编目（CIP）数据

中枢神经系统与感觉器官 / 闫剑群主编 . —北京：人民
卫生出版社，2015
ISBN 978-7-117-21030-0

Ⅰ.①中⋯　Ⅱ.①闫⋯　Ⅲ.①中枢神经系统 – 医学院校 – 教
材②感觉器官 – 医学院校 – 教材　Ⅳ.①R322.81②R322.9

中国版本图书馆 CIP 数据核字（2015）第 178330 号

| 人卫社官网 | www.pmph.com | 出版物查询，在线购书 |
| 人卫医学网 | www.ipmph.com | 医学考试辅导，医学数
据库服务，医学教育资
源，大众健康资讯 |

中枢神经系统与感觉器官

主　　编：闫剑群
出版发行：人民卫生出版社（中继线 010-59780011）
地　　址：北京市朝阳区潘家园南里 19 号
邮　　编：100021
E - mail：pmph @ pmph.com
购书热线：010-59787592　010-59787584　010-65264830
印　　刷：北京虎彩文化传播有限公司
经　　销：新华书店
开　　本：850×1168　1/16　印张：29
字　　数：798 千字
版　　次：2015 年10月第1 版　　2022 年6月第1 版第5 次印刷
标准书号：ISBN 978-7-117-21030-0/R · 21031
定　　价：80.00 元
打击盗版举报电话：010-59787491　E-mail：WQ @ pmph.com
（凡属印装质量问题请与本社市场营销中心联系退换）

20世纪50年代,美国凯斯西储大学(Case Western Reserve University)率先开展以器官-系统为基础的多学科综合性课程(organ-systems-based curriculum, OSBC)改革,继而遍及世界许多国家和地区,如加拿大、澳大利亚和日本等国家和地区的医学院校。1969年,加拿大麦克马斯特大学(McMaster University)首次将"以问题为导向"的教学方法(problem-based learning, PBL)应用于医学课程教学实践,且取得了巨大的成功。随后的医学教育改革不断将OSBC与PBL紧密结合,出现了不同形式的整合课程与PBL结合的典范,如1985年哈佛大学建立的"新途径(New pathway)"课程计划、2003年约翰·霍普金斯大学医学院开始的"Gene to society curriculum"新课程体系等。世界卫生组织资料显示,目前全世界约有1700所医药院校在开展PBL教学。

20世纪50年代起,我国部分医药院校即开始OSBC教学实践。20世纪80年代,原西安医科大学(现西安交通大学医学部)和原上海第二医科大学(现上海交通大学医学院)开始PBL教学。随后,北京大学医学部、复旦大学上海医学院、浙江大学医学院、四川大学华西医学院、中国医科大学、哈尔滨医科大学、汕头大学医学院、辽宁医学院等一大批医药院校开始尝试不同模式的OSBC和PBL教学。但长期以来,缺乏一套根据OSBC要求重新整合的国家级规划教材一直是制约我国OSBC和PBL教育发展的瓶颈。2011年,教育部、原卫生部联合召开了全国医学教育改革工作会议,对医学教育综合改革进行了系统推动,提出深化以岗位胜任力为导向的教育教学改革,把医学生职业素养和临床能力培养作为改革关键点,积极推进基础医学与临床课程整合,优化课程体系;积极推进以问题为导向的启发式、研讨式教学方法改革;积极推进以能力为导向的学生评价方式;强化临床实践教学,严格临床实习实训管理,着力提升医学生临床思维能力和解决临床实际问题的能力。

2013年6月,全国高等医药教材建设研究会、人民卫生出版社和教育部临床医学改革西安交通大学项目组共同对国内主要开展OSBC和PBL教学的医药院校进行了调研,并于同年10月在西安组织全国医学教育专家,对我国医学教育中OSBC和PBL教学现状、教材使用等方面进行了全面分析,确定编写一套适合我国医学教育发展的OSBC和PBL国家级规划教材。会议组建了"全国高等学校临床医学及相关专业器官-系统整合规划教材评审委员会",讨论并确定了教材的编写思想和原则、教材门类、主编遴选原则及时间安排等。2014年3月,本套教材主编人会议在西安召开,教材编写正式启动。

本套教材旨在适应现代医学教育改革模式,加强学生自主学习能力,服务医疗卫生改革,培养创新卓越医生。教材编写仍然遵循"三基""五性""三特定"的特点,同时坚持"淡化学科,注重整合"的原则,不仅注重学科间知识内容的整合,同时也注重了基础医学与临床医学的整合,以及临床医学与人文社会科学、预防医学的整合。

整套教材体现五个特点。①纵横对接:基础与临床纵向贯通,实现早临床、多临床、反复临床;预防、人文和社会科学等学科横向有机融合,实现职业素养、道德和专业素质的综合培养。②"双循环"与"单循环"的对接:根据我国医学教育目前存在的 OSBC 和 PBL 师资不足以及传统教学机构设置等实际情况,此次教材编写中,各系统基础课程教材与临床课程教材暂时分开编写,即实现所谓"双循环"。器官 - 系统整合教材编写和课程实施最终将实现各系统基础与临床课程的全面整合,即所谓"单循环"打通。③点与面的对接:基础或临床的每个知识点都考虑与整个系统的对接与整合,同时做到知识、创新、岗位胜任力统一。④基础与临床的对接:教材编写和教学虽然按各器官 - 系统的基础课程和临床课程体系进行,但基础课程教材前瞻临床问题,临床课程教材回顾基础知识,相互对接,解决临床问题。组织一个共同的编委会进行基础与相应临床课程的教材编写,基础课程教材有相应领域的临床专家参与编写,临床课程教材也有相关的基础医学专家参与编写,以解决整合与交叉重复问题。⑤教与学的对接:变教材为学材,促进学生主动学习、自主学习和创新学习。

本套教材分为三类共 27 种,分别是导论与技能类 4 种,基础医学与临床医学整合教材类 21 种,PBL 案例教材类 2 种。

导论与技能类教材包括《器官 - 系统整合课程 PBL 教程》《基础医学导论》《临床医学导论》和《临床技能培训与实践》。

基础医学与临床医学整合类教材包括《运动系统》《运动系统损伤与疾病》《血液与肿瘤》《血液与肿瘤疾病》《中枢神经系统与感觉器官》《神经与精神疾病》《内分泌系统》《内分泌与代谢系统疾病》《病原与宿主防御系统》《感染性疾病》《心血管系统》《心血管系统疾病》《呼吸系统》《呼吸系统疾病》《消化系统》《消化系统疾病》《泌尿系统》《泌尿系统疾病》《生殖系统》《女性生殖系统疾病》和《儿童疾病与生长发育》。

PBL 案例类教材包括《生物医学 PBL 教学案例集》和《临床医学 PBL 教学案例集》。

为便于学生同步掌握重点内容,并兼顾准备国家执业医师资格考试复习,除 2 种 PBL 案例集、PBL 教程和《临床技能培训与实践》外,每种教材均编写了与之配套的学习指导及习题集。

本套教材主要用于长学制和五年制临床医学及相关专业教学,也可作为国家卓越医生培养计划及"5+3"住院医师规范化培训教材使用。

24	感染性疾病	主审	李兰娟	翁心华				
		主编	杨东亮	唐 红	副主编	毛 青	蔺淑梅	
25	感染性疾病学习指导及习题集	主编	唐 红	杨东亮	副主编	毛 青	蔺淑梅	
26	心血管系统	主审	杨宝峰					
		主编	臧伟进	吴立玲	副主编	王国平	黄 岚	
27	心血管系统学习指导及习题集	主编	吴立玲	臧伟进	副主编	王国平	黄 岚	裴建明
28	心血管系统疾病	主审	葛均波					
		主编	马爱群	王建安	副主编	肖颖彬	刘锦纷	陈晓平 夏黎明
29	心血管系统疾病学习指导及习题集	主编	郑小璞	马爱群	副主编	孙彦隽	刘志军	黄 莹
30	呼吸系统	主编	郑 煜	陈 霞	副主编	艾 静	罗自强	郭雪君
31	呼吸系统学习指导及习题集	主编	陈 霞	郑 煜	副主编	艾 静	罗自强	郭雪君
32	呼吸系统疾病	主审	钱桂生					
		主编	杨 岚	沈华浩	副主编	王长征	郭述良	朱文珍
33	呼吸系统疾病学习指导及习题集	主编	沈华浩	杨 岚	副主编	王长征	郭述良	朱文珍
34	消化系统	主编	董卫国		副主编	魏云巍	富冀枫	
35	消化系统学习指导及习题集	主编	董卫国		副主编	富冀枫	魏云巍	
36	消化系统疾病	主编	赵玉沛	吕 毅	副主编	姜洪池	唐承薇	府伟灵
37	消化系统疾病学习指导及习题集	主编	吕 毅	赵玉沛	副主编	张太平	胡 兵	刘连新
38	泌尿系统	主审	郭应禄	唐孝达				
		主编	徐长福	魏 强	副主编	张 宁	赵成海	陈 斌
39	泌尿系统学习指导及习题集	主编	徐长福	魏 强	副主编	张 宁	赵成海	陈 斌 任淑婷
40	泌尿系统疾病	主审	刘志红	孙颖浩				
		主编	陈江华	王子明	副主编	陈 楠	邹和群	安瑞华
41	泌尿系统疾病学习指导及习题集	主编	王子明	陈江华	副主编	陈 楠	邹和群	安瑞华
42	生殖系统	主编	李 和	黄 辰	副主编	谭文华	谢遵江	
43	生殖系统学习指导及习题集	主编	黄 辰	谢遵江	副主编	徐锡金	周劲松	郝爱军 李宏莲
44	女性生殖系统疾病	主编	李 旭	徐丛剑	副主编	刘彩霞	李雪兰	漆洪波
45	女性生殖系统疾病学习指导及习题集	主编	徐丛剑	李 旭	副主编	刘彩霞	李雪兰	漆洪波 鹿 欣
46	儿童疾病与生长发育	主审	许积德					
		主编	孙 锟	母得志	副主编	高 亚	武军驻	黄松明 祝益民
47	儿童疾病与生长发育学习指导及习题集	主编	母得志	孙 锟	副主编	高 亚	黄松明	祝益民 罗小平
48	生物医学 PBL 教学案例集	主编	夏 强	钱睿哲	副主编	李庆平	潘爱华	
49	临床医学 PBL 教学案例集	主编	李宗芳	狄 文	副主编	侯晓华	陈世耀	武宇明
50	器官-系统整合课程 PBL 教程	主审	陈震寰					
		主编	曹永孝		副主编	梅文瀚	黄亚玲	

OSBC

鞠躬

1929年生，1952年湘雅医学院毕业，经北京协和医学院高级师资班一年的培训后于1953年起任教于第四军医大学。1983年获博士生导师资格，至今共培养出68名博士。1985年成立了国内医学院中第一个神经生物学研究室，1991年当选为中国科学院学部委员（院士），1992年遵解放军总后卫生部指令成立了中国人民解放军神经科学研究所。1996年被评为中国人民解放军总后卫生部第一批"一代名师"。2002年应邀赴瑞典斯德哥尔摩出席诺贝尔奖颁奖典礼，是第一位被邀请的中国学者。

早期从事中枢神经系束路学研究，其后在发现了哺乳动物脑下垂体前叶中有相当数量的神经纤维后，进行了一系列的研究后提出了垂体前叶受神经-体液双重调节的假说。近十几年来重点研究脊髓损伤修复，提出了脊髓挫伤早期神经外科干预的新手术概念并进行了临床实践，使30例脊髓挫伤致全瘫患者在术后经3个月康复训练后全部获一定步行功能，在伤后4~14天期间接受手术者70%可借拐杖或更好地步行。

共发表SCI论文150余篇，其中3篇第一作者及通讯作者论文至2013年底被他引频次581次。

闫剑群

1953 年生,博士、二级教授、博士生导师,教育部基础医学专业教学指导委员会副主任委员,教育部临床医学专业认证工作委员会委员。任中国生理学会常务理事、中国高等教育学会医学教育委员会常务理事、全国高等医药教材建设指导委员会副主任委员、陕西省医学会副会长等多个学会职务及 *J Physiol Sciences*,*Frontiers of Medicine* 等期刊编委、《中国高等医学教育》副主编、《西安交通大学学报(医学版)》主编。

长期从事本科生、研究生教学工作,为生理学国家重点学科带头人、生理学国家精品课程负责人、生理学国家教学团队带头人、陕西省教学名师,享受国务院专家特殊津贴;先后主持、指导或参与国家级、部省级及国际合作科学研究项目或教学研究项目近 40项;主撰专著 1 部,参译专著 1 部,主编、副主编或参编生理学教材或教学参考用书 13部(本);在国内外学术期刊发表研究论文或教学研究论文 120 余篇;分享"全国科学大会奖" 1 项、省科技成果一等奖 1 项,主持省教学成果一等奖 1 项、特等奖 1 项、国家教学成果二等奖 1 项。研究领域:味觉生理学、摄食与代谢调控的中枢机制、高等医学教育。

王唯析

　　1955年生,博士,教授。陕西省解剖学学会理事,中华医学会西安市分会微型外科专业委员会常委,西安交通大学医学部人体解剖与组织胚胎学系主任,人体解剖学实验中心主任。1982年12月毕业于原西安医科大学后留校任教,分别于1989年7月和1995年7月在原西安医科大学获硕士和博士学位。参加和主持国家级和省部级科研课题15项,先后发表教学和科研论文56篇;主编和副主编教材2部,参编专著、教材及辅导教材20部;获省部级科研奖11项。主要从事脑的学习记忆机制、中枢神经系统的神经介质分布及其衰老变化等研究。

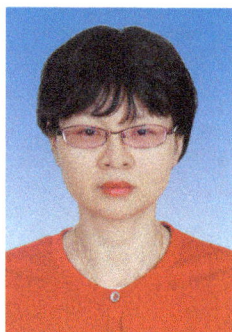

罗本燕

　　教授,博士生导师,现任浙江省医学会神经病学分会主任委员,浙江大学医学院附属第一医院神经内科主任,浙江大学神经病学系主任,中华医学会神经病学分会委员,中国医师协会神经病学分会常委。

　　从事教学工作27年,发表教学论文3篇。参编《神经病学》《内科学基础》等多本全国高等学校教材。致力于痴呆、脑血管病、神经心理学的临床和基础研究,近年来发表学术论文50余篇,其中SCI收录30余篇。作为项目负责人承担国家自然科学基金、浙江省科技厅、浙江省自然科学基金多项、作为子课题负责人参与863计划、国家科技支撑计划,获得浙江省科学技术进步二等奖,及国家发明软著2项。

安美霞

　　主任医师,博士,研究生导师,南方医科大学第三附属医院眼科主任,广东省防盲技术指导组专家,广东省医学会眼科分会委员,广东省科技厅基金评审专家,广州市卫生局专家委员会评审专家,分别担任数本专业杂志编委、审稿专家,并被评为优秀审稿专家。

　　从事眼科临床、科研和教学工作二十余年。熟悉国内外眼科现状和发展方向,擅长眼科各种疾病的诊治。发表专业论文数十篇(包括SCI),主持和参与国家和省市科研课题多项,参编专著2部。

鉴于传统的"以学科为中心"的医学教育课程计划所存在的学科界限过于分明、彼此联系不足、部分教学内容重复及基础与临床脱节等弊病，美国西余大学在20世纪50年代探索并试行了以器官系统为基础的课程体系改革；加拿大麦克马斯特大学在20世纪60年代末创立了以问题为导向的教学模式（PBL），并应用于医学教学实践；在此基础上，哈佛大学从20世纪80年代中期开始，对该校的医学课程计划进行了深入的改革，结合PBL教学模式的运用，构建并实施了称为"新途径"的整合医学课程体系。在此前后，包括我国医学院校在内的世界上大多数医学院校都致力于探索医学课程体系和教学模式的改革，以期增加教学过程中学生的参与度，提高学生的学习兴趣和能动性，减轻学生学习负担，强化学生能力和批判性思维的培养。正是基于这一背景并顺应我国医学院校全面开展以器官系统为基础的课程体系改革和临床医学专业教学的需求，在全国高等医药教材建设研究会和人民卫生出版社的指导下，我们编撰了这本《中枢神经系统与感觉器官》教材。

本教材突破了传统学科教材的界限，整合了神经解剖学、神经组织学、发育神经生物学、神经生理学、神经病理学、神经药理学等基础医学（生物医学）知识和眼科学、耳鼻咽喉科学等临床学科的有关基础知识，以中枢神经系统和感觉器官的形态结构为基础，从感觉到认知，从正常功能到功能异常，从相关病理变化到相应药物的作用及机制，较系统地介绍了中枢神经系统和感觉器官在分子、细胞、器官、系统不同水平的基本知识、基本概念和基本理论。教材内容注重各学科知识的联系、交叉与渗透，突出知识的系统性、完整性和连贯性，尽量减少了不必要的冗余与重复，力求语言简洁，图文并茂，重点突出；在突出"三基"、"五性"和"三特定"的同时，尽可能反映适应和满足医学生需求的中枢神经系统与感觉器官研究的新进展。

本教材共分为10章，从2014年夏开始准备，历时近一年的时间成稿。教材的编者来自全国的16所医学院校，均为多年从事相关学科教学、研究并参加过多种教材编写的学者。在本教材行将付梓之际，谨向在编写过程中付出艰辛和努力的各位编委，以及支持本教材编撰工作的其他相关人员表示由衷的感谢。

本教材不仅适用于不同层次临床医学专业学生，也可作为住院医师规范化培训的基础教材之一，还可作为神经科学相关基础学科教师和临床神经、精神病学教师、医师的参考读物。期望本教材的出版与使用，能使医学生和相关专业的教师和医师受益，并能为我国医学整合教材的建设加砖添瓦。

由于编者的知识、水平和经验所限，本教材肯定有许多不尽如人意之处，缺点、疏漏和不当之处在所难免，敬请广大同行专家、教师、医师和同学们提出宝贵的意见与建议。

闫剑群

2015年5月

器官-系统
整合教材
OSBC

器官-系统
整合教材
OSBC

第一章 绪 论

第一节 概 述

人体的结构与功能极为复杂。人体内各器官、系统的功能和各种生理过程都不是各自孤立地进行,而是彼此之间互相联系、相互影响、密切配合,使人体成为一个完整、统一的有机体,从而实现和维持正常的生命活动。同时,人体生活在经常变化的环境中,环境的变化随时影响着机体的各种功能。体内的调节系统需要对各种功能活动不断地进行调节,从而维持机体与外界环境的相对平衡及自身内环境的稳态。

神经系统(nervous system)是人体内结构和功能最为复杂的系统,也是最重要的、起主导作用的功能调节系统。人体内各器官、系统的功能都是直接或间接处于神经系统的调节控制之下。神经系统对机体各个器官、系统功能活动的迅速、精确而完善的调节,是人体适应内、外环境变化,保证各器官、系统正常功能协调完成的基本保证。

一、神经系统的基本组成和基本功能

人类神经系统的形态和功能是经过漫长的进化过程而获得的,它既有与脊椎动物神经系统相似之处,又有人类独有的特征,是高度发育的系统。人类神经系统的基本功能是调节体内各器官和各系统的功能活动,使人体功能随时适应内、外环境的变化,保证机体功能的协调和一致;同时,可以主动地认识和改造客观世界。神经系统的基本功能包括感觉功能、运动功能和高级功能,其基本活动方式是反射(reflex),反射的结构基础是反射弧(reflex arc)。

人类神经系统包括中枢神经系统(central nervous system,CNS)和周围神经系统(peripheral nervous system)两部分。中枢神经系统由脑(brain)和脊髓(spinal cord)组成,两者在结构和功能上紧密联系。脑是中枢神经系统的头端膨大部分,位于颅腔内。人脑可分为大脑(cerebrum)、间脑(diencephalon)、小脑(cerebellum)、中脑(midbrain)、桥脑(脑桥,pons)和延髓(medulla oblongata)6个部分,中脑、脑桥和延髓又合称为脑干(brain stem),延髓向下经枕骨大孔连接脊髓。脑的内腔称为脑室,内含脑脊液。

大脑包括左、右两个半球。每个半球表层被灰质覆盖,称为大脑皮质(cerebral cortex);深部为白质,亦称髓质,髓质内有灰质核团,称为基底核(basal nuclei)。人类的大脑皮质高度发达,不仅有与高等动物相似的感觉和运动中枢,而且有语言分析中枢;不仅是调控人体各种功能和活动的最高中枢,而且是进行学习、记忆和思维活动的器官。因此,人类不但能适应环境,而且还能认识和改造环境。

间脑一般分为丘脑、后丘脑、上丘脑、底丘脑和下丘脑5个部分,结构与功能十分复杂。如丘脑是最重要的皮质下感觉中枢,并在维持大脑皮质的警觉与清醒状态机制中起重要作用;下丘脑是神经内分泌中枢,是皮质下自主神经中枢,也是体温、摄食、生殖、水盐平衡、内分泌活动、情绪行为的主要或重要调节中枢。

小脑具有调节肌紧张、调节躯体反射活动的功能。脑干是脊髓与大脑间的上下通路,存在许多反射中枢,如延髓内有调节呼吸、循环等基本生命活动的中枢,还有调节躯体运动反射的重

要中枢。脑桥中存在角膜反射中枢。中脑上丘为视觉反射中枢,下丘为听觉反射中枢,红核是姿势反射的重要中枢。脊髓位于椎管内,接受、初步整合并传递躯体感觉信息到高位中枢,并具有调控躯体运动的功能。

中枢神经系统由神经细胞或称神经元(neuron)和神经胶质细胞(glial cell,neuroglial cell)组成。中枢神经系统约有上千亿个神经元,它具有接受、传递和整合信息的功能,是中枢神经系统基本的结构和功能单位;中枢神经系统的胶质细胞数目比神经元要多几十倍乃至上百倍,对其功能的认识还在不断的深化之中。

中枢神经系统除直接调控机体的功能活动以外,还通过内分泌系统(神经 - 体液调节)和免疫系统间接对其他系统、器官的活动进行调控。因此,近年来有学者提出"神经 - 免疫 - 内分泌网络"的学说。

周围神经系统由脑发出的脑神经(cranial nerve)和脊髓发出的脊神经(spinal nerve)组成。周围神经系统可分为传入(感觉)神经和传出(运动)神经;根据所支配器官的功能特性,其传出部分又可分为支配骨骼肌的躯体神经系统(somatic nervous system)和支配心肌、平滑肌、腺体等的自主神经系统(autonomic nervous system)。周围神经分布于全身,将脑和脊髓与全身其他组织、器官联系起来,使中枢神经系统既能通过遍布躯体与内脏的无数感受装置(各种感受器和感觉器官)和相应的周围与中枢传输通路感知、分辨机体内外环境的变化,又能通过躯体神经系统、自主神经系统、神经内分泌系统和高级整合系统做出相应的反应(通过传出神经传达调节指令)和产生相应的意识活动,以保证人体功能的完整协调及其对环境的适应。

人可以感受机体内、外环境的变化,产生感觉。广义的感觉是指有意识或下意识对内、外环境变化的察知,包括感觉形成的生理过程和心理过程两个部分,机制十分复杂。其中感觉形成的生理过程是由感受器或感觉器官、传入神经通路以及高级中枢 3 个部分的活动共同完成的。机体内、外环境的变化,首先作用于机体的各种感受器或感觉器官,再通过神经系统,特别是中枢神经系统对感觉信息的传递和整合后,产生相应的感觉(sensation)或知觉(perception),并引起机体的反应,从而使机体更好地应对内、外环境的变化,维持内环境的稳态并保证机体功能的实现。因而感觉既是机体对内、外环境变化的检测和感知,又是机体赖以生存的重要功能活动。人体主要的感觉有躯体感觉(包括皮肤感觉与深部感觉)、内脏感觉及特殊感觉(视觉、听觉、嗅觉、味觉)。

感受器(sensory receptor)是指机体内一些专门感受体内、外不同形式刺激的结构或装置,其功能是将环境中不同形式的刺激能量,如机械能、热能、电磁能和化学能等转换成神经元的生物电信号。因而感受器在实质上是一种生物换能器。最简单的感受器是外周感觉神经末梢。在生物进化过程中,一些与机体生存密切相关的感觉功能获得高度发展,感受装置逐渐由简单向复杂演化。有些神经细胞高度分化为感受细胞,其周围的一些非神经组织逐渐演变为感受细胞的附属结构(如眼的折光系统,耳的集音和传音装置等),从而形成专门感受和传递某一特定感觉类型的器官,即为感觉器官(sense organ)。人和高等动物最重要的感觉器官包括眼(视觉)、耳蜗(听觉)、前庭(平衡觉)、鼻(嗅觉)和舌(味觉)等。这些感觉器官都分布于头部,一般称为特殊感觉器官。而源自于皮肤和机体内部感受器兴奋所引起的感觉则包括躯体感觉(皮肤感觉与深部感觉)和内脏感觉。

中枢神经系统作为机体进化水平最高的系统,如同其他系统一样,也必须遵照自然规律,经历生、老、病、死诸过程。只有充分认识正常人体中枢神经系统的结构,才能正确理解并判断人的生理功能和病理改变,才能区别人体神经系统的正常与异常,才能准确诊断和治疗疾病。中枢神经系统的正常活动有赖于其结构的完整性及正常的代谢过程。一旦出现代谢异常或结构破坏,就会产生中枢神经系统的功能异常或病变。中枢神经系统的病变常比其他器官系统的病变更复杂,一些发生在其他器官的灶性病变可能不引起明显的功能紊乱,但发生在中枢神经系统的病变则会导致明显的功能异常,且病变定位与功能障碍关系密切。中枢神经系统损伤导致的疾病很多、危害巨大,其致病因素、病理变化及后果也都不尽相同。一般而言,所有神经元损伤都将发生变性。外周神经损伤发生的变性可以通过自我修复——神经再生而修复;而同样是神经元轴突的损伤,如果发生在中枢(如脊髓横贯性损伤),则极难或不能再生;因各种损伤或疾病所造成的神经元胞体溃变迄今还未发现变性后的自我修复(再生)。虽然中枢神经系统受损后变化不同,但神经变性和再生则是认识神经系统损伤变化的共同基础。而研究中枢神经系统正常的结构、功能,以及结构、功能异常后的表现和可能机制及药物作用的基本理论,将有益于提高人类生活的质量,增进人类健康水平,提高各种精神与行为活动的效率,并为神经、精神系统疾病的预防和诊治提供参考及一般性策略原则。

二、研究中枢神经系统和感觉器官常用的方法与技术

(一) 形态学方法

1. **经典组织学研究方法** 应用固定剂、包埋剂和切片机将神经标本制成薄的切片进行观察,通过不同的组织染色技术,可区别不同的神经组织结构和细胞成分。

2. **神经束路追踪技术** 利用轴浆运输原理,对运输的已知分子进行逆行和顺行追踪,包括辣根过氧化物酶轴突逆行追踪法、荧光色素逆行标志法、细胞毒植物凝集素追踪法等。神经束路追踪技术可应用于神经元的功能和神经系统发育的研究。

3. **免疫组织(细胞)化学方法** 应用抗原与抗体结合的免疫学原理,检测细胞内多肽、蛋白质及膜表面抗原和受体等大分子物质的存在与分布。该方法特异性强,敏感度高,进展迅速,应用广泛,已成为包括研究神经系统结构和功能变化在内的生物学和医学众多学科的重要研究手段。

4. **原位杂交技术** 该方法通过细胞内 mRNA 和 DNA 序列片段,原位研究细胞合成某种多肽或蛋白质的基因表达。其基本原理是根据两条单链核苷酸互补碱基序列专一配对的特点,应用已知碱基序列并具有标记物的 RNA 或 DNA 片段即核酸探针(probe),与组织切片或细胞内的待测核酸(RNA 或 DNA 片段)进行杂交,通过标记物的显示,在光镜或电镜下观察目的 mRNA 或 DNA 的存在与定位。

(二) 生理药理学方法

1. **行为学研究方法** 该方法是建立在条件反射基础上的研究手段,包括经典性条件反射和操作性条件反射研究技术,主要用于检测人或动物的学习、记忆行为。

2. **脑内微量注射技术** 包括脑内核团注射、脑室注射等,用于研究药物、递质等与不同脑区不同类别神经元的相互作用。

3. **在体脑组织推挽灌流技术** 用于采集并测定中枢神经系统特定脑区或核团内细胞外液中的化学物质,包括蛋白质、多肽、氨基酸及其他小分子物质。

4. **脑内微透析技术** 适用于测定中枢神经系统内分子较小的神经递质和神经肽。

5. **脑组织定位毁损方法** 利用立体定位技术,物理毁损(机械或电解毁损)或化学毁损(选择性或非选择性神经毒剂)脑内特定的核团或脑区,以分析研究这些核团或脑区的生理功能。

(三) 电生理学方法

1. **脑电图与诱发电位** 脑电图(electroencephalogram,EEG)是指在人或动物头颅表面放置记录电极,记录、分析大脑皮质的总和自发电活动的方法,广泛应用于医学和神经科学研究;诱发电位(evoked potential,EP)指特定刺激条件下,所记录的特定脑区的诱发电活动,包括视觉诱发电位、听觉诱发电位及躯体感觉诱发电位等,用于分析感觉传导通路中特定部位的功能变化。

2. **细胞外记录方法** 将微电极置于神经元表面及邻近部位,以引导记录并分析单个神经元

电活动的变化。

3. 细胞内记录方法　将微电极插入在体或离体的神经元胞内,记录测量神经元的膜电位及电阻变化,也可进行胞内刺激或标记。

4. 膜片钳技术　是一种记录单个或多个离子通道电流的技术,可在急性分离细胞、培养细胞及脑片上记录神经元细胞膜上 pA 级的离子通道电流,为从分子水平了解离子单通道的开关动力学、通透性和选择性提供了直接手段。

5. 视网膜电图与眼电图　视网膜电图(electroretinogram,ERG)用来测评视网膜及眼底的某些功能及变化,包括局部视网膜电图、全视野视网膜电图和多焦视网膜电图;眼电图(electrooculogram, EOG)主要用于检测脉络膜循环障碍、视网膜外层病变及视网膜色素变性等。

(四) 生物化学与细胞、分子生物学方法

1. 经典生物化学方法　包括离心、电泳、层析、质谱等方法,用于分离、制备、研究神经组织及神经活性物质。

2. 放射免疫法　用于检测神经递质、激素及抗体的质和量,分析受体的特性、配体的含量及作用强度等。

3. 免疫印迹法　免疫印迹(western blotting)是一种将高分辨率凝胶电泳和免疫化学分析技术相结合的杂交技术,具有分析容量大、敏感度高、特异性强等优点,是检测蛋白质特性、表达与分布的一种最常用的方法。

4. 聚合酶链反应法　聚合酶链反应(polymerase chain reaction,PCR)是 20 世纪 80 年代发展起来的体外核酸扩增技术,用于微量核酸样品的检测。

5. 反向遗传学方法　即通过 DNA 重组等技术,有目的地精确定位改造基因的精细结构,以确定这些变化对表型性状的直接影响,主要用于研究基因及其产物的功能。

6. 细胞生物学技术　包括组织、细胞培养技术,广泛应用于神经细胞和胶质细胞的来源和发育、髓鞘形成和脱髓鞘的机制以及神经干细胞的研究等。

7. 细胞培养和分子生物学、遗传学等相结合的方法　如细胞基因转染技术、RNA 干扰技术、流式细胞检测技术等。

(五) 神经影像学(脑成像)技术

包括 X 射线照相、同位素脑扫描、脑超声、脑血管造影、计算机断层扫描(CT)、磁共振成像(MRI)、正电子发射断层扫描(PET)等。特别是 PET 和功能 MRI(fMRI)的应用,使从分子水平动态观察人体生理功能、生化代谢和在体研究脑功能成为现实。

(六) 其他常用方法和技术

1. 现代显微镜技术和电镜技术　应用相差显微镜、偏振光显微镜、单色光显微镜、荧光显微镜等各种显微镜与电子成像系统,加上现代染色制片技术,可以从不同层面和角度研究中枢神经系统各种细胞的形态结构;应用激光共聚焦扫描显微镜可对神经标本进行光学切片和三维重建,从不同方向对神经细胞进行立体观察,也是研究中枢内递质共存的有效方法;结合应用细胞内注射标记技术、钙成像技术和激光共聚焦扫描显微镜技术,极为有益于综合研究神经元和胶质细胞的形态和功能变化。

2. 经颅磁刺激技术　利用脉冲磁场作用于中枢神经系统,改变皮层神经元的膜电位和兴奋性,从而影响脑内代谢和神经元电活动。

(闫剑群)

第二节　神经组织和神经系统的发生

神经系统起源于神经外胚层,由神经管与神经嵴分化而成。

一、神经组织的发生

(一) 神经管与神经嵴的发生

人胚第 3 周初,在脊索诱导下外胚层增厚,分化出由神经外胚层构成的神经板(neural plate)。第 3 周末,神经板两外侧缘的细胞增生隆起,称神经褶(neural fold),中央细胞相对下陷则形成神经沟(neural groove)。随后在相当于枕部体节的水平,神经褶在中线处愈合,使神经沟闭合,并向头尾端延伸,但在头端和尾端分别尚有一个开口,分别称为前神经孔(anterior neuropore)和后神经孔(posterior neuropore)。第 25 天左右,前神经孔闭合;第 27 天左右,后神经孔闭合,形成完整的神经管(neural tube)(图 1-1)。神经管头段膨大发育为脑;尾段较细,发育为脊髓。

在神经沟闭合成神经管的过程中,神经褶顶缘的神经外胚层细胞游离出来,形成左右两条与神经管平行的纵行细胞索,并迁移至表面外胚层的下方和神经管的背外侧,称神经嵴(neural crest)(图 1-2)。

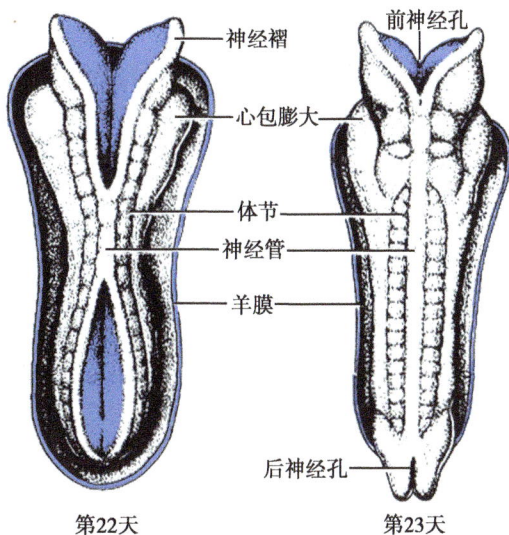

图 1-1 神经管形成的立体模式图

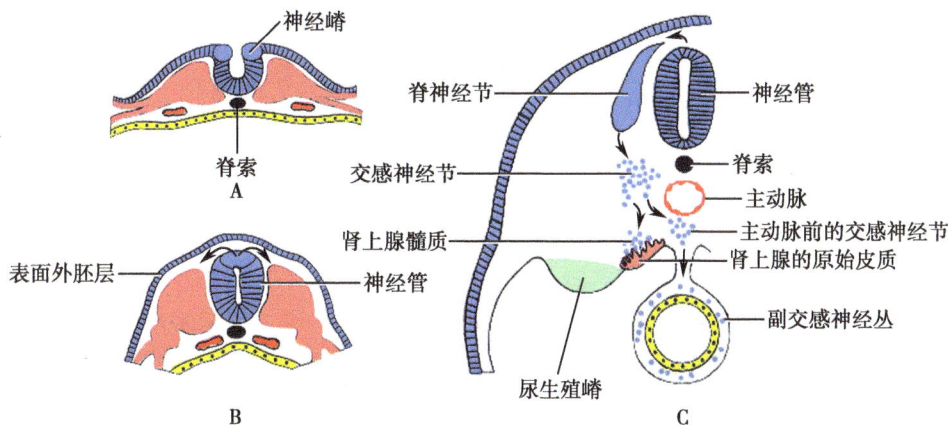

图 1-2 神经嵴的演变及分化示意图

(二) 神经组织的发生

神经管演变为中枢神经系统的神经组织,神经嵴演变为周围神经系统的神经组织。

神经板最初由单层柱状上皮构成,神经管形成后,演变为假复层柱状上皮,称神经上皮(neuroepithelium)(图 1-3)。上皮的基膜较厚,称外界膜;神经管内面的膜称内界膜。神经上皮细胞不断增生,部分细胞迁至神经上皮的外周,形成一个新的细胞层,称套层(mental layer),分化为成神经细胞(neuroblast)和成神经胶质细胞(glioblast)。余下的神经上皮停止分化,演变成单层立方或矮柱状细胞,称室管膜层(ependymal layer)。套层的成神经细胞最初为圆形,很快伸出突起,并延伸至套层外周,形成一层细胞稀少的称边缘层(marginal layer)。此时,神经管壁由内向外分化为三层,即神经上皮层、套层和边缘层(图 1-4)。随着成神经细胞的发化,套层中的成神经胶质细胞进一步分化发育为星形胶质细胞和少突胶质细胞,其中部分细胞迁入边缘层(图 1-4)。

Note

成神经细胞属分裂后细胞,一般不再分裂增殖,无突起的成神经细胞亦称无极神经细胞,先后经历双极成神经细胞、单极成神经细胞和多极成神经细胞的演变过程,再分化为各种神经元(图1-4)。

在神经元的发生过程中,最初产生的细胞数目远多于最终分化存留的细胞,凡最终未能与靶细胞或靶组织建立连接,或处于异常部位的神经细胞都可能发生凋亡。神经细胞的存活与突起的发生主要受靶细胞或靶组织产生的神经营养因子的调控,如神经生长因子、成纤维细胞生长因子、表皮生长因子等。大量的神经细胞发生凋亡与其不能获得靶细胞或靶组织释放这些因子密切相关,也与其不能和其他神经细胞形成足够的传入性突触相关。

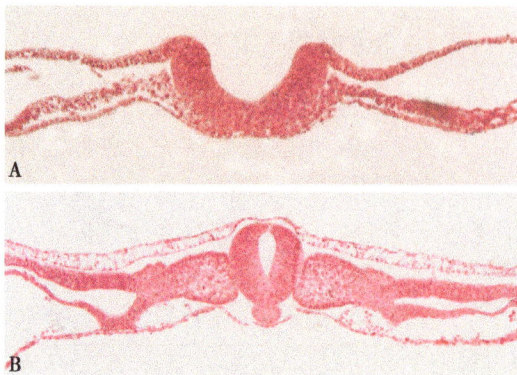

图 1-3　鸡胚三胚层分化光镜图
A. 三胚层胚盘与神经沟;B. 三胚层胚盘与神经管
(刘晓萍　图)

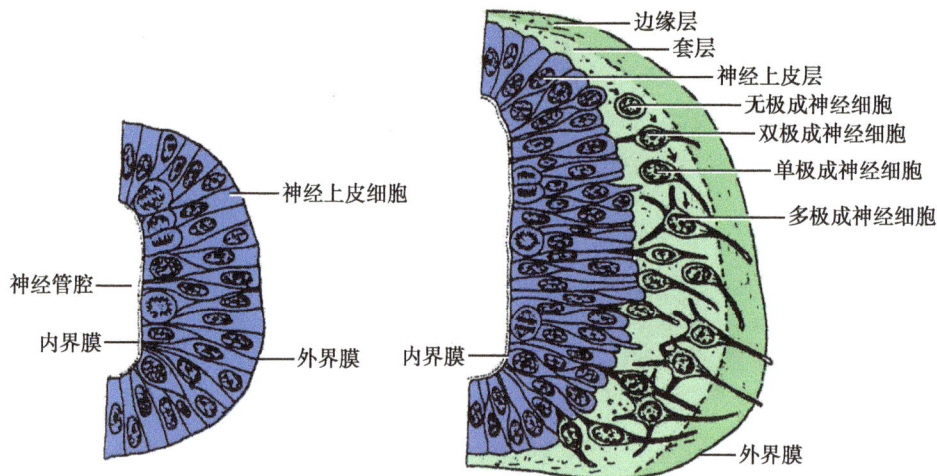

图 1-4　神经管上皮的早期分化模式图

神经胶质细胞终生保持分裂增殖能力,其发生要晚于神经元,成神经胶质细胞先分化为胶质细胞的前体细胞,即成星形胶质细胞和成少突胶质细胞,前者再分化为原浆性和纤维性星形胶质细胞,后者分化为少突胶质细胞。小胶质细胞形成较晚,来源于血液单核细胞。室管膜层矮柱状细胞则分化为室管膜细胞(图1-5)。

神经嵴是周围神经系统的原基,将分化为脑神经节、脊神经节、自主神经节、外周神经及神经胶质细胞、肾上腺髓质的嗜铬细胞、滤泡旁细胞和黑色素细胞等。

二、神经系统的发生

(一) 脊髓的发生

神经管的尾段分化为脊髓,其管腔演化为脊髓的中央管,套层分化为灰质,边缘层分化为白质。神经管的两侧壁由于套层中成神经细胞和成神经胶质细胞的增生而迅速增厚,腹侧部增厚形成左右两个基板,背侧部增厚形成左右两个翼板。神经管的顶壁和底壁相对薄而窄,分别形成顶板和底板。由于基板和翼板增厚,两者在神经管的内表面出现了左、右两条纵沟,称界沟(图1-6)。

由于成神经细胞和成神经胶质细胞的增多,左右两基板向腹侧突出,致使在两者之间形成了一条纵行的深沟,位居脊髓的腹侧正中,称前正中裂。同样,左右两翼板也增大,但主要是向

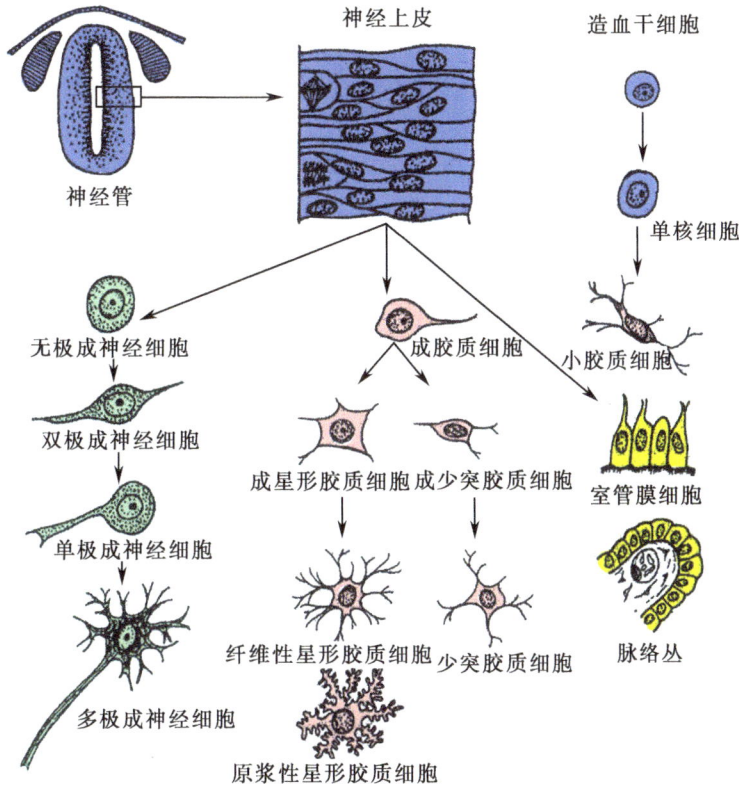

图 1-5 神经上皮细胞的分化模式图

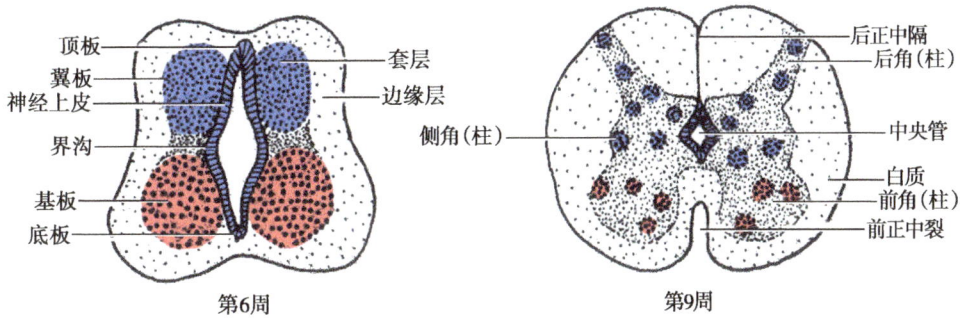

图 1-6 脊髓的发生模式图

内侧推移并在中线愈合,致使神经管的背侧份消失。左右两翼板在中线的融合处形成一隔膜,称后正中隔。基板形成脊髓灰质的前角(或前柱),其中的成神经细胞主要分化为躯体运动神经元。翼板形成脊髓灰质后角(或后柱),其中的成神经细胞分化为中间神经元。若干成神经细胞聚集于基板和翼板之间,形成脊髓侧角(成侧柱),其内的成神经细胞分化为内脏传出神经元。至此,神经管的后端分化成脊髓,神经管周围的间充质分化成脊膜。

在胚胎第 3 个月之前,脊髓与脊柱等长,其下端可达脊柱的尾骨,所有脊神经的起始处与它们相对应的椎间孔处于同一平面。第 3 个月后,由于脊柱和硬脊膜的增长比脊髓快,脊柱逐渐超越脊髓向尾端延伸,脊髓的位置相对上移。至出生前,脊髓下端与第 3 腰椎平齐,仅以终丝与尾骨相连。由于呈节段分布的脊神经均在胚胎早期形成,并从相应节段的椎间孔穿出,当脊髓位置相对上移后,脊髓颈段以下的脊神经根便越来越向尾侧斜行,再穿过其相应的椎间孔离开椎管。腰、骶和尾神经根则在椎管内垂直下行,与终丝共同组成马尾(图 1-7)。

(二)脑的发生

脑由神经管头段演变而来。

Note

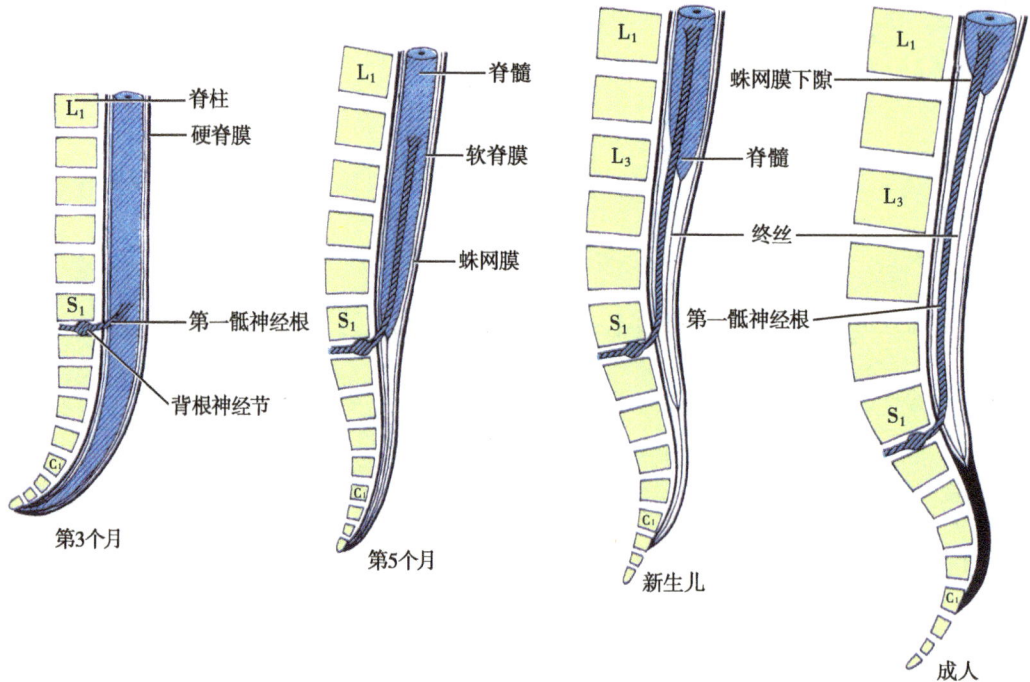

图 1-7　脊髓发育和脊柱的关系模式图

1. 脑泡的形成和演变　胚胎第 4 周末,神经管的头段形成 3 个膨大,统称脑泡(brain vesicle),从头至尾依次分为前脑泡、中脑泡和菱脑泡。第 5 周,前脑泡头段向两侧膨大,形成左右两个端脑,以后演变为大脑两半球;前脑泡的尾段发育演变为间脑。中脑泡演变为中脑。菱脑泡头段演变为后脑,尾段演变为末脑;后脑再演变为脑桥和小脑,末脑演变为延髓(图 1-8)。

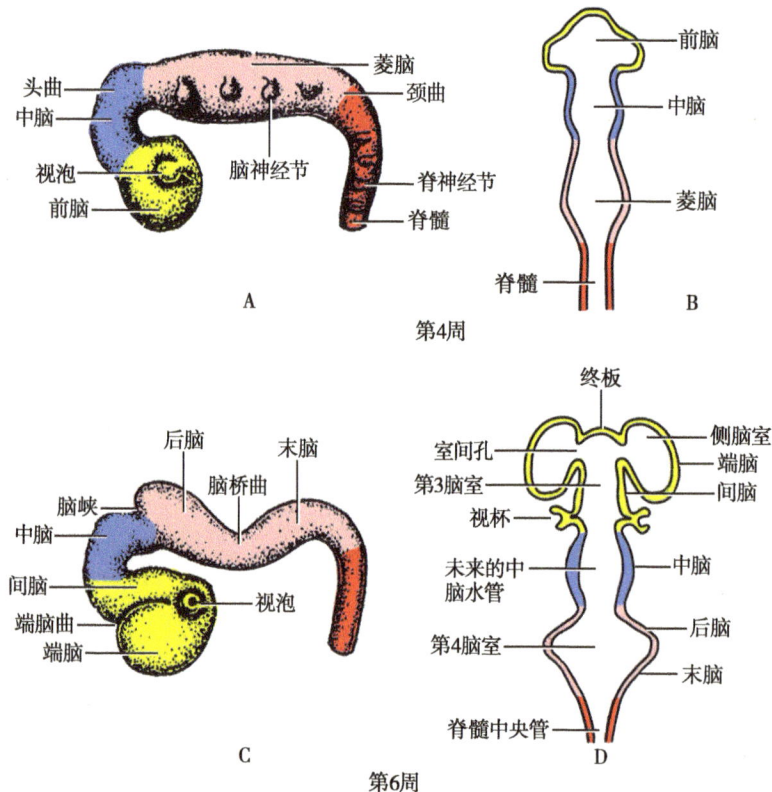

图 1-8　脑泡的发生和演变模式图
A. C. 侧面观;B. D. 冠状切面

在脑泡演变的同时,其中央的管腔演变为各部位的脑室。前脑泡的腔演变为左、右两个侧脑室和间脑中的第三脑室;中脑泡的腔演变为狭小的中脑导水管;菱脑泡的腔演变为宽大的第四脑室。

脑泡形成和演变过程中出现了几个不同方向的弯曲:首先发生的是凸向背侧的头曲和颈曲,前者位于中脑部,又称中脑曲,后者位于脑与脊髓之间。之后,在端脑和脑桥之间出现两个凸向腹侧的弯曲,分别称端脑曲和脑桥曲。

神经管头段管壁的演变与尾段相似,但更复杂。其神经上皮细胞增生并向外侧迁移,分化为成神经细胞和成神经胶质细胞,形成套层。由于套层的增厚,侧壁分成翼板和基板。端脑和间脑的套层大部分形成翼板,基板甚小。端脑套层中的大部分细胞都迁至外表面,形成大脑皮质;少部分细胞聚集成团,形成神经核。中脑、后脑和末脑中的套层细胞多聚集成细胞团或细胞柱,形成各种神经核。翼板中的神经核多为感觉中继核,基板中的神经核多为运动核(图1-9)。

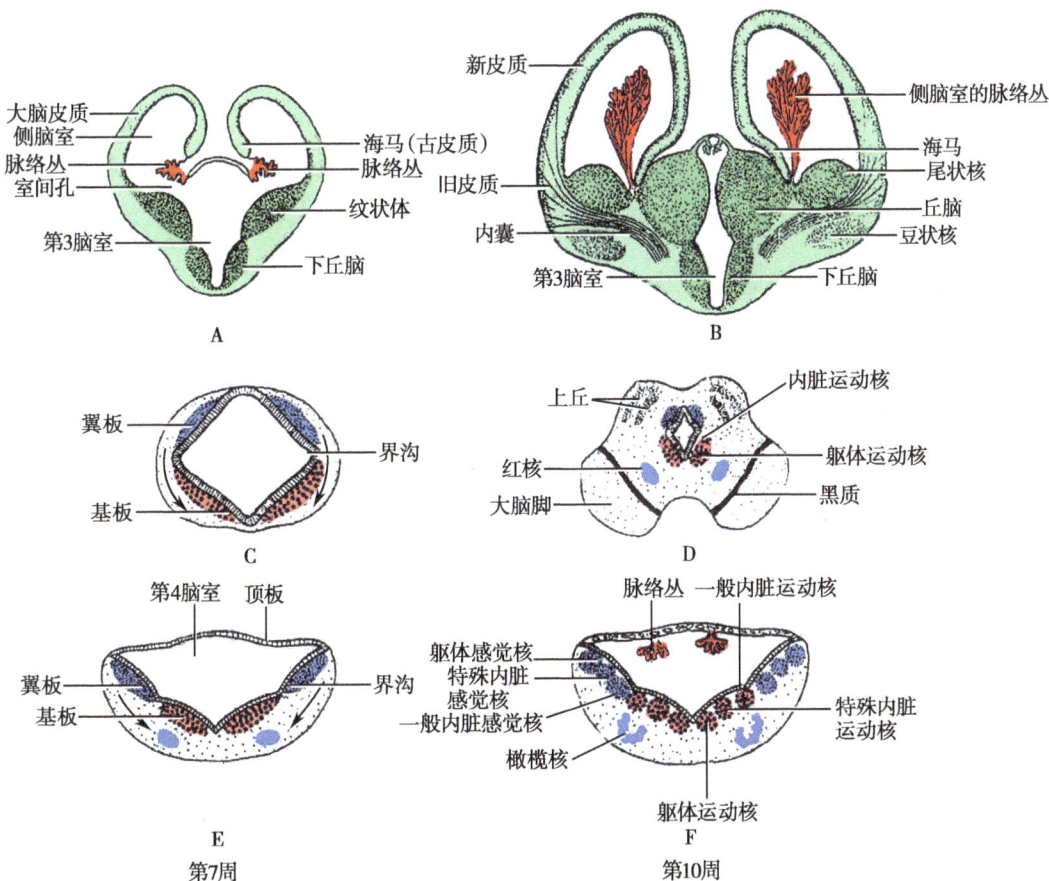

图 1-9　脑的各部分化模式图
A. B. 端脑和间脑(冠状切面);C. D. 中脑(横切面);E. F. 末脑(横切面)

2. 大脑皮质的组织发生　大脑皮质由端脑套层的成神经细胞迁移和分化而成。大脑皮质的发生分古皮质、旧皮质和新皮质 3 个阶段。人类大脑皮质的发生过程重演了皮质的种系发生过程。海马和齿轮回是最早出现的皮质结构,相当于古皮质(archicortex)。胚胎第 7 周时,在纹状体的外侧,大量成神经细胞聚集并分化,形成梨状皮质,相当于旧皮质(paleocortex)。旧皮质出现不久,神经上皮细胞分裂增殖、分期分批迁至表层并分化神经细胞,形成新皮质(neocortex),这是大脑皮质中出现最晚、面积最大的部分(图1-9)。由于成神经细胞是分期分批进行迁移,因而皮质中的神经细胞成层状分布。越早产生和迁移的细胞,其位置越深;越晚产生和迁移的细胞,其位置越靠近皮质表层。胎儿出生时,新皮质已形成 6 层结构。古皮质和旧皮质的分层无一定规律性,有的分层不明显,有的分为 3 层。

在大脑皮质内,随着神经细胞的不断形成,突触也随之形成。早在第 8 周,皮质内即已出现突触。突触的形成过程包括:轴突生长的终止、树突和树突棘的发育、突触部位的选择和最后的突触形成。

3. 小脑皮质的组织发生 小脑起源于后脑翼板背侧的菱唇。左、右两菱唇在中线融合,形成小脑板(cerebellar plate),即小脑的原基。第 12 周,小脑板的两外侧部膨大,形成小脑半球;板的中部变细,形成小脑蚓(图 1-10)。起初,小脑板由神经上皮、套层和边缘层组成。随后神经上皮细胞增殖,并通过套层迁移至小脑板的外表面,形成外颗粒层。此层细胞仍然保持分裂能力,在小脑表面形成一个细胞增殖区,使小脑表面迅速扩大并产生皱褶,形成小脑叶片。第 6 个月,套层的外层成神经细胞分化为普肯耶细胞和高尔基细胞,构成普肯耶细胞层。套层的内层成神经细胞聚集成团,分化为小脑白质中的神经核团,如齿状核。外颗粒层大部分细胞向内迁移,分化为颗粒细胞,位于普肯耶细胞深面,构成内颗粒层。外颗粒层细胞因大量细胞迁出而变得少而薄,存留的细胞分化为篮状细胞和星形细胞,普肯耶细胞的树突和内颗粒层的轴突也伸入其间,共同形成分子层。原内颗粒层改称为颗粒层。

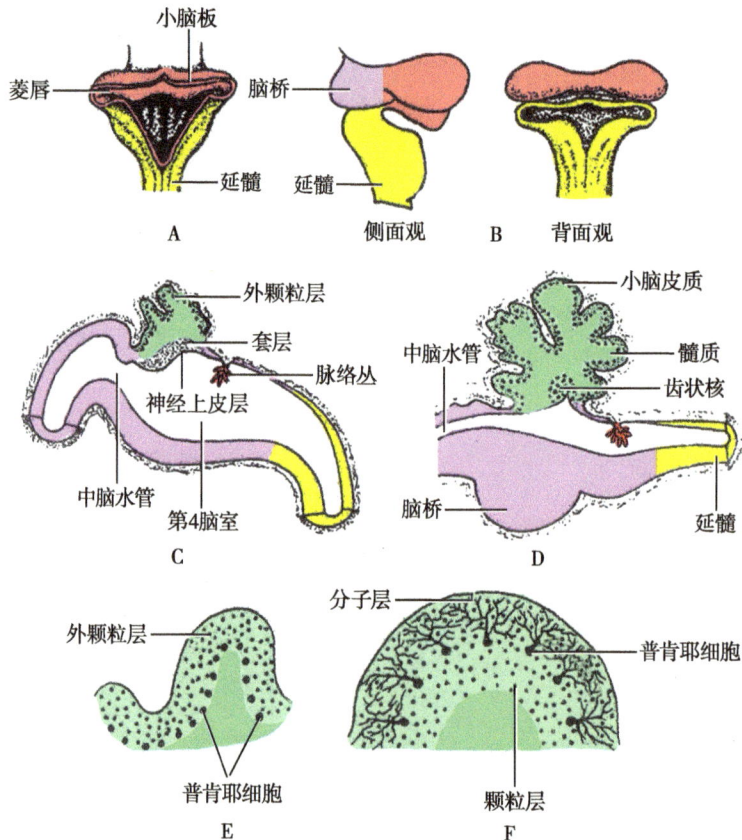

图 1-10 小脑的发生模式图
A. 第 8 周中脑和菱脑背面观;B. 第 4 个月的中脑;C. 图 A 的矢状切面;D. 图 B 的矢状切面;E. 胚胎期的小脑皮质;F. 出生后的小脑皮质

(三) 神经节和周围神经的发生

1. 神经节的发生 神经节起源于神经嵴。神经嵴细胞向两侧迁移,分列于神经管的外背侧,并聚集成细胞团,分化为脑神经节和脊神经节(图 1-2)。这些神经节均属感觉神经。神经嵴细胞首先分化为成神经细胞和卫星细胞,成神经细胞再分化为感觉神经元,卫星细胞包绕在神经元胞体的周围。成神经细胞分化时,最先长出两个突起,成为双极神经元,由于细胞体各面的不均等生长,使两个突起的起始部逐渐靠拢,最后合二为一,于是双极神经元变成假单极神经元。神经节周围的间充质分化为结缔组织被膜,包绕整个神经节。

胸段神经嵴的部分细胞迁至背主动脉的背外侧,形成两列节段性排列的神经节,即交感神经节。这些神经节借纵行的交感神经纤维彼此相连,形成两条纵行的交感链。节内的部分细胞迁至主动脉腹侧,形成主动脉前的交感神经节。节内的神经嵴细胞分化为交感神经节细胞和卫星细胞,节外也有由间充质分化成结缔组织被膜。另外,还有部分神经嵴细胞迁入由脏壁中胚层细胞增生形成的肾上腺原基,分化为髓质的嗜铬细胞及少量交感神经节细胞。

副交感神经节的起源问题尚有争议。有人认为节中的神经细胞来源于神经管,也有人认为来源于脑神经节中的成神经细胞。

2. 周围神经的发生　周围神经由感觉神经纤维和运动神经纤维构成,神经细胞的突起和施万细胞构成神经纤维。感觉神经纤维中的突起是感觉神经节细胞的周围突;躯体运动神经纤维中的突起,是脑干及脊髓灰质前角运动神经元的轴突;内脏运动神经节前纤维中的突起是脑干内脏运动核和脊髓灰质侧角中神经元的轴突,节后纤维则是自主神经节内节细胞的轴突。施万细胞由神经嵴细胞分化而成,并随神经元的轴突或周围突同步增殖和迁移。在有髓神经纤维的形成过程中,施万细胞与轴突相贴处凹陷形成一条沟,轴突陷入沟内,沟两侧的细胞膜贴合形成轴突系膜。该系膜不断增长并旋转包绕轴突,于是在轴突外周形成由多层施万细胞胞膜环绕而成的髓鞘。在无髓神经纤维,一个施万细胞可与多条轴突相贴,并形成多条深沟包裹轴突,但不形成髓鞘。

(四) 中枢神经系统的常见畸形

1. 神经管缺陷　正常情况下,在胚胎第4周末神经沟完全闭合形成神经管。如果失去了脊索的诱导作用或受到环境致畸因子的影响,神经沟就不能正常闭合为神经管。如果前神经孔未闭,就会形成无脑畸形(anencephaly);如果后神经孔未闭,就会形成脊髓裂(myeloschisis)。无脑畸形常伴有颅顶骨发育不全,称露脑;脊髓裂常伴有相应节段脊柱裂(spina bifida)(图1-11)。脊髓裂可发生于脊柱各段,最常见腰骶部。脊柱裂的发生程度不同,以中度脊柱裂比较常见,在患处常形成一个大小不等的皮肤囊袋。如果囊袋中只有脊膜和脑脊液,称脊膜膨出;如果囊袋中既有脊膜和脑脊液,又有脊髓和神经根,则称脊髓脊膜膨出。如果脑室也随之膨出,称积水性脑膜脑膨出(图1-12,1-13)。

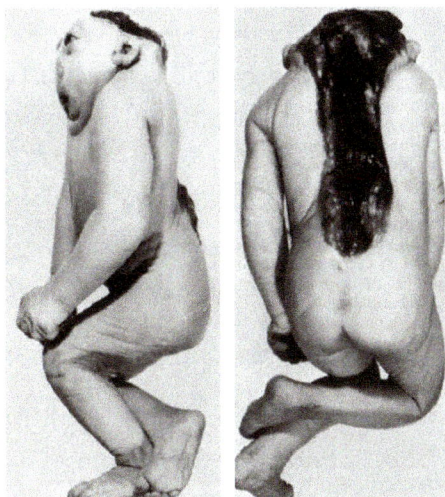

图 1-11　无脑畸形伴脊髓脊柱裂(Moore KL图)

2. 脑积水　脑积水(hydrocephalus)是一种比较常见的先天畸形,多由脑室系统发育障碍、脑脊液生成和吸收失去平衡所致,以中脑导水管和室间孔狭窄或闭锁最常见。由于脑脊液不能正常循环,致使阻塞处以上的脑室或蛛网膜下腔中积存大量液体,前者称脑内脑积水,后者称脑外脑积水。其临床特征主要是颅脑明显扩大,颅骨变薄,颅缝变宽。

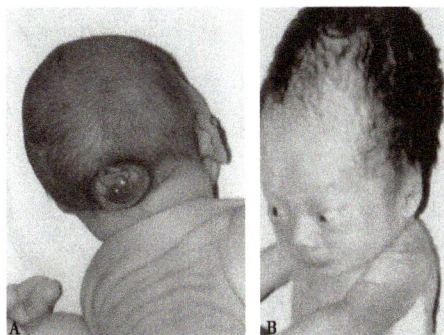

图 1-12　脑膜脑膨出(A)和脑积水(B)(广东省妇幼保健院、宁夏吴忠市第一人民医院　图)

Note

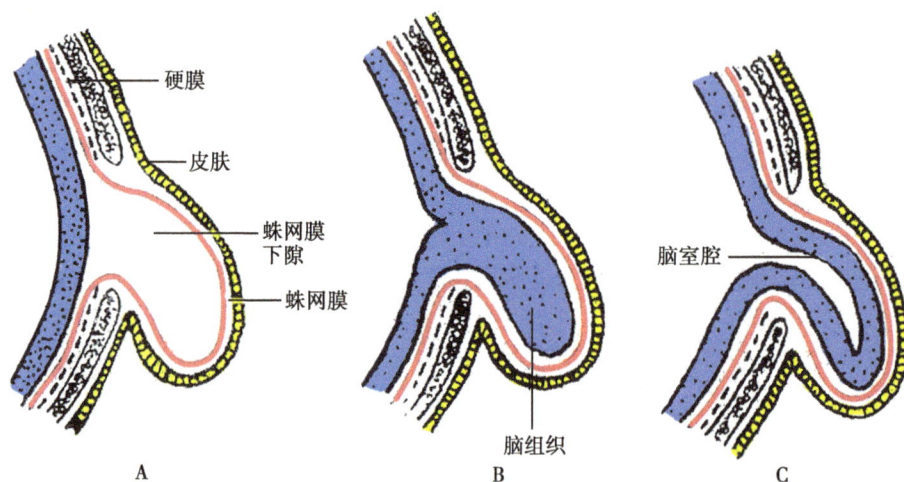

图 1-13　脑部畸形模式图
A.脑膜膨出;B.脑膜脑膨出;C.积水性脑膜脑膨出

（肖　玲）

第三节　神经组织的结构

神经组织(nervous tissue)由神经细胞和神经胶质细胞组成,是神经系统中最主要的组织成分。神经细胞(nerve cell)也称神经元(neuron),是神经系统的形态和功能单位,数量庞大,约有 10^{12} 个,具有接受刺激、整合信息和传导冲动的能力;通过神经元之间的联系,将接受到的电信息加以分析或贮存,并可传递给各种肌细胞、腺细胞等效应细胞,产生效应。此外,它们也是意识、记忆、思维和行为调节的基础。有些神经元还有内分泌功能,如下丘脑的一些神经元可分泌激素。神经胶质细胞(neuroglial cell)的数量为神经元的 10~50 倍,无传导神经冲动的功能,对神经元起支持、保护、营养和绝缘等作用,也参与神经递质和活性物质的代谢。

一、神经元

神经元的形态不一,大小各异,但都有突起,突起可分为树突和轴突(图 1-14),故神经元可分为胞体、树突和轴突三部分。

(一) 神经元的结构

1. 胞体(soma)　是神经元的营养和代谢中心,主要位于大脑和小脑的皮质、脑干和脊髓的灰质以及神经节内;有圆形、锥形、梭形或星形等,其大小相差悬殊,小的直径仅 4~5μm,大的可达到 150μm;全部由细胞膜、细胞质和细胞核构成(图 1-15)。

(1) 细胞膜:是可兴奋膜,具有接受刺激、处理信息、产生和传导神经冲动的功能。神经元细胞膜的这些特性决定于膜蛋白,有些是离子通道,如 Na^+ 通道、K^+ 通道、Ca^{2+} 通道和 Cl^- 通道等;有些膜蛋白是受体,可与相应的神经递质结合,使某种离子通道开放。

(2) 细胞核:位于胞体中央,大而圆,核膜明显,常染色质多,异染色质少,故着色浅,核仁大

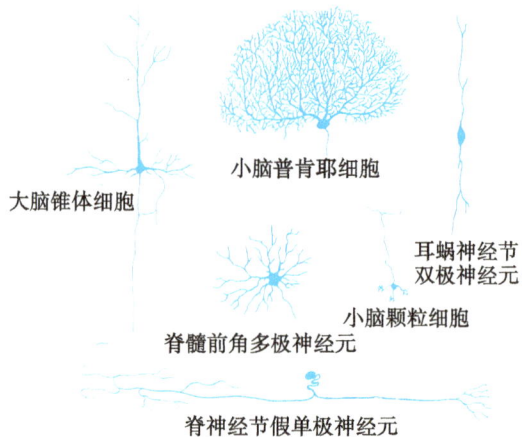

图 1-14　神经元的主要形态模式图

大脑锥体细胞
小脑普肯耶细胞
耳蜗神经节双极神经元
小脑颗粒细胞
脊髓前角多极神经元
脊神经节假单极神经元

Note

而圆。

（3）细胞质：又称核周质（perikaryon），其内除有一般细胞器和发达的高尔基复合体外，还有丰富的尼氏体和神经原纤维。此外，也含有脂褐素，随年龄渐增多。

1）尼氏体（Nissl body）：呈强嗜碱性，均匀分布；在大神经元，如脊髓运动神经元，数量多，呈粗大的斑块状，如有虎皮样花斑，又称虎斑小体（tigroid body）；在小神经元，如神经节内的神经元，呈细颗粒状。电镜下，其由许多平行排列的粗面内质网和游离核糖体构成，表明神经元具有活跃的蛋白质合成功能，主要合成更新细胞器所需的结构蛋白、合成神经递质所需的酶类以及肽类的神经调质。神经递质（neurotransmitter）是神经元向其他神经元或效应细胞传递信息的化学载体，一般为小分子物质，主要在胞体合成后以小泡的形式贮存于神经元的轴突终末。神经调质（neuromodulator）一般为肽类，能增强或减弱神经元对神经递质的反应，起调节作用。

2）神经原纤维（neurofibril）：HE 染色切片中无法分辨。在镀银染色切片中，呈棕黄色细丝，交错排列成网（图 1-16），并伸入树突和轴突内。电镜下由排列成束的神经丝和微管构成。神经丝（neurofilament）是由神经丝蛋白构成的一种中间丝。它们除了构成神经元的细胞骨架外，微管还参与物质运输。

2. 树突（dendrite）　每个神经元有一至多个树突，形如树枝状，即从树突干发出许多小支。树突上有许多棘状突起，称树突棘（dendritic spine）（图 1-17），是神经元间形成突触的主要部位。树突内的结构与胞质基本相似。树突的功能主要是接受刺激。树突和树突棘极大地扩展了神经元接受刺激的表面积。因此，神经元接受信息和整合信息的能力与其树突的分支程度以及树突棘的数目有密切关系。

3. 轴突（axon）　每个神经元一般只有一个轴突，大多由胞体发出，短者仅数微米，长者可达 1 米以上。光镜下胞体发出轴突的部位常呈圆锥形，称轴丘（axon hillock），此区无尼氏体，故染色淡。轴突一般比树突细，直径较均一，有侧支（collateral branch）呈直角分出（图 1-18）。轴突末端的分支较多，形成轴突终末（axonal terminal）。轴突表面的胞膜称轴膜（axolemma），内含的细

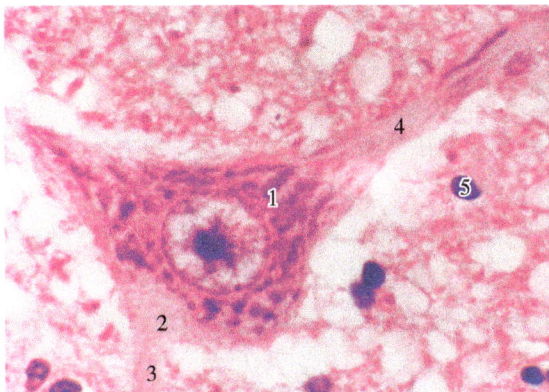

图 1-15　脊髓运动神经元光镜图
1. 尼氏体；2. 轴丘；3. 轴突；4. 树突；5. 神经胶质细胞核（保天然，廖德阳　图）

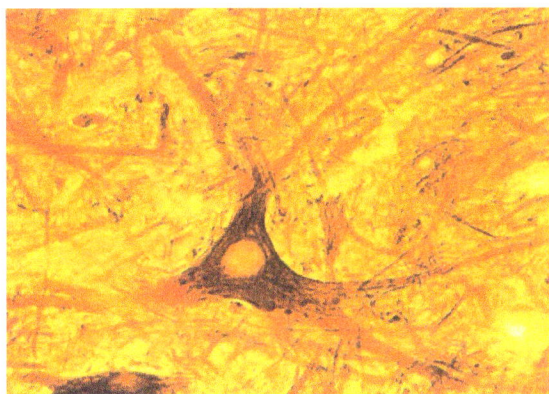

图 1-16　脊髓运动神经元光镜图
镀银染色示神经原纤维（复旦上医　图）

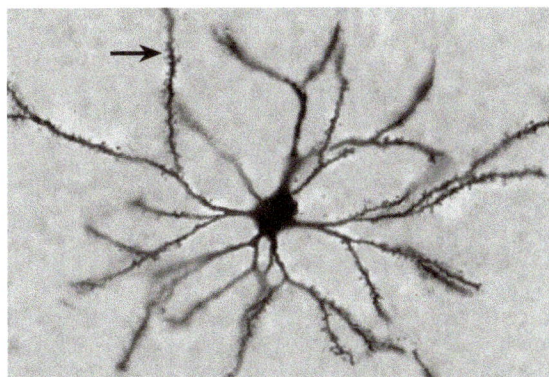

图 1-17　大脑神经元光镜图
→树突棘；冰冻切片，Golgi-Cox 染色（张磊　图）

胞质称轴质(axoplasm)。轴质内有大量与轴突长轴平行排列的神经丝和微管,还有滑面内质网、微丝、线粒体和小泡。神经丝、微管和微丝之间均有横桥连接,构成轴质中的网架。轴突内无尼氏体,故不能合成蛋白质。

轴突起始段的轴膜较厚,膜下有电子密度高的致密层。此段轴膜容易引起电兴奋,常是神经元产生神经冲动的起始部位,神经冲动形成后在轴膜上向终末传递,因此轴突的主要功能是传导神经冲动。

轴突内的物质运输称轴突运输(axonal transport)。胞体内新形成的神经丝、微丝和微管缓慢地向轴突终末延伸,这称为慢速轴突运输。此外,还有一种双向的快速轴突运输(双向)。如轴膜更新所需的蛋白质、合成神经递质的酶、含神经递质的小泡、线粒体等,由胞体向轴突终末输送,称快速顺向轴突运输。轴突终末内的代谢产物或由轴突终末摄取的物质(蛋白质、小分子物质或由邻近细胞产生的神经营养因子等)逆向运输到胞体,称快速逆向轴突运输。某些病毒或毒素(如狂犬病毒、脊髓灰质炎病毒、带状疱疹病毒和破伤风毒素等)也可通过逆向轴突运输侵犯神经元胞体。微管在轴突运输中起重要作用。

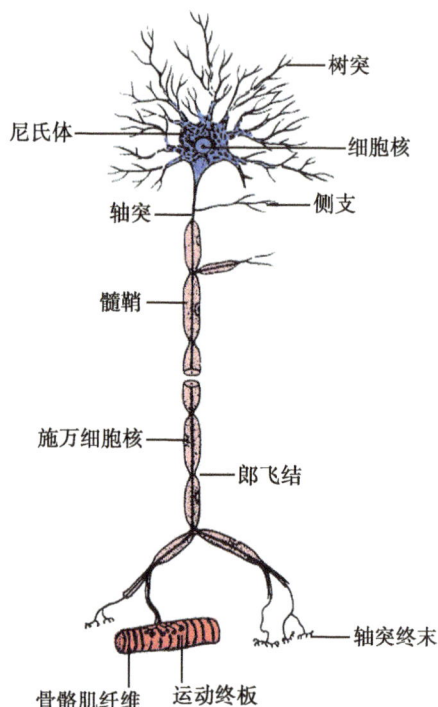

图 1-18　运动神经元模式图

(二) 神经元的分类

1. 根据神经元的突起数目　可分为 3 类:①多极神经元(multipolar neuron),有一个轴突和多个树突;②双极神经元(bipolar neuron),有树突和轴突各一个;③假单极神经元(pseudounipolar neuron),从胞体发出一个突起,但在不远处呈 T 形分为两支,一支分布到周围的其他器官,称周围突;另一支进入中枢神经系统,称中枢突(图 1-19)。中枢突是轴突,传出神经冲动;周围突接受刺激,具有树突的功能,但因其细而长,在形态上与轴突难以分辨,故也称为轴突。

2. 根据神经元轴突的长短　可分为 2 类:①高尔基Ⅰ型神经元(Golgi typeⅠneuron),是具有长轴突(可长达 1 米以上)的大神经元;②高尔基Ⅱ型神经元(Golgi typeⅡneuron),是具有短轴突(仅数微米)的小神经元。

3. 根据神经元的功能　可分为 3 类:①感觉神经元(sensory neuron),又称传入神经元(afferent neuron),多为假单极神经元,其接受体内、外的刺激,并将信息传向中枢;②运动神经元(motor neuron),亦称传出神经元(efferent neuron),多为多极神经元,负责将神经冲动传给肌细胞或腺细胞;③中间神经元(interneuron),主要为多极神经元,位于前两种神经元之间,起信息加工和传递作用。动物越进化,中间神经元越多。人的中间神经元占神经元总数的 99% 以上,在中枢神经系统内构成复杂的神经元网络,是学习、记忆和思维的基础。机体对来自体内外的刺激所作的反应(亦称反射)均需这 3 类神经

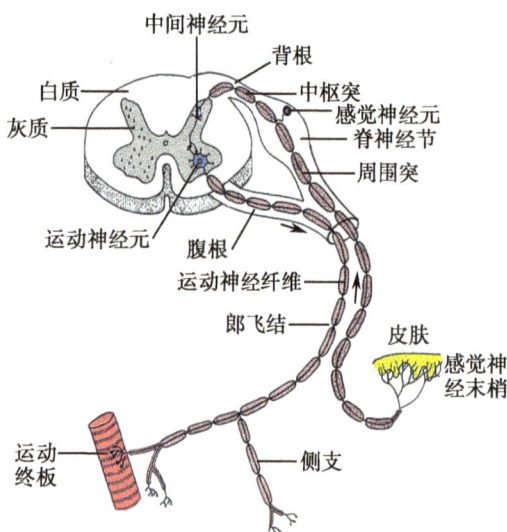

图 1-19　脊髓和脊神经模式图
示三种神经元的关系

元参与,它们和感受器、效应器共同构成反射弧(图1-19)。

4. 根据神经元释放的神经递质和神经调质的化学性质 可分为:①胆碱能神经元,释放乙酰胆碱;②去甲肾上腺素能神经元,释放去甲肾上腺素;③胺能神经元,释放多巴胺和5-羟色胺等;④氨基酸能神经元,释放γ-氨基丁酸、甘氨酸和谷氨酸等;⑤肽能神经元,释放脑啡肽、P物质和神经降压素等,常统称神经肽。另外,一氧化氮(NO)和一氧化碳也是神经递质。一般一个神经元只释放一种神经递质,同时还可释放一种神经调质。

二、突触

神经元与神经元之间,或神经元与效应细胞之间传递信息的结构称突触(synapse)。突触也是一种细胞连接方式,最常见的是一个神经元的轴突终末与另一个神经元的树突、树突棘或胞体连接,分别形成轴-树、轴-棘和轴-体突触。突触可分为化学突触和电突触两类。化学突触以神经递质作为传递信息的媒介,是一般所说的突触(图1-20,图1-21,图1-22,图1-23)。电突

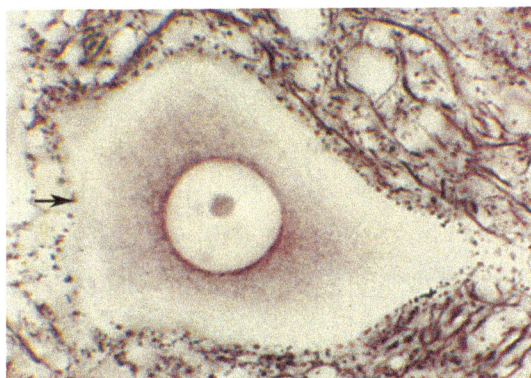

图1-20 神经元胞体光镜图
镀银染色,→突触小体(保天然,廖德阳 图)

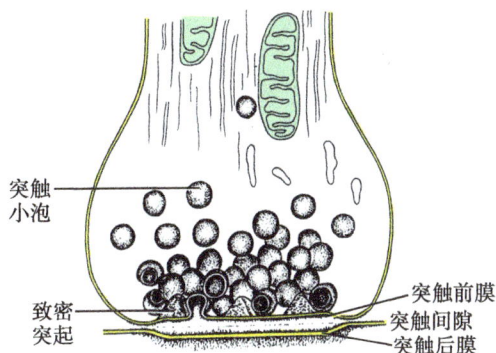

图1-21 化学突触超微结构模式图

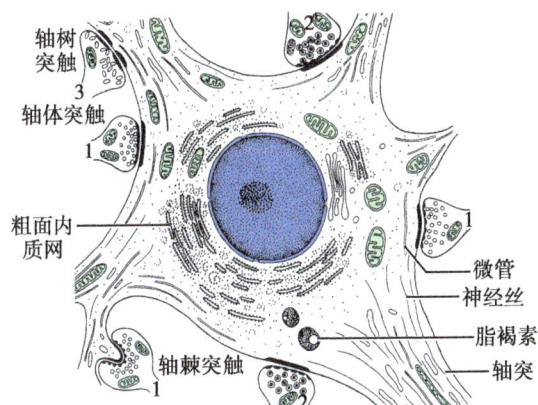

图1-22 多极神经元及其突触超微结构模式图
1.突触小体内有圆形清亮小泡,含乙酰胆碱;2.突触小体内有颗粒型小泡,含单胺类;3.突触小体内有扁平清亮小泡,含甘氨酸等

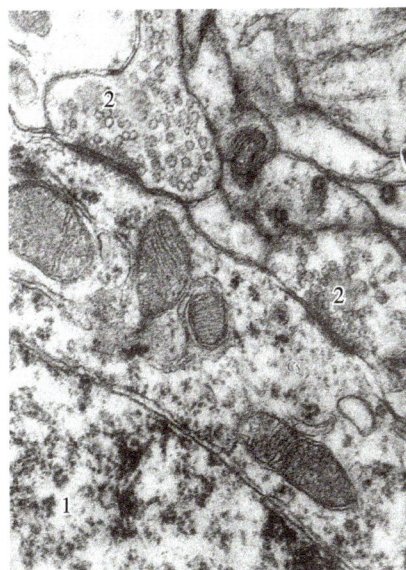

图1-23 化学突触电镜图
1.神经元细胞核;2.突触小泡(尹昕,朱秀雄 图)

触实际是缝隙连接,以电流作为信息载体,存在于中枢神经系统和视网膜内的同类神经元之间,促进神经元的同步活动。

电镜下,化学突触由突触前成分(presynaptic element)、突触间隙(synaptic cleft)和突触后成分(postsynaptic element)三部分构成。突触前、后成分彼此相对的胞膜,分别称为突触前膜和突触后膜,两者之间有宽 15~30nm 的突触间隙。突触前成分一般是神经元的轴突终末,呈球状膨大,在镀银染色标本中呈现棕黑色的圆形颗粒,称突触小体(synaptic knob),也称突触扣结(synaptic button)。

突触前成分内含许多突触小泡(synaptic vesicle),还有线粒体、微丝和微管等。突触小泡内含神经递质或神经调质。如含乙酰胆碱的多为圆形清亮小泡,含单胺类的是小颗粒型小泡,含氨基酸类的多为扁平清亮小泡,含神经肽的则往往是大颗粒型小泡。突触小泡表面附有一种蛋白质,称突触蛋白(synapsin),将小泡连接于细胞骨架。突触前膜和突触后膜比一般细胞胞膜略厚,因其胞质面有致密物质附着。突触前膜的胞质面还附着有排列规则的致密突起,突起间的空隙可容纳突触小泡。突触后膜中有特异性的神经递质和神经调质的受体以及离子通道。

当神经冲动沿轴膜传导到轴突终末时,可引起突触前膜上的 Ca^{2+} 通道开放,Ca^{2+} 由细胞外进入突触前成分内,在 ATP 的参与下促使突触素发生磷酸化。磷酸化的突触素与突触小泡的亲和力降低,与小泡分离,致使突触小泡脱离细胞骨架,移至突触前膜并与其融合,通过出胞作用释放小泡内容物到突触间隙。神经递质与突触后膜上相应的受体结合,膜内离子通道开放,改变突触后膜两侧的离子分布,使突触后神经元(或效应细胞)出现兴奋性或抑制性突触后电位。使突触后膜发生兴奋的突触称兴奋性突触,使其发生抑制的称抑制性突触。突触的兴奋或抑制,取决于神经递质及其受体的种类。

一个神经元可通过突触将信息传递给许多其他神经元或效应细胞,如一个运动神经元可同时支配上千条骨骼肌纤维。而一个神经元也可通过突触接受来自许多其他神经元的信息。如小脑的普肯耶细胞(一种大型神经元,图 1-14)的树突上有数十万个突触。在这些突触信息中,兴奋性和抑制性的都有。如果兴奋性突触活动的总和超过抑制性突触活动的总和,并足以刺激该神经元的轴突起始段产生神经冲动时,该神经元表现为兴奋;反之,则为抑制。

三、神经胶质细胞

在神经元与神经元之间,神经元与非神经细胞之间,除了突触部位以外,一般都被神经胶质细胞(neuroglial cell)分隔、绝缘,以保证信息传递的专一性和不受干扰。

(一)中枢神经系统的神经胶质细胞

脑和脊髓的神经胶质细胞有 4 种(图 1-24~1-27),在 HE 染色切片中,除室管膜细胞外,不易区分,用不同的镀银染色则能显示各种细胞的全貌。

1. 星形胶质细胞(astrocyte) 是最大的一种神经胶质细胞,胞体呈星形,核圆或卵圆形、较大、染色较浅。胞质内含有大量的胶质丝(glial filament),是由胶质原纤维酸性蛋白构成的一种中间丝,参与细胞骨架的组成。用免疫细胞化学染色技术检测胶质原纤维酸性蛋白(glial fibrillary acidic protein,GFAP)从而特异性地显示这类细胞。从胞体发出的突起伸展充填在神经元胞体及其突起之间,起支持和绝缘作用。有些突起末端扩大形成脚板(foot plate)或终足(end feet),在脑和脊髓表面形成胶质界膜(glial limitans),或贴附在毛细血管壁上,构成血 - 脑屏障的神经胶质膜。

星形胶质细胞可分为 2 种:①纤维性星形胶质细胞,多分布于脑和脊髓的白质,其突起长而直,分支较少,胶质丝丰富;②原浆性星形胶质细胞,多分布在脑和脊髓的灰质,突起较短粗,分支多,胞质内胶质丝较少。星形胶质细胞能分泌神经营养因子(neurotrophic factor)和多种生长

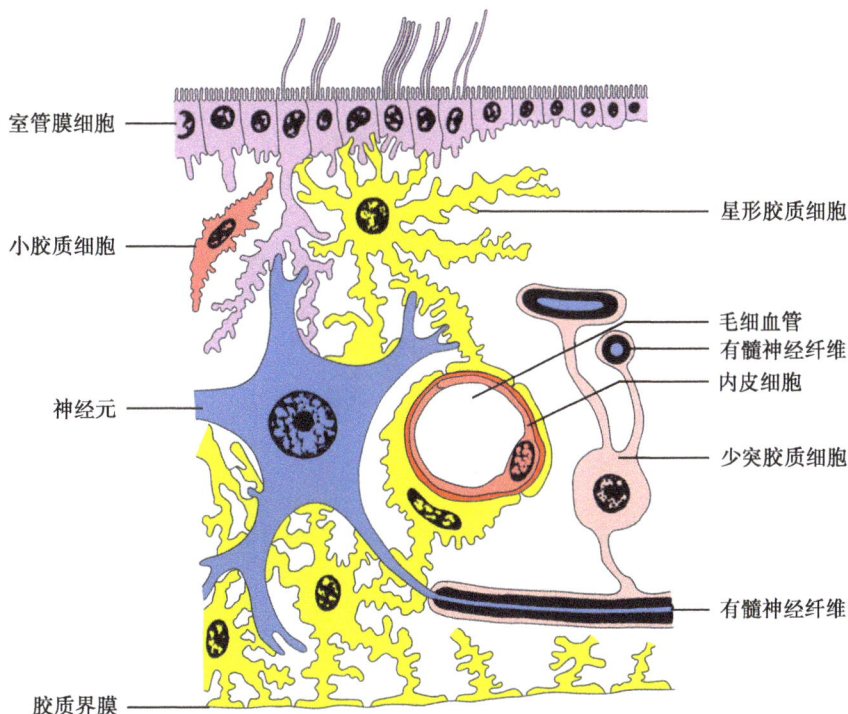

图 1-24 中枢神经系统神经胶质细胞与神经元和毛细血管的关系示意图

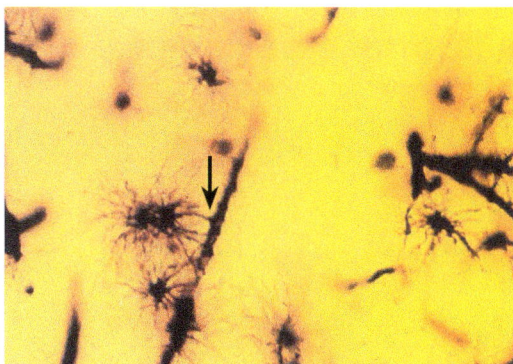

图 1-25 星形胶质细胞光镜图
镀银染色;↓星形胶质细胞突起形成脚板,附着于毛细血管(复旦上医 图)

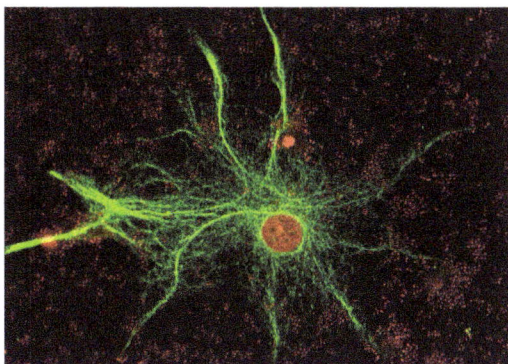

图 1-26 培养的星形胶质细胞激光扫描共聚焦显微镜图
免疫细胞化学法(荧光素 FITC 与 Sytox Red 双标染色),胶质原纤维酸性蛋白呈绿色荧光,核呈红色荧光(曾园山 图)

因子,对神经元的分化、功能的维持,以及创伤时神经元的可塑性变化等,都有重要的影响。在脑和脊髓损伤时,星形胶质细胞可增生,形成胶质瘢痕填补缺损。

2. 少突胶质细胞(oligodendrocyte) 分布于神经元的胞体附近及轴突周围。胞体较星形胶质细胞小,核卵圆形、染色质致密。在镀银染色标本中,少突胶质细胞的突起较少。在电镜下,可见大多数少突胶质细胞突起末端扩展成扁平薄膜,包卷神经元的轴突形成髓鞘,所以它是中枢神经系统的髓鞘形成细胞(见后述)。

3. 小胶质细胞(microglia) 是最小的神经胶质细胞。其胞体细长或椭圆,核小、呈扁平或三角形,染色深。通常从胞体发出细长有分支的突起,突起表面有许多棘突。小胶质细胞是血液单核细胞迁入神经组织后演化而成。当中枢神经系统损伤时,可转变为巨噬细胞,吞噬死亡

Note

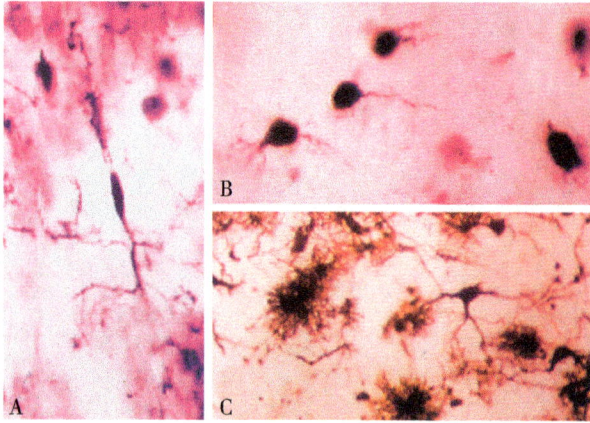

图 1-27　神经胶质细胞光镜图
A.小胶质细胞；B.少突胶质细胞；
C.原浆性星形胶质细胞；镀银染色
（青岛医　图）

细胞的碎屑。

4. 室管膜细胞（ependymal cell） 衬在脑室和脊髓中央管的腔面，形成单层上皮样的室管膜。室管膜细胞呈立方或柱形，游离面有许多微绒毛，少数细胞表面有纤毛，其摆动有助于脑脊液流动，部分细胞的基底面有细长的突起伸向深部，称伸长细胞（tanycyte）（图 1-24）。在脉络丛的室管膜细胞可产生脑脊液。

（二）周围神经系统的神经胶质细胞

1. 施万细胞（Schwann cell） 又称神经膜细胞（neurolemmal cell），包裹着周围神经纤维的轴突。有髓神经纤维和无髓神经纤维中施万细胞的形态和功能有所差异（见后述）。施万细胞能分泌神经营养因子，促进受损伤的神经元存活及其轴突再生。

2. 卫星细胞（satellite cell） 是神经节内包裹神经元胞体的一层扁平或立方形细胞，其核圆或卵圆形，染色质较浓密。

四、神经纤维和神经

（一）神经纤维

神经纤维（nerve fiber）由神经元的长轴突及包绕它的神经胶质细胞构成。根据神经胶质细胞是否形成髓鞘（myelin sheath），可将其分为有髓神经纤维和无髓神经纤维两类（图 1-28）。

1. 有髓神经纤维（myelinated nerve fiber）

（1）周围神经系统的有髓神经纤维：其施万细胞呈长卷筒状，最长可达 1500μm，它们一个接一个地套在轴突外面。相邻的施万细胞不完全连接，神经纤维上这一部位较狭窄，称郎飞结（Ranvier node），该部位的轴膜部分裸露。相邻两个郎飞结之间的一段神经纤维称结间体（internode），因此，一个结间体的外围部分即为一个施万细胞，其胞核呈长卵圆形，长轴与轴突平行，细胞外面包有一层基膜，施万细胞最外面的细胞膜与基膜相贴，两者统称神经膜（neurilemma）。在有髓神经纤维的横切面上，施万细胞可分为三层。中层为多层细胞膜同心卷绕（可达 50 层）形成的髓鞘，以髓鞘为界，胞质分为内侧胞质和外侧胞质。内侧胞质极薄，在光镜下难以分辨；外侧胞质可略

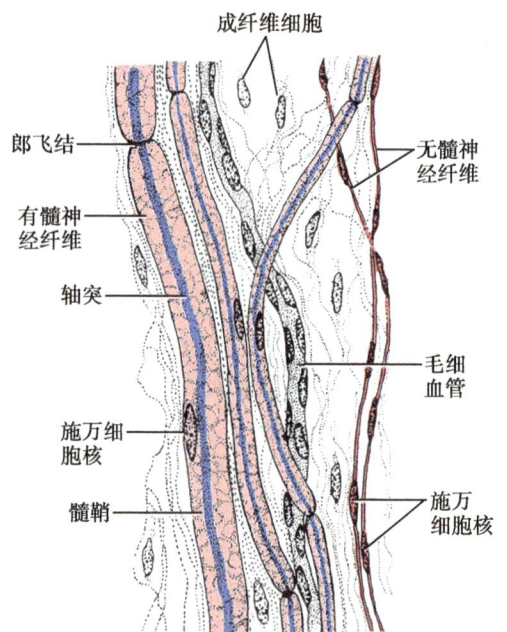

图 1-28　周围神经纤维仿真图

厚,细胞核位于其中。电镜下见髓鞘呈明暗相间的板层状。髓鞘的化学成分主要是脂蛋白质,称髓磷脂(myelin),其中类脂约占80%,其余为蛋白质成分,主要为髓鞘蛋白0(myelin protein zero)和髓鞘碱性蛋白(myelin basic protein),它们对髓鞘的形成和稳定具有重要作用。HE染色标本制备时,髓鞘中类脂被溶解,而仅见少量残留的网状蛋白质(图1-29~1-32)。如用锇酸固定和染色,则能保存髓磷脂,使髓鞘呈黑色,并在其纵切面上见到一些不着色的漏斗形斜裂,称髓鞘切迹(incisure of myelin)或施-兰切迹(Schmidt-Lantermann incisure),它们是施万细胞内、外侧胞质穿越髓鞘的狭窄通道。

髓鞘形成的基本过程是:首先伴随着轴突的生长,施万细胞表面凹陷成纵沟,轴突陷入纵沟,沟两侧的细胞膜贴合形成轴突系膜。此后,轴突系膜不断伸长并旋转卷绕轴突,结果在轴突周围形成许多同心圆环绕的板层膜,即髓鞘(图1-33)。

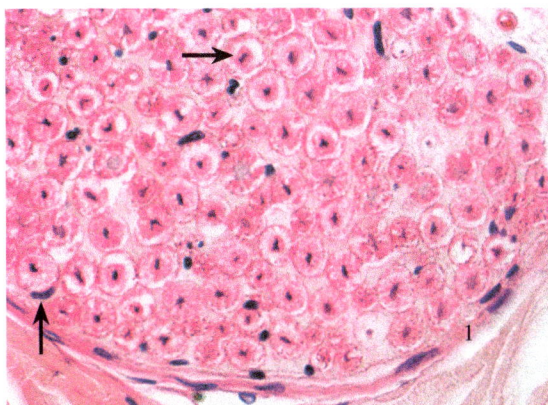

图1-29　神经纤维束(局部横切面)光镜图
→轴突(蓝色)及周围的髓鞘(粉红色);↑施万细胞核;
1.神经束膜(周莉　图)

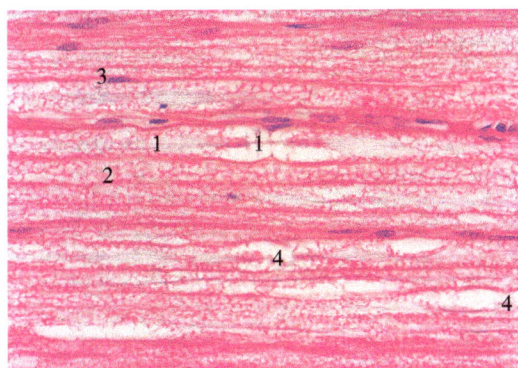

图1-30　神经纤维束(局部纵切面)光镜图
1.轴突;2.髓鞘;3.施万细胞胞质与核;4.郎飞结
(北医　图)

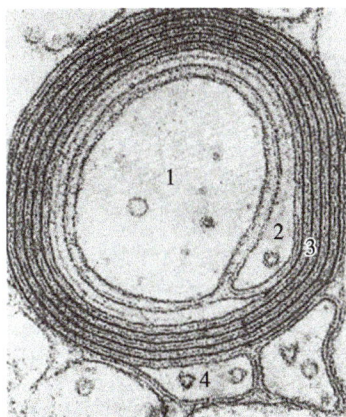

图1-31　有髓神经纤维(横切面)电镜图
1.轴突;2.施万细胞内侧胞质;3.髓鞘;4.施万细胞
外侧胞质(Hirano A　图)

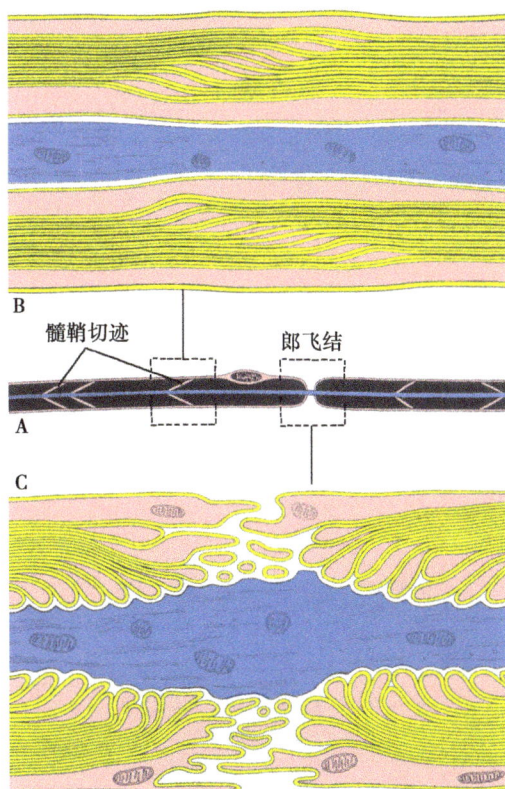

髓鞘切迹　　　郎飞结

图1-32　郎飞结与髓鞘切迹模式图
A.锇酸固定染色的有髓神经纤维;B.髓鞘切迹超微结构;C.郎飞结超微结构

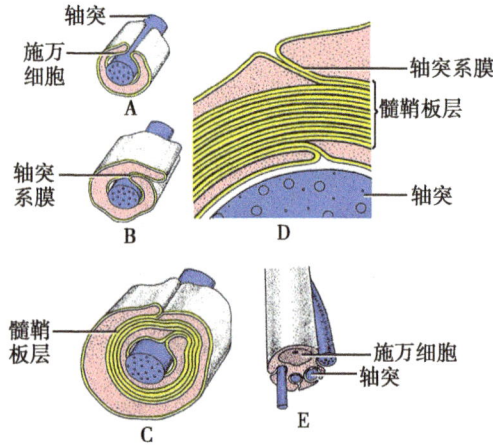

图 1-33　周围神经纤维髓鞘形成及超微结构模式图
A~C. 髓鞘发生过程；D. 有髓神经纤维超微结构；
E. 无髓神经纤维超微结构

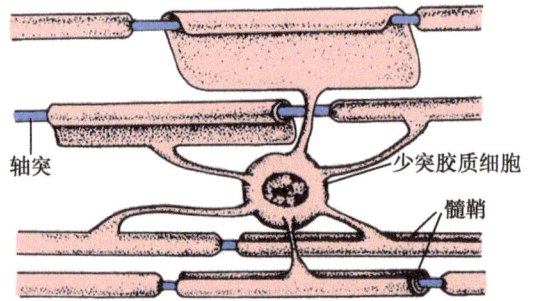

图 1-34　少突胶质细胞与中枢有髓神经纤维关系模式图

由此可见，髓鞘是由施万细胞的胞膜构成，而胞质被挤至髓鞘的内、外侧及两端（即靠近郎飞结处）。

　　（2）中枢神经系统的有髓神经纤维：其结构与周围神经系统的有髓神经纤维基本相同，但形成髓鞘的细胞是少突胶质细胞。少突胶质细胞的多个突起末端的扁平薄膜分别包卷多个轴突，其胞体位于神经纤维之间（图 1-34，图 1-35）。中枢有髓神经纤维的外表面没有基膜，髓鞘内也无髓鞘切迹。

2. 无髓神经纤维（unmyelinated nerve fiber）

　　（1）周围神经系统的无髓神经纤维：其施万细胞为不规则的长柱状，表面有数量不等、深浅不同的纵行凹沟，纵沟内有较细的轴突，施万细胞的膜不形成髓鞘包绕它们。因此，一条无髓神经纤维可含多条轴突。由于相邻的施万细胞衔接紧密，故无郎飞结（图 1-33，图 1-36）。

　　（2）中枢神经系统的无髓神经纤维：轴突外面没有特异性的神经胶质细胞包裹，轴突裸露，走行于有髓神经纤维或神经胶质细胞之间。

　　神经纤维的功能是传导神经冲动，这种电流的传导是在轴膜进行的。有髓神经纤维的神经冲动呈跳跃式传导，故传导速度快。这是由于有髓神经纤维的髓鞘含高浓度的类脂而具有疏水性，在组织液与轴膜间起绝缘作用。另外，髓鞘电阻比轴膜高得多，而电容却很低，电流只能使

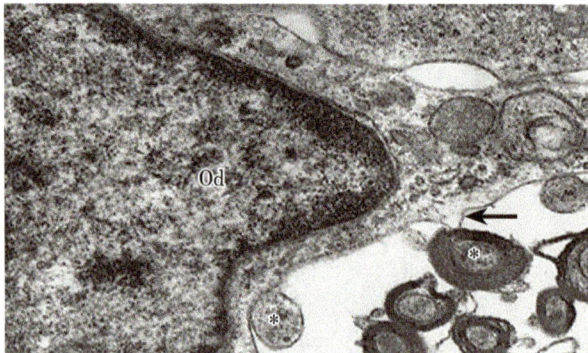

图 1-35　少突胶质细胞电镜图
少突胶质细胞（Od）伸出的突起（←）包卷轴突（*）形成髓鞘（曾园山　图）

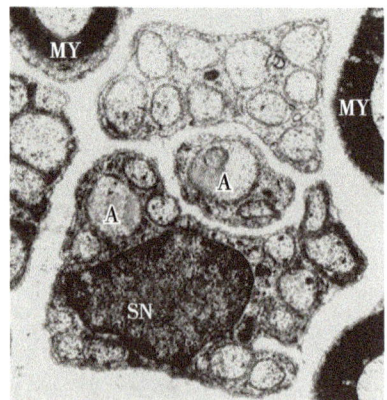

图 1-36　无髓神经纤维横切面电镜图
SN. 施万细胞核；A. 轴突；MY. 有髓神经纤维髓鞘（曾园山　图）

郎飞结处的轴膜(能与细胞外液接触)产生兴奋。所以轴突起始段产生的神经冲动,必须通过郎飞处的轴膜传导,从一个郎飞结跳到下一个郎飞结。有髓神经纤维的轴突越粗,其髓鞘也越厚,结间体越长,神经冲动跳跃的距离便越大,传导速度越快。无髓神经纤维因无髓鞘和郎飞结,神经冲动只能沿着轴突的轴膜连续传导,故传导速度慢得多。

(二)神经

周围神经系统的神经纤维集合形成神经纤维束,若干神经纤维束聚集构成神经(nerve)。神经粗细不一,粗的可含数十条神经纤维束(如坐骨神经),但分布在组织内的细小神经常常仅由一条神经纤维束构成(图1-37)。有些神经只含有感觉神经纤维或躯体运动神经纤维,但多数兼含有两者及自主神经纤维。

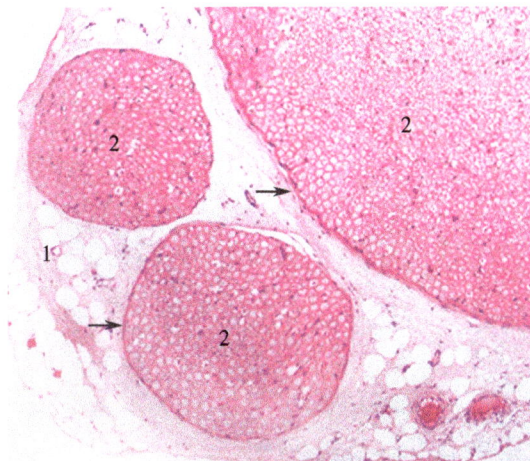

图 1-37 坐骨神经(局部)光镜图
1. 神经外膜;2. 神经纤维束;→神经束膜(曾园山 图)

由于有髓神经纤维的髓鞘含髓磷脂,肉眼下观察神经通常呈白色。光镜下,神经外面包裹有致密结缔组织,称神经外膜(epineurium)。神经外膜的结缔组织延伸到神经纤维束间。神经纤维束表面有几层扁平的上皮样细胞,形成神经束膜(perineurium),这些细胞间有紧密连接,对进入神经纤维束的大分子物质起屏障作用。神经纤维束内,每条神经纤维表面的薄层疏松结缔组织称神经内膜(endoneurium),这些结缔组织中都有小血管和淋巴管。

五、神经末梢

神经末梢(nerve ending)是周围神经纤维的终末部分,遍布全身,形成各种末梢装置,根据其功能可分为感觉神经末梢和运动神经末梢两大类。

(一)感觉神经末梢

感觉神经末梢(sensory nerve ending)是感觉神经元(假单极神经元)周围突的末端,它们通常和周围的其他组织共同构成感受器,将接收到的内、外环境刺激转化为神经冲动,通过感觉神经纤维传至中枢,产生感觉。根据感受器的形态结构不同,可将其分为下列几种:

1. 游离神经末梢(free nerve ending) 由较细的有髓或无髓神经纤维的终末反复分支而成。其细支裸露,广泛分布在表皮、角膜和毛囊的上皮细胞之间,或分布在各型结缔组织内,如真皮、骨膜、脑膜、血管外膜、关节囊、肌腱、韧带、筋膜和牙髓等处,感受温度、应力和某些化学物质(如高浓度的 H^+ 和 K^+)的刺激,参与产生冷、热、轻触和痛的感觉(图1-38)。

2. 触觉小体(tactile corpuscle) 又称梅氏小体(Meissner corpuscle)分布在皮肤真皮乳头处,以手指掌侧的皮肤内最多,其数量随年龄而递减。触觉小体呈卵圆形,长轴与皮肤表面垂直,小体内有许多扁平横列的细胞,外包有结缔组织被囊(图1-39,图1-40)。有髓神经纤维进入小体前失去髓鞘,然后盘绕在扁平细胞之间。触觉小体感受触觉。

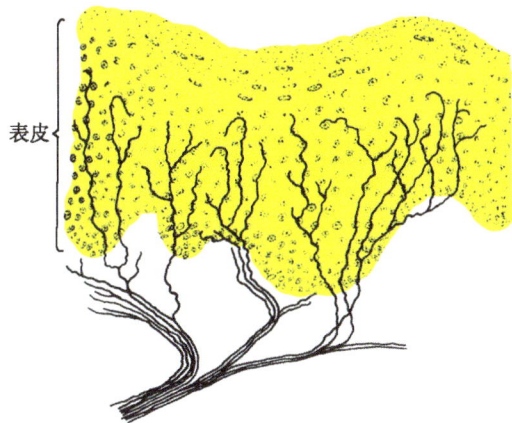

图 1-38 表皮的游离神经末梢仿真图

表皮

Note

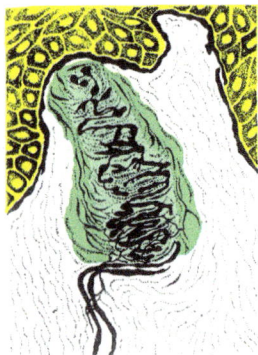

图 1-39　触觉小体(左)和环层小体(右)仿真图

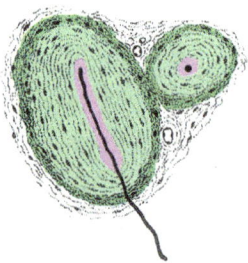

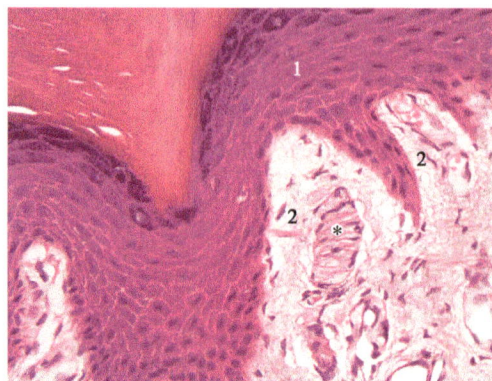

图 1-40　皮肤光镜图
*触觉小体;1.表皮;2.真皮乳头(南方医　图)

3. 环层小体(lamellar corpuscle)　又称帕奇尼小体(Pacinian corpuscle),广泛分布在皮下组织、腹膜、肠系膜、韧带和关节囊等处,环层小体较大,呈卵圆形或圆形,中央有一条均质状的圆柱体,周围有多层呈同心圆排列的扁平细胞。有髓神经纤维进入小体时失去髓鞘,裸露的轴突进入小体中央的圆柱体内。环层小体感受压力、振动和张力觉等(图 1-41)。

4. 肌梭(muscle spindle)　是分布在骨骼肌内的梭形结构。表面有结缔组织被囊,内含若干条较细的骨骼肌纤维,称为梭内肌纤维。梭内肌纤维的胞核成串排列,或集中在肌纤维的中段而使该处膨大,肌原纤维较少。感觉神经纤维进入肌梭前失去髓鞘,其轴突分成多支,分别呈环状包绕梭内肌纤维中段的含胞核部分,或呈花枝样附着在邻近中段处。此外,肌梭内也有运动神经末梢,分布在梭内肌纤维的两端(图 1-42,图 1-43,图 1-44)。梭内肌纤维与肌梭周围的肌

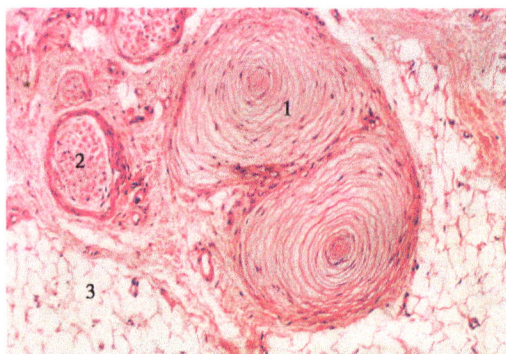

图 1-41　皮肤深层光镜图
1.环层小体(横切面);2.神经;3.皮下脂肪组织(南方医　图)

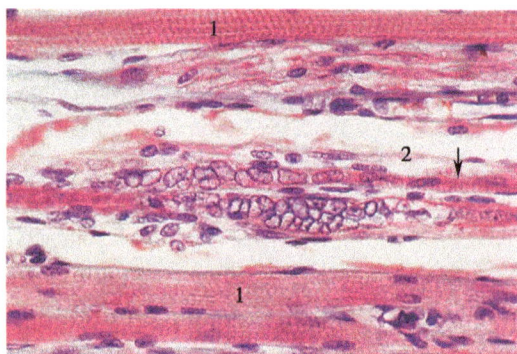

图 1-42　肌梭光镜图
1.梭外肌纤维;↓梭内肌纤维;2.被囊(Young B & Health JW 图)

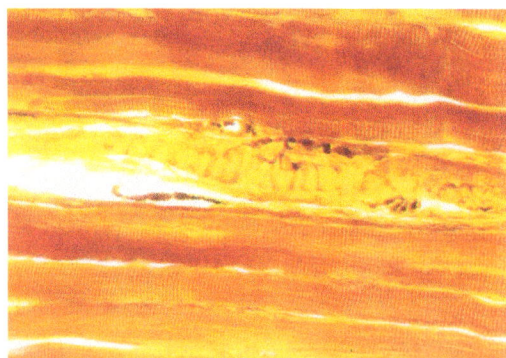

图 1-43　肌梭光镜图
氯化金染色(神经纤维终末呈黑色)(王文青,李玲图)

Note

纤维同步收缩或舒张,其张力变化可刺激感觉神经末梢。冲动传入中枢后,产生对骨骼肌伸缩状态,即身体各部位屈伸状态的感知,故肌梭属于本体感受器,在调节骨骼肌的活动中起重要作用。

(二) 运动神经末梢

运动神经末梢(motor nerve ending)是运动神经元的轴突在肌组织和腺体的终末结构,支配肌纤维的收缩,调节腺细胞的分泌。可分为躯体和内脏运动神经末梢两类。

1. **躯体运动神经末梢** 分布于骨骼肌。位于脊髓前角或脑干的运动神经元的胞体发出长轴突,抵达骨骼肌纤维时失去髓鞘,其轴突反复分支,每一分支形成葡萄状终末,与一条骨骼肌纤维建立化学突触连接,此连接区域呈椭圆形板状隆起,称运动终板(motor end plate)或神经肌-连接(neuromusclar junction)(图 1-45,图 1-46)。一条运动神经纤维所支配的骨骼肌纤维数目,少者仅 1~2 条,多者可分支支配上千条;然而,一条骨骼肌纤维通常只有一条轴突的分支支配。一个运动神经元的轴突及其分支所支配全部骨骼肌纤维合称一个运动单位(motor unit)。

电镜下,运动终板处的肌纤维表面凹陷成浅槽,浅槽底肌膜即突触后膜,形成许多皱褶,使其表面积增大。轴突终末(突触小体)嵌入浅槽内,含有许多圆形突触小泡。当神经冲动到达运动终板时,释放乙酰胆碱,与突触后膜中的相应受体相结合后,改变肌膜(突触后膜)两侧的离子分布而产生兴奋,引起肌纤维的收缩。

2. **内脏运动神经末梢**(visceral motor nerve ending) 分布于心肌、各种内脏及血管的平

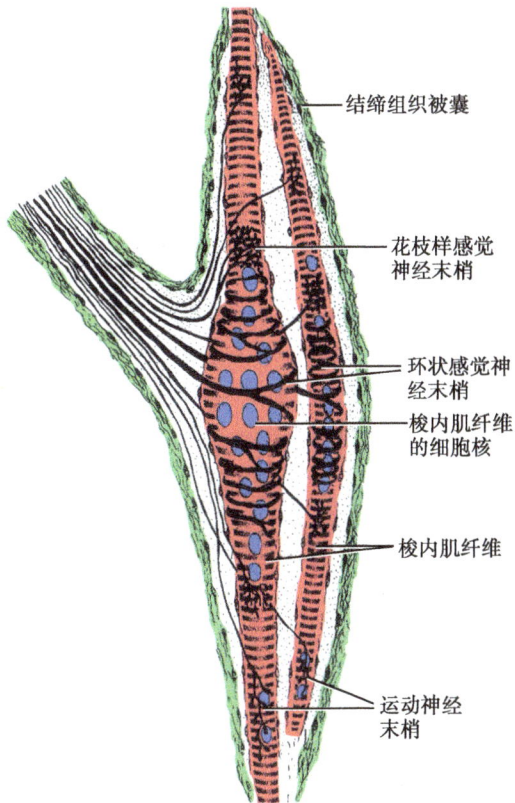

图 1-44 肌梭模式图

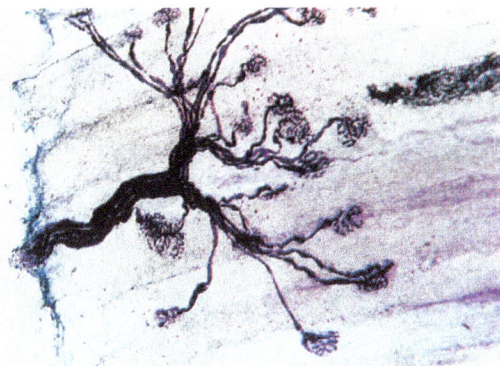

图 1-45 运动终板光镜图
骨骼肌铺片,氯化金染色(青岛医 图)

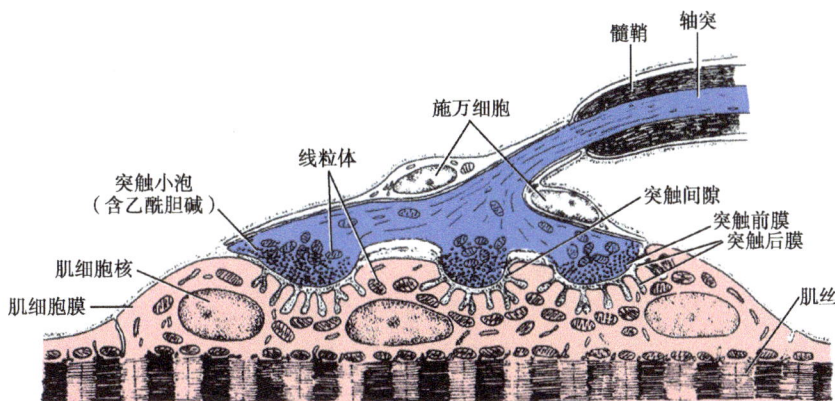

图 1-46 运动终板超微结构模式图

滑肌和腺体等处。其神经纤维较细,无髓鞘,分支末段呈串珠样膨体(varicosity),贴附于肌纤维表面或穿行腺细胞之间,与效应细胞建立突触(图1-47)。

六、神经纤维的变性和再生

神经元受到损伤后,其胞体及其发出的突起都会发生变性反应。当胞体直接受到严重伤害时,可迅速导致整个神经元死亡。如果在靠近胞体处损伤神经纤维,也同样会使神经元发生死亡,但在远离胞体处损伤神经纤维,一般不会引起神经元死亡,甚至可以发生神经纤维再生(regeneration)。

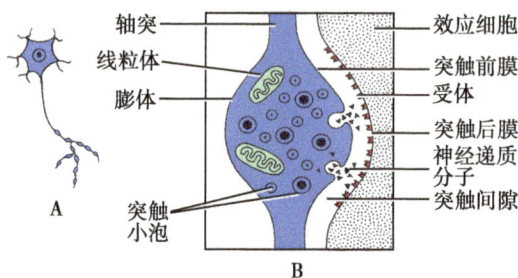

图1-47 内脏运动神经纤维及其末梢(A)与膨体超微结构示意图(B)

(一)溃变

当神经纤维受损伤后,损伤处远侧段的神经纤维全长发生顺向性溃变(anterograde degeneration),即轴突和髓鞘碎裂和溶解。与胞体相连的近侧段神经纤维则发生逆向性溃变,但一般只影响到靠近损伤处1~2节段的髓鞘和轴突处。神经元胞体发生肿胀,胞核移到胞体边缘,胞质内尼氏体溶解,故胞质着色浅淡(图1-48)。

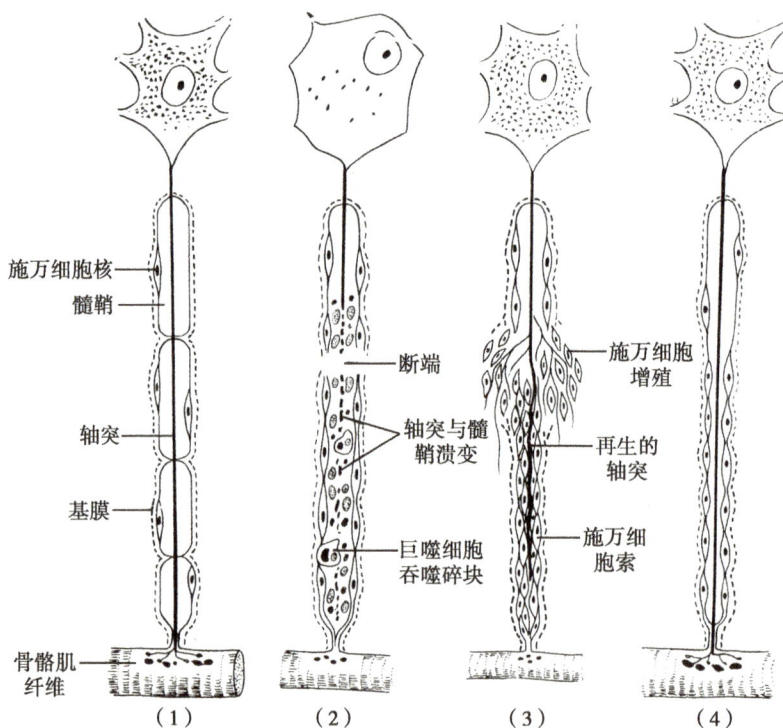

图1-48 周围神经的溃变与再生图解

(二)再生

1. 周围神经纤维的再生 切断神经纤维3周后,其神经元胞体内的尼氏体重新出现,胞体肿胀消失,胞核恢复中央位置。恢复中的胞体不断合成新的蛋白质及其他产物输向轴突,使残留的近侧段轴突末端生长出许多新生的轴突支芽(图1-48)。在轴突和髓鞘发生变性时,包裹神经纤维的基膜仍保留呈管状,施万细胞大量增殖,它们吞噬碎裂的轴突和髓鞘,并在基膜管内排列成细胞索。在靠近断口处的施万细胞形成细胞桥将两断端连在一起,让近侧段神经纤维断端

Note

再生的轴突支芽越过施万细胞桥,进入基膜管内。当再生轴突沿着施万细胞索生长并到达原来神经末梢所在处时,则再生成功(图1-48)。施万细胞能产生多种神经营养因子,对轴突的再生起重要的作用。

2. 中枢神经纤维的再生 虽然中枢神经纤维同周围神经纤维一样具有再生能力,但再生过程比周围神经困难。因为包裹中枢神经纤维的胶质细胞是少突胶质细胞,而不是施万细胞,也无基膜包裹,而且中枢神经微环境中存在有抑制神经再生的化学因子。此外,损伤处神经胶质细胞增殖,形成致密的胶质瘢痕,阻碍再生的轴突支芽越过损伤区。所以,中枢神经纤维的损伤常导致脑或脊髓功能的永久性丧失。但是,有些研究已寻找到一些能促进中枢神经纤维再生的神经营养因子(neurotrophic factor),如神经生长因子、脑源性神经营养因子和睫状神经营养因子等。也有学者将周围神经、胚胎脑或脊髓组织、胚胎干细胞或神经干细胞移植到脑或脊髓内,以期促进脑或脊髓结构和功能的恢复。

(肖　玲)

第四节　干细胞与神经发育

一、神经干细胞定义及其研究历史

神经干细胞(Neural stem cells,NSCs)是指具有分化为神经元、星形胶质细胞和少突胶质细胞的能力,能自我更新并能提供大量脑组织细胞的细胞群。1961年,Leblond及其同事就用DNA放射性标记技术观察到胶质细胞能穿过薄壁组织分裂。1989年,Temple等从13天大鼠胚胎脑隔区取出细胞进行培养,发现这些细胞发育成神经元和神经胶质细胞。其后从成年鼠纹状体、海马齿状回处分离出能在体外不断增殖,并具有向神经元和星形胶质细胞分化潜能的细胞群。这些发现使科学家们意识到神经系统发育(包括外周和中央神经系统)可能与血液系统类似,可以依靠大量的、多能的神经干细胞不断地产生更多单潜能的神经祖细胞,这些神经祖细胞再进一步发育成更分化的子代细胞。20世纪90年代以后的许多研究也证实人脑内同样存在神经干细胞,为人们攻克诸如老年性痴呆、帕金森病以及脊髓侧索硬化症等神经退行性疾病带来了新的前途和希望。

根据所在部位,NSCs可分为两类:①神经嵴干细胞(neural crest stem cell,NC-SC):既可发育为外周神经细胞、神经内分泌细胞和施万细胞,也能分化为色素细胞(pigmented cell)和平滑肌细胞等;②中枢神经干细胞(CNS-NSC):一般是指存在于脑部的中枢神经干细胞,其子代细胞能分化成为神经系统的大部分细胞。根据神经系统发育时序可分为5类有发育潜能的神经干细胞:①神经上皮祖细胞(neuroepithelial progenitors,NEP):具有多能性,能无限增殖,具备强烈的致瘤性;②放射状神经干细胞:具有一定程度的多能性及致瘤性;③神经元能神经干细胞(neurogenic NSCs,N-NSCs):只能产生神经元,但不产生胶质细胞;④胶质细胞能神经干细胞(gliogenic NSCs,G-NSCs):不仅能产生神经元,亦能产生胶质祖细胞;⑤晚期神经干细胞:神经元分化能力相对于前两者明显下降,大部分细胞分化为胶质细胞。

二、神经干细胞在神经发育中的作用

(一) 神经干细胞在出生前神经发育中的作用

神经干细胞在出生前神经发育中的主要作用是负责神经系统的快速生长。中枢神经系统产生于神经管的一群神经上皮祖细胞(NEP),是中枢神经系统早期发育阶段比较均质性的一群神经干细胞,在细胞命运特化之前以对称分裂的方式大量增殖,形成神经板。随着神经板内陷形成神经管,神经上皮祖细胞过渡到放射状神经干细胞。在神经板和神经管图式化过程中,形

态发生子包括成纤维细胞生长因子(fibroblast growth factors, FGFs)、维 A 酸(retinoic acid, RA)、
Sonic hedgehog, 骨形态发生蛋白(bone morphogenic protein, BMP)以不同的时空方式分泌, 使神
经管发生前后轴(anterior-posterior axes)、背腹轴(dorsal-ventral axes)、内侧 - 横向轴(medial-lateral
axes)的图式化, 驱动中枢神经系统主要区域的特化出现: 前脑、中脑、后脑及脊髓。当 NEP 成熟
为中枢神经系统特定区域的前体细胞时, 开始失去上皮细胞的特性, 分裂方式由对称分裂方式
过渡为不对称分裂方式, 由放射状神经干细胞经历以下发育阶段: 神经元能 NSCs、胶质细胞能
NSCs、晚期 NSCs。神经元能 NSCs 的重要特征是产生神经元, 但不产生胶质细胞。但胶质细胞
能 NSCs 不仅能产生神经元, 亦能产生胶质祖细胞等。神经系统体积的不断增大即是这些干细
胞分化成的神经元、胶质细胞以及它们之间不断增加的轴突与连接导致的。自着床前胚胎到成
年脑组织, 均可分离到具备不同发育潜能的神经干细胞(图 1-49): 神经上皮祖细胞、放射状神经
干细胞、神经元能神经干细胞、胶质细胞能神经干细胞、晚期神经干细胞, 有力地证明了神经干
细胞在出生前神经发育中的作用。

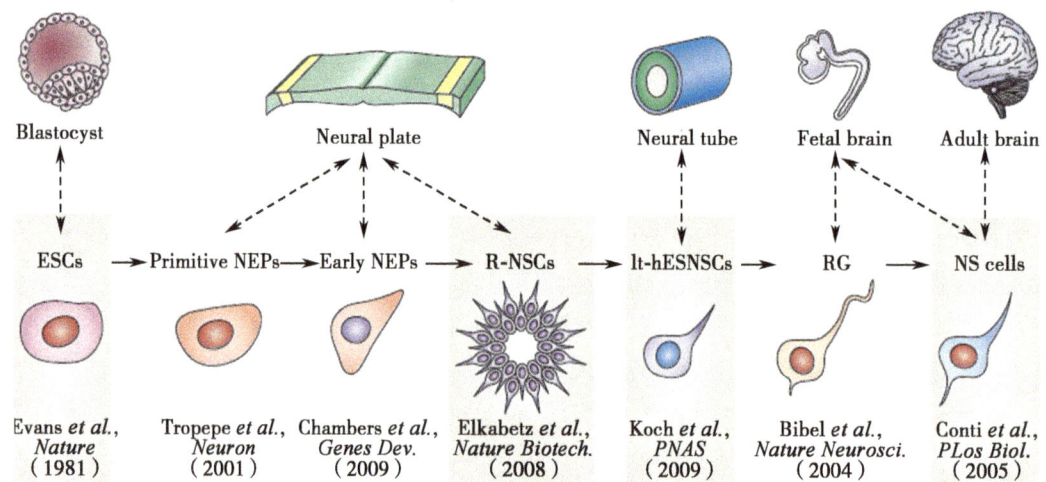

图 1-49　神经系统发育阶段及各阶段存在的 NSCs 模式图

Blastocyst: 囊胚, ESCs: 胚胎干细胞, Primitive NEPs: 原始神经上皮祖细胞, Early NEPs: 早期神经上皮祖
细胞, R-NSCs: 放射状神经干细胞, N-NSCs: 神经元能神经干细胞, RG: 胶质细胞能神经干细胞, NS cells:
晚期神经干细胞

(二)神经干细胞在出生后神经发育中的作用

神经干细胞在出生后神经发育中的作用, 用简单的一句话来概括就是使成体大脑具有可塑
性, 以引导个体适应不断变化的外界环境。大脑可塑性是指在成长、学习、环境压力和病理状态
变化下, 大脑在结构和功能上发生适应性改变。个体出生后的发育阶段经历婴儿(出生 ~2 周
岁)、童年(2~12 岁)、青春期(13~20 岁)这三个阶段。在这三个阶段中, 个体逐渐获得运动发育、
抽象推理、判断及创造能力, 最终使前额叶皮层日益成熟。前额叶皮层是与年龄有关的认知功
能、判断、决策变化的基础, 在工作记忆、规划以及执行动作、抑制不恰当的反应中起到了重要
作用。越来越多的证据表明运动能增加神经发生, 学习本身可能会影响成体神经发生, 技能训
练导致皮层运动区重组。事实上神经发生伴随个体一生, 但随着年龄增长神经发生的能力会
逐渐下降; 另一方面, 抗抑郁药物及乙醇引起神经发生能力的下降, 均证明了神经干细胞及其
引起的神经发生在个体出生后仍然存在, 并对个体的发育及适应环境改变的能力起着巨大的
作用。

成体大脑内潜在的静态神经干细胞模型及在环境改变下可能的神经发生路径, 见图 1-50。
在哺乳动物中, 成体神经发生主要在两个区域: 海马齿状回亚粒区(SGZ)和室下区(SVZ)。最新

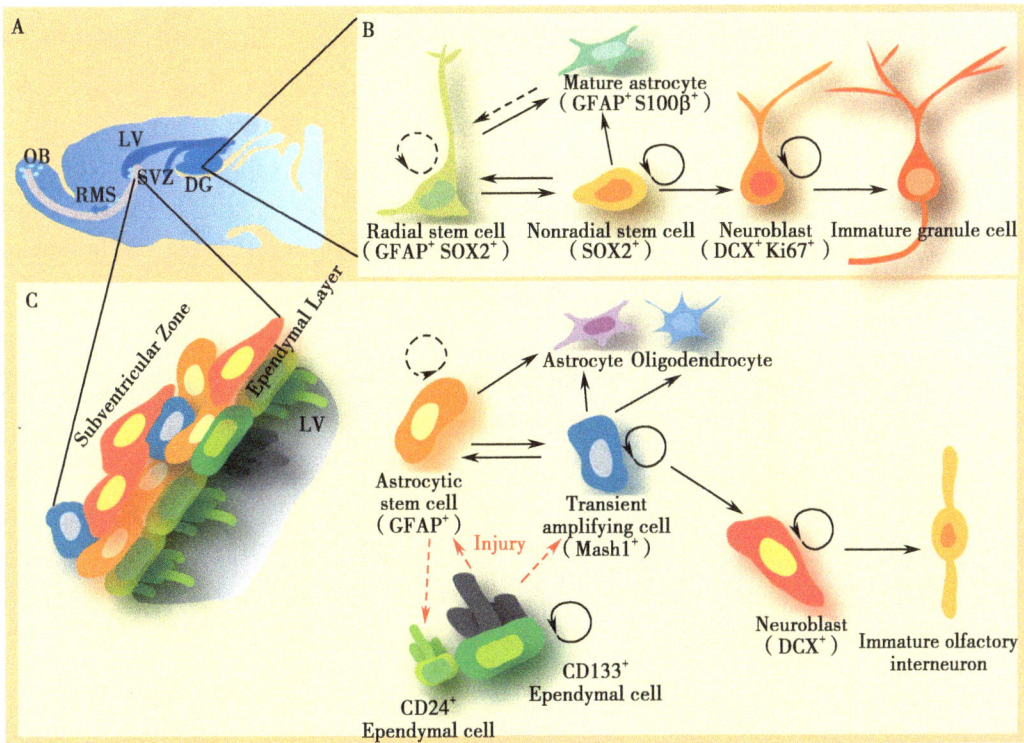

图 1-50　成体大脑潜在的静态神经干细胞模型

A. 成体大脑中两个神经区域:海马齿状回(dentate gyrus,DG)的颗粒下层(subgranular zone,SGZ)和侧脑室(lateral ventricles,LV)的脑室下区(subventricular zone,SVZ);B. 成体 SVZ 区潜在的细胞谱系关系;C. 成体 SGZ 潜在的细胞谱系关系

研究已经证实,成体大脑的新生神经元能整合到已经存在的神经通路并接受功能性信号输入。当外界环境变化引起个体体内神经递质、激素水平、生长因子等变化,这种变化引导体内静态的神经干细胞与微环境(niche)相互作用而引起神经发生。

三、神经干细胞与成体神经再生

(一)成体神经干细胞与神经再生的发现

长期以来,人们认为成体中枢神经系统缺乏再生能力,大多数神经元处于分化终末期,不能自我更新。直到 20 世纪 90 年代,才真正证明在成年哺乳动物大脑中存在神经干细胞和神经发生,每天都有成千上万个新神经元产生。成体神经干细胞与神经再生的发现归功于现代生物技术的发展,其发现历程可以分为四个阶段:①发现神经细胞增殖现象:1992 年 Gould、Cameron 以及 McEwen 等三人发现负压程度影响齿状回区域增殖细胞的数量,随后这一发现被陆续得到证实,运动能增加神经发生、学习本身可能会影响神经发生;②免疫组织化学技术与共聚焦技术结合证明,齿状回区域分裂细胞的确变为神经元,随着细胞移植技术的诞生,Lois 与 Alvarez Buylha 等证实内源的和移植的 SVZ 细胞迁移至嗅球区域,不仅如此,他们同时证明成年动物的 SVZ 区域干细胞表达星形胶质细胞标志物 GFAP;③用 BrdU 进行放射诊断的脑肿瘤患者,采用 ^{14}C 在 DG 区发现新生的神经元;④在体外特定培养系统中成功分离、扩增出来自成年神经系统组织的神经干细胞。1992 年,Reynolds、Weiss 等首次从纹状体的外侧壁解剖得到 SVZ 细胞并使其增殖为神经球,这些神经球亦能在体外单层贴壁培养,神经干细胞体外扩增培养这一突破性进步使科研人员能更详细地探索神经细胞调节自身及其他周围细胞间行为的机制,促进了神经干细胞研究快速发展。

（二）神经干细胞的获得途径

1. 来源于神经组织　分为两条途径：①来源于流产胎儿脑组织，即从流产胎儿脑组织分离神经干细胞，所获的神经干细胞成为胎儿神经干细胞；②来源于成年脑组织，即从手术废弃的成年脑组织中分离神经干细胞，所获的神经干细胞成为成体神经干细胞。这一方法的优点是获取的细胞均为神经干细胞或少量的分化神经细胞，缺点是组织来源少，且存在伦理限制问题。

2. 来源于胚胎干细胞　即将胚胎干细胞在特定的神经干细胞诱导培养液里诱导成神经干细胞，这一方法的优点是可以通过体外诱导培养获取大量的神经干细胞，缺点是所获得的细胞中可能存在少量未分化的胚胎干细胞，如果用于移植治疗存在安全隐患。

3. 来源于其他干细胞转分化　骨髓干细胞、间充质干细胞、脐带血干细胞、羊水干细胞、皮肤干细胞、脂肪组织干细胞等，均可在适当的体外培养条件下转变为神经干细胞。这一途径的优点是组织干细胞致瘤性低，缺点是细胞来源受限制。

4. 来源于体细胞重编程　分为三条途径：①体细胞核移植胚胎干细胞诱导分化，即将体细胞经卵子胞质重编程为胚胎干细胞后再分化为神经干细胞；②多能转录因子诱导的多能干细胞诱导分化，即将体细胞经多能转录因子重编程为多能干细胞后再分化为神经干细胞；③体细胞直接重编程为神经干细胞。这三条途径的优点是可以获得大量的患者自身特异的干细胞，避免免疫排斥，缺点是目前重编程效率尤其核移植技术为基础的重编程效率较低。

四、神经干细胞移植在临床疾病治疗中的应用

正常中枢神经系统产生于神经干细胞这一事实，为利用神经干细胞在受损中枢神经系统再现神经发育提供了合理性。移植体外扩增的 NSCs 重建受损神经网络是神经重建科学取得历史性突破的技术。中枢神经系统的再生修复涉及神经元断裂轴突的再生长、损失神经元细胞的替代、丧失神经功能的恢复，所有这些都是中枢神经再生重要组成部分。然而，如何实现中枢神经系统的完美再生达到修复的目的仍然是一个重要的悬而未决的问题。健康人体依靠细胞分泌和代谢物质维持机体正常功能。在神经系统疾病的发展过程中，相应细胞的功能首先出现衰退或损伤，严重时导致细胞死亡。以干细胞为基础的细胞替代治疗为患者带来了治愈和功能恢复的希望。因为对于其他器官的重大疾病而言，除了传统的治疗手段，尚有器官移植这一备选解决方案，但对于神经系统疾病而言，脑是不可能被移植的器官。因此，干细胞的出现及其独特的特性，促使世界各国的干细胞研究者联合神经系统疾病专家开展了干细胞治疗神经系统疾病的治疗研究。就神经系统疾病而言，目前报道的可用干细胞治疗的疾病种类包括帕金森症、阿尔茨海默病、亨廷顿病、脊髓和脑外伤、肌萎缩性脊髓侧索硬化症和脑卒中等。而治疗这些神经系统疾病的干细胞种类则包括可以分化为神经谱系细胞的各类干细胞，包括胚胎干细胞、诱导的多能干细胞、神经干细胞、骨髓干细胞、间充质干细胞、脐带血干细胞、羊水干细胞、皮肤干细胞、脂肪组织干细胞等。

上述干细胞移植治疗进展似乎提示，干细胞应用于神经系统疾病临床治疗已经触手可及，但真正有突破性发现与重大的治疗性应用还不多，对神经再生医学研究领域一些关键的科学问题尚有待进一步阐明，部分理论发现还长期处于实验室阶段，缺乏在临床的转化与实际应用。无数的患者仍被病魔折磨，他们并没有真正享受到干细胞带来的福音，原因是广大的研究者仍然未完全揭开蒙着干细胞的那层神秘面纱：①神经再生的确切机制尚未阐明；②究竟何种分化程度的干细胞是适合治疗相应的神经系统疾病的最佳选择；③如何准确掌握移植细胞在体内的命运及功能，在研究细胞移植治疗帕金森病时发现，在没有必需的因素干预下的体外实验中，神经干细胞自然分化为多巴胺能神经元的比例只占细胞总数的 0.5%~5%；④细胞迁移增殖的机制是什么，大量体外和体内实验也证实成年脑 SVZ-NSC 在脑损伤发生后能够增殖，迁移到受损部位并分化成新的神经细胞，取代受损脑组织细胞，但是仍不能控制其定向分化为特定的神经细

胞类型,因此如何促进新生的神经元与靶器官建立联系重建突触,使其发挥功能,这仍然是一个尚未解决的课题;⑤移植细胞长期定居在体内是否会引起免疫排斥反应。上述这些问题的一一阐明才能使神经干细胞移植后实现脑功能的完美再生。

(高艳琴)

本章小结

　　神经系统是人体内结构和功能最为复杂的系统,也是最重要的、起主导作用的功能调节系统;神经系统对机体各个器官、系统功能活动的迅速、精确而完善的调节,是人体适应内外环境变化,保证各器官、系统正常功能协调完成的基本保证。人类神经系统包括中枢神经系统和周围神经系统两部分,中枢神经系统由脑和脊髓组成,两者在结构和功能上紧密联系。神经系统的基本功能包括感觉功能、运动功能和高级功能,其基本活动方式是反射。人类的中枢神经系统高度发达,不仅是调控人体各种功能和活动的最高中枢,而且是进行学习、记忆和思维活动的器官。因此,人类不但能适应环境,而且还能认识和改造环境。

　　中枢神经系统由神经元(神经细胞)和神经胶质细胞组成。中枢神经系统约有上千亿个形态不一、大小各异的神经元。神经元是中枢神经系统基本的结构和功能单位。神经元胞体是神经元的营养和代谢中心,具有活跃的蛋白质合成功能。胞内除有一般细胞器和发达的高尔基复合体外,还有丰富的尼氏体和神经原纤维。包膜是可兴奋膜,具有接受、传递和整合信息的功能。神经元胞体上都有突起,突起可分为树突和轴突。每个神经元有一至多个树突,一般只有一个轴突。根据神经元的突起数目,神经元可分为三类,即多极神经元、双极神经元和假单极神经元;根据神经元的功能,亦可分为三类,即感觉神经元、运动神经元和中间神经元。中枢神经系统的胶质细胞有星形胶质细胞、少突胶质细胞、小胶质细胞和室管膜细胞等,其数目比神经元要多几十倍乃至上百倍,对其功能的认识还在不断的探索之中。

　　神经系统起源于外胚层,中枢神经系统的神经组织由神经管演变而来。神经管尾段分化为脊髓,神经管头段演变为脑。神经管头段管壁的演变较尾段更复杂,其神经上皮细胞增生并外迁,分化为成神经细胞和成神经胶质细胞,形成套层。端脑和间脑的套层大部分形成翼板。端脑套层中的大部分细胞都迁至外表面,形成大脑皮质;少部分细胞聚集成团,形成神经核。中脑、后脑和末脑中的套层细胞多聚集成细胞团或细胞柱,形成各种神经核。大脑皮质由端脑套层的成神经细胞迁移和分化而成,分为古皮质、旧皮质和新皮质三个阶段。小脑起源于后脑翼板背侧的菱唇。

　　正常情况下,在胚胎第 4 周末神经沟完全闭合形成神经管。如果失去了脊索的诱导作用或受到环境致畸因子的影响,神经沟就不能正常闭合为神经管。如果前神经孔未闭,就会形成无脑畸形;如果后神经孔未闭,就会形成脊髓裂。无脑畸形常伴有颅顶骨发育不全,称露脑,在患处常形成一个皮肤囊袋。

　　机体内、外环境的变化,首先作用于机体的各种感受器或感觉器官,再通过神经系统特别是中枢神经系统对感觉信息的传递和整合后,产生相应的感觉或知觉,并引起机体的反应,从而使机体更好地应对内外环境的变化,维持内环境的稳态并保证机体功能的实现。因而,感觉既是机体对内外环境变化的检测和感知,又是机体赖以生存的重要功能活动。人体主要的感觉有躯体感觉、内脏感觉及特殊感觉。

　　中枢神经系统的正常活动有赖于其结构的完整及正常的代谢过程。一旦出现代谢异常或结构破坏,就会产生中枢神经系统的功能异常或病变。所有神经元损伤都将发生变性,各种损伤或疾病所造成的神经元胞体溃变极难再生。研究中枢神经系统正常的结构和功能及结构、功能异常后的表现和机制以及药物作用的基本理论,将有益于加深对中枢神经系统的了解和认识,提高人类生活质量,增进人类健康水平、提高各种精神与行为活动的效率,并为神经、精神系统疾病的预防和诊治提供基础和参考。

对中枢神经系统的研究需要多学科、多层次的交叉、渗透与联合。常用的研究方法与技术包括形态学方法、生理药理学方法、电生理学方法、生物化学与细胞、分子生物学方法、神经影像学(脑成像)技术及其他综合性研究方法。

复习思考题

1. 简述中枢神经系统的基本组成和功能。
2. 简述感受器、感觉器官与感觉形成的关系。
3. 了解常用的研究神经系统结构与功能的方法。
4. 简述神经管的发生及其早期分化。
5. 试述脑的发生。
6. 简述神经元和神经胶质细胞的分布、形态结构与功能。
7. 简述突触的超微结构。
8. 简述树突和轴突的结构和功能差别。
9. 试述运动神经元(属多极神经元)的形态结构。

参考文献

1. Koeppen B,Stanton B. Berne&Levy Physiology. 6th ed. Philadelphia:Mosby Elsevier,2008.

2. 柏树令. 系统解剖学. 第 2 版. 北京:人民卫生出版社,2011.

3. Susan Standring.Gray's Anatomy.39th ed.London:Elsevier,2008.

4. 邹仲之、李继承. 组织学与胚胎学. 第 8 版. 北京:人民卫生出版社,2011.

5. Temple S. Division and differentiation of isolated CNS blast cells in microculture. Nature, 1989,340,471-473.

6. Luciano C,Elena C. Neural stem cell systems:physiological players or in vitro entities? Nature Review Neuroscience,2010,11 :176-187.

7. Duan X,Kang E,Liu CY,et al. Development of neural stem cell in the adult brain. Current Opinion in Neurobiology,2008,18 :108-115.

8. Freed CR,Green PE,Breeze RE,et al. Transplantation of embryonic dopamine neurons for severe Parkinson's disease. N Engl J Med,2001,344 :710-719.

第二章　中枢神经系统形态学

第一节　脊　髓

脊髓（spinal cord）起源于胚胎时期神经管的尾段，其原始神经管腔演化为脊髓的中央管，与脑相比是分化较低、结构较为简单的中枢神经的低级部分，仍保留着明显的节段性。脊髓与分布于躯干和四肢的 31 对脊神经相连。脊髓与脑的各部之间有着广泛的纤维联系，正常状态下，脊髓的活动是在脑的控制下进行的，但脊髓本身也能完成许多反射活动。

一、脊髓的位置和外形

脊髓位于椎管内，全长 42~45cm，最宽处横径为 1~1.2cm，重 20~25g，仅占中枢神经系统全重的 2%，略呈圆柱形，前后稍扁，外包被膜，与脊柱的弯曲一致。脊髓上端平齐枕骨大孔处与延髓相连，下端尖细如锥，为脊髓圆锥（conus medullaris），尖端约平对第 1 腰椎下缘（新生儿可达第 3 腰椎下缘），软脊膜由此向下续为一条结缔组织细丝，即终丝（filum terminale）。终丝分为两段：上段长约 15cm，悬浮于蛛网膜下腔内，为内终丝；下段长约 5cm，有硬脊膜鞘包裹，其下端附于第 1 尾椎背面，为外终丝，起固定脊髓的作用。

脊髓全长粗细不等，有两个梭形膨大部。上方的称颈膨大（cervical enlargement），从第 4 颈髓节段至第 1 胸髓节段。下方的称腰骶膨大（lumbosacral enlargement），从第 2 腰髓节段至第 3 骶髓节段。两个膨大的形成是由于此处神经元和纤维数目增多所致，与四肢的出现有关。膨大的发展与四肢的发展相适应，人类的上肢功能特别发达，因而颈膨大比腰骶膨大明显（图 2-1）。

脊髓表面有 6 条平行的纵沟。前面正中较明显的沟称前正中裂（anterior median fissure），后面正中较浅的沟为后正中沟（posterior median sulcus）。这两条纵沟将脊髓分为左右对称的两半。脊髓两侧的前外侧面有 1 对前外侧沟（anterolateral sulcus），有脊神经前根的根丝附着；两侧的后外侧面有 1 对后外侧沟（posterolateral sulcus），有脊神经后根的根丝附着。此外，在颈髓和胸髓的上部，后正中沟和后外侧沟之间，还有一条较浅的后中间沟（posterior intermediate sulcus），是薄束和楔束在脊髓表面的分界标志。

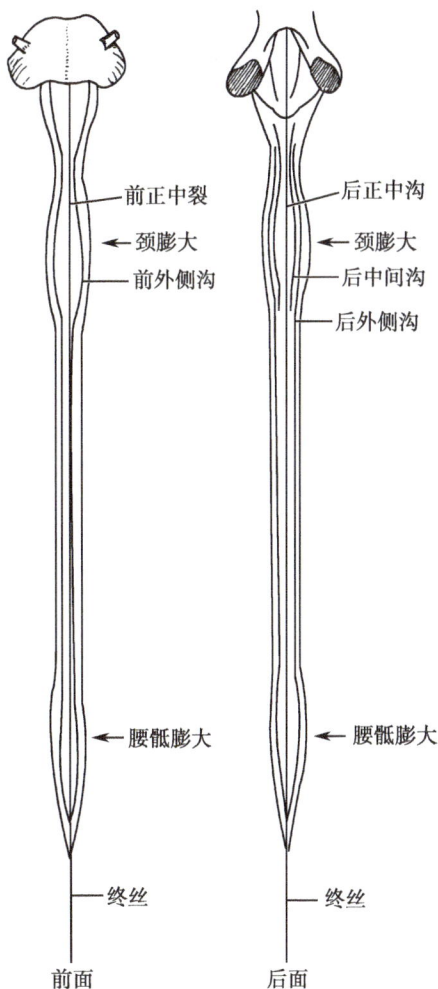

前正中裂
颈膨大
前外侧沟

后正中沟
颈膨大
后中间沟
后外侧沟

腰骶膨大

腰骶膨大

终丝

终丝

前面

后面

图 2-1　脊髓外形简图

脊髓表面无分节段现象,但可依据脊神经根作为表面标志,将脊髓划分为相应的脊髓节段。即每一对脊神经前、后根的根丝所连的一段脊髓称为一个脊髓节段。脊神经共有31对,故脊髓可分为31个节段:即颈髓(C)8个节段、胸髓(T)12个节段、腰髓(L)5个节段、骶髓(S)5个节段和尾髓(Co)1个节段。

在胚胎3个月以前,脊髓占据椎管全长,脊髓各节段分别与相应的椎骨平齐,各脊神经根基本呈水平位伸向两侧,经相应的椎间孔合成脊神经出椎管。从胚胎第4个月起,脊柱的生长较脊髓快,且脊髓上端连于延髓而位置固定,导致脊髓节段的位置逐渐高于相应的椎骨,出生时脊髓下端到达第3腰椎,至成人则达第1腰椎下缘。由于脊髓的相对升高,腰、骶、尾部的脊神经根,在穿经相应椎间孔合成脊神经前,在椎管内几乎垂直下行,这些脊神经根在脊髓圆锥下方,围绕终丝聚集成束,形成马尾(cauda equina)。因第1腰椎以下已无脊髓,故临床上进行脊髓蛛网膜下隙穿刺抽取脑脊液或麻醉时,常选择第3、4腰椎棘突间进针,以免损伤脊髓。

脊髓下端与椎骨的关系,各人不尽相同,在变异情况下,脊髓下端可高达胸椎下部,或低至第3腰椎的下缘,故在第3腰椎以下穿刺较为安全。

成人脊髓的长度与椎管的长度不一致,所以脊髓的各个节段与相应的椎骨不在同一高度。成人上颈髓节段(C_1~C_4)大致平对同序数椎骨,下颈髓节段(C_5~C_8)和上胸髓节段(T_1~T_4)约平对同序数椎骨的上1块椎骨,中胸髓节段(T_5~T_8)约平对同序数椎骨的上2块椎骨,下胸髓节段(T_9~T_{12})约平对同序数椎骨的上3块椎骨,腰髓节段约平对第10~12胸椎,骶髓、尾髓节段约平对第1腰椎。了解脊髓节段与椎骨的对应高度,对判断脊髓损伤的平面及手术定位具有重要的临床意义(图2-2)。

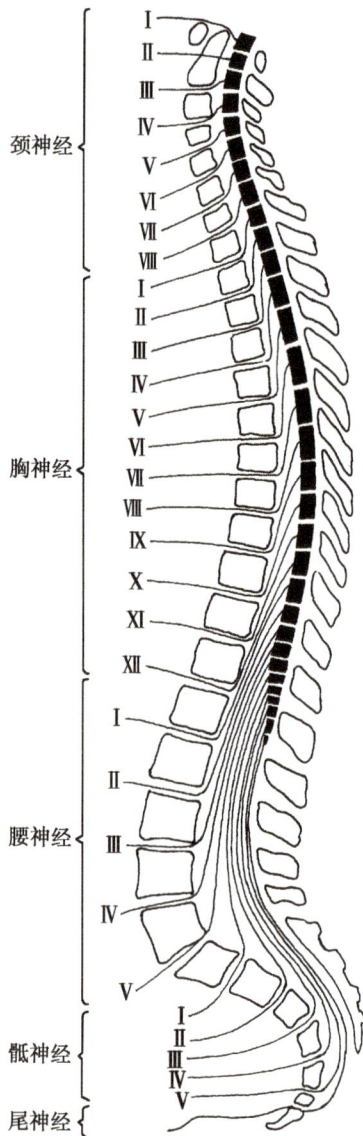

图2-2   脊髓节段与椎骨序数的关系模式图

二、脊髓的内部结构

脊髓主要由灰质和白质组成。在脊髓的水平面(图2-3,图2-4)上,可见中央有一细小的中央管(central canal),管壁上有室管膜上皮覆盖,围绕中央管周围是H形的灰质(gray matter),灰质的外周是白质(white matter)。脊髓切片经染色后,灰、白质更便于区分。

在纵切面上,脊髓灰质纵贯成柱;在横切面上,有些灰质柱呈突起状称为角。每侧的灰质,前部扩大为前角(anterior horn)或前柱(anterior column);后部狭细为后角(posterior horn)或后柱(posterior column),它由后向前又可分为头、颈和基底三部分;前、后角之间的区域为中间带(intermediate zone),在胸髓和上腰髓(T_1~L_3),中间带外侧部向外伸出侧角(lateral horn)或侧柱(lateral column);中央管前、后的灰质分别称为灰质前连合(anterior gray commissure)和灰质后连合(posterior gray commissure),连接两侧的灰质。

白质借脊髓表面的纵沟分为3个索,前正中裂与前外侧沟之间为前索(anterior funiculus),前、

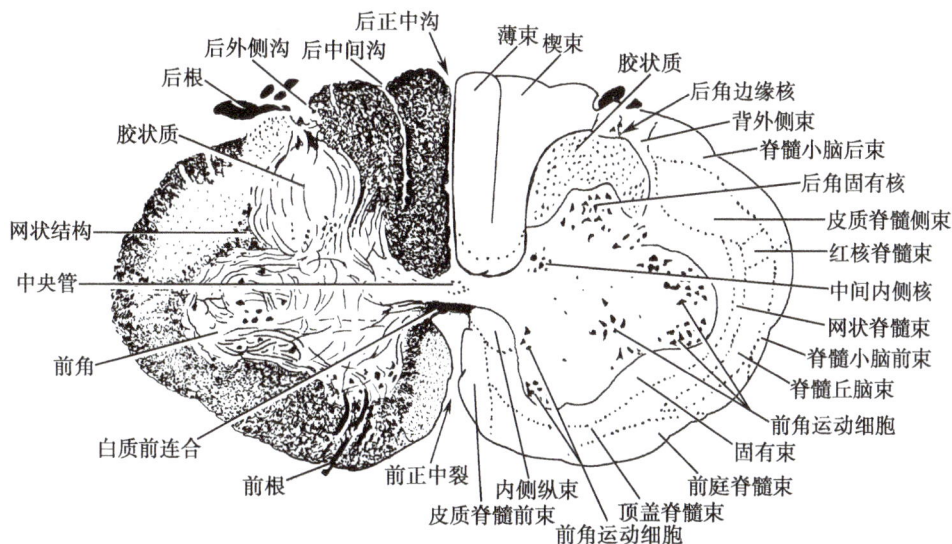

图 2-3　新生儿脊髓颈膨大部的水平切面

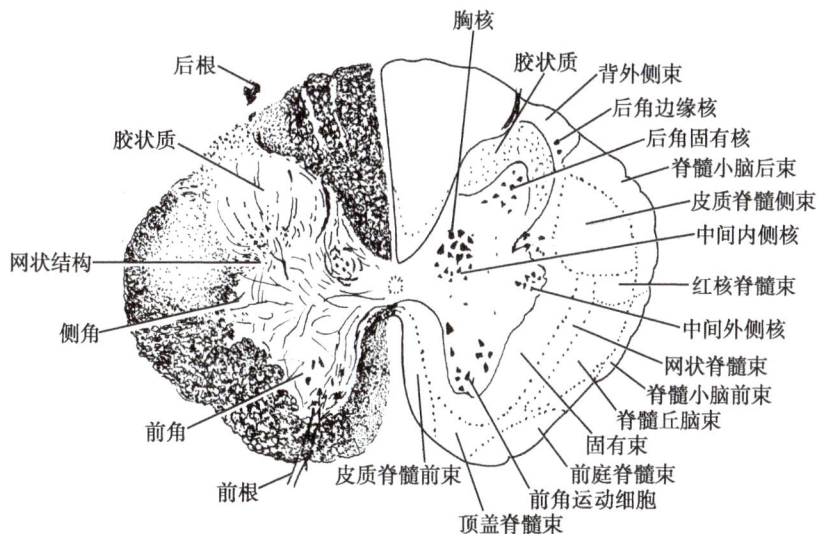

图 2-4　新生儿脊髓胸部的水平切面

后外侧沟之间为外侧索(lateral funiculus),后外侧沟与后正中沟之间为后索(posterior funiculus)。灰质前连合前方的白质内因有纤维横越,称白质前连合(anterior white commissure)。在后角基部外侧与白质之间,灰、白质混合交织,称网状结构,在颈部比较明显。

中央管为细长的管道,纵贯脊髓全长,内含脑脊液。此管向上经延髓下部的中央管通第四脑室,向下在脊髓圆锥内扩大为一梭形的终室(terminal ventricle)。40 岁以上的人中央管常闭塞。

(一) 脊髓灰质

脊髓灰质是神经元胞体及树突、神经胶质和血管等的复合体。灰质内的神经元胞体往往聚集成群(神经核)或分布呈层。Rexed 在 1952 年提出脊髓灰质分层结构的概念,即 Rexed's laminae 学说。他根据神经元的形态、大小及排列,认为脊髓灰质内的神经元不是分群存在,而是像大、小脑皮质的细胞一样,可区分为若干板层。一切高等哺乳动物均有类似的分层。Rexed 将脊髓灰质共分为 10 层,每侧灰质从后向前分为 9 层,分别用罗马数字Ⅰ~Ⅸ表示,中央管周围灰质为第 X 层(图 2-5)。

Ⅰ层(lamina Ⅰ):又称边缘层,是后角尖端表面包被的薄层灰质,呈弧形,并弯绕到后角头的

Note

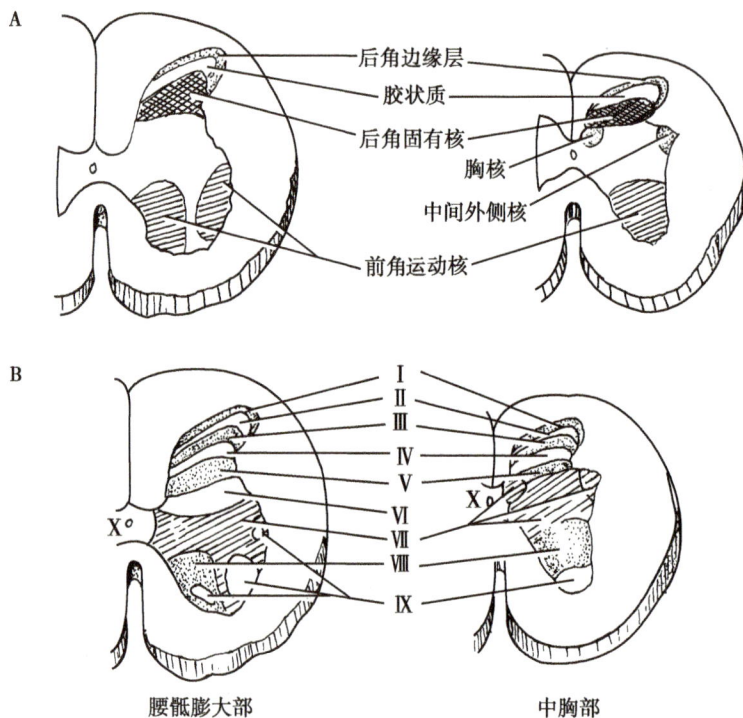

图 2-5 脊髓灰质主要核团及 Rexed 分层模式图

A. 灰质核团；B. 灰质分层

外侧，构成脊髓灰质最背侧部分。内有粗细不等的纤维束穿过，呈松散的海绵状或网状外观，故称海绵带。内含大、中、小型神经元，此层在腰骶膨大处最清楚，胸髓处不明显。层内有后角边缘核(posteromarginal nucleus)，接受后根的传入纤维，发出纤维参与组成脊髓丘脑束。人的Ⅰ层特别发达，猴、犬的则很不发达。

Ⅱ层(lamina Ⅱ)：占据灰质后角头之大部，由大量密集的圆形或梭形的小型神经元组成。此层几乎不含有髓纤维，在新鲜脊髓切片上呈半透明的胶状，以髓鞘染色法不着色，故称胶状质(substantia gelatinosa)。此层接受后根外侧部传入纤维(薄髓和无髓)的侧支及从脑干下行的纤维，发出纤维主要参与组成背外侧束，在白质中上、下行若干节段，与相邻节段的Ⅰ~Ⅳ层神经元构成突触。此层对分析、加工脊髓的感觉信息，特别是痛觉信息起重要作用。

Ⅲ层(lamina Ⅲ)：与Ⅱ层平行，所含神经元胞体略大，形态多样，细胞密度比Ⅱ层略小。该层还含有许多有髓纤维。

Ⅳ层(lamina Ⅳ)：较厚，细胞排列较疏松，其大小形态各异，有小圆形细胞、中等的三角形细胞和大型星形细胞。

Ⅲ层和Ⅳ层内较大的细胞群组成后角固有核(nucleus proprius)。此二层接受大量的后根传入纤维，发出的纤维联络脊髓的不同节段并进入白质形成纤维束。

Ⅰ至Ⅳ层相当于后角头，向上与三叉神经脊束核的尾端相延续，是皮肤感受外界痛、温、触、压觉等刺激的初级传入纤维终末和侧支的主要接受区，故属于外感受区。Ⅰ至Ⅳ层发出纤维到节段内和节段间，参与许多复杂得多突触反射通路，以及发出上行纤维束到脑的不同部位。

Ⅴ层(lamina Ⅴ)：是一厚层，占据后角颈部，细胞形态大小不一，可分为内侧部和外侧部。内侧部占 2/3，与后索分界明显。外侧部占 1/3，细胞较大、染色明显，位于上下前后纵横交错的纤维束之间，形成所谓的网状结构。接受来自于皮肤、肌肉和内脏传入的细纤维。

Ⅵ层(lamina Ⅵ)：位于后角基底部，在颈膨大和腰骶膨大处发育最佳，分内、外侧两部。内侧 1/3 含密集深染的中、小型细胞；外侧 2/3 细胞疏松，由较大的三角形和星形细胞组成。接受本体感觉和一些皮肤的初级传入纤维。

Ⅴ层和Ⅵ层接受后根本体感觉的初级传入纤维，以及自大脑皮质运动区、感觉区和皮质下结构的大量下行纤维，提示该二层密切参与躯体运动的调节。

Ⅶ层（lamina Ⅶ）：主要位于中间带，向后内侧可延伸至后角基底部。此层含有一些明显的核团：胸核、中间内侧核和中间外侧核。此层的外侧部与中脑和小脑之间有广泛的上、下行的纤维联系（通过脊髓小脑束、脊髓顶盖束、脊髓网状束、顶盖脊髓束、网状脊髓束和红核脊髓束），因此参与姿势与运动的调节。其内侧部有许多与毗邻灰质和脊髓节段的脊髓固有反射连接，与运动和自主功能有关。胸核（thoracic nucleus）又称背核（dorsal nucleus）或 Clarke 柱（Clarke's column），见于 C_8~L_3 节段，位于后角基底部内侧和中间带内背侧区，靠近白质后索，接受后根的传入纤维，发出纤维到脊髓小脑后束和脊髓中间神经元。胚胎脊髓背外侧至中央管的细胞迁移到中央管外侧形成靠近中央管的中间内侧核（intermediomedial nucleus）和位于侧角的中间外侧核（intermediolateral nucleus）。中间外侧核（T_1~L_2 或 L_3 节段）是交感神经节前神经元胞体所在的部位，即交感神经的低级中枢，发出纤维经前根进入脊神经，再经白交通支到交感干。这种节前纤维也来自中间内侧核的细胞，该核的其余细胞属中间神经元。在 S_2~S_4 节段，Ⅶ层的外侧部有骶副交感核（sacral parasympathetic nucleus），是副交感神经节前神经元胞体所在的部位，即副交感神经的低级中枢，发出纤维组成盆内脏神经。

Ⅷ层（lamina Ⅷ）：在脊髓胸段，横跨前角基底部；在颈、腰骶膨大处局限于前角内侧部。此层由大小不同、形态各异的细胞组成，为脊髓固有的中间神经元。接受邻近层的纤维终末、对侧Ⅷ层来的联合纤维终末以及一些下行纤维束（如网状脊髓束、前庭脊髓束、内侧纵束）的终末；发出纤维至两侧，直接或通过兴奋 γ- 运动神经元间接影响 α- 运动神经元。

Ⅸ层（lamina Ⅸ）：是一些排列复杂的核柱，位于前角的腹侧，由前角运动神经元和中间神经元组成。前角运动神经元包括大型的 α- 运动神经元和小型的 γ- 运动神经元。α- 运动神经元的纤维支配跨关节的梭外肌纤维，引起关节运动；γ- 运动神经元支配梭内肌纤维，其作用与肌张力调节有关。此层内的中间神经元是一些中、小型神经元，大部分是分散的，少量的细胞形成核群，如前角连合核，发出轴突终于对侧前角。有一些小型的中间神经元称为 Renshaw 细胞，它们接受 α- 运动神经元轴突的侧支，其轴突（可能释放甘氨酸）反过来与同一或其他 α- 运动神经元形成抑制性突触，形成负反馈环路。

在颈、腰骶膨大处，前角运动神经元主要分为内、外侧两群。内侧群又称前角内侧核，与其他部位的前角运动神经元一样，发出纤维经脊神经前根至脊神经，支配躯干的固有肌。外侧群又称前角外侧核，发出纤维经脊神经前根至脊神经，支配四肢肌。此外，还有以下核群：位于 $C_{1~5,6}$ 节段不规则形的副神经核组（accessory group），其轴突组成副神经的脊髓根；位于 $C_{3~7}$ 节段的膈神经核（phrenic nucleus），发出纤维支配膈肌；L_2~S_1 节段的腰骶核（lumbosacral nucleus），其轴突分布尚不清楚。

前角运动神经元损伤后可导致所支配的骨骼肌弛缓性瘫痪，表现为运动丧失、肌肉萎缩、肌张力低下、腱反射消失。

Ⅹ层（lamina Ⅹ）：位于中央管周围，内含小型神经元和胶质细胞，包括灰质前、后连合。某些后根的纤维终于此处。

脊髓灰质内有许多神经核团，它们与各层的对应关系见表 2-1。

（二）脊髓白质

脊髓白质的神经纤维可分为：传入纤维、传出纤维，上行纤维、下行纤维和脊髓固有纤维。这些纤维组成不同的纤维束，各纤维束的大致位置见图 2-3、图 2-4。

传入纤维由脊神经节神经元的中枢突组成，经后根进入脊髓，分内、外侧两部分。内侧部纤维粗，沿后角内侧部进入后索，组成薄束、楔束，主要传导本体感觉和精细触觉，其侧支进入脊髓

表 2-1　脊髓灰质各层与核团的对应关系

层	对应的核团或部位	层	对应的核团或部位
I	后角边缘核	VII	中间带、胸核　中间内侧核
II	胶状质		中间外侧核　骶副交感核
III、IV	后角固有核	VIII	前角基底部
V	后角颈	IX	前角内侧核　前角外侧核
VI	后角基底部	X	中央灰质

灰质。外侧部主要由细的无髓和有髓纤维组成,这些纤维进入脊髓上升或下降 1~2 节段,在胶状质的背外侧聚集成背外侧束(dorsolateral fasciculus)或称 Lissauer 束,由此束发出侧支或终支进入后角。后根外侧部的细纤维主要传导痛觉、温度觉、粗触压觉和内脏感觉信息。

传出纤维由灰质前角运动神经元发出的躯体运动纤维、侧角发出的交感和副交感节前纤维组成,经前根至周围神经。

上行纤维起自脊髓,将后根的传入信息和脊髓的信息上传至脊髓以上的脑区。下行纤维起自各脑区的神经元,下行与脊髓神经元发生突触联系。脊髓固有纤维(脊髓固有束)执行脊髓节段内和节段间的联系。

1. 上行纤维(传导)束　又称感觉传导束,主要是将后根传入的各种感觉信息向上传递到脑的不同部位。

(1) 薄束(fasciculus gracilis)和楔束(fasciculus cuneatus):此二束位于后索,是脊神经后根内侧部的粗纤维在同侧脊髓后索的直接延续(图 2-6)。薄束起自同侧第 5 胸节及以下的脊神经节细胞,楔束起自同侧第 4 胸节及以上的脊神经节细胞。这些细胞的周围突分别至肌、腱、关节和皮肤的感受器;中枢突经后根内侧部进入脊髓,在后索上行,止于延髓的薄束核和楔束核。薄束在第 5 胸节以下占据后索的全部,在胸 4 以上只占据后索的内侧部,楔束位于后索的外侧部。薄、楔束传导同侧躯干及上下肢的肌、腱、关节的本体感觉(位置觉、运动觉和震动觉)和皮肤的精细触觉(如通过触摸辨别物体纹理粗细和两点距离)信息。当脊髓后索病变时,本体感觉和精细触觉的信息不能向上传至大脑皮质。患者闭目时,不能确定关节的位置和运动方向,两点辨别觉和震动觉亦减退或消失。由于丧失位置觉,导致随意运动拙笨、不准确及协调不良(后索性运动失调)。

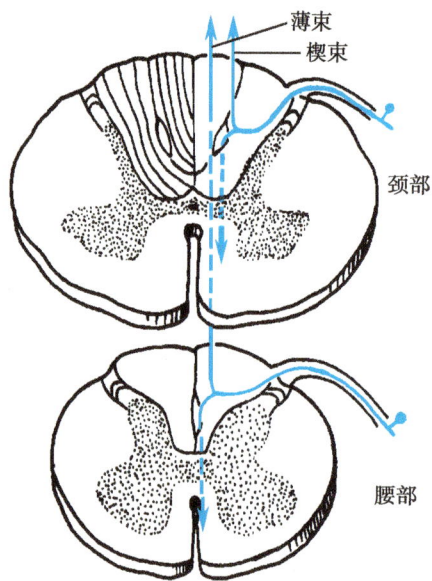

图 2-6　薄束和楔束

(2) 脊髓小脑束:包括脊髓小脑前束、脊髓小脑后束、脊髓小脑嘴侧束和楔小脑束。

脊髓小脑前束(anterior spinocerebellar tract):位于脊髓外侧索周边部的腹侧份,其纤维大部分起自对侧、小部分起自同侧腰骶膨大处 V 至 VII 层的外侧部(相当于后角基底部和中间带的外侧部),经小脑上脚进入小脑皮质。

脊髓小脑后束(posterior spinocerebellar tract):位于外侧索周边部的背侧份,主要起自同侧 VII 层的胸核,但也有来自对侧胸核经白质前连合交叉过来的少许纤维,上行经小脑下脚终于小脑皮质。由于胸核位于胸髓和上腰髓,所以此束仅见于 L_2 以上脊髓节段。

此二束传递下肢和躯干下部的非意识性本体感觉和触、压觉信息至小脑。后束传递的信息可能与肢体个别肌的精细运动和姿势的协调有关,前束所传递的信息则与整个肢体的运动和姿势有关。

脊髓小脑嘴侧束将同侧上肢的本体感觉和触、压觉信息经小脑下脚和上脚传递至小脑。楔小脑束将同侧躯干上部及上肢的本体感觉和触、压觉信息经小脑下脚传至小脑。

(3) 脊髓丘脑束:分为脊髓丘脑侧束(lateral spinothalamic tract)和脊髓丘脑前束(anterior spinothalamic tract)(图2-7)。脊髓丘脑侧束位于外侧索的前半部,并与其邻近的纤维束有重叠,主要传递痛、温觉信息。脊髓丘脑前束位于前索,前根纤维的内侧,主要传递粗触觉、压觉信息。脊髓丘脑束主要起自脊髓灰质Ⅰ和Ⅳ~Ⅷ层,纤维经白质前连合时上升1~2节段,或先上升1~2节段后经白质前连合,至对侧外侧索和前索上行(但脊髓丘脑前束含有少量不交叉的纤维),止于背侧丘脑。当一侧脊髓丘脑侧束损伤时,损伤节段下1~2节段平面以下的对侧身体部位痛、温觉减退或消失。

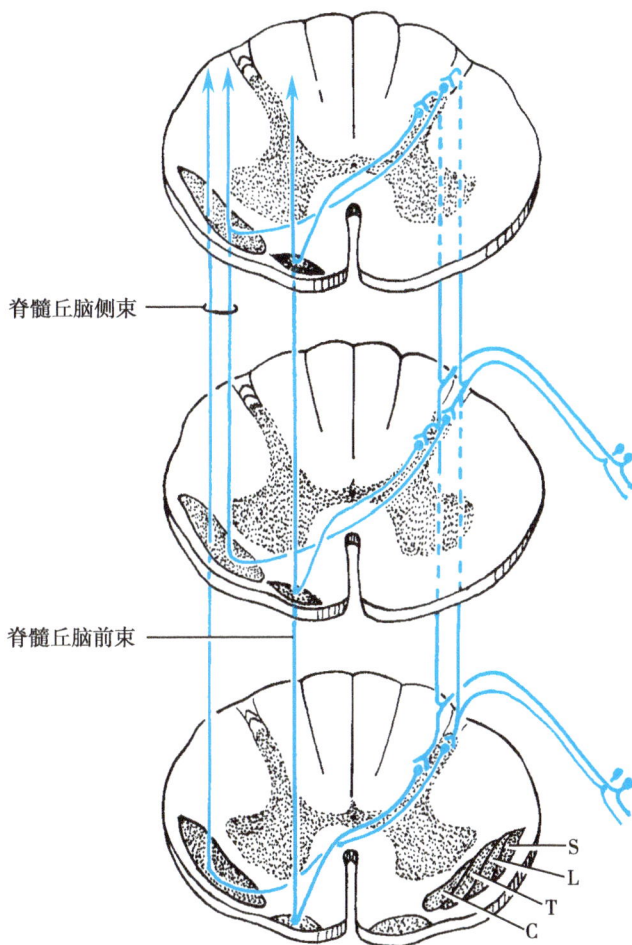

图 2-7 脊髓丘脑侧束和前束

(4) 内脏感觉束(visceral sensory tract):内脏感觉纤维起自脊神经节细胞,其周围突至胸、腹腔器官,中枢突入脊髓,经后角和中间带细胞中继,发出的纤维伴随脊髓丘脑束上行至脑。

除以上介绍的上行传导束以外,还有脊髓网状束、脊髓中脑束、脊髓橄榄束等。

2. 下行纤维(传导)束 即运动传导束,起自脑的不同部位,直接或间接止于脊髓前角或侧角。管理骨骼肌的下行纤维束分为锥体系和锥体外系,前者包括皮质脊髓束和皮质核束,后者包括红核脊髓束、前庭脊髓束等。

(1) 皮质脊髓束(corticospinal tract):起于大脑皮质中央前回和其他一些皮质区域,下行至延髓锥体交叉处，大部分(75%~90%)纤维交叉至对侧半脊髓下行，称为皮质脊髓侧束(lateral corticospinal tract)，未交叉的纤维在同侧下行为皮质脊髓前束(anterior corticospinal tract)，另有少量未交叉的纤维在同侧下行加入至皮质脊髓侧束，称皮质脊髓前外侧束(anterolateral corticospinal tract)(图2-8)。

1) 皮质脊髓侧束：在脊髓外侧索后部下行，直至骶髓(约S_4)，纤维依次经各节灰质中继后或直接终于同侧前角运动神经元，主要是前角外侧核。

2) 皮质脊髓前束：在前索最内侧下行，只达脊髓中胸部，大多数纤维逐节经白质前连合交叉，中继后终于对侧前角运动神经元。部分不交叉的纤维，中继后终于同侧前角运动神经元。皮质脊髓前束主要终于双侧前角内侧核。

3) 皮质脊髓前外侧束：由不交叉的纤维组成，沿侧束的前外侧束下降，大部分终于颈髓，小部分可达腰骶部。

皮质脊髓束的纤维到达脊髓灰质后，大部分纤维与Ⅳ~Ⅷ层的中间神经元形成突触，通过中间神经元间接地影响前角运动神经元。也有纤维直接与前角外侧核的运动神经元(主要是支配肢体远端小肌肉的运动神经元)相突触。

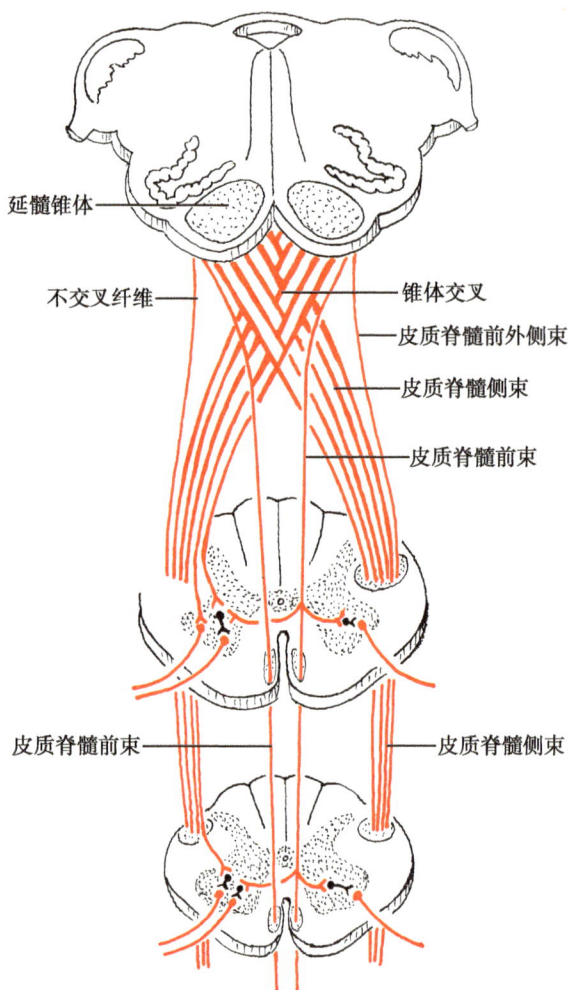

延髓锥体
不交叉纤维
锥体交叉
皮质脊髓前外侧束
皮质脊髓侧束
皮质脊髓前束
皮质脊髓前束
皮质脊髓侧束

图2-8　皮质脊髓束

(2) 红核脊髓束(rubrospinal tract)：起自中脑红核，纤维交叉至对侧，在脊髓外侧索内下行，至Ⅴ~Ⅶ层。在人类此束可能仅投射至上3个颈髓节段。此束有兴奋屈肌运动神经元、抑制伸肌运动神经元的作用，它与皮质脊髓束一起对肢体远端肌肉运动发挥重要影响。

(3) 前庭脊髓束(vestibulospinal tract)：起于前庭神经核，在同侧前索外侧部下行，止于Ⅷ层和部分Ⅶ层。主要兴奋伸肌运动神经元，抑制屈肌运动神经元，在调节身体平衡中起作用。

(4) 网状脊髓束(reticulospinal tract)：起自脑桥和延髓的网状结构，大部分在同侧下行，行于白质前索和外侧索前内侧部，止于Ⅶ、Ⅷ层。有兴奋或抑制 α- 和 γ- 运动神经元的作用。

(5) 顶盖脊髓束(tectospinal tract)：主要起自中脑上丘，向腹侧行，于中脑水管周围灰质腹侧经被盖背侧交叉越边，在前索内下行，终止于颈髓上段Ⅵ~Ⅷ层，有完成视觉、听觉的姿势反射运动的功能，与兴奋对侧、抑制同侧颈肌的运动神经元形成多突触联系。

(6) 内侧纵束(medial longitudinal fasciculus)：位于前索，为一复合的上、下行纤维的总合，在脑干起于不同的核团，进入脊髓的为内侧纵束降部，终于Ⅶ层、Ⅷ层，中继后影响前角运动神经元。其作用主要是协调眼球的运动和头部的姿势。

(7) 下行内脏通路：在脊髓中，尚有下行纤维将冲动传至中间外侧核的交感神经节前神经元和骶髓2~4节段的副交感节前神经元，经此支配平滑肌、心肌和腺体。这些下行纤维主要来自下丘脑和脑干的有关核团及网状结构，下行于脊髓的前索和外侧索中。

3. 脊髓固有束(propriospinal tract)　脊髓固有束纤维局限于脊髓内，其上行或下行纤维的起止神经元均位于脊髓灰质。脊髓内的大多数神经元属于脊髓固有束神经元，多数位于Ⅴ~Ⅶ层内。脊髓固有束纤维行于脊髓节段内、节段间甚至脊髓全长，主要集中于脊髓灰质周围，有的也分散至白质各索内。脊髓固有束完成脊髓节段内和节段间的整合和调节功能。在脊髓的功能中，脊髓固有束系统发挥着重要的作用。各下行通路止于脊髓固有束神经元的特定亚群，中继后到达运动神经元和其他脊髓神经元。当脊髓横断后，此系统介导了几乎所有内脏运动功能，如发汗、血管活动、肠道和膀胱的功能等。

三、脊髓的功能和脊髓反射

（一）脊髓的功能

脊髓是神经系统的低级中枢。脑和躯干、四肢间的联系，必须通过脊髓内的各种上、下行纤维束的传导，才能实现各种感觉和运动功能。脊髓的功能有以下几个方面：①经后根，接受身体大部分区域的躯体和内脏感觉信息，这些信息在脊髓中继，进行初步的整合和分析，中继后的信息一部分向上传递至高级中枢，一部分传给运动神经元和其他脊髓神经元；②发出上行传导通路，将中继后的感觉信息以及脊髓自身的信息上传到高级中枢；③经前根，发出运动纤维，管理躯体运动和内脏活动，是躯体和内脏运动的低级中枢；④脊髓反射的中枢；⑤通过下行传导通路，中继上位中枢下传的信息，接受上级中枢的控制和调节，完成高级中枢的功能。

（二）脊髓反射

脊髓反射是通过脊髓使机体对内、外环境的各种刺激产生不随意的反应。参与完成反射活动的全部解剖结构组成神经元环路，即反射弧。一般反射弧由两个或两个以上的神经元构成。正常情况下，反射活动在脑的控制下进行。脊髓反射的反射弧为：感受器、脊神经节内感觉神经元及后根传入纤维、脊髓固有束神经元及固有束、脊髓运动神经元及前根传出纤维、效应器。脊髓反射有不同的类型，最简单的反射弧仅有感觉和运动两个神经元即可完成，如膝反射，两个神经元之间只经一次突触联系即可完成，故又称单突触反射，大多数反射弧是由两个以上的神经元组成的多突触反射，只涉及一个脊髓节段的反射称节段内反射，跨节段的反射为节段间反射。脊髓反射还可以分为躯体 - 躯体反射（刺激躯体引起躯体反应）、内脏 - 内脏反射（刺激内脏引起内脏反应）、躯体 - 内脏反射（刺激躯体引起内脏反应）、内脏 - 躯体反射（刺激内脏引起躯体反应）等。

1. 牵张反射（stretch reflex）　是指有神经支配的骨骼肌，在受到外力牵拉伸长时，引起受牵拉的同一块肌肉收缩的反射。脊髓的牵张反射主要表现在伸肌，特别是抗重力肌，对维持直立姿势有重要的意义。肌肉被牵拉，肌梭和腱器官的感受器受到刺激而产生神经冲动，经脊神经后根进入脊髓，兴奋 α- 运动神经元，反射性地引起被牵拉的肌肉收缩（图 2-9）。牵张反射有两种类型，即腱反射和肌紧张。腱反射是指快速牵拉肌腱发生的牵张反射，为单突触反射，如膝反射、跟腱反射、肱二头肌反射等。肌紧张是指缓慢牵拉肌腱发生的牵张反射，表现为受牵拉的肌肉发生持续性收缩，属多突触反射。肌紧张是维持躯体姿势的最基本的反射活动，是姿势反射的基础。

2. γ- 反射（gamma reflex）　γ- 运动神经元支配梭内肌。γ- 运动神经元兴奋时，引起梭内肌纤维收缩，肌梭感受器感受到刺激而产生神经冲动，通过牵张反射弧的通路兴奋 α- 运动神经元，使相应骨骼肌（梭外肌）收缩（图 2-9）。γ- 反射在维持肌张力方面发挥作用。

3. 屈曲反射（flexor reflex）　当皮肤某处受到伤害性刺激时，该肢体出现屈曲反应的现象，表现为屈肌收缩、伸肌弛缓，故屈曲反射具有保护性意义。屈曲反射径路至少要有 3 个神经元参与，属多突触反射，即皮肤的信息经后根的脊神经节神经元传入脊髓后角，再经中间神经元传递给前角的 α- 运动神经元，α- 运动神经元兴奋，引起骨骼肌收缩。由于肢体收缩要涉及成群的肌肉，故受到兴奋的 α- 运动神经元也常是多节段的（图 2-10）。当刺激强度足够大时，在同侧

Note

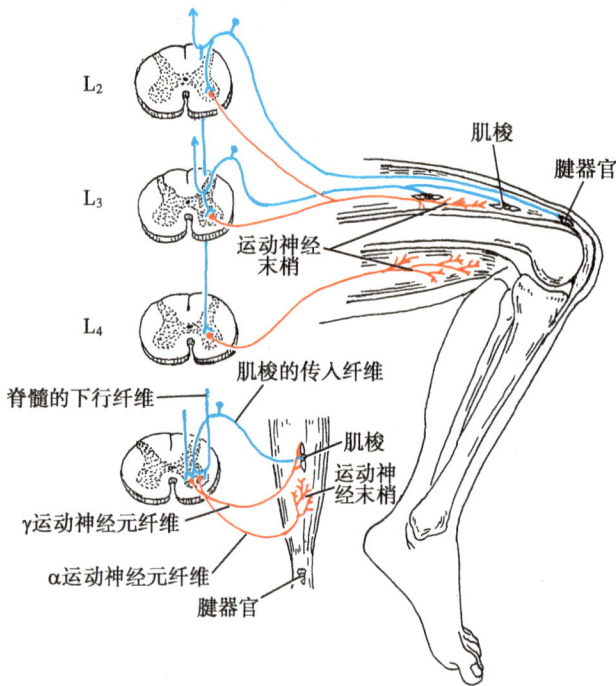

图 2-9　牵张反射模式图

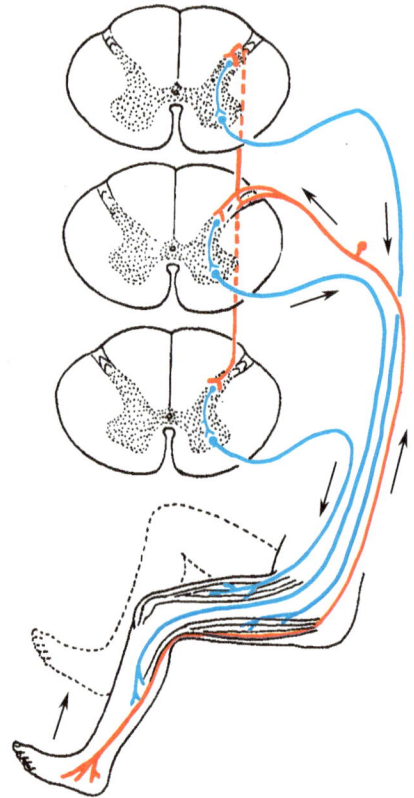

图 2-10　屈曲反射模式图

肢体发生屈曲反射的基础上出现对侧肢体伸直的反射活动,称为对侧伸直反射(crossed extensor reflex)。

(三) 脊髓常见损伤的一些表现

1. **脊髓横断**　当外伤致脊髓突然完全横断后,横断平面以下全部感觉和运动丧失,反射消失,处于无反射状态,称为脊髓休克。数周至数月后,各种反射可逐渐恢复。由于传导束很难再生,脊髓又失去了脑的易化和抑制作用,因此恢复后的深反射和肌张力比正常时高,离断平面以下的随意运动不能恢复。

2. **脊髓半横断**　出现布朗 - 塞卡尔综合征(Brown-Séquard syndrome)。表现为:损伤平面以下,同侧肢体痉挛性瘫痪,位置觉、震动觉和精细触觉丧失,损伤节段下 1~2 个节段平面以下的对侧痛、温觉丧失。

3. **脊髓前角损伤**　主要伤及前角运动神经元,表现为这些细胞所支配的骨骼肌呈弛缓性瘫痪,无感觉异常。

4. **脊髓中央部损伤**　如脊髓空洞症或髓内肿瘤。若病变侵犯了白质前连合,则阻断了脊髓丘脑束在此的交叉纤维,引起双侧对称分布的痛、温觉消失,而本体感觉和精细触觉无障碍(因后索完好),这种现象称感觉分离。

(董炜疆)

第二节　脑

脑(brain,encephalon)位于颅腔内,在枕骨大孔处与脊髓相续。成人脑的平均重量约为 1400g。一般将脑可分为六部分:端脑、间脑、中脑、脑桥、延髓和小脑。通常将中脑、脑桥和延髓合称脑干(图 2-11,图 2-12)。

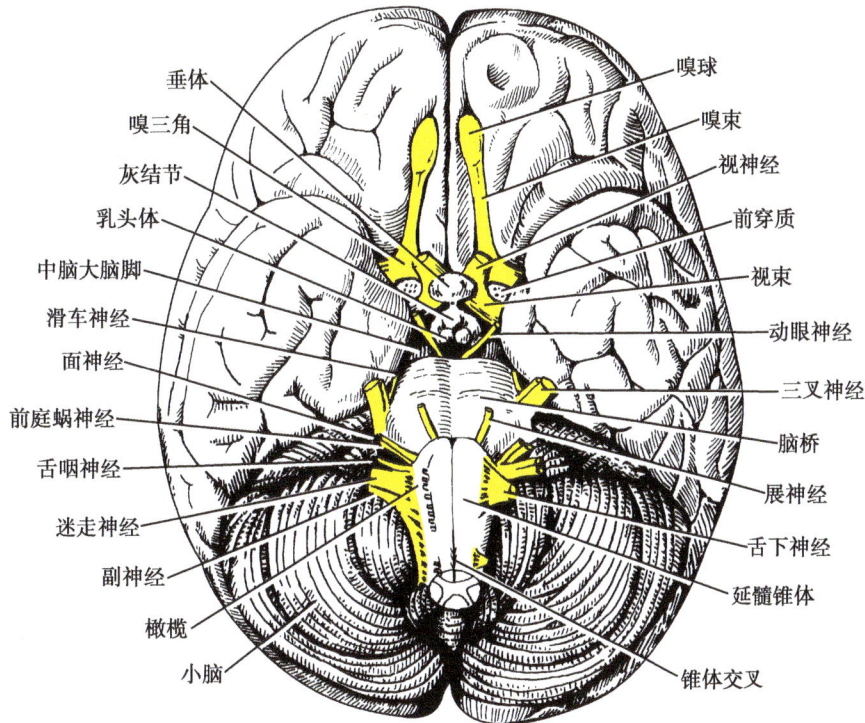

图 2-11　脑的底面

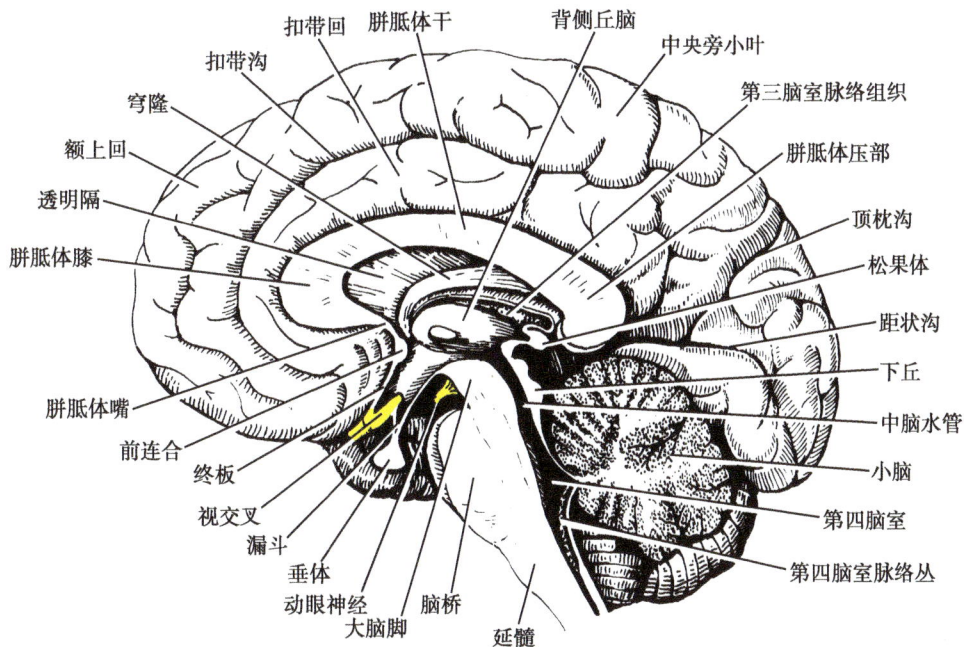

图 2-12　脑的正中矢状切面

一、脑干

脑干（brain stem）自下而上由延髓、脑桥和中脑三部分组成。脑干位于颅后窝前部，上接间脑，下续脊髓。延髓和脑桥的腹侧邻接颅后窝前部枕骨的斜坡，背面与小脑相连。延髓、脑桥和小脑之间围成的室腔为第四脑室。脑干表面附有第Ⅲ~Ⅻ对脑神经根（图 2-12）。

（一）脑干的外形

1. 脑干的腹侧面

（1）延髓（medulla oblongata）：形似倒置的圆锥体，下端平枕骨大孔处与脊髓相续，上端借横行的延髓脑桥沟（bulbopontine sulcus）与脑桥为界（图2-13）。延髓下部的外形与脊髓相似，脊髓表面的各条纵行沟、裂向上延续到延髓。腹侧面的正中有前正中裂，其两侧的纵行隆起为锥体（pyramid），由大脑皮质发出的下行锥体束（主要为皮质脊髓束）纤维构成。在锥体的下端，大部分皮质脊髓束纤维左右交叉，形成发辫状的锥体交叉（decussation of pyramid），部分填塞了前正中裂。在延髓的上部，锥体背外侧的卵圆形隆起称橄榄（olive），内含下橄榄核。锥体与橄榄之间的纵沟称前外侧沟，舌下神经根丝由此出脑。在橄榄背外侧的后外侧沟内，自上而下依次有舌咽神经、迷走神经和副神经的根丝附着。

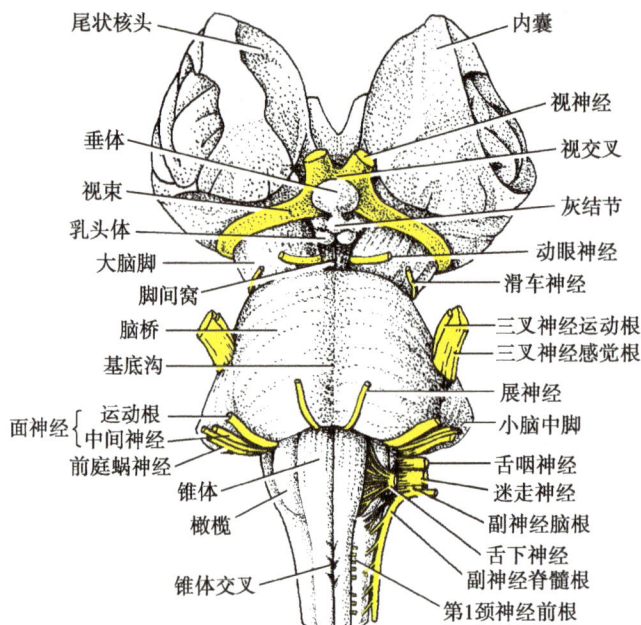

图2-13　脑干外形（腹侧面）

（2）脑桥（pons）：腹侧面宽阔隆起，称脑桥基底部（basilar part of pons），主要由大量的横行纤维和部分纵行纤维构成，其正中线上的纵行浅沟称基底沟（basilar sulcus），容纳基底动脉（图2-13）。基底部向外后逐渐变窄形成小脑中脚（middle cerebellar peduncle），又称脑桥臂（brachium pontis），两者的交界处连有三叉神经根（包括粗大的感觉根和位于其前内侧细小的运动根）。脑桥基底部的上缘与中脑的大脑脚相接，下缘与延髓之间形成深而明显的、横行的延髓脑桥沟，沟内自中线向外侧依次连有展神经、面神经和前庭蜗神经根。

在延髓脑桥沟的外侧部，延髓、脑桥和小脑的结合处，临床上称为脑桥小脑三角（pontocerebellar trigone），前庭蜗神经根恰位于此处。前庭蜗神经纤维瘤时，患者除了有听力障碍和小脑损伤的症状外，肿瘤还可压迫位于附近的面神经、三叉神经、舌咽神经和迷走神经，产生相应的临床症状。

（3）中脑（midbrain）：上界为间脑的视束，下界为脑桥上缘（图2-13）。两侧各有一粗大的纵行柱状隆起，称大脑脚（cerebral peduncle），其浅部主要由大脑皮质发出的下行纤维构成。两侧大脑脚之间的凹陷为脚间窝（interpeduncular fossa），窝底称后穿质（posterior perforated substance），有许多血管出入的小孔。在脚间窝的下部，大脑脚的内侧有动眼神经根出脑。

2. 脑干的背侧面

（1）延髓：延髓背侧面可分为上、下两部，上部构成菱形窝的下半部；下部形似脊髓，在后正中沟的两侧各有两个膨大，内侧者为薄束结节（gracile tubercle），外上者为楔束结节（cuneate tubercle),两者与脊髓的薄束、楔束相延续,其深面分别含有薄束核和楔束核,它们是薄束、楔束的终止核(图2-14)。楔束结节外上方的隆起为小脑下脚(inferior cerebellar peduncle),又称绳状体(restiform body),其内的纤维向后连于小脑。

(2) 脑桥:背侧面形成菱形窝的上半部,此处窝的外上界为左右小脑上脚(superior cerebellar peduncle),又称结合臂(brachium conjunctivum)(图2-14)。左、右上脚间夹有薄层白质板,称上髓帆,参与构成第四脑室顶。脑桥上端的缩窄部分称菱脑峡,为脑桥与中脑的移行部。

(3) 中脑:背侧面有上、下两对圆形的隆起,分别称上丘(superior colliculus)和下丘(inferior colliculus),合称四叠体,其深面分别含有上丘核和下丘核,是视觉和听觉反射中枢(图2-14)。在上、下丘的外侧,各自向外上方伸出一条长的隆起,称上丘臂(brachium of superior colliculus)和下丘臂(brachium of inferior colliculus),分别连于间脑的外侧膝状体和内侧膝状体。在下丘的下方与上髓帆之间有滑车神经根出脑,它是唯一自脑干背侧面出脑的脑神经。

(4) 菱形窝(rhomboid fossa):位于延髓上部和脑桥的背侧面,呈菱形,由延髓上部和脑桥内的中央管于后壁中线处向后敞开而形成(图2-14)。因构成第四脑室的底部,又称第四脑室底(floor of fourth ventricle)。此窝的外上界为小脑上脚,外下界自内下向外上依次为薄束结节、楔束结节和小脑下脚。外上界与外下界的汇合处为菱形窝的外侧角,外侧角与其背侧的小脑之间为第四脑室外侧隐窝(lateral recess of fourth ventricle),此隐窝绕过小脑下脚转向腹侧。在菱形窝的正中线上有纵贯全长的正中沟(median sulcus),将此窝分为左右对称的两半。由正中沟中部向外侧角的数条浅表的横行纤维束,称髓纹(striae medullares),可作为脑桥和延髓在脑干背侧面的分界线,将菱形窝分为上、下两部分。

在正中沟的外侧,各有一条大致与之平行的纵行界沟(sulcus limitans),此沟将每半侧的菱形窝分为内、外侧部。内侧部介于正中沟与界沟之间,略显轻微隆起称内侧隆起(medial eminence),其紧靠髓纹上方的部位,有一较明显的圆形隆凸为面神经丘(facial colliculus),内隐展神经核及面神经膝;在髓纹下方,可见两个小的三角形区域,内上方者为舌下神经三角(hypoglossal triangle),内藏舌下神经核,外下方者为迷走神经三角(vagal triangle),内含迷走神经背核。迷走神经三角的外下缘有一斜形的窄嵴称分隔索(funiculus separans),其与薄束结节之间的狭窄带状区,称最后区(area postrema),属室周器官之一,富含血管和神经胶质等,并与分隔索一起,被含有伸长细胞的室管膜覆盖。界沟外的外侧部是较宽阔的三角区,称前庭区(vestibular area),深方有前庭神经核。前庭区的外侧角上有一小隆起称听结节(acoustic tubercle),内藏蜗背侧核。在新鲜标本上,界沟上端的外侧可见一呈蓝灰色的小区域,称蓝斑(locus ceruleus),内含蓝斑核,为含黑色素的去甲肾上腺素能神经元聚集的部位。在菱形窝下角处,两侧外下界之间的圆弧形移行部称闩(obex),与第四脑室脉络组织相连(图2-14,图2-15,图2-16)。

3. 第四脑室(fourth ventricle)　位于延髓、脑桥和小脑之间,呈四棱锥形(图2-17)。其底为菱形窝,两侧角为外侧隐窝,顶向后上朝向小脑蚓。

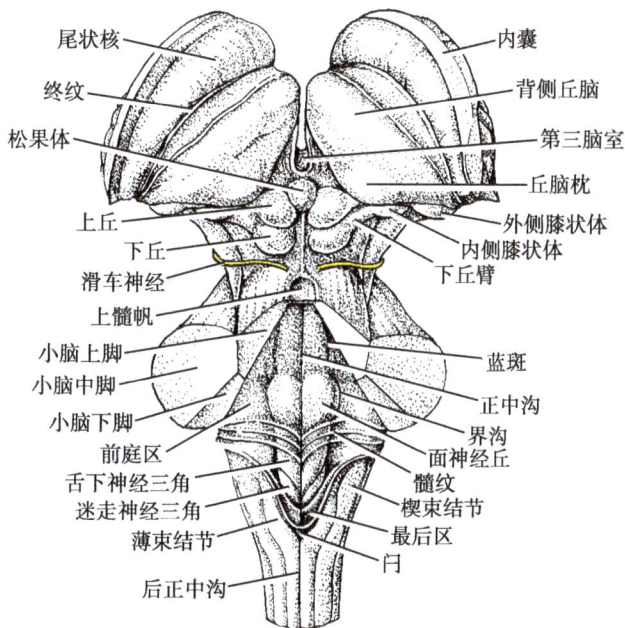
图2-14　脑干外形(背侧面)

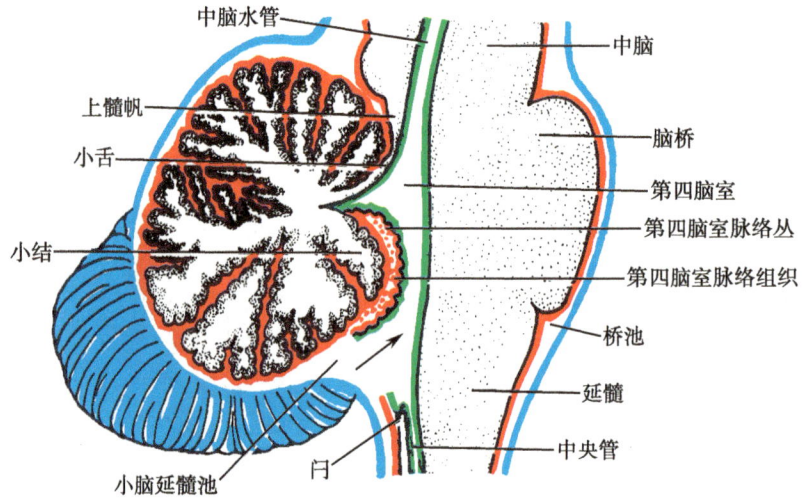

中脑水管

上髓帆

小舌

小结

中脑

脑桥

第四脑室

第四脑室脉络丛

第四脑室脉络组织

桥池

延髓

中央管

小脑延髓池

闩

图 2-15   脑干、小脑和第四脑室正中矢状切面示意图

蓝色示蛛网膜;红色示软脑膜;绿色示室管膜;箭头示第四脑室正中孔

滑车神经

上髓帆

第四脑室

齿状核门

齿状核

小结

延髓

上、下丘

小脑上脚

小舌

第四脑室脉络丛

下髓帆

髓质

皮质

小脑扁桃体

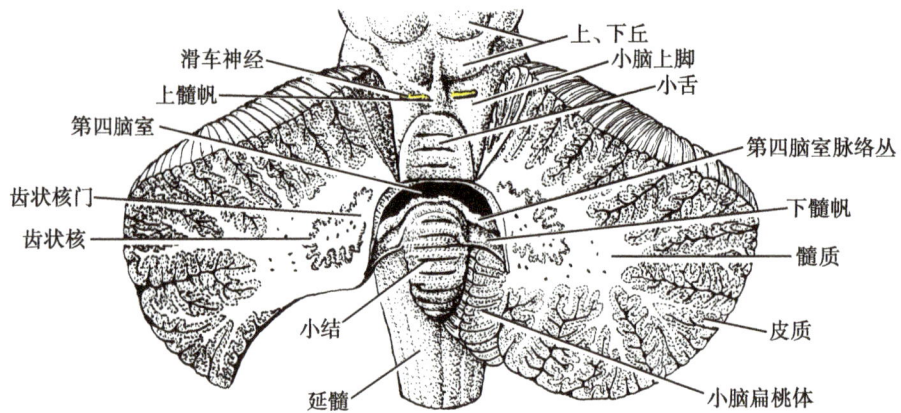

图 2-16   小脑冠状切面示第四脑室顶(第四脑室顶最上部被切除)

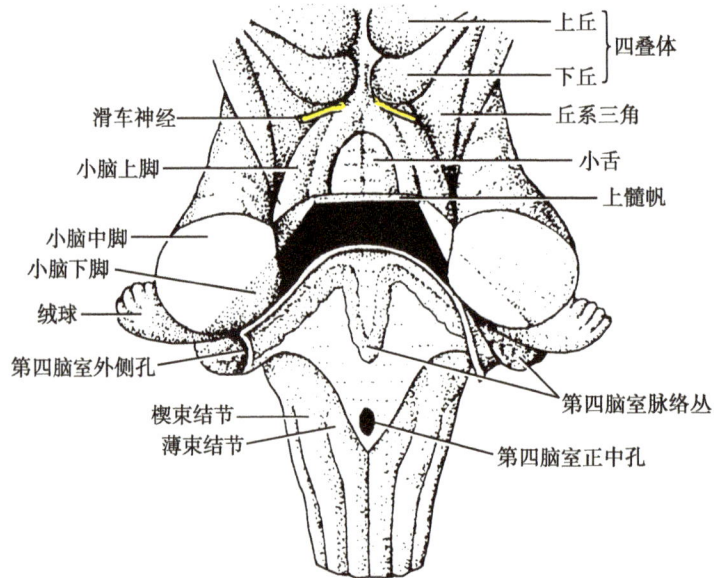

上丘

下丘

四叠体

滑车神经

小脑上脚

小脑中脚

小脑下脚

绒球

第四脑室外侧孔

楔束结节

薄束结节

丘系三角

小舌

上髓帆

第四脑室脉络丛

第四脑室正中孔

图 2-17   第四脑室脉络组织

第四脑室顶的前上部由左右小脑上脚及上髓帆构成,后下部由下髓帆及第四脑室脉络组织形成。上髓帆(superior medullary velum)为介于两侧小脑上脚之间的薄层白质板,向后下与小脑白质相连,其下部的背面被小脑蚓的小舌覆盖。滑车神经根穿行于上髓帆的上部,并在其内左右交叉后出脑。下髓帆(inferior medullary velum)亦为白质薄片,与上髓帆以锐角汇合,伸入小脑蚓。下髓帆介于小脑蚓的小结与绒球之间,自小脑扁桃体的前上方,向后下方延伸很短距离后,即移行为第四脑室脉络组织。第四脑室脉络组织(tela choroidea of fourth ventricle)介于下髓帆和菱形窝外下界之间,组成第四脑室顶后下部的大部分,不含神经组织,由一层上皮性室管膜(ependyma)以及外面覆盖的软脑膜和两者之间的血管共同构成。某些部位的脉络组织血管反复分支,相互缠绕呈丛状,夹带着室管膜上皮和软膜突入室腔,称为第四脑室脉络丛(choroid plexus of fourth ventricle),产生脑脊液。此丛呈 U 形分布,下部沿正中线两侧平行排列,上升至下髓帆附近时,分别向两侧横行,最终向外延伸至第四脑室外侧隐窝,并经第四脑室外侧孔突入蛛网膜下腔(图 2-17)。

第四脑室向上经中脑水管通第三脑室,向下续为延髓下部和脊髓的中央管,并借脉络组织上的 3 个孔与蛛网膜下隙相通。单一的第四脑室正中孔(median aperture of fourth ventricle),位于菱形窝下角尖的正上方;成对的第四脑室外侧孔(lateral apertures of fourth ventricle),又称 Luschka 孔,位于第四脑室外侧隐窝尖端。脑室系统内的脑脊液经上述 3 个孔注入蛛网膜下隙的小脑延髓池。

(二) 脑干的内部结构

脑干的内部结构亦由灰质、白质和网状结构构成,但较脊髓更为复杂。

1. 脑干内部结构特征
与脊髓相比,脑干内部结构具有以下特征:

(1) 在延髓下部,除中央管逐渐移向背侧外,其余结构的配布与脊髓相似。但在延髓上部和脑桥,中央管于后壁中线处敞开形成菱形窝,与小脑共同围成第四脑室;原中央管周围灰质的后部向两侧展开,构成菱形窝表面的第四脑室室底灰质。如此,脊髓灰质内由前角至后角依次为躯体运动核、内脏运动核和感觉性核团的腹、背排列关系,在脑干的第四脑室室底灰质内则变成了由中线向两侧的内、外侧排列关系。

脊髓内围绕在灰质周围的白质,在脑干中部则被推挤到脑干的腹外侧部。脊髓内灰质与白质的内、外排列关系在脑干的大部分区域,则变成了背、腹排列关系。

(2) 脑干内的灰质不再像脊髓那样是一个连续的纵贯脊髓全长的细胞柱,而是功能相同的神经细胞胞体聚集成团状或柱状的神经核。

(3) 脑干灰质内的神经核除含有与下 10 对脑神经直接相联系的脑神经核外,由于经过脑干的上、下行的纤维束以及脑干与小脑之间联系的纤维束,有的终止于脑干,有的则在脑干内中继,所以又出现了许多与这些纤维束中继有关的神经核团——中继核。

(4) 脑干灰、白质之间的网状结构范围较脊髓明显扩大,结构和功能亦更为复杂,其中包含了许多重要的神经核团(网状核)及生命中枢,如心血管运动中枢和呼吸中枢等。

2. 脑干的灰质
脑干灰质的核团,根据其纤维联系及功能的不同,可分为三类:脑神经核,直接与第Ⅲ至Ⅻ对脑神经相连;中继核,经过脑干的上、下行纤维束在此进行中继换元;网状核,位于脑干网状结构中。后两类合称"非脑神经核"。

(1) 脑神经核:已知脊髓灰质内含有与脊神经内 4 种纤维成分相对应的 4 种核团:脊神经内的躯体运动纤维,起始于脊髓前角运动核;内脏运动纤维,起始于脊髓侧角的交感神经核或骶副交感核;内脏感觉纤维,终止于脊髓中间内侧核和后角的有关核团;躯体感觉纤维则直接或间接终止于脊髓后角的有关核团。

在生物进化过程中,头部出现高度分化的视、听、嗅、味觉感受器,以及由鳃弓演化形成的面部和咽喉部骨骼肌。随着这些器官的发生和相应神经支配的出现,脑神经的纤维成分增至为 7 种,脑干内部也随之出现了与其相连的 7 种脑神经核团(图 2-18)。

Note

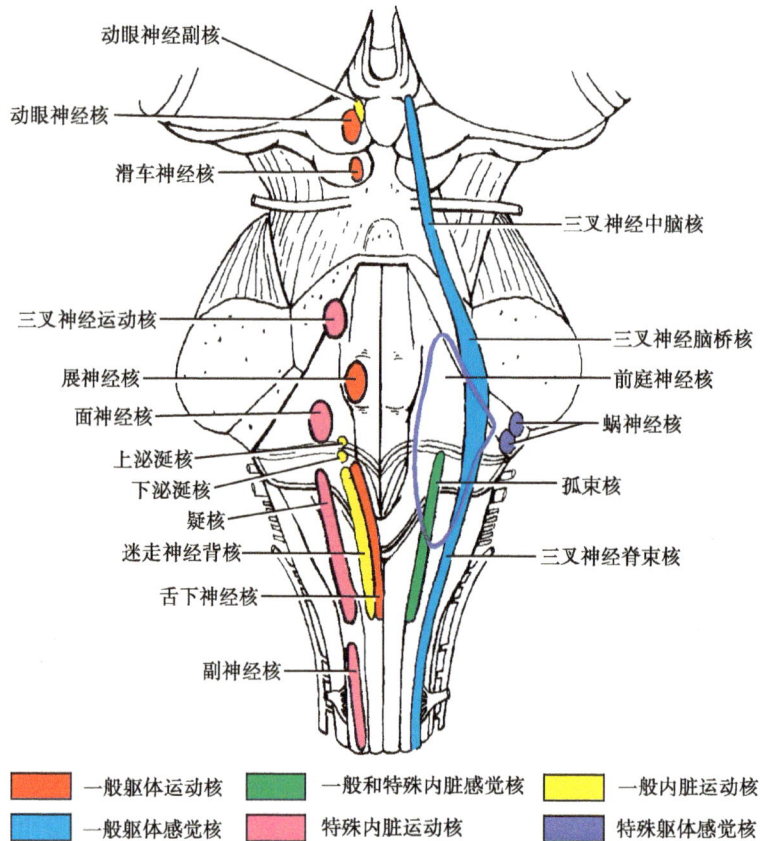

图 2-18　脑神经核在脑干背面的投影示意图

　　一般躯体运动核:共 4 对,自上而下依次为动眼神经核、滑车神经核、展神经核和舌下神经核,紧靠中线两侧分布,相当于脊髓前角运动核。它们发出一般躯体运动纤维,支配由肌节衍化的眼外肌和舌肌的随意运动。

　　特殊内脏运动核:共 4 对,位于一般躯体运动核腹外侧的网状结构内。自上而下依次为三叉神经运动核、面神经核、疑核和副神经核。它们发出特殊内脏运动纤维,支配由鳃弓衍化而成的表情肌、咀嚼肌、咽喉肌以及胸锁乳突肌和斜方肌的随意运动。将鳃弓衍化的骨骼肌视为"内脏",是因为在种系发生上鳃弓与属于内脏的呼吸等功能有关。

　　一般内脏运动核:属于副交感核,共 4 对,包括动眼神经副核、上泌涎核、下泌涎核和迷走神经背核,相当于脊髓的骶副交感核。它们发出一般内脏运动(副交感)纤维,支配头、颈、胸、腹部平滑肌、心肌的收缩以及腺体的分泌。

　　一般内脏感觉核:仅 1 对,即孤束核下部,相当于脊髓的中间内侧核和后角的有关核团。接受来自内脏器官和心血管的一般内脏感觉纤维传递的信息。

　　特殊内脏感觉核:即孤束核的上部(头段),接受来自味蕾的味觉传入纤维。

　　一般躯体感觉核:3 对,即三叉神经中脑核、三叉神经脑桥核和三叉神经脊束核。它们相当于脊髓后角的 I 至 IV 层灰质,其尾端与之相延续,接受来自头面部皮肤和口腔、鼻腔黏膜的一般躯体感觉冲动。

　　特殊躯体感觉核:2 对,即前庭神经核和蜗神经核,分别接受来自内耳的平衡觉和听觉纤维。之所以将听觉和平衡觉归入"躯体感觉",是由于内耳膜迷路在发生上起源于外胚层。

　　通常将从脑干发出纤维至外周效应器的脑神经运动核称为起始核,接受外周传入纤维的脑神经感觉核称为终止核。

　　以上 7 类功能相同的脑神经核在脑干内有规律地纵行排列成 6 个功能柱:①在第四脑室室底

灰质中,运动性脑神经核柱位于界沟内侧,感觉性脑神经核柱位于界沟外侧;②由中线向两侧依次为一般躯体运动核柱,一般内脏运动核柱,一般、特殊内脏感觉核柱和特殊躯体感觉核柱;③特殊内脏运动核柱和一般躯体感觉核柱则位于室底灰质(或中央灰质)腹外侧的网状结构内(图2-19,图2-20)。

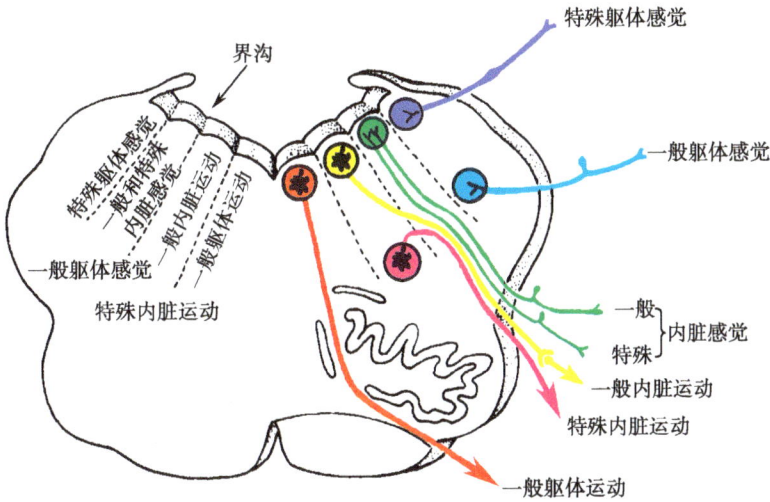

图 2-19　脑神经核基本排列规律模式图(延髓橄榄中部水平切面)

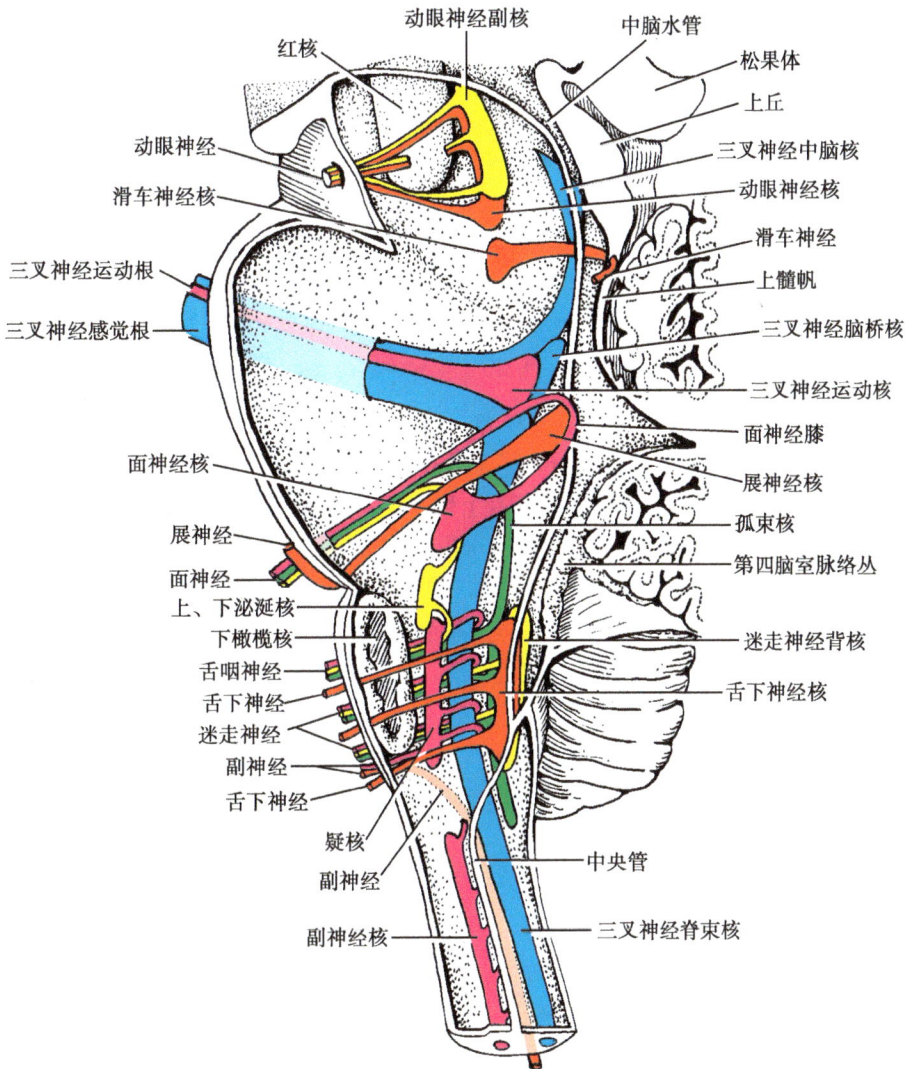

图 2-20　脑神经核与脑神经关系模式图

1) 一般躯体运动核：

① 动眼神经核（nucleus of oculomotor nerve）：位于中脑上丘高度，中脑水管周围灰质（中央灰质）的腹内侧。此核接受双侧皮质核束纤维的传入，发出一般躯体运动纤维走向腹侧，经脚间窝外侧缘出脑加入动眼神经，支配眼的上、下、内直肌、下斜肌和上睑提肌的随意运动。

② 滑车神经核（nucleus of trochlear nerve）：位于中脑下丘高度，中脑水管周围灰质的腹内侧，正对动眼神经核的下方。此核接受双侧皮质核束纤维的传入，发出一般躯体运动纤维向后围绕中脑水管周围灰质行向背侧，在下丘的下方，左右两根完全交叉后出脑组成滑车神经，支配眼上斜肌的随意运动。

③ 展神经核（nucleus of abducent nerve, abducens nucleus）：位于脑桥下部菱形窝面神经丘的深面。接受双侧皮质核束纤维的传入，发出一般躯体运动纤维行向腹侧，经延髓脑桥沟的内侧部出脑组成展神经，支配眼外直肌的随意运动。

展神经核还含有一种核间神经元（internuclear neurons），投射至对侧动眼神经核的内直肌亚核，以便使同侧眼的外直肌和对侧眼的内直肌在眼球水平方向上能够做同向协调运动。当一侧展神经核损伤时，除出现患侧眼的外直肌麻痹外，对侧眼的内直肌在作双眼向患侧水平凝视时也不能收缩，致使双眼不能向患侧凝视。

④ 舌下神经核（nucleus of hypoglossal nerve）：位于延髓上部第四脑室室底灰质，舌下神经三角的深面。此核仅接受对侧皮质核束纤维的传入，发出一般躯体运动纤维走向腹侧，经锥体与橄榄之间的前外侧沟出延髓组成舌下神经，支配同侧舌内、外肌的随意运动。

2) 特殊内脏运动核：

① 三叉神经运动核（motor nucleus of trigeminal nerve）：位于脑桥中部网状结构背外侧，三叉神经脑桥核的腹内侧，两者之间以三叉神经纤维分隔。此核接受双侧皮质核束纤维的传入，发出特殊内脏运动纤维，组成三叉神经运动根，加入三叉神经的下颌神经，支配咀嚼肌、二腹肌前腹、下颌舌骨肌、腭帆张肌和鼓膜张肌等由鳃弓衍化的骨骼肌运动。

② 面神经核（nucleus of facial nerve）：位于脑桥下部，被盖腹外侧的网状结构内，展神经核的腹外侧。此核发出特殊内脏运动纤维，先向背内行至展神经核的内侧，后绕展神经核背侧形成面神经膝（genu of facial nerve），继而转向腹外侧经面神经核的外侧出脑加入面神经，支配面部表情肌。其中，接受双侧皮质核束纤维的面神经核的神经元，发出的纤维支配同侧眼裂以上的表情肌；仅接受对侧皮质核束纤维的面神经核的神经元，发出的纤维支配同侧眼裂以下的表情肌。

③ 疑核（nucleus ambiguus）：位于延髓内，下橄榄核背外侧的网状结构中，纵贯延髓的全长。此核接受双侧皮质核束纤维的传入。疑核上部发出的纤维进入舌咽神经，仅支配茎突咽肌；大的中部发出的纤维加入迷走神经，支配软腭和咽的骨骼肌，喉的环甲肌和食管上部的骨骼肌。下部发出的纤维构成副神经脑根，进入副神经，出颅后又离开副神经而加入迷走神经，最后经迷走神经的喉返神经，支配除环甲肌以外的喉肌。

④ 副神经核（accessory nucleus）：包括两部分：延髓部较小，实为疑核的下端；脊髓部位于疑核的下方，延伸至上 5~6 个颈脊髓节段。此核接受双侧皮质核束纤维的传入，其延髓部发出的纤维构成副神经脑根；脊髓部发出的纤维组成副神经脊髓根，支配胸锁乳突肌和斜方肌的随意运动。

3) 一般内脏运动核：

① 动眼神经副核（accessory nucleus of oculomotor nerve）：又称 Edinger-Westphal's nucleus（简称 E-W 核），位于中脑上丘高度，动眼神经核的背内侧。此核发出副交感神经节前纤维加入动眼神经，入眼眶后在睫状神经节内交换神经元，节后纤维支配睫状肌和瞳孔括约肌，控制瞳孔的收缩和晶状体的调节。

② 上泌涎核（superior salivatory nucleus）：位于脑桥的最下端，其内的神经元散在分布于面神

经核下部周围的网状结构内,故核团轮廓不清。此核发出副交感神经节前纤维,加入面神经,经其分支岩大神经和鼓索分别至翼腭神经节和下颌下神经节交换神经元,节后纤维管理泪腺、下颌下腺、舌下腺以及口腔、鼻腔黏膜腺的分泌。

③ 下泌涎核(inferior salivatory nucleus):位于延髓上部,核团轮廓不清,其内的神经元散在于迷走神经背核和疑核上方的网状结构内。此核发出副交感神经的节前纤维进入舌咽神经,经其分支岩小神经至耳神经节交换神经元,节后纤维管理腮腺的分泌。

④ 迷走神经背核(dorsal nucleus of vagus nerve):位于延髓室底灰质内,迷走神经三角的深面,舌下神经核的背外侧,由橄榄中部向下延伸至内侧丘系交叉平面。此核发出的副交感神经节前纤维,走向腹外侧经下橄榄核的背外侧出脑,参与组成迷走神经,经其分支到达相应的副交感神经器官旁节或器官内节交换神经元,节后纤维支配颈部、胸部所有器官和腹腔大部分器官的平滑肌、心肌的活动和腺体的分泌。

4) 一般内脏和特殊内脏感觉核:孤束核(nucleus of solitary tract),位于延髓内,界沟外侧,迷走神经背核的腹外侧,上端可达脑桥下端,下端至内侧丘系交叉平面。小的上部属特殊内脏感觉核,接受经面神经、舌咽神经和迷走神经传入的味觉初级纤维,故又称味觉核。大的下部为心-呼吸核,属一般内脏感觉核,主要接受经舌咽神经和迷走神经传入的一般内脏感觉初级纤维。

5) 一般躯体感觉核:

① 三叉神经中脑核(mesencephalic nucleus of trigeminal nerve)(图 2-21):为一细长的细胞柱,上起中脑上丘平面,下达脑桥中部,位于中脑水管周围灰质的外侧边缘和菱形窝上部第四脑室室底灰质的外侧缘。核内含有许多假单极神经元以及少量的双极和多级神经元。假单极神经元的周围突随三叉神经分布咀嚼肌、表情肌、牙齿、牙周组织、下颌关节囊和硬膜等处,传递本体感觉和触、压觉;中枢突终止于三叉神经运动核和三叉神经脊束核等。

② 三叉神经脑桥核(pontine nucleus of trigeminal nerve)(图 2-21):是三叉神经感觉核的膨大

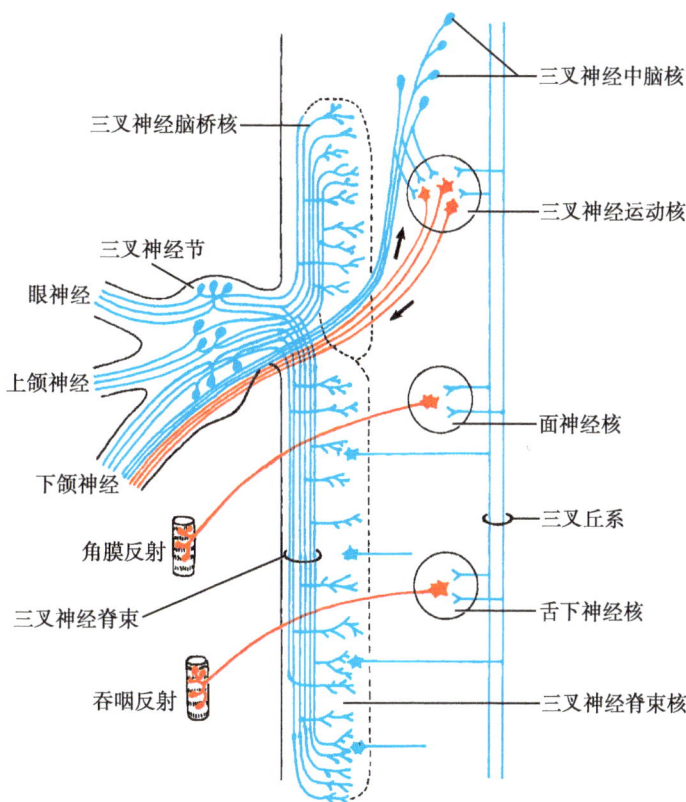

图 2-21　三叉神经感觉核、运动核及其纤维联系示意图

部,下接三叉神经脊束核。位于脑桥中部网状结构内,三叉神经运动核的外侧,主要接受经三叉神经传入的头面部触、压觉初级纤维。还接受来自三叉神经中脑核的纤维。

　　③ 三叉神经脊束核(spinal nucleus of trigeminal nerve)(图 2-21,图 2-22,图 2-23,图 2-24,图 2-25,图 2-26):为一细长的核团,其上端达脑桥中、下部,与三叉神经脑桥核相续;下端经延髓延伸至第 1、2 颈段脊髓,与脊髓灰质后角相续。此核的外侧始终与三叉神经脊束(spinal tract of trigeminal nerve)相邻,并接受此束纤维的终止。在延髓下部两者位于延髓背外侧部浅层;在延髓上部,位于孤束核的腹外侧;在脑桥中下部,位于前庭神经核的腹外侧。此核主要接受三叉神经内传递头面部痛、温觉的初级感觉纤维;下部还接受来自面神经、舌咽神经和迷走神经的一般躯体感觉纤维。

　　三叉神经脊束核可分为颅(吻)侧亚核、极间亚核和尾侧亚核三个亚核,分别位于脑桥中下部、延髓上部以及延髓下部和第 1、2 颈段脊髓。尾侧亚核的细胞构筑相似于脊髓后角,分成边缘层、胶状质和大细胞部,分别相当于脊髓的 I 至 IV 层,故又称延髓后角,传递和调制口部痛、温觉信息。

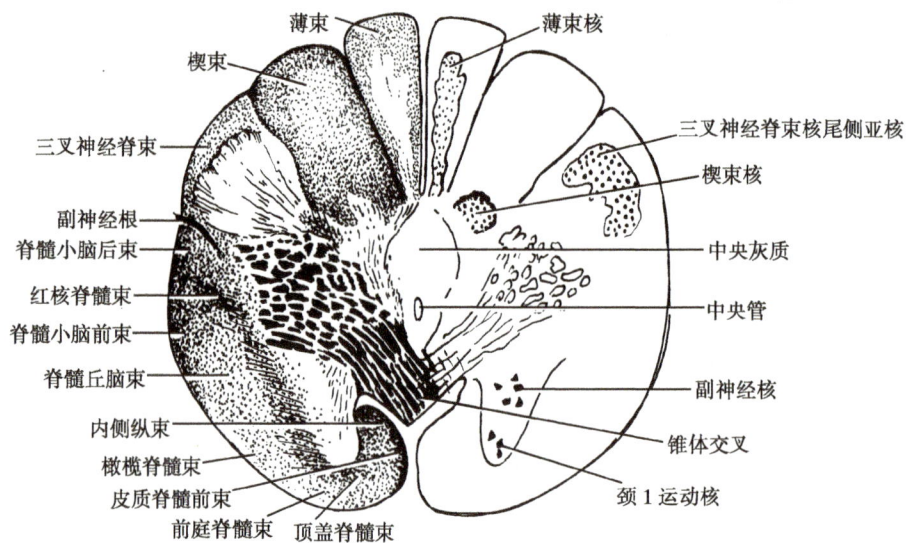

图 2-22　延髓水平切面(经锥体交叉高度)

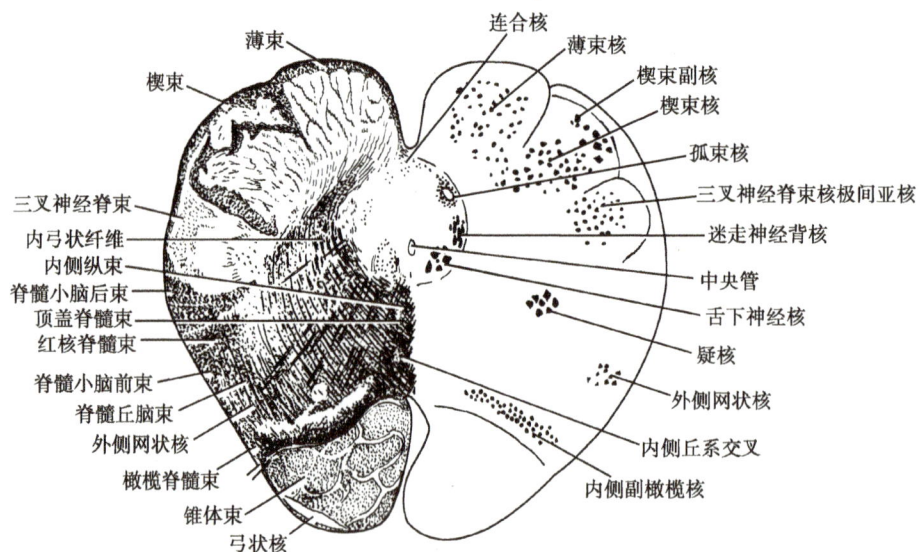

图 2-23　延髓水平切面(经内侧丘系交叉高度)

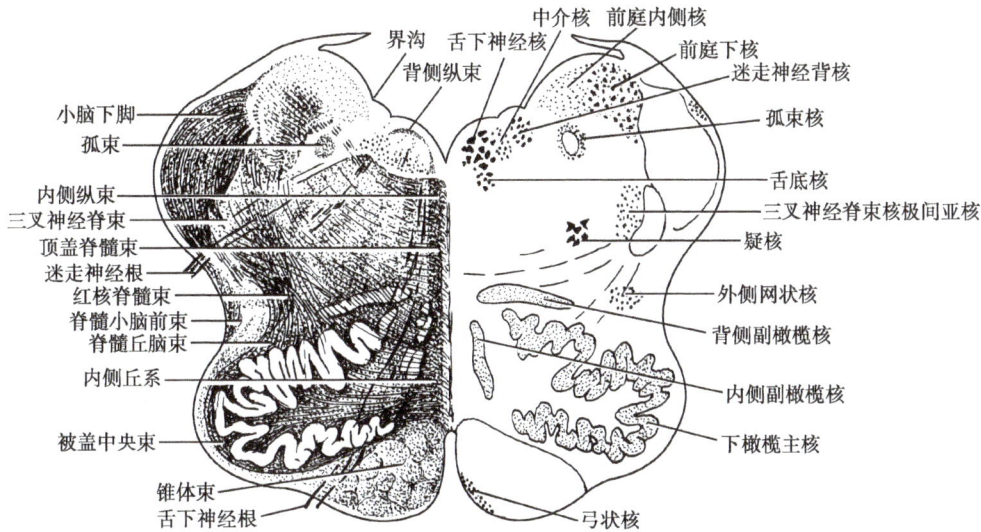

图 2-24　延髓水平切面（经橄榄中部高度）

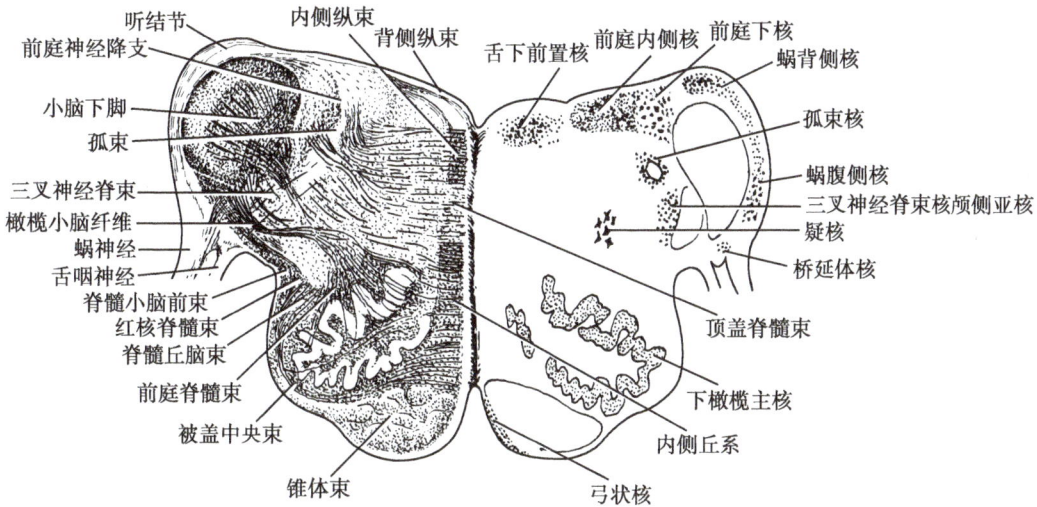

图 2-25　延髓水平切面（经橄榄上部高度）

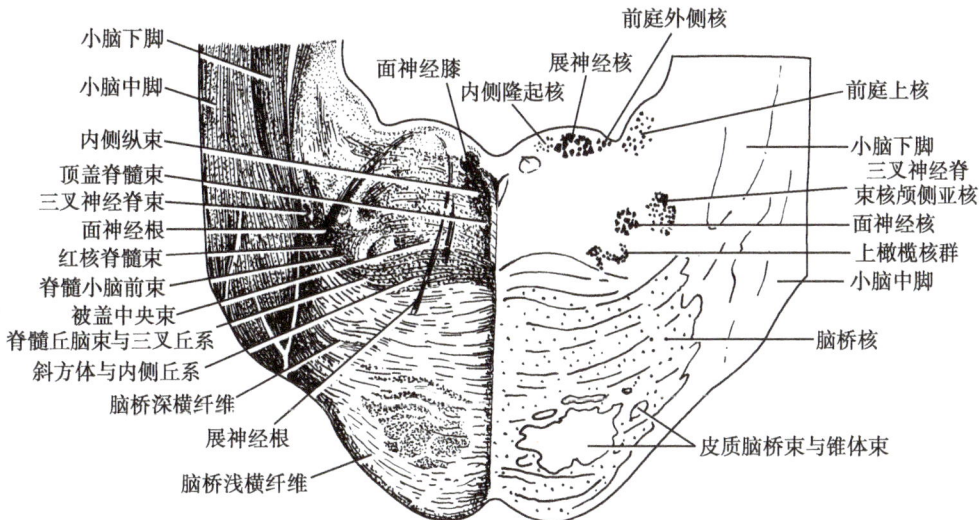

图 2-26　脑桥水平切面（经脑桥下部，面神经丘高度）

6）特殊躯体感觉核：

① 前庭神经核（vestibular nucleus）（图 2-24，图 2-25，图 2-26）：位于前庭区的深面，由前庭上核、前庭下核、前庭内侧核及前庭外侧核组成。此核主要接受前庭神经传入的初级平衡觉纤维，还接受来自小脑的传入纤维；发出纤维组成前庭脊髓束和内侧纵束，调节伸肌张力以及参与完成视、听觉反射。另外，部分纤维参与组成前庭小脑束，经小脑下脚进入小脑。

② 蜗神经核（cochlear nucleus）（图 2-25）：由蜗腹侧核及蜗背侧核组成，在菱形窝听结节的深面，分别位于小脑下脚的腹外侧和背外侧。蜗腹侧核再分为蜗腹侧前核和蜗腹侧后核。蜗神经核接受蜗神经初级听觉纤维，发出的听觉二级纤维，大部分在脑桥基底部和被盖部之间组成一横穿内侧丘系的带状纤维束，称斜方体（trapezoid body），越过中线行向对侧被盖部的前外侧，于上橄榄核的外侧转折上升；小部分纤维不交叉，在同侧上行。对侧交叉过的纤维和同侧未交叉的纤维共同构成外侧丘系，其内的多数纤维终止于下丘核，部分纤维直接进入间脑的内侧膝状体核；部分纤维经上橄榄核和外侧丘系核中继后上升加入外侧丘系，因此，上橄榄核和外侧丘系核亦被认为是听觉传导路上的中继核。

以上所述脑神经核在脑干各部的位置和功能见表 2-2。

（2）中继核：

1）延髓的中继核：薄束核（gracile nucleus）与楔束核（cuneate nucleus）（图 2-22，图 2-23），分别位于延髓下部薄束结节和楔束结节的深面。此二核分别接受薄束和楔束纤维的终止，其传出纤维在本平面绕过中央灰质外侧形成内弓状纤维，在中央管腹侧越中线交叉至对侧，形成内侧丘系交叉（decussation of medial lemniscus）。交叉后的纤维在中线两侧、锥体束的后方转折上行，形成内侧丘系。薄束核和楔束核是向脑的高级部位传递躯干四肢意识性本体感觉和精细触觉冲动的中继核团。

下橄榄核（inferior olivary nucleus）（图 2-23，图 2-24，图 2-25）：位于延髓橄榄的深面，在水平切面呈袋口向背内侧的囊形灰质团。此核在人类特别发达，由下橄榄主核、背侧副橄榄核和内侧副橄榄核组成。下橄榄核广泛接受脊髓全长的上行投射纤维和脑干感觉性中继核团的传入纤维；还接受大脑皮质、基底核、丘脑、红核和中脑水管周围灰质的下行投射纤维。下橄榄核发出纤维（橄榄小脑束）越过中线行向对侧，与脊髓小脑后束等共同组成小脑下脚，进入小脑。故下橄榄核可能是大脑皮质、红核等与小脑之间纤维联系的重要中继站，参与小脑对运动的调控。

楔束副核（accessory cuneate nucleus）（图 2-24）：又称楔外侧核，位于延髓楔束核的背外部，埋于楔束内。此核接受来自同侧颈髓和上部胸髓节段脊神经后根粗纤维，发出纤维组成楔小脑束，行于延髓背外侧的边缘，形成外背侧弓状纤维，经小脑下脚进入小脑，终止于旧小脑。楔束副核的功能与脊髓背核相当，将同侧躯干上部、上肢的本体感觉和皮肤的触压觉神经冲动传入小脑。

2）脑桥的中继核：

① 脑桥核（pontine nucleus）（图 2-26，图 2-27，图 2-28，图 2-29）：由大量分散存在于脑桥基底部的神经元组成。接受来自同侧大脑皮质广泛区域的皮质脑桥纤维，发出的纤维（脑桥小脑纤维）横行越过中线至对侧，组成小脑中脚进入小脑。因此，脑桥核是传递大脑皮质信息至小脑的重要中继站。

② 上橄榄核（superior olivary nucleus）（图 2-26）：位于脑桥中下部被盖腹侧部，内侧丘系的背外侧，脊髓丘脑束的背侧。此核接受双侧蜗腹侧前核的传出纤维，发出纤维加入双侧的外侧丘系。该核与蜗腹侧前核一起，根据双耳传导声音信息的时间和强度差，共同参与声音的空间定位。上橄榄核发出的纤维还与展神经核、三叉神经运动核、面神经核、网状结构和内侧纵束有联系，借以完成声响引起的其他多种反射活动。

③ 外侧丘系核（nucleus of lateral lemniscus）（图 2-29）：自脑桥中下部至中脑尾侧，伴随外侧丘系分布。在上橄榄核上方，散在分布于外侧丘系背内侧部；在脑桥上部，被外侧丘系环绕。该

表 2-2　脑神经核在脑干各部的位置及功能简表*

功能柱	一般躯体运动柱	特殊内脏运动柱	一般内脏运动柱	一般和特殊内脏感觉柱	一般躯体感觉柱	特殊躯体感觉柱
位置	中线两侧	一般躯体运动柱腹外侧	一般躯体运动柱背外侧	一般内脏运动柱外侧	一般躯体感觉柱腹外侧	最外侧（前庭区深面）
中脑　上丘	动眼神经核（Ⅲ）		动眼神经副核（Ⅲ）			
中脑　下丘	滑车神经核（Ⅳ）					
脑桥　上部					三叉神经中脑核（Ⅴ）	
脑桥　中部		三叉神经运动核（Ⅴ）	上泌涎核（Ⅶ）		三叉神经脑桥核（Ⅴ）	
脑桥　下部	展神经核（Ⅵ）	面神经核（Ⅶ）				前庭神经核（Ⅷ）／蜗神经核（Ⅷ）
延髓　橄榄上部			下泌涎核（Ⅸ）			
延髓　橄榄中部	舌下神经核（Ⅻ）	疑核（Ⅸ、Ⅹ、Ⅺ）	迷走神经背核（Ⅹ）	孤束核（此核上部为味觉核，下部为心-呼吸核）（Ⅶ、Ⅸ、Ⅹ）	三叉神经脊束核（Ⅴ、Ⅶ、Ⅸ、Ⅹ）	
延髓　内侧丘系交叉		副神经核（Ⅺ）				
延髓　锥体交叉						
功能	1. 动眼、滑车、展神经核支配眼球外肌 2. 舌下神经核支配舌内、外肌	1. 三叉神经运动核支配咀嚼肌 2. 面神经核支配面肌 3. 疑核支配咽喉肌和软腭肌 4. 副神经核支配胸锁乳突肌和斜方肌	1. 动眼神经副核支配睫状肌和瞳孔括约肌 2. 上泌涎核控制泪腺、舌下腺和下颌下腺的分泌 3. 下泌涎核控制腮腺的分泌 4. 迷走神经背核控制大部分胸、腹内脏和心血管活动	1. 味觉核接受来自味蕾的特殊内脏感觉冲动 2. 心-呼吸核接受胸、腹腔器官的一般内脏感觉冲动	1. 三叉神经中脑核接受咀嚼肌的本体感觉冲动 2. 三叉神经脑桥核主要接受头、面部，牙、口、鼻腔的触、压觉冲动 3. 三叉神经脊束核主要接受头、面部的痛、温觉冲动	1. 前庭神经核接受内耳球囊斑、椭圆囊斑和壶腹嵴的平衡觉冲动 2. 蜗神经核接受内耳螺旋器的听觉冲动

*每一代表性水平切面代表脑干的相应阶段

Note

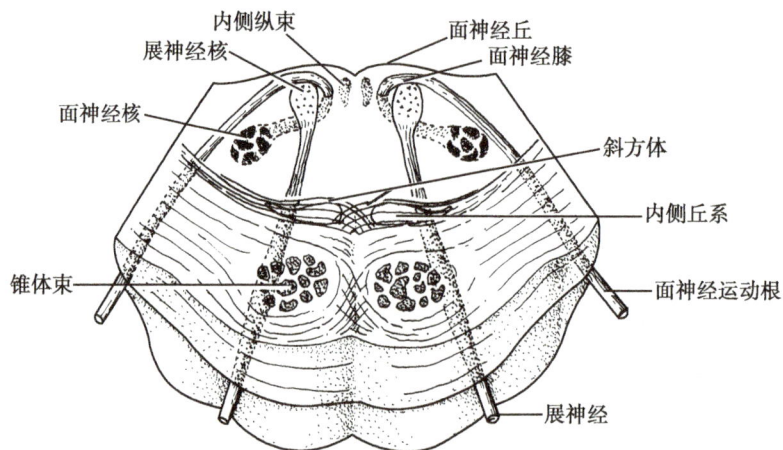

图 2-27   面神经的特殊内脏运动纤维在脑干内经行示意图

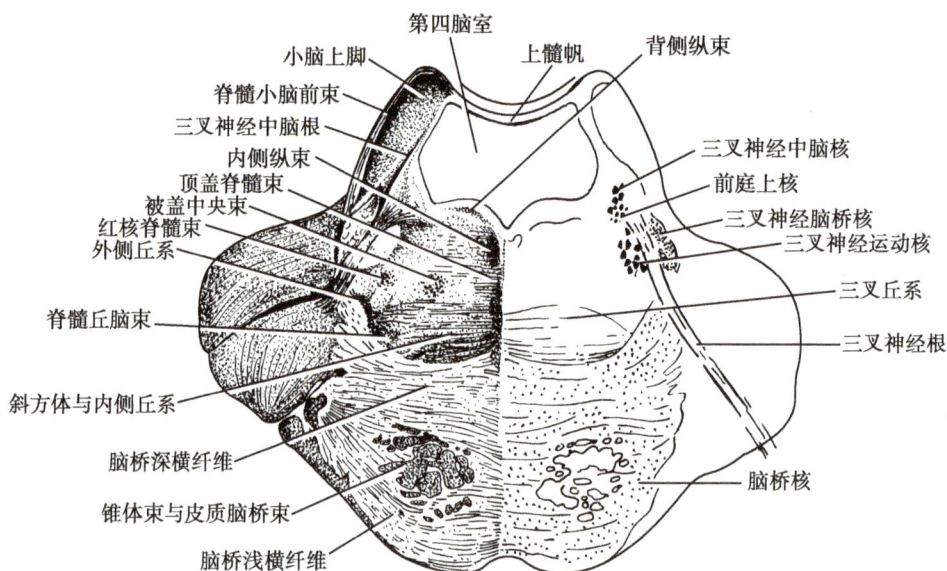

图 2-28   脑桥水平切面（经脑桥中部，三叉神经根高度）

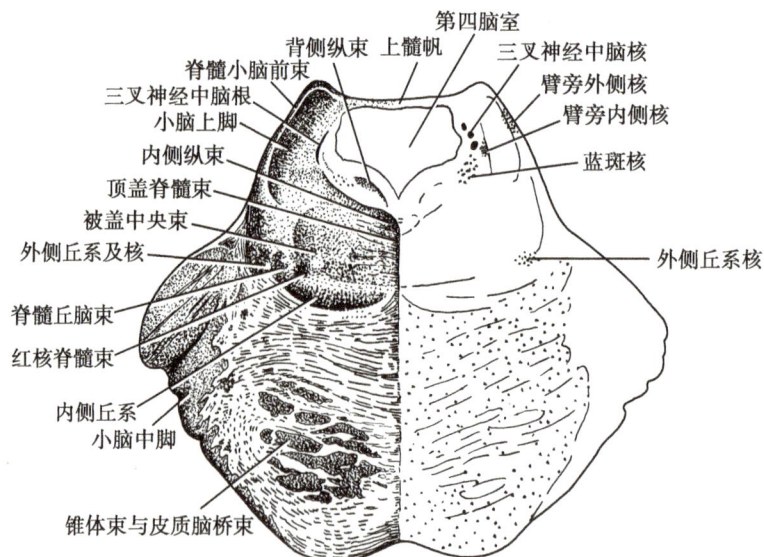

图 2-29   脑桥水平切面（经脑桥上部，滑车神经根交叉高度）

Note

核接受蜗腹侧前核及外侧丘系的纤维,发出的纤维越边,加入对侧外侧丘系。

④ 蓝斑核(nucleus ceruleus):位于菱形窝界沟上端的蓝斑深面,三叉神经中脑核的腹外侧,由去甲肾上腺素能神经元构成。蓝斑核发出的纤维几乎分布中枢神经系统的各部,目前已知其功能与呼吸、睡眠和觉醒有关(图2-29,图2-30)。

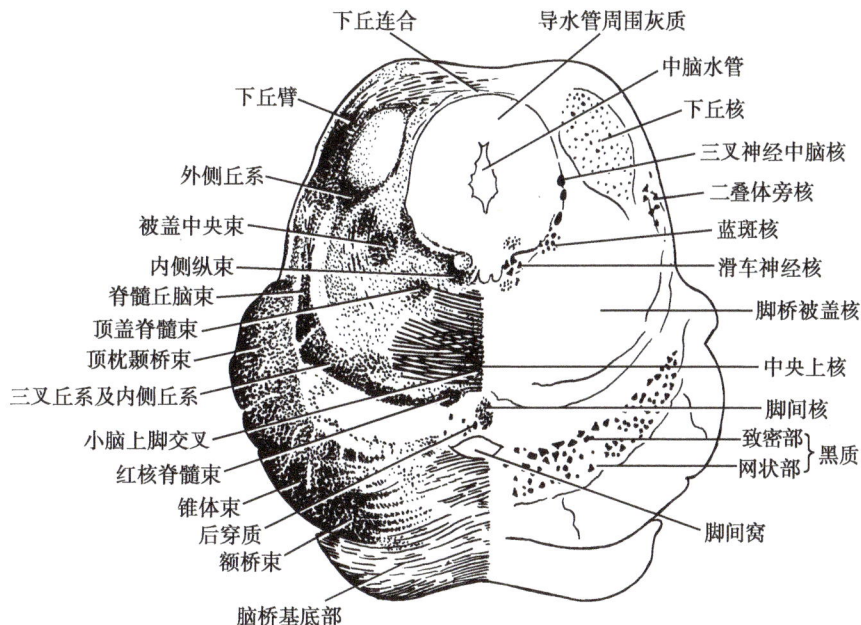

图 2-30　中脑水平切面(经下丘高度)

3) 中脑的中继核:

① 下丘(inferior colliculus)(图2-30):位于中脑下部的背侧,由明显的中央核及周围的薄层灰质下丘周灰质构成。中央核主要接受外侧丘系的纤维,传出纤维经下丘臂到达内侧膝状体,是听觉通路上的重要中继站,而且其内的分层结构对音频具有定位功能,其腹侧部和背侧部分别与高频和低频声波信息有关;下丘周灰质接受下丘中央核、内侧膝状体、大脑皮质听觉区和小脑的传入纤维,参与听觉的负反馈调节和声源定位等。下丘又是重要的听觉反射中枢,发出的纤维到达上丘深部,进而通过顶盖脊髓束,完成头和眼转向声源的反射活动(即听觉惊恐反应)。

② 上丘(superior colliculus)(图2-31,图2-32):位于中脑上部的背侧,由浅入深呈灰、白质交替排列的分层结构,在人类构成重要的视觉反射中枢。上丘浅层经视束、上丘臂接受双侧视网膜节细胞的轴突,并经皮质顶盖纤维接受同侧大脑皮质视觉区和额叶眼球外肌运动中枢(第7、8区)的投射,与追踪正在通过视野中物体的功能有关。深层主要接受大脑皮质听觉区、下丘以及其他听觉中继核和脊髓等处的传入纤维。上丘的传出纤维主要由其深层发出,绕过中脑水管周围灰质,在中脑水管腹侧越过中线交叉,称被盖背侧交叉(dorsal tegmental decussation),然后下降构成顶盖脊髓束(tectospinal tract)至颈段脊髓的中间带和前角运动内侧核,用于完成头、颈部的视觉和听觉的躯体反射活动。部分传出纤维到达脑干网状结构,或顶盖的其他核团,以应答视觉和听觉刺激对眼位置的反射。

③ 顶盖前区(pretectal area)(图2-33):位于中脑和间脑的交界部,包括上丘上端至后连合及中脑水管周围灰质背外侧部的若干小核团。接受经视束和上丘臂来的视网膜节细胞的纤维,发出纤维经后连合或中脑水管腹侧至双侧动眼神经副核交换神经元,从而使双眼同时完成直接和间接的瞳孔对光反射。

④ 红核(red nucleus)(图2-31,图2-33):位于中脑上丘高度的被盖中央部,黑质的背内侧,

Note

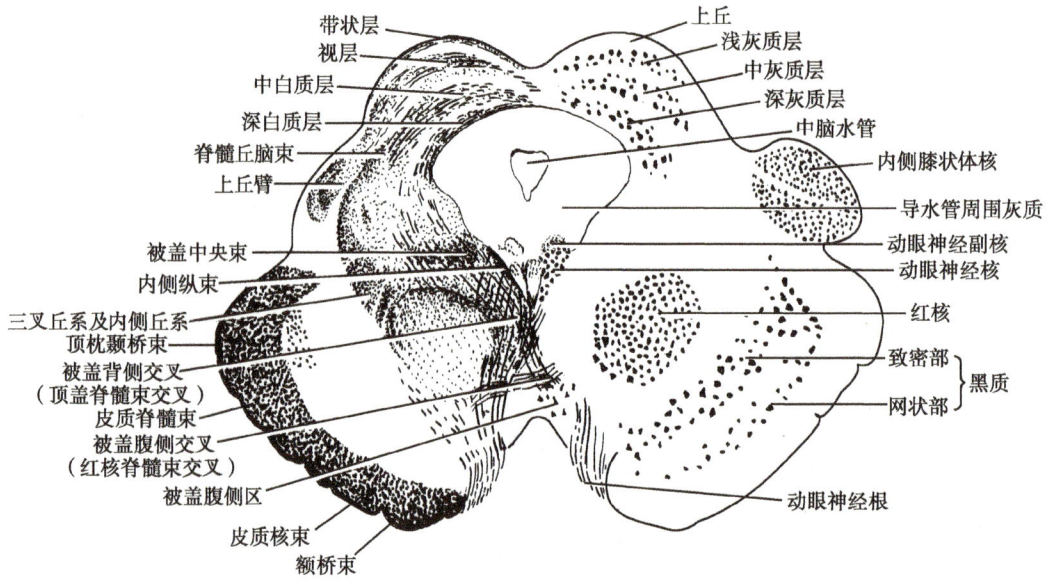

图 2-31　中脑水平切面(经上丘高度)

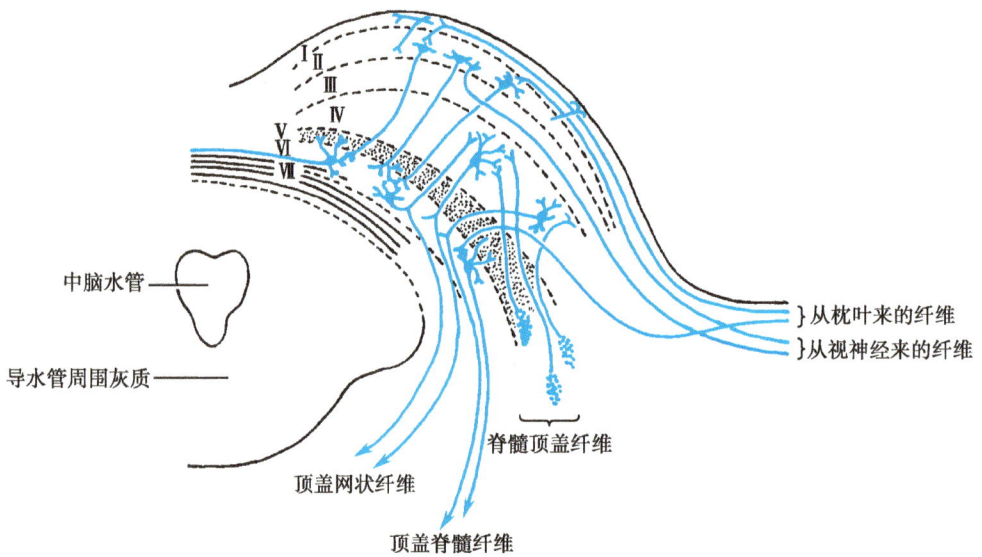

图 2-32　中脑上丘的分层结构及其纤维联系

Ⅰ.带状层;Ⅱ.浅灰质层;Ⅲ.视层;Ⅳ.中灰质层;Ⅴ.中白质层;Ⅵ.深灰质层;Ⅶ.深白质层

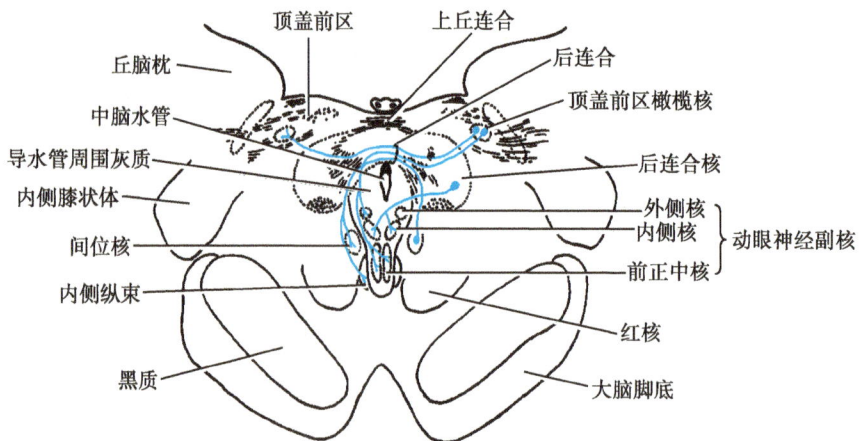

图 2-33　顶盖前区的核团及纤维联系

呈一卵圆形的细胞柱,从上丘下界向上伸入间脑尾部。在横切面上呈浑圆形。红核由小细胞部(又称新红核)和位于尾侧的大细胞部(又称旧红核)组成。人类红核的小细胞部十分发达,几乎占红核全部。红核大细胞部接受对侧小脑中央核经小脑上脚传入的纤维,其传出纤维在上丘下部平面,被盖腹侧部交叉至对侧形成被盖腹侧交叉(ventral tegmental decussation),然后下行组成红核脊髓束(终于脊髓颈段前角运动元),主要兴奋屈肌运动神经元,同时抑制伸肌运动神经元。小细胞部接受对侧小脑齿状核经小脑上脚传入的纤维,发出的纤维组成同侧被盖中央束,下行投射至下橄榄主核的背份,继而发纤维至小脑。

⑤ 黑质(substantia nigra)(图2-30,图2-31,图2-32,图2-33):仅见于哺乳类,在人类最为发达。位于中脑大脑脚底和被盖之间,呈半月形,占据中脑全长,并伸入间脑尾部。依据细胞构筑,黑质可分为腹侧的网状部(reticular part)和背侧的致密部(compact part)两部分。网状部细胞的形态、纤维联系和功能与端脑的苍白球内段相似;致密部细胞主要为多巴胺能神经元,其合成的多巴胺可经黑质纹状体纤维释放至新纹状体,以调节纹状体的功能活动。因各种原因造成黑质多巴胺能神经元变性,致新纹状体内多巴胺含量下降到一定程度(约减少50%以上)时,丘脑向大脑运动皮质发放的兴奋性冲动减少,发生的疾病称帕金森(Parkinson)病。患者表现为肌肉强直、运动受限、运动减少并出现震颤。

3. 脑干的白质 脑干的白质主要由长的上、下行纤维束和出入小脑的纤维组成,其中出入小脑的纤维在脑干的背侧面集合成小脑上、中、下三对脚。其次还有脑干内各核团间,以及各核团与脑干外结构间的联系纤维。因此,脑干内各纤维束的构成和位置均较脊髓的复杂。

(1)长的上行纤维束:

1)内侧丘系(medial lemniscus)(图2-23~图2-31):由对侧薄束核和楔束核发出的二级感觉纤维,经内侧丘系交叉后形成,向上经脑干终于丘脑腹后外侧核。该系在延髓,位于中线的外侧,锥体的背侧;至脑桥后,略偏向腹外侧,位于基底部和被盖部之间,纵穿斜方体;到中脑则移向被盖腹外侧边缘,红核的外侧。内侧丘系传递对侧躯干和上、下肢的意识性本体感觉和精细触觉。传递躯干下部和下肢感觉的纤维,由薄束核发出,在延髓行于该系的腹侧部,在脑桥和中脑则行于该系的内侧部;而传递躯干上部和上肢感觉的纤维,由楔束核发出,在延髓行于该系的背侧部,在脑桥以上则行于该系的外侧部。

2)脊髓丘脑束(spinothalamic tract)(图2-22~图2-26,图2-28~图2-31):又称脊丘系,包括脊髓丘脑侧束和脊髓丘脑前束。在脑干,脊丘系与终于脑干网状结构的脊髓网状束、终于中脑顶盖和中脑水管周围灰质的脊髓中脑束相伴行。在延髓,它们位于外侧区,下橄榄核的背外侧;在脑桥和中脑,位于内侧丘系的背外侧。脊髓丘脑束终于丘脑腹后外侧核,侧束传递对侧躯干、四肢的痛温觉,前束传递双侧躯干、四肢粗触觉和压觉。

3)三叉丘脑束(trigeminothalamic tract)(图2-26,图2-28~图2-31):又称三叉丘系(trigeminal lemniscus),由对侧三叉神经脊束核及大部分三叉神经脑桥核的二级感觉纤维组成。在脑干紧贴于内侧丘系的背外侧走行,终于丘脑腹后内侧核。该束主要传导对侧头面部皮肤、牙及口腔、鼻腔黏膜和脑膜的痛温觉和触压觉。三叉神经脑桥核的部分神经元发出传导牙和口腔黏膜的触压觉纤维,直接进入同侧三叉丘系,止于同侧丘脑腹后内侧核。

4)外侧丘系(lateral lemniscus)(图2-26~图2-30):主要由双侧蜗神经核发出的二级听觉纤维组成,还有双侧上橄榄核发出的三级听觉纤维加入。蜗神经核发出的大部分纤维,在脑桥中下部,经被盖部的腹侧部横行越边到对侧,形成斜方体(其外侧部被上行的内侧丘系纤维纵行穿过),然后在上橄榄核的背外侧转折向上,形成外侧丘系;小部分纤维不交叉,加入同侧外侧丘系上行。该丘系在脑桥行于被盖的腹外侧边缘部;在中脑的下部进入下丘,大部分纤维在此终止交换神经元,小部分纤维穿过下丘和下丘臂止于内侧膝状体交换神经元。一侧外侧丘系传导双侧耳的听觉冲动。

5）脊髓小脑前、后束（anterior and posterior spinocerebellar tracts）（图 2-22~ 图 2-26，图 2-28，图 2-29）：此两束起于脊髓，行于延髓外侧的周边部，脊髓小脑后束在延髓上部经小脑下脚进入小脑；脊髓小脑前束继续上行，在脑桥上部经小脑上脚及上髓帆进入小脑。此二束参与躯干下部和下肢的非意识性本体感觉的反射活动。

6）内侧纵束（medial longitudinal fasciculus）（图 2-22~ 图 2-31，图 2-33）：是一个兼有上、下行纤维组成的复合纤维束，贯穿脑干全长，位于中脑水管周围灰质、第四脑室室底灰质和延髓中央灰质的腹侧，中缝背侧区的两侧，向下进入脊髓白质前索，移行为内侧纵束降部，又称前庭脊髓内侧束，终止颈段脊髓中间带和前角内侧核，支配颈肌的运动。内侧纵束纤维包含越边和不越边的，大部分来源于前庭神经核和支配眼外肌的神经核，小部分来源于中脑核团（达克谢维奇核、Cajal 中介核、后连合核和上丘）、上橄榄核和脑桥网状结构等。在内侧纵束内，有前庭神经核上行至两侧眼外肌的神经核的纤维；眼外肌各神经核相互联系的纤维；前庭神经核下行至颈肌运动神经元的纤维；前庭神经核至其他上述神经核团的纤维等。内侧纵束的主要功能为协调眼外肌之间的运动，调节眼球的慢速运动和头部的姿势。

（2）长的下行纤维束：

1）锥体束（pyramidal tract）（图 2-22~ 图 2-31）：主要由大脑皮质中央前回及旁中央小叶前部的巨型锥体细胞（Betz 细胞）和其他类型锥体细胞发出的轴突构成，亦有部分纤维起自额、顶叶的其他皮质区。该束经过端脑的内囊进入脑干的腹侧部，依次穿过中脑的大脑脚底中 3/5、脑桥基底部和延髓的锥体。

锥体束由皮质核束（又称皮质延髓束）和皮质脊髓束两部分构成。皮质核束在脑干下降途中，分支终止于脑干的一般躯体运动核和特殊内脏运动核。皮质脊髓束在延髓锥体的下端，经过锥体交叉，分为本侧半脊髓的皮质脊髓前束和对侧半脊髓的皮质脊髓侧束，分别终止于双侧和同侧脊髓前角运动神经元。

2）其他起自脑干的下行纤维束：①起自对侧红核的红核脊髓束，在中脑和脑桥分别行于被盖的腹侧和腹外侧，在延髓位于外侧区；②起自上丘的顶盖脊髓束（图 2-22~ 图 2-26，图 2-28~ 图 2-31），居脑干中线的两侧，内侧纵束的腹侧；③起自前庭核的前庭脊髓束（图 2-22~ 图 2-25）和起于网状结构的网状脊髓束等。

4. 脑干的网状结构   在中脑水管周围灰质、第四脑室室底灰质和延髓中央灰质的腹外侧，脑干被盖的广大区域内，除了明显的脑神经核、中继核和长的纤维束外，尚有神经纤维纵横交织成网状，其间散布有大小不等的神经细胞团块的结构，称脑干网状结构（reticular formation of brain stem）。网状结构的神经元具有树突分支多而长的特点，可接受各种感觉信息，其传出纤维直接或间接联系着中枢神经系统的各级水平；其功能除有一些古老的调控功能外，还参与觉醒、睡眠的周期节律，中枢内上、下行信息的整合，躯体和内脏各种感觉和运动功能的调节，并与脑的学习、记忆等高级功能有关。

（1）脑干网状结构的主要核团：网状结构核团的边界大多数彼此之间不甚分明，核团内的细胞并非紧密聚集。但网状结构也并非杂乱无章，根据细胞构筑、位置和纤维联系，脑干网状结构的核团大致可分为向小脑投射的核群、中缝核群、内侧（中央）核群和外侧核群（图 2-34）。

1）向小脑投射的核群：包括外侧网状核、旁正中网状核和脑桥被盖网状核，它们中继脊髓、大脑运动和感觉皮质、前庭神经核等到小脑的传入纤维。

2）中缝核群：位于脑干中缝，为若干个相连续的细胞窄带，主要由 5- 羟色胺能神经元构成。

3）内侧（中央）核群：靠近中线，居中缝核的外侧，约占网状结构内侧 2/3，有巨细胞网状核和脑桥尾、颅侧网状核等。内侧核群主要接受外侧核群、脊髓和所有脑神经感觉核的传入纤维，也接受双侧大脑皮质、嗅脑的嗅觉及中脑顶盖视听觉的传入纤维；发出大量的上、下行纤维束，广泛投射到中枢神经的许多部位，构成脑干网状结构的"效应区"。

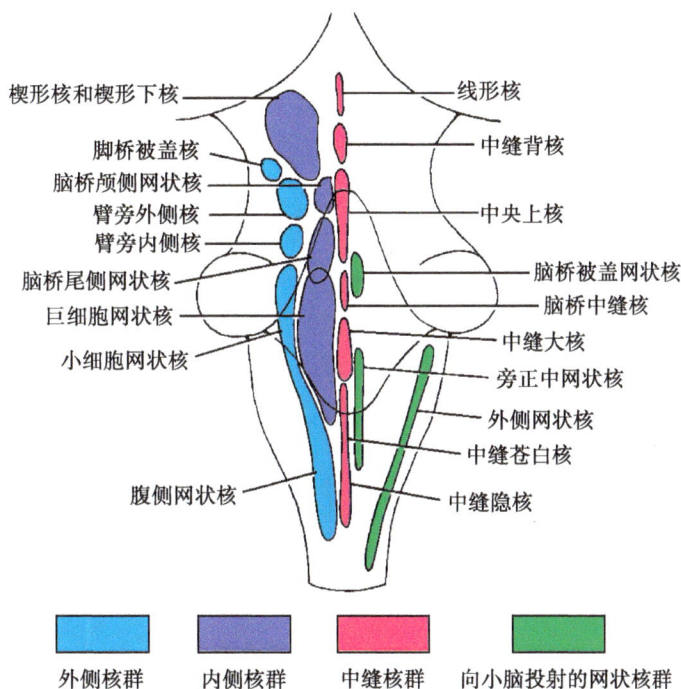

图 2-34　脑干网状结构核团在脑干背面投影示意图

4) 外侧核群：位于内侧核群的外侧，约占网状结构的外侧 1/3，如腹侧网状核、小细胞网状核和臂旁内、外侧核等。外侧核群主要由小型的肾上腺素或去甲肾上腺素能神经元组成；其树突分支多而长，接受长的上行感觉纤维束的侧支、对侧红核和脊髓网状束的纤维，其轴突较短，主要终止于内侧核群，是脑干网状结构的"感受区"。

(2) 脑干网状结构的功能组合：

1) 对睡眠、觉醒和意识状态的影响：脑干网状结构通过上行网状激动系统和上行网状抑制系统参与睡眠 - 觉醒周期和意识状态的调节。

上行网状激动系统（ascending reticular activating system，ARAS）：是维持大脑皮质觉醒状态的功能系统，包括向脑干网状结构的感觉传入、脑干网状结构内侧核群向间脑的上行投射，以及间脑至大脑皮质的广泛区域投射（图 2-35）。

经脑干上行的各种特异性感觉传导束，均可发出侧支进入网状结构外侧核群，中继后到达内侧核群，或直接进入内侧核群。再由此发出上行纤维终止于背侧丘脑的非特异性核团及下丘脑。如此，各种特异性的痛、温觉以及视、听、嗅觉等信息转化为非特异性的信息，广泛地投射到大脑皮质。这种非特异性的上行投射系统称为上行网状激动系统。该系统可使大脑皮质保持适度的意识和清醒，从而对各种传入信息有良好的感知能力。该系统损伤，会导致不同程度的意识障碍。

上行网状抑制系统（ascending reticular inhibiting system，ARIS）：与 ARAS 的动态平衡决定着睡眠 - 觉醒周期的变化和意识的水平。初步查明，此系统位于延髓孤束核周围和脑桥下部内侧的网状结构内。该区的上行纤维对脑干网状结构的上部施予抑制性影响。

2) 对躯体运动的调制：脑干网状结构内侧核群发出的网状脊髓束，与脊髓中间神经元发生突触联系，最终调控脊髓前角运动神经元，对骨骼肌张力产生抑制和易化作用。

抑制区位于延髓网状结构的腹内侧部，区域较局限，相当于巨细胞网状核（最上部除外）及部分腹侧网状核，其作用通过延髓网状脊髓束完成。刺激此区可抑制脊髓牵张反射，降低肌张力。易化区位于抑制区的背外侧，范围较大，不仅贯穿整个脑干，而且上达间脑，其作用通过脑桥网状脊髓束实现，刺激此区可增强肌张力和运动。二区均主要作用于伸肌。抑制区不能自主

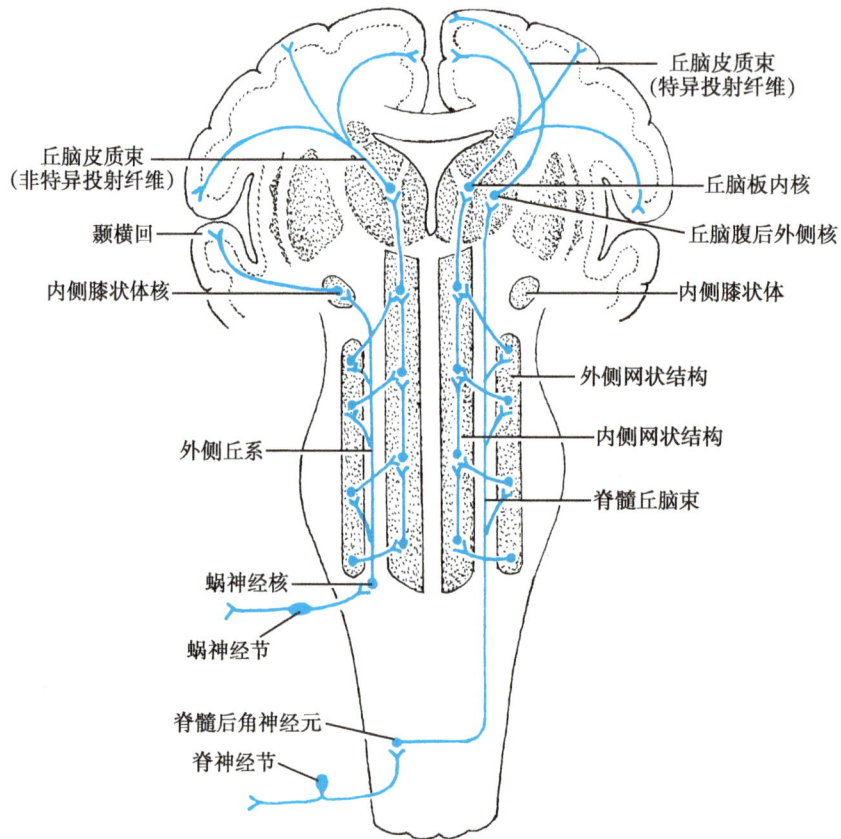

图 2-35　上行网状激动系统示意图

地影响脊髓,而是需要来自于大脑皮质的始动作用,如果没有这种启动作用,抑制区就难以发挥抑制作用,但是易化区则不然。在正常情况下,依靠抑制区和易化区的拮抗作用,维持正常的肌张力。当在上、下丘之间横断脑干时,抑制区失去高级中枢的始动作用,抑制作用下降,而易化区作用仍存在,且占优势,再加上前庭脊髓束等的作用,导致肌张力明显增强,表现出四肢伸直、角弓反张,这种现象称为去大脑僵直。

3) 对躯体感觉的调节:网状结构对传入中枢的感觉信息有修正、加强和抑制等方面的影响。网状脊髓束的 5- 羟色胺能、去甲肾腺素能、脑啡肽能和 P 物质能下行纤维共同调节着上行痛觉信息及其他感觉信息的传递过程;初级传入纤维在脊髓和脑干的终点,接受脑干网状结构的突触前或突触后易化性或抑制性影响;与处理感觉信息有关的丘脑核团和边缘系统等脑区,均接受网状结构的传入影响;网状结构发出的纤维直接至蜗神经核、前庭神经核、顶盖和顶盖前区、内侧和外侧膝状体,间接至大脑皮质的听觉区、视觉区和嗅觉区,调控听觉、视觉和嗅觉等特殊感觉。

4) 对内脏活动的调节:在脑干网状结构中,存在着由许多调节内脏活动的神经元构成呼吸中枢和心血管运动中枢等重要的生命中枢,故脑干损伤会导致呼吸、循环障碍,甚至危及生命。脑干网状结构外侧核群中的肾上腺素和去甲肾上腺素能神经元,有的发出纤维投射至迷走神经背核、疑核和孤束核,参与胃肠和呼吸反射;有的发出纤维参与心血管、呼吸、血压和化学感受器的反射活动,并对痛觉的传递进行调制。

(三) 脑干各部代表性水平切面观察

1. 延髓的代表性切面

(1) 锥体交叉水平切面:此切面的外形及内部结构配布类似于脊髓(图 2-22)。切面的中心为中央管及其周围为中央灰质。在切面的腹侧部,锥体束中的皮质脊髓束纤维在中央管的腹侧越过中线交叉形成锥体交叉;在前角区出现副神经核。在背侧部的薄束、楔束中开始出现薄束核和楔束核的神经元群。后角处相当于脊髓胶状质的部位为三叉神经脊束核尾侧亚核,其浅面为三叉神经脊束。其他纤维束继续保持在类似于脊髓的位置上。

(2) 内侧丘系交叉水平切面:此切面位于锥体交叉上方,薄束结节和楔束结节增大处(图2-23)。中央管稍大并向背侧移位,在中央灰质的外侧部出现迷走神经背核和舌下神经核。在前正中裂两侧为锥体,其深部为锥体束。背侧的薄束和楔束部位已逐渐被薄束核与楔束核所取代,此二核发出纤维绕过中央灰质的周围行向腹侧,在中央管腹侧越中线交叉,形成内侧丘系交叉;交叉后的纤维在中线两侧上行,形成内侧丘系。网状结构位于中央灰质的腹外侧。其余纤维束的位置略同锥体交叉水平切面。

(3) 橄榄中部水平切面:此切面中央管已移至背侧,并且敞开形成第四脑室底的下半部,可见菱形窝的正中沟和界沟(图2-24)。在第四脑室室底灰质中线的两侧,由内侧向外侧依次有舌下神经核、迷走神经背核和前庭神经核。前庭神经核外侧的纤维为小脑下脚。小脑下脚的腹内侧为三叉神经脊束及三叉神经脊束核极间亚核。迷走神经背核的腹外侧有孤束及其周围的孤束核。在腹侧部,前正中裂两侧为锥体,橄榄的深面为巨大的皱褶囊袋状的下橄榄核。在锥体束的背内侧,自腹侧向背侧依次有内侧丘系、顶盖脊髓束和内侧纵束靠中线走行。第四脑室室底灰质诸核与下橄榄核之间的区域为网状结构,内有疑核出现。舌下神经核发出的纤维行向腹侧经锥体和橄榄之间出脑形成舌下神经;迷走神经背核和疑核发出的纤维行向腹外侧,于橄榄背外侧出脑加入迷走神经。

在此切面以舌下神经根和迷走神经根为界,将延髓内部分为三部分:舌下神经根以内为内侧部;舌下神经根与迷走神经根之间为外侧部;迷走神经根的后外侧为后部。后两部合称被盖部。

(4) 延髓橄榄上部水平切面:此切面约平对第四脑室外侧隐窝高度(图2-25)。下橄榄核已变小。邻近小脑下脚的背外侧和腹外侧缘分别有蜗背侧核和蜗腹侧核,接受前庭蜗神经的蜗纤维的终止。小脑下脚的腹侧有舌咽神经根丝出脑。在第四脑室室底灰质内,舌下神经核和迷走神经背核已被舌下前置核所代替。孤束核已移至前庭神经核和三叉神经脊束核颅侧亚核之间。其他在中线旁及外侧部的纤维束与延髓橄榄中部水平切面相似。

2. 脑桥的代表性水平切面　脑桥内部结构以斜方体为界,分为腹侧的脑桥基底部和背侧的脑桥被盖部。

(1) 脑桥下部水平切面:此切面通过面神经丘(图2-26,图2-27)。腹侧的脑桥基底部含纵、横行走的纤维及分散在其内的脑桥核。横行纤维为脑桥小脑纤维,越过中线组成对侧粗大的小脑中脚。纵行纤维为锥体束,被横行纤维分隔成大小不等的小束。在背侧,被盖部正中线两侧的面神经丘深面为展神经核和面神经膝,外侧为前庭神经核。面神经核位于被盖中央部的网状结构内,其背外侧可见三叉神经脊束和三叉神经脊束核颅侧亚核。内侧丘系穿经斜方体上行,其外侧有脊丘系和三叉丘系,背外侧有红核脊髓束、脊髓小脑前束。内侧纵束和顶盖脊髓束仍居原位。

(2) 脑桥中部水平切面:此切面经过三叉神经根连脑处(图2-28)。在此切面上,脑桥基底部更加膨大,而菱形窝及第四脑室比上一切面缩小,靠近第四脑室侧壁的纤维束是小脑上脚。在被盖部的外侧部,三叉神经脑桥核和三叉神经运动核分居三叉神经纤维的内、外侧,三叉神经运动核背侧出现了三叉神经中脑核。在此切面,脊髓小脑前束已入小脑上脚。其余纤维束的位置无多大变化。

3. 中脑的代表性切面　中脑的内部结构借中脑水管(mesencephalic aqueduct)(又称大脑水管 cerebral aqueduct)分为背侧的顶盖(tectum)和腹侧的大脑脚。大脑脚又被黑质分为腹侧的大脑脚底(crus cerebri)和背侧的被盖(tegmentum)。

(1) 中脑下丘水平切面:位于中脑水管周围的是中脑水管周围灰质(又称中脑中央灰质),其

Note

腹侧部中线两旁有左右滑车神经核,外侧边缘处可见三叉神经中脑核(图 2-30)。中央灰质背外侧为下丘及其深面的下丘核。滑车神经核的腹侧有内侧纵束,再腹侧依次有小脑上脚交叉和被盖腹侧交叉,两交叉的外侧为顶盖脊髓束、脊髓丘脑束、三叉丘系及内侧丘系。黑质位于大脑脚底和中脑被盖之间,其腹侧的大脑脚底,自内向外依次有额桥束、锥体束和顶枕颞桥束纤维下行。

(2) 中脑上丘水平切面:背侧为一对隆起的上丘,其内有分层的上丘灰质(图 2-31)。中央灰质的腹侧部有左右动眼神经核和动眼神经副核,两核发出的纤维行向腹侧,经脚间窝出脑。红核位于被盖中央,横断面呈浑圆,发出纤维左右交叉形成被盖腹侧交叉后下行,组成红核脊髓束。黑质呈半月形,位于被盖和大脑脚底之间。红核的背外侧自前内侧向外侧依次有内侧丘系、三叉丘系和脊髓丘脑束。大脑脚底的结构同上一切面。

(四) 代表性脑干损伤及其临床表现

脑干的损伤除少见的外伤和肿瘤占位性压迫外,通常由椎 - 基底动脉系供血区的血管性病变(梗死或出血)所致(图 2-36),这些血管分支的病变常可累及供血区域若干神经核和纤维束,导致一定的临床表现。典型的脑干损伤部位及其临床表现如下:

1. 延髓内侧综合征   如为单侧损伤,又称舌下神经交叉性偏瘫(图2-36,图 2-37)。通常由椎动脉的延髓支阻塞所致。主要受损结构及临床表现:①锥体束损伤:对侧上、下肢瘫痪;②内侧丘系损伤:对侧上、下肢及躯干意识性本体感觉和精细触觉障碍;③舌

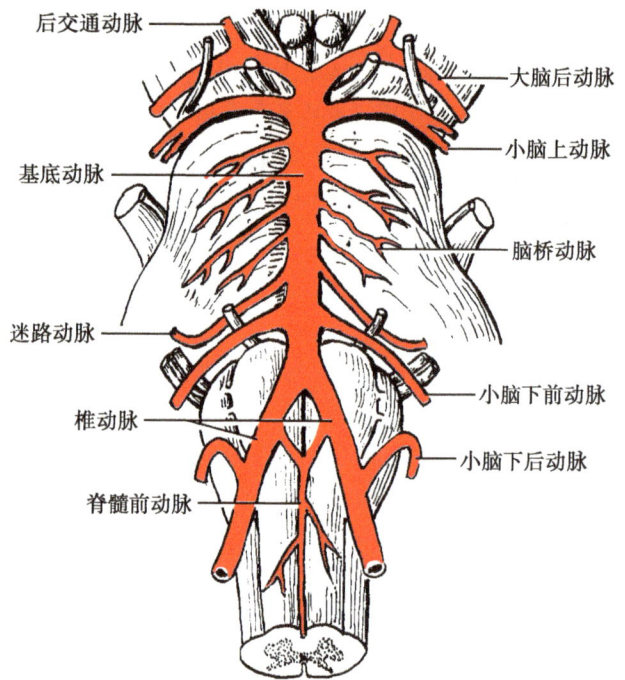

图 2-36   脑干动脉供应概况(腹侧面)

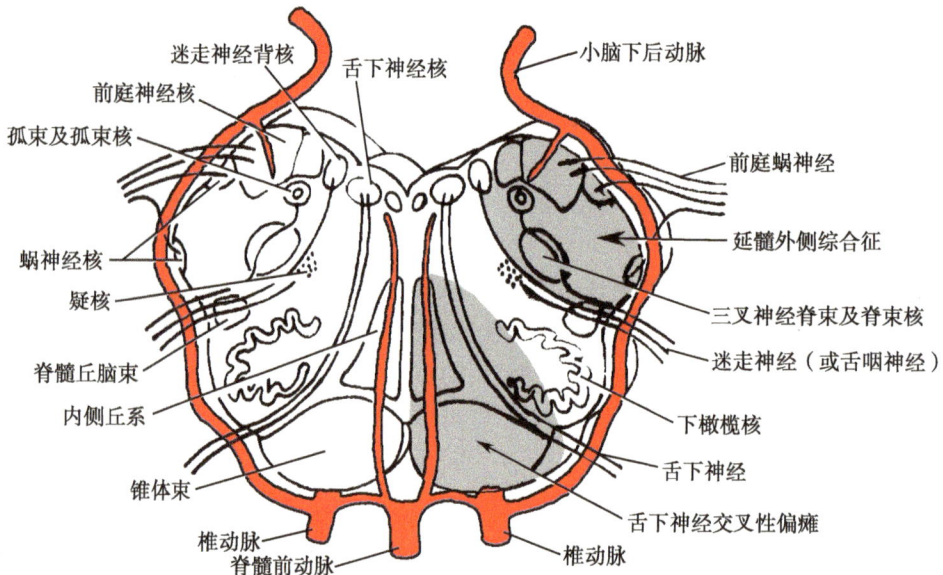

图 2-37   延髓损伤区及相关临床综合征(灰色区域示损伤部位)

下神经根损伤:同侧半舌肌瘫痪,伸舌时舌尖偏向患侧。

2. 延髓外侧综合征 又称 Wallenberg 综合征,由椎动脉的延髓支或小脑下后动脉阻塞所致(图 2-37)。主要受损结构及临床表现:①三叉神经脊束受损:同侧头面部痛、温觉障碍;②脊髓丘脑束受损:对侧上下肢及躯干痛、温觉障碍;③疑核受损:同侧软腭及咽喉肌麻痹,吞咽困难,声音嘶哑;④下丘脑至脊髓中间外侧核的交感下行通路受损:同侧 Horner 综合征,表现为瞳孔缩小、上睑轻度下垂、面部皮肤干燥、潮红及汗腺分泌障碍;⑤小脑下脚受损:同侧上、下肢共济失调;⑥前庭神经核受损:眩晕,眼球震颤。

3. 脑桥基底部综合征 如为单侧损伤,又称展神经交叉性偏瘫(图 2-38)。由基底动脉的脑桥支阻塞所致。主要受损结构及临床表现:①锥体束受损:对侧上、下肢瘫痪;②展神经根受损:同侧眼球外直肌麻痹,眼球不能外展。

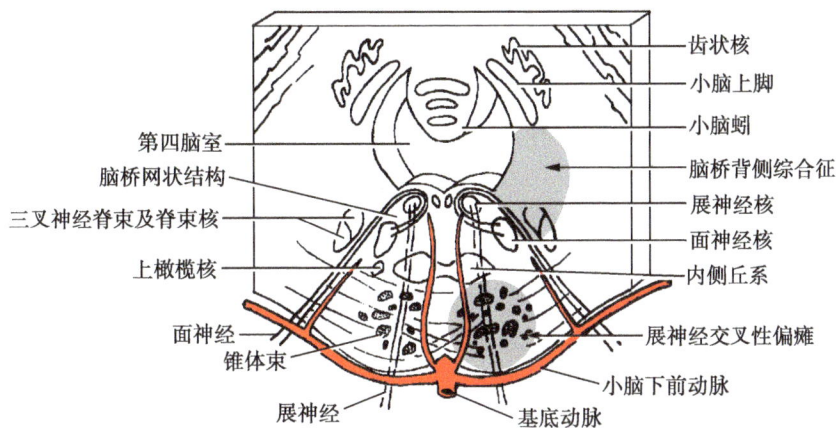

图 2-38 脑桥损伤区及相关临床综合征(灰色区域示损伤部位)

4. 脑桥背侧部综合征 通常因小脑下前动脉或小脑上动脉的背外侧支阻塞,引起一侧脑桥尾侧或颅侧部的被盖梗死所致(图 2-38)。依脑桥尾侧被盖损伤为例,主要受损结构及临床表现:①展神经核受损:同侧眼球外直肌麻痹,双眼患侧凝视麻痹;②面神经核受损:同侧面肌麻痹;③前庭神经核受损:眩晕,眼球震颤;④三叉神经脊束受损:同侧头面部痛、温觉障碍;⑤脊髓丘脑束受损:对侧上下肢及躯干痛、温觉障碍;⑥内侧丘系受损:对侧上下肢及躯干意识性本体觉和精细触觉障碍;⑦下丘脑至脊髓中间带外侧核的交感下行通路受损:同侧 Horner 综合征;⑧小脑下脚和脊髓小脑前束受损:同侧上、下肢共济失调。

5. 大脑脚底综合征 如为单侧损伤,又称动眼神经交叉性偏瘫(或 Weber 综合征)(图 2-39)。

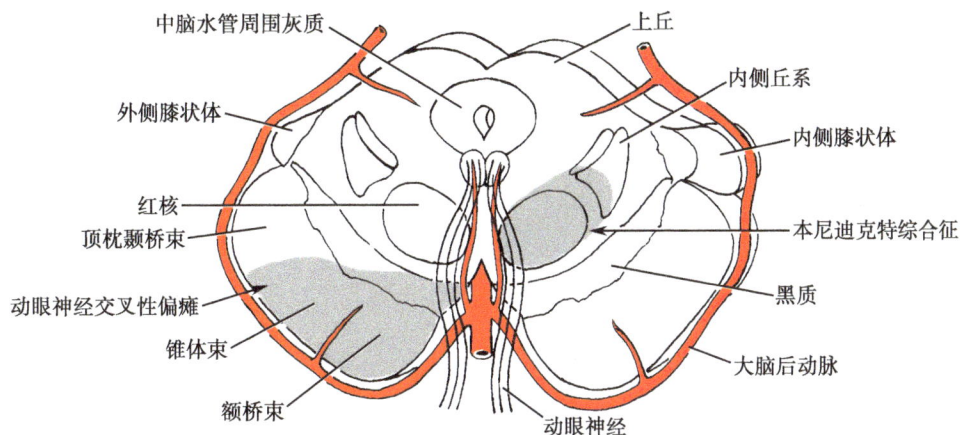

图 2-39 中脑损伤区及相关临床综合征(灰色区域示损伤部位)

由大脑后动脉的分支阻塞所致。主要受损结构及临床表现：①动眼神经根损伤：同侧除外直肌和上斜肌以外的眼球外肌麻痹，瞳孔散大；②皮质脊髓束受损：对侧上、下肢瘫痪；③皮质核束损伤：对侧面神经和舌下神经的核上瘫。

6. 本尼迪克特综合征（Benedikt 综合征）　累及一侧中脑被盖的腹内侧部（图 2-39）。主要受损结构及临床表现：①动眼神经根损伤：同侧除外直肌和上斜肌外的眼球外肌麻痹，瞳孔散大；②小脑丘脑纤维（为已交叉的小脑上脚纤维）和红核受损伤：对侧上、下肢意向性震颤，共济失调；③内侧丘系损伤：对侧上下肢及躯干意识性本体觉和精细触觉障碍。

（王唯析）

二、小脑

小脑（cerebellum）在胚胎发生上与脑桥共同起源于菱脑前部，重约 150g，占脑重的 10%，小脑是机体重要的躯体运动调节中枢，其功能主要是维持身体平衡、调节肌张力和协调随意运动。

（一）小脑的位置

小脑位于颅后窝，其上方隔大脑横裂及小脑幕与大脑枕叶下面相邻，前方为脑桥和延髓，并借上、中、下三对小脑脚连于脑干的背面。

（二）小脑的外形

小脑两侧的膨大部为小脑半球（cerebellar hemispheres）；中间的狭窄部为小脑蚓（vermis）（图 2-40，图 2-41，图 2-42，图 2-43）。小脑上面稍平坦，其前、后缘凹陷，称小脑前、后切迹（anterior and posterior cerebellar notches）；下面膨隆，在小脑半球下面的前内侧，各有一突出部，称小脑扁桃体（tonsil of cerebellum）。小脑扁桃体紧邻延髓和枕骨大孔的两侧，当颅内压增高时，小脑扁桃体可被挤入枕骨大孔，形成枕骨大孔疝或称小脑扁桃体疝，压迫延髓内的呼吸中枢和心血管中枢，

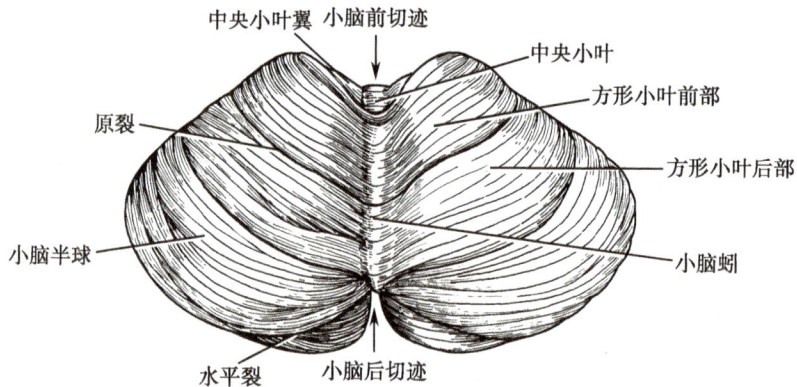

图 2-40　小脑的外形（上面）

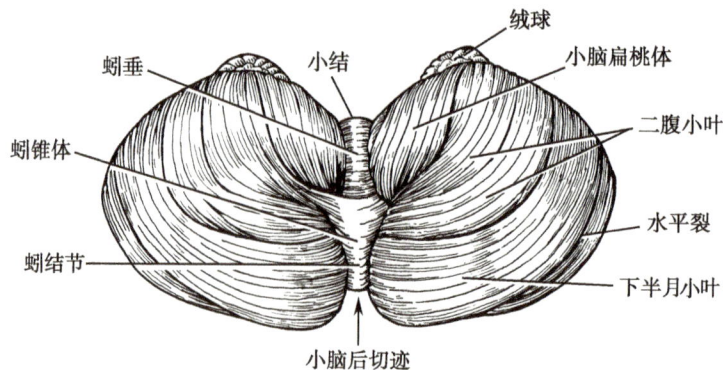

图 2-41　小脑的外形（下面）

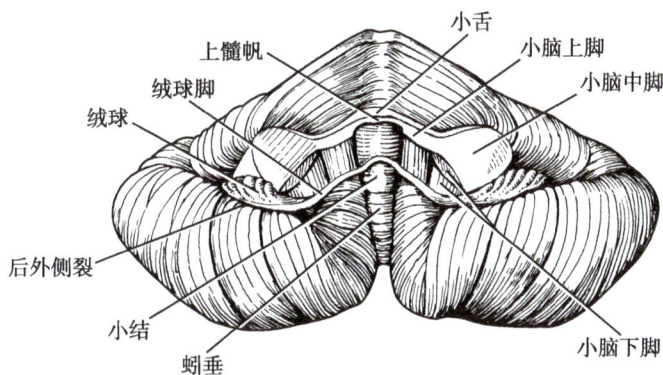

图 2-42　小脑的外形（前面）

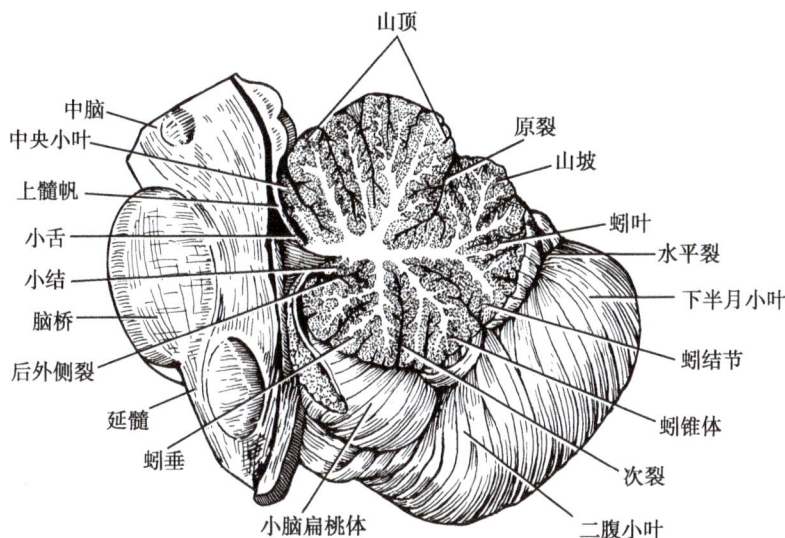

图 2-43　小脑正中矢状切面

危及生命。小脑蚓的上面略高出小脑半球之上；下面凹陷于两半球之间，从前向后依次分为小结（nodule）、蚓垂（uvula of vermis）、蚓锥体（pyramid of vermis）和蚓结节（tuber of vermis）。小结向两侧借绒球脚（peduncle of flocculus）与位于小脑半球前缘的绒球（flocculus）相连。

（三）小脑的分叶、分区

小脑表面有许多相互平行的浅沟，将其分为许多狭长的小脑叶片（cerebellar folia）（图 2-40，图 2-41）。另外，在小脑上面前、中 1/3 交界处有一略呈"V"字形的深沟，称原裂（primary fissure）；小脑下面绒球和小结的后方也有一深沟，为后外侧裂（posterolateral fissure）。原裂和后外侧裂与小脑表面几乎形成一环沟，此环以前的小脑半球和小脑蚓为前叶（anterior lobe）。以后的其余部分为后叶（posterior lobe），占据后外侧裂的绒球、绒球脚和小结为绒球小结叶（flocculonodular lobe）。前叶和后叶构成了小脑的主体，又合称小脑体（corpus of cerebellum）。

根据小脑皮质梨状细胞轴突的投射规律，可将小脑体由内向外分为内侧区、中间区和外侧区 3 个纵区。内侧区（medial zone）（蚓部）皮质的梨状细胞轴突主要投射到顶核，部分投射到前庭外侧核；中间区（intermediate zone）（蚓旁部）投射到中间核；外侧部（lateral zone）投射到齿状核。绒球小结叶投射到前庭神经核（图 2-44）。

根据小脑传入、传出纤维的联系及功能，可将小脑分为 3 个主要的功能区。绒球小结叶在进化上出现最早，构成原小脑（archicerebellum），因其纤维联系及功能与前庭密切相关，又称前庭小脑（vestibulocerebellum）。小脑体内侧区和中间区在进化上出现较晚，共同组成旧小脑

Note

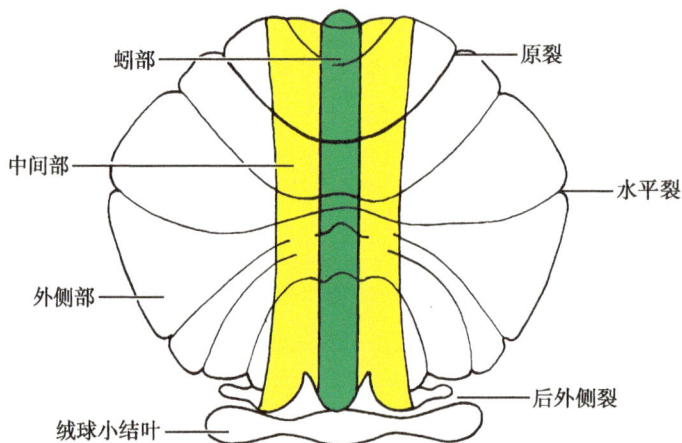

图 2-44　小脑皮质平面示意图(示小脑分区)

(paleocerebellum),因主要接受来自脊髓的信息又称脊髓小脑(spinocerebellum)。小脑体的外侧区在进化中出现最晚,构成新小脑(neocerebellum),因其与大脑皮质同步发展又称大脑小脑(cerebrocerebellum)。

(四)小脑的内部结构

小脑由表面的皮质、深部的髓质(白质)及小脑核构成。

1. **小脑皮质(cerebellar cortex)**　位于小脑表面,向内部深陷形成沟,将小脑表面分成许多大致平行的小脑叶片。小脑皮质由神经元的胞体和树突组成,其细胞构筑分为三层(图 2-45,图 2-46)。

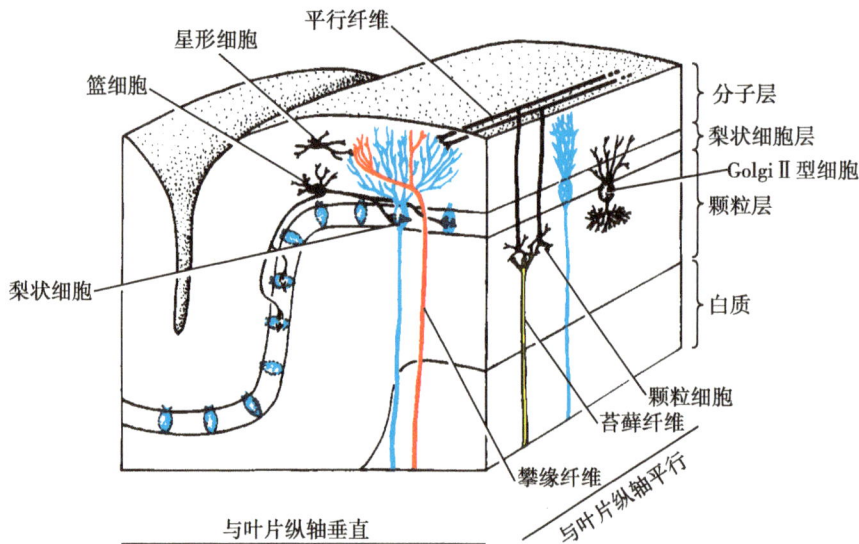

图 2-45　小脑皮质细胞构筑模式图(一)

兴奋性冲动由攀缘纤维和苔藓纤维传入,前者直接与梨状细胞树突构成突触,后者与颗粒细胞发生突触。兴奋性冲动转而由颗粒细胞发出的平行纤维传递给梨状细胞树突;梨状细胞是小脑皮质的传出神经元,Golgi Ⅱ 型细胞、篮细胞和星形细胞均为抑制性中间神经元

(1) 小脑皮质的分层和神经元:小脑皮质由浅至深依次为分子层、梨状细胞层和颗粒层3层。皮质内神经元有星形细胞、篮细胞、普肯耶细胞(Purkinje cell,或称梨状细胞)、颗粒细胞和高尔基Ⅱ型细胞(Golgi Ⅱ cell)5 种。

1) 分子层(molecular layer):此层较厚,其主要成分是稀疏分布的少量神经元、大量普肯耶细胞树突、颗粒细胞轴突形成的平行纤维和来自延髓下橄榄核的攀缘纤维。神经元主要是星形细

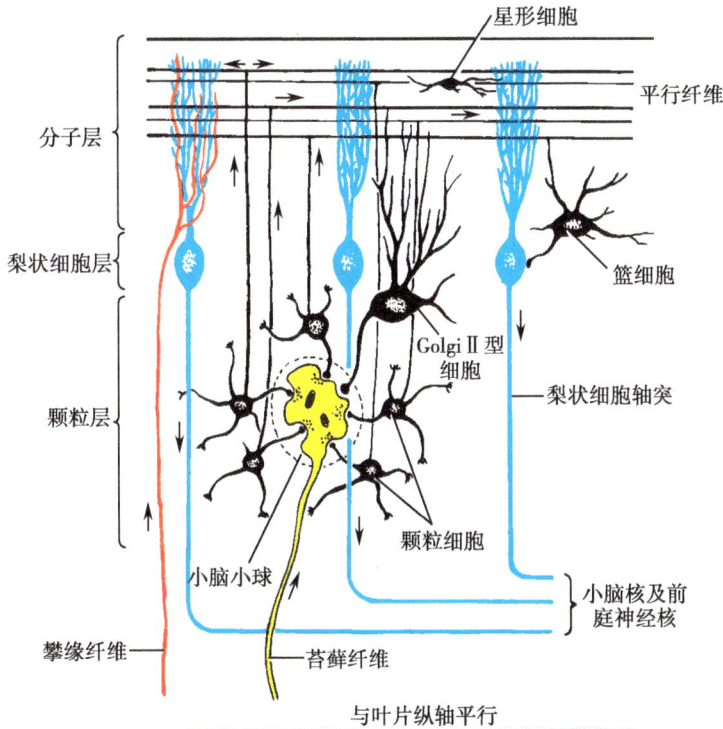

图 2-46　小脑皮质平面细胞构筑模式图（二）
箭头示神经冲动传递方向；小脑小球由胶质细胞构成囊（虚线表示），内
含一个苔藓纤维玫瑰结、若干颗粒细胞树突及一个 Golgi Ⅱ 细胞轴突

胞和篮细胞。星形细胞分布浅层，为轴突较短的多极小型神经元。篮细胞分布在深层，胞体较大，较长的轴突与小脑叶片长轴呈直角并平行于小脑表面行走，沿途发出的许多分支，其末端呈篮状分支包绕 Purkinje 细胞的胞体并与之形成突触（图 2-45，图 2-46）。

2）梨状细胞层（piriform cell layer）：由排列整齐的单层 Purkinje 细胞构成（图 2-45，图 2-46）。Purkinje 细胞是小脑皮质最大神经元，胞体呈梨形，从顶端发出 2~3 条粗的主树突伸入分子层，树突的分支繁多，呈扇形展开形如侧柏枝状，其扇面方向与平行纤维垂直，并与之形成大量的兴奋性突触。Purkinje 细胞的树突分支还接受另一种兴奋性的攀缘纤维和小脑分子层的两种抑制性神经元（篮细胞和星形细胞）的轴突终末，而 Purkinje 细胞的轴突则是小脑皮质的唯一传出纤维，向深部穿过颗粒层进入小脑髓质，大部分止于小脑核，少数直接出小脑止于前庭神经核，对这些神经核起抑制作用。

3）颗粒层（granular layer）：主要由大量密集的颗粒细胞构成，并含有 Golgi Ⅱ 型细胞。颗粒细胞是兴奋性中间神经元，胞体很小，其直径与淋巴细胞近似，有 4~5 条短树突，末端分支如爪状；轴突上升进入分子层呈"T"形分支，形成沿小脑叶片的长轴分布的平行纤维（parallel fiber）。平行纤维穿过一排排 Purkinje 细胞的扇形树突，与其树突棘形成突触。一条平行纤维可与 400 多个 Purkinje 细胞建立突触，每个 Purkinje 细胞与一条平行纤维之间只有一个突触连接；但一个 Purkinje 细胞的扇形树突有 20 万 ~30 万条平行纤维通过，故一个 Purkinje 细胞的树突上可有 20 万 ~30 万个突触。Golgi Ⅱ 型细胞胞体较大，树突分支较多，大部分伸入分子层与平行纤维接触，轴突在颗粒层内呈丛密分支，与颗粒细胞的树突形成突触。该层的传入纤维为兴奋性苔藓纤维（图 2-46）。

（2）小脑皮质神经元的联系：在小脑皮质的 5 种神经元中，普肯耶细胞是唯一的传出神经元。颗粒细胞是谷氨酸能的兴奋性神经元，其他中间神经元都是 γ- 氨基丁酸（GABA）能的抑制性神经元。

小脑皮质有 3 种传入神经纤维，即苔藓纤维、攀缘纤维和去甲肾上腺素能纤维，前两者是兴奋性纤维,后者是抑制性纤维。①苔藓纤维(mossy fiber):是来自脊髓、脑桥核和脑干网状结构等处的兴奋性纤维,较粗,进入小脑皮质后,反复分支,其分支终末膨大形如苔藓,以每个分支末端膨大为中心可与许多(20多个)颗粒细胞的树突、高尔基Ⅱ型细胞的轴突或近端树突形成复杂的突触群,形似小球,故称小脑小球(cerebellar glomeralus);一条苔藓纤维的分支,可分布于2个或2个以上的小脑回内,可兴奋800多个颗粒细胞,每个颗粒细胞的平行纤维又与400多个Pukinje细胞接触,这样,一条苔藓纤维可引起几十万个Pukinje细胞兴奋;②攀缘纤维(climbing fiber):主要来自延髓的下橄榄核,纤维较细,进入小脑皮质攀附在普肯耶细胞的树突上,与之形成突触;一条攀缘纤维的神经冲动,可引起1个普肯耶细胞强烈兴奋;③去甲肾上腺素能纤维是抑制性纤维,来自脑干的蓝斑核,纤维分布于小脑皮质各层,对普肯耶细胞有抑制作用。

攀缘纤维和苔藓纤维将来自小脑外的神经冲动传到小脑皮质,最后均作用于普肯耶细胞。攀缘纤维直接强烈地兴奋单个普肯耶细胞,而苔藓纤维则通过颗粒细胞的平行纤维间接兴奋几十万个普肯耶细胞。另一方面,攀缘纤维的侧支及颗粒细胞的平行纤维还可以与其他抑制性中间神经元(星形细胞、篮细胞和高尔基Ⅱ型细胞)形成突触,这些抑制性中间神经元又与普肯耶细胞形成突触。因此,攀缘纤维的冲动可通过其侧支作用于抑制性中间神经元,从而抑制普肯耶细胞。同样,苔藓纤维通过颗粒细胞平行纤维兴奋许多普肯耶细胞的同时,亦可通过与抑制性中间神经元连接,抑制普肯耶细胞的兴奋。

2. 小脑核(cerebellar nuclei)　又称小脑中央核(central nuclei of cerebellum),共4对,位于小脑内部,埋于小脑髓质内(图2-47)。从内侧向外侧依次为顶核(fastigial nucleus)、球状核(globose nucleus)、栓状核(emboliform nucleus)和齿状核(dentate nucleus)。其中球状核和栓状核合称为中间核(interposed nuclei),属于旧小脑。小脑核中最重要的是顶核和齿状核。顶核位于第四脑室顶的上方,小脑蚓的白质内,属于原小脑;齿状核最大,位于小脑半球的白质内,呈皱缩的口袋状,袋口朝向前内方,属于新小脑。小脑核是小脑的传出神经元,为兴奋性神经元。

3. 小脑髓质(白质)　构成小脑髓质的纤维有3类:①小脑皮质与小脑核之间的往返纤维;②小脑叶片间或小脑各叶之间的联络纤维;③组成小脑三对脚的传入、传出纤维(图2-48)。

(1) 小脑下脚(inferior cerebellar peduncle):又称绳状体,连于小脑与延髓之间,由小脑的传入纤维和传出纤维组成。传入纤维有:起于前庭神经、前庭神经核、延髓下橄榄核、延髓网状结构进入小脑的纤维;脊髓小脑后束及楔小脑束的纤维。传出纤维有:发自绒球和部分小脑蚓部皮质,止于前庭神经核的小脑前庭纤维;起于顶核,止于延髓的顶核延髓束纤维(包括顶核前庭纤

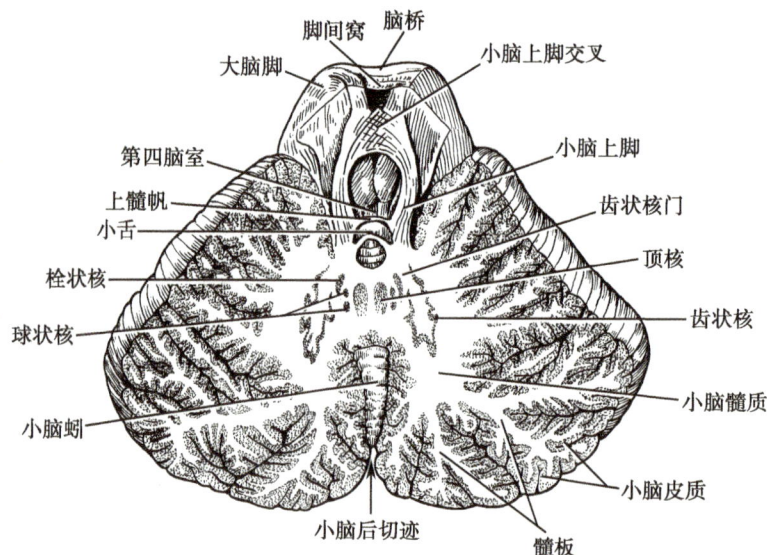

图 2-47　小脑水平切面(示小脑核)

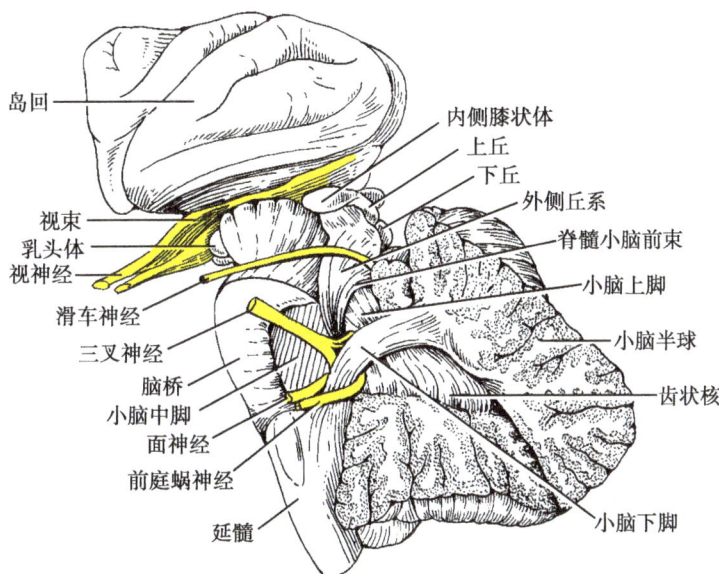

图 2-48　小脑脚示意图

维和顶核网状纤维)。

(2) 小脑中脚(middle cerebellar peduncle)：又称脑桥臂,最粗大,位于最外侧,连于小脑和脑桥之间。其主要成分为小脑传入纤维,且几乎全部由对侧脑桥核发出的脑桥小脑纤维构成,只有少许脑桥网状核到小脑皮质的纤维;仅含少量的小脑至脑桥的传出纤维。

(3) 小脑上脚(superior cerebellar peduncle)：又称结合臂,连于小脑和中脑之间。其主要成分为起自小脑中央核,止于对侧红核和背侧丘脑的小脑传出纤维;其小脑传入纤维主要有脊髓小脑前束、三叉小脑束及起自顶盖和红核的顶盖小脑束、红核小脑束等。

(五) 小脑的纤维联系

1. 前庭小脑(原小脑)　主要接受同侧前庭神经初级平衡觉纤维和前庭神经核经小脑下脚的传入纤维(图 2-49)。其传出纤维经顶核中继或直接经小脑下脚终止于同侧前庭神经核和网状结构,继而经前庭脊髓束和内侧纵束至脊髓前角运动细胞和脑干的眼外肌运动核。前庭小脑

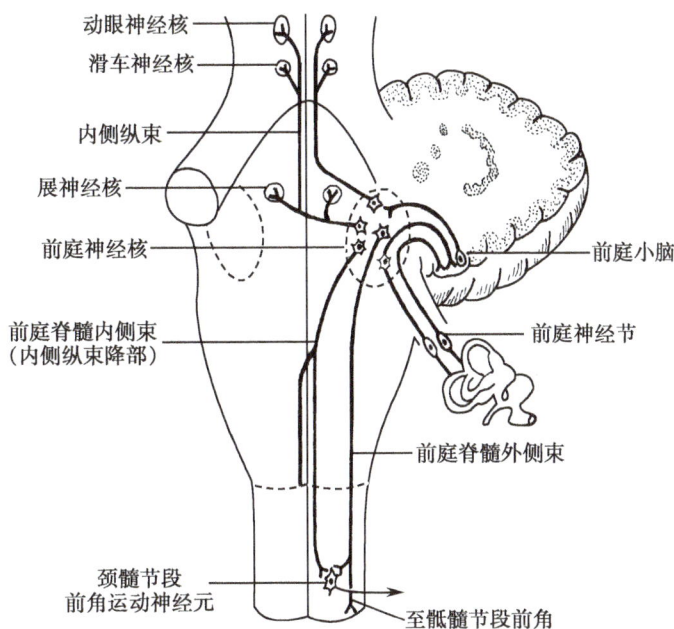

图 2-49　前庭小脑的主要传入、传出纤维联系

的主要功能为调节躯干肌、协调眼球运动和维持身体平衡。

2. 脊髓小脑（旧小脑）　主要接受脊髓小脑前、后束经小脑上、下脚传入的本体感觉冲动（图2-50）。其传出纤维主要投射至顶核和中间核，中继后发出纤维到前庭神经核、脑干网状结构和红核的大细胞部，再经前庭脊髓束、网状脊髓束以及红核脊髓束来影响脊髓前角运动细胞，调节肢体远端肌肉的肌张力和运动协调。

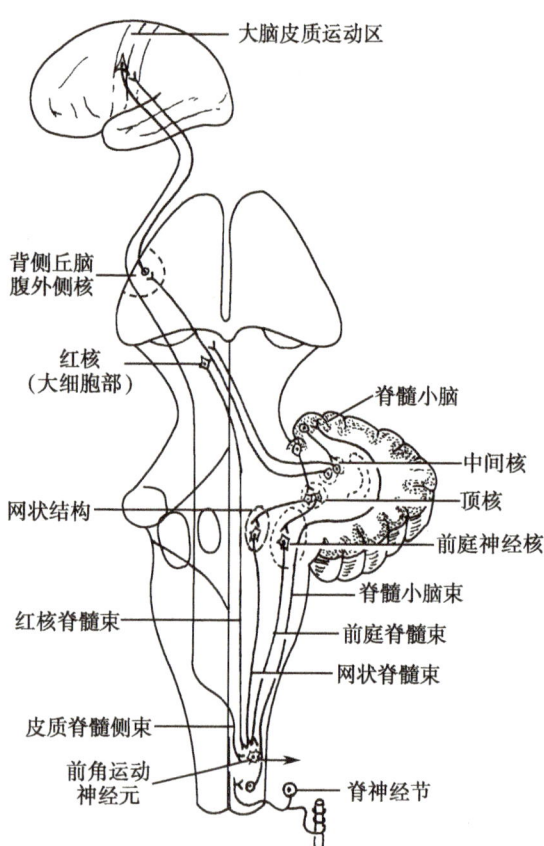

图 2-50　脊髓小脑的主要传入、传出纤维联系

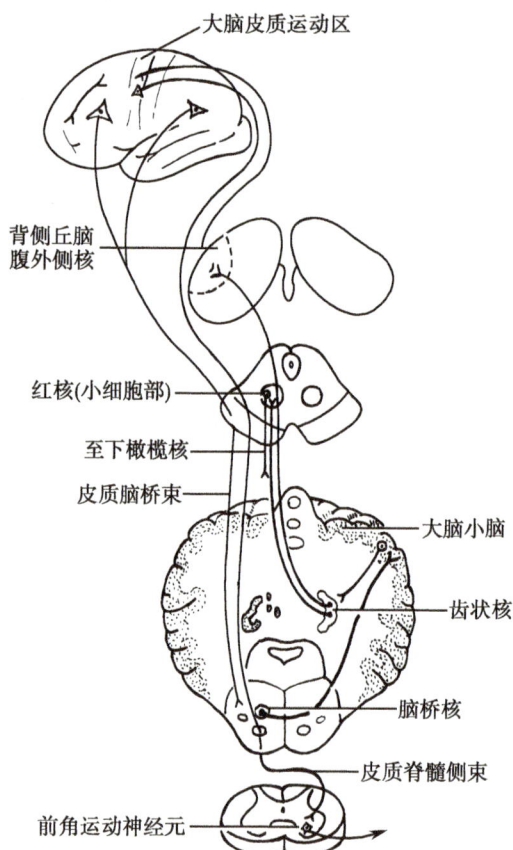

图 2-51　大脑小脑的主要传入、传出纤维联系

3. 大脑小脑（新小脑）　主要接受皮质脑桥束在脑桥核中继后经小脑中脚传入的纤维（图2-51，图2-52）。发出纤维在齿状核中继后经小脑上脚进入对侧的红核小细胞部和对侧背侧丘脑腹前核及腹外侧核（又称腹中间核），后者再发出纤维投射到大脑皮质躯体运动区，最后经皮质脊髓束下行至脊髓，以调控骨骼肌的随意、精细运动。运动信息从大脑联络皮质传至脑桥换元后至对侧小脑半球，再经背侧丘脑投射至大脑运动皮质，构成所谓的"内反馈环路"。同时，小脑又接受头颈、躯干和四肢运动过程中的运动感觉信息的反馈，此为"外反馈"。小脑汇集、比较、整合两方面的信息，及时觉察运动指令与

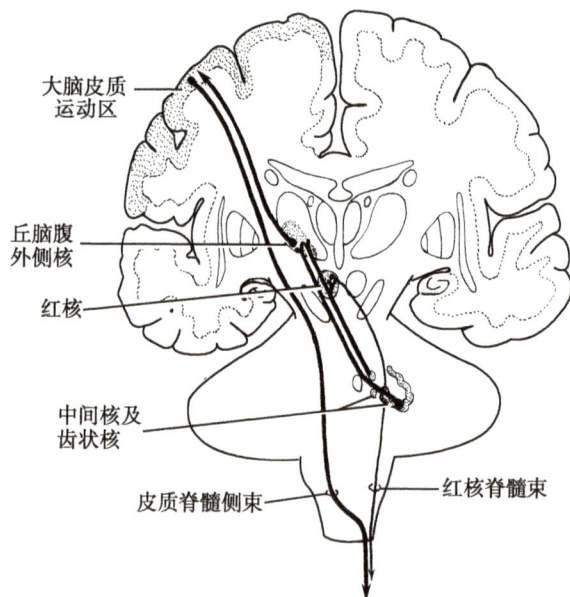

图 2-52　小脑传入、传出纤维二次交叉示意图

运动实施之间的误差,经小脑 - 大脑反馈,修正大脑皮质运动区有关的起始、方向、速度、终止的指令,并经小脑传出纤维影响各级下行通路,使运动意念得以精确实现。

(六) 小脑损伤后的临床表现

小脑作为皮质下感觉与运动的重要调节中枢,调节下行运动通路的活动,其功能主要是维持身体的平衡、调节肌张力以及调控骨骼肌的随意和精细运动。故小脑的损伤虽然不会引起机体随意运动的丧失(瘫痪),但依据小脑损伤部位的不同,不同程度地对机体运动的质量产生影响。小脑损伤的典型临床表现为:①平衡失调,站立不稳,走路时两腿间距过宽,东摇西摆,状如醉汉;②共济失调,运动时有控制速度、力量和距离上的障碍;表现为指鼻试验阳性和轮替运动障碍等(闭眼条件下不能准确地用手指指鼻和做快速的交替动作);③意向性震颤,肢体运动时不协调,表现为非随意有节奏的摆动,越接近目标时越明显;④眼球震颤,表现为眼球非自主地有节奏的摆动;⑤肌张力低下,主要为脊髓小脑损伤所致。

三、间脑

(一) 间脑的位置和分部

间脑(diencephalon)由胚胎时的前脑泡发育而成,位于中脑与端脑之间。因大脑半球高度发展掩盖了间脑的两侧和背面,仅部分腹侧部(视交叉、灰结节、漏斗、垂体和乳头体)露于脑底。间脑中间有一窄的矢状间隙为第三脑室,分隔间脑的左右部分(图 2-53)。虽然间脑的体积不及中枢神经系统 2%,但结构和功能十分复杂,是仅次于端脑的中枢高级部位。间脑可分为背侧丘脑、后丘脑、上丘脑、底丘脑和下丘脑五部分。

(二) 背侧丘脑

背侧丘脑(dorsal thalamus)又称丘脑,为间脑中最大的部分,位于间脑的背侧部,由一对卵圆形的灰质团块组成,借丘脑间黏合(interthalamic adhesion)(约 20% 缺如)相连,其前端窄而凸称丘脑前结节(anterior thalamic tubercle),后端膨大称丘脑枕(pulvinar),背侧面的外侧缘与端脑尾状核之间隔有终纹(terminar stria)(图 2-53),内侧面有一自室间孔走向中脑水管的浅沟,称下丘脑沟(hypothalamic sulcus),为背侧丘脑与下丘脑的分界线。

在背侧丘脑灰质的内部有一由白质构成的内髓板(internal medullary lamina),在水平面上呈"Y"字形,将背侧丘脑大致分为 3 大核群:前核群(anterior nuclear group)、内侧核群(medial nuclear group)和外侧核群(lateral nuclear group)。在丘脑内侧面,第三脑室侧壁上的薄层灰质及丘脑间黏合内的核团,合称为中线核群(midline nuclear group)。内髓板内有若干个核内核(intralaminar nuclei)。在外侧核群与内囊之间的薄层灰质称丘脑网状核(thalamic reticular nucleus),网状核和外侧核群之间为外髓板(external medullary lamina)。上述各核群中均含多个核团,其中外侧核群分为背侧组和腹侧组,背侧组从前向后分为背外侧核、后外侧核及枕;腹侧组由前向后分为腹前核(ventral anterior nucleus)、腹外侧核(ventral lateral nucleus)(又称腹中间核)和腹后核(ventral posterior nucleus),腹后核再分为腹后外侧核(ventral posterolateral nucleus)和腹后内侧核(ventral posteromedial nucleus)。内侧核群主要是背内侧核,又分为大细胞区和小细胞区(图 2-54)。

根据进化顺序、纤维联系和功能,背侧丘脑又可分为古、旧、新三类核团。

1. 非特异性投射核团(古丘脑)　为背侧丘脑内进化上较古老的部分,包括中线核、板内核和网状核。主要接受嗅脑、脑干网状结构的传入纤维,与下丘脑和纹状体之间有往返联系。网状结构上行纤维经这些核团转接,弥散地投射到大脑皮质广泛区域构成上行网状激动系统,维持机体的清醒状态。

2. 特异性中继核团(旧丘脑)　为背侧丘脑内进化上较新的部分,包括腹前核、腹外侧核、腹后核(图 2-54)。主要功能是充当脊髓或脑干等特异性上行传导系统的转接核,再由这些核发出纤维将不同的感觉及与运动有关的信息转送到大脑的特定区,产生具有意识的感觉或调节躯体

Note

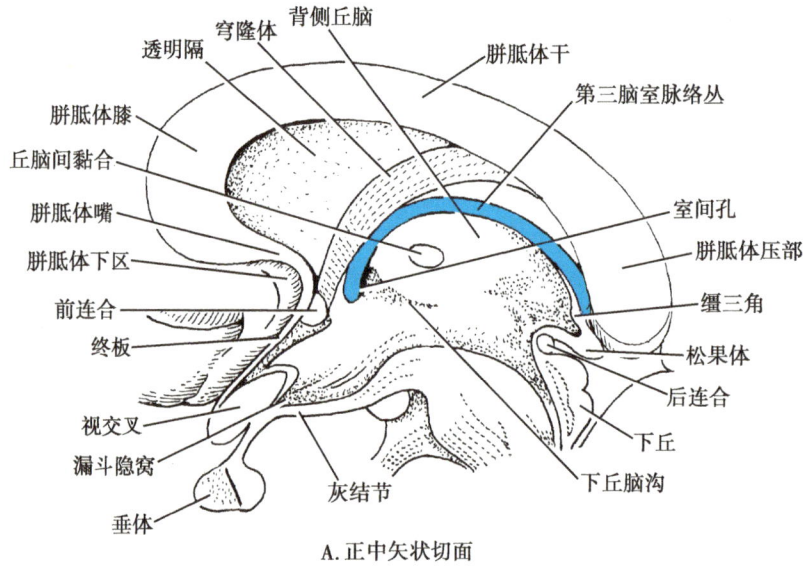

A. 正中矢状切面

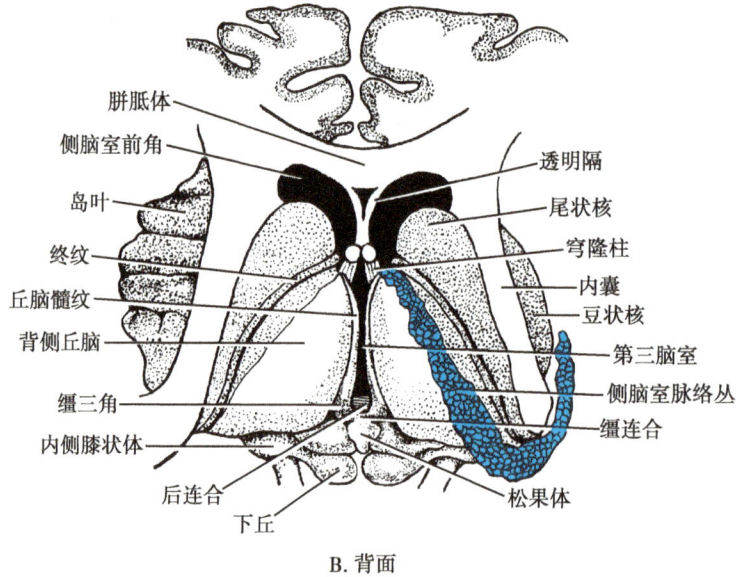

B. 背面

图 2-53　间脑

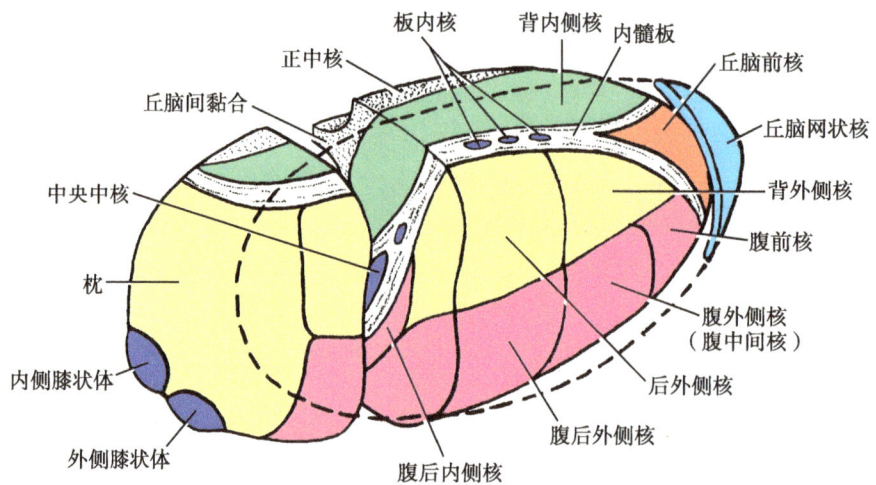

图 2-54　背侧丘脑核团模式图

运动作用。

腹前核和腹外侧核,主要接受小脑齿状核、苍白球、黑质的传入纤维,经它们转接,发出纤维投射至躯体运动中枢,调节躯体运动。

腹后核的腹后内侧核接受三叉丘系和孤束核发出的味觉纤维;腹后外侧核接受内侧丘系和脊丘系的纤维。腹后核发出纤维(丘脑中央辐射)投射至大脑皮质中央后回的躯体感觉中枢。腹后核的传入和传出纤维均有严格定位关系:传导头面部感觉的纤维投射到腹后内侧核,由腹后内侧核发出纤维投射到大脑皮质中央后回下部头面部躯体感觉中枢;传导上肢、躯干和下肢感觉的纤维由内向外依次投射到腹后外侧核,再由该核发出纤维投射到相应的上肢、躯干和下肢大脑皮质躯体感觉中枢代表区。

3. 联络性核团(新丘脑) 为背侧丘脑内进化上最新的部分,包括前核、内侧核和外侧核的背侧组(图 2-54)。虽然它们不直接接受上行的传导束,但与丘脑其他核团、大脑皮质之间有往返的纤维联系。在功能上进入高级神经活动领域,能汇聚整合躯体和内脏的感觉信息和运动信息,伴随情感意识的辨别分析能力,参与学习与记忆活动等。

在大脑皮质不发达的低等动物(如鸟类),背侧丘脑是重要的高级感觉中枢;在人类其功能已退居为皮质下感觉中枢,但仍有粗略的感觉,并伴有愉快和不愉快的情绪反应。

(三) 后丘脑

后丘脑(metathalamus)位于背侧丘脑的后下方,中脑顶盖的上方,包括内侧膝状体(medial geniculate body)和外侧膝状体(lateral geniculate body)(图 2-54),属特异性感觉中继核。内侧膝状体接受来自下丘臂的听觉纤维,发出纤维(听辐射)投射至颞叶的听觉中枢。外侧膝状体接受视束的视觉纤维,发出纤维(视辐射)投射至枕叶的视觉中枢。

(四) 上丘脑

上丘脑(epithalamus)位于第三脑室顶后部的周围,为背侧丘脑与中脑顶盖前区相移行的部分,由前向后分别包括丘脑髓纹(thalamic medullary stria)、缰三角(habenular trigone)、缰连合(habenular commissure)、松果体(pineal body)和后连合(posterior commissure)(图 2-53)。松果体为内分泌腺,分泌的褪黑素具有抑制性腺和调节生物节律的作用。人类 16 岁以后,松果体逐渐钙化,可作为 X 线诊断颅内占位病变的定位标志。缰核(habenular nuclei)位于缰三角内,接受经丘脑髓纹内来自隔核等处的纤维,发出的纤维组成缰核脚间束(habenulointerpeduncular tract)投射至中脑脚间核。故缰核被认为是边缘系统与中脑之间的中继站,与行为和情感相关。丘脑髓纹主要由来自隔区的纤维束构成,大部分终止于缰核,也有纤维至中脑水管周围灰质和其他丘脑核团。

(五) 底丘脑

底丘脑(subthalamus)是背侧丘脑和中脑被盖之间的过渡区,位于背侧丘脑的下方,内囊和下丘脑之间,外形只能在脑切片上辨认其范围。

主要结构包括底丘脑核和未定带(图 2-55)。底丘脑核(subthalamic nucleus)又称 luys 核,紧邻内囊的内侧,位于黑质内侧部的上方,与内囊外侧面的苍白球之间有往返的纤维联系。该纤维束行经内囊,称底丘脑束(subthalamic fasciculus)。底丘脑核与苍白球同源,是锥体外系的

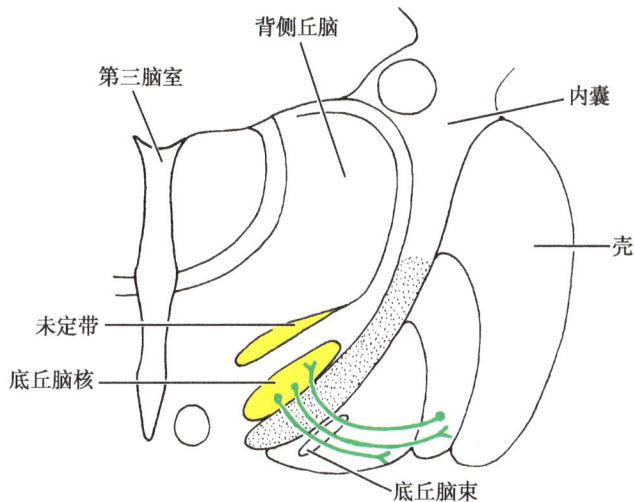

图 2-55　底丘脑(冠状切面)的结构和纤维联系

Note

重要结构,其主要功能是对苍白球起抑制作用,一侧病变可出现半身颤搐。未定带(zona incerta)为灰质带,位于底丘脑核的背内侧,是中脑网状结构头端的延续,向外侧过渡到背侧丘脑网状核。

(六) 下丘脑

1. 下丘脑的位置和外形　下丘脑(hypothalamus)位于背侧丘脑的前下方,构成第三脑室侧壁的下份和底壁,后上方借下丘脑沟与背侧丘脑为界,前端达室间孔,后端与中脑被盖相续。从脑底面观察,下丘脑从前向后包括:视交叉(optic chiasma)、灰结节(tuber cinereum)和乳头体(mamillary body)。视交叉向后延伸为视束(optic tract),灰结节向前下方形成中空的圆锥状部分称漏斗(infundibulum),灰结节与漏斗移行部的上端膨大处称正中隆起(median eminence);漏斗下端与垂体相连。

2. 下丘脑的分区及主要核团　下丘脑从前向后可分为4区,分别为视前区(preoptic region)(位于视交叉前缘与前连合之间)、视上区(supraoptic region)(位于视交叉上方)、结节区(tuberal region)(位于灰结节内及其上方)和乳头区(mamillary region)(位于乳头体内及其上方)。由内向外分为3带:室周带(periventricular zone)(为第三脑室室管膜下的薄层灰质)、内侧带(medial zone)和外侧带(lateral zone)(以穹隆柱和乳头丘脑束分界)。

下丘脑主要核团有(图2-56):位于视上区的视交叉上核(suprachiasmatic nucleus)、室旁核(paraventricular nucleus)、视上核(supraoptic nucleus)和下丘脑前核(anterior hypothalamic nucleus);位于结节区的漏斗核(infundibular nucleus)(哺乳动物又称弓状核),背内侧核(dorsomedial nucleus)和腹内侧核(ventromedial nucleus);位于乳头体区的乳头体核(mamillary body nucleus)和下丘脑后核(posterior hypothalamic nucleus)。下丘脑具有一些特殊神经元,这些神经元既具有一般神经元特点(有树突和轴突,神经元之间的突触联系依靠神经递质),又具有内分泌细胞特点(能合成和分泌激素)(图2-56)。

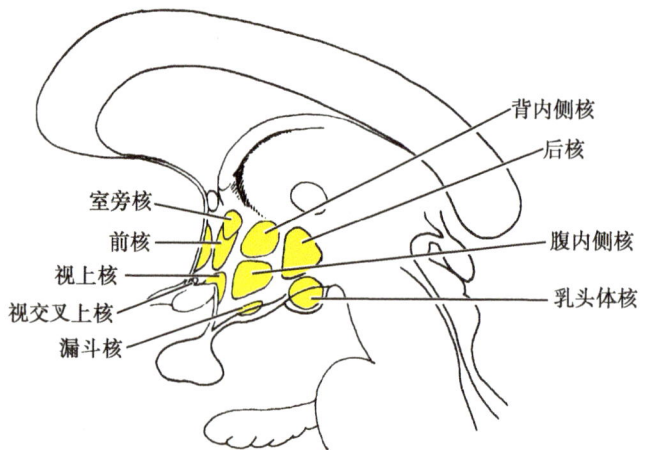

图 2-56　下丘脑(矢状切面)的主要核团

3. 下丘脑的纤维联系　下丘脑作为内脏活动的较高级调控中枢,与中枢神经系统其他部位有着复杂的纤维联系(图2-57,图2-58),主要包括:①与垂体的联系:由视上核和室旁核合成分泌的抗利尿激素和催产素经视上垂体束(supraopticohypophysial tract)输送到神经垂体,在此贮存并在需要时释放入血液;由漏斗核及邻近室周区合成分泌的多种激素释放因子或抑制因子经结节漏斗束(tuberohypophysial tract)、垂体门脉系统输送至腺垂体,调控腺垂体的内分泌功能;②与边缘系统的联系:借穹隆将海马结构和乳头体核相联系;借前脑内侧束(medial forebrain bundle)将隔区、下丘脑(横贯下丘脑外侧区)与中脑被盖相联系;借终纹(terminal stria)将隔区、下丘脑与杏仁体相联系;③与背侧丘脑、脑干和脊髓的联系:借乳头丘脑束(mamillothalamic tract)将乳头体与丘脑前核相联系;借乳头被盖束(mamillotegmental tract)将乳头体与中脑被盖相联系;借背侧纵束(dorsallongitudinal fasciculus)将下丘脑与脑干的副交感节前神经元相联系;借下丘脑脊髓束(hypothalamospinal tract)将下丘脑与脊髓的交感节前神经元、骶髓的副交感节前神经元相联系。

4. 下丘脑的功能与临床联系　下丘脑的功能包括:①神经内分泌中心:下丘脑是脑控制内

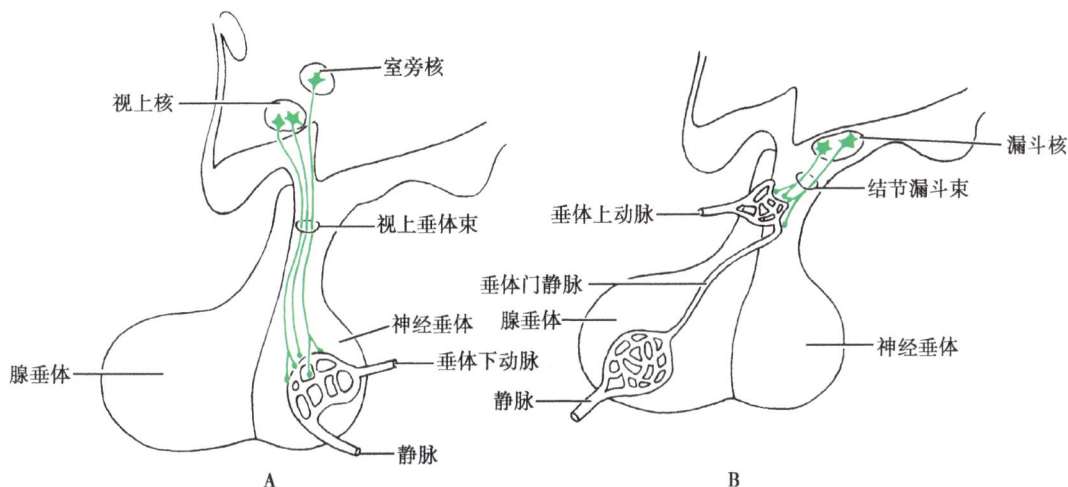

图 2-57　下丘脑与神经垂体(A)和腺垂体(B)(矢状切面)的纤维联系

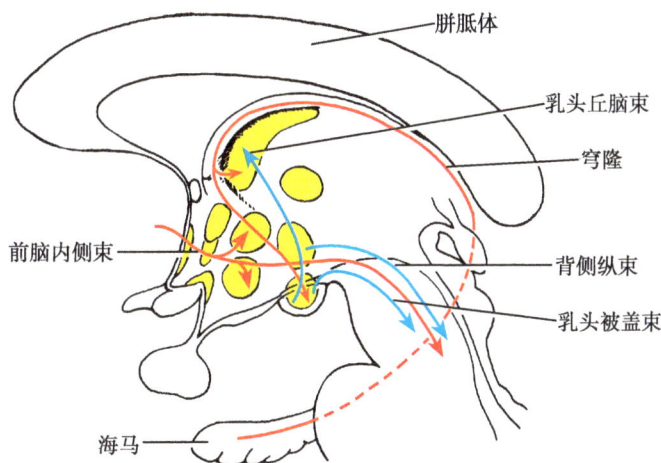

图 2-58　下丘脑(矢状切面)的纤维联系

分泌的重要结构,通过与垂体的密切联系,将神经调节与激素调节融为一体;下丘脑通过功能性轴系全面调控内分泌,主要轴系为下丘脑-垂体-甲状腺轴系、下丘脑-垂体-性腺轴系和下丘脑-垂体-肾上腺轴系;轴系的概念拓展了与临床联系的思路:如突眼的患者是下丘脑-垂体-甲状腺轴系病变,可按此轴系考虑是甲状腺、垂体的病变,还是下丘脑某个地方的病变造成;②自主神经的调节:下丘脑是调节交感与副交感活动的主要皮质下中枢,下丘脑前区内侧使副交感神经系统兴奋,下丘脑后区外侧使交感神经系统兴奋,通过背侧纵束和下丘脑脊髓束调控脑干和脊髓的自主神经;③体温调节:下丘脑前区(含前核)有热敏神经元,对体温升高敏感,若体温升高,将启动散热机制,包括排汗及扩张皮肤血管,损毁此区可导致高热;下丘脑后区(含后核)有冷敏神经元,对体温降低敏感,若体温下降,会启动产热机制,包括停止发汗和皮肤血管收缩,损毁此区可导致变温症(体温随环境改变);④食物摄入调节:通过下丘脑饱食中枢(下丘脑腹内侧核)和摄食中枢(下丘脑外侧部)调节摄食行为,下丘脑腹内侧核的损毁可导致过度饮食而肥胖,下丘脑外侧区损毁导致禁食而消瘦;⑤昼夜节律调节:视交叉上核接受来自视网膜的传入,通过下丘脑脊髓束至脊髓交感神经低级中枢,再经交感神经颈上神经节的节后纤维随颈内动脉的分支达上丘脑的松果体,调控褪黑素的分泌,从而调节机体昼夜节律的变化;⑥情绪活动的调节:与边缘系统的联系,下丘脑参与情感、学习与记忆等脑的高级神经活动。

Note

(七) 第三脑室

第三脑室(third ventricle)是位于两侧背侧丘脑和下丘脑之间的狭窄腔隙(图2-53)。其前界为终板(lamina terminalis)和前连合(anterior commissure);后界为松果体和后连合(posterior commissure),顶为两侧髓纹之间的薄层脉络组织,底由视交叉、灰结节、漏斗和乳头体构成,两侧壁为背侧丘脑和下丘脑。第三脑室前方借室间孔与左、右侧脑室相通,向后下方经中脑水管与第四脑室相通。

(金昌洙)

四、端脑

端脑(telencephalon)也称大脑(cerebrum),是脑的最高级部分,由左、右大脑半球(cerebral hemisphere)及半球间的连合构成。端脑由胚胎时期的前脑泡演化而来,在演化过程中前脑泡两侧高度发育,形成端脑的左、右大脑半球,遮盖间脑和中脑,并将小脑推向后下方。两侧大脑半球之间的裂隙为大脑纵裂(cerebral longitudinal fissure),有大脑镰伸入其中,此裂的底为胼胝体上缘。端脑表面的灰质称大脑皮质,深部的白质称大脑髓质,埋在髓质内的灰质团块称基底核,大脑半球内的室腔称侧脑室。端脑占据颅腔的大部分,位于颅前窝、颅中窝和颅后窝(小脑上方)。端脑与小脑之间的裂隙为大脑横裂(cerebral transverse fissure),有小脑幕伸入其中。

(一) 端脑的外形和分叶

在颅内发育时,由于端脑高度发育,大脑半球的表面积迅速增大,其增长速度较颅骨为快,而且大脑半球内各部发育速度不均,发育快的部分则隆起,发育慢的部分则陷入,因此,形成凹凸不平的外表,凹陷处成大脑沟(cerebral sulci),沟之间为长短不一隆起的大脑回(cerebral gyri),这样的结构极大地增加了大脑皮质的面积。人脑的沟回存在明显的个体差异,即使两侧大脑半球之间,也不完全对称。

大脑半球前端称额极(frontal pole),后端称枕极(occipital pole),颞叶前端称颞极(temporal pole)。每侧大脑半球具有上外侧面(背外侧面)、内侧面和下面(底面)三面。上外侧面圆凸,内侧面较平坦,下面高低不平。

1. 主要的沟裂　胚胎发生中出现早的沟比较恒定,如外侧沟、中央沟、顶枕沟、扣带沟、距状沟等;出现较晚的沟不恒定,如额上、下沟和顶内沟等。左、右大脑半球的沟和回不完全对称,个体之间也有差异。

外侧沟(lateral sulcus)位于上外侧面,起于大脑半球下面,行向后上方,沟的前上为额叶和顶叶,沟的下后为颞叶。中央沟(central sulcus)位于上外侧面的中部,自半球上缘中点稍后方斜向前下走向外侧沟,中央沟的上端延伸至半球内侧面,沟的前面为额叶,后面为顶叶(图2-59)。顶枕沟(parietooccipital sulcus)位于半球内侧面的后部,呈上下走行,沟的前面为顶叶,后面为枕叶。顶叶、枕叶和颞叶在上外侧面的分界不明显,假定顶枕沟上端与枕前切迹(枕极前约4cm处)的连线为枕叶前界,此线中点至外侧沟后端的连线作为顶、颞两叶的分界。

2. 大脑半球的分叶　在外侧沟的上方和中央沟以前的部分为额叶(frontal lobe),外侧沟以下的部分为颞叶(temporal lobe),顶枕沟以后的部分为枕叶(occipital lobe)。顶叶(parietal lobe)位于中央沟后方,外侧沟上方,枕叶以前的部分(图2-59)。在外侧沟的深部藏有岛叶(insular lobe),呈三角形,此叶以底部周围的环状沟与额、顶、颞叶分界,覆盖岛叶的额、顶、颞叶皮质称为岛盖(opercula)(图2-60)。

3. 大脑半球上外侧面的沟和回

(1) 额叶:中央沟的前方有与其相平行的中央前沟(precentral sulcus),两沟之间为中央前回(precentral gyrus)。额上沟和额下沟自中央前沟向前伸出。额上沟上方为额上回(superior frontal gyrus),额上、下沟之间为额中回(middle frontal gyrus),额下沟下方为额下回(inferiorfrontal gyrus)

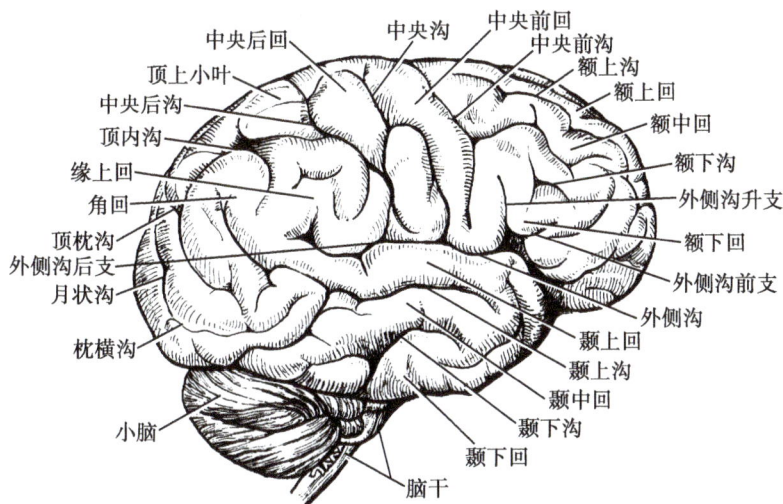

图 2-59　大脑半球外侧面

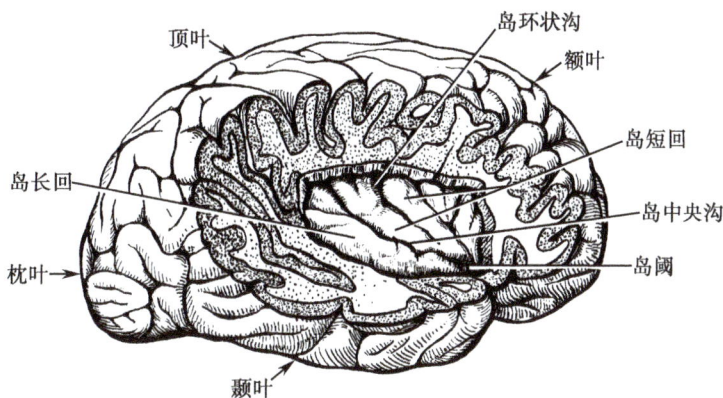

图 2-60　岛叶(岛盖部分已切除)

(图 2-59)。

(2) 顶叶:中央沟的后方有与之平行中央后沟,两沟之间为中央后回(postcentral gyrus)。中央后沟的后方与大脑半球上缘平行的沟为顶内沟,此沟将中央后回以后的顶叶分为顶上小叶和顶下小叶。顶下小叶包括缘上回(supramarginal gyrus)和角回(angular gyrus),分别围绕外侧沟后端和颞上沟末端(图 2-59)。

(3) 颞叶:与外侧沟平行的颞上沟和颞下沟将颞叶分为颞上回、颞中回和颞下回。在外侧沟下壁,近颞上回后部外侧沟底部有 2~3 个短而横行的脑回,称颞横回(transverse temporal gyrus)(图 2-59)。

(4) 枕叶:上外侧面的沟回多不恒定(图 2-59)。

(5) 岛叶:位于外侧沟中份的深面,有 3~4 个长短不等的脑回,呈放射状排列(图 2-59)。

4. 大脑半球内侧面主要的沟和回　在大脑半球内侧面的中上部,自上外侧面中央前、后回延伸到内侧面的部分为中央旁小叶(paracentral lobule)。中央部分有前后方向略呈弓形的胼胝体(corpus callosum)。胼胝体下面的弓形纤维束为穹隆(fornix),两者间的薄层膜状结构为透明隔(transparent septum)。胼胝体背侧有胼胝体沟,该沟上方有与之相平行的扣带沟(cingular sulcus),两沟之间为扣带回(cingular gyrus)。胼胝体后下方,自顶枕沟中部向后呈弓形至枕叶后端的距状沟(calcarine sulcus),距状沟与顶枕沟之间为楔叶(cuneus),距状沟下方为舌回(lingual gyrus)(图 2-61)。

Note

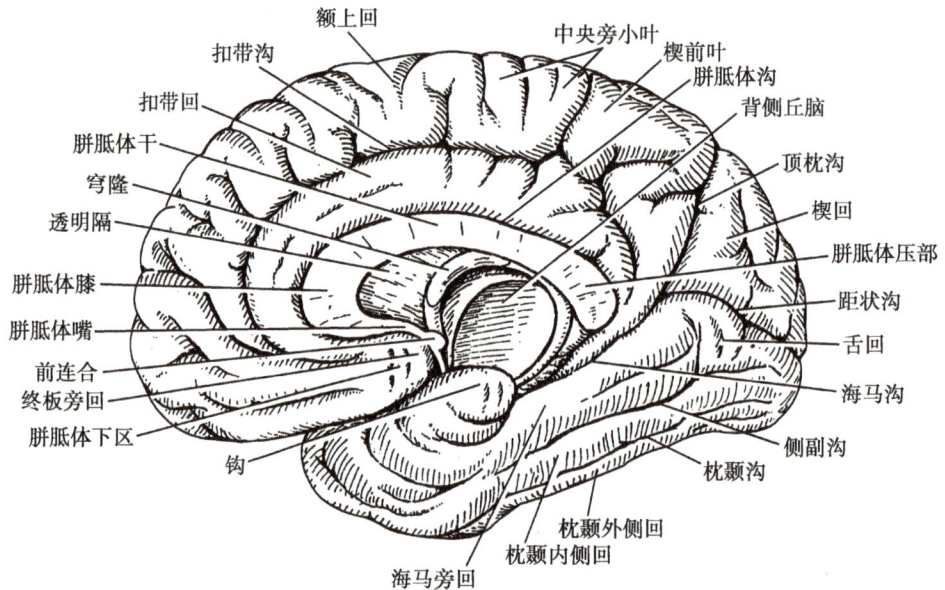

图 2-61　大脑半球内侧面

5. 大脑半球下面主要的沟和回　额叶下面有前后方向的嗅束（olfactory tract），其前端膨大为嗅球（olfactory bulb），与嗅神经相连。嗅球向后扩大为嗅三角（olfactory trigone）。嗅三角与视束之间为前穿质，区内有小血管穿入脑。嗅束位居嗅束沟（olfactory sulcus）内，此沟内侧为直回，外侧为眶回。枕叶和颞叶的下面有纵行的侧副沟及其外下方平行的枕颞沟，后者两侧分别为枕颞内侧回和枕颞外侧回。侧副沟内侧为海马旁回（parahippocampalgyrus），也称海马回，其前弯曲称钩（uncus）（图 2-61，图 2-62）。海马旁回内侧的沟称海马沟，沟内有呈锯齿状的窄条皮质，称齿状回。齿状回外侧的皮质卷入侧脑室下角，形成海马（hippocampus）。海马和齿状回合称海马结构（图 2-62，图 2-63）。在经过侧脑室下角的冠状切面上，海马及海马旁回的形态形似卷曲的海马。

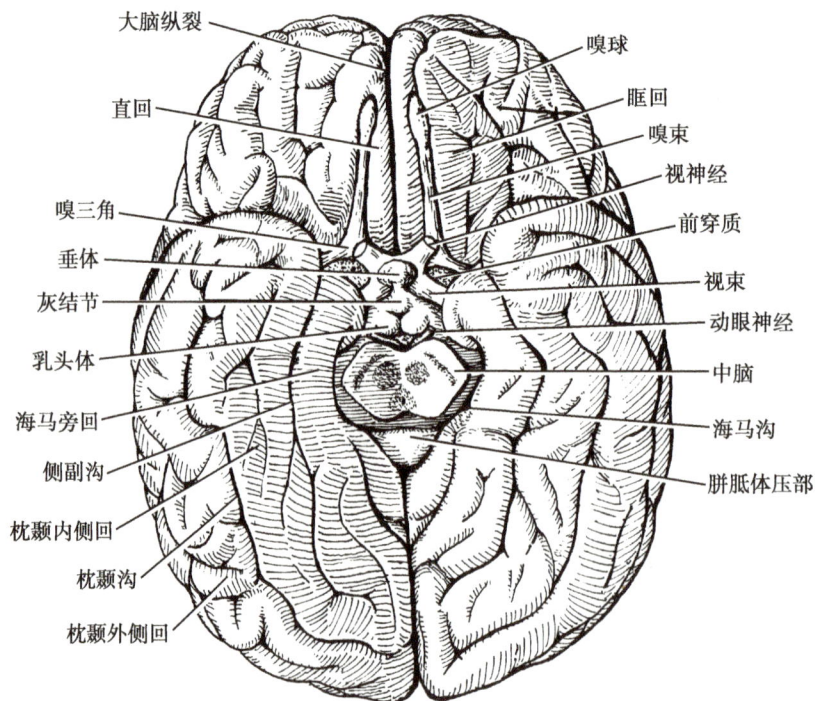

图 2-62　端脑底面

在大脑半球的内侧面可见环绕胼胝体周围、侧脑室底壁的结构,包括隔区(即胼胝体下区和终板旁回)、扣带回、海马旁回、钩、海马和齿状回,以及岛叶前部、颞极共同形成一个环形皮质结构,称为边缘叶(limbic lobe)。边缘叶在进化上比较古老,在功能上与学习记忆、内脏活动等基本功能相关。构成边缘叶的结构有的属于上述5个脑叶一部分,如海马旁回、钩、海马和齿状回属于颞叶;有的则不属于上述5个脑叶,如扣带回(图2-61)。

6. Brodmann 分区 大脑皮质的构筑分区并无统一规定。Brodmann(1909年)根据皮质构筑的特点,将其分为52区,被多数学者接受,沿用至今,称Brodmann的52分区法(图2-64,图2-65)。

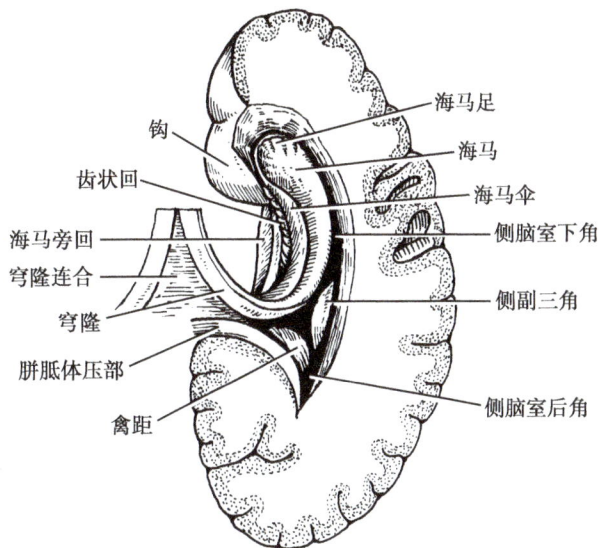

图 2-63 海马结构

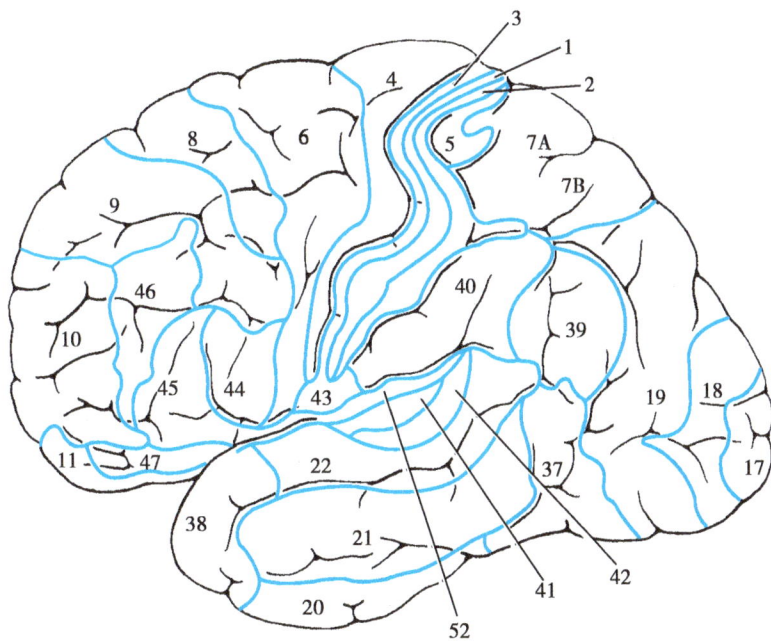

图 2-64 大脑皮质分区(外侧面)

(二) 大脑皮质的功能定位

大脑皮质是脑的最重要部分,是高级神经活动的物质基础。大脑皮质对接受的各种感觉信息进行分析和整合,产生特定的感觉,维持觉醒状态,进行学习和记忆。同时可产生运动冲动,传向低位中枢,控制机体的活动,应答内外环境的刺激。在大脑皮质的不同部位,负责不同的功能。因此,某一功能相对集中的部位,即皮质功能区。最基本的功能如躯体运动、躯体感觉、味觉、视觉、听觉等,在大脑皮质各自都有恒定的调控中心。但人类的大脑皮质功能过于复杂,涉及意识、语言信号运用、理解、思维和联想、情感等方方面面的高级功能,脑的高级功能活动有关的结构基础目前还不甚明了。除了一些具有特定功能的中枢外,还存在着广泛的脑区,它们不局限于某种功能,而是对各种信息进行加工和整合,完成高级的神经精神活动,称为联络区,联络区

Note

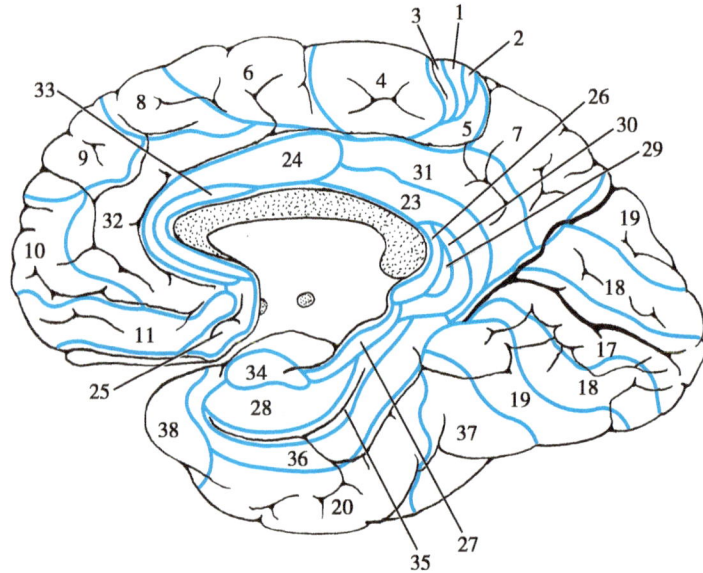

图 2-65　大脑皮质分区（内侧面）

在高等动物显著增加。

1. **第Ⅰ躯体运动区（first somatic motor area）**　位于中央前回和中央旁小叶的前部（Brodmann 4、6 区）。该区接受中央后回、背侧丘脑腹前核、腹外侧核和腹后核的纤维，发出纤维组成锥体束，至脑干一般躯体运动核、特殊内脏运动核和脊髓前角运动神经元。此区对骨骼肌支配的特点是：①支配对侧肢体的运动，而支配双侧躯干固有肌、咽喉肌、咀嚼肌、眼外肌以及脸裂以上的面肌的运动；②身体各部在中央前回的代表区呈上下倒置关系，但头面部是正置的；③身体各部在中央前回代表区的面积与运动的精细程度呈正比，运动愈是精细的部位，如手、舌、唇等，代表区面积愈大（图 2-66）。

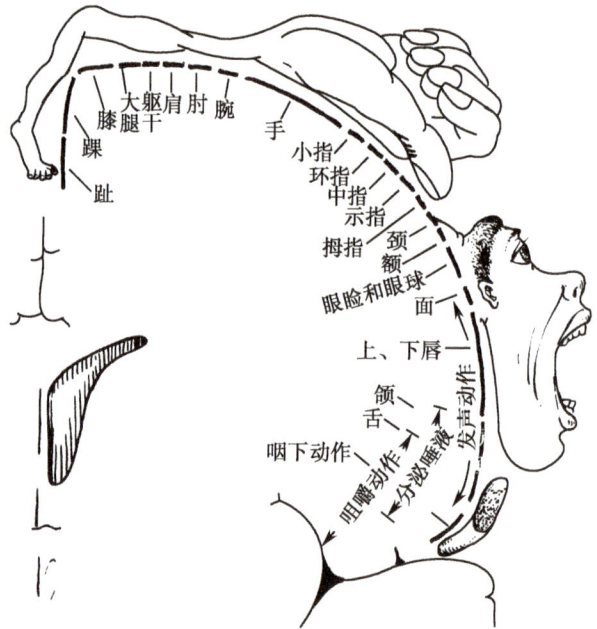

图 2-66　人体各部在第Ⅰ躯体运动区的定位

2. **第Ⅱ躯体运动区**　位于外侧沟的上壁，与中央前、后回相续，此区仅有上、下肢运动的代表区。切除 Brodmann 第 4 区后，再刺激此区，可诱发对侧肢体运动。此区传出纤维加入锥体束。

3. **补充运动区**　位于半球内侧面中央旁小叶前方，即 Brodmann 第 6 区和第 8 区一部分，包括中央前回上部和额上回后部，与姿势调节有关，电刺激该区会引起两眼同向偏斜运动，同时，头随眼转向对侧。此区为皮质脊髓束提供了 25% 的纤维。

4. **第Ⅰ躯体感觉区（first somatic sensory area）**　位于中央后回和中央旁小叶的后部（Brodmann 3、1、2 区）。接受背侧丘脑腹后核中继的躯体浅感觉和本体感觉冲动，产生相应的躯体感觉。身体各部代表区的投影和第Ⅰ躯体运动区相似，其特点是：①接受对侧半身的感觉冲动；②身体各部在此回的代表区呈上下倒置关系，但头面部是正置的；③身体各部在此回的代表区的面积大小与感觉敏感程度呈正比，如手指、唇、舌等，代表区较大（图 2-67）。

5. 第Ⅱ躯体感觉区　位于外侧沟后部的上壁,毗邻岛叶,此区可对感觉进行粗略分析,并掌管本体感觉和辨别觉,痛觉信号也传至该区。此区是双侧性的,但以对侧为主。

6. 第Ⅰ视区(primary visual area)　位于距状沟的上、下方皮质,即楔回和舌回(Brodmann 17 区,又称纹状区)(图2-65),属颗粒状皮质,第Ⅳ层特别厚。视区接受外侧膝状体中继的同侧视网膜颞侧半和对侧视网膜鼻侧半(双眼同侧视网膜)的视觉冲动,产生视觉。外侧膝状体距状束(视辐射)纤维大部分终止于第Ⅳ层。视辐射纤维有明确的定位关系,外侧膝状体内侧部代表视网膜上象限的纤维,经视辐射的背侧部投射到距状裂上唇。外侧膝状外侧部代表视网膜下象限,经视辐射的腹侧部投射

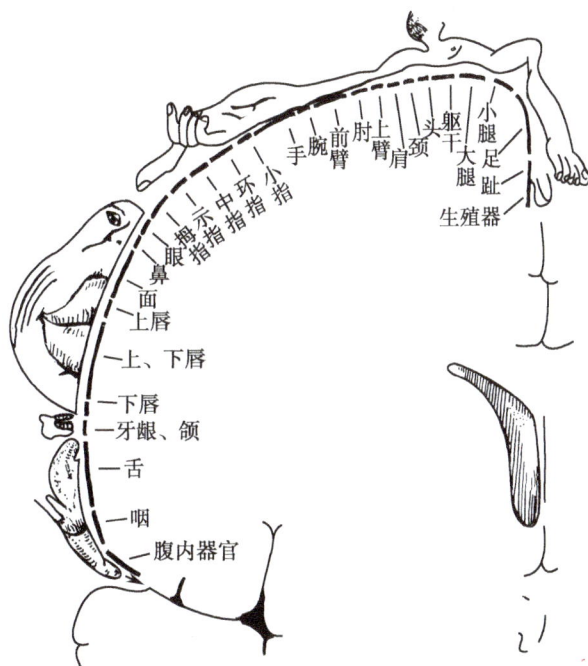

图 2-67　人体各部在第Ⅰ躯体感觉区的定位

到距状裂下唇。外侧膝状体中部纤维代表黄斑区,占视辐射中间的大部分,止于距状裂两侧皮质的后 1/3;视网膜周围部神经冲动投射到距状裂两侧皮质的前部。视网膜黄斑的代表区比周围部的代表区在皮质和外侧膝状体都相对大得多。一侧视区完全损伤时,可出现双眼对侧视野同向性偏盲。Brodmann 第 17 区周围的第 18 区和第 19 区为视觉连合区,此区司视觉与眼球运动的整合、视觉印象与其他情报的整合,形成视觉印象的心理学解释。

7. 第Ⅰ听区(primary auditory area)　位于颞横回(Brodmann 41、42 区)(图 2-64)。听区接受内侧膝状体中继纤维(听辐射)。一侧听区皮质接受双侧的听觉冲动,但以对侧为主。音调的代表区有定位性,来自蜗底的高音调冲动,投射到此区的后内侧部,而来自蜗顶部的低音调冲动,投射到此区的前外侧部。一侧听区的损伤,不致引起全聋。Brodmann 第 42、第 22 区为听觉连合区。

8. 嗅觉区　位于海马旁回钩的内侧部及附近(Brodmann 34 区)(图 2-65)。

9. 味觉区　位于中央后回下部,舌和咽一般感觉区的附近(Brodmann 43 区)(图 2-64)。

10. 平衡觉区　位于中央后回下部,头面部感觉区的附近。但关于此中枢的位置存有争议(图 2-64)。

11. 内脏活动的皮质中枢　位于边缘叶,调节血压、呼吸、瞳孔变化和内脏器官活动等。

12. 语言中枢　语言称为第二信号系统,为人类独有。譬如说"葡萄",说话者和听者的脑中都会浮想起葡萄的样子和味道来。因此,通过语言就可传递葡萄"酸甜"的味道。语言的出现使得人脑结构复杂化,联想和思维能力大为增强。语言中枢集中在优势半球。大多数人(右利人)的语言区位于左侧大脑半球,少数左利人的语言区位于右侧大脑半球。优势半球是在人类社会历史发展过程中形成的。左侧大脑半球主要与语言、意识、数学分析等密切相关,而右侧大脑半球主要感知音乐、图形和时空等,两者互相协调和配合,以完成各种高级的神经功能和精神活动。并非由视、听和肌肉运动障碍所引起的语言缺陷,称为失语症。

(1) 运动性语言区(motor speech area):又称说话中枢、Broca 区,位于额下回后部(Brodmann 44、45 区)(图 2-68)。此区损伤时,患者虽能发音(喉肌、咽肌均能运动),但丧失说话的能力,称运动性失语症。

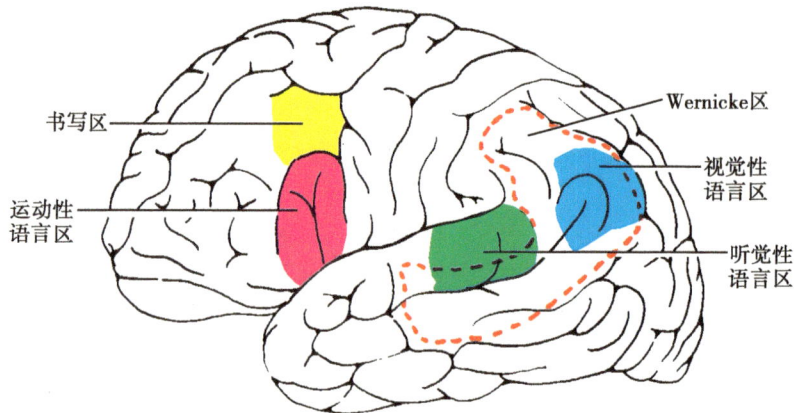

图 2-68　左侧大脑半球的语言中枢

（2）书写区（writing area）：位于额中回后部（Brodmann 6、8 区）（图 2-68）。此区损伤时，患者的手能够运动，但不能写出文字或符号，称失写症。

（3）听觉性语言区（auditory speech area）：又称听话中枢，位于颞上回后部（Brodmann 22 区）（图 2-68）。此区损伤时，患者听觉无障碍，但不能复述别人说的话，也不能理解别人的话，称感觉性失语症。

（4）视觉性语言区（visual speech area）：又称阅读中枢，位于角回（Brodmann 39 区）（图 2-68）。此区损伤时，患者视觉无障碍，但不能理解文字和符号的含义，称失读症。

（5）Wernicke 区：听觉性语言区和视觉性语言区之间没有明显界限，将它们合称为 Wernicke 区。该区域接受来自视觉区和听觉区的信息，整合分析后传送至运动语言区，后者通过联系控制发音有关肌肉的指挥中枢，控制唇舌喉肌的运动，影响语言表达。此区的损伤或此区至额叶的联络纤维损伤将会产生感觉性失语。

（三）端脑的内部结构和功能

1. 大脑皮质的组织结构　大脑皮质是覆盖在大脑半球表面的灰质，人脑的大脑皮质重演了种系发生的次序，可分为古（原）皮质（海马和齿状回）、旧皮质（嗅脑）和新皮质（其余大部分皮质）。鱼类和两栖类的端脑主要只有嗅脑，自高级爬行类开始出现新皮质。哺乳类动物新皮质较发达。在人类，古、旧皮质仅为 4%，位于大脑半球内侧面下部和下面，新皮质约占 96%，表面积约为 2200cm²，只有三分之一露于脑的表面，三分之二位于大脑沟壁和沟底。大脑皮质各处厚薄不一，中央前回约 4.5mm，枕叶的视区仅 1.5mm，平均约 2.5mm。

（1）大脑皮质的神经元：大脑皮质（cerebral cortex）是脑的最高中枢所在部位，神经元数量庞大，种类繁多，均为多极神经元。大脑皮质的神经元可分为两类：①传出神经元；②联络神经元。高尔基 I 型神经元有大、中型锥体细胞（pyramidal cell）和梭形细胞（fusiform cell），属于传出神经元，它们的轴突组成投射纤维，投射到脑干或脊髓或组成联络纤维，走向同侧大脑其他皮质区域，或形成连合纤维走向对侧皮质，将该区域皮质信息传递出去。高尔基 II 型神经元主要包括大量的颗粒细胞（granular cell）、平行细胞（parallel cell）、星形细胞、篮状细胞和马提诺蒂细胞（上行轴突细胞）等，均属于中间神经元，有些是兴奋性的，有些是抑制性的，它们构成皮质内信息传递复杂的局部神经环路，主要接受来自神经系统其他部位传入的信息，加以综合、贮存或传递给高尔基 I 型神经元。

（2）大脑皮质的构筑分层：大脑皮质神经元呈分层排列。古皮质和旧皮质只有 3 层，即分为分子层、锥体细胞层和多形细胞层。新皮层基本上可分为 6 层。

新皮质由浅入深典型的 6 层结构为（图 2-69）：①第 I 层为分子层（molecular layer），主要有少量的水平细胞和星形细胞分布，还有密集的神经纤维丛；神经纤维丛为来自锥体细胞的顶层树

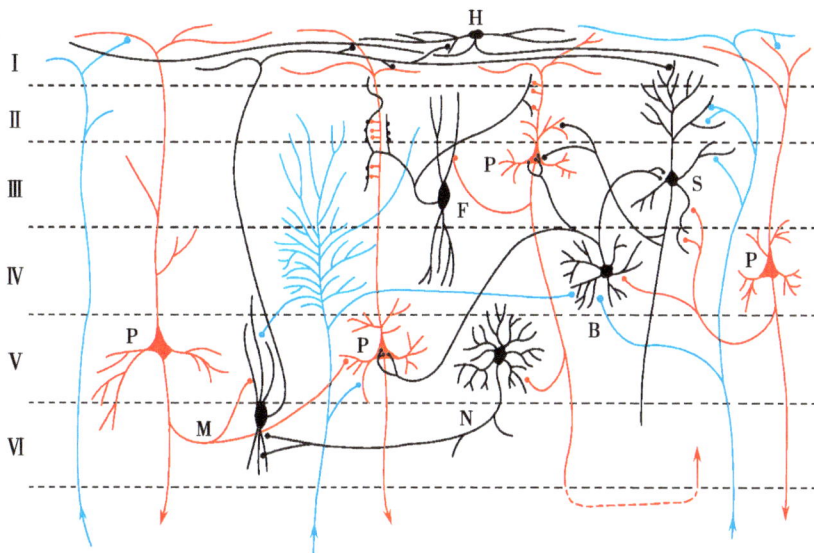

图 2-69　新皮质神经元相互间及与传入纤维间联系模式图

黑色,皮质内固有神经元;红色,传出神经元;蓝色,传入纤维。右侧和左侧的传入纤维为联络纤维或皮质 - 皮质联系纤维,中央的传入纤维为特异性感觉纤维。各层有特定的神经元分布,但某些神经元的胞体不局限于一层内。P. 锥体细胞,M. 马提诺蒂细胞,F. 梭形细胞,H. 水平细胞,N. 神经胶质样细胞,B. 篮细胞,S. 星状细胞

突的末端分支,水平细胞的树突和轴突与皮质表面平行分布;分子层占全皮质厚度的十分之一左右;②第Ⅱ层为外颗粒层(external granular layer),主要由颗粒细胞和少数小锥体细胞构成,锥体细胞胞体尖端发出一条顶树突,伸向皮质表面,沿途发出小分支;胞体还向周围发出一些水平走向的树突,称基树突;轴突自胞体底部与顶树突相对应的位置发出;颗粒细胞的轴突一般很短,与邻近的锥体细胞形成联系,少数较长的轴突上升到皮质表面,与锥体细胞顶树突和水平细胞相联系;③第Ⅲ层为外锥体细胞层(external pyramidal layer),此层较厚,占皮质厚度三分之一,由小和中型锥体细胞以及颗粒细胞构成,锥体细胞树突伸向分子层,轴突构成联络纤维或通过胼胝体至对侧的连合纤维。在发育过程中,外颗粒层和外锥体细胞层是最后分化的层次,也是发育最好的层次,因这两层并不发出纤维到脑干和脊髓,主要是在大脑皮质各部分起联络作用,因此,这两层被认为是连合层或接受层;④第Ⅳ层为内颗粒层(internal granular layer),此层细胞密集,主要是颗粒细胞,此层在感觉区较厚;⑤第Ⅴ层为内锥体细胞层(internal pyramidal layer),此层较厚,主要由大、中型锥体细胞组成,在中央前回运动区,此层有巨大锥体细胞,称 Betz 细胞,此层的顶树突伸向分子层,轴突组成投射纤维;⑥第Ⅵ层为多形细胞层(polymorphic layer),以梭形细胞为主,并含有锥体细胞和上行轴突细胞。大梭形细胞的树突伸向分子层,小梭形细胞树突止于本层或上一层。梭形细胞的轴突组成投射纤维、联络纤维或连合纤维。

以上各层,大致又可分为传入层和传出层。传入层包括Ⅱ、Ⅲ、Ⅳ层,只见于新皮质,从丘脑至大脑皮质的传入纤维主要进入Ⅳ层,与颗粒细胞形成突触。传出纤维主要起于Ⅴ、Ⅵ层,大脑皮质的投射纤维主要起自于Ⅴ层的锥体细胞和Ⅵ层的大梭形细胞。联络纤维和连合纤维则主要起自Ⅲ、Ⅴ、Ⅵ的锥体细胞和梭形细胞。Ⅱ、Ⅲ、Ⅳ的颗粒细胞等高尔基Ⅱ型细胞主要与各层神经元相互联系,构成局部神经环路,对各种信息进行分析、整合和贮存,在此过程中产生神经高级活动,并经锥体细胞和梭形细胞传出,产生相应的反应。

当大脑皮质受到内、外环境因素变化的影响时(如学习、运动),其神经元的结构会发生相应的改变,同时通过神经干细胞增殖分化,数量上也可发生变化,大脑皮质的这种适应性变化称为可塑性,在青少年明显,到老年时下降。

Note

（3）大脑皮质内神经元相互作用的方式：大脑皮质内神经元相互作用的方式多种多样，可概括为：①反馈：如Ⅳ层的马提诺蒂细胞从锥体细胞的轴突接受信息，再通过本身的轴突与锥体细胞的树突形成突触；②同步：如第Ⅰ层的水平细胞轴突可同时与多个锥体细胞的树突形成突触，产生同步效应；③汇聚：第Ⅳ层的颗粒细胞可同时接受传入和传出纤维的侧支，进行整合；④扩散：一根传入纤维可同时终止于Ⅱ、Ⅲ、Ⅳ层不同的神经细胞，可致信息广泛传播；⑤局部回路：在大脑皮质各类神经元之间存在大量神经回路，是协调大脑活动的重要形态基础。

（4）大脑皮质柱：大脑皮质的细胞排列与表面呈垂直柱状，称皮质柱。每个皮质柱的直径为350~500μm，呈圆柱状，由 10^3~10^4 个神经元构成。皮质柱由传出神经元、中间神经元和传入纤维组成，贯穿皮质全层。皮质柱内神经元有特异的联系模式，但各柱之间并无胶质分隔，因此，皮质柱并非结构单位，而被视为大脑皮质的基本功能单位。当某一皮质柱处于活动状态时，就可与周围受到抑制的皮质柱分开，而当该柱细胞活动终止时，就不能与周围的柱分开。

2. 基底核（basal nuclei） 又称基底神经节，位于大脑半球底部，蕴藏在白质深部，包括尾状核、豆状核、屏状核和杏仁体。

（1）尾状核（caudate nucleus）：是由前向后弯曲的圆柱体，分为头、体、尾三部，绕背侧丘脑外侧份周围，全长伴随侧脑室（图2-70，图2-71，图2-72）。前部膨大称尾状核头，背面突向侧脑室前角；中部称尾状核体，沿背侧丘脑的背外侧缘延伸，突向侧脑室中央部；下部逐渐变细称尾状核尾，自背侧丘脑后端向腹侧弯曲，沿侧脑室下角的顶前行，末端与杏仁体相连。

（2）豆状核（lentiform nucleus）：位于岛叶的深部，背侧丘脑的外侧（图2-70~图2-72）。此核前部与尾状核头相连，其余部分借内囊与尾状核和背侧丘脑相分隔。在水平切面上，豆状核呈三角形，被两个白质板分为三部，外侧部称壳（putamen），内侧两部分合称苍白球（globus pallidus）。除壳的前部与尾状核头融合外，其他部分与尾状核和丘脑间都隔有白质。苍白球比较小，被薄髓板分为内、外侧苍白球，因苍白球内有许多粗的有髓纤维穿过，在新鲜标本上为白色故得名。

（3）杏仁体（amygdaloid body）：位于侧脑室下角前端的上方、海马旁回钩的深面，属于边缘系统的皮质下中枢，与内脏活动的调节及情绪产生有关（图2-70~图2-72）。

（4）屏状核（claustrum）：位于岛叶皮质与豆状核之间（图2-70~图2-72）。屏状核与豆状核之间的白质称外囊，屏状核与岛叶皮质之间的白质称最外囊。屏状核的纤维联系和功能不清楚。

纹状体（corpus striatum）是锥体外系的重要组成部分，主要功能是调节肌张力和协调骨骼肌运动，包括豆状核和尾状核，在种系发生上壳和尾状核是纹状体较新的结构，合称新纹状体；苍白球为较古老的部分，称为旧纹状体。杏仁核是基底核中发生最古老的部分，又称古纹状体。

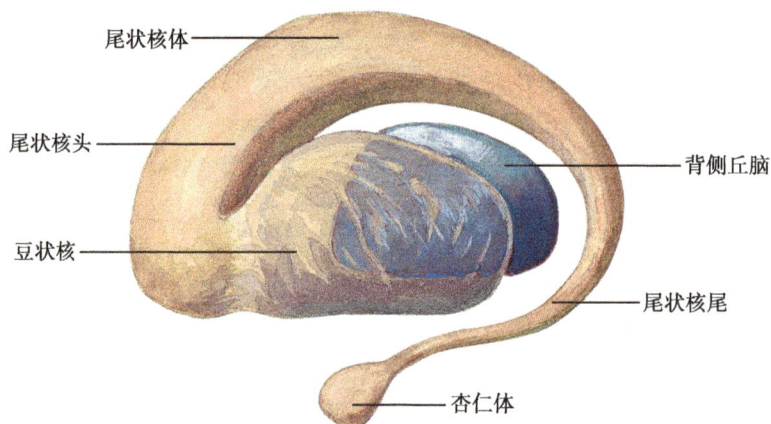

图2-70　基底核

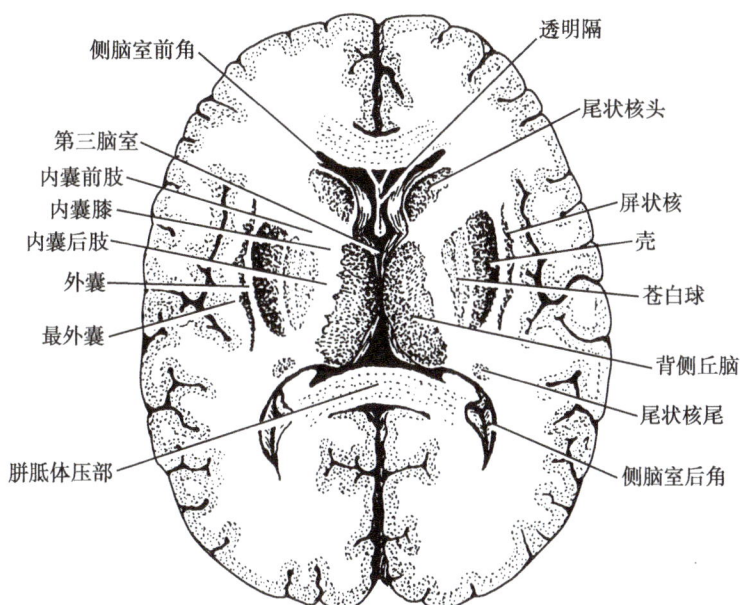

图 2-71　基底核、背侧丘脑和内囊

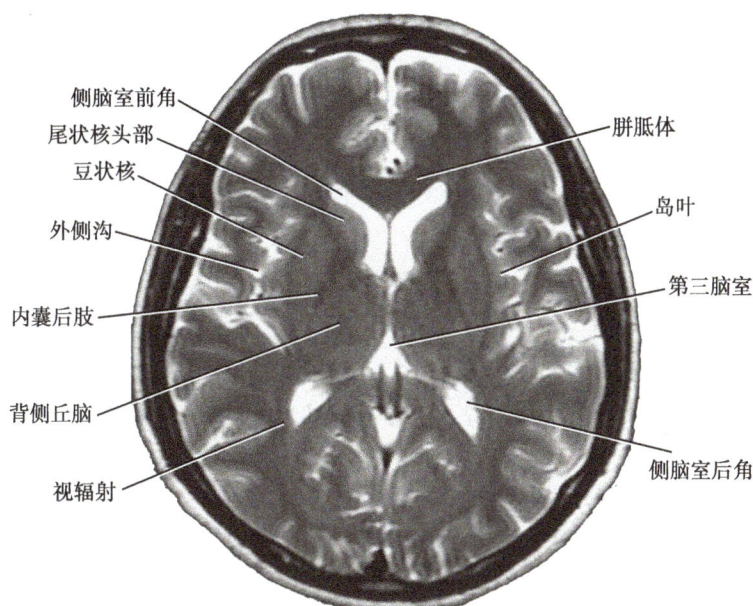

图 2-72　基底核平面 MRI(T2WI)
(海南医学院附属医院放射科供图)

纹状体与丘脑底核、黑质、红核及小脑、前庭核等，均参与到锥体外系对运动的调节环路。纹状体与大脑皮质之间存在着若干往返联系的纤维环路，如皮质 - 纹状体 - 苍白球 - 丘脑 - 皮质环路。

另外，纹状体 - 黑质 - 纹状体环路，起自纹状体尾壳核向内侧穿经内囊、大脑脚，终止于黑质网状部；黑质 - 纹状体纤维起自黑质致密部，投射到同侧纹状体。黑质内含有多巴胺类神经元，因此，此投射是多巴胺能的，多巴胺抑制尾壳核神经元。正常时，黑质和纹状体所含的多巴胺占脑内总量的80%以上。帕金森病(Parkinson病,PD)患者的黑质神经元减少，多巴胺的合成减少，尾壳核神经元兴奋性增高，致震颤麻痹。

纹状体功能障碍可导致运动异常和肌张力改变。一类主要表现为运动过多和肌张力低下，

Note

如小舞蹈病(又称舞蹈病),另一类主要表现为运动减少和肌张力亢进,如帕金森病,患者以静止性震颤、运动迟缓、肌强直和姿势步态异常为主要特征。

3. 大脑半球髓质　大脑髓质(cerebral medullary substance)位于大脑皮质的深面,由大量神经纤维组成,根据纤维走向可分为联络纤维、连合纤维和投射纤维3类。

(1) 联络纤维:是联系同侧半球不同部位皮质间的纤维。短纤维经脑沟深面连接相邻的脑回,称弓状纤维。长纤维联系同侧半球各叶,主要包括:①上纵束,位于岛叶和豆状核的上方,连接额、顶、枕、颞4个叶;②下纵束,沿侧脑室下角和后角的外侧壁走行,连接颞、枕两叶;③钩束,勾绕外侧沟底,连接额、颞两叶的前部;④扣带,位于扣带回和海马旁回的深面,连接边缘叶各部(图2-73)。

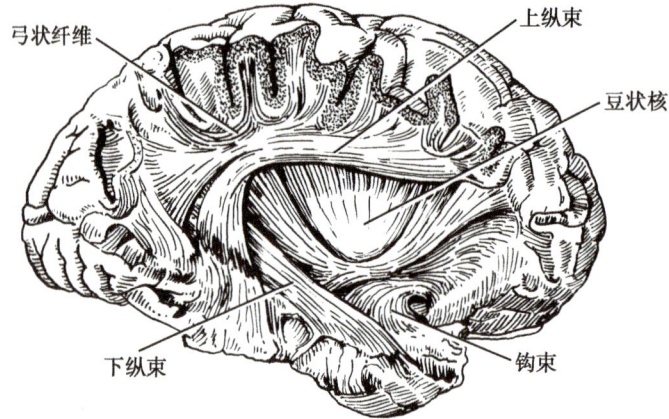

图 2-73　大脑半球联络纤维

(2) 连合纤维:是联系左、右大脑半球皮质间的纤维,包括胼胝体、前连合和穹隆连合。

1) 胼胝体(corpus callosum):是联系左、右大脑半球新皮质最粗大的纤维束,为一宽厚的白质板,横跨两半球之间,形成大脑纵裂底以及侧脑室前角、中央部和后角的上壁(图2-74)。在正中矢状切面上,胼胝体切面呈耳状,自前向后分为嘴、膝、干、压部4部,嘴向下连接终板。在大脑半球内,胼胝体的纤维向前、后、左、右、上、下等方向辐射。胼胝体膝部的纤维弯向前,连接两侧额叶前部称为额钳;胼胝体干部纤维连接两侧额叶后部和顶叶;胼胝体压部纤维弯向后,连接两侧颞叶和枕叶称为枕钳。

2) 前连合(anterior commissure):由连接两侧嗅球和颞叶前部的呈前后弓形的纤维束构成(图2-74)。在正中矢状切面上,前连合位于胼胝体嘴、终板和穹隆交会处,纤维断面聚成圆形。

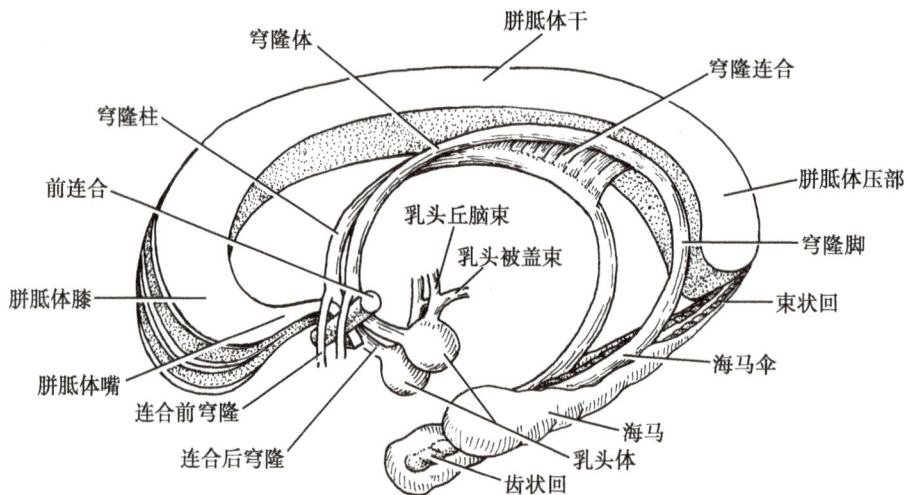

图 2-74　大脑半球连合纤维

3）穹隆连合(commissure of fornix)：海马发出的纤维在其内侧形成海马伞，向后上方弯曲形成穹隆，弓形向上走行于胼胝体下方构成第三脑室的顶，其中部分纤维越过中线交叉至对侧穹隆，形成穹隆连合，连接对侧海马(图 2-74)。在穹隆连合的前方，两侧穹隆并行向前，绕室间孔前方，大部分纤维向下止于乳头体。穹隆与胼胝体之间的薄板，称透明隔。

(3) 投射纤维：为联系大脑皮质和皮质下中枢的上、下行纤维。大多数投射纤维经背侧丘脑、尾状核和豆状核之间出入大脑半球，形成内囊(internal capsule) (图 2-75)。内囊为宽厚的白质纤维板，位于背侧丘脑、尾状核和豆状核之间。在大脑水平切面上，内囊呈向外开放的 V 形，可分为 3 部：①内囊前肢(anterior limb of internal capsule)位于豆状核和尾状核头之间，有额桥束和丘脑前辐射(为丘脑背内侧核投射到额叶前部的纤维束)等通过；②内囊膝(genu of internal capsule)位于内囊前肢和内囊后肢汇合处，主要有皮质核束通过；③内囊后肢(posterior limb of internal capsule)，其中位于豆状核和背侧丘脑之间的部分，称丘脑豆状核部，主要有皮质脊髓束、丘脑中央辐射(为丘脑腹后核投射到中央后回的纤维束)和丘脑后辐射(为丘脑枕投射到顶叶后部和枕叶的纤维束，包括视辐射)通过，另有皮质红核束、皮质网状束和顶桥束等通过(图 2-75)。内囊后肢向后下延续至豆状核的后方和下方，分别称豆状核后部和豆状核下部，前者有视辐射、枕桥束通过，后者有听辐射、颞桥束和丘脑下辐射(为丘脑投射到颞叶的纤维束，包括听辐射)通过。内囊纤维向上向各方向放射至大脑皮质，称辐射冠，与胼胝体的纤维交错。内囊向下续于中脑的大脑脚底。

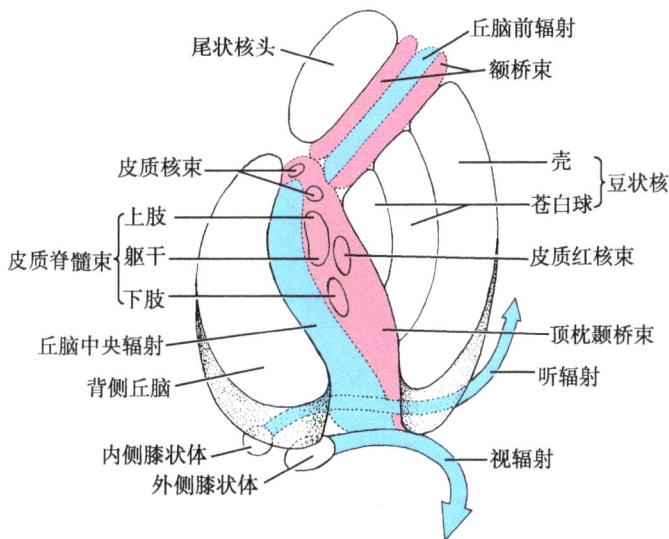

图 2-75　内囊模式图

当内囊损伤广泛时，患者会出现病灶对侧偏身感觉丧失(丘脑中央辐射受损)，对侧偏瘫(皮质脊髓束、皮质核束受损)和两眼对侧半视野同向性偏盲(视辐射受损)的"三偏"症状。

4. 侧脑室(lateral ventricle)　位于双侧大脑半球内，呈扁窄的室腔，前部经室间孔(interventricular foramen)与第三脑室相通(图 2-76，图 2-77)。侧脑室可分为 4 部：中央部位于顶叶内，由此伸出 3 个角，前角窄而短，向前伸入额叶；后角长短不恒定，伸入枕叶；下角比前、后角长，在颞叶内伸向前方，几达海马旁回钩处，底壁上有隆起的海马。齿状回位于海马内侧。

侧脑室脉络丛位于侧脑室中央部和下角内，产生脑脊液。此丛前部经室间孔与第三脑室脉络丛相连。

(四) 嗅脑和边缘系统

1. 嗅脑(rhinencephalon)　位于端脑底部，包括嗅球(olfactory bulb)、嗅束(olfactory tract)、嗅三角(olfactory triangle)和海马旁回、钩、梨状叶(piriform lobe)等(图 2-78)。人类嗅脑不发达。

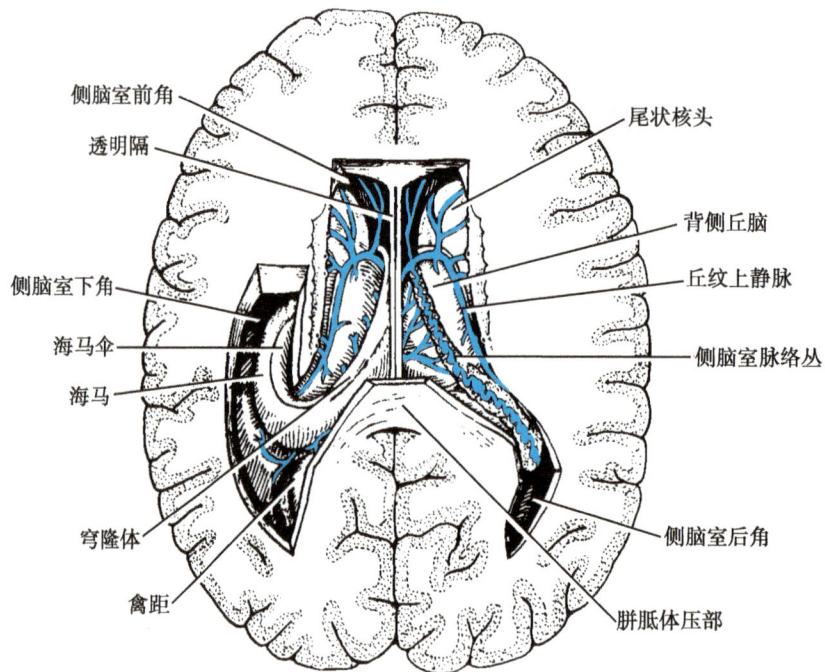

图 2-76　侧脑室

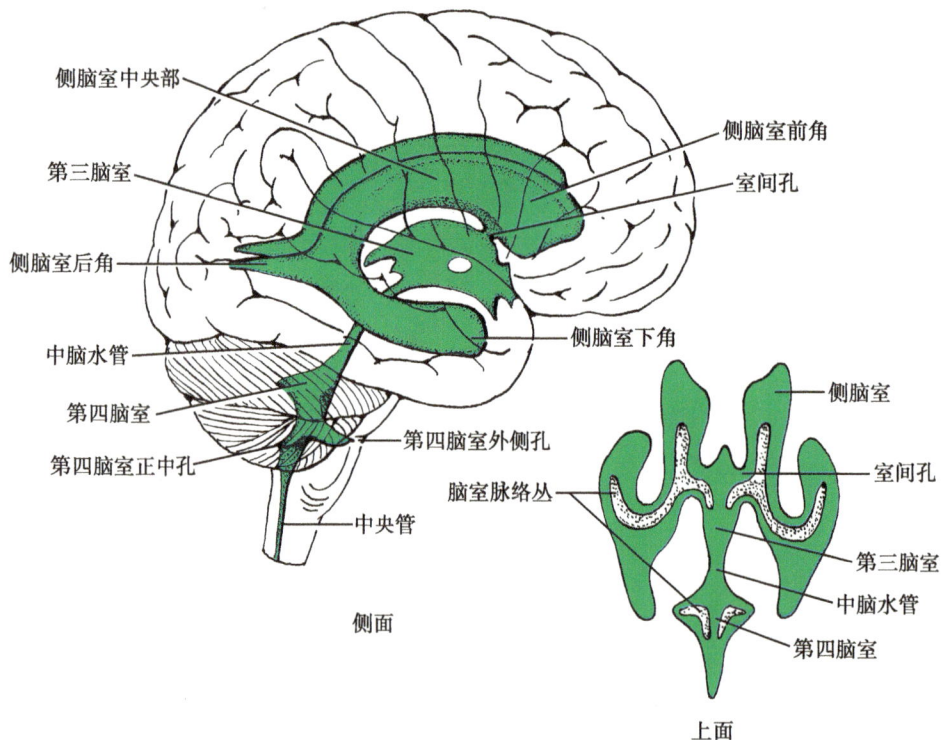

图 2-77　脑室投影图

嗅球位于额叶眶面下方,为扁卵圆形小球,是嗅神经终止部位,向后延为较细的嗅束。嗅球从表面向深层依次分别为小球层、僧帽细胞层和颗粒细胞层。

嗅束为从嗅球至嗅三角的纤维束,主要为嗅球的传出纤维,内含前嗅核。

内侧嗅纹和外侧嗅纹由嗅束后端嗅三角分叉而成。嗅束纤维几乎全部进入外侧嗅纹至海马旁回钩附近的皮质,产生嗅觉。病变刺激钩区皮质及其相联系的皮质下结构可引起嗅幻觉。

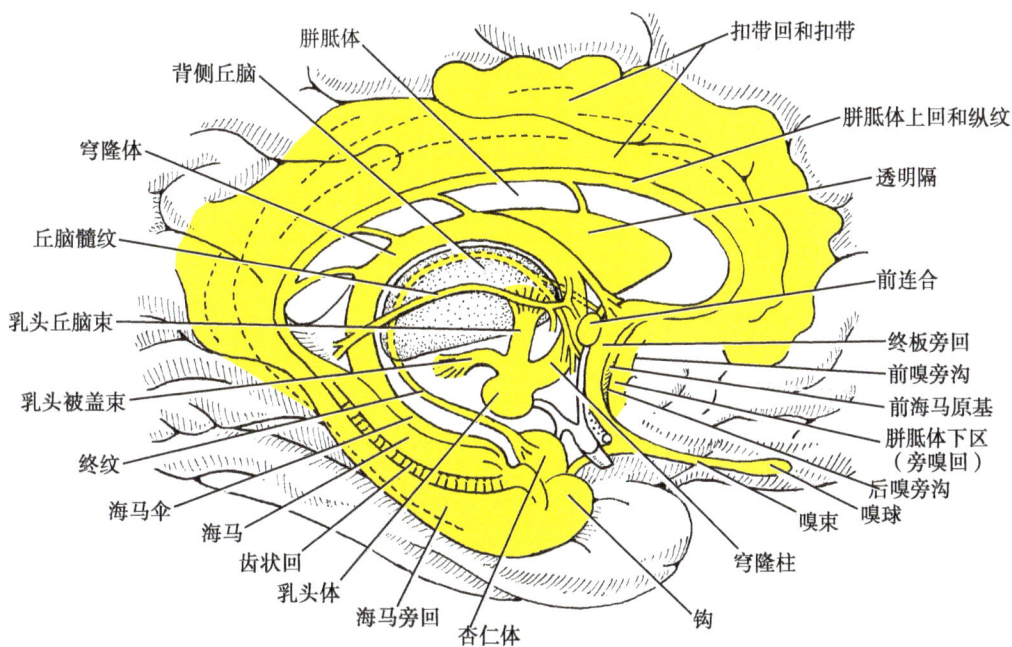

图 2-78　嗅脑和边缘系统

内侧嗅纹的纤维来自于嗅束内散在神经元的传出纤维,终止于隔区(深面有隔核),而参与边缘系统的情绪调节功能。

梨状叶包括外侧嗅纹、钩和海马旁回前部,接受前嗅核的纤维,一般认为是原嗅觉皮质。

2. 边缘系统(limbic system)　又称内脏脑,由边缘叶和与之联系密切的皮质下结构(包括隔核、杏仁体、上丘脑、下丘脑、背侧丘脑前核群和中脑被盖区)等共同组成(图 2-78)。边缘系统在进化上较古老,与内脏活动、情绪反应、性功能及记忆等有关,在维持个体生存及延续后代等方面起重要作用。

1) 海马结构(hippocampus formation):海马结构由海马、齿状回、下托和围绕胼胝体的海马残体组成,其中海马为体积最大最主要的部分。海马结构皮质为只有 3 层细胞结构的原皮质,即分子层、锥体细胞层和多形细胞层。

海马(hippocampus)又称 Ammon 角,位于侧脑室下角的内侧壁,为一镰状弓形结构,因在冠状切面上和海马旁回一起,形似一卷曲的海马而得名。海马前端(头侧)膨大并形成数个隆起称海马趾,尾端变窄,并行向胼胝体,沿海马内侧缘有一白色扁平纤维束称海马伞,向后续于穹隆。海马又可分为 CA1、CA2、CA3、CA4 区(图 2-79)。

齿状回(dentate gyrus)位于海马及海马伞的内侧,为一窄长条形结节状隆起结构。

下托(subiculum)为位于海马和海马旁回之间的过渡区,相当于海马旁回上部。

海马旁回(parahippocampus gyrus)位于下托的外侧,与海马平行,其外侧为枕

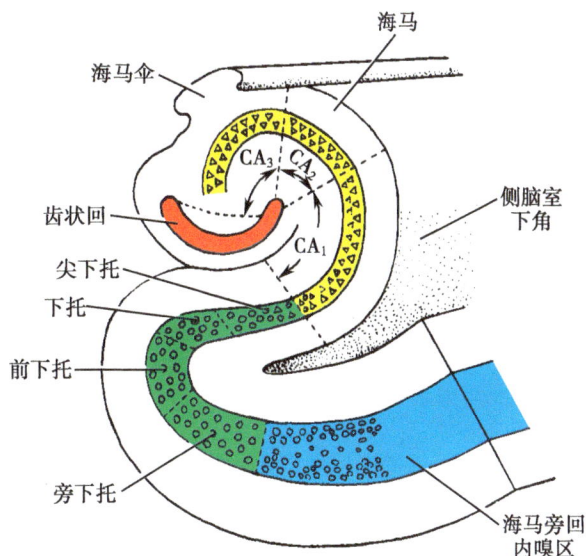

图 2-79　齿状回、海马和内嗅区皮质分层模式图
CA$_1$~CA$_3$ 为海马细胞区

颞内侧回,前端为钩。海马旁回皮质为6层结构。

海马旁回的纤维传入海马结构,后者发出传出纤维经穹隆止于乳头体,同时也到隔区。经海马旁回至海马,再到乳头体核、丘脑前核和扣带回,称之为Papez回路,又称海马环路,此环路将嗅觉等感觉引所起的学习记忆与情绪反应和内脏活动相互联系起来。

海马结构的功能十分复杂,了解仍不十分清楚。刺激海马,可引起动物的行为变化,如攻击性增强或攻击性抑制。临床上海马结构病变的患者可诱发癫痫,引起嗅、视、听、触觉或其他类幻觉。生理学认为海马与记忆特别是近记忆有关。

2) 杏仁体(amygdaloid body):位于颞极深面,侧脑室下角前端。它接受嗅脑、脑干网状结构、新皮层、隔核、背侧丘脑和下丘脑的纤维传入,其传出纤维经终纹和腹侧杏仁体通路至隔区和下丘脑,参与内分泌活动、内脏活动和情绪活动的调节。

3) 隔区(septal area):位于胼胝体嘴下方,包括胼胝体下区和终板旁回。深面的隔核接受穹隆、终纹、前穿质、扣带回以及中脑网状结构的上行纤维。传出的纤维投射至边缘系统各部皮质及脑干网状结构。隔核被认为是边缘系统的主要环节之一,在海马与下丘脑和缰核的联系中处于中心位置,它是各种信息整合中枢,刺激或损毁隔核,可激起动物愤怒反应,引起进食、性与生殖行为改变。

(五) 基底前脑

基底前脑(basal forebrain)位于大脑半球前内侧面和下面,前连合的下方,包括若干脑区和核团,如下丘脑视前核、隔核、伏隔核、斜角带核、Meynert基底核、嗅结节和杏仁核等。斜角带位于前穿质后部,邻近视束,外表光滑,呈斜带状。Meynert基底核在豆状核下方,是位于前穿质与大脑脚间窝之间的一大群细胞。隔核、斜角带核和Meynert基底核含有大量的胆碱能神经元,这些神经元纤维投射到大脑新皮质、海马等处,与学习、记忆关系密切。

伏隔核(nucleus accumbens)位于隔区和尾状核之间,含多巴胺神经元,是基底前脑较大的核团,功能上与躯体运动、内脏活动整合有关,还与镇痛机制有关。研究认为伏隔核参与多巴胺能奖赏系统,与药物成瘾机制的产生有关。

基底前脑有着广泛的功能,包括行为驱动力的产生、情绪反应乃至高级的认知活动。有研究表明,精神分裂症、Parkinson病和Alzheimer病的发病机制都可能与基底前脑的病变有关。

(易西南)

第三节　神经系统的传导通路

周围感受器接受机体内、外环境的各种刺激,并将其转变成神经冲动,沿着传入神经元传递至中枢神经系统相应部位,最后至大脑皮质高级中枢,产生感觉。另一方面,大脑皮质将这些感觉信息进行分析整合后,发出指令,沿传出纤维,经脑干和脊髓的运动神经元到达躯体和内脏效应器,引起效应。因此,在神经系统内存在着两大类传导通路(conductive pathway):感觉传导通路(sensory pathway),也称上行传导通路(ascending pathway)和运动传导通路(motor pathway),也称下行传导通路(descending pathway)。从总体上说,它们分别是反射弧组成中的传入和传出部,但只有不经过大脑皮质的上、下行传导通路才称为反射通路。

一、感觉传导通路

包括躯体感觉传导通路和内脏感觉传导通路,在此只讲述躯体感觉传导通路,内脏感觉传导通路见内脏神经系统。

1. 本体(深)感觉传导通路　所谓本体感觉是指肌、腱、关节等运动器官本身在不同状态(运动或静止)时产生的感觉(例如,人在闭眼时能感知身体各部的位置),又称深感觉,包括位置觉、运动觉和震动觉;该传导路还传导皮肤的精细触觉(如辨别两点距离和物体的纹理粗细等)。

此处主要叙述躯干和四肢的本体感觉传导通路(因头面部者尚不十分明了),有两条,一条是传至大脑皮质,产生意识性感觉;另一条是传至小脑,产生非意识性感觉。

(1) 躯干和四肢意识性本体感觉和精细触觉传导通路:该通路由3级神经元组成。第1级神经元为脊神经节内的假单极神经元,胞体多为大、中型,纤维较粗、有髓鞘,其周围突分布于肌、腱、关节等处的本体觉感受器和皮肤的精细触觉感受器,中枢突经脊神经后根的内侧部进入脊髓后索,分为长的升支和短的降支。其中,来自第5胸节以下的升支走在后索的内侧部,形成薄束;来自第4胸节以上的升支行于后索的外侧部,形成楔束。两束上行,分别止于延髓的薄束核和楔束核。短的降支至后角或前角,完成脊髓牵张反射。第2级神经元的胞体在薄、楔束核内,由此二核发出的纤维向前绕过中央灰质的腹侧,在中线上与对侧的交叉,称(内侧)丘系交叉,交叉后的纤维转折向上,在锥体束的背侧呈前后方向排列,行于延髓中线两侧,称内侧丘系。内侧丘系在脑桥呈横位居被盖的前缘,在中脑被盖则居红核的后外侧,最后止于背侧丘脑的腹后外侧核。第3级神经元的胞体在腹后外侧核,发出的纤维称丘脑中央辐射(central radiation of thalamus)。经内囊后肢主要投射至中央后回的中、上部和中央旁小叶后部,部分纤维投射至中央前回(图2-80)。

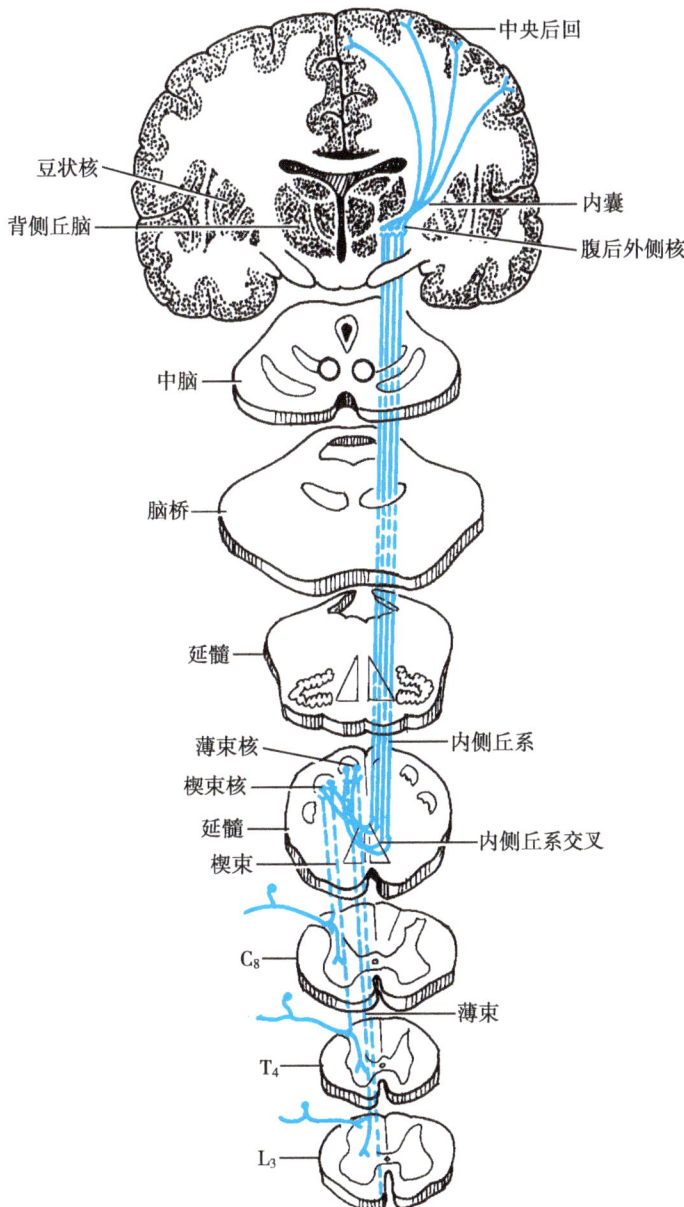

图 2-80 躯干和四肢意识性本体感觉传导通路

此通路若在内侧丘系交叉的下方或上方的不同部位损伤时,则患者在闭眼时不能确定损伤同侧(交叉下方损伤)和损伤对侧(交叉上方损伤)关节的位置和运动方向以及两点间距离。

(2) 躯干和四肢非意识性本体感觉传导通路:非意识性本体感觉传导通路实际上是反射通路的上行部分,为传入至小脑的本体感觉,由2级神经元组成。第1级神经元为脊神经节内的假单极神经元,其周围突分布于肌、腱、关节的本体感受器,中枢突经脊神经后根的内侧部进入脊髓,终止于 C_8~L_2 节段胸核和腰骶膨大第Ⅴ~Ⅶ层外侧部。由胸核发出的2级纤维在同侧脊髓侧索组成脊髓小脑后束,向上经小脑下脚进入旧小脑皮质;由腰骶膨大第Ⅴ至Ⅶ层外侧部发出的第2级纤维组成对侧和同侧的脊髓小脑前束,经小脑上脚也止于旧小脑皮质。以上第2级神经元传导躯干(除颈部外)和下肢的本体感觉。传导上肢和颈部的本体感觉的第2级神经元胞体位于颈膨大部第Ⅵ、Ⅶ层和延髓的楔束副核,这两处神经元发出的第2级纤维也经小脑下脚终止于旧小脑皮质(图2-81)。

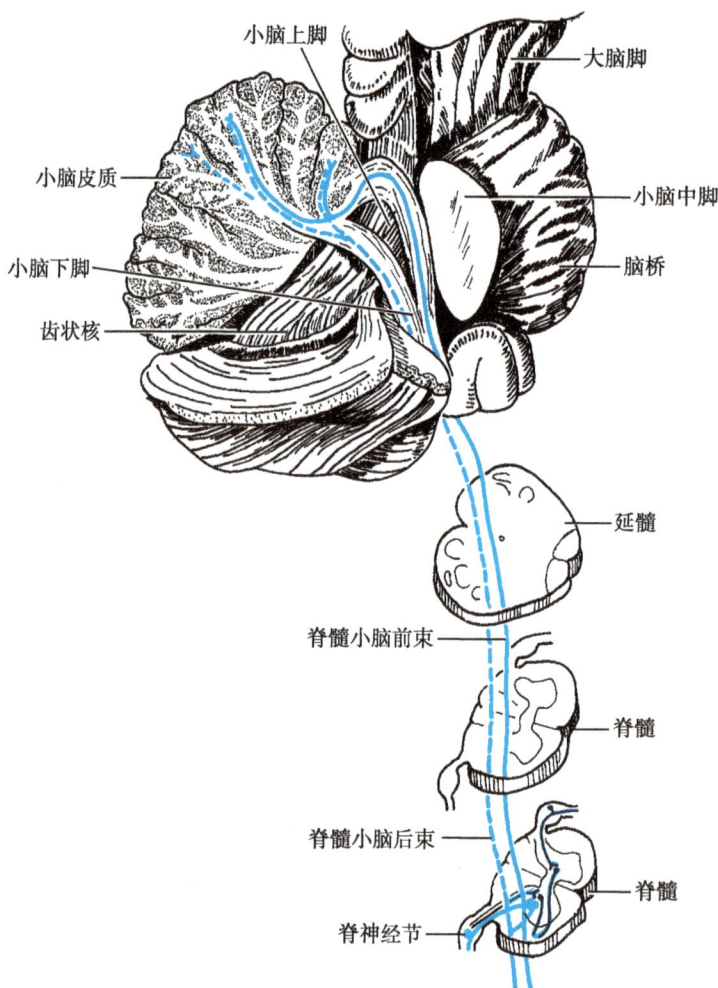

图 2-81   躯干和四肢非意识性本体感觉传导通路

2. 痛温觉、粗触觉和压觉(浅)传导通路   该通路又称浅感觉传导通路,由3级神经元组成(图2-82)。

(1) 躯干和四肢痛温觉、粗触觉和压觉传导通路:第1级神经元为脊神经节内的假单极神经元,胞体为中、小型,突起较细、薄髓或无髓,其周围突分布于躯干和四肢皮肤内的感受器;中枢突经后根进入脊髓。其中,传导痛温觉的纤维(细纤维)在后根的外侧部入脊髓经背外侧束终止于第2级神经元;传导粗触觉和压觉的纤维(粗纤维)经后根内侧部进入脊髓后索,终止于第2

级神经元。第 2 级神经元胞体主要位于第 I、IV 到 VIII 层，它们发出纤维上升 1~2 个节段经白质前连合到对侧的外侧索和前索内上行，组成脊髓丘脑侧束和脊髓丘脑前束(侧束传导痛温觉、前束传导粗触觉和压觉)。脊髓丘脑束上行，经延髓下橄榄核的背外侧，脑桥和中脑内侧丘系的外侧，终止于背侧丘脑的腹后外侧核。第 3 级神经元的胞体在背侧丘脑的腹后外侧核，它们发出纤维参与组成丘脑中央辐射，经内囊后肢投射到中央后回中、上部和中央旁小叶后部(图 2-82)。

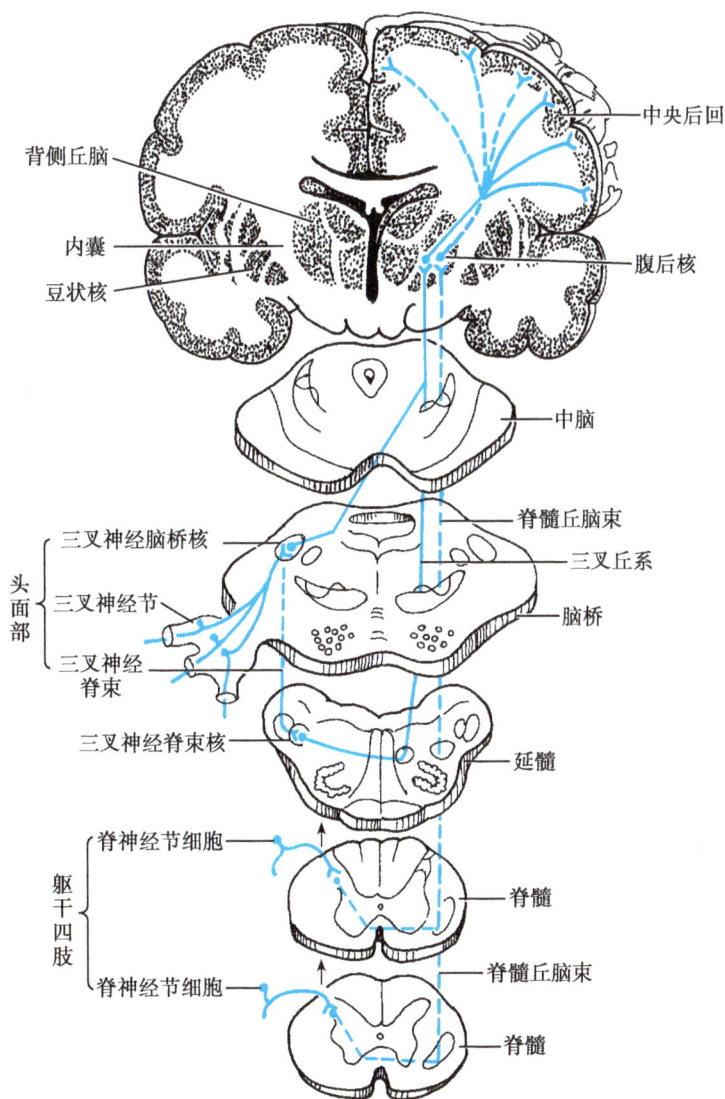

图 2-82　痛温觉、粗触觉和压觉传导通路

　　在脊髓内，脊髓丘脑束纤维的排列有一定的顺序：自外侧向内侧、由浅入深，依次排列着来自骶、腰、胸、颈部的纤维。因此，当脊髓内肿瘤压迫一侧脊髓丘脑束时，痛温觉障碍首先出现在身体对侧上半部(压迫来自颈、胸部的纤维)，然后逐渐波及下半部(压迫来自腰骶部的纤维)。若受到脊髓外肿瘤压迫，则发生感觉障碍的顺序相反。

　　(2) 头面部的痛温觉和触压觉传导通路：第 1 级神经元为三叉神经节、面神经的膝神经节、舌咽神经上神经节和迷走神经上神经节内的假单极神经元，其周围突经相应的脑神经分支分布于头面部皮肤及口、鼻腔黏膜的相关感受器，中枢突经三叉神经、面神经、舌咽神经和迷走神经入脑干；三叉神经中传导痛温觉的三叉神经根的纤维入脑后下降组成三叉神经脊束，连同面神经、舌咽神经和迷走神经的纤维一起止于三叉神经脊束核；传导触压觉的纤维终止于三叉神经脑桥核。第 2 级神经元的胞体在三叉神经脊束核和三叉神经脑桥核内，它们发出纤维交叉到对侧,组成三叉丘脑束,止于背侧丘脑的腹后内侧核。第3级神经元的胞体在背侧丘脑的腹后内侧核,发出纤维经内囊后肢,投射到中央后回下部(图2-82)。

在此通路中,若三叉丘脑束以上受损,则导致对侧头面部痛温觉和触压觉障碍;若三叉丘脑束以下受损,则同侧头面部痛温觉和触压觉发生障碍。

3. 视觉传导通路和瞳孔对光反射通路

(1) 视觉传导通路(visual pathway):包括3级神经元。眼球视网膜神经部最外层的视锥细胞和视杆细胞为光感受器细胞,中层的双极细胞为第1级神经元,最内层的节细胞为第2级神经元,其轴突在视神经盘处集合成视神经。视神经经视神经管入颅腔,形成视交叉后,延为视束。在视交叉中,来自两眼视网膜鼻侧半的纤维交叉,交叉后加入对侧视束;来自视网膜颞侧半的纤维不交叉,进入同侧视束。因此,左侧视束内含有来自两眼视网膜左侧半的纤维,右侧视束内含有来自两眼视网膜右侧半的纤维。视束绕大脑脚向后,主要终止于外侧膝状体。第3级神经元胞体在外侧膝状体内,由外侧膝状体核发出纤维组成视辐射(optic radiation),经内囊后肢投射到端脑枕叶距状沟上、下皮质的视觉区,产生视觉(图2-83)。

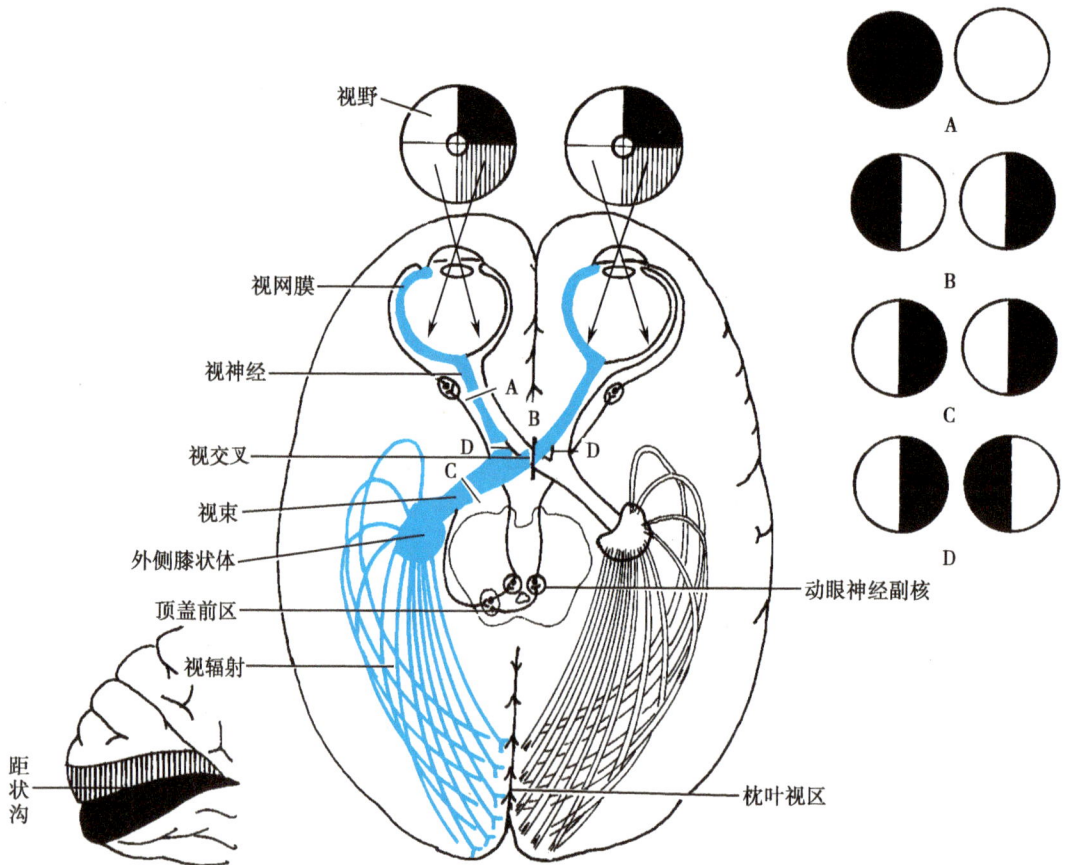

图 2-83   视觉传导通路和瞳孔对光反射通路

视束中尚有少数纤维经上丘臂终止于上丘和顶盖前区。上丘发出的纤维组成顶盖脊髓束,下行至脊髓,完成视觉反射。顶盖前区是瞳孔对光反射通路的一部分。

视野是指眼球固定向前平视时所能看到的空间范围。由于眼球屈光装置对光线的折射作用,鼻侧半视野的物像投射到颞侧半视网膜,颞侧半视野的物像投射到鼻侧半视网膜,上半视野的物像投射到下半视网膜,下半视野的物像投射到上半视网膜。

当视觉传导通路的不同部位受损时,可引起不同区域的视野缺损;①视网膜损伤引起的视野缺损与损伤的位置和范围有关,若损伤在视神经盘则视野中出现较大暗点,若黄斑部受损则中央视野有暗点,其他部位损伤则对应部位有暗点;②一侧视神经损伤可致该侧眼视野全盲;③视交叉中交叉纤维损伤可致双眼视野颞侧半偏盲;④一侧视交叉外侧部的不交叉纤维损伤,则患侧眼视野的鼻侧半偏盲;⑤一侧视束及以上的视觉传导路(视辐射、视区皮质)受损,可致双眼病灶对侧半视野同向性偏盲(如右侧受损则右眼视野鼻侧半和左眼视野颞侧半偏盲)。

(2) 瞳孔对光反射通路:光照一侧眼的瞳孔,引起两眼瞳孔缩小的反应称为瞳孔对光反射(pupillary light reflex)。光照侧的反应称直接对光反射,光未照射侧的反应称间接对光反射。瞳孔对光反射的通路如下:视网膜→视神经→视交叉→两侧视束→上丘臂→顶盖前区→两侧动眼神经副核→动眼神经→睫状神经节→节后纤维→瞳孔括约肌收缩→两侧瞳孔缩小(图 2-83)。

瞳孔对光反射在临床上有重要意义,反射消失,可能预示病危。但视神经或动眼神经受损,也能引起瞳孔对光反射的变化。例如,一侧视神经受损时,信息传入中断,光照患侧眼的瞳孔,两侧瞳孔均不反应;但光照健侧眼的瞳孔,则两眼对光反射均存在(此即患侧眼的瞳孔直接对光反射消失,间接对光反射存在)。又如,一侧动眼神经受损时,由于信息传出中断,无论光照哪一侧眼,患侧眼的瞳孔对光反射都消失(患侧眼的瞳孔直接及间接对光反射均消失),但健侧眼的瞳孔直接和间接对光反射均存在。

4. 听觉传导通路(auditory pathway)　听觉传导通路的第 1 级神经元为蜗神经节内的双极细胞,其周围突分布于内耳的螺旋器(Corti 器);中枢突组成蜗神经,与前庭神经一道在延髓和脑桥交界处入脑,止于蜗腹侧核和蜗背侧核(图 2-84)。第 2 级神经元的胞体在蜗腹侧核和蜗背

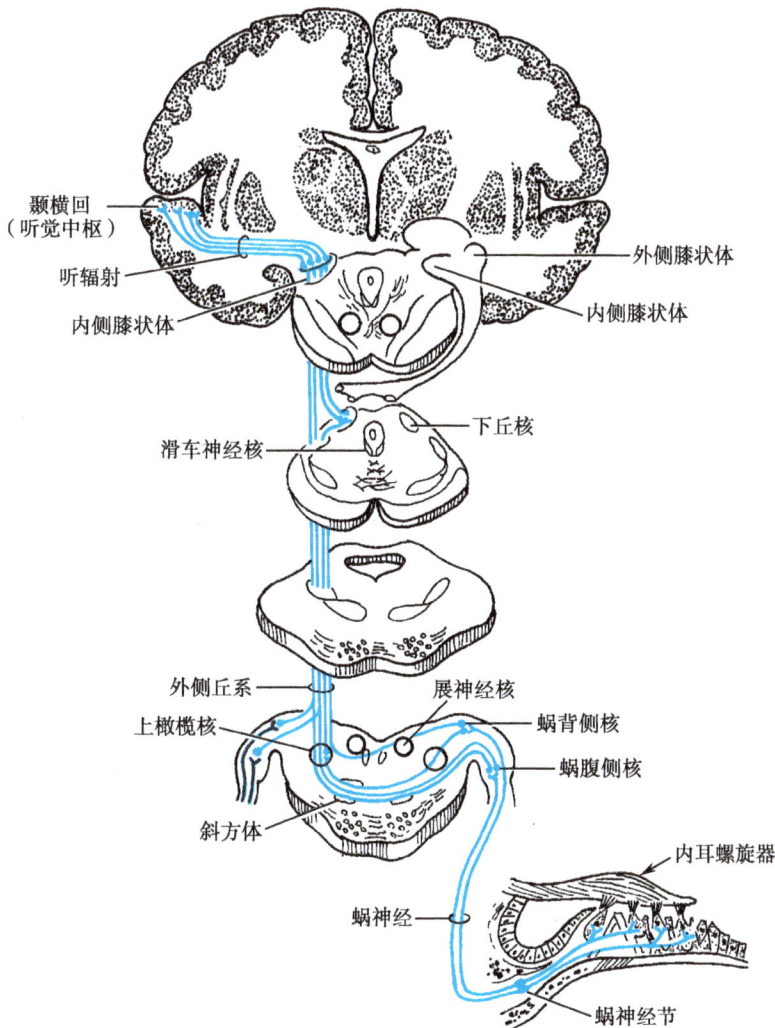

图 2-84　听觉传导通路

侧核,发出的纤维大部分在脑桥内形成斜方体并交叉至对侧,至上橄榄核外侧折向上行,称外侧丘系。外侧丘系的纤维经中脑被盖的背外侧部大多数止于下丘。第3级神经元的胞体在下丘,其纤维经下丘臂止于内侧膝状体。第4级神经元的胞体在内侧膝状体,发出纤维组成听辐射(acoustic radiation),经内囊后肢,止于大脑皮质颞横回的听觉区。

少数蜗腹侧核和蜗背侧核的纤维不交叉,进入同侧外侧丘系;也有少数外侧丘系的纤维直接止于内侧膝状体;还有一些蜗神经核发出的纤维在上橄榄核换神经元,然后加入同侧的外侧丘系。因此,听觉冲动是双侧传导的。若一侧听觉通路在外侧丘系及其以上受损,不会产生明显症状,但若损伤了蜗神经、内耳或中耳,则将导致听觉障碍。

听觉的反射中枢在下丘。下丘神经元发出纤维到上丘,再由上丘神经元发出纤维,经顶盖脊髓束下行至脊髓的前角细胞,完成听觉反射。

此外,大脑皮质听觉区还可发出下行纤维,经听觉通路上的各级神经元中继,影响内耳螺旋器的感受功能,形成听觉通路上的抑制性反馈调节。

5. 平衡觉传导通路(equilibrium pathway)　平衡觉传导通路的第1级神经元是前庭神经节内的双极细胞,其周围突分布于内耳半规管的壶腹嵴及前庭内的球囊斑和椭圆囊斑;中枢突组成前庭神经,与蜗神经一道经延髓和脑桥交界处入脑,止于前庭神经核群(图2-85)。由前庭神经核群发出的第2级纤维向大脑皮质的投射径路尚不清,可能是在背侧丘脑的腹后核交换神经元,再投射到颞上回前方的大脑皮质。由前庭神经核群发出纤维至中线两侧组成内侧纵束,其中,上升的纤维终止于动眼神经、滑车神经核和展神经核,完成眼肌前庭反射(如眼球震颤);下降的纤维至副神经的脊髓核和上段颈髓前角细胞,完成转眼、转头的协调运动。此外,由前庭

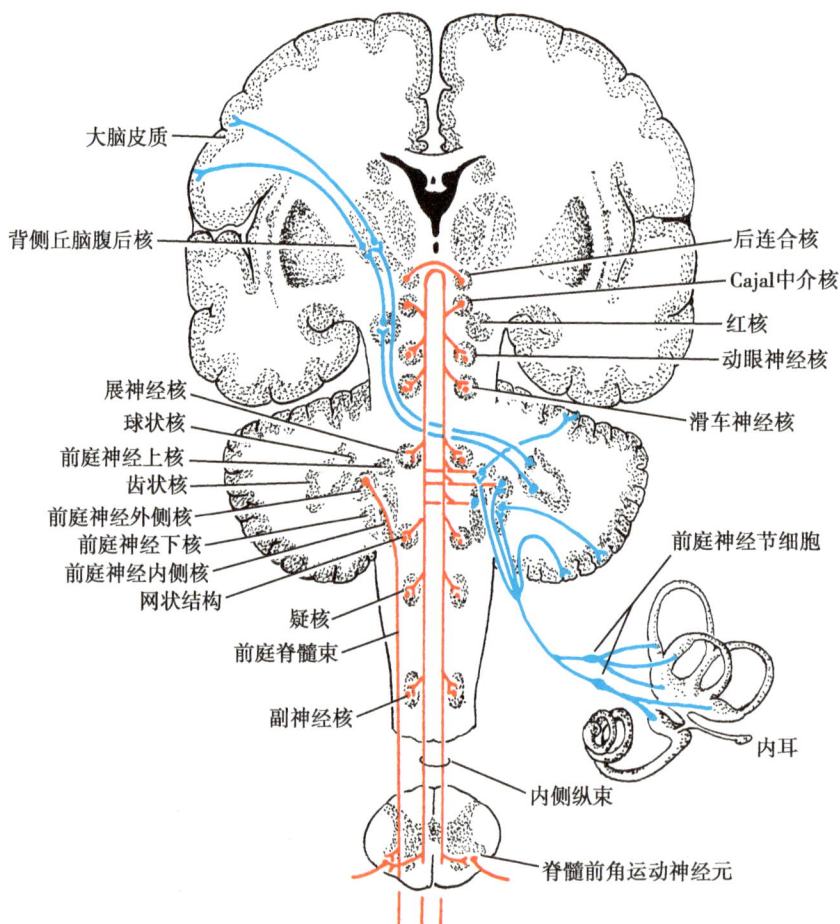

图2-85　平衡觉传导通路

神经外侧核发出纤维组成前庭脊髓束,完成躯干、四肢的姿势反射(伸肌兴奋、屈肌抑制)。前庭神经核群还发出纤维与部分前庭神经直接来的纤维,共同经小脑下脚(绳状体)进入小脑,参与平衡调节。前庭神经核群还发出纤维与脑干网状结构、迷走神经背核及疑核联系,故当平衡觉传导通路或前庭器受刺激时,可引起眩晕、呕吐、恶心等症状。

二、运动传导通路

运动传导通路是指从大脑皮质至躯体运动和内脏活动效应器的神经联系。从大脑皮质至躯体运动效应器(骨骼肌)的神经通路,称躯体运动传导通路,包括锥体系和锥体外系。从大脑皮质至内脏活动效应器(心肌、平滑肌、腺体等)的神经通路,称内脏运动神经通路。

1. 锥体系(pyramidal system)　锥体系由上运动神经元和下运动神经元两级神经元组成。上运动神经元(upper motor neurons)为位于大脑皮质的投射至脑神经一般躯体运动核、特殊内脏运动核和脊髓前角运动神经元的传出神经元。下运动神经元(lower motor neurons)为脑神经一般躯体运动核、特殊内脏运动核和脊髓前角运动神经元,其胞体和轴突构成传导运动冲动的最后公路(final common pathway)。

上运动神经元由位于中央前回、中央旁小叶前部的巨型锥体细胞(Betz 细胞)和其他类型锥体细胞,以及位于额、顶叶部分区域的锥体细胞组成。上述神经元的轴突组成的锥体束(pyramidal tract)经内囊下行,其中,下行至脊髓的纤维束称皮质脊髓束;止于脑干内一般躯体和特殊内脏运动核的纤维束称皮质核束(皮质脑干束)。

(1) 皮质脊髓束(corticospinal tract):皮质脊髓束由中央前回上、中部和中央旁小叶前部等处皮质的锥体细胞轴突集中而成,下行经内囊后肢的前部、大脑脚底中 3/5 的外侧部和脑桥基底部至延髓锥体。在锥体下端,75%~90% 的纤维交叉至对侧,形成锥体交叉。交叉后的纤维继续于对侧脊髓侧索内下行,称皮质脊髓侧束,此束沿途发出侧支,逐节终止于前角细胞(可达骶节),主要支配四肢肌。在延髓锥体,皮质脊髓束中小部分未交叉的纤维在同侧脊髓前索内下行,称皮质脊髓前束,该束仅下达上胸节,并经白质前连合逐节交叉至对侧,终止于前角运动神经元,支配躯干肌和上肢近端肌的运动。皮质脊髓前束中有一部分纤维始终不交叉而止于同侧脊髓前角运动神经元,主要支配躯干肌(图 2-86)。所以,

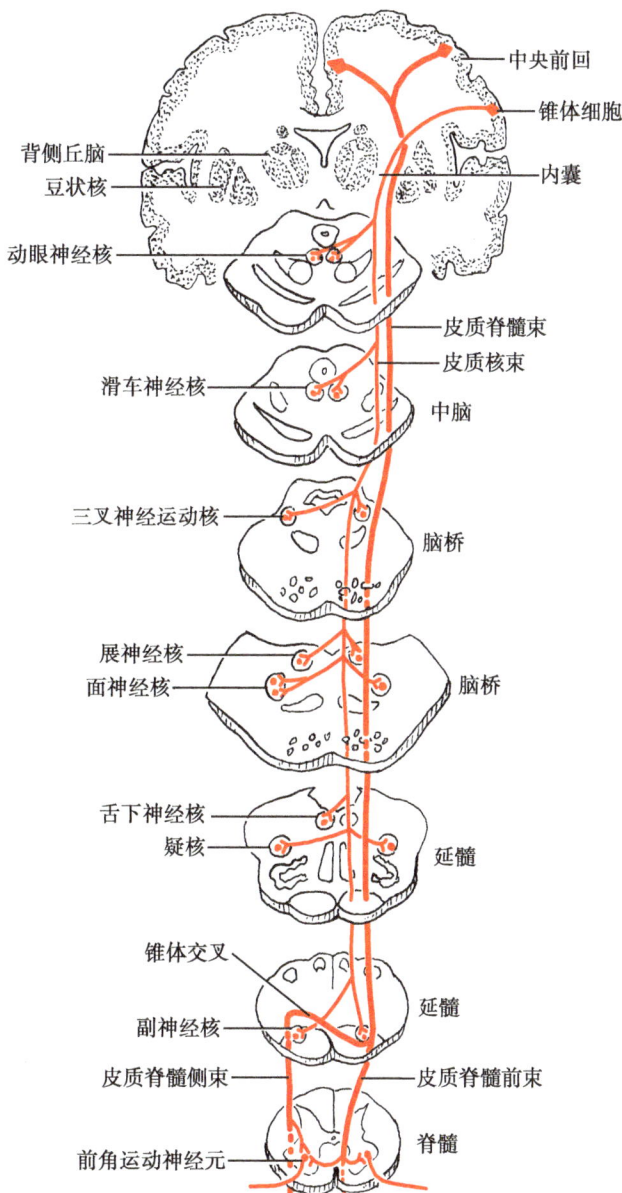

图 2-86　锥体系中的皮质脊髓束与皮质核束

中央前回
锥体细胞
背侧丘脑
豆状核
内囊
动眼神经核
皮质脊髓束
皮质核束
滑车神经核
中脑
三叉神经运动核
脑桥
展神经核
面神经核
脑桥
舌下神经核
疑核
延髓
锥体交叉
副神经核
延髓
皮质脊髓侧束
皮质脊髓前束
前角运动神经元
脊髓

躯干肌是受两侧大脑皮质支配,而上、下肢肌只受对侧大脑皮质支配,故一侧皮质脊髓束在锥体交叉前受损,主要引起对侧肢体瘫痪,躯干肌运动不受明显影响;在锥体交叉后受损,主要引起同侧肢体瘫痪。

实际上,皮质脊髓束只有10%~20%纤维直接终止于前角运动神经元,主要是支配肢体远端肌,大部分纤维须经中间神经元与前角细胞联系。

(2) 皮质核束(corticonuclear tract):皮质核束主要由中央前回下部的锥体细胞的轴突集合而成,下行经内囊膝至大脑脚底中3/5的内侧部,由此向下陆续分出纤维,终止于大部分双侧脑神经一般躯体运动核和特殊内脏运动核(动眼神经核、滑车神经核、展神经核、三叉神经运动核、面神经核支配面上部肌的细胞群、疑核和副神经脊髓核),这些核发出的纤维依次支配眼外肌、咀嚼肌、面上部表情肌、胸锁乳突肌、斜方肌和咽喉肌。小部分纤维完全交叉到对侧,终止于面神经核支配面下部肌的神经元细胞群和舌下神经核(图2-87),两者发出的纤维分别支配同侧面下部的面肌和舌肌。因此,除支配面下部肌的面神经核和舌下神经核只接受单侧(对侧)皮质核束支配外,其他脑神经一般躯体运动核和特殊内脏运动核均接受双侧皮质核束的纤维。一侧上运动神经元受损,可产生对侧眼裂以下的面肌和对侧舌肌瘫痪,表现为病灶对侧鼻唇沟消失,

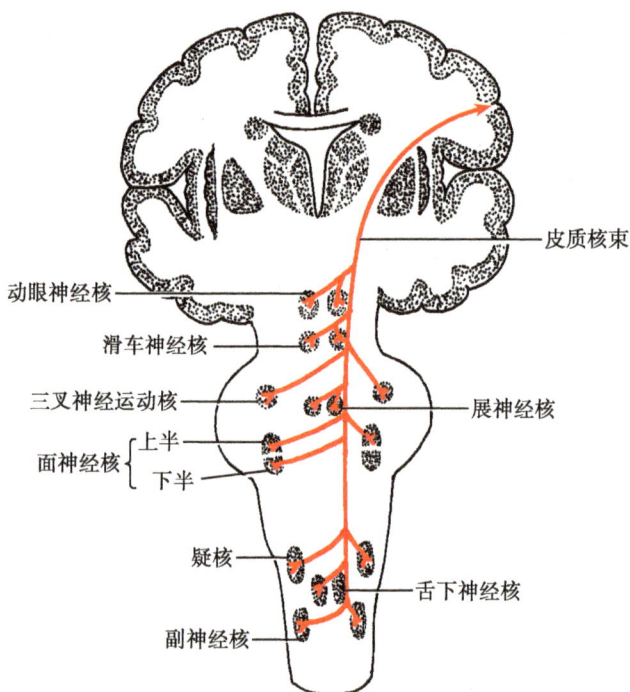

图 2-87　锥体系中的皮质核束

口角低垂并向病灶侧偏斜,流涎,不能做鼓腮、露齿等动作,伸舌时舌尖偏向病灶对侧,为核上瘫(supranuclear paralysis)(图2-88,图2-89)。一侧面神经核的神经元受损,可致病灶侧所有的面肌瘫痪,表现为额横纹消失,眼不能闭,口角下垂,鼻唇沟消失等;一侧舌下神经核的神经元受损,可致病灶侧全部舌肌瘫痪,表现为伸舌时舌尖偏向病灶侧,两者均为下运动神经元损伤,故统称为核下瘫(infranuclear paralysis)(图2-88,图2-89)。

锥体系的任何部位损伤都可引起其支配区的随意运动障碍——瘫痪,可分为两类:

1) 上运动神经元损伤:系指脑神经运动核和脊髓前角细胞以上的锥体系损伤,即锥体细胞或其轴突组成的锥体束的损伤,表现为:①随意运动障碍;②肌张力增高,故称痉挛性瘫痪(硬瘫),这是由于上运动神经元对下运动神经元的抑制作用丧失的缘故(脑神经核上瘫时肌张力增高不明显),但早期肌萎缩不明显(因未失去其直接神经支配);③深反射亢进(因失去高级控制),浅反射(如腹壁反射、提睾反射等)减弱或消失(因锥体束的完整性被破坏);④出现病理反射(如Babinski征,为锥体束损伤确凿症状之一)等,因锥体束的功能受到破坏所致。

2) 下运动神经元损伤:系指脑神经运动核和脊髓前角细胞以下的锥体系损伤,即脑神经运动核和脊髓前角细胞以及它们的轴突(脑神经和脊神经)的损伤。表现为因失去神经直接支配所致的随意运动障碍,肌张力降低,故又称弛缓性瘫痪(软瘫)。由于神经营养障碍,还导致肌萎缩。因所有反射弧均中断,故浅反射和深反射都消失,也不出现病理反射。

2. 锥体外系(extrapyramidal system)　锥体外系是指锥体系以外的影响和控制躯体运动

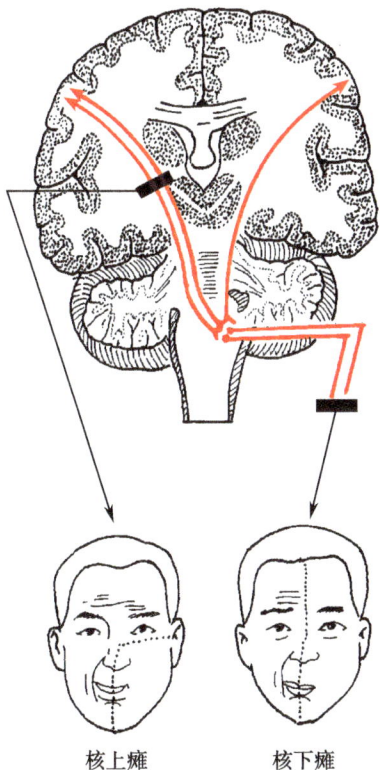

图 2-88　面肌瘫痪

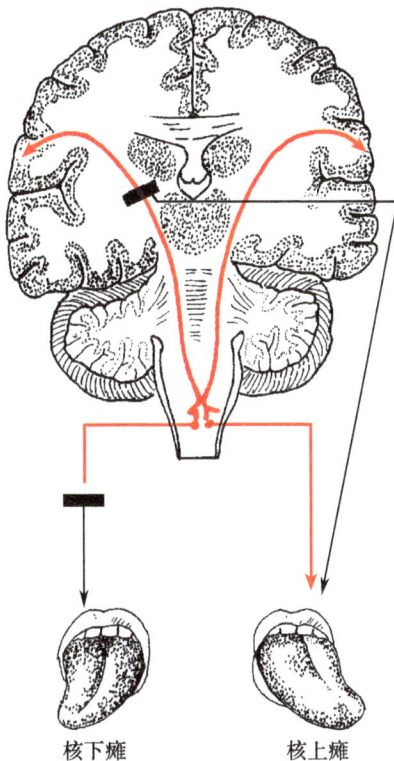

图 2-89　舌肌瘫痪

（核上瘫　核下瘫　核下瘫　核上瘫）

的所有传导路径,由多极神经元组成,其结构十分复杂,包括大脑皮质(主要是躯体运动区和躯体感觉区)、纹状体、背侧丘脑、底丘脑、中脑顶盖、红核、黑质、脑桥核、前庭核、小脑和脑干网状结构等以及它们的纤维联系。锥体外系的纤维最后经红核脊髓束、网状脊髓束等中继,下行终止于脑干内的脑神经一般躯体运动核、特殊内脏运动核和脊髓前角细胞。在种系发生上,锥体外系是较古老的结构,从鱼类开始出现,在鸟类成为控制全身运动的主要系统。但到了哺乳类,尤其是人类,由于大脑皮质和锥体系的高度发达,锥体外系主要是协调锥体系的活动,两者协同完成运动功能。人类锥体外系的主要功能是调节肌张力、协调肌肉活动、维持体态姿势和习惯性动作(例如走路时双臂自然协调地摆动)等。锥体系和锥体外系在运动功能上是互相依赖、不可分割的一个整体,只有在锥体外系保持肌张力稳定协调的前提下,锥体系才能完成一切精确的随意运动,如写字、刺绣等;而锥体外系对锥体系也有一定的依赖性,锥体系是运动的发起者,有些习惯性动作开始是由锥体系发起的,然后才处于锥体外系的管理之下,如骑车、游泳等。下面简单介绍主要的锥体外系通路。

（1）皮质-新纹状体-背侧丘脑-皮质环路:该环路对发出锥体束的皮质运动区的活动有重要的反馈调节作用。

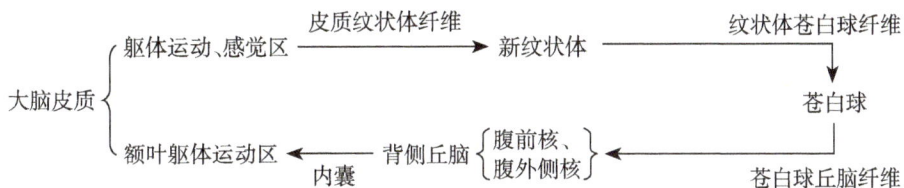

（2）新纹状体-黑质环路:自尾状核和壳发出纤维,止于黑质,再由黑质发出纤维返回尾状核和壳。黑质神经细胞能产生和释放多巴胺,当黑质变性后,则纹状体内的多巴胺含量亦降低,与Parkinson病(震颤麻痹)的发生有关。

（3）苍白球 - 底丘脑环路：苍白球发出纤维止于底丘脑核，后者发出纤维经同一途径返回苍白球，对苍白球发挥抑制性反馈影响。一侧底丘脑核受损，丧失对同侧苍白球的抑制，对侧肢体出现大幅度颤搐。

（4）皮质 - 脑桥 - 小脑 - 皮质环路：此环路是锥体外系中又一重要的反馈环路，人类最为发达。由于小脑还接受来自脊髓的本体感觉纤维，因而能更好地协调和共济肌肉运动。该环路的任何部位损伤，都会导致共济失调，如行走蹒跚和醉汉步态等（图 2-90）。

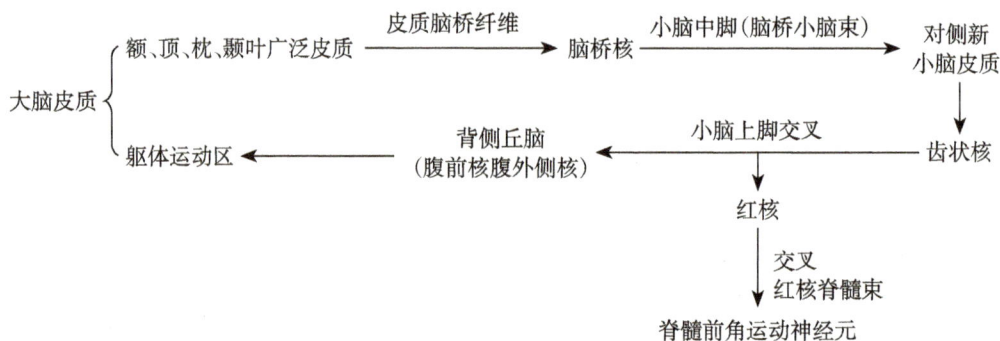

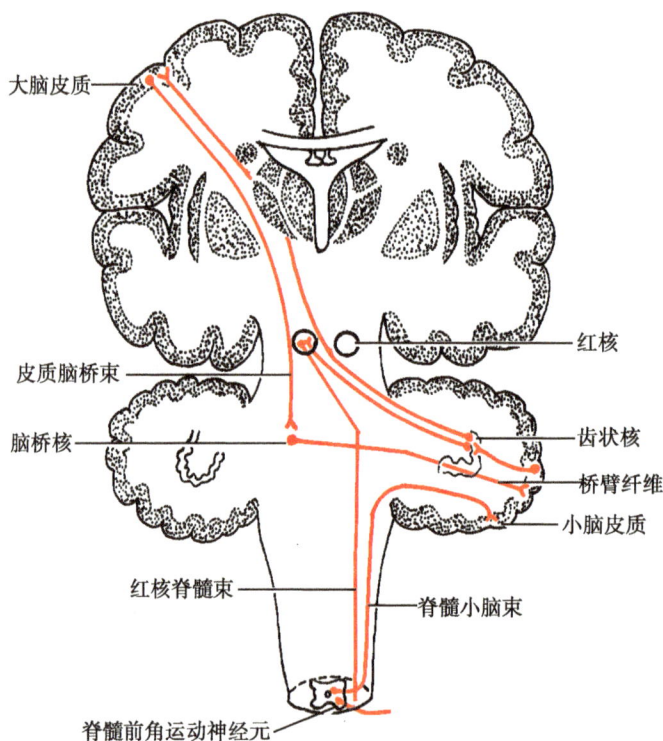

图 2-90　锥体外系的皮质 - 脑桥 - 小脑 - 皮质环路

三、神经系统的化学通路

神经系统各种活动的本质是化学物质的传递，突触是神经传导通路的关键部位，绝大多数是化学性的。化学通路传递的化学物质种类繁多，分布广泛，现扼要介绍神经系统中一些重要的化学通路（chemical pathways）。

1. 胆碱能通路（cholinergic pathway）　胆碱能通路以乙酰胆碱为神经递质。乙酰胆碱在神经元胞体内合成，经轴浆运输至末梢，贮存于突触囊泡，释放后作用于靶细胞。通路的分布十分广泛。主要有：①躯体运动传导路的下运动神经元（脑干内的脑神经一般躯体运动核、特殊内脏运动核和脊髓前角细胞),控制随意运动;②脑干网状结构非特异性上行激动系统;③脊髓后角→背侧丘脑→大脑皮质的特异性感觉投射;④交感神经节前神经元,副交感神经节前和节后神经元,司内脏活动(图2-91)。

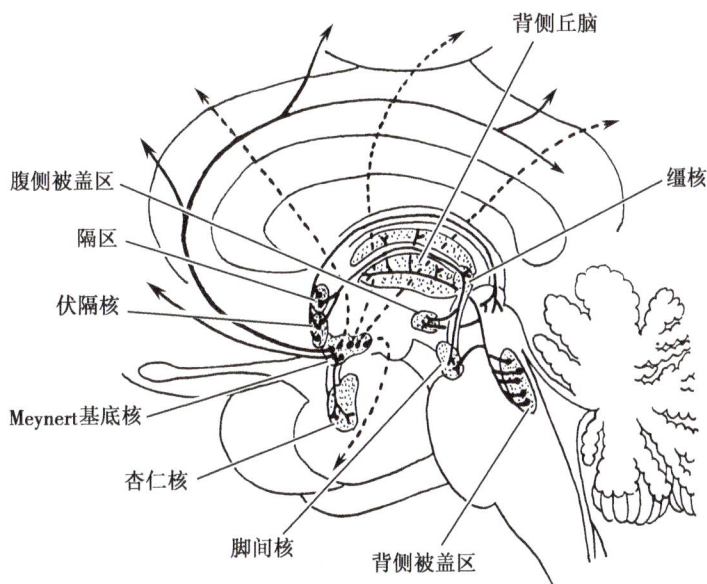

图2-91　胆碱(Ach)能化学通路(箭头示新皮质)

2. 胺能通路(aminergic pathway)　胺能通路含有胺类神经递质,包括儿茶酚胺(去甲肾上腺素、肾上腺素和多巴胺)、5-羟色胺及组胺。单胺类包括儿茶酚胺和5-羟色胺,下面着重介绍单胺类通路。

(1) 去甲肾上腺素能通路:①脑桥蓝斑上行→新皮质和海马;蓝斑下行→孤束核、脊髓;②延髓和脑桥腹侧部→中脑中央灰质、下丘脑、隔区、杏仁体;③交感神经节后神经元。

(2) 肾上腺能通路(adrenergic pathway):肾上腺能通路由延髓(背侧网状核、中缝背侧、腹外侧网状核)发出纤维上行至迷走神经背核、孤束核、蓝斑、缰核、丘脑中线核群、下丘脑;下行至脊髓中间外侧核。

(3) 多巴胺能通路(dopaminergic pathway):包括:①黑质纹状体系;②脚间核边缘系统(隔区、杏仁体、扣带回等);③下丘脑弓状核正中隆起系(图2-92)。

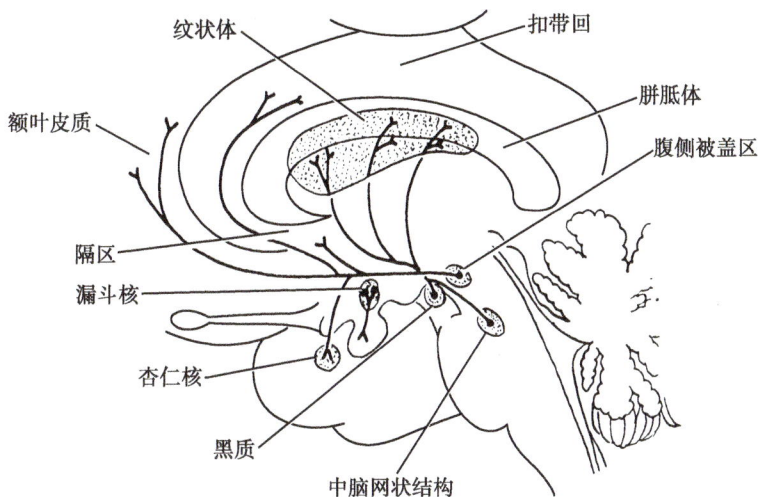

图2-92　多巴胺(DA)能化学通路

（4）5-羟色胺能通路：①脑干中缝核群（上行）→脑桥蓝斑、中脑黑质、背侧丘脑、下丘脑、大脑皮质；②脑干中缝核群（下行）→小脑、脊髓。

3. 氨基酸能通路　参与神经传导的氨基酸有兴奋性和抑制性两类，前者包括天冬氨酸、谷氨酸；后者包括 γ- 氨基丁酸（GABA）、甘氨酸和牛磺酸。其中，以 GABA 能通路（GABA ergic pathway）分布最广。GABA 能通路包括：纹状体 - 黑质路径，隔区 - 海马路径，小脑 - 前庭外侧核路径，小脑皮质 - 小脑核往返路径，下丘脑乳头体 - 新皮质路径，黑质 - 上丘路径等。

4. 肽能通路　在中枢和周围神经系内广泛存在着多种肽类物质，它们执行着神经递质或调质的功能。研究较多的有 P 物质能通路、生长抑素能通路、后叶加压素和催产素能通路等。

（陈　尧）

第四节　脑和脊髓的被膜、血管及脑脊液循环、脑屏障

一、脑和脊髓的被膜

脑和脊髓的表面包有 3 层被膜，由外向内依次为硬膜、蛛网膜和软膜。硬膜厚而坚韧，蛛网膜薄而透明，软膜紧贴脑和脊髓的表面，富有神经和血管。脑和脊髓的被膜有支持、保护脑和脊髓的作用。

（一）脊髓的被膜

脊髓的被膜自外向内分为硬脊膜、脊髓蛛网膜和软脊膜（图 2-93）。

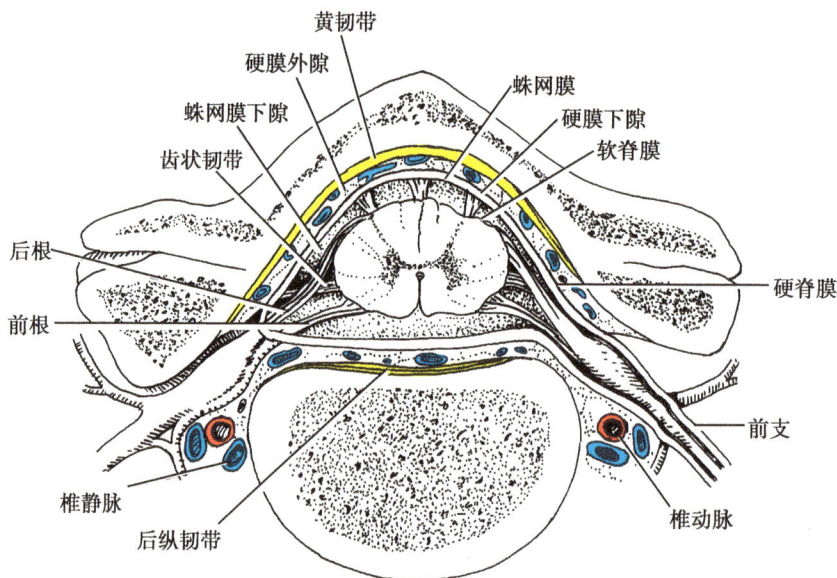

图 2-93　脊髓的被膜（横切面）

1. 硬脊膜（spinal dura mater）　厚而坚韧，主要由致密结缔组织构成。硬脊膜上端附着于枕骨大孔周缘，向上与硬脑膜相延续；下方在第 2 骶椎水平逐渐变细，包裹终丝，末端附于尾骨。硬脊膜向两侧包绕脊神经根，并在椎间孔或稍远处同脊神经外膜融合。

硬膜外隙（epidural space）是硬脊膜与椎管内面骨膜和黄韧带之间的间隙，略呈负压，内含静脉丛、淋巴管、疏松结缔组织和脂肪组织等，脊神经根从此隙通过。临床上进行硬膜外麻醉，就是将药物注入硬膜外隙，以阻滞脊神经根的信号传导。在硬脊膜与脊髓蛛网膜之间有潜在的硬膜下隙（图 2-93）。

2. 脊髓蛛网膜（spinal arachnoid mater）　位于硬脊膜与软脊膜之间，呈半透明的薄膜，与

脑蛛网膜相延续。蛛网膜下隙(subarachnoid space)是脊髓蛛网膜与软脊膜之间的间隙,充满清亮的脑脊液,两层膜之间有许多结缔组织小梁相连。脊髓蛛网膜下隙的下部,自脊髓下端至第2骶椎水平扩大,称终池(teminal cistern),内含马尾。临床上常在第3、4或第4、5腰椎间行腰椎穿刺术,以抽取脑脊液或注入药物而不伤及脊髓。脊髓蛛网膜下隙向上与脑蛛网膜下隙相通(图2-93)。

3. 软脊膜(spinal pia mater) 薄而透明,血管丰富,紧贴脊髓表面,并延伸至脊髓表面的沟、裂中。软脊膜在枕骨大孔处与软脑膜相移行,在脊髓末端形成终丝,止于尾骨的背面,起固定脊髓的作用。在脊髓两侧,脊神经前、后根之间软脊膜形成三角形的齿状韧带(denticulate ligament),其尖端附着于硬脊膜上。脊髓借齿状韧带、终丝和脊神经根固定于椎管内,并浸泡于脑脊液中,加上硬膜外隙内的脂肪组织和椎内静脉丛的弹性垫作用,使脊髓不易受外界震荡的损伤(图2-93)。

(二)脑的被膜

脑的被膜自外向内依次为硬脑膜、脑蛛网膜和软脑膜(图2-94)。

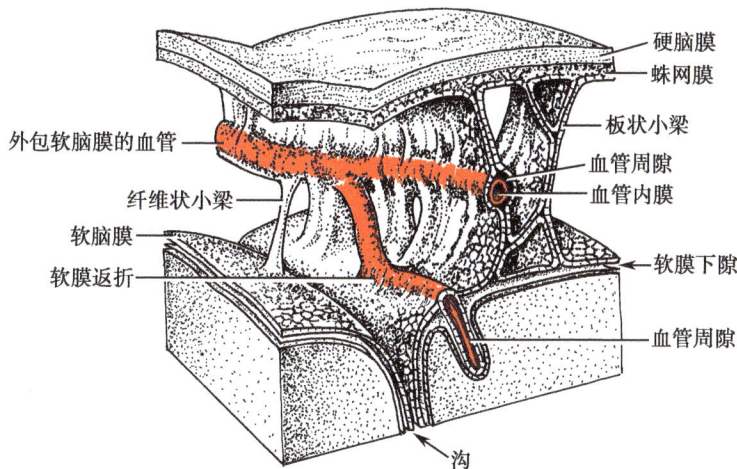

图2-94 脑的被膜模式图

1. 硬脑膜(cerebra1 dura mater) 贴于颅骨的内面,厚而坚韧,由内、外两层合成。内层较外层坚厚,外层为颅骨内面骨膜,两层之间有丰富的血管和神经。硬脑膜在枕骨大孔的周围与硬脊膜相延续,在脑神经出颅处移行为神经外膜。

硬脑膜与颅盖各骨连接疏松,容易分离,当硬脑膜血管损伤时在硬脑膜与颅骨之间可形成硬膜外血肿。硬脑膜与颅底各骨结合紧密,不易分离,当颅底损伤或骨折时,易同时撕裂硬脑膜与脑蛛网膜,使脑脊液外漏。如颅前窝骨折时,脑脊液可流入鼻腔,形成鼻漏。

(1)硬脑膜隔:硬脑膜的内层在一定部位褶叠形成板状突起,如大脑镰、小脑幕等结构,深入脑各部之间的裂隙内,以更好地保护脑(图2-95)。

1)大脑镰(cerebral falx):呈镰刀形,伸入大脑纵裂内。前端附着于鸡冠,上方附着于上矢状窦沟的两缘,后端连于小脑幕的上面,下缘游离于胼胝体上方。

2)小脑幕(tentorium of cerebellum):呈半月形,伸入大脑横裂内,分隔大脑半球枕叶和小脑上面。前内缘游离形成幕切迹,并与鞍背形成一环形骨纤维孔(小脑幕裂孔),内有中脑和动眼神经等通过。后外侧缘附着于枕骨横窦沟的两缘和颞骨岩部的上缘。小脑幕将颅腔不完全地分隔成上、下两部,当上部颅脑病变引起颅内压增高时,位于小脑幕切迹上方的海马旁回和钩可被挤入小脑幕裂孔内,形成小脑幕切迹疝而压迫大脑脚和动眼神经。

3)小脑镰(cerebellar falx):较小,新月形,连于小脑幕后部的下方,自小脑幕下面正中向前突

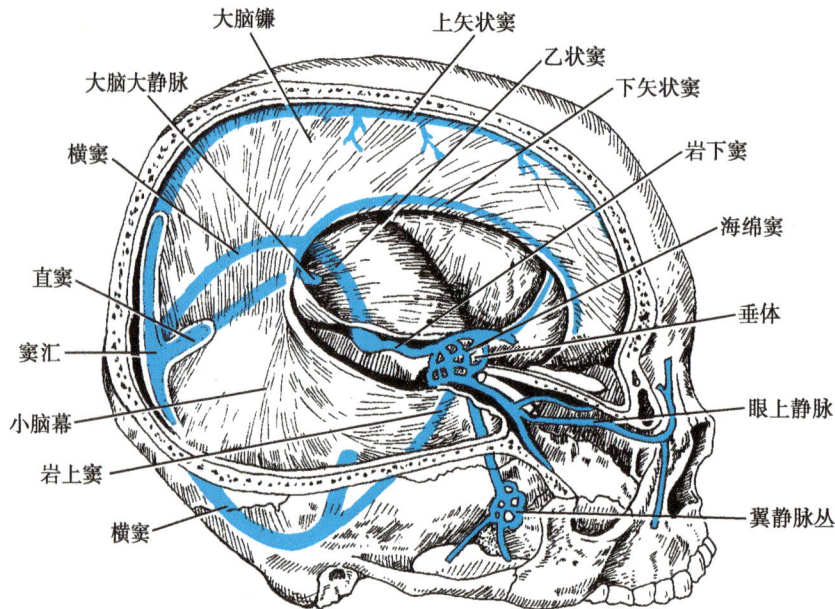

图 2-95   硬脑膜及硬脑膜窦

入两小脑半球之间。

4) 鞍膈(diaphragma sellae):位于蝶鞍上方、张于鞍结节和鞍背上缘之间,封闭垂体窝,中央有一小孔容垂体柄通过。

(2) 硬脑膜窦:硬脑膜在某些部位两层分开形成腔隙,壁的内面衬以内皮细胞,构成硬脑膜窦(dural sinuses),内含静脉血,是颅内静脉血回流的主要通道。硬脑膜窦内无瓣膜,窦壁坚韧、不含平滑肌,不能收缩,故损伤时出血较多,容易形成颅内血肿。主要的硬脑膜窦有:

1) 上矢状窦(superior sagital sinus):位于大脑镰上缘内,前端起自盲孔,向后流入窦汇。

2) 下矢状窦(inferior sagital sinus):位于大脑镰下缘内,向后汇入直窦。

3) 直窦(straight sinus):位于大脑镰与小脑幕连接处,由下矢状窦和大脑大静脉汇合而成,向后汇入窦汇。

4) 窦汇(confluence of sinuses):由上矢状窦与直窦在枕内隆凸处汇合扩大而成,向两侧移行为左、右横窦。

5) 横窦(transverse sinus):左右各一,位于小脑幕后外侧缘附着处的枕骨横窦沟内,连于窦汇与乙状窦之间。

6) 乙状窦(sigmoid sinus):成对,是横窦的延续,位于乙状窦沟内,到达颈静脉孔处出颅续为颈内静脉。

7) 海绵窦(cavernous sinus):位于蝶鞍两侧,是两层硬脑膜间的不规则腔隙,窦内有许多结缔组织小梁,形似海绵。窦内有颈内动脉和展神经通过,在窦的外侧壁内,自上而下有动眼神经、滑车神经、眼神经和上颌神经通过。

海绵窦的交通广泛,两侧海绵窦借横支相交通。海绵窦的前方接受眼静脉,外侧接受大脑中静脉,向后外经岩上窦、岩下窦连通横窦、乙状窦或颈内静脉。海绵窦向前经眼静脉与面静脉交通,向下经卵圆孔等处的小静脉与翼静脉丛相通,故面部感染可蔓延至海绵窦,引起海绵窦炎和血栓形成,继而累及经过海绵窦的神经,出现相应的症状和体征(图 2-96)。

岩上窦和岩下窦分别位于颞骨岩部的上缘和后缘,将海绵窦的血液分别导入横窦、乙状窦或颈内静脉。硬脑膜窦还借导静脉与颅外静脉相交通,故头皮感染也可蔓延至颅内。

硬脑膜窦内的血液流向归纳如下:

Note

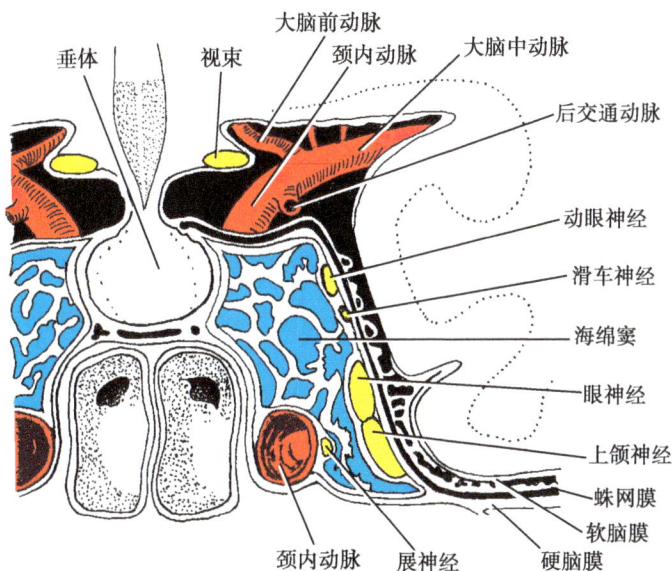

图 2-96　海绵窦

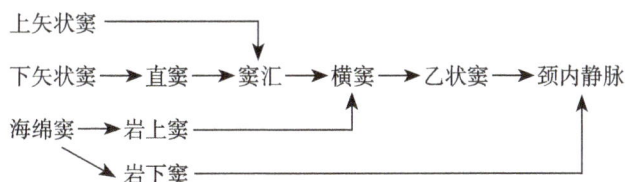

2. **脑蛛网膜**（cerebral arachnoid mater）　薄而透明，缺乏血管和神经，紧贴于硬脑膜内面，两者之间有硬膜下隙，除在大脑纵裂和大脑横裂处以外均跨越脑的沟裂而不伸入沟内。脑蛛网膜与软脑膜之间的腔隙称蛛网膜下隙（subarachnoid space），与脊髓蛛网膜下隙相通，内充满脑脊液。蛛网膜下隙在某些部位扩大形成蛛网膜下池（subarachnoid cistern），包括位于小脑与延髓之间的小脑延髓池（cerebellomedullary cistern），位于视交叉前方的交叉池，两大脑脚之间的脚间池，脑桥腹侧的桥池，胼胝体压部与小脑上面前上方之间的大脑大静脉池等。小脑延髓池在正中矢状面上呈三角形，被小脑镰不完全地分隔成左、右两半，临床上可经枕骨大孔对该池进行穿刺，抽取脑脊液做化验检查。

脑蛛网膜在上矢状窦处形成许多绒毛状突起，突入上矢状窦内，称蛛网膜粒（arachnoid granulations），脑脊液经这些蛛网膜粒渗入硬脑膜窦内，回流入静脉（图 2-97）。

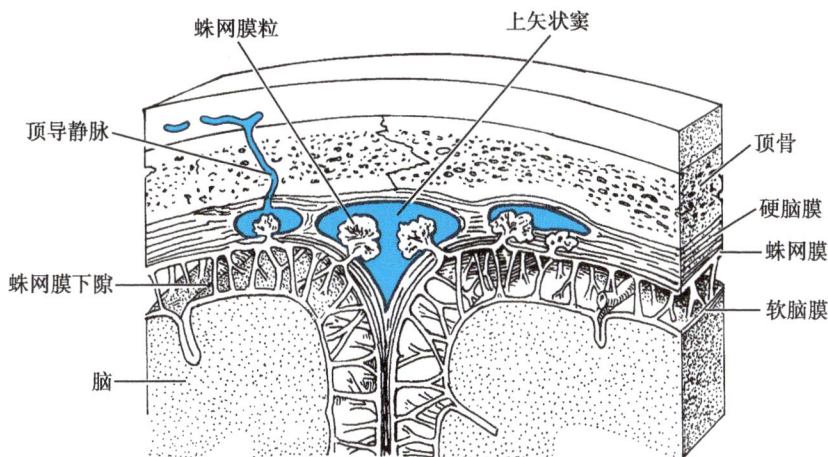

图 2-97　蛛网膜粒和硬脑膜窦

Note

3. 软脑膜（cerebral pia mater）　薄而富有血管,覆盖在脑的表面并伸入脑的沟、裂内,且包绕脑神经根向外延伸一段距离。在脑室的一定部位,软脑膜及其血管与该部位的室管膜上皮共同构成脉络组织。在某些部位,脉络组织的血管反复分支成丛,连同其表面的软脑膜和室管膜上皮一起突入脑室,形成脉络丛,是产生脑脊液的主要结构。

二、脑和脊髓的血管

（一）脑的血管

1. 脑的动脉　人脑的血液供应非常丰富,对缺氧也十分敏感。脑的动脉来源于颈内动脉和椎动脉(图 2-98)。以顶枕沟为界,大脑半球的前 2/3 和部分间脑由颈内动脉供应,大脑半球后 1/3 及部分间脑、脑干和小脑由椎动脉供应。故可将脑的动脉归纳为颈内动脉系和椎 - 基底动脉系。此两系动脉在大脑的分支可分为皮质支和中央支。前者营养大脑皮质及其深面的髓质,后者供应基底核、内囊及间脑等。

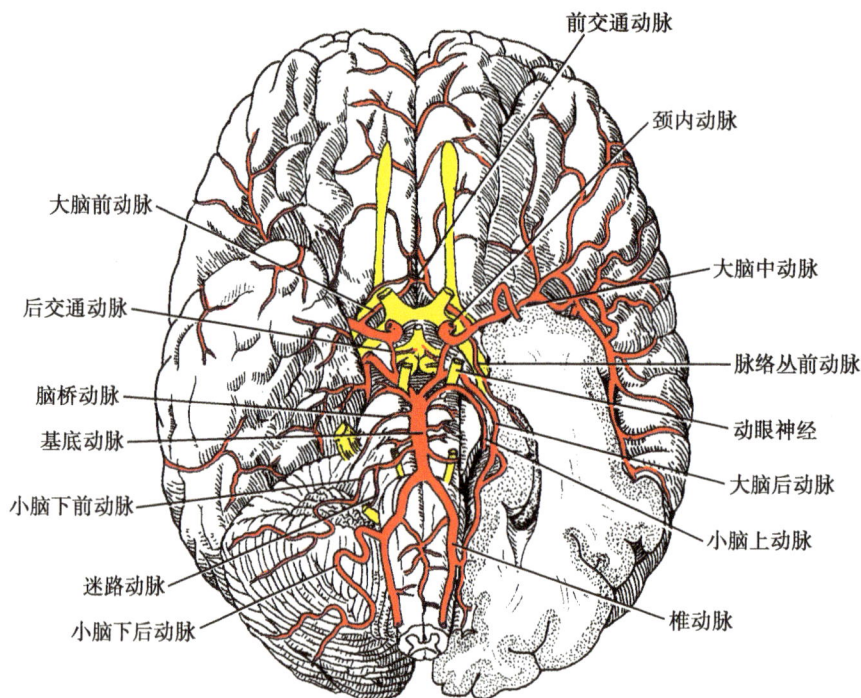

图 2-98　脑底的动脉

（1）颈内动脉（internal carotid artery）:平甲状软骨上缘水平起自颈总动脉,向上走行至颅底,经颈动脉管、破裂孔进入颅内,在海绵窦内紧贴内侧壁穿海绵窦腔向前至前床突的内侧,弯向上穿出海绵窦而分支。颈内动脉根据行程可分为颈部、岩部、海绵窦部和前床突上部四部分,其中海绵窦部和前床突上部合称为虹吸部,常呈 U 形或 V 形弯曲,是动脉硬化的好发部位。颈内动脉在穿出海绵窦处发出眼动脉,经视神经管入眶。颈内动脉供应脑的主要分支有:

1）大脑前动脉（anterior cerebral artery）:在视神经上方向前内走行,进入大脑纵裂,沿胼胝体沟向后走行。两侧大脑前动脉通过前交通动脉（anterior communicating artery）相连。大脑前动脉发出皮质支和中央支。皮质支分布于顶枕沟以前的半球内侧面、额叶底面的一部分和额、顶两叶上外侧面的上部;中央支自大脑前动脉的近侧段发出,经前穿质入脑实质,供应尾状核、豆状核前部和内囊前肢(图 2-99)。

2）大脑中动脉（middle cerebral artery）:可视为颈内动脉的直接延续,向外进入外侧沟,沿外侧沟向后走行,发出数条皮质支,分布并营养大脑半球上外侧面的大部分和岛叶,包括躯体运动中

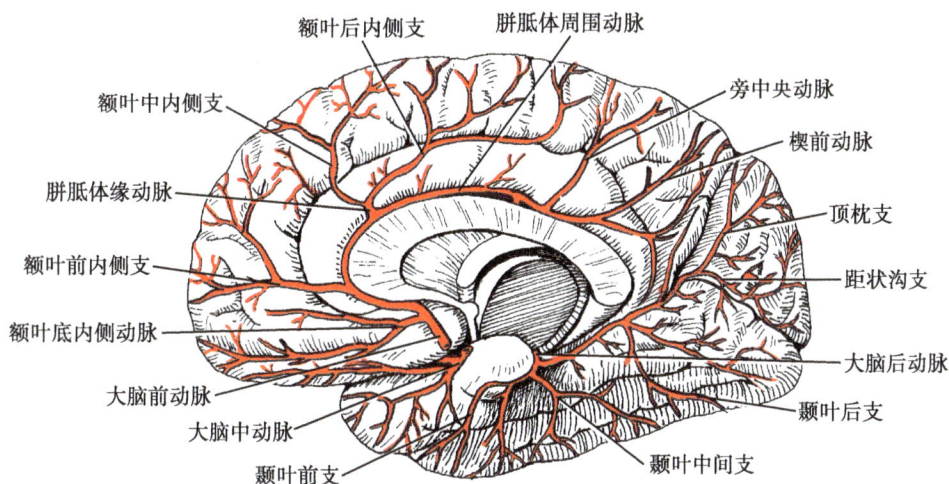

额叶后内侧支　　胼胝体周围动脉
额叶中内侧支　　　　　　旁中央动脉
胼胝体缘动脉　　　　　　楔前动脉
额叶前内侧支　　　　　　顶枕支
额叶底内侧动脉　　　　　距状沟支
大脑前动脉　　　　　　　大脑后动脉
大脑中动脉　　　　　　　颞叶后支
颞叶前支　　　颞叶中间支

图 2-99　大脑半球的动脉（内侧面）

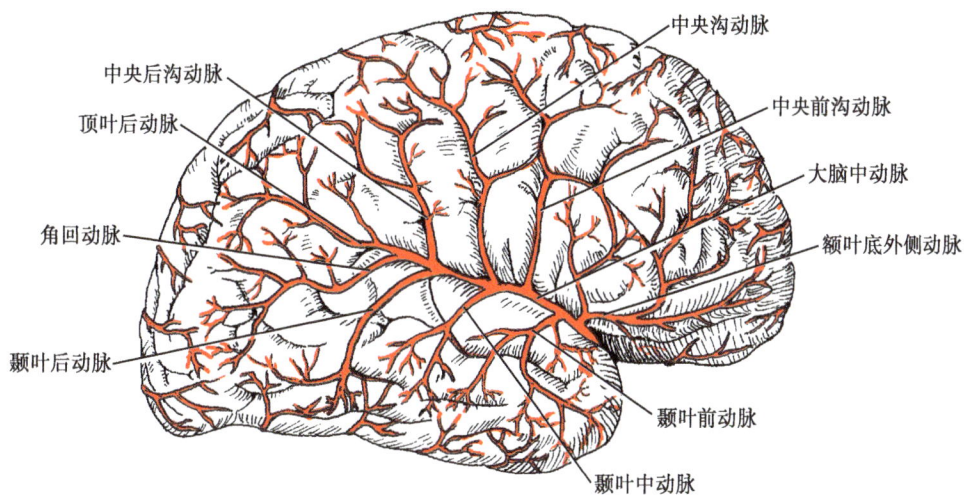

中央后沟动脉　　　　中央沟动脉
顶叶后动脉　　　　　中央前沟动脉
角回动脉　　　　　　大脑中动脉
颞叶后动脉　　　　　额叶底外侧动脉
　　　　　颞叶前动脉
　　　颞叶中动脉

图 2-100　大脑半球的动脉（上外侧面）

枢、躯体感觉中枢和语言中枢等主要皮质功能区域。若该动脉发生阻塞,将出现严重的功能障碍。大脑中动脉在前穿质处,发出一些细小的中央支(豆纹动脉),垂直向上进入脑实质,营养尾状核、豆状核、内囊膝和后肢的前部。豆纹动脉行程呈 S 形弯曲,因血流动力关系,在高血压动脉硬化时容易破裂(故又称出血动脉),从而导致脑出血,出现严重的功能障碍(图 2-100,图 2-101)。

3)后交通动脉(posterior communicating artery):在视束的下面行向后,与大脑后动脉吻合,是颈内动脉系与椎 - 基底动脉系的吻合支。

4)脉络丛前动脉(anterior choroidal artery):细小,行程长,易被血栓阻塞。沿视

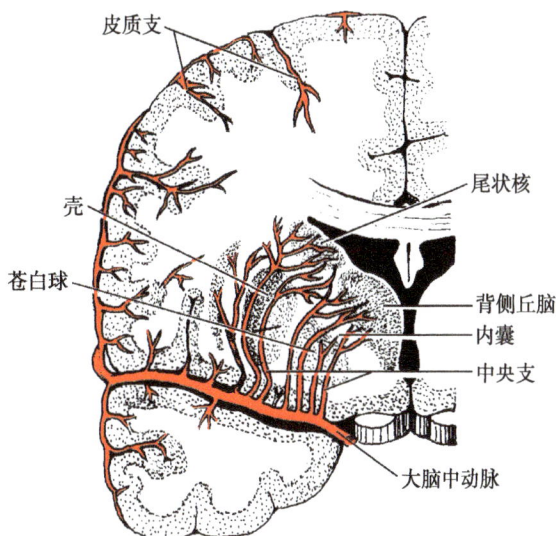

皮质支
壳
苍白球
尾状核
背侧丘脑
内囊
中央支
大脑中动脉

图 2-101　大脑中动脉的皮质支和中央支

束下面向后外行,经大脑脚与海马旁回钩之间进入侧脑室下角,终止于脉络丛。沿途发出分支供应外侧膝状体、内囊后肢的后下部、大脑脚底的中 1/3 及苍白球等结构。

(2) 椎动脉(vertebral artery):起自锁骨下动脉第 1 段,向上穿第 6 至第 1 颈椎横突孔,经枕骨大孔进入颅腔,沿延髓的腹外侧面上行,于延髓脑桥沟处,左、右侧椎动脉合成一条基底动脉(basilar artery)。基底动脉沿脑桥腹侧的基底沟上行,至脑桥上缘分为左、右大脑后动脉两大终支(图 2-98)。

1) 椎动脉的主要分支:①脊髓前动脉;②脊髓后动脉;③小脑下后动脉(posterior inferior cerebellar artery)在橄榄下端附近起自椎动脉,向后外行经延髓与小脑扁桃体之间,分支分布于小脑下面后部和延髓后外侧部。该动脉行程弯曲,易发生栓塞,临床上称为延髓外侧综合征(Wallenberg 综合征)。

2) 基底动脉的主要分支:①小脑下前动脉,起自基底动脉起始段,经展神经、面神经和前庭蜗神经的腹侧达小脑下面,分支分布于小脑下面前部;②迷路动脉(内听动脉),起自基底动脉或小脑下前动脉,发出后伴随面神经和前庭蜗神经进入内耳道,分布于内耳迷路;③脑桥动脉,起自基底动脉,为一些细小分支,分布于脑桥基底部;④小脑上动脉,近基底动脉的末端发出,绕大脑脚向后至小脑上面,分布于小脑上部;⑤大脑后动脉(posterior cerebral artery)是基底动脉的终末支,绕大脑脚向后,沿海马沟转至颞叶和枕叶内侧面(图 2-99)。沿途发出皮质支和中央支。皮质支分布于颞叶的内侧面、底面及枕叶,中央支自大脑后动脉的起始部发出,经后穿质入脑实质,分布于背侧丘脑、内外侧膝状体、下丘脑和底丘脑等。大脑后动脉起始部与小脑上动脉根部之间夹有动眼神经(图 2-98),当颅内高压时,海马旁回钩因压力所致移位到小脑幕切迹下方,使大脑后动脉向下移位,压迫并牵拉动眼神经,从而导致动眼神经麻痹。

(3) 大脑动脉环(cerebral arterial circle)(Willis 环):位于脑底下方,蝶鞍上方,环绕视交叉、灰结节及乳头体周围(图 2-98)。由两侧大脑前动脉起始段、两侧颈内动脉末端、两侧大脑后动脉起始段借前、后交通动脉共同组成。此环使两侧颈内动脉系和椎 - 基底动脉系相交通。在正常情况下,大脑动脉环是一种代偿的潜在装置。当此环的某一处发育不良或被阻断时,可在一定程度上使血液重新分配和代偿,以维持脑的血液供应。

2. 脑的静脉管　壁薄、缺乏弹性,管腔内无瓣膜,不与动脉伴行,包括大脑静脉、小脑静脉和脑干静脉等。大脑的静脉分为浅、深两组,两组之间相互吻合。

(1) 大脑的浅静脉:包括大脑上静脉、大脑中静脉(大脑中浅静脉、大脑中深静脉)和大脑下静脉。大脑上静脉 8~12 支,收集大脑半球上外侧面和内侧面上部的静脉血,注入上矢状窦。大脑中浅静脉收集半球上外侧面近外侧沟的静脉血,注入海绵窦。大脑中深静脉收集脑岛的血液,与大脑前静脉和纹状体静脉汇合成基底静脉(basal vein),注入大脑大静脉。大脑下静脉收集大脑半球上外侧面下部和半球下面的静脉血,主要注入横窦和海绵窦(图 2-102)。

(2) 大脑的深静脉:大脑深静脉是回流大脑半球实质深部静脉血的一组静脉,主要有大脑大静脉(great cerebral vein)(Galen 静脉)、大脑内静脉等。在室间孔后上缘处,丘脑纹静脉和脉络膜静脉共同形成大脑内静脉。大脑内静脉向后至松果体后方,与对侧的大脑内静脉汇合成一条大脑大静脉。大脑大静脉收集半球深部的髓质、基底核、间脑和脉络丛等处的静脉血,在胼胝体压部的后下方向后注入直窦(图 2-103)。

(二) 脊髓的血管

1. 脊髓的动脉　供应脊髓的动脉有椎动脉和节段性动脉两个来源。椎动脉发出的脊髓前动脉和脊髓后动脉在下降途中,不断得到节段性动脉(颈升动脉、肋间后动脉、腰动脉和骶动脉等分支)的增补,以保障脊髓足够的血液供应(图 2-104)。

(1) 脊髓前动脉(arterior spinal artery):自椎动脉末段发出后,左、右脊髓前动脉在延髓腹侧合成一干,沿前正中裂下行至脊髓末端,主要分布于脊髓前角、侧角、灰质连合、后角基部、前索和侧索。

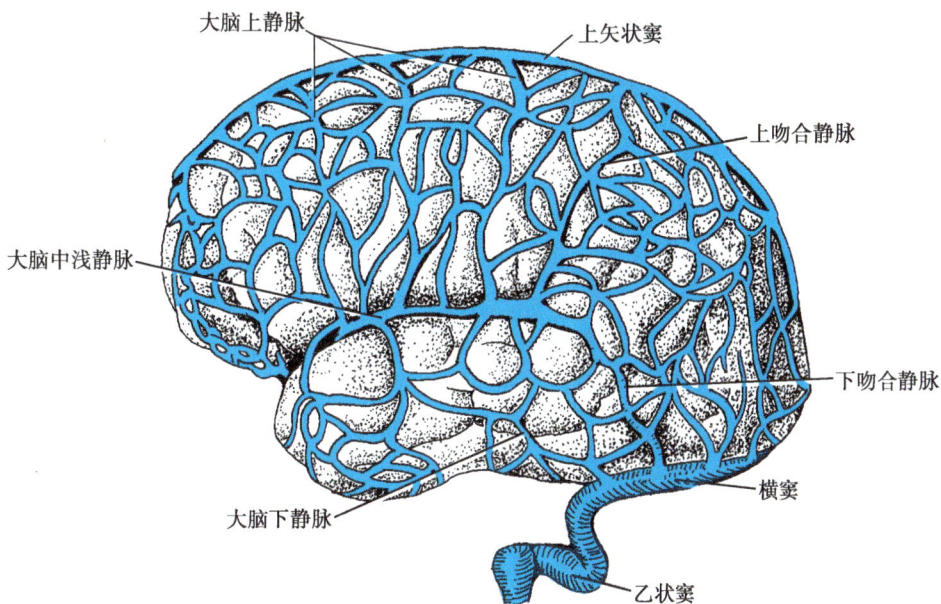

图 2-102 脑的静脉（浅组）

大脑上静脉
上矢状窦
上吻合静脉
大脑中浅静脉
下吻合静脉
横窦
大脑下静脉
乙状窦

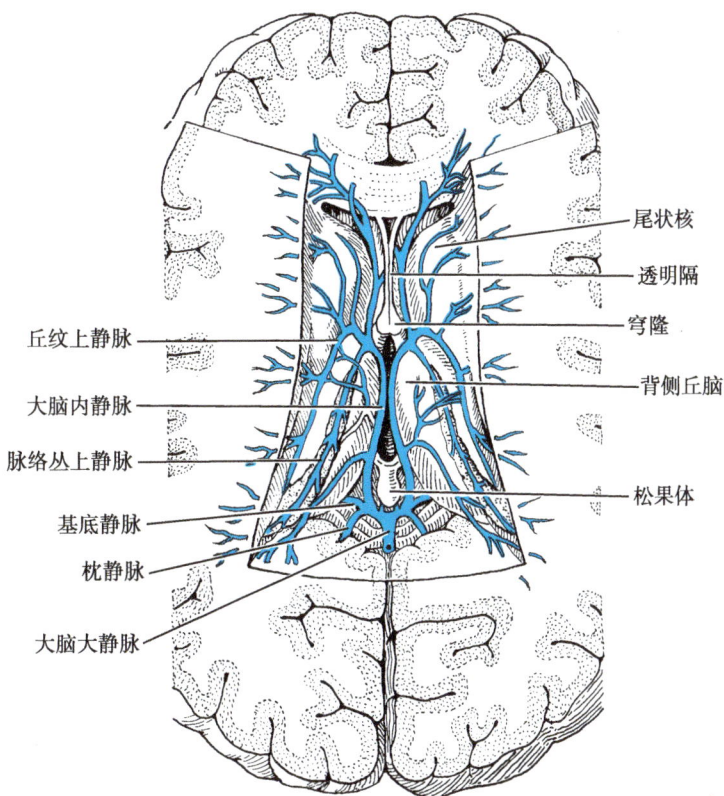

图 2-103 脑的静脉（深组）

尾状核
透明隔
穹隆
背侧丘脑
松果体
丘纹上静脉
大脑内静脉
脉络丛上静脉
基底静脉
枕静脉
大脑大静脉

（2）脊髓后动脉（posterior spinal artery）：自椎动脉发出后，绕延髓外侧向后走行，沿脊神经后根外侧下行，直至脊髓末端，分支分布于脊髓后角的其余部分、后索和侧索后部。

脊髓前、后动脉之间借环绕脊髓表面的吻合支互相交通，形成动脉冠，由动脉冠再发分支进入脊髓内部。

由于脊髓动脉的来源不同，有些节段因两个来源的动脉吻合薄弱，血液供应不够充分，容易使脊髓受到缺血损害，称为危险区，如第 1~4 胸节（特别是第 4 胸节）和第 1 腰节的腹侧面（图 2-105）。

Note

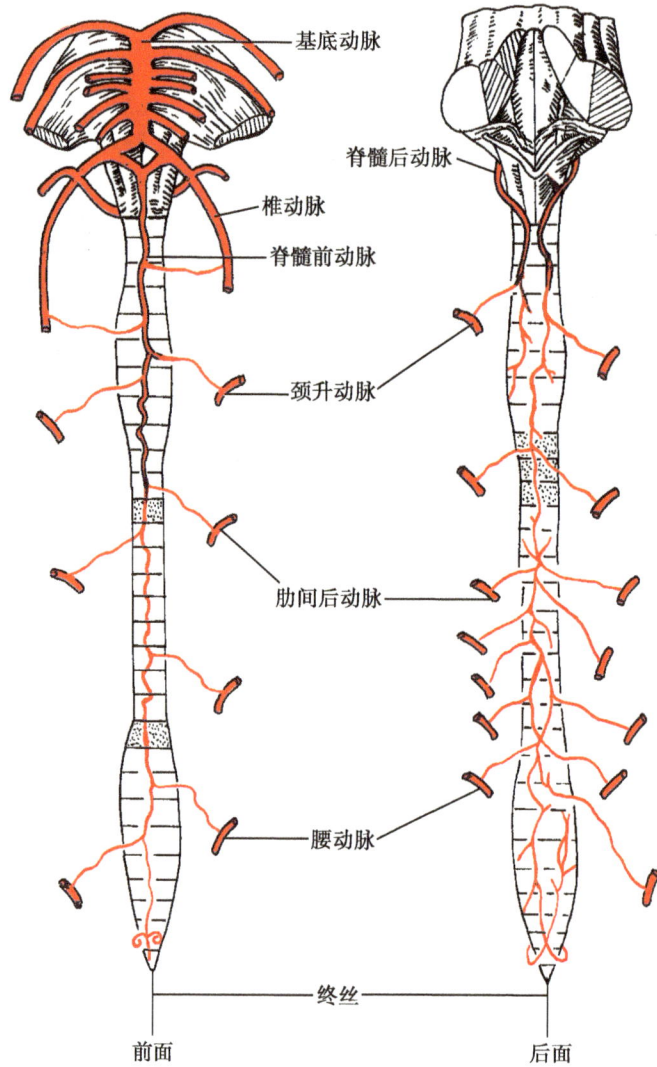

基底动脉

椎动脉

脊髓前动脉

脊髓后动脉

颈升动脉

肋间后动脉

腰动脉

终丝

前面

后面

图 2-104　脊髓的动脉

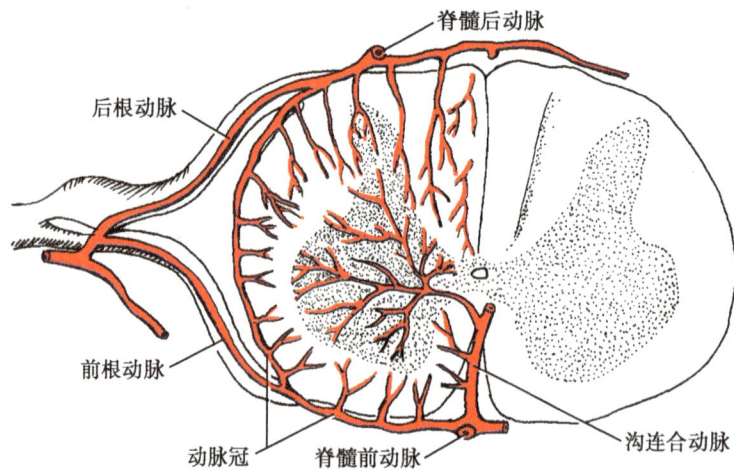

脊髓后动脉

后根动脉

前根动脉

动脉冠

脊髓前动脉

沟连合动脉

图 2-105　脊髓内部的动脉分布

2. 脊髓的静脉 较动脉多而粗,收集脊髓内的小静脉,最后汇集成脊髓前、后静脉,通过前、后根静脉注入硬膜外隙的椎内静脉丛。

三、脑脊液及其循环

脑脊液(cerebral spinal fluid,CSF)是充满各脑室、蛛网膜下隙和脊髓中央管内的无色透明液体,成人的总量平均约 150ml,内含各种浓度不等的无机离子、葡萄糖、微量蛋白、少量淋巴细胞,以及多种生物活性物质,如加压素、生长抑素、脑啡肽、P 物质和血管紧张素等。脑脊液在功能上相当于外周组织中的淋巴,对中枢神经系统起到缓冲、保护、运输代谢产物和调节颅内压的作用。脑脊液的产生、循环和回流处于平衡状态。

脑脊液主要由脑室脉络丛产生,少量由室管膜上皮和毛细血管产生。侧脑室脉络丛产生的脑脊液经室间孔流至第三脑室,与第三脑室脉络丛产生的脑脊液一起,经中脑水管流入第四脑室,再与第四脑室脉络丛产生的脑脊液一起经第四脑室正中孔和两个外侧孔流入蛛网膜下隙,最后,经蛛网膜粒渗透到上矢状窦或其他硬脑膜窦内,回流入血液中。脑脊液在循环途径中如果发生阻塞,可导致脑积水和颅内压升高,使脑组织受压移位,甚至形成脑疝而危及生命。此外,尚有少量脑脊液可经室管膜上皮、蛛网膜下隙的毛细血管、脑膜的淋巴管和脑、脊神经周围的淋巴管回流(图 2-106)。

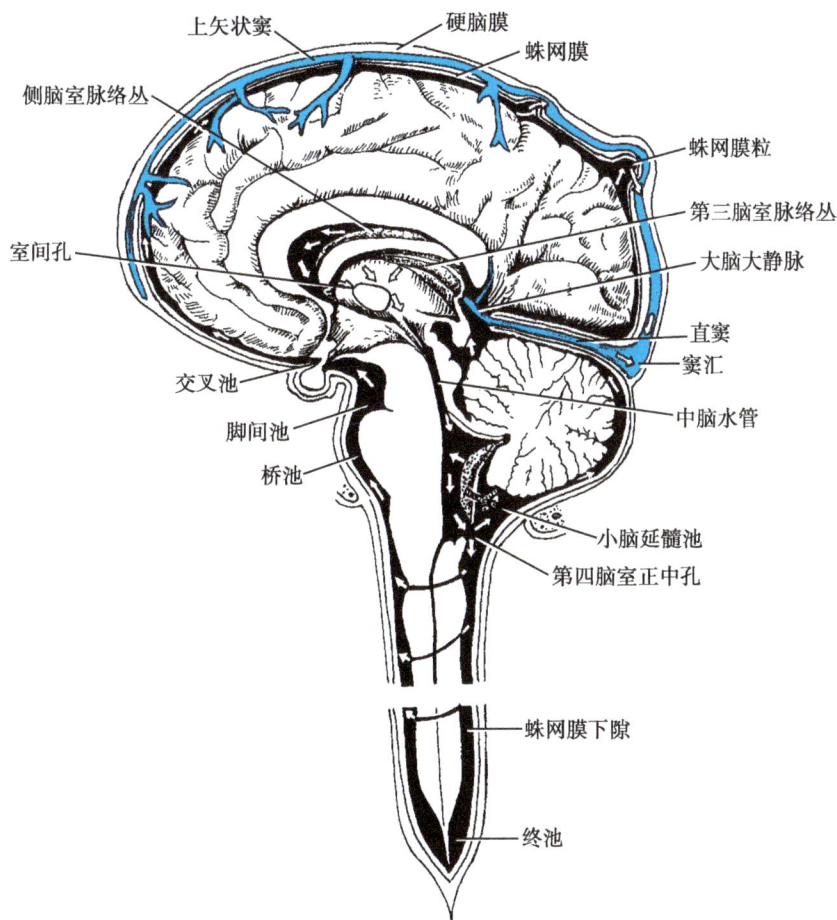

图 2-106 脑脊液循环模式图

四、脑屏障

脑屏障(brain barrier)是平衡、稳定中枢神经系统微环境的一种结构,它能选择性地允许某些物质通过,而其他物质则不能通过,使神经元周围的微环境保持一定的稳定性,有利于神经元的正常功能活动。脑屏障主要包括血 - 脑屏障、血 - 脑脊液屏障和脑脊液 - 脑屏障(图2-107)。

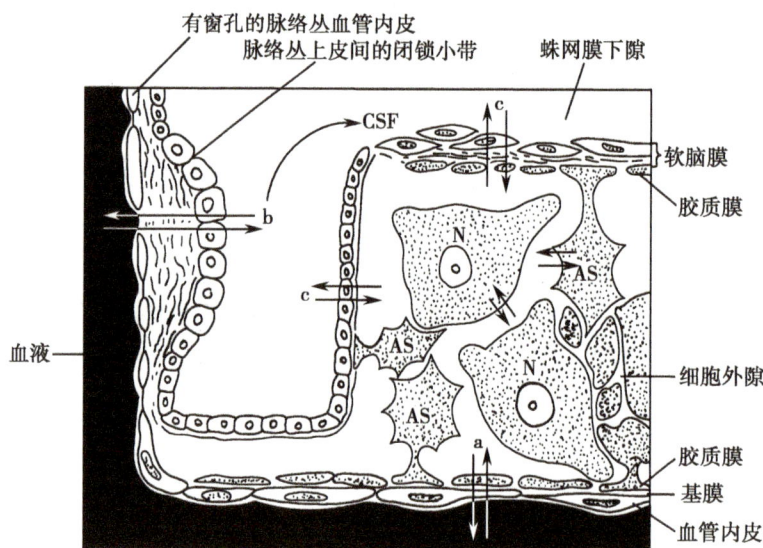

图 2-107　脑屏障的结构和位置关系
a. 血 - 脑屏障;b. 血 - 脑脊液屏障;c. 脑脊液 - 脑屏障;AS. 星形胶质细胞;
N. 神经元;CSF. 脑脊液

(一) 血 - 脑屏障(blood-brain barrier, BBB)

位于血液与脑、脊髓的神经细胞之间,是由毛细血管内皮细胞、基膜、周细胞、星形胶质细胞终足等共同组成,其结构特点是:①脑和脊髓内毛细血管内皮细胞无窗孔,内皮细胞之间有紧密连接封闭,使大分子物质难以通过;②完整的毛细血管基膜;③毛细血管基膜外有星形胶质细胞终足围绕形成的胶质膜。

在中枢神经内的某些部位缺乏血 - 脑屏障,如正中隆起、连合下器、穿隆下器、终板血管器、脉络丛、松果体、神经垂体等。这些部位的毛细血管内皮细胞有窗孔,内皮细胞之间借桥粒相连(缝隙连接),可使蛋白质和大分子物质自由通过。

(二) 血 - 脑脊液屏障(blood-CSF barrier)

位于脑室脉络丛的血液与脑脊液之间,由脉络丛的毛细血管内皮、基膜和脉络丛上皮细胞组成。其结构特点主要是脉络丛上皮细胞之间有闭锁小带相连。但脉络丛的毛细血管内皮细胞上有窗孔,基膜是断续的,因此该屏障仍有一定的通透性。

(三) 脑脊液 - 脑屏障(CSF-brain barrier)

位于脑室和蛛网膜下隙的脑脊液与脑、脊髓的神经细胞之间,其结构特点为:室管膜上皮、软脑膜和软膜下胶质膜。但室管膜上皮没有闭锁小带,不能有效地限制大分子通过,软脑膜和它下面的胶质膜屏障作用也很低,因此脑脊液的化学成分与脑组织细胞外液的成分大致相同。

在正常情况下,脑屏障能使脑和脊髓免受内、外环境各种物理、化学因素的影响,而维持相对稳定的状态。在脑屏障损伤(如炎症、外伤、血管病)时,脑屏障的通透性发生改变,使脑和脊髓神经细胞受到各种致病因素的影响,导致脑水肿、脑出血、免疫异常等严重后果。然而,脑屏障无论从结构上还是从功能上都只是相对的,这不仅因为脑的某些部位(如正中隆起、连合下器等)缺乏血 - 脑屏障,而且在脑屏障的3个组成部分中,脑脊液 - 脑屏障的结构最不完善,允许脑脊液与脑神经元的细胞外液互相交通。这样人体内的三大调节系统的免疫 - 神经 - 内分泌网络（immuno-neuro-endocrine network）之间的物质交流，同样地存在于中枢神经系统内，它在全面调节人体各方面功能中发挥着重要作用。

（刘海岩）

第五节　内脏神经系统

内脏神经系统（visceral nervous system）是神经系统的一个组成部分，主要分布于内脏、心血管、平滑肌和腺体。按照分布部位的不同，可分为中枢部和周围部。内脏神经和躯体神经一样，按照纤维的性质可分为感觉和运动两种纤维成分。内脏运动神经调节内脏、心血管的运动和腺体的分泌，通常不受人的意志控制，是不随意的，故称之为自主神经（autonomic nerve）；又因它主要是控制和调节动、植物共有的物质代谢活动，并不支配动物所特有的骨骼肌的运动，所以也称之为植物神经（vegetative nerve）。

内脏感觉神经如同躯体感觉神经，其初级感觉神经元也位于脑神经节和脊神经节内，周围突则分布于内脏和心血管等处的感受器，将感受到的刺激传递到各级中枢，也可到达大脑皮质。内脏感觉神经传来的信息经中枢整合后，通过内脏运动神经调节这些器官的活动，从而在维持机体内、外环境的动态平衡和机体正常生活活动中发挥重要作用。内脏神经系统组成概括如下：

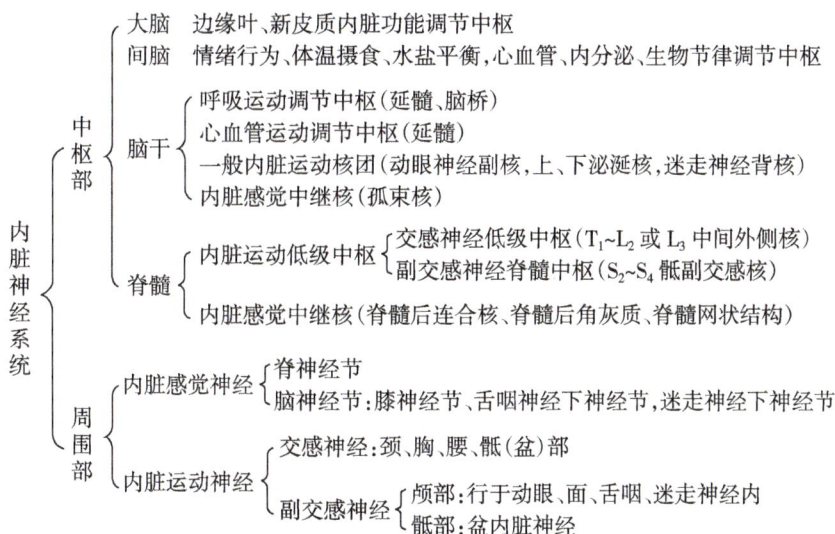

```
内脏神经系统
├ 中枢部
│  ├ 大脑　边缘叶、新皮质内脏功能调节中枢
│  ├ 间脑　情绪行为、体温摄食、水盐平衡，心血管、内分泌、生物节律调节中枢
│  ├ 脑干
│  │  ├ 呼吸运动调节中枢（延髓、脑桥）
│  │  ├ 心血管运动调节中枢（延髓）
│  │  ├ 一般内脏运动核团（动眼神经副核，上、下泌涎核，迷走神经背核）
│  │  └ 内脏感觉中继核（孤束核）
│  └ 脊髓
│     ├ 内脏运动低级中枢
│     │  ├ 交感神经低级中枢（T₁~L₂ 或 L₃ 中间外侧核）
│     │  └ 副交感神经脊髓中枢（S₂~S₄ 骶副交感核）
│     └ 内脏感觉中继核（脊髓后连合核、脊髓后角灰质、脊髓网状结构）
└ 周围部
   ├ 内脏感觉神经
   │  ├ 脊神经节
   │  └ 脑神经节：膝神经节、舌咽神经下神经节，迷走神经下神经节
   └ 内脏运动神经
      ├ 交感神经：颈、胸、腰、骶（盆）部
      └ 副交感神经
         ├ 颅部：行于动眼、面、舌咽、迷走神经内
         └ 骶部：盆内脏神经
```

一、内脏运动神经

内脏运动神经（visceral motor nerve）与躯体运动神经在结构和功能上有较大差别，现就其形态结构上的差异简述如下：

1. **支配的器官不同**　躯体运动神经支配骨骼肌，一般都受意志的控制；内脏运动神经则支配平滑肌、心肌和腺体，一般不受意志的控制。

2. **神经元数目不同**　躯体运动神经自低级中枢至骨骼肌只有一个神经元。而内脏运动神经自低级中枢发出后在周围部的内脏运动神经节（植物性神经节）交换神经元，由节内神经元再发出纤维到达效应器。因此，内脏运动神经从低级中枢到达所支配的器官须经过两个神经元（肾上腺髓质例外，只需一个神经元）。第一个神经元称节前神经元（preganglionic neuron），胞体位于脑干和脊髓内，其轴突称节前纤维（preganglionic fiber）。第二个神经元称节后神经元（postganglionic neuron），胞体位于周围部的植物性神经节内，其轴突称节后纤维（postganglionic

fiber)。节后神经元的数目较多,一个节前神经元可以和多个节后神经元构成突触(图2-108,图2-109)。

3. 纤维成分不同　躯体运动神经只有一种纤维成分,而内脏运动神经则有交感和副交感两种纤维成分,多数内脏器官同时接受交感神经和副交感神经的双重支配。

4. 纤维粗细不同　躯体运动神经纤维一般是比较粗的有髓纤维,而内脏运动神经纤维则是薄髓(节前纤维)和无髓(节后纤维)的细纤维。

5. 节后纤维分布形式不同　内脏运动神经节后纤维的分布形式和躯体运动神经亦有不同,躯体运动神经以神经干的形式分布,而内脏运动神经节后纤维常攀附脏器或血管形成神经丛,

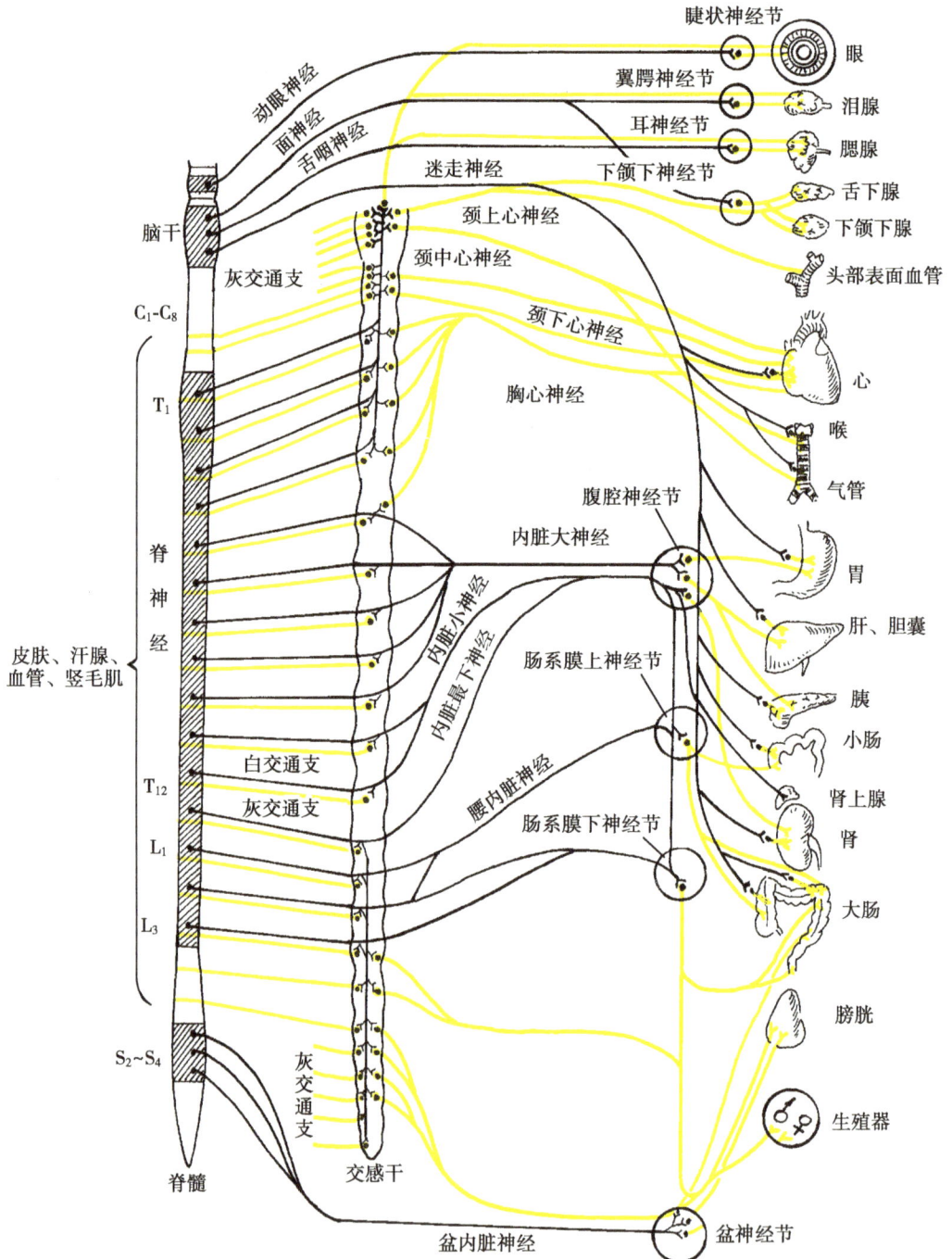

图2-108　内脏运动神经概况示意图
黑色:节前纤维;黄色:节后纤维

Note

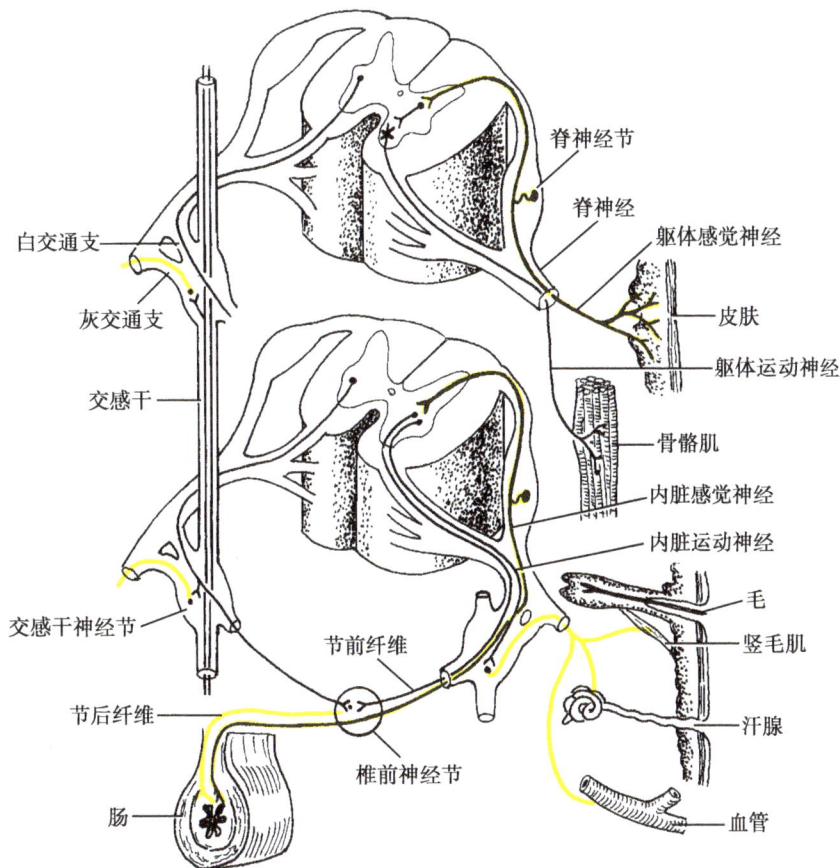

图 2-109　交感神经纤维走行模式图

黑色:节前纤维;黄色:节后纤维

由丛再分支至效应器(图 2-109)。

内脏运动神经的效应器,一般是指平滑肌、心肌和外分泌腺。内分泌腺如肾上腺髓质、甲状腺和松果体等,也受内脏运动神经支配。内脏运动神经节后纤维的终末与效应器的连接,缺少像躯体运动神经那样单独的末梢装置,而是常以纤细神经丛的形式分布于肌纤维和腺细胞的周围,所以从末梢释放出来的递质可能是以扩散方式作用于邻近的多个肌纤维和腺细胞。

根据形态、功能和药理学的特点,内脏运动神经分为交感神经和副交感神经两部分,分别介绍如下。

(一) 交感神经

1. 交感神经概观

(1) 交感神经(sympathetic nerve):其低级中枢位于脊髓 T_1~L_3 节段的中间外侧核。交感神经节前纤维起自此核的细胞。交感神经的周围部包括交感干、交感神经节,以及由节发出的分支和交感神经丛等。

根据交感神经节所在位置不同,又可分为椎旁神经节和椎前神经节。

(2) 椎旁神经节(paravertebral ganglia):即交感干神经节(ganglia of sympathetic trunk),位于脊柱两旁,借节间支(interganglionic branches)连成左右两条交感干(sympathetic trunk)。两侧交感干沿脊柱两侧走行,上自颅底;下至尾骨,于尾骨的前面两干合并。交感干全长可分颈、胸、腰、骶、尾 5 部。每侧有 19~24 个交感干神经节,其中颈部有 3~4 个,胸部 10~12 个,腰部 4 个,骶部 2~3 个,尾部两侧合成 1 个奇神经节。交感干神经节由多极神经元组成,大小不等,部分交感神经节后纤维即起自这些细胞(图 2-110),余部则起自椎前神经节。

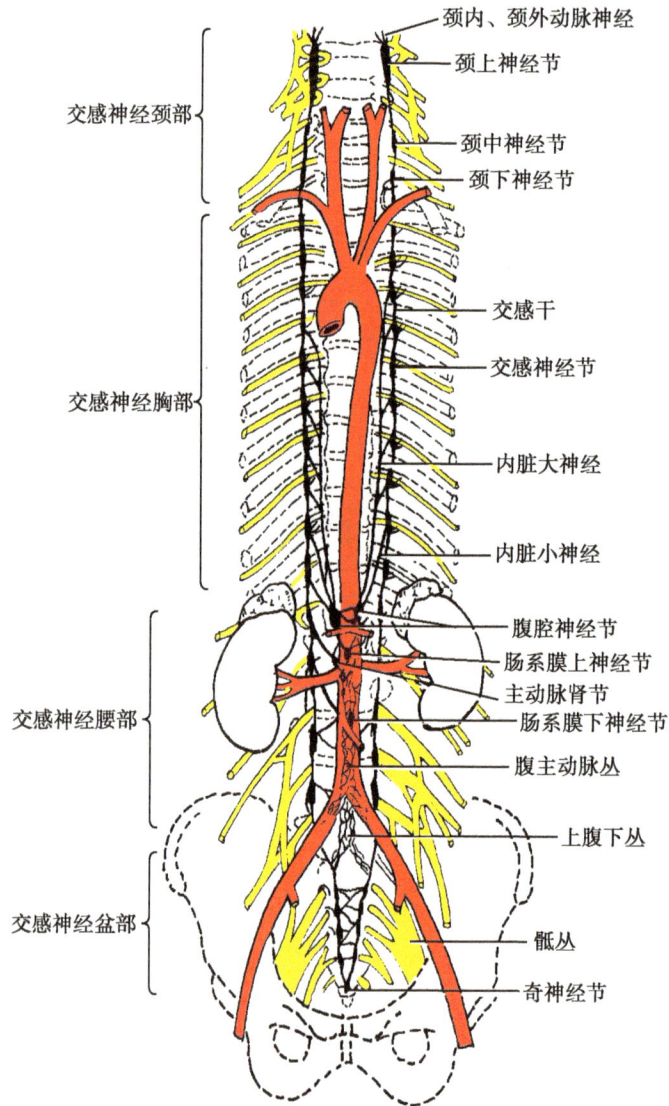

图 2-110　交感干和交感干神经节

（3）椎前神经节（prevertebral ganglia）：呈不规则的节状团块，位于脊柱前方，腹主动脉脏支的根部，故称椎前神经节（图 2-111）；椎前神经节包括腹腔神经节（celiac ganglia），肠系膜上神经节（superior mesenteric ganglia），肠系膜下神经节（inferior mesenteric ganglia）及主动脉肾神经节（aorticorenal ganglia）等。

（4）交通支（communicating branches）：每个交感干神经节与相应的脊神经之间都有交通支相连，分白交通支（white communicating branches）和灰交通支（grey communicating branches）两种。白交通支主要由有髓鞘的节前纤维组成，呈白色，故称白交通支；节前神经元的细胞体仅存在于脊髓 $T_1 \sim L_3$ 节段的脊髓侧角，白交通支也只存在于 $T_1 \sim L_3$ 各脊神经的前支与相应的交感干神经节之间，共有 15 对。灰交通支连于交感干与 31 对脊神经前支之间，由交感干神经节细胞发出的节后纤维组成，多无髓鞘，色灰暗，故称灰交通支，共有 31 对（图 2-109，图 2-110）。

交感神经节前纤维的行程与去向：交感神经节前纤维由脊髓中间外侧核发出，经脊神经前根、脊神经、白交通支进入交感干内，有 3 种去向：①终止于相应的椎旁神经节，并交换神经元；②在交感干内上行或下行后，于上方或下方的椎旁神经节交换神经元，一般认为来自脊髓上胸段（$T_1 \sim T_6$）中间外侧核的节前纤维，在交感干内上升至颈部，在颈部交感干神经节换元；中胸段者（$T_6 \sim T_{10}$）在交感干内上升或下降，至其他胸部交感干神经节换元；下胸段和腰段者（$T_{11} \sim L_3$）在交感干内下降,在腰、骶部交感干神经节换元;③穿过椎旁节后,至椎前节交换神经元。

交感神经节后纤维的行程与去向:交感神经节后纤维也有3种去向:①发自交感干神经节的节后纤维经灰交通支返回脊神经,随脊神经分布至头颈部、躯干和四肢的血管、汗腺和竖毛肌等;31对脊神经与交感干之间都有灰交通支联系,脊神经的分支一般都含有交感神经节后纤维;②攀附动脉走行,在动脉外膜形成相应的神经丛(如颈内、外动脉丛,腹腔丛,肠系膜上丛等),并随动脉分布到所支配的器官;③由交感神经节直接分布到所支配的脏器。

据认为,在交感神经节内有中间神经元,为小细胞,介于节前神经元和节后神经元之间,并与两者形成突触联系。这些小细胞的轴突末梢释放多巴胺,可使节后神经元产生抑制性突触后电位,对节前至节后神经元之间的胆碱能突触传递具有抑制性调节作用。交感神经节后神经元含有经典神经递质为去甲肾上腺素

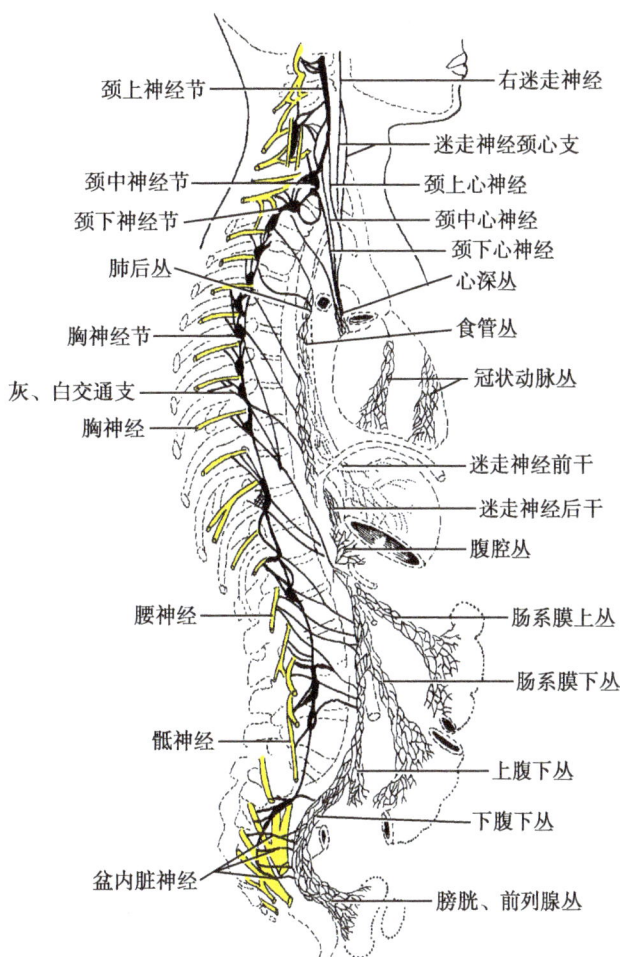

图 2-111 右交感干与内脏神经丛的联系

(NA),已被人们所熟知;同时也含神经肽Y(NPY)等神经肽类物质,而且在大部分交感神经节后神经元NPY与NA是共存的,NPY比NA对血管有更强的收缩作用。NA尚与脑啡肽(ENK)共存于鼠颈上神经节的神经元,据报道ENK对胆碱能神经的传递有抑制作用;在豚鼠的肠系膜下神经节神经元中则为生长抑素(SOM)与NA共存。

2. 交感神经的分布

(1)颈部:颈交感干位于颈血管鞘后方,颈椎横突的前方。一般每侧有3~4个交感神经节,多者达6个,分别称颈上、中、下神经节(图2-110,图2-111)。

颈上神经节(superior cervical ganglion)最大,呈梭形,位于第1~3颈椎横突前方,颈内动脉后方。颈中神经节(middle cervical ganglion)最小,有时缺如,多者达3个,位于第6颈椎横突处。颈下神经节(inferior cervical ganglion)位于第7颈椎横突根部的前方,在椎动脉的始部后方,常与第1胸神经节合并成颈胸神经节(cervicothoracic ganglion),亦称星状神经节(stellate ganglion)。

颈部交感干神经节发出的节后纤维的分布,可概括如下:①经灰交通支连于8对颈神经,并随颈神经分支分布至头颈和上肢的血管、汗腺、竖毛肌等;②直接至邻近的动脉,形成颈内动脉丛(internal carotid plexus)、颈外动脉丛(external carotid plexus)、锁骨下动脉丛(subclavian plexus)和椎动脉丛(vertebral plexus)等,伴随动脉的分支至头颈部的腺体(泪腺、唾液腺、口腔和鼻腔黏膜内腺体、甲状腺等)、竖毛肌、血管、瞳孔开大肌;③发出的咽支,直接进入咽壁,与迷走神经、舌咽神经的咽支共同组成咽丛(pharyngeal plexus);④3对颈交感干神经节分别发出颈上、中、下心神经,下行进入胸腔,加入心丛(cardiac plexus)(图2-111)。

图中标注:颈上神经节、颈中神经节、颈下神经节、肺后丛、胸神经节、灰、白交通支、胸神经、腰神经、骶神经、盆内脏神经、右迷走神经、迷走神经颈心支、颈上心神经、颈中心神经、颈下心神经、心深丛、食管丛、冠状动脉丛、迷走神经前干、迷走神经后干、腹腔丛、肠系膜上丛、肠系膜下丛、上腹下丛、下腹下丛、膀胱、前列腺丛

（2）胸部：胸交感干位于肋骨小头的前方，每侧有 10~12 个（以 11 个最为多见）胸神经节（thoracic ganglia）（图 2-110）。胸交感干发出下列分支：①节后纤维经灰交通支连接 12 对胸神经，并随其分布于胸腹壁的血管、汗腺、竖毛肌等；②从上 5 对胸神经节发出许多节后纤维分支，参加胸主动脉丛、食管丛、肺丛及心丛等；③内脏大神经（greater splanchnic nerve）由穿过第 5 或第 6 至第 9 胸交感干神经节的节前纤维组成，向前下方行走中合成一干，并沿椎体前面倾斜下降，穿过膈脚，主要于腹腔神经节交换神经元；④内脏小神经（lesser splanchnic nerve）由穿过第 10~12 胸交感干神经节的节前纤维组成，下行穿过膈脚，主要于主动脉肾神经节交换神经元，由腹腔神经节、主动脉肾神经节等发出的节后纤维，分布至肝、脾、肾等实质性脏器和结肠左曲以上的消化管（图 2-111，图 2-112）；⑤内脏最小神经不经常存在，自最末胸神经节发出，与交感干伴行，穿过膈入腹腔，加入肾神经丛。

（3）腰部：约有 4 对腰神经节，位于腰椎体前外侧与腰大肌内侧缘之间。腰交感干发出的分支有：①节后纤维经灰交通支连接 5 对腰神经，并随腰神经分布；②腰内脏神经（lumbar splanchnic nerves）由穿过腰神经节的节前纤维组成，于腹主动脉丛和肠系膜下丛内的椎前神经节交换神经元，节后纤维分布于结肠左曲以下的消化道及盆腔脏器，并有纤维伴随血管分布至下肢。当下肢血管痉挛时，可手术切除腰交感干以获得缓解（图 2-112）。

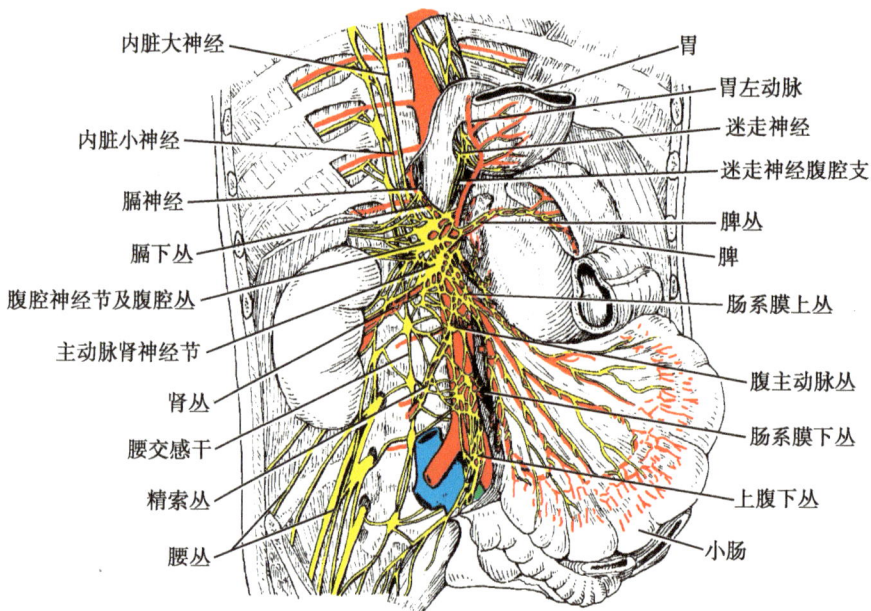

图 2-112　腹腔内的内脏神经丛

（4）盆部：盆交感干位于骶骨前面，骶前孔内侧，有 2~3 对骶神经节（sacral ganglia）和一个奇神经节（ganglion impar）（图 2-110）。节后纤维的分支有：①灰交通支，连接骶、尾神经，分布于下肢及会阴部的血管、汗腺和竖毛肌；②一些小支加入盆丛（pelvic plexus），分布于盆腔器官。

综上所述，交感神经节前、节后纤维分布均有一定规律，如来自脊髓 T_1~T_5 节段中间外侧核的节前纤维，更换神经元后，其节后纤维支配头、颈、胸腔脏器和上肢的血管、汗腺和竖毛肌；来自脊髓 T_5~T_{12} 节段中间外侧核的节前纤维，更换神经元后，其节后纤维支配肝、脾、肾等腹腔实质性器官和结肠左曲以上的消化管；来自脊髓上腰段中间外侧核的节前纤维，更换神经元后，其节后纤维支配结肠左曲以下的消化管，盆腔脏器和下肢的血管、汗腺和竖毛肌。

（二）副交感神经

副交感神经（parasympathetic nerve）的低级中枢位于脑干的一般内脏运动核和脊髓 S_2~S_4 节段灰质的骶副交感核，由这些核的细胞发出的纤维即节前纤维。周围部的副交感神经节，位于器官的周围或器官的壁内,称器官旁节和器官内节,节内的细胞即为节后神经元,位于颅部的副交感神经节较大,肉眼可见,有睫状神经节、下颌下神经节、翼腭神经节和耳神经节等。颅部副交感神经节前纤维即在这些神经节内交换神经元,然后发出节后纤维随相应脑神经到达所支配的器官。节内并有交感神经及感觉神经纤维通过(不交换神经元),分别称为交感根及感觉根。此外,还有位于身体其他部位很小的副交感神经节,只有在显微镜下才能看到。例如:位于心丛、肺丛、膀胱丛和子宫阴道丛内的神经节,以及位于支气管和消化管壁内的神经节等。

副交感神经元属于胆碱能神经元,其中多数尚含有血管活性肠肽(VIP)和降钙素基因相关肽(CGRP)等神经肽类物质。

1. 颅部副交感神经　其节前纤维行于第Ⅲ、第Ⅶ、第Ⅸ、第Ⅹ对脑神经内,现概括介绍如下(图 2-113)。

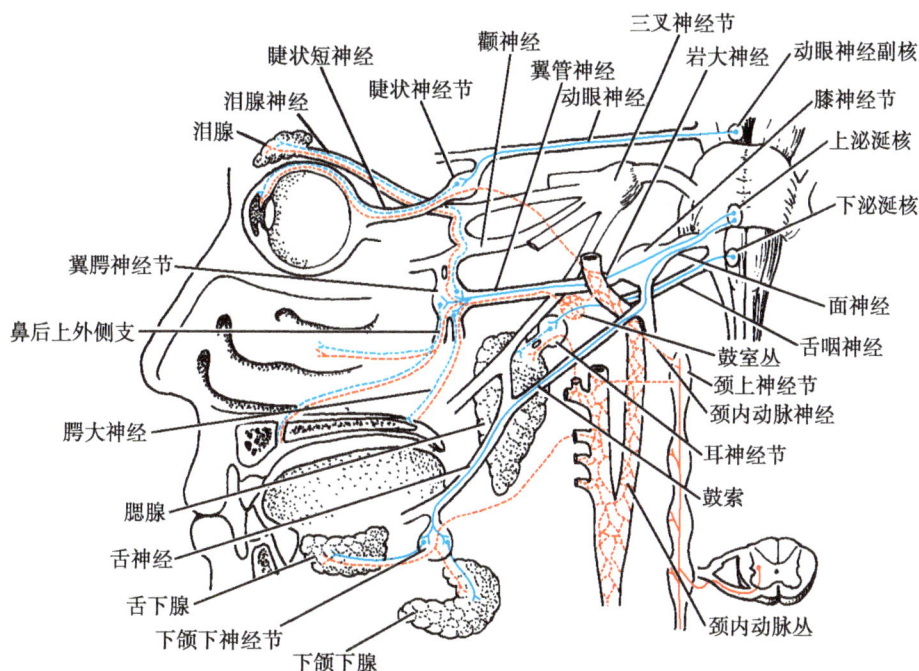

图 2-113　头部的内脏神经分布模式图
红色:交感神经;蓝色:副交感神经

(1) 随动眼神经走行的副交感神经节前纤维,由中脑的动眼神经副核发出,进入眼眶后到达睫状神经节内交换神经元,其节后纤维进入眼球壁,分布于瞳孔括约肌和睫状肌。

(2) 随面神经走行的副交感神经节前纤维,由脑桥的上泌涎核发出,一部分节前纤维经岩大神经至翼腭窝内的翼腭神经节交换神经元,节后纤维分布于泪腺以及鼻腔、口腔和腭黏膜的腺体。另一部分节前纤维经鼓索,加入舌神经,至下颌下神经节交换神经元,节后纤维分布于下颌下腺和舌下腺。

(3) 随舌咽神经走行的副交感节前纤维,由延髓的下泌涎核发出,经鼓室神经至鼓室丛,由丛发出岩小神经至卵圆孔下方的耳神经节交换神经元,节后纤维经耳颞神经分布于腮腺。

(4) 随迷走神经走行的副交感节前纤维,由延髓的迷走神经背核发出,随迷走神经的分支到达胸、腹腔脏器附近或壁内的副交感神经节交换神经元,节后纤维分布于胸、腹腔脏器(降结肠、乙状结肠和盆腔脏器等除外)。

2. 骶部副交感神经　节前纤维由脊髓 $S_2 \sim S_4$ 节段的骶副交感核发出,随骶神经出骶前孔,而后从骶神经分出组成盆内脏神经(pelvic splanchnic nerves)加入盆丛,随盆丛分支分布到盆腔脏器,在脏器附近或脏器壁内的副交感神经节交换神经元,节后纤维支配结肠左曲以下的消化

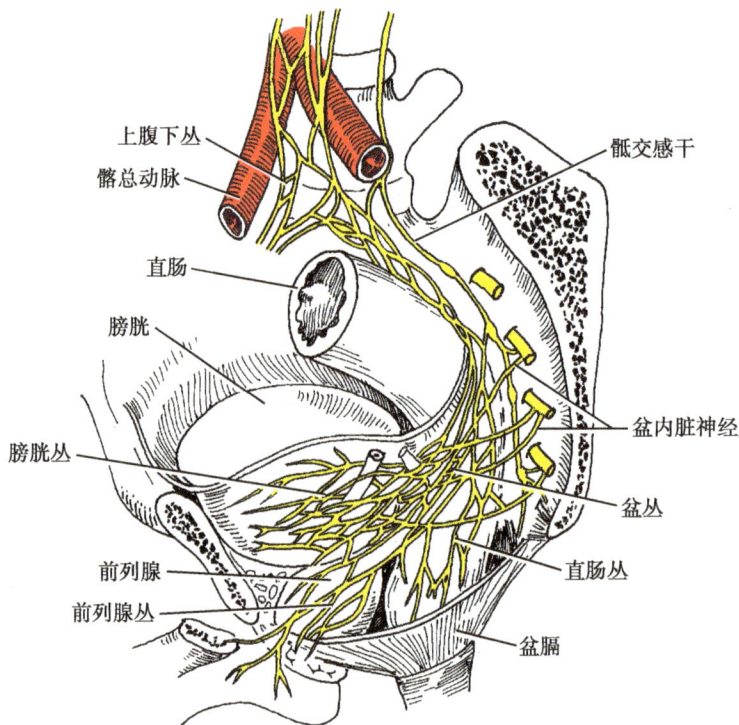

图 2-114　盆部内脏神经丛

管和盆腔脏器(图 2-114)。

(三) 交感神经与副交感神经的主要区别

交感神经和副交感神经都是内脏运动神经,常共同支配一个器官,形成对内脏器官的双重神经支配。但在神经来源、形态结构、分布范围和功能上,交感神经与副交感神经又有明显的区别。

1. 低级中枢的部位不同　交感神经低级中枢位于脊髓胸腰部灰质的中间外侧核,副交感神经的低级中枢则位于脑干一般内脏运动核和脊髓骶部的骶副交感核。

2. 周围部神经节的位置不同　交感神经节位于脊柱两旁(椎旁神经节)和脊柱前方(椎前神经节),副交感神经节位于所支配的器官附近(器官旁节),或位于器官壁内(器官内节)。因此,副交感神经节前纤维比交感神经长,而其节后纤维则较短。

3. 节前神经元与节后神经元的比例不同　一个交感节前神经元的轴突可与许多节后神经元形成突触,而一个副交感节前神经元的轴突则与较少的节后神经元形成突触。所以交感神经的作用范围较广泛,而副交感神经的作用则较局限。

4. 分布范围不同　交感神经在周围的分布范围较广,除至头颈部、胸、腹腔脏器外,尚遍及全身血管、腺体、竖毛肌等。副交感神经的分布则不如交感神经广泛,一般认为大部分血管、汗腺、竖毛肌、肾上腺髓质均无副交感神经支配。

5. 对同一器官所起的作用不同　交感与副交感神经对同一器官的作用既是互相拮抗又是互相统一的。例如:当机体运动时,交感神经兴奋性增强,副交感神经兴奋减弱、相对抑制,于是出现心跳加快、血压升高、支气管扩张、瞳孔开大、消化活动受抑制等现象。这表明,此时机体的代谢加强,能量消耗加快,以适应环境的剧烈变化。而当机体处于安静或睡眠状态时,副交感神经兴奋加强,交感神经相对抑制,因而出现心跳减慢、血压下降、支气管收缩、瞳孔缩小、消化活动增强等现象,这有利于体力的恢复和能量的储存。可见在交感和副交感神经互相拮抗、互相统一的协调作用下,机体才得以更好地适应环境的变化,才能在复杂多变的环境中生存。交感和副交感神经的活动,是在脑的较高级中枢,特别是在下丘脑和大脑边缘叶的调控下进行的。

Note

(四) 内脏神经丛

内脏运动神经(交感神经、副交感神经)和内脏感觉神经在到达所支配的脏器的行程中,常互相交织共同构成内脏神经丛(plexus of visceral nerve)(自主神经丛或植物神经丛)(图 2-111~图 2-114)。这些神经丛主要攀附于头、颈部和胸、腹腔内动脉的周围,或分布于脏器附近和器官之内。除颈内动脉丛、颈外动脉丛、锁骨下动脉丛和椎动脉丛等没有副交感神经参加外,其余的内脏神经丛均有交感和副交感神经参与。另外,在这些丛内也有内脏感觉纤维。由这些神经丛发出分支,分布于胸、腹及盆腔的内脏器官。

1. **心丛**(cardiac plexus)　由两侧交感干的颈上、中、下神经节和第 1~4 或第 5 胸神经节发出的心支,以及迷走神经的心支共同组成。心丛又可分为心浅丛和心深丛,浅丛位于主动脉弓下方右肺动脉前方,深丛位于主动脉弓和气管杈之间。心丛内有心神经节(副交感节),来自迷走神经的副交感节前纤维在此交换神经元。心丛的分支组成心房丛和左、右冠状动脉丛,随动脉分支分布于心肌(图 2-111)。

2. **肺丛**(pulmonary plexus)　位于肺根的前、后方,与心丛互相连续,丛内亦有小的神经节为迷走神经节后神经元。肺丛由迷走神经的支气管支和交感干的 2~5 胸神经节的分支组成,也有心丛的分支加入,其分支随支气管和肺血管的分支入肺。

3. **腹腔丛**(celiac plexus)　是最大的内脏神经丛,位于腹腔干和肠系膜上动脉根部周围。丛内主要含有腹腔神经节、肠系膜上神经节、主动脉肾神经节等。此丛由来自两侧的胸交感干的内脏大、小神经和迷走神经后干的腹腔支,以及腰上部交感神经节的分支共同构成。来自内脏大、小神经的交感节前纤维在丛内神经节交换神经元,来自迷走神经的副交感节前纤维则到所分布的器官附近或肠管壁内交换神经元。腹腔丛及丛内神经节发出的分支伴动脉的分支分布,可分为许多副丛,如肝丛、胃丛、脾丛、肾丛以及肠系膜上丛等,各副丛则分别沿同名血管分支到达各脏器(图 2-112)。

4. **腹主动脉丛**(abdominal aortic plexus)　位于腹主动脉前面及两侧,是腹腔丛在腹主动脉表面向下延续部分,接受第 1~2 腰神经节的分支。此丛分出肠系膜下丛,沿同名动脉分支分布于结肠左曲至直肠上段的肠管。腹主动脉丛的一部分纤维下行入盆腔,参加腹下丛的组成;另一部分纤维沿髂总动脉和髂外动脉组成与动脉同名的神经丛,随动脉分布于下肢血管、汗腺、竖毛肌(图 2-112)。

5. **腹下丛**(hypogastric plexus)　可分为上腹下丛和下腹下丛。

(1) 上腹下丛:位于第 5 腰椎体前面,腹主动脉末端及两髂总动脉之间,是腹主动脉丛向下的延续部分,两侧接受下位两腰神经节发出的腰内脏神经,在肠系膜下神经节交换神经元。

(2) 下腹下丛:即盆丛(pelvic plexus),由上腹下丛延续到直肠两侧,并接受骶部交感干的节后纤维和第 2~4 骶神经的副交感节前纤维。此丛伴随髂内动脉的分支组成直肠丛、精索丛、输尿管丛、膀胱丛、前列腺丛、子宫阴道丛等,并随动脉分支分布于盆腔各脏器(图 2-112,图 2-114)。

(五) 内脏运动神经传导通路

内脏运动神经传导通路(visceral motor pathway)有一般内脏运动神经传导通路和特殊内脏运动神经传导通路之分。

1. **一般内脏运动神经传导通路**　是指由多级神经元组成的调控心、血管、内脏平滑肌和腺体等活动的神经传导通路。目前认为该通路由额叶皮质经室周系统纤维至下丘脑;由边缘系统皮质下行纤维经隔核中继后,再经前脑内侧束至下丘脑;由下丘脑发出的纤维经前脑内侧束、乳头被盖束、室周系统和背侧纵束下行至脑干内脏运动神经核(动眼神经副核、迷走神经背核)和脑干网状结构;脑干网状结构再通过网状脊髓束至脊髓的内脏运动核(脊髓胸腰部灰质侧角的中间外侧核和脊髓骶 2~4 节段的骶副交感神经核)(图 2-115)。

大脑皮质 { 额叶皮质 ⟶ 室周系统纤维 ⟶ } ⟶ 下丘脑 ⟶
　　　　{ 边缘系统皮质 ⟶ 隔核(换元) ⟶ 前脑内侧束 ⟶ }

{ 前脑内侧束
　乳头被盖束 } ⟶ 脑干内脏运动神经核(动眼神经副核、迷走神经背核)
　背侧纵束

脑干网状结构 ⟶ 网状脊髓束 ⟶ 脊髓内脏运动核(中间外侧核和骶副交感核)

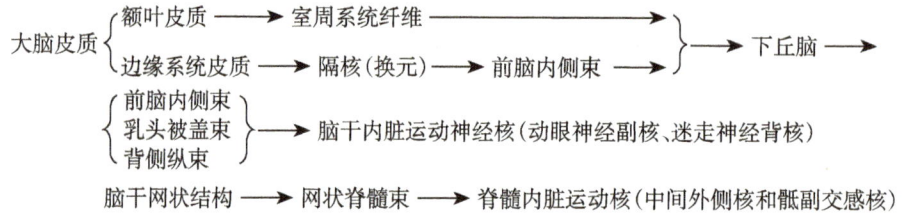

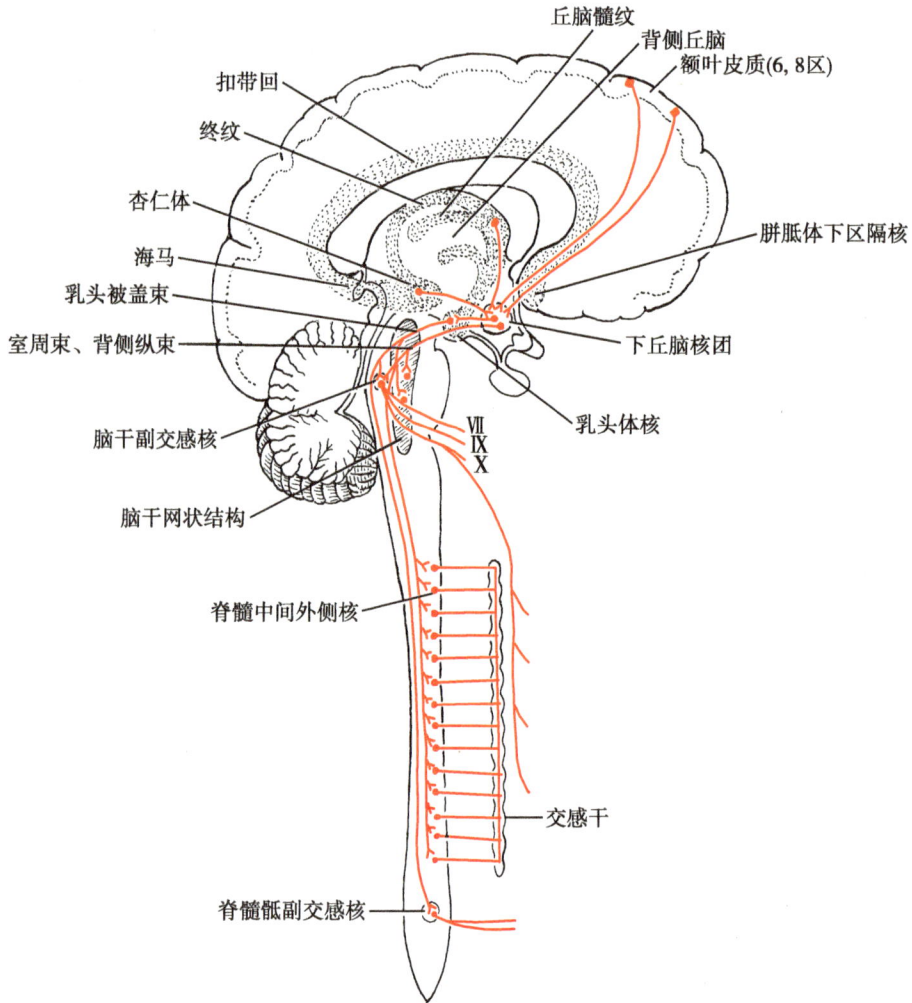

图 2-115　内脏运动传导通路

2. 特殊内脏运动神经传导通路　是指调控由第 1 至第 6 鳃弓衍化而成的咀嚼肌、面部表情肌、咽喉肌等运动的传导通路。一般认为此通路是皮质核束的一部分,其上运动神经元是中央前回下部的锥体细胞,下运动神经元为三叉神经运动核、面神经核和疑核。

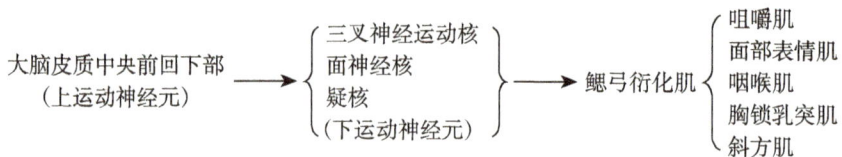

大脑皮质中央前回下部
(上运动神经元) ⟶ { 三叉神经运动核
　　　　　　　　　面神经核
　　　　　　　　　疑核
　　　　　　　　(下运动神经元) } ⟶ 鳃弓衍化肌 ⟶ { 咀嚼肌
　　　　　　　　　　　　　　　　　　　　　　　　　面部表情肌
　　　　　　　　　　　　　　　　　　　　　　　　　咽喉肌
　　　　　　　　　　　　　　　　　　　　　　　　　胸锁乳突肌
　　　　　　　　　　　　　　　　　　　　　　　　　斜方肌

二、内脏感觉神经

(一) 内脏感觉神经分布的特点

　　人体各内脏器官除有交感和副交感神经支配外,也有感觉神经分布。内感受器接受来自内脏的刺激并将其变成神经冲动,内脏感觉神经(visceral sensory nerve)将内脏感觉冲动传到中枢,中枢可直接通过内脏运动神经或间接通过体液调节各内脏器官的活动。

如同躯体感觉神经一样,第一级内脏感觉神经元的细胞体亦位于脑神经节和脊神经节内,也是假单极神经元,其周围突是粗细不等的有髓或无髓纤维。传导内脏感觉的脑神经节包括膝神经节、舌咽神经下节、迷走神经下节,神经节细胞的周围突,随同面、舌咽、迷走神经分布于内脏器官,中枢突随同面、舌咽、迷走神经进入脑干,终止于孤束核。脊神经节细胞的周围突,随同交感神经和骶部副交感神经分布于内脏器官,中枢突随同交感神经和盆内脏神经进入脊髓,终于灰质后角。在中枢内,内脏感觉纤维一方面直接或间接经中间神经元与内脏运动神经元相联系,以完成内脏—内脏反射;或与躯体运动神经元联系,形成内脏—躯体反射;另一方面则可经过较复杂的传导途径,将冲动传导到大脑皮层,形成内脏感觉。

最新的研究表明,内脏感觉神经除传导内脏感觉和痛觉外,尚具有传出功能。现已证明初级内脏感觉神经节细胞体合成像 P 物质(SP)、神经激肽 A(NKA)等速激肽(TKs)和降钙素基因相关肽(CGRP)等神经肽类物质,这些物质由节细胞周围突末梢释放至周围组织,参与某些炎性疾病的病理生理过程,同时刺激周围组织产生神经生长因子(NGF),NGF 与感觉神经末梢的特异性受体结合,逆行至胞体促进 SP 等神经肽合成;通过中枢突进入脊髓参与痛觉传递(图 2-116)。

内脏感觉神经在形态结构上虽与躯体感觉神经大致相同,但仍有某些不同之处。

1. 痛阈较高　内脏感觉纤维的数目较少,且多为细纤维,故痛阈较高,一般强度的刺激不引起主观感觉。例如,在外科手术切割或烧灼内脏时,患者并不感觉疼痛。但脏器活动较强烈时,则可产生内脏感觉,如外科手术时牵拉脏器、胃的饥饿收缩、直肠和膀胱的充盈等均可引起感觉。这些感觉的传入纤维,一般认为多与副交感神经伴行进入脊髓或脑干。此外,在病理条件下或极强烈刺激下,则可产生痛觉。例如,内脏器官过度膨胀受到牵张,平滑肌痉挛,以及缺血和代谢产物积聚等,皆可刺激神经末梢产生内脏痛。一般认为,传导内脏痛觉的纤维多与交感神经伴行进入脊髓。

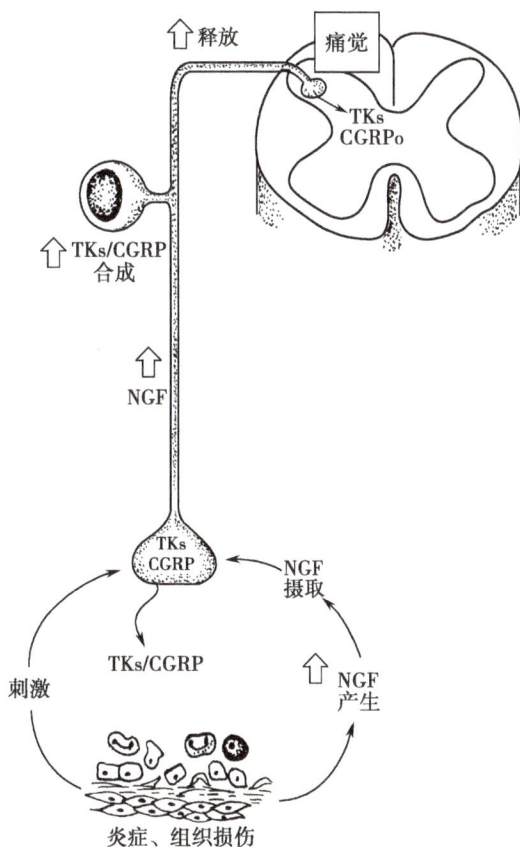

图 2-116　内脏感觉神经神经肽作用示意图

2. 弥散的内脏痛　内脏感觉的传入途径比较分散,即一个脏器的感觉纤维经过多个节段的脊神经进入中枢,而一条脊神经又包含来自几个脏器的感觉纤维。因此,内脏痛往往是弥散的,定位亦不准确。例如,心脏的痛觉纤维伴随交感神经,主要是颈中心神经和颈下心神经,经第 1~5 胸神经进入脊髓。内脏痛觉纤维除和交感神经伴行外,尚有盆腔部分脏器的痛觉冲动通过盆内脏神经(副交感神经)到达脊髓。气管和食管的痛觉纤维可能经迷走神经传入脑干,也可能伴交感神经走行,最后经脊神经进入脊髓。

(二)内脏感觉传导通路

1. 一般内脏感觉传导通路(general visceral sensory pathway)　一般内脏感觉是指嗅觉和味觉以外的全部心、血管、腺体和内脏的感觉,一般内脏感觉传入路径复杂,至今尚不完全清楚(图 2-117)。

Note

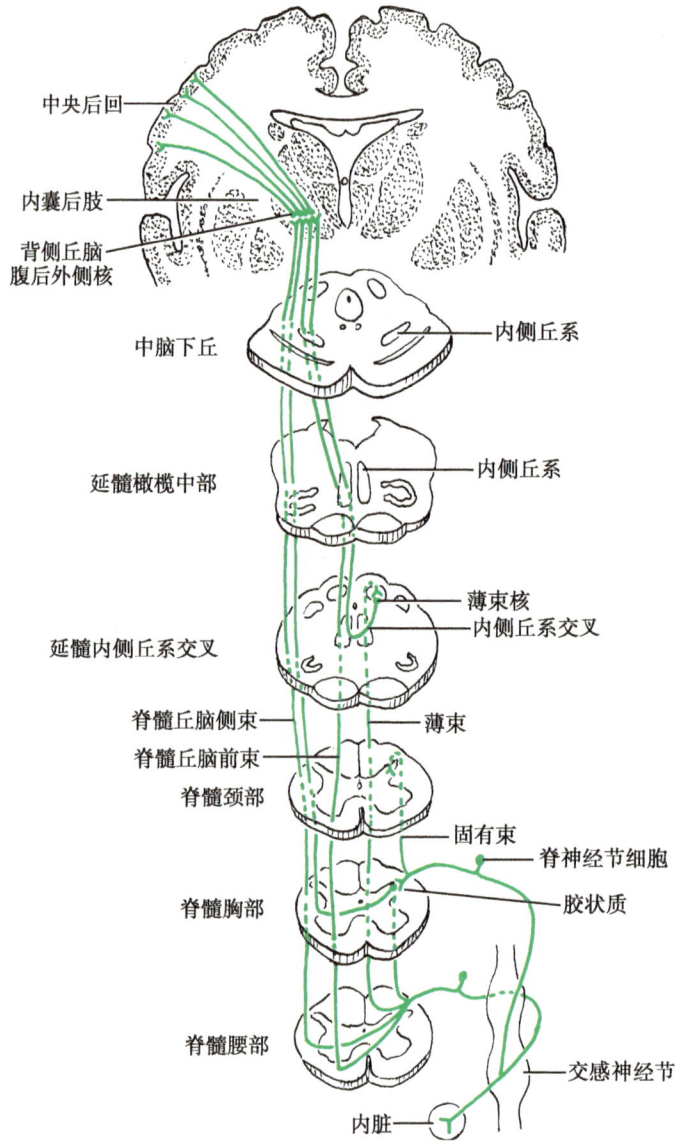

图 2-117　一般内脏感觉传导通路

（1）经脑神经：

膝神经节、舌咽和迷走神经下神经节中枢突 ➝ 孤束核 ➝ { 丘脑腹后内侧核或 / 下丘脑外侧区 } ➝ 岛叶

（2）经脊神经：

脊神经节细胞中枢突 {

①脊髓中央管背外侧的后连合核 ➝ 臂旁核 ➝ 丘脑 ➝ 大脑皮质

②后角灰质（内脏痛、快痛）伴脊髓丘脑束 ➝ 丘脑腹后外侧核 ➝ { 皮质中央后回 / 大脑外侧沟上部 }

③脊髓固有束内上行（内脏痛、慢痛）➝ 脊髓和脑干网状结构多次换元 ➝ 丘脑背内侧核 ➝ 大脑边缘叶

}

2. 特殊内脏感觉传导通路（special visceral sensory pathway） 指的是传导嗅觉和味觉的通路（图 2-118，图 2-119）。

（1）嗅：嗅细胞➝中枢突形成嗅丝➝嗅球换元➝嗅束、嗅三角和外侧嗅纹➝梨状前区、杏仁周区、杏仁体皮质内侧核。

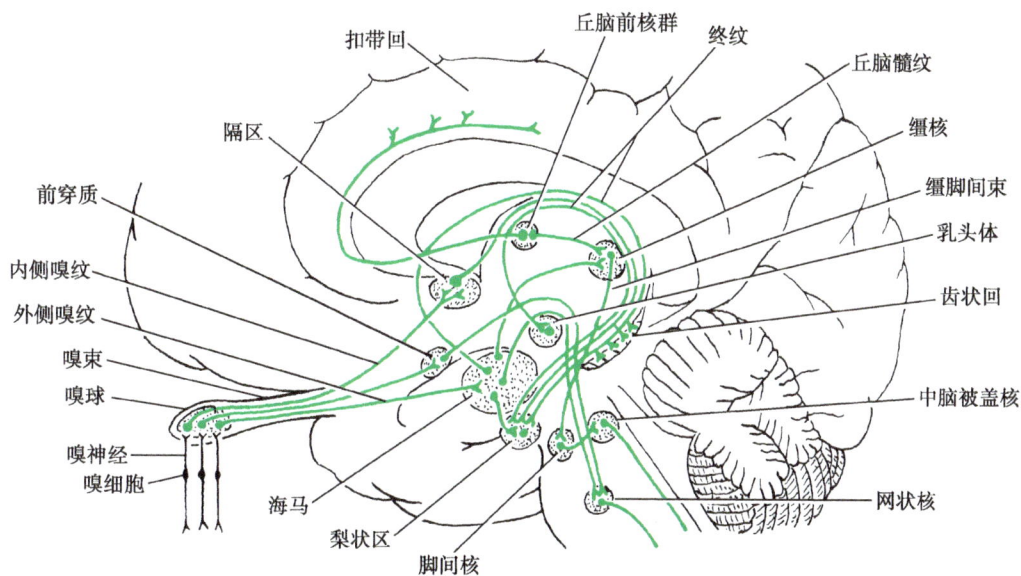

图 2-118　嗅觉传导通路

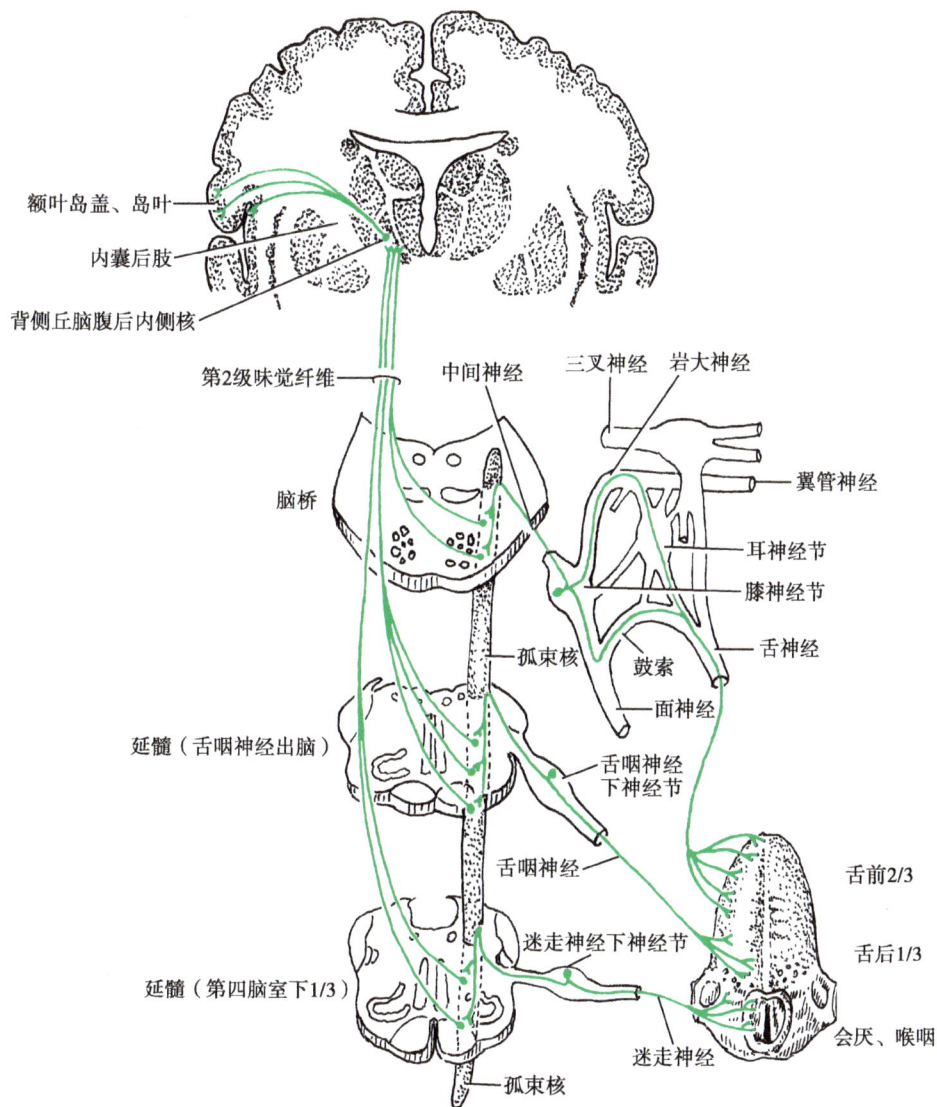

图 2-119　味觉传导通路

（2）味觉：膝神经节、舌咽和迷走神经下神经节→孤束核上段→丘脑腹后内侧核→额叶岛盖、岛叶。

三、牵涉性痛

当某些内脏器官发生病变时,常在体表一定区域产生感觉过敏或痛觉,这种现象称为牵涉性痛(referred pain)。临床上将内脏患病时体表发生感觉过敏以及骨骼肌反射性僵硬和血管运动、汗腺分泌等障碍的部位称为海德带(Head zones),该带有助于内脏疾病的定位诊断。牵涉性痛有时发生在患病内脏邻近的皮肤区,有时发生在距患病内脏较远的皮肤区。例如,心绞痛时,常在胸前区及左臂内侧皮肤感到疼痛(图 2-120,图 2-121)。肝胆疾患时,常在右肩部感到疼痛等。

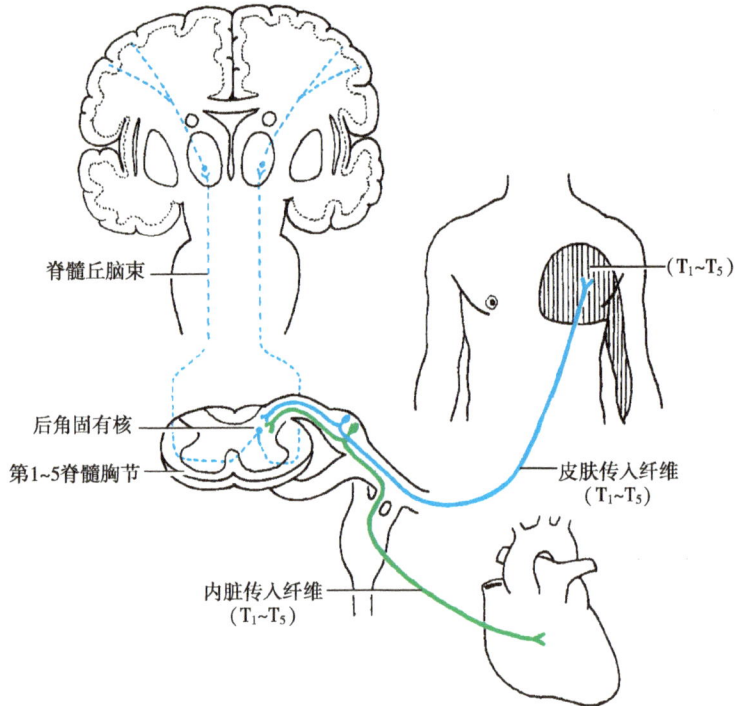

脊髓丘脑束

（T₁~T₅）

后角固有核

第1~5脊髓胸节

皮肤传入纤维
（T₁~T₅）

内脏传入纤维
（T₁~T₅）

图 2-120　心传入神经与皮肤传入神经中枢投射联系

关于牵涉性痛的发生机制,现在认为,发生牵涉性痛的体表部位与病变器官往往受同一节段脊神经的支配,体表部位和病变器官的感觉神经进入同一脊髓节段,并在后角内密切联系。因此,从患病内脏传来的冲动可以扩散或影响到邻近的躯体感觉神经元,从而产生牵涉性痛。近年来神经解剖学研究表明,一个脊神经节神经元的周围突分叉至躯体部和内脏器官,并认为这是牵涉痛机制的形态学基础(表 2-3)。

表 2-3　牵涉性痛内脏器官与脊髓节段的关系

内脏器官	疼痛或感觉过敏区的脊髓节段	内脏器官	疼痛或感觉过敏区的脊髓节段
膈	C_4	肾、输尿管	T_{11}~L_1
心脏	C_8~T_5	膀胱	S_2~S_4（沿骶副交感）及 T_{11}~$L_{1,2}$
胃	T_6~T_{10}	睾丸、附睾	T_{12}~L_3
小肠	T_7~T_{10}	卵巢及附件	L_1~L_3
阑尾	$T_{(8,9)10}$~L_1（右）	子宫 ｛ 体部 颈部	T_{10}~L_1 S_2~S_4（沿骶副交感神经）
肝、胆囊	T_7~T_{10} 也有沿膈神经至 C_3,C_4	直肠	S_1~S_4
胰	T_8（左）		

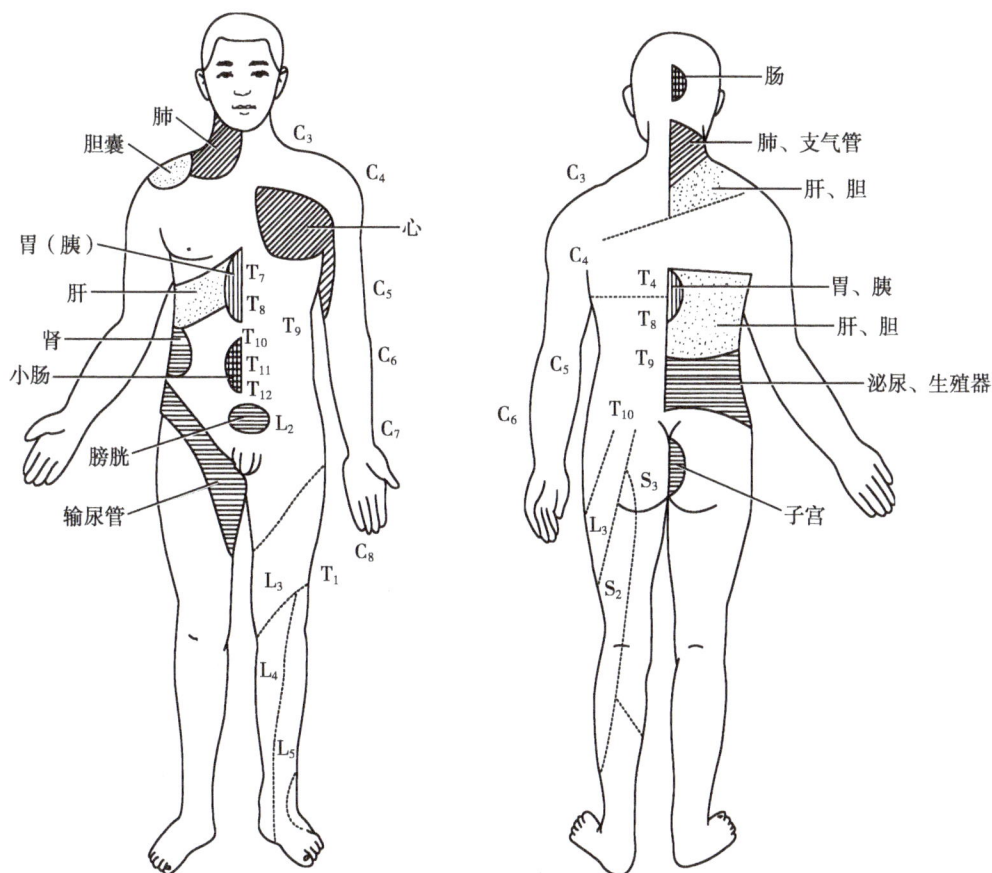

图 2-121　内脏器官疾病时的牵涉性痛区

四、一些重要器官的神经支配

在系统学习神经系统的基础上，对人体一些重要器官的神经支配进行总结概括，这不仅有利于对其生理功能的理解，对诊断和治疗也有一定的临床意义。下面以眼、心脏、支气管和肺以及膀胱的神经支配为例加以阐述，并附以脏器的神经支配简表，以供参考（表 2-4）。

（一）眼球

1. 感觉神经　眼球的一般感觉冲动沿睫状长神经、鼻睫神经、眼神经、三叉神经进入脑干，终于三叉神经感觉核。

2. 运动神经

（1）交感神经：节前纤维起自脊髓 T_1~T_2 侧角中间外侧核，经胸及颈交感干上升至颈上神经节交换神经元，节后纤维经颈内动脉丛、海绵丛，再穿经睫状神经节分布到瞳孔开大肌和血管，另有部分交感神经节后纤维经睫状长神经到达瞳孔开大肌。

（2）副交感神经：节前纤维起自中脑动眼神经副核（E-W 核），随动眼神经走行，在睫状神经节换元后，节后纤维经睫状短神经分布于瞳孔括约肌和睫状肌。

支配眼球的交感神经兴奋，引起瞳孔开大、虹膜血管收缩，切断这些纤维出现瞳孔缩小。损伤脊髓颈段和延髓及脑桥的外侧部亦可产生同样结果。据认为，这是因为交感神经的中枢下行束经过上述部位。临床上所见病例除有瞳孔缩小外，还可出现上睑下垂及同侧头面部汗腺分泌障碍等症状（称 Horner 综合征）。因为交感神经除管理瞳孔外，也管理眼睑平滑肌即 Muller 肌和头面部汗腺的分泌。

副交感神经兴奋，瞳孔缩小，睫状肌收缩。切断这些纤维，瞳孔散大及调节视力的功能障碍。临床上损伤动眼神经，除有副交感神经损伤症状外，还出现大部分眼球外肌瘫痪症状。

Note

表 2-4　内脏器官的神经支配

器官	神经	内脏神经传入纤维径路	节前纤维		节后纤维		功能
			起源	径路	起源	径路	
眼球	交感		T_1~T_2 脊髓侧角	经白交通支→交感干在干内上升	颈上神经节、颈内动脉丛内神经节	经颈内动脉丛→眼神经、睫状神经节→眼球	瞳孔开大,血管收缩
	副交感		动眼神经副核	动眼神经→睫状神经节的短根或睫状长神经	睫状神经节	睫状短神经→瞳孔括约肌、睫状肌	瞳孔缩小,睫状肌收缩
心	交感	经颈中心、下心神经和胸心神经→T_1~$T_{4(5)}$脊髓后角	T_2~$T_{5(6)}$脊髓侧角	经白交通支→交感干,在干内上升或不上升	颈上、中、下心神经节和胸心神经→T_1-T_5脊神经	颈上、中、下心神经和胸心神经→心丛→冠状丛→心房和心室	心跳加快,心室收缩力加强,冠状动脉扩张
	副交感	迷走神经→延髓孤束核	迷走神经背核	迷走神经→颈心上、下心支,胸心支→心丛冠状丛→心房	心神经节、心房壁内的神经节	到心房、心室	心跳减慢,心室收缩力减弱,冠状动脉收缩
支气管和肺	交感	来自胸膜脏层的传入纤维经交感神经肺支→ T_2~T_5脊髓后角	T_2~T_5脊髓侧角	经白交通支→交感干,在干内上升或不上升	颈下神经节和第1~5胸交感节	肺支→肺前、后丛→肺	支气管扩张、抑制腺体分泌,血管收缩
	副交感	来自支气管和肺的传入纤维→迷走神经→延髓孤束核	迷走神经背核	迷走神经支气管支→肺丛→肺	肺丛内的神经节和支气管壁内的神经节	到支气管平滑肌和腺体	支气管收缩,促进腺体分泌
胃、小肠、升结肠和横结肠	交感	经腹腔丛→内脏大、小神经→ T_6~T_{12}脊髓后角	T_6~T_{12}脊髓侧角	经白交通支→交感干→内脏大、小神经,腰内脏神经	腹腔神经节、主动脉肾神经节、肠系膜上神经节	沿各部分血管周围的神经丛分布	减少蠕动,降低张力,减少分泌,增加括约肌张力,血管收缩
	副交感	迷走神经→延髓孤束核	迷走神经背核	迷走神经→食管丛→胃丛→腹腔丛→肠系膜上丛→胃肠壁	肠肌间丛和黏膜下丛内的神经节	到平滑肌和腺体	促进肠蠕动,增加肠壁张力,增加分泌,减少括约肌张力
降结肠至直肠	交感	腰内脏神经和交感于骶部的分支→L_1~L_3脊髓后角	T_{12}~L_3脊髓侧角	经白通支→交感干→腰内脏神经、骶内脏神经→腹主动脉丛→肠系膜下丛、腹下丛	肠系膜下丛和腹下丛内神经节,少量在腰交感节	随各部分血管周围的神经丛分布	抑制肠蠕动,肛门内括约肌收缩
	副交感	经肠系膜下丛,盆丛→盆内脏神经,到S_2~S_4脊髓后角	S_2~S_4脊髓骶副交感核	经第2~4骶神经→盆内脏神经→盆丛→降结肠、直肠	肠肌间丛和黏膜下丛内的神经节	到平滑肌和腺体	促进肠蠕动,肛门内括约肌松弛

续表

器官	神经	内脏神经传入纤维径路	节前纤维		节后纤维		功能
			起源	径路	起源	径路	
肝、胆囊、胰腺	交感	经腹腔丛→内脏大、小神经→T₄~T₁₀脊髓后角	T_4~T_{10}脊髓侧角	经内脏大、小神经→腹腔丛	腹腔神经节、主动脉肾神经节	沿肝、胰血管分布	抑制腺体分泌
	副交感	迷走神经→延髓孤束核	迷走神经背核	迷走神经→腹腔丛	器官内神经节	沿肝、胆囊胰腺血管周围神经丛分布	加强腺体分泌
肾	交感	经主动脉肾丛→内脏小神经→T₉~L₂脊髓后角	T_7~T_9脊髓侧角	经内脏大神经和腰内脏神经→腹腔丛、主动脉肾丛	腹腔神经节、主动脉肾经节	沿肾血管周围神经丛分布	血管收缩
	副交感	迷走神经→延髓孤束核	迷走神经背核	迷走神经→腹腔丛、肾丛	主动脉肾经节	沿肾血管分布	血管舒张，肾盂收缩
输尿管	交感	T_{11}~L_2脊髓后角	T_{11}~L_2脊髓侧角	经内脏小神经、腰内脏神经→腹腔丛和肠系膜上、下丛,肾丛	腹腔神经节、主动脉肾经节	输尿管丛	抑制输尿管蠕动
	副交感	盆内脏神经→S_2~S_4脊髓后角	脊髓S_2~S_4副交感核	经盆内脏神经→输尿管丛	输尿管壁内神经节	沿血管分布	加强输尿管蠕动
膀胱	交感	盆丛→腹下丛→腰内脏神经到达L_1~L_2脊髓后角(传导来自膀胱体的痛觉)	L_1~L_2脊髓侧角	经白交通支→交感干→腰内脏神经、腹主动脉丛、肠系膜下丛、腹下	肠系膜下丛和腹下丛内的神经节,少量在腰神经节	经膀胱丛到膀胱	血管收缩,膀胱三角肌收缩、尿道口关闭,对膀胱逼尿肌的作用很小或无作用
	副交感	盆丛→盆内脏神经,到达S_2~S_4脊髓后角(传导膀胱的牵张感和膀胱颈的痛觉)	S_2~S_4脊髓的骶副交感核	经第2~4骶神经→盆内脏神经→盆丛→膀胱	膀胱丛和膀胱壁内的神经节	到膀胱平滑肌	逼尿肌收缩,内括约肌松弛
男性生殖器	交感	盆丛→交感干,到达T_{11}~L_3脊髓后角	T_{11}~L_3脊髓侧角	经白交通支→交感干→腹腔丛→腹下丛→盆丛,或在交感干下行至交感干骶部	腰、骶神经节和肠系膜下神经节	经盆丛→前列腺丛→盆部生殖器,或从腰神经节发支沿精索内动脉到睾丸	盆部生殖器平滑肌收缩配合射精;膀胱三角的肌同时收缩,关闭尿道内口,防止精液反流,血管收缩
	副交感		S_2~S_4脊髓骶部副交感核	经骶神经→盆内脏神经→盆丛、前列腺丛	盆丛和前列腺丛的神经节	到前列腺和海绵体的血管	促进海绵体血管舒张,与会阴神经配合使阴茎勃起

续表

器官	神经	内脏神经传入纤维径路	节前纤维		节后纤维		功能
			起源	径路	起源	径路	
子宫	交感	来自子宫底和体的痛觉纤维→子宫阴道丛→腹下丛→腰内脏神经和内脏最小神经,到达 T_{12}~L_2 脊髓后角	T_{12}~L_2 脊髓侧角	经白交通支→交感干→内脏最小神经和腰内脏神经→腹主动脉丛→腹下丛→盆丛→子宫阴道丛或在交感干下行至交感干骶部	腹下丛内的神经节,骶神经节	随子宫阴道丛至子宫壁	血管收缩,妊娠子宫收缩,非妊娠子宫舒张
	副交感	来自子宫颈的痛觉纤维经盆内脏神经到达 S_2~S_4 脊髓后角	S_2~S_4 脊髓骶部副交感核	经骶神经→盆内脏神经→腹下丛→盆丛→子宫阴道丛	子宫阴道丛内的子宫颈神经节及沿子宫血管的神经节	到子宫壁内	舒张血管,对子宫肌作用不明
肾上腺	交感		T_{10}~L_1,L_2 脊髓侧角	经白交通支→交感干→内脏小神经,内脏最小神经,肾上腺髓质	没有		分泌肾上腺素
松果体	交感		脊髓的交感神经中枢	经白交通支→交感干	颈上神经节	随颈内动脉及其分支至松果体	促进 5-HT 转化为黑色素紧张素,间接抑制性腺活动
上肢的血管和皮肤	交感	经血管周围丛和脊神经到 T_2~T_8 脊髓后角	T_2~T_8 脊髓侧角	经白通支→交感干	颈中神经节颈胸神经节和上部胸神经节	经灰交通支→脊神经→血管和皮肤	皮肤和肌血管收缩(胆碱能纤维使血管舒张),汗腺分泌,竖毛
下肢的血管和皮肤	交感	经血管周围丛和脊神经到 T_{10}~L_3 脊髓后角	T_{10}~L_3 脊髓侧角	经白交通支→交感干	腰神经节和骶神经节	经灰交通支→脊神经→血管和皮肤	皮肤和肌血管收缩(胆碱能纤维使血管舒张),汗腺分泌,竖毛

（二）心

1. **感觉神经** 传导心脏的痛觉纤维,伴随交感神经行走(颈上心神经除外),至脊髓 T_1~T_4,T_5 节段;与心脏反射有关的感觉纤维,沿迷走神经行走,进入脑干(图 2-122)。

2. **运动神经**

(1) 交感神经:节前纤维起自脊髓 T_1~T_4,T_5 节段的侧角中间外侧核,至交感干颈上、中、下神经节和上部胸神经节交换神经元,自节发出颈上、中、下心神经及胸心支,到主动脉弓后方和下方,与来自迷走神经的副交感纤维一起构成心丛,心丛再分支分布于心脏。

(2) 副交感神经:节前纤维由迷走神经背核发出;沿迷走神经心支走行,在心神经节交换神经元后,分布于心脏(图 2-122)。

Note

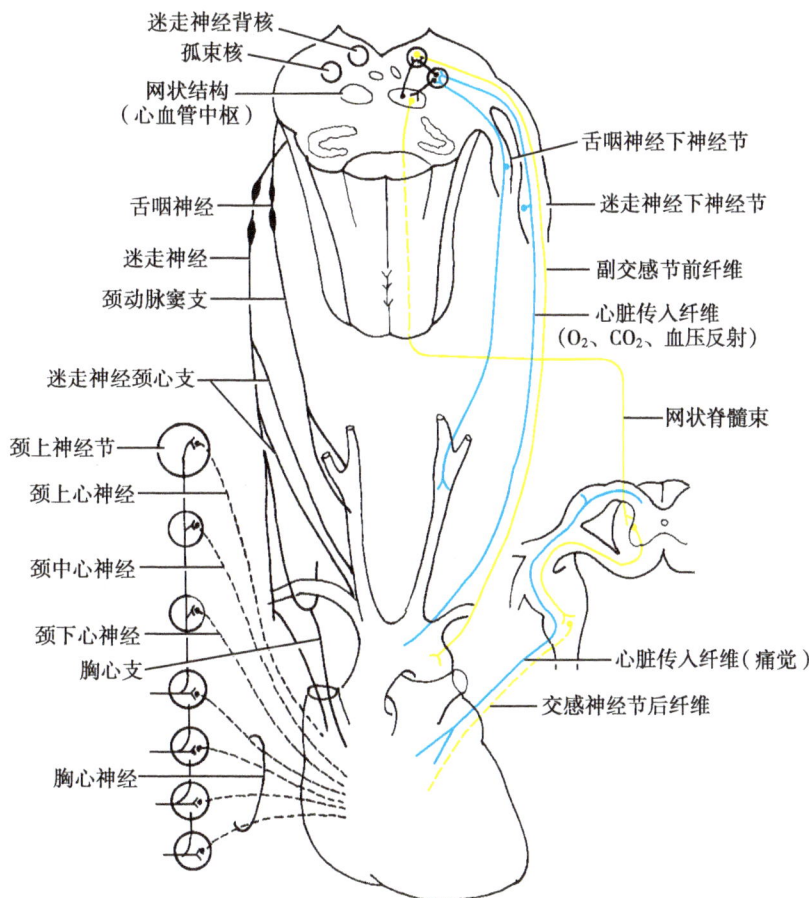

图 2-122　心的神经支配和血压调节

刺激支配心脏的交感神经,引起心动过速,冠状血管舒张。刺激迷走神经,引起心动过缓,冠状血管收缩。

(三) 支气管和肺

1. **感觉神经**　支气管和肺的感觉神经纤维随迷走神经走行,其功能与延髓呼吸中枢的反射活动有关。另一部分感觉神经纤维经颈下心支和胸交感神经,至脊髓 $T_2 \sim T_5$ 节段。

2. **运动神经**

(1) 交感神经:分布肺的交感神经纤维起自脊髓 $T_2 \sim T_6$ 节段的侧角中间外侧核,在胸上部交感干神经节交换神经元后,节后纤维组成肺丛,分布于肺和支气管。

(2) 副交感神经:副交感神经纤维由迷走神经背核发出,沿迷走神经走行,分支参与肺丛,交换神经元后,其节后纤维分布于肺和支气管。

交感神经兴奋,支气管平滑肌舒张,管腔扩大。副交感神经兴奋,支气管平滑肌收缩,腺体分泌增加。

(四) 膀胱

1. **感觉神经**　膀胱的感觉神经纤维,沿脊髓的交感和副交感神经走行,但以随副交感走行者为主。沿交感神经走行者,可达脊髓 $T_{11} \sim L_1$ 节段。沿副交感神经(盆内脏神经)走行者,至脊髓 $S_2 \sim S_4$ 节段。膀胱的痛觉在脊髓内沿脊髓丘脑束上行,切断此束可使痛觉缓解。膀胱的充盈感和尿意感沿脊髓后索的薄束上行。因此,切断脊髓前外索的脊髓丘脑束,患者仍有膀胱充盈感和尿意感。

2. 运动神经

（1）交感神经：膀胱的交感神经起自脊髓 $T_{11} \sim L_2$ 节段的中间外侧核，行至腹下神经节和骶神经节交换神经元，节后纤维随腹下丛及盆丛至膀胱括约肌和逼尿肌。交感神经兴奋可使括约肌收缩及逼尿肌松弛。

（2）副交感神经：膀胱的副交感神经起自脊髓 $S_2 \sim S_4$ 节段的骶副交感核，其节前纤维组成盆内脏神经，在膀胱附近或壁内神经节交换神经元，节后纤维分布于膀胱逼尿肌和括约肌。副交感神经兴奋可使逼尿肌收缩及括约肌松弛（图 2-123）。

在正常情况下，当膀胱贮有一定量（400~500ml）尿液时，膀胱壁的牵拉感受器受到刺激而兴奋，冲动则沿盆内脏神经传入，到达脊髓 $S_2 \sim S_4$ 节段（排尿反射初级中枢），并向上传导到脑（排尿反射高级中枢），产生排尿欲；中枢传出冲动下达脊髓，既可兴奋骶部副交感神经，抑制交感及躯体运动神经而排尿；也可兴奋交感及躯体运动神经，抑制副交感神经而使排尿受到意识控制。

临床上常见的尿频，常常是由于膀胱炎症或机械性刺激（如膀胱结石）引起的；尿潴留多半是由于脊髓骶部排尿反射初级中枢受损伤所致；当脊髓受损伤，以致初级中枢与大脑皮层失去联系时，则丧失了对排尿的意识控制，可出现尿失禁。

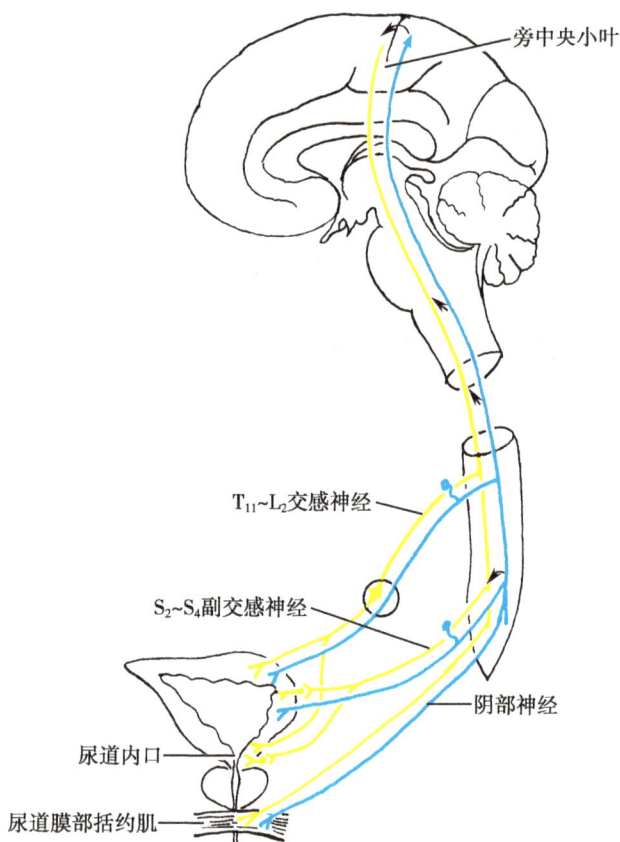

图 2-123　膀胱的神经支配和排尿调节

（周厚纶）

本章小结

神经系统可分为中枢神经系统和周围神经系统两部分，前者包括脑和脊髓，后者包括 12 对脑神经和 31 对脊神经。①脊髓位于椎管内，主要由围绕中央管的灰质和外周的白质构成，灰质后角和中间带内侧部含接受躯体和内脏感觉信息的联络性神经核团，中间带外侧部和前角含内脏和躯体运动核团；脊髓白质纤维按功能分为上行（感觉）纤维、下行（运动）纤维和脊髓固有纤维 3 类。②脑位于颅腔内，可分为端脑、间脑、中脑、脑桥、延髓和小脑 6 部分；中脑、脑桥和延髓合称脑干；脑干位于颅后窝前部，表面附有第Ⅲ~Ⅻ对脑神经根，内部结构亦由灰质、白质和网状结构构成；灰质核团可分为脑神经核、中继核和网状核 3 类；白质主要由长的上、下行纤维束和出入小脑的纤维组成；小脑位于颅后窝前部，由两侧膨大的小脑半球和中间狭窄的小脑蚓组成；小脑的结构由表面的皮质、深部的髓质及小脑核构成；小脑可分为古小脑（前庭小脑）、旧小脑（脊髓小脑）和新小脑（大脑小脑）3 个功能区；间脑位于中脑与端脑之间，由背侧丘脑、后丘脑、上丘脑、底丘脑和下丘脑 5 部分组成；背侧丘脑可分为非特异性投射核团(古丘脑)、特异性中继核团(旧丘脑)和联络性核团(新丘脑)3类核团;下丘脑位于大脑腹面、丘脑的下方,是调节内脏活动和内分泌活动的较高级神经中枢所在;后丘脑包括内侧膝状体和外侧膝状体,是视、听觉传导路的特异性感觉中继核;端脑(大脑),是脑的最高级部分,由左、右大脑半球及半球间的连合组成;大脑由表面的皮质、深部的髓质及基底脑核构成;大脑皮质可分为古皮质、旧皮质和新皮质;大脑皮质是高级神经活动的物质基础,某一功能相对集中的部位,即皮质功能区,主要有躯体运动、躯体感觉、味觉、视觉、听觉等功能区。基底核(尾状核、豆状核、屏状核和杏仁体)蕴藏在白质深部;大脑髓质纤维可分为联络纤维、连合纤维和投射纤维3类。③传导通路是传导神经冲动的径路,是反射弧的重要组成部分;感受器接受机体内、外环境刺激并转变成神经冲动,经周围神经传入中枢,通过几次中继后,最后到达大脑皮质,这种从感受器到达脑的神经通路称为感觉(上行)传导通路;大脑皮质分析信息后,再发冲动经下行纤维,至脑干或脊髓中继后,再经周围神经到达效应器,这种从脑到达效应器的神经通路称为运动(下行)传导通路。④脑和脊髓的表面包有3层被膜(硬膜、蛛网膜和软膜);蛛网膜与软膜之间的腔隙称蛛网膜下隙,内充满脑脊液;硬膜外隙是硬脊膜与椎管内面骨膜和黄韧带之间的间隙,仅位于脊髓周围。⑤脑的动脉来源于颈内动脉和椎动脉;颈内动脉供应大脑半球的前2/3和部分间脑,椎动脉供应大脑半球后1/3及部分间脑、脑干和小脑;供应脊髓的动脉有椎动脉和节段性动脉两个来源。⑥脑脊液位于脑室系统,主要由各脑室脉络丛产生,少量由室管膜上皮和毛细血管产生。⑦内脏神经系统主要分布于内脏、心血管、平滑肌和腺体。按照分布部位可分为中枢部和周围部。按纤维性质可分为感觉和运动两种纤维成分。内脏运动神经再分为交感和副交感神经两类。

复习思考题

1. 脊髓胸6节段半横断时可损伤哪些结构? 产生哪些临床表现?
2. 简述脑干灰质核团的分类。
3. 简述小脑的功能分区及功能。
4. 简述间脑的特异性中继核团及纤维联系。
5. 简述内囊的位置、分部及各部中走行的纤维束。若一侧内囊病变,可出现哪些功能障碍?
6. 简述上、下运动神经元损伤后的临床表现。
7. 硬脑膜窦有哪些? 彼此间如何联系?
8. 简述大脑动脉环的位置、组成及临床意义。
9. 简述内脏神经与躯体神经的区别。
10. 上、下肢交感神经通过什么途径到达?
11. 简述 Horner 综合征的临床表现及其产生机制。
12. 简述交感神经与副交感神经在形态结构和功能上区别。
13. 简述脑脊液的产生及循环。

参考文献

1. 柏树令,应大君. 系统解剖学. 第3版. 北京:人民卫生出版社,2015.
2. 柏树令,应大君. 系统解剖学. 第8版. 北京:人民卫生出版社,2013.
3. Susan Standring. Gray's Anatomy. 40th ed. London:Elsevier,2008.
4. Carpenter MB,Sutin J. Human neuroanatomy. 8th ed. Baltimore:Williams and Wilkins,1986.

Note

5. 岳利民. 人体解剖生理学. 第 6 版. 北京：人民卫生出版社，2011.

6. 李云庆. 神经解剖学（修订版）. 西安：第四军医大学出版社，2011.

7. 邹仲之. 组织学与胚胎学. 第 8 版. 北京：人民卫生出版社，2013.

8. 高英茂，李和. 组织学与胚胎学. 第 2 版. 北京：人民卫生出版社，2010.

9. 朱大年. 生理学. 第 8 版. 北京：人民卫生出版社，2013.

第三章　神经系统功能活动的一般规律

第一节　神经元的基本功能

一、神经元的生物电现象

神经元是高度特化的细胞，是神经系统的基本结构和单元。神经元的主要功能是接受、整合、传递信息，神经元的信息包括电信号传递信息和化学信号传递信息。电信号是在离子通过跨膜离子通道流动的基础上产生的，离子的电化学梯度为电信号的产生和传导提供了能量。离子通道的开放与关闭，则决定着电信号的产生与结束。这里介绍与产生生物电信号有关的几种重要的离子通道和膜电位。

（一）离子通道

离子通道在神经元膜电位形成过程中具有重要作用，是控制膜电位的关键环节。离子通道（ion channel）是镶嵌在膜脂质双分子层中的一类蛋白质，有相似的氨基酸组成和类似的结构，它的基本功能是在膜脂质双层上通过一定空间构型形成离子可以跨膜转运的水性通路，离子通过后产生离子电流。在结构上，离子通道是一种全跨膜构型的蛋白质，全跨膜水性通路对离子的快速跨膜转运非常重要。离子通道的活性，就是细胞通过离子通道的开放和关闭调节相应物质进出细胞速度的能力，对实现细胞各种功能具有重要意义。大多数离子通道并不是处于常开放状态，而是存在开放和关闭等不同状态，这就提示离子通道存在一个类似于"门"的装置，"门"的开放和关闭决定了离子通道的开放和关闭，即离子通道的门控行为，"门"打开，产生离子电流，"门"关闭，离子电流停止。研究表明离子通道在接受外来刺激时，其分子构型发生改变引起离子通道内部结构重排，使离子通道水性通路孔壁上的氨基酸发生改变，产生离子通道"门"开放和关闭的变化。大多数离子通道对离子具有高度选择性，开放的离子流动方式是被动扩散。离子通道可分为非门控离子通道（non-gated channels）和门控离子通道（gated channels）。非门控离子通道总是处于开放的状态，其功能是产生静息电位。门控离子通道具有明显的门控行为，种类繁多，它们可使膜电位发生不同的变化而表达不同的神经传递信息。门控离子通道可根据开放刺激的不同分为四种：电压门控离子通道、递质门控离子通道、机械门控离子通道和其他门控离子通道。下面主要介绍电压门控离子通道和递质门控离子通道。

1. 电压门控离子通道　电压门控离子通道（voltage-gated channel）的共同特性是其通道的开放均受膜电位控制，结构上均含富有正电荷氨基酸的肽段，这一肽段对膜电位非常敏感，起着电压感受器（voltage sensor）的作用。当膜电位变化到一定电位值时，富含正电荷的电压感受器发生位移，引起离子通道构型发生改变，导致离子通道（m-门）开放，产生离子电流（图3-1）。此外，大多数电压门控离子通道产生离子电流后，其膜电位变化随着时间而减少，这一现象被称为失活（inactivation）。离子通道失活的机制目前尚不清楚，有证据表明某些电压门控离子通道的分子结构内可能具有一个可引起离子通道失活的功能区（h-门），用蛋白水解酶水解 h-门后，仅影响离子通道的失活，而不影响离子通道的激活（m-门开放）。还有证据表明阻止 Ca^{2+} 内流可以防止有些离子通道的失活，表明该电压门控离子通道的失活需要 Ca^{2+} 内流。

Note

2. 递质门控离子通道　递质门控离子通道亦称为配体门控离子通道(ligand-gated channel),其共同特点是通道的开放均需神经递质,结构上含有特异性神经递质的结合位点。当神经递质与其特异性位点结合后产生化学能,引起离子通道构型发生改变,导致离子通道开放,产生离子电流(图3-2)。此外,如果神经递质与递质门控离子通道长时间结合,可引起该离子通道产生的离子电流减少,这种现象被称为脱敏(desensitization)。离子通道的脱敏机制目前尚不清楚,有证据表明,脱敏可能与神经递质与递质门控离子通道相互作用的内在特性有关,也可能与激酶引起的离子通道磷酸化有关。由于后面神经递质部分将介绍不同神经递质门控离子通道(即递质的受体),下面主要介绍几种重要的电压门控离子通道。

3. 钠离子通道　Na^+通道(sodium channel)是第一个被克隆并测序的电压门控离子通道,对Na^+有高度选择性。

(1) 钠离子通道的特性:Na^+通道由3个亚基(α、β_1、β_2)组成,其相对分子质量分别为260×10^3、36×10^3和33×10^3。其中α-亚基为Na^+离子通道的主亚基,它有4个跨膜区(I、II、III、IV),每个跨膜区有6个跨膜段,4个跨膜区围绕一个中心形成离子通道的中央水性通路(图3-3)。目前已经确定

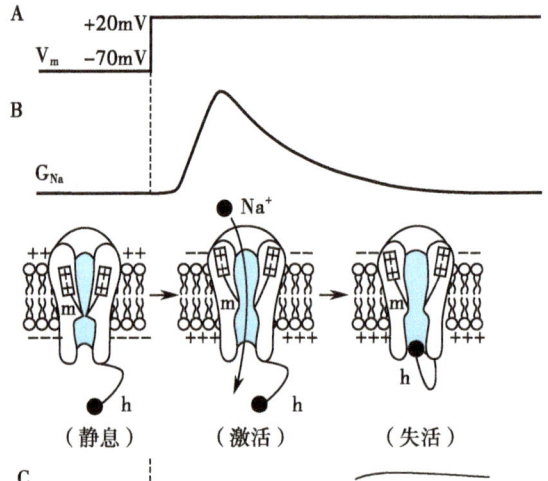

图 3-1　电压门控离子通道示意图

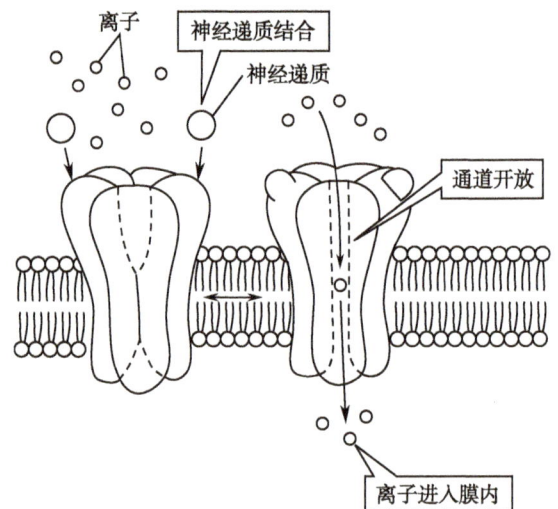

图 3-2　配体门控离子通道示意图

9种α-亚型的Na^+通道亚型,采用"Nav+ 数字 + 小数点 + 数字"的格式命名(Nav1.1~Nav1.9)。Na^+通道的特性可以通过膜片钳技术进行研究,膜片钳技术可以将神经元膜电位从静息电位钳制到不同水平,同时记录所产生的Na^+电流,以观察Na^+电流的电压依赖性及随时间变化的动力学过程,以此来反应Na^+通道的特性。Na^+电流具有电压依赖性,当膜电位从静息电位钳制到$-65mV$时,记录不到Na^+电流,表明去极化还没有达到Na^+通道m-门开放的阈值;当膜电位被钳制到$-60mV$时,可记录到Na^+电流,表明Na^+通道m-门开放;随着膜电位的进一步去极化,Na^+电流进一步增大到峰值(此时膜电位钳制到$-40mV$),由此可以看出Na^+电流的激活电压范

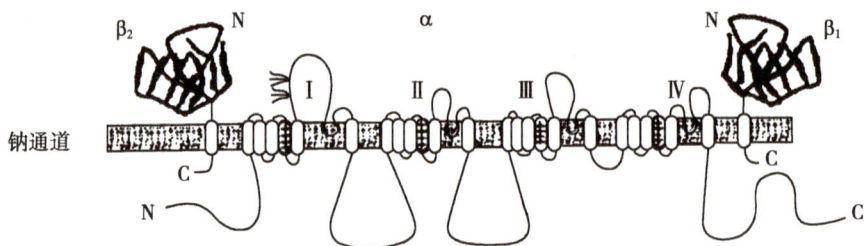

图 3-3　电压门控钠离子通道示意图

围较小（–60~–40mV），这是 Na$^+$ 通道的一个特点。此外，膜电位去极化长时间存在，尽管在开始阶段可触发 Na$^+$ 电流产生，但之后 Na$^+$ 电流快速减少，表现出失活过程。如果预先将膜电位长时间钳制到不同去极化水平，这些去极化电位可引起随后产生的 Na$^+$ 电流减少，而且这种减少具有明显的电压依赖性。因此，膜电位对 Na$^+$ 通道的作用具有双向性，即短时间去极化可激活 Na$^+$ 通道，但长时间去极化则可引起 Na$^+$ 通道失活。在对神经元短时间去极化刺激时，其产生的 Na$^+$ 电流具有时间动力学特点。当膜电位被钳制到去极化水平的瞬间，Na$^+$ 电流很快达到最大值，其时间在 1ms 内，然后 Na$^+$ 电流又将很快减少，表现为快速失活，10ms 内 Na$^+$ 电流减少到 0，这是 Na$^+$ 电流的重要特点。但近年发现的不同亚型的 Na$^+$ 通道在时间动力学上表现出不同特点，某些甚至表现出很慢的失活过程，形成持续的 Na$^+$ 电流。Na$^+$ 通道具有特异性激活剂和阻断剂，激活剂有青蛙毒（batrAChotoxin，BTX）和木藜芦素（grayanotoxin，GTX）等，阻断剂有河豚毒素（TTX）和石房蛤素（saxitoxin，STX）等。BTX 和 GTX 对 Na$^+$ 通道的激活作用是阻止 Na$^+$ 通道失活，使通道稳定在开放状态，TTX 和 STX 对 Na$^+$ 通道的阻断作用是通过阻塞 Na$^+$ 通道的水性通道阻断 Na$^+$ 电流产生。

（2）神经系统 Na$^+$ 通道疾病：Na$^+$ 通道的主要功能是形成动作电位的上升相，因此 Na$^+$ 通道被阻断的话，动作电位将不能产生。在神经轴突中，Na$^+$ 通道基因突变使其功能结构改变，影响 Na$^+$ 通道的正常功能，其通道的激活、快速失活和慢速失活发生障碍，从而导致感觉和运动障碍疾病，如多发性硬化症、癫痫、脑卒中、外周神经性疾病和神经性疼痛。根据 Na$^+$ 通道与疾病发生的关系和在疾病治疗中发挥的药理作用，分为抗癫痫药、局部麻醉药、全身麻醉药以及抗精神病药。

4. 钙离子通道　Ca^{2+} 通道（calcium channel）是一类对 Ca^{2+} 具有高度选择性的离子通道，目前已经发现电压依赖型钙通道（VOCS）、受体活化钙通道（ROCS）、第二信使活化钙通道（SMOCs）、机械活化钙通道（MOCS）和静息活化钙通道。这里仅介绍电压依赖型钙离子通道。

（1）Ca^{2+} 通道的特性：Ca^{2+} 通道由 5 个亚基（α_1、α_2、β、γ、δ）组成（图3-4），其中 α_1 为主亚基跨细胞膜，相对分子质量为 170×10^3；β- 亚基相对分子质量为 56×10^3，位于胞内；γ- 亚基相对分子质量为 35×10^3，位于跨膜。α_2- 亚基与 δ- 亚基形成二聚体（相对分子质量为 155×10^3）部分位于胞外，部分位于跨膜。Ca^{2+} 通道是一类不均一的离子通道，在电生理和药理特性上表现出多样性，目前已公认的 Ca^{2+} 通道有 L 型、N 型、T 型、P 型、Q 型和 R 型六种，其特性和功能定位见表3-1。

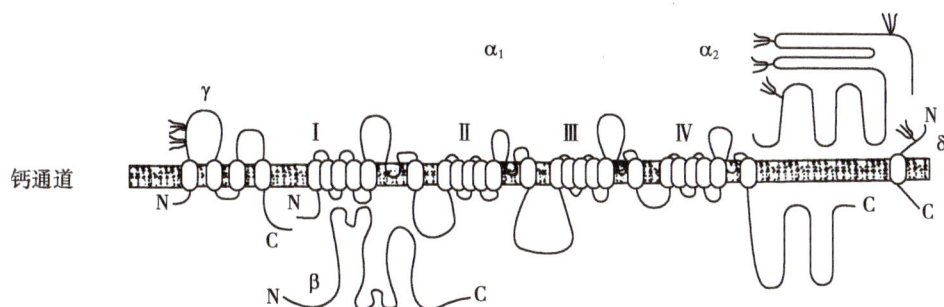

图 3-4　电压门控钙离子通道结构示意图

表 3-1　电压门控钙离子通道的特性

Ca^{2+} 通道类型	特性	功能定位
L 型	高电压激活（–10mV），可持续开放较长时间（500ms）。拮抗剂有硝苯吡啶（nefedipine）、地尔硫草（diltiazem）、维拉帕米（verapamil），激动剂为 Bay K 8644	兴奋收缩耦联，一些神经元和内分泌细胞的分泌收缩耦联

Note

续表

Ca^{2+} 通道类型	特性	功能定位
N 型	与 L 型相似,高电压激活,开放时间较 L 型短(40ms)。拮抗剂有海蜗牛毒素(ω-conotoxin GVIA)	存在于多数神经元的突触前膜,触发神经递质释放
P 型	中度电压激活(-40mV),失活非常慢,甚至比 L 型 Ca^{2+} 通道还慢。拮抗剂为蜘蛛毒素(ω-agatoxin IVA),浓度为 3nmol/L	存在于一些神经元的突触前膜,介导其递质释放与高阈放电
Q 型	与 P 型相似,中度电压激活,但失活较快,100ms 去极化期间电流就减少 35%。拮抗剂也为 ω-agatoxin IVA,但浓度需 200nmol/L	存在于一些神经元的突触前膜,介导其递质释放
R 型	激活电压比上述的 Ca^{2+} 通道低(-50mV),失活也比上述通道快,可被 Ni$^+$、Cd^{2+} 阻断	—
T 型	典型的低电压激活(-70mV),激活后迅速失活,表现出明显的瞬态特性,可被 Ni$^+$ 阻断	分别在树突和胞体,参与动作电位串放电

(2) 神经系统钙离子通道疾病:钙离子通道广泛存在于机体的不同类型组织细胞中,参与神经、肌肉、分泌、生殖等系统的生理过程。目前已经发现的钙通道病有家族性偏瘫型偏头痛(familial hemiplegic migraine,FHM)、2- 型发作性共济失调(episodic ataxia type 2,EA2)、6- 型脊髓小脑共济失调(spinocerebellar ataxia type 6,SCA6)、低钾型周期性瘫痪(hypokalemic periodic paralysis,HPP)、Lambert-Eaton 肌无力综合征、癫痫等。FHM、EA2、SCA6 的致病基因均为定位于染色体 19p13.1 13.2 的 CACNAIA,其基因编码电压门控 P/Q 型 Ca^{2+} 通道 α₁ 亚基发生错义突变、缺失突变或增长突变,导致通道蛋白功能改变,影响电压敏感性、离子选择性和通透性。这三种等位基因发生突变类型和致病原因不同,FHM 是由于错义突变导致 Ca^{2+} 通道功能增加,EA2 是由于缺失突变导致 Ca^{2+} 通道功能缺失,SCA6 则是由于出现一个延伸的谷氨酰胺通道使 Ca^{2+} 过多进入胞内导致 Purkinje 细胞变性。

5. 钾离子通道　K$^+$ 通道(potassium channel)对 K$^+$ 具有高度选择性。K$^+$ 通道由 4 个 α- 亚基和 4 个 β- 亚基组成,每个 α- 亚基独立构成一个跨膜区,并与一个 β- 辅助亚基结合在胞内,每个通道拥有 4 个重复结构。目前已知的 α- 亚基所含的跨膜段数有三种,即二跨膜段、四跨膜段和六跨膜段(图 3-5)。二跨膜段构成的 K$^+$ 通道为内向整流 K$^+$ 通道,四跨膜段构成的 K$^+$ 通道为非门控 K$^+$ 通道,而六跨膜段构成的 K$^+$ 通道则为电压门控 K$^+$ 通道。这里仅介绍电压门控 K$^+$ 通道。

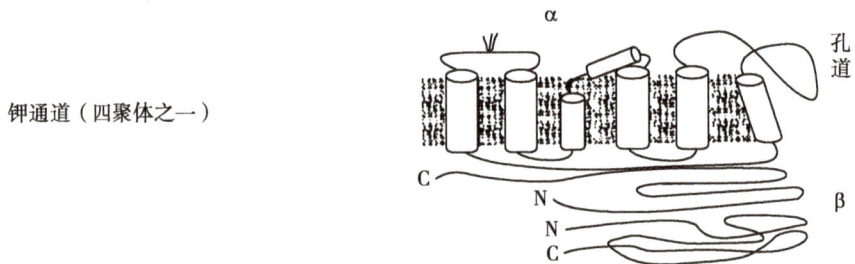

图 3-5　钾离子通道结构示意图

(1) 电压门控 K$^+$ 通道的特性:编码电压门控 K$^+$ 通道 α- 亚基的基因主要有 Shaker 家族、Eag 家族和 KCNQ 家族,其中后两者编码的 K$^+$ 通道主要分布在心血管系统,而前后 Shaker 家族编码神经系统 K$^+$ 通道。Shaker 家族基因又分为 4 个亚家族基因 Shaker、Shab、Shaw、Shal,它们编码的 K$^+$ 通道分别称为 Kv₁、Kv₂、Kv₃ 和 Kv₄ 家族,Kv₁ 家族有八个亚型(Kv$_{1.1}$~Kv$_{1.8}$);Kv₂ 家族有三个亚型(Kv$_{2.1}$~Kv$_{2.3}$);Kv₃ 家族有四个亚型(Kv$_{3.1}$~Kv$_{3.4}$);Kv₄ 家族有三个亚型(Kv$_{4.1}$~Kv$_{4.3}$)。按照电生理特性分类,K$^+$ 通道主要分为延迟外向 K$^+$ 通道和瞬时外向 K$^+$ 通道。延迟外向 K$^+$ 通道的激活有一个过程,失活较慢,阻断剂有四乙胺(TEA)、Cs^+、Ba^{2+}、Zn^{2+} 等;瞬时外向 K^+ 通道的激活很快,失活也很快,呈瞬态特点,阻断剂有 4- 氨基吡啶(4-aminopyridine,4-AP)等。按照分子生物学方法分类,K^+ 通道有很多类型,其分子结构多种多样,但 K^+ 通道的电流动力学主要也表现为持续类和瞬态类,即激活慢、失活慢类和激活快、失活快类。有些介于两种之间。如 $Kv_{2.1}$ 和 $Kv_{2.2}$ 表达后的特性与电生理分类中的延迟外向 K^+ 通道相似,$Kv_{4.2}$ 和 $Kv_{4.3}$ 表达后的特性与电生理分类中的瞬时外向 K^+ 通道相似。延迟外向 K^+ 通道的功能主要参与动作电位的复极过程,因而在动作电位形成过程中具有重要作用,瞬时外向 K^+ 通道的功能主要影响细胞的兴奋性,它产生的瞬时外向 K^+ 电流可对抗去极化过程的内向电流,因而可以降低细胞的兴奋性。

(2) 神经系统 K^+ 通道疾病:K^+ 通道在神经细胞信号的传导过程中具有重要作用,其家族成员在调节神经递质释放、神经细胞分泌等方面发挥重要作用。已经发现的 K^+ 通道病有染色体显性良性家族性新生儿惊厥(benign familial neonatal convulsions,BFNC)、1- 型发作性共济失调(episodic ataxia type 1)、阵发性舞蹈手足徐动症伴发作性共济失调(paroxysmal choreoathetosis with episodic ataxia)、癫痫等。

(二)膜电位

膜电位(membrane potential)是指存在于细胞膜两侧的电位差。将参考电极放在细胞外,记录电极插入细胞内,通过放大器测得细胞膜两侧存在电位差,即膜电位。由于参考电极是置于细胞外并且接地,因此记录到的膜电位是以细胞外为零电位的膜内电位,因而膜电位特指细胞膜内电位。

膜电位并不是不变的,在细胞没有受到外界刺激时的膜电位称作静息电位,当细胞受刺激后会产生膜电位的变化,而膜电位变化是神经元接受外来刺激后的生理反应,它又分为局部电位和动作电位。本节主要介绍静息电位和动作电位。

1. 静息电位　静息电位(resting membrane potential)是指神经元在没有受到外来刺激时,存在于膜内外两侧的电位差。静息电位在大多数神经元可维持在相对稳定的水平(-70mV),除非神经元受到外来刺激或细胞代谢活动发生异常。

静息电位使神经元安静时处于极化状态,即胞膜内带负电状态,这是神经元安静时的主要特征,同时也是神经元对外来刺激产生电信号的电学基础。当神经元受到外来刺激时静息电位会发生相应变化,这些变化可以是静息电位负值的增大——超极化(hyperpolarization),也可以是静息电位负值的减少——去极化(depolarization),或者是恢复到静息电位——复极化(repolarization)。

神经元静息电位产生的直接原因是由于膜内外离子分布不对等及细胞膜非门控离子通道对各种离子的通透性不同所致。以 K^+、Na^+、Ca^{2+}、Cl^- 为例,它们在膜内外的浓度有很大的差别(表 3-2)。

表 3-2　Na^+、K^+、Ca^{2+}、Cl^- 在神经细胞膜两侧的分布

分布	哺乳动物				轴突枪乌贼巨大轴突			
	Na^+	K^+	Ca^{2+}	Cl^-	Na^+	K^+	Ca^{2+}	Cl^-
胞内(mmol/L)	5~15	140	0.0001	4~30	50	400	0.0001	40~30
胞外(mmol/L)	130	5	1~2	120	400	20	10	54

由表 3-2 可见,细胞膜内 K^+ 浓度比胞膜外高,但胞膜外 Na^+、Cl^- 浓度则比膜内高。假如胞膜对正负离子都有相同的通透性,则离子移动最终会使膜两侧离子浓度相等,因而不会形成电位差。神经元细胞膜上存在非门控 K^+ 通道,其特点是开放不需要外部刺激,处于常开状态,对 K^+ 具有选择性,而对 Na^+ 和 Cl^- 不通透,那么 K^+ 会顺浓度差从膜内流向膜外,而膜内带负电荷的蛋白质分子不能或很少跟随外流,造成胞膜内电位偏负,而胞膜外电位偏正。由 K^+ 外流形成的内负外正的电位差会进一步限制 K^+ 外流,这种电动势梯度的对抗作用最终与浓度梯度的驱动

Note

作用达到平衡,这时膜两侧的电位差称之为 K^+ 的平衡电位,这就是膜电位形成的基本机制。平衡电位的大小取定于胞膜两侧的离子浓度,可用 Nernst 方程计算。

$$E=\frac{RT}{ZF}\ln\frac{[C]_o}{[C]_i}$$

式中,E 为某离子的平衡电位,R 为气体常数($8.32 \text{Jmol}^{-1} \cdot \text{K}^{-1}$),$T$ 为绝对温度,Z 为离子价,F 为法拉第常数(96.500C/mol),$[C]_o/[C]_i$ 为化学梯度(即膜内外的离子浓度比),ln 为自然对数。在计算 K^+ 平衡电位时,钾为 1 价离子,所以 $Z=1$,如果把自然对数(1n)换成常用对数(log),把恒温动物的体温按37℃算,上式可简化为:

$$E=60\log\frac{[C]_o}{[C]_i}$$

在此式中将细胞内外 K^+ 浓度代入可算出理论上的静息电位值。但将神经元细胞内外 K^+ 浓度差代入 Nernst 公式计算,计算出的理论静息电位值($\approx -80\text{mV}$)与实际测定的静息电位($\approx -70\text{mV}$)存在差距,其原因可能是静息电位虽然主要是由 K^+ 平衡电位形成,但可能还存在其他一些因素影响 K^+ 平衡电位,如胞膜对其他离子也具有一定通透性。这部分通透性虽然程度不大,但可抵消一部分 K^+ 外流产生静息电位的作用,使静息电位部分偏离它的 K^+ 平衡电位。由于神经元细胞膜对 K^+ 的通透性要远大于对 Na^+ 和 Cl^- 的通透性,因而其静息电位的形成是以 K^+ 跨膜流动为主,同时还有部分 Na^+ 和很小一部分 Cl^- 参与。

2. 动作电位

(1)动作电位的产生:当神经元接受外来刺激时,如果刺激达不到一定强度,它虽可使膜电位去极化,但并不能触发动作电位产生。只有当刺激达到某一强度致使膜电位去极化到阈电位(threshold potential,TP),方可触发动作电位(action potential,AP)。

神经元的外来刺激可以有多种形式。在生物体内,神经元的外来刺激主要来自能够产生突触后电位的神经递质。递质产生的突触后电位可以在神经元局部叠加,叠加的结果如果达到阈电位则可触发动作电位产生。神经元动作电位同其他可兴奋细胞的动作电位一样,是一个连续的膜电位瞬态变化过程。它从膜内为负的静息电位开始,在极短的时间内突然变为正电位,然后又回到静息电位水平。在波形上,动作电位的上升相是膜电位的去极化过程,它包括逐渐去极化达到阈电位、快速去极化和超过零电位的超射三个时相,下降相是膜电位复极化过程,它包括复极化和后电位两个时相,后电位中又可有后超极化和后去极化两种(图3-6)。

(2)动作电位性状与功能:①全或无式脉冲反应:一定强度的阈下刺激所诱发的局部电流是随着刺激的增强而变大,但动作电位则不同,在阈下刺激时根本不出现(无),但当刺激一旦达到阈值或

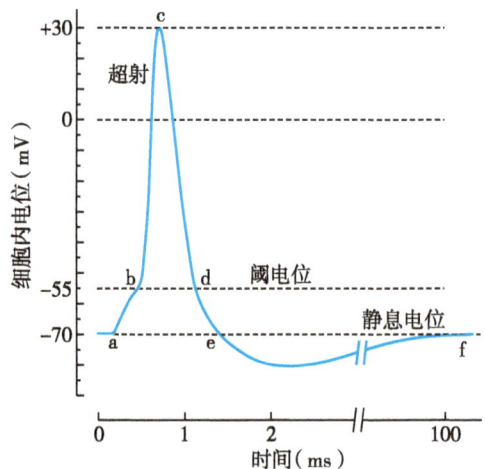

图 3-6　神经纤维动作电位模式图

超过阈值,动作电位便在局部电位的基础上出现,并且自我再生地快速达到固定的最大值(全),随后又迅速恢复到原初的静息膜电位水平,这种反应方式称全或无反应;②不衰减传导:动作电位作为电脉冲,它一旦在神经元的一处发生,则该处的膜电位便爆发式变为内正外负,这一变化会对仍处于静息膜电位(内负外正)的相邻部位形成刺激,并且其强度明显超过阈值,因此相邻部位因受到阈上刺激而进入兴奋状态,并且也随之产生全或无式动作电位;这样,在神经元一处产生的动作电位便以这种局部电流机制依次诱发相邻部位产生动作电位,又由于动作电位是全

或无式反应,所以它可不衰减地向远距离传导;③兴奋性后变化:在神经元膜的某处一旦产生动作电位,则该处的兴奋性便将发生一系列变化,大致在动作电位的超射时相,无论用何如强的刺激电流在该处都不能引起动作电位,称为绝对不应期;在随后的短时间内,用较强的阈上刺激方可以在该处引起动作电位,并且其振幅还要小一些,称为相对不应期。

(3) 动作电位的离子学说:

1) 动作电位期间的 Na^+ 电导(G_{Na}):在细胞膜静息状态时,膜通道开放的机率很小,许多通道都处于关闭状态。膜初期的去极化仅引起少数钠通道的开放,Na^+ 进入到细胞内,引起膜电位的进一步去极化,而进一步的去极化又引起了更多钠通道的开放,导致更多的 Na^+ 的内流,这是一个正反馈过程。因此,一旦刺激达到了阈电位,这种越来越多的 Na^+ 内流过程就会自动持续下去,直至动作电位发生(图 3-7A,B)。在此期间,并不需要外加的刺激参与其过程,因而说动作电位具有不衰减的自我再生的性质。当动作电位达到它的峰值时,钠通道开始失活,膜对 Na^+ 的通透性逐渐减小,此时,不管去极化的幅度有多大,它们对去极化不再产生反应。

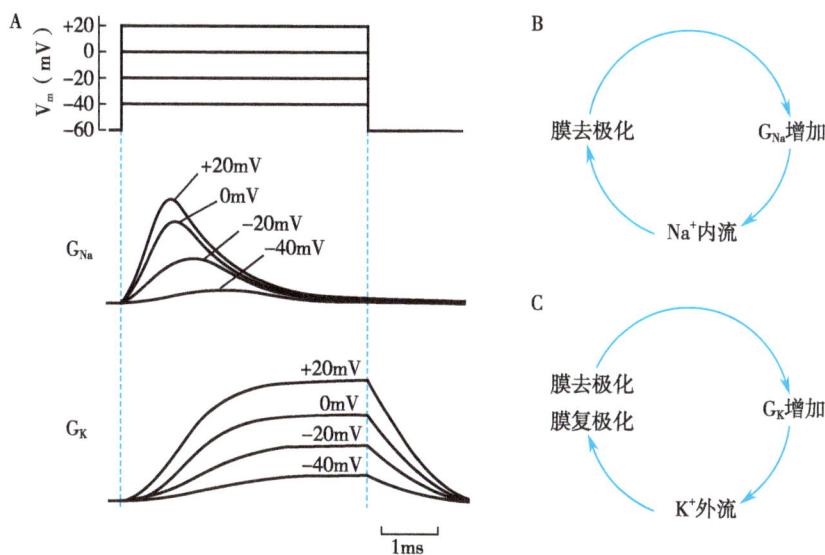

图 3-7　动作电位期间 G_K、G_{Na} 的变化

2) 动作电位期间的 K^+ 电导(G_K):钾通道也是电压依赖的通道,开放的机率随着去极化而增加。然而,与钠通道的快速变化相反,钾通道的反应比较缓慢。当动作电位接近它的峰值时,K^+ 电导才开始缓慢增加。当动作电位复极化开始时,它仍保持一个很高的水平(图 3-7A,C)。钾通道的延迟激活,与钠通道的失活相配合,形成了动作电位的下降相和后超极化相。在后超极化期间,K^+ 电导高于正常水平,Na^+ 电导低于正常水平,膜电位更接近于 K^+ 的平衡电位。电压门控钾通道对于动作电位的产生并不是必需的,即使没有电压依赖的钾通道,钠通道的失活仍将导致膜的复极化。但当存在电压依赖性的钾通道时,复极化缩短了动作电位的时程。根据其动力学的特征,钾通道决定了动作电位的时程,允许产生较高频率的动作电位。一些电压依赖性钾通道甚至在静息状态时也是开放的,因而对静息电位的维持也具有重要作用。

3. 兴奋与兴奋性　兴奋(excitation)是神经(或其他能兴奋的组织)活动的基本形式之一,而兴奋性(excitability)是指各种组织被电刺激后能够引起兴奋的一种能力,是产生兴奋活动的基本条件之一。阈下刺激能引起兴奋性的提高但不能产生兴奋。

对于神经组织,兴奋即动作电位,是神经或其他可兴奋的组织活动的基本形式之一。阈下刺激能引起兴奋性的提高,但不能产生兴奋;在产生峰电位期间,神经纤维虽然处于兴奋状态,但这时的兴奋性却为零,因为它没有再度引起兴奋所需的基本条件,是处于对任何刺激都不能作出应答的绝对不应期中。去极化是兴奋的标志,神经元的去极化反应是具有再生性的,一个轴突区域产生的兴奋足以引起邻近部分的兴奋,以波的形式沿轴突全长不衰减地扩布。这种电压波是神经纤维传导的信息单位。

在电生理实验中,常常使用电刺激作为改变神经兴奋性的方法。当电流作用于神经的时候,电流经阳极由膜外流入膜内,在膜内电流从阳极处流向阴极处,然后,再在阴极由膜内流到膜外。显然,电流刺激将引起膜电位的变化,同时必然伴随着胞膜相应的兴奋性变化。一个适当的刺激能够引起神经纤维的兴奋。引起神经冲动所需的最短刺激作用时间与刺激电流强度有一定的关系。在一定的范围内,刺激强度越大,引起神经冲动所需要的刺激作用时间就越短,将这种关系曲线称之为强度-时间曲线,该曲线涉及的参数为"阈强度"。阈强度是指允许刺激时间无限延长的条件下,引起组织兴奋的最小刺激强度。阈强度越大,表明组织的兴奋性越低。曲线是一条"阈值曲线",也就是说曲线上任何一点所代表的具有一定强度和作用时间的刺激都能引起组织的兴奋,因此这个"阈值曲线"既包括了时间意义又包括了强度意义,它是引起组织兴奋的最低界线。

二、神经纤维的兴奋传导功能及传导特征

在脊椎动物的神经系统中,较大的神经纤维都是有髓鞘的。在周围神经系统中,髓鞘由神经膜细胞(Schwann cell,又称施万细胞)形成,而在中枢神经系统中则由少突胶质细胞形成。这些髓鞘细胞本身紧紧地包绕着轴突,且每包绕一次在膜之内的胞质就被挤出,结果就形成了螺旋状紧密包绕的膜。包绕片层数最低的在10~20层,最大的约160层。160层的包裹意味着在轴突质膜和细胞外液间串联着320层膜,因此,有效膜电阻增加了160倍,而膜电容则相应减少了160倍。从直径上看,髓鞘一般占纤维总直径的20%~40%。髓鞘在郎飞结处周期性地中断,暴露出轴突的膜片。结间距离通常约为纤维外径的100倍,其范围在200μm~2mm之间。

髓鞘的作用是将膜电流活动主要限制于郎飞结,因为离子不易在高膜阻抗区流入或流出,同时结间电容电流也非常得小。其结果是,兴奋从一个郎飞结处跳到另一个郎飞结处,这样就大大地提高了传导速度。这种冲动的传播称之为跳跃式传导。有髓鞘神经纤维不但比无髓鞘神经纤维传导动作电位的速度快,并且更有利于高频率长时间的传导动作电位。这种能力与神经纤维髓鞘化的另一个结果有关,即在冲动传播过程中,由于兴奋性的活动被限制在郎飞结处,所以只有很少的钠、钾离子进出轴突。因此,神经细胞不需要消耗过多的代谢能量来维持合适的胞内离子浓度。

在有髓鞘纤维中,电压敏感的钠通道在郎飞结处高度集中,而钾通道更集中于结旁髓鞘下。研究发现用酶处理或渗透冲击的方法将髓鞘松开,在郎飞结处进行电压钳位实验,并将其与处理前的结果进行比较,实验表明,在兔神经兴奋时郎飞结仅可记录到内向钠电流。复极化的发生不是通过钾电导的增加而是由于快速的钠电导失活,以及通过较大的静息电导的电流。当靠近郎飞结的轴突膜(结旁区域)暴露后,兴奋产生一延迟的外向钾电流,而无内向电流的增加,这表明新暴露的膜包含延迟整流通道,但没有钠通道。后来的免疫细胞化学研究证实,在大鼠的有髓鞘神经中,电压敏感钾通道主要分布于结旁区。

三、神经纤维对支配组织的营养作用

神经除了通过突触释放神经递质来调节支配组织的功能活动外,还能通过末梢经常释放某些物质,持续地调节被支配组织的内在代谢活动,影响其结构、生化和生理的变化,这一作用与神经冲动无关,称为神经营养性作用。

神经营养性作用是在运动神经上发现的。运动神经切断后,肌肉内糖原合成减慢、蛋白质分解加速,肌肉逐渐萎缩;如将神经缝合再生,则肌肉内糖原合成加速、蛋白质分解减慢而合成加快,肌肉逐渐恢复。

神经的营养性作用与神经冲动无关,因为持续用局部麻醉药阻断神经冲动的传导,并不能使所支配的肌肉发生内在代谢变化。神经营养性作用是由于末梢经常释放某些营养性因子,作用于所支配的组织而完成的。

神经元能合成多种营养性因子维持所支配组织的正常代谢和功能,反过来组织也持续产生营养和生长刺激因子作用于神经元。神经生长因子(nerve growth factor,NGF)是最早发现的这类因子之一,后来陆续发现多种神经营养因子参与神经系统的发育过程,维持神经系统的正常功能。NGF 是一种蛋白质,由 α、β、γ 亚单位组成;其中 β 亚单位是具有生物活性的成分,相对分子质量为 13 00,其结构与胰岛素相似。NGF 是交感神经和背根神经节神经元生存和发育必需的因子。另外,组织也可以合成 NGF 并被神经末梢摄取,而后逆向运输到胞体发挥营养性作用。

四、神经纤维的轴浆运输

轴浆运输(axonal transport)是指一些亚细胞结构和蛋白质由细胞体向轴突或由轴突末梢向胞体的运动。轴浆运输可以使物质在神经元细胞体与轴突末梢之间进行双向交流。轴突末梢的蛋白质几乎都是在神经元胞体合成,然后被运送至突触末梢的。1948 年 Weiss 和 Hiscoe 率先揭示了轴突中存在物质的运输。他们结扎了鸡坐骨神经,几周后观察到结扎线近端区域出现一定程度的膨大,而结扎点远端却发生退行性改变。去除结扎线后,他们观察到结扎点处堆集的物质沿轴突移动。1964 年 Lubinska 等人则提出了顺向轴浆运输和逆向轴浆运输的概念。他们在犬坐骨神经两处做了结扎,并游离出部分神经进行乙酰胆碱酯酶的定量分析。他们发现在两个结扎点的两端均出现膨大,乙酰胆碱酯酶含量增高,提示存在两种类型的轴浆运输过程,即从神经元胞体运送到轴突末梢的顺向轴浆运输(anterograde axonal transport)及由轴突末梢处到胞体的逆向轴浆运输(retrograde axonal transport)。人们根据轴浆运输速率的不同,将轴质运输又区分为快速轴质运输和慢速轴质运输。

1. **快速轴质运输成分及其运动特征**　不同类型细胞器是快速轴浆运输(fast axonal transport)的主要组分,它们沿微管作顺向或逆向运动。不同组分的运动速率有很大差异。根据被运送组分的方向和速率,将快速轴质运输成分分为三类:快速顺向成分,平均移动速度为 200~400mm/d,大多是分泌通路中高尔基体来源的囊泡和管状结构;双向运输成分,移动速度为 50~100mm/d,主要是线粒体;快速逆向成分,移动速度为 200~400mm/d,大多是一些内吞通路中的内体和溶酶体,如内吞的膜受体、神经营养素和活化的溶酶体水解酶等。快速轴质运输中的顺向运输由 Kinesin 驱动,使细胞器向着微管的正端移动;逆向运输则由 Dynein 驱动,它使细胞器朝着微管的负端运动。

2. **逆向轴浆运输**　快速轴浆轴质运输主要负责将细胞器由细胞胞体转运到轴突末梢,在转运过程中轴突蛋白不断得到更新;而逆向轴质运输(retrograde axonal transport)主要负责细胞器由轴突末梢返回胞体。许多组分在返回细胞体的过程中被溶酶体中的酸性水解酶降解。逆向轴质运输不仅是清除细胞内代谢废物的一种方式,同时也是神经元胞体与轴突远端末梢交流的一种方式,体现了控制神经元胞体代谢活动的一种反馈性诱导机制,因为逆向运输组分可以向胞体反馈轴突末梢某些重要组分的水平和活性。逆向运输组分还参与神经元的神经营养功能,由细胞释放的 NGF、成纤维细胞生长因子(fibroblast growth factor,FGF)以及其他营养因子,在轴突末梢区域可通过内吞被摄取后转运至胞体,发挥神经营养功能,而且这种摄取方式似乎是这些营养因子进入神经元的主要途径。此外,它还允许转运破伤风毒素(tetanus)或霍乱毒素(cholera)这样的大分子,它们同样是在轴突末梢摄取,而后在胞体发挥毒性作用的。

Note

3. 慢速轴浆运输　慢速轴浆运输(slow axonal transport),尤其是顺向慢速轴质转运能确保轴突中 80%的蛋白质得到更新。在成熟的神经元,它的主要功能是不断更新细胞骨架成分,并作为顺向和逆向轴质运输的载体或底物。

第二节　神经元间的信息传递

目前普遍认为人脑有大约 1000 亿个神经元,这些神经元并不是彼此孤立的。它们通过突触彼此连接,构成复杂的神经网络。因此,可以说高级脑功能的结构基础是神经网络,而神经网络的最基本工作单元就是突触。正是通过突触间信息的相互传递才使神经网络具有了复杂的信息处理能力。

一、突触传递

神经系统内神经元间的相互通讯是通过神经元连接的特殊结构来完成的,这个特殊的结构称为突触(synapse)。突触是使一个神经元的冲动传到另一个神经元或肌细胞的特殊接点,在突触处信息传递的过程被称为突触传递(synaptic transmission)。

突触可以分成两种基本类型:电突触和化学性突触。神经元之间的信息传递主要通过化学性突触来进行。在化学性突触中,突触前膜释放的神经递质作用到突触后膜的特异受体上,引起突触后膜产生局部电位。在中枢神经系统的某些部位也存在电突触,这些相邻细胞间存在缝隙样结构形成的电耦合,信息的传递是通过电的形式直接进行的。

突触传递的分子机制是一个极其复杂的过程,包括以下内容:①突触的代谢过程:包括递质和突触小泡的合成、运输和贮存,突触末梢各种成分的装配;②突触前释放:突触前膜的去极化,钙内流,激活第二信使,突触小泡的移动、与膜融合和释放;③突触前恢复:递质的重摄取和膜的再循环;④突触前调制:突触本身存在一些受体,也能被其释放的神经递质激活来调控突触前膜的功能;⑤间隙机制:神经递质的扩散、水解、重摄取、终止;⑥突触后受体:神经递质作用于突触后膜的受体引起突触后电位的变化;⑦突触后调制:突触后存在一些神经递质受体,这些受体的激活不会引起突触后膜电位的变化,但可以调节突触后膜的功能。

(一) 电突触传递

尽管哺乳动物脑内的电突触占整个突触数目的比例较低,但它们在脑的生理和病理机制中也发挥重要的作用。电突触功能的失调将影响人们的学习、记忆、思维、精神、情绪和运动等功能,严重时可导致神经和精神疾病的发生。

电突触是一种特化的细胞之间相互联系的结构,其结构是由一系列缝隙连接(gap junction)通道组成,通过这种结构可以直接进行细胞间的电信号传递,它允许离子流从一个细胞直接传递到另一个细胞,这在神经系统的胶质细胞中非常多见。在缝隙连接处,相邻神经元之间的距离仅为 3.5nm,典型的缝隙连接为每一侧细胞膜上都由 6 个连接蛋白(connexin)形成连接小体(connexom)结构,中间形成一个亲水通道,两侧细胞膜上的这种结构相互对接,形成贯通两个细胞的亲水通道。这种通道被认为是现有最大的细胞膜孔道,直径约为 1.5nm,可允许所有重要的离子和许多有机分子通过。

电突触的信号传递是双向性的,其传导速度往往较化学性突触传递更快,一个神经元发生动作电位的同时可使另一神经元产生动作电位,几乎没有突触延迟。缝隙连接的亲水通道还允许 cAMP、IP_3 等小分子自由通过,作为细胞间第二信使传递信号。电突触亲水性通道的通透性并不是一成不变的,如细胞内的 Ca^{2+} 浓度过高或 pH 极度下降会导致通道的关闭。例如,神经元损害时常会发生与神经元死亡机制相关的细胞内 Ca^{2+} 升高,这可引起神经元之间电突触的关闭,从而避免相邻神经元受到损伤,这种现象称为封断(seal over)。此外,缝隙连接通道在细胞膜上的分布以及通道开启的动力学活性的变化还受 cAMP 和蛋白磷酸化机制的调节。

电突触与化学性突触的主要区别和特点表现为：电突触可双向传递，而化学性突触为单向传递；电突触的突触前膜去极化时，突触后膜也同时去极化；化学性突触的突触前成分有电流变化时，一般不引起离子直接通过突触后膜；某些神经递质对电突触的导电特性具有调节作用。

（二）化学性突触传递

化学性突触的基本结构由突触前膜、突触后膜和突触间隙（synaptic cleft，常为 20~40μm 宽）组成。神经元的主要结构成分轴突、树突和胞体，都可以作为突触形成的部位，其中最常见的是轴突 - 胞体型、轴突 - 树突型、轴突 - 轴突型，树突 - 树突型和胞体 - 胞体型（图 3-8）。突触前通常由一个轴突的末梢构成，突触前末梢内含有许多突触囊泡（synaptic vesicle）。突触囊泡是由膜包被的小囊泡（直径为 30~50μm），具有储存和释放神经递质的功能。有些轴突末梢含有直径大于 100μm 的大囊泡，其含有聚集的可溶性蛋白，故又称为大致密核心囊泡（large dense-core vesicle，LDCV），这类大囊泡除了储存和释放经典神经递质外，还储存和释放神经肽类递质。

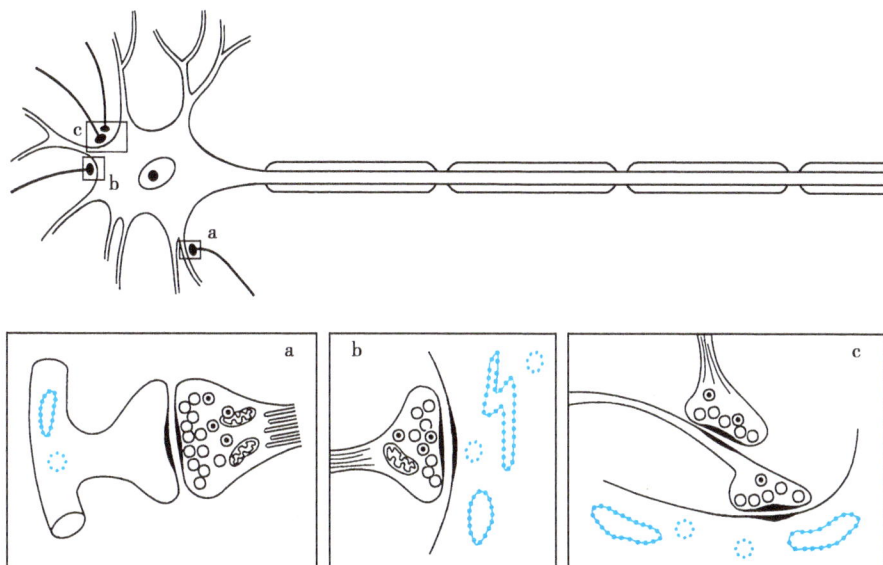

图 3-8　不同类型化学突触模式图
a、b、c 分别表示轴突 - 树突式突触、轴突 - 胞体式突触、轴突 - 轴突式突触

单个神经元与其周围神经元形成的突触可以接受大量的输入信息，也可通过突触将信息输出。神经元表面存在的大量突触使神经元能够对传来的兴奋性或抑制性神经冲动进行整合。在中枢神经系统中往往单一的兴奋性突触后电位不足以达到神经元轴突起始段的放电阈值。对不同性质的神经元来说，其与周围神经元形成的突触形式和作用部位可能具有特殊的意义。如小脑 Purkinje 细胞的树突分支或树突棘可接受来自 80 万个颗粒细胞的弱兴奋性输入，而来自星形细胞的弱抑制性输入主要与小脑 Purkinje 细胞的较粗的初级和次级树突相接触，另外来自 10~20 个篮状细胞的强抑制性输入都终止在 Purkinje 细胞的轴丘附近。Purkinje 细胞形成的这些特殊形式的突触分布与结构类型可能对其功能整合具有重要意义。

根据突触的作用特征和形式，可将突触分为定向和非定向突触两种主要模式。定向突触是指突触前膜通过突触间隙与突触后膜紧密相对，因而完成信息传递的范围较精确或局限，而且突触前膜释放出的化学物质能很快被水解而失去作用。非定向突触是指突触前后成分间无紧密的解剖关系，可以相距较远，突触前膜释放的神经递质或分子可扩散到较远的地方去，递质作用的最终效果将取决于是否存在相应的受体。中枢神经系统的化学性突触就是一种定向突触类型，而植物性神经节后纤维与效应器之间的突触，是一种非定向突触。

Note

二、神经递质的传递

神经递质作为神经元化学突触传递的信使,完成神经传递的环路工作。递质传递的时程有快速突触传递(fast transmission)和慢速突触传递(slow transmission),这种传递的快慢取决于突触后受体的类型。

(一)快速突触传递

快速突触传递时神经递质激活配体门控离子通道受体,通过对受体的变构作用使离子通道开放,主要引起细胞膜 Na^+ 和 Cl^- 的内流,分别导致神经元细胞膜的去极化和超极化,产生兴奋或抑制效应。这种快速突触传递引起的突触后膜电位反应仅需几个毫秒。快速突触传递常在神经环路中调节快速的反射活动。

(二)慢速突触传递

慢速突触传递时神经递质激活促代谢型受体,这类受体并不直接调节细胞膜的离子通道,而是通过 G- 蛋白耦联和第二信使,激活蛋白酶的活性作用,促进蛋白磷酸化,来改变细胞膜离子通道的功能。在正常情况下,这种慢速突触传递不足以引起动作电位的产生,但可影响突触后神经元的电生理特性,如静息电位、阈电位、动作电位的时程和重复放电的特征。慢速突触传递反应的潜伏期长达几百毫秒,时程长达数秒、数分。促代谢型受体兴奋时对离子通道功能的调节效应非常复杂,包括介导兴奋效应(促进细胞外 Ca^{2+} 内流、降低 K^+ 外流)或抑制效应(减低 Na^+ 内流或促进 Cl^- 内流、增加 K^+ 外流)。

三、神经递质的释放

(一)钙离子的作用

神经递质的同步释放是由动作电位到达轴突末梢,末梢膜去极化并激活电压门控 Ca^{2+} 通道所触发的。神经元在静息状态时,胞内 Ca^{2+} 的浓度很低。Ca^{2+} 通道一旦开放,Ca^{2+} 大量涌入轴突末梢,导致胞质 Ca^{2+} 浓度增加,触发突触囊泡的释放。

当突触前末梢内的 Ca^{2+} 浓度增加,并达到兴奋浓度时,突触囊泡向突触前膜的活性带移动,并与活性带处的突触前膜融合,以胞裂外排即出胞(exocytosis)的方式将内容物释放至突触间隙。胞裂外排是一个非常快速的过程,可在 Ca^{2+} 进入末梢后 0.2ms 内发生。胞裂外排反应之所以快,其原因之一是 Ca^{2+} 进入的突触前活性带是一快速的过程,能在突触前活性带的钙微区中 Ca^{2+} 瞬间达到高的浓度,从而触发突触囊泡释放递质。突触囊泡释放是一个复杂的过程,除了 Ca^{2+} 在其中起着重要作用外,还有十几种不同的突触蛋白参与了囊泡的释放过程。

(二)囊泡的动力学

突触囊泡以一种量子释放(quantal release)的方式进行,量子释放理论认为,一个突触囊泡内神经递质的量基本恒定,称为一个量子单位。递质的释放以囊泡为单位,以胞裂外排形式将一个个囊泡内的递质释放到突触间隙,递质释放的总量取决于释放囊泡数。这一概念强调了每个囊泡内的递质含量是基本恒定的。在没有动作电位的情况下,突触前的量子释放概率很低,每秒一个量子单位左右;而当动作电位引起 Ca^{2+} 内流,可在 1~2ms 内释放上百个量子。

(三)囊泡的再循环

突触前递质的快速释放和代谢是维持神经高效的兴奋传递所必需的。为了保证这一高效和快速的信息传递,神经末梢除了需要具备快速释放神经递质的能力外,还必须具有充足的递质合成原料和合理地再利用突触前释放的物质。事实上,当神经末梢的囊泡通过胞裂外排释放后,其突触囊泡及部分递质被摄入进入再循环。突触囊泡的释放和再利用的循环主要有以下 5 个步骤组成:①向突触前膜移动;②入坞或泊靠;③启动;④融合 / 胞裂外排;⑤入胞 / 内吞(图 3-9)。

突触囊泡与突触前膜融合释放递质后,突触囊泡膜快速地回缩内陷,形成膜外包被的囊泡,

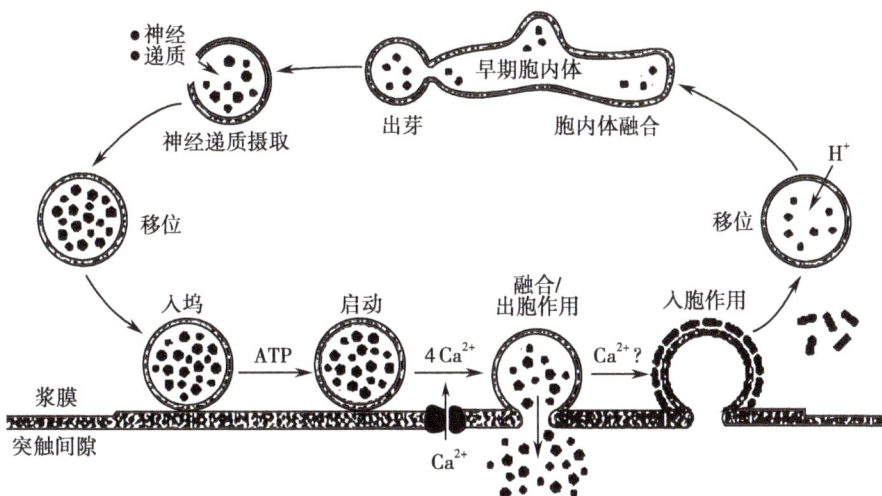

图 3-9　突触囊泡的释放和再循环

被再循环利用。这种回收突触囊泡膜的方式称为内吞。神经细胞膜内吞与末梢的兴奋、胞裂外排的强度有关。相对弱的刺激和少量的囊泡释放，膜的回缩速度很快。而在过强刺激的情况下，会导致细胞膜的回缩减慢。内吞后的小泡如何再循环形成突触囊泡有不同的假设学说，一种是内吞后的小泡与大的内体融合，然后从内体上出芽形成新的囊泡；另一种是通过突触前膜的内陷直接形成新的突触囊泡。

四、突触的整合

突触前神经元释放的神经递质与突触后膜受体结合，可产生多种效应，其中最主要的效应是直接开启突触后膜的递质门控离子通道，产生突触后电位（postsynaptic potential，PSP）。有些神经递质可直接控制或调控离子通道，产生迅速而短暂（以毫秒计算）的快突触后电位（fast postsynaptic potential，fPSP）；有些神经递质可经过 G 蛋白耦联受体间接调控离子通道，产生缓慢而持久（以秒或分钟计算）的慢突触后电位（slow postsynaptic potential，sPSP）。

（一）突触后电位的类型

1. 兴奋性突触后电位　神经递质作用于后膜的受体，使递质门控通道开放，阳离子的内流使突触后膜去极化，产生兴奋性突触后电位（excitatory postsynaptic potential，EPSP）。Na^+ 和 K^+ 都通透的递质门控离子通道的开放可形成 EPSP，这些离子通道对 Na^+、K^+ 都有通透性，但以 Na^+ 内流为主。谷氨酸门控离子通道介导两种不同时程的 EPSP，AMPA/KA 受体（非 NMDA 受体）介导快时程的 EPSP，而 NMDA 受体介导慢时程的 EPSP。

2. 抑制性突触后电位　有些突触的递质效应是使下级神经元膜电位远离动作电位阈值，这类突触称为抑制性突触。多数抑制性递质的受体是递质门控离子通道，抑制性递质作用于突触后膜受体，引起突触后膜短暂超极化，产生抑制性突触后电位（inhibitory postsynaptic potential，IPSP）。Cl^- 或 K^+ 通透的递质门控离子通道的开放可形成 IPSP，Cl^- 或 K^+ 顺电化学梯度跨膜移动的结果相同，都产生外向电流，使突触后膜超极化，即形成 IPSP。GABA 和甘氨酸作用于突触后膜的特异性受体，使氯通道开放，引起 Cl^- 内流，结果使突触后膜发生超极化，使神经元产生抑制。

（二）突触水平的整合作用

在中枢神经系统内，每个神经元表面聚集着来自其他神经元的突触小体，神经元同时接受成千的突触输入，这些输入信号激活了不同的受体和通道分子，有兴奋性的也有抑制性的，它们的活动有强有弱，与胞体和树突、轴突始段间的距离有近有远。突触后神经元综合这些受体和通道激活后的离子和化学信号，决定是否输出动作电位，这一过程称为突触整合（synaptic integration）。

Note

（三）突触后电位的总和

EPSP 大小与流入的阳离子的量呈正相关,也即与通道开放的数目有关,而通道被激活的数目取决于神经递质的释放。递质的释放是一种量子化的释放,因此突触后的 EPSP 的幅度也应该是量子化的,一个突触囊泡所释放的递质或一个量子单位的递质所引起的突触后微小电位变化称为微小突触后电位(miniature postsynaptic potential),因此,某种神经递质释放诱发的 EPSP 幅度是微小突触后电位幅度的整数倍。EPSP 总和代表了突触整合的最简单的形式,包括了两种形式的总和:①空间总和(spacial summation),是树突上不同部位突触产生的 EPSP 进行叠加;②时间总和(temporal summation),是指对同一个突触产生的时间间隔在 1~15ms 之内发生的 EPSP 进行叠加。

总之,突触后电位的总和是突触整合的基础,但此整合作用并不是突触后电位的简单数学意义上的总和。在某些神经元中,各突触性输入的生理意义是相对重要的,突触所在位置、距轴突始段的远近、突触的几何形状及其可塑性等因素,均可使某种突触性输入对该神经元可控制作用强于其他突触性输入。

五、突触可塑性

突触传递并不是一成不变的。一方面它易受脑内环境因素的影响,如缺氧、CO_2 过多、麻醉剂、药物等;很多的毒物和药物的作用靶点就是突触传递过程,或影响神经递质的合成,或影响递质的释放清除等过程。另外,突触传递过程还会因为先前已发生过的多个突触传递活动的影响而产生较长时间的增强或者抑制,这一特点称之为突触可塑性(synaptic plasticity)。突触可塑性在脑的学习和记忆等高级脑功能中有着重要的意义。

研究发现突触前膜受到串刺激时,每个刺激都能引起一定的兴奋性突触后电位,但后面的刺激得到的兴奋性突触后电位幅度较前面的要大,这种现象称之为易化现象。易化现象产生机制被认为是前面的刺激在突触前膜造成的钙离子内流尚未恢复到静息状态,新的刺激引发更多的钙离子内流,导致活性带附近轴浆中的钙离子浓度上升到较高的水平,从而引发较多数量的囊泡释放。这是一种短时程的突触可塑性,与之相类似的是强直后增强。突触前膜接受短串高频刺激后,在 60s 甚至几分钟内记录到的突触后电位明显增强。当突触前膜受到多次短时间的高频刺激后,可以在突触后膜上记录到持续时间较长的突触后电位增强,在体动物研究发现这种现象甚至可以持续数天,称为长时程增强(long-term potentiation,LTP)。LTP 现象可以在脑内很多脑区中记录到,特别是海马区域等学习和记忆相应的脑区。另外,在海马和小脑中还可以记录到长时程抑制(long-term depression,LTD)。突触可塑性的机制涉及突触前和(或)突触后的变化,突触前机制包括神经递质合成、储存和释放等的变化以及突触后的逆行信使对突触前的影响等;突触后的机制包括突触后受体激活、受体数量变化和转位、胞内信号的变化等。

第三节　神经递质和受体

一、神经递质

（一）神经递质的定义与鉴定标准

神经系统的信息传递有两种类型:电突触传递和化学性突触传递。大多数神经元之间的信息传递是通过化学性突触传递进行的,参与这种化学性突轴传递的物质被称为神经递质(neurotransmitters)。经典神经递质的鉴定标准如下:①神经元具有合成该神经递质的酶系,神经递质在神经元内合成;②合成的神经递质储存在神经末梢的突触囊泡中;③神经递质以胞裂外排的方式释放,依赖于突触前神经去极化和 Ca^{2+} 内流,电刺激神经能模拟递质释放的作用;④当突触前囊泡递质释放后,可作用于突触后膜上相应的受体,引起突触后膜产生生物效应,用递质拟似剂或受体阻断剂能加强或阻断这一递质的突触传递作用；⑤释放至突触间隙的递质通过适当的机制失活（或重摄取）。

神经递质从分子大小来分可以分为两类：一类是小分子神经递质或称经典神经递质，相对分子量100或数百，如乙酰胆碱、单胺类和氨基酸类神经递质；另一类是相对分子量比较大的神经肽，相对分子量数百至数千。在脑内，氨基酸类递质最为丰富，谷氨酸在大鼠脑内的含量约为14μm/g，在人的大脑皮层为9~11μmol/g，乙酰胆碱与单胺类递质的含量只有氨基酸类递质的千分之一，大分子的神经肽含量则更少，仅为单胺类神经递质的千分之一，达到pmol/g。

（二）神经调质

神经调质（neuromodulators）也是神经元之间传送化学信号的一类分子，它能调节信息传递的效率，增强或削弱递质的效应。神经调质作用的持续时间通常长于神经递质的作用时间。神经调质的作用主要是调整神经元而不是直接兴奋或抑制神经元。神经调质的特征主要有：①由神经元、神经胶质细胞或其他细胞释放；②对神经递质起调制作用，本身不直接负责突触信号传递或不直接引起效应细胞的功能改变；③间接调制神经递质在突触前神经末梢的释放及其基础活动水平；④影响突触后效应细胞对递质的反应性，对递质的效应起调制作用。

以往将神经肽作为主要的神经调质，但从化学突触传递的角度看，神经肽作用于膜受体后，通过第二信使作用膜的兴奋性，其功能类似于神经递质的慢速突触传导作用。因此，本章根据当今大多数教科书的分类，将神经肽归为一种大分子的神经递质。

（三）递质的分类

神经递质主要分两大类，小分子的经典神经递质和大分子的神经肽。详见表3-3，其中经典神经递质包括生物胺和氨基酸。氨基酸类的递质存在于多达70%的神经元中，合成神经肽类递质的神经元数目居中，生物胺类递质则仅存在于少数神经元中。

表3-3　神经递质分类

小分子神经递质	神经肽
生物胺	内阿片肽
乙酰胆碱（ACh）	亮啡肽（leu-enkephalin）
去甲肾上腺素（NE）	强啡肽（dynorphin）
肾上腺素（E）	β- 内啡肽（β-endorphin）
多巴胺（DA）	垂体肽
5- 羟色胺（5-HT）	催产素（oxytocin）
氨基酸	加压素（vasopressin）
谷氨酸（Glu）	促肾上腺皮质激素（corticotropin）
天冬氨酸（Asp）	生长素（growth hormone）
γ- 氨基丁酸（GABA）	生长抑素（somatostatin）
甘氨酸（Gly）	催乳素（prolactin）
同型半胱氨酸（Homocystine）	胃肠肽
核苷酸	胆囊收缩素（cholecystokinin）
腺苷（ADO）	P 物质（substance P）
ATP	其他
其他	血管紧张素（angiotensin）
NO	缓激肽（bradykinin）
CO	神经肽 Y（neuropeptide Y）
组胺	降钙素（calcitonin, CT）

（四）递质的共存

1. 递质共存的概念及现象　1979 年瑞典化学家 Hokfelt 等人发现在交感神经节内同时可以检测到经典神经递质去甲肾上腺素（NE）和神经肽生长抑素（SOMT），从此，对一个神经元只能储存和释放一种递质的传统概念提出了挑战。随后的研究中陆续发现,脑、脊髓和外周神经组织中都有神经肽和神经递质共存的现象存在,由此确立了神经递质共存(neurotransmitter coexistence)的概念。

递质共存的现象普遍存在,共存方式多样,包括:①经典神经递质与经典神经递质共存;②经典神经递质与神经肽共存;③神经肽与神经肽共存。表3-4列举了人和动物中枢或外周神经组织中的递质共存情况。然而,共存的递质存在种属差异,如中脑腹侧,小鼠、大鼠以及猫的多巴胺能神经元内有多巴胺(DA)与胆囊收缩素共存;而黑质区,仅大鼠和猫的多巴胺能神经元内含有胆囊收缩素,其他动物无此共存现象。

表 3-4　神经元中经典递质与神经肽共存举例

小分子神经递质	神经肽	共存脑区
ACh	VIP	自主神经节、大脑新皮层
	NT	节前神经节
	SP	脑桥
DA	ENK	脊髓,节前神经元
	LHRH	交感神经节
	ENK	颈动脉体
	CCK	腹底盖区
	NT	腹底盖区,弓状核
NE	DYN、GHRH	弓状核
	NT	孤束核
	ENK	肾上腺髓质,蓝斑
	SOMT	交感神经节
	VIP	蓝斑

神经末梢内有大囊泡和小囊泡,通常经典神经递质贮存于大囊泡和(或)小囊泡中,而神经肽仅贮存在大囊泡中。研究观察到猫唾液腺及大鼠输精管超微结构中有递质共存的情况,用超离心可分离大小囊泡,发现其中乙酰胆碱(ACh)及NE存在于重组分(heavy fraction)即大囊泡和轻组分(light fraction)即小囊泡中,而神经肽Y和血管活性肠肽(VIP)仅存在于重组分大囊泡中。用免疫组织化学电子显微镜技术观察发现,神经肽主要存在于直径为100nm的大囊泡中,而5-HT、NE和DA则储存于大囊泡和小囊泡(50nm)内。因此,经典神经递质与神经肽可共存于大囊泡中。

2. 递质共存的释放机制　高钾引起的去极化或电刺激可诱导神经递质以胞裂外排的方式释放神经递质,并且这一过程是Ca^{2+}依赖的。Hokfelt用电生理技术观察发现,低频刺激支配猫唾液腺的副交感神经,仅仅引起ACh的释放,而高频刺激时则可导致ACh和VIP同时释放。可见,单个低频刺激引起动作电位诱导小囊泡释放经典递质,高频或串刺激才引起大囊泡释放经典神经递质和神经肽(图3-10)。

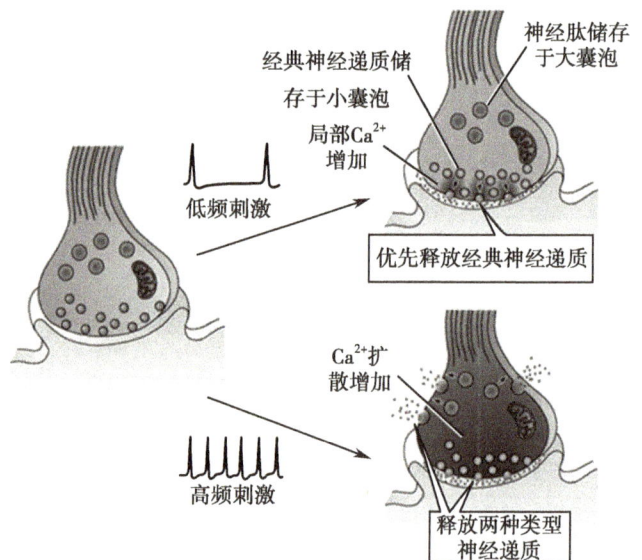

图 3-10　神经递质和神经肽的共存和释放

3. 递质共存的意义　共存的递质释放后,在突触后可发挥相互协同或相互拮抗作用,有效地调节细胞或器官的功能,也可以在突触前相互调节神经末梢的递质释放,或抑制释放或促进释放,使机体的功能发挥得更加协调。

二、受体

(一)概念

携带细胞外信号的神经递质大部分都不能通过细胞膜的脂质双分子层直接进入细胞内,而是经细胞膜上某些特殊蛋白的介导,将信号传递到细胞内的。这种介导细胞外第一信使(神经递质)的跨膜蛋白称为受体(receptor)。在这种跨膜信号转导过程中,各种位于细胞膜上的受体是细胞接受内外环境刺激的关键分子,是跨膜信号转导的核心环节。不同的受体或同一受体的不同亚型,其跨膜信号转导的机制不尽相同。膜受体有两个共同的特征:一是能够识别并结合内源性和外源性的配体;二是能够通过构型改变进行信号转导,以引发细胞的生物学效应。从受体与配体结合的角度来看,膜受体具有高选择性、饱和性、亲和性和结合可逆性的特点。

(二)分类

随着对膜受体分子结构和跨膜信号转导机制研究的不断深入,按照受体本身的结构和功能特性进行分类的方式被广泛接受。神经递质主要是通过离子通道受体、G蛋白耦联受体以及酶耦联受体的激活来实现胞内信号转导的。

1. 离子通道受体　这类受体在分子结构上的特征有:完整的受体蛋白是由4~5个跨膜亚单位聚在一起形成的、中央具有水相孔洞的离子通道;每个亚单位具有2~4个由疏水氨基酸组成的α跨膜螺旋,其中第2个跨膜螺旋形成通道的内壁;每个亚单位都有一个大的细胞外N末端,其上存在着与配体结合的位点。离子通道受体的功能活动表现为,在配体控制下离子通道的"开放"以及由此形成的离子跨膜移动。这类受体也被称为"递质门控离子通道"。烟碱型胆碱能受体(N受体)、γ-氨基丁酸A受体(GABA$_A$受体)、甘氨酸受体都属于此类受体。

2. G蛋白耦联受体　G蛋白耦联受体是一类十分重要的受体,其分子结构特征是(图3-11):①受体蛋白均由一条肽链组成;②肽链中含有7个疏水性的α跨膜螺旋,故也称此类受体为7次跨膜受体;③肽链的N末端、3个细胞外环和7个跨膜段均参与配体的结合,其中,小分子配体主要结合到跨膜段围成的囊袋中;中等大小的肽类结合到细胞外环和跨膜段上;大分子肽或蛋白结合到N末端、细胞外环以及跨膜段上;④膜内的肽链与识别和激活位于膜内侧的鸟苷酸结合蛋白(G蛋白)有关。

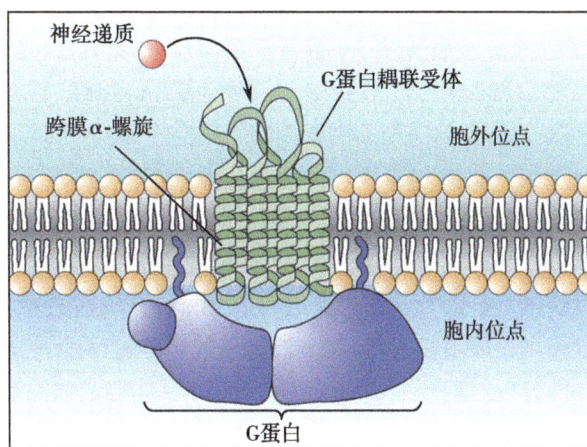

图3-11　G蛋白耦联受体的分子结构

这种受体一般是通过改变细胞内代谢活动而发挥作用的。

3. 具有酶活性的受体　这类受体由一条或几条肽链组成,但一条肽链只有一个α跨膜螺旋。以酪氨酸激酶受体为例,肽链的胞外侧具有与配体结合的位点,跨膜段的氨基酸具有高度疏水性,是由22~26个氨基酸组成的一段保守片段,胞内侧是高度保守的具有酶活性的片段,含有ATP结合位点、底物结合位点、PKA以及其他蛋白激酶的作用位点。当细胞外的信号与胞外段的配体识别位点结合后,引起胞内段发生自身磷酸化,继而引起底物蛋白的相应氨基酸残基磷酸化激活,造成细胞功能的变化。鸟苷酸环化酶受体也属于此类,与酪氨酸激酶受体不同的

Note

是,膜内段的 C 端具有鸟苷酸环化酶的活性,一旦被激活,可使胞质内 GTP 环化生成第二信使 cGMP,进而激活 cGMP 依赖性的蛋白激酶(PKG),导致底物蛋白的磷酸化。

(三) 突触前受体

神经递质受体不仅仅局限于突触后膜,在突触前膜也存在相应的受体,称为突触前受体(presynaptic receptor)。这种受体如以其所在神经元释放的递质作为配体,称之为自身受体(autoreceptor),通常维持递质的内稳态,调节相应神经递质的释放。儿茶酚胺和 5- 羟色胺能神经元的突触前自身受体还调节相应递质的合成。自身受体一般都是 G 蛋白耦联受体。如果突触前受体不以它所在的神经元分泌的神经递质为配体,那么称之为异受体(heteroceptor),这类受体调节递质释放,如谷氨酸能突触的突触前存在的 GABA 受体可以减少谷氨酸的释放。

(四) 受体的调制

化学性突触神经递质传递可被长期或短期调制,突触调制对中枢神经系统的信息处理十分重要。突触递质的调制可以通过三个方面进行:在突触前通过激活突触前受体;在突触后通过调节突触后受体的特征性变化;在突触间隙通过已释放递质的清除。突触前和突触后的受体在突触调制中发挥着重要作用。

1. 突触前受体的调制　中枢神经系统的大多数神经递质通过其自身的突触前受体抑制自身的释放。这种自身抑制主要是由于激活 G 蛋白耦联受体,减少突触前膜 Ca^{2+} 内流,从而减少突触前递质释放。突触前自抑制对防止病理过程中有关递质的过量释放具有重要作用。然而,目前突触前自抑制在突触前神经冲动与神经递质释放之间的具体作用尚不清楚。

2. 突触后受体的调制　受体长时间接触激动剂后,大多数受体会出现反应性降低或消失的情况,即失敏。失敏机制可能包括:通过受体的内移使受体数目减少;受体自身结构改变;受体磷酸化作用以及受体蛋白的下游蛋白发生功能改变。相反,某些配体与受体结合后可导致受体的反应性增强,这种现象称为受体超敏。例如,甲状腺激素可增加心肌受体数目和亲和力。另外,形成的慢突触后电位(sPSP)也是一种突触后的受体调制,sPSP 有兴奋性和抑制性两种形式,其潜伏期长,持续时间更长,可达数秒或数分钟。慢突触后电位有兴奋和抑制两种形式。在此基础上,可影响后继发生的快突触后电位,达到调制突触传递的功能。例如,在中枢神经系统的非突触性化学传递过程中,神经递质(如 DA、5-HT、NA)都是通过受体 -G 蛋白 - 第二信使信号系统起作用的,这些递质发挥作用后产生的 sPSP 在调制突触传递效率中发挥着重要作用。

(五) 受体分型分析方法

受体分型的研究方法包括放射受体结合法、形态学方法(免疫组织化学、原位杂交)、整体水平上生理功能分析、离体的生物鉴定(对离体组织和器官的特定效应来鉴定)、受体提纯以及克隆技术。本部分介绍经典的放射受体结合法在受体分析中的应用。放射受体结合法的基本原理是利用放射性(或荧光、酶)标记配体和受体的特异性结合反应,对受体的性质进行定性或定量的分析。定性主要是通过受体配体反应的量效关系变化来判断受体的类型,以及受体与配体结合的特点、反应的可逆性等指标。还可以通过结合反应,得到一定量的组织或细胞中与标记配体结合的受体数量、结合的平衡解离常数或结合位点数等参数。下面以放射受体结合分析法(radioligand binding assay of receptors,RBA)为例,介绍常用的受体分析方法:

1. 选择性标记　选择对某一型受体具有高度特异性的配体(L),且该配体在经放射性核素标记后仍具有与受体结合的能力(标记后的配体用 *L 表示),从而根据与受体(R)结合的标记性配体(即受体配体复合物 *LR)的放射性核素量分析配体的特异性结合,进行定性或定量检测。

2. 选择性抑制　选择性抑制分析方法是基于标记配体与受体结合被非标记配体取代或抑制的原理。首先标记配体(*L)与受体(R)结合形成配体受体复合物(*LR),随后通过选用一系列的配体来抑制 *LR 的生成,通过比较配体的半数抑制浓度(IC_{50})值,可以明确受体的分型或配体的选择性。

3. **选择性失活**　由于烷化剂可以与受体发生不可逆的结合,进而导致此受体失活,可以选择某种受体或受体亚型特异性的烷化剂,将这类受体失活,失去与相应配体结合的能力,而其他亚型受体仍然具有配体结合活性。因此,可以利用药物将特异性受体失活的方法,来对受体进行分型。

4. **选择性保护**　基于受体与配体的可逆性结合可以预防某些广谱的烷化剂对该受体的失活作用,因此可以运用某些非烷基化配体与相应受体结合,来保护此类受体的失活,以此来确定被配体特异性保护的受体种类。

三、主要的递质和受体系统

(一) 乙酰胆碱

1. 乙酰胆碱的生命周期

(1) 乙酰胆碱的合成:乙酰胆碱(acetylcholine,ACh)由乙酰辅酶 A(acetyl coenzyme A,A-CoA)和胆碱在胆碱乙酰化酶(choline acetylase,ChAC)或胆碱乙酰基转位酶(choline acetyltransferase,ChAT)催化下在神经末梢合成。A-CoA 提供 ACh 合成所需的乙酰基(CH_3CO^-),A-CoA 转移至胞质内才能参与 ACh 的合成过程(图 3-12)。

由于神经元不能合成胆碱,血液中的胆碱也不易透过血 - 脑屏障,因此 ACh 合成所需的胆碱 50%~85% 来自于突触前膜的重摄取。另外 1/3~1/2 的胆碱来源于水解肝脏来源的磷脂酰胆碱(卵磷脂)和脑组织中的磷脂酰乙醇胺(脑磷脂)。神经元依赖神经末梢的两种胆碱转运系统摄取胆碱,一种是胆碱高亲和力转运载体($Km=1~5\mu mol/L$),该转运载体将细胞外胆碱逆浓度差地主动转运入胞质,转运过程消耗 ATP,依赖细胞外 Na^+ 和细胞膜电位(当膜去极化时可抑制转运)。另一种是胆碱低亲和

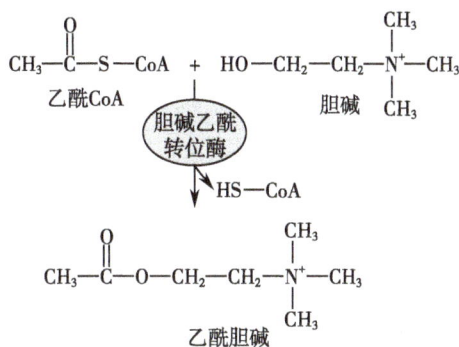

图 3-12　乙酰胆碱的生物合成

力转运载体($Km=40~80\mu mol/L$)分布在所有神经元和神经胶质细胞中,只有在胆碱浓度很高时才通过该载体转运,转运为被动扩散过程。在 ACh 合成过程中,胆碱的浓度受胆碱高亲和力载体转运能力的限制,所以该载体是合成的限速因子,而胆碱是限速底物。胆碱、乙酰 CoA 的供应和终产物 ACh 的浓度都影响 ACh 合成的速度,当神经冲动到达神经末梢时,Ca^{2+} 内流,胞质内 Ca^{2+} 浓度升高可以增加丙酮酸脱氢酶系的活性,促进乙酰 CoA 生成增多,加速 ACh 的生物合成。ACh 浓度降低时,末梢对胆碱的转运增加,ACh 合成随即加快。相反,胞质内底物胆碱和乙酰 CoA 浓度降低或终产物 ACh 浓度增高时,ACh 合成减少。

ChAC 是一种相对分子质量为 68×10^3 的球蛋白,在神经元胞体合成,大部分存在于胞质中(可溶型),也可附着于末梢膜和突触囊泡膜(结合型),ChAC 可随轴浆顺向转运到末梢。ChAC 分子中的咪唑环可结合乙酰 CoA 上的乙酰基,胆碱则结合在 ChAC 上的阴离子结合部位,然后胆碱再转移至乙酰基形成 ACh。ChAC 是 ACh 合成的关键酶,在脑区的分布与 ACh 能神经元平行,可以作为标志酶,用 ChAC 单克隆抗体的免疫组织化学染色可以显示 ACh 能神经元。

(2) 乙酰胆碱的储存和释放:乙酰胆碱在神经末梢合成后,一般认为在乙酰胆碱转运体(VAChT)协助下与带负电荷的 ATP 一起结合在囊泡内的囊泡蛋白分子上,储存在囊泡中。VAChT 基因位于 ChAC 基因的第一个内含子之内,并且这两个基因在同一个起点开始转录。从电鳐、大鼠和人的组织克隆出的 VAChT 蛋白相对分子质量为 60×10^3,有 12 个跨膜螺旋,主要分布在 ACh 囊泡膜上,完成将胞质内的 ACh 特异性转入囊泡的过程。VAChT 转运 ACh 的功能依赖于囊泡内的 H^+ 浓度,囊泡膜上的质子泵将 H^+ 逆浓度梯度泵入囊泡,VAChT 转运一个分子 ACh 及 ATP

伴随相应数量的囊泡内 H^+ 的流出,囊泡中高 H^+ 浓度保证 ACh 囊泡转运过程的顺利完成。

在静息状态下,ACh 囊泡存在少量的自发性释放。当神经冲动到达神经末梢时,电压门控 Ca^{2+} 通道开放,Ca^{2+} 内流,靠近突触前膜的活动囊泡(内含 ACh 储存量的85%)移向前膜并与之融合,通过胞裂外排方式释放 ACh。突触前膜回收后形成的新囊泡又迅速从胞质中摄取新合成的 ACh 加以补充。还有一些储存 ACh 的囊泡远离神经末梢,称为储存囊泡(reserve vesicle,VP)或稳定池,储存剩余的 15% ACh,在神经冲动到达时并不释放,但是可以将内存的 ACh 提供给活动囊泡释放。

一些药物可以影响囊泡的储存和释放,Vesamicol 是囊泡转运体的特异性阻断剂,它能非竞争性地抑制 ACh 的囊泡转运,可能是通过结合在 VAChC 上来阻断 ACh 的囊泡摄取。Vesamicol、肉毒杆菌毒素、戊巴比妥和破伤风毒素均可与囊泡膜上的囊泡相关膜蛋白结合阻止囊泡释放;另外,肉毒杆菌毒素还可与突触前膜 syntaxin 和 SNAP-25 蛋白相结合,来阻止囊泡与突触前膜的融合,以干扰 ACh 的释放。黑寡妇蜘蛛毒能阻止囊泡膜与突触前膜的正常分离,以致 ACh 从囊泡中大量释放,甚至导致胆碱能末梢无囊泡存在。

(3) ACh 的清除与失活:释放到突触间隙的 ACh 主要由乙酰胆碱酯酶(acetyleholinesterase,AChE)水解失活,突触前膜对 ACh 的重摄取数量极少。AChE 有两种,一种是真性或特异性胆碱酯酶 AChE,在神经组织中较为丰富,通常以膜结合方式分布在突触后膜邻近 ACh 受体处,并与 ACh 的迅速灭活有关。另一种是丁酰 AChE,又称假性或非特异性 AChE,主要由肝脏组织合成,分布在非神经组织(血浆、肝脏)和神经胶质细胞,具有较弱的水解 ACh 的作用。突触间隙内的 ACh 主要由特异性 AChE 水解,从突触末梢释放的 ACh 在 2ms 内即被水解而终止效应,AChE 的高效作用保证了胆碱能神经元突触传递的灵活性。ACh 水解产物胆碱 30%~50% 被神经末梢摄取,重复用于 ACh 合成。

2. 乙酰胆碱受体　释放到突触间隙的 ACh 通过作用于突触后膜上相应的胆碱能受体发挥生物学效应。根据特异性配体的不同将胆碱能受体分为毒蕈碱受体(muscatinic receptor,M-AChR)和烟碱受体(nicotinid receptor,N-AChR)。这两种受体在中枢神经系统和外周神经系统及其支配的效应器均有分布。

(1) M- 受体:M- 受体是属于 G 蛋白耦联受体,按照对特异性拮抗剂的选择性不同,M- 受体又分为 M_1~M_5 五种亚型,其中 M_1、M_3、M_5 受体具有相似的化学结构,此类受体激活后与 $G_{q/11}$ 蛋白耦联,而 M_2、M_4 受体激活时与 $G_{i/o}$ 蛋白耦联(表 3-5)。

表 3-5　M- 乙酰胆碱受体的效应系统

亚型	M_1、M_3、M_5	M_2、M_4
G- 蛋白	$G_{q/11}$	$G_{i/0}$、Gk
效应酶	激活磷脂酶 C(P LC)	抑制腺苷酸环化酶(AC)
第二信使	IP_3/DAG ↑	cAMP ↓
离子通道	电压门控 K^+ 通道关闭	PKA ↓ → Ca^{2+} 通道关闭
		ACh 敏感 K^+ 通道开放

在中枢神经系统各种 M- 受体亚型都有,以 M_1 受体最为丰富。在突触前,M_2、M_5 受体可作为自身受体,M_2 受体激活,负反馈调节 ACh 的释放,M_5 自身受体激活,ACh 释放增加。在突触后,M_1、M_3 受体激动,关闭静息时开放的 K^+ 通道,K^+ 流出细胞减少而少量 Na^+ 持续内流,引起缓慢的去极化,产生慢 EPSP。M_2 受体激动使 K^+ 通道开放,引起缓慢的超极化,产生慢 IPSP。

(2) N- 受体:N- 受体是由多个(一般是 5 个)亚单位围成五瓣梅花状的配体门控离子通道型受体(图 3-13)。目前已克隆 16 种 N- 受体亚基(α_1~α_9、β_1~β_4、γ、δ、ε),由同一种亚基(同源性)或不同亚基(异源性)组成具有功能的 N- 受体。神经元的 N- 受体由异源性亚单位组成的五聚体,只有 α 和 β 两种亚单位,每个亚单位有 4 个跨膜区段,α 亚单位是 ACh 的结合位点。

A. N-胆碱受体单个亚基的结构　　　B. 亚基排列的可能模式　　　C. N-胆碱受体通道的开放和关闭

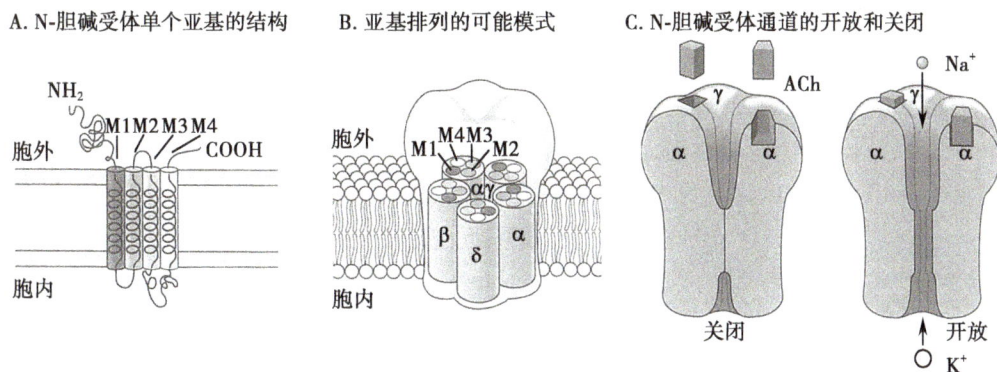

图 3-13　N- 胆碱受体的结构示意图

中枢神经系统中 N- 受体激活后,一方面由于其对 Ca^{2+} 的通透性极高,另一方面可激活邻近的电压门控 Ca^{2+} 通道,最终导致大量 Ca^{2+} 内流,并影响一系列 Ca^{2+} 介导的各种细胞活动。神经元 N- 受体分布在突触前和突触后,突触前的 N- 受体作为自身受体位于突触区(末梢受体,terminal N-AChR)或邻近突触的末梢前部位(末梢前受体,preterminal N-AChR),正反馈调节 ACh 的释放。在脑内,突触前 N-AChR 主要作为异源受体,增加去甲肾上腺素、多巴胺、谷氨酸和 γ-氨基丁酸的释放。突触前 N-AChR 正反馈调节的机制是受体激活后,Na^+ 内流使膜去极化从而开放电压门控 Ca^{2+} 通道或者直接导致 Ca^{2+} 内流,细胞内 Ca^{2+} 浓度增加促进递质释放。在脑内海马和感觉皮质的突触前和突触后 N-AChR 起着增强兴奋性突触传递的作用,有利于神经系统结构和功能发生长时程的变化,如感觉皮质的发育、学习记忆功能的建立;N-AChR 也可以增加中脑腹侧被盖区(VTA)多巴胺释放,增强多巴胺神经元兴奋和多巴胺奖赏系统的活动。

除内源性的 ACh 外,烟碱、氨基甲酰胆碱均可以作为激动剂(agonist)与受体上 ACh 位点结合,促进蛋白构型变化,引起通道开放。筒箭毒是 N 型胆碱能受体的可逆性竞争性拮抗剂(antagonist),可以降低 ACh 引起的通道开放的频率;α- 银环蛇毒也是其竞争性拮抗剂,与 ACh 结合位点的亲和力很高。普鲁卡因及其衍生物是 AChR 通道的阻断剂,通过与通道壁上某些结构的特异性结合达到阻断效应。此外,新斯的明和二氟磷酸盐等胆碱酯酶的抑制剂可以通过减缓 ACh 在突触间隙中的降解,延长其作用时间(表 3-6)。

表 3-6　ACh 受体的药理学特性

受体亚型	跨膜信号转导方式	激动剂	拮抗剂
烟碱型(N 型)	$Na^+/K^+/Ca^{2+}$	ACh、烟碱、氨基甲酰胆碱	箭毒碱 α- 银环蛇毒
毒蕈碱型(M 型) M$_1$(脑内)	$Gq/11 \rightarrow PLC \uparrow \rightarrow IP3 \uparrow$	DG、ACh、毒蕈碱	阿托品

3. ACh 的生理功能　乙酰胆碱的分布广泛,作用复杂。在外周,它不仅是躯体运动神经在神经肌肉接头处的递质,而且也是自主神经系统的主要递质,在调节躯体和内脏运动方面发挥着重要的作用。在中枢神经系统内,ACh 的功能涉及感觉、学习、记忆、疼痛、睡眠觉醒、体温调节、摄食饮水以及心血管中枢活动等复杂的功能,与神经退行性疾病、精神分裂症等的发病有关。

(二)去甲肾上腺素

经典神经递质去甲肾上腺素(norepinephrine,NE)、肾上腺素(epinephrine,E)、多巴胺(dopamine,DA)、5- 羟色胺(5-hydroxytryptamine,5-HT)及其代谢产物统称为单胺。NE、E 和 DA 均具有 β- 苯乙胺的基本结构,这三类递质在苯环的 3、4 碳位上都有羟基,故将其统称为儿茶酚胺(catecholamine,CA)。体内有去甲肾上腺素能神经元、肾上腺素能神经元以及肾上腺髓质的嗜铬

Note

细胞具有合成去甲肾上腺素的功能。前两者释放的 NE 作为神经递质发挥作用,后者所释放的 NE 作为激素发挥作用。

1. 去甲肾上腺素的生命周期

(1) 生物合成:在儿茶酚胺能神经元中,食物来源的酪氨酸可被胞质中的酪氨酸羟化酶(tyrosine hydroxylase,TH)催化,苯环第 3 位被羟基化生成多巴,后者进一步在多巴脱羧酶(dopa decarboxylase,DDC)催化下,形成多巴胺。在去甲肾上腺素能神经元中,合成的多巴胺很快被摄取进入囊泡中,在囊泡多巴胺 -β- 羟化酶(dopamine-β-hydroxylase,DβH)催化下,形成去甲肾上腺素(NE)。由于 DβH 主要以可溶性和不溶性两种状态存在于大囊泡中,因此 NE 主要在大囊泡中合成(图 3-14)。

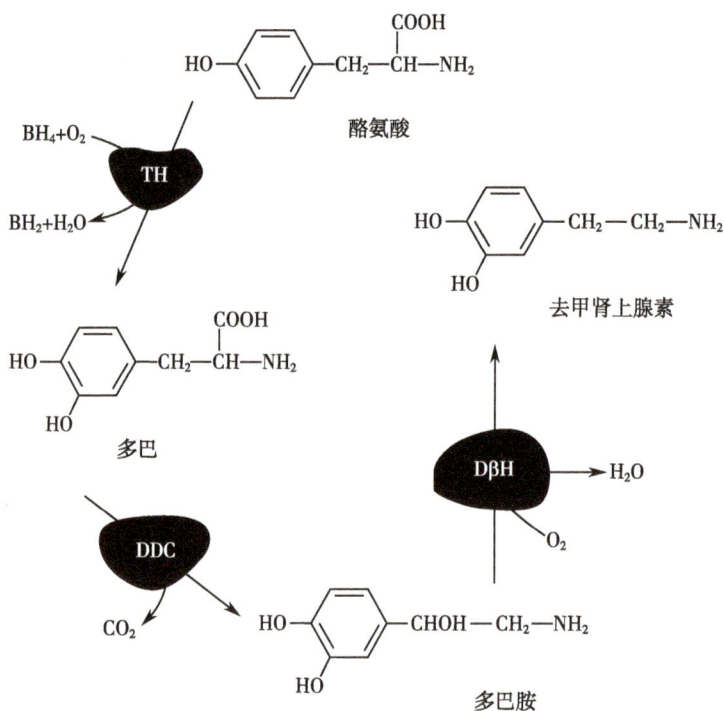

图 3-14　中枢神经系统去甲肾上腺素的合成过程

(2) 囊泡储存和释放:NE 在囊泡内与 ATP、嗜铬颗粒蛋白等处于结合状态,但这种结合很疏松,容易分离,难以维持 NE 在囊泡内的储存。囊泡内 NE 的浓度为 0.1~0.2mol/L,是胞质内的 104~106 倍,这种浓度梯度的维持依赖于囊泡膜上的跨膜蛋白——囊泡单胺转运体(vasicular monoamine transporters,VMATs)。这些转运体一方面阻止单胺类递质从囊泡内的溢出,另一方面可以主动摄取胞质内游离的 NE,避免其被线粒体膜上的单胺氧化酶(monoamine oxidase,MAO)所降解。

作为经典的神经递质,当动作电位到达神经末梢时,突触前膜发生去极化,导致活性区域电压门控 Ca^{2+} 通道的开放,Ca^{2+} 大量流入神经末梢的胞质内,促进囊泡膜与活性区域的突触前膜融合,继而形成小孔道,将囊泡内储存的 NE 以胞裂外排的方式释放到突触间隙,与位于突触后膜上的相应受体结合,产生相应的生物学效应。当 NE 释放过多导致突触间隙递质的浓度过高时,可以通过作用于位于突触前膜的 NE 自身受体——α_2 肾上腺素能受体,负反馈调节抑制突触前膜 NE 的进一步释放。

(3) 清除与失活:突触间隙的神经递质与受体结合发生作用后可被迅速清除,以保证其浓度下降到引起突触后反应的阈值以下的浓度,为下一轮的突触信号传递做准备。突触间隙的 NE

主要通过四种方式代谢：①被突触前膜重摄取（reuptake）；②被突触后膜摄取；③在突触间隙内被破坏；④逸漏入血。其中除重摄取进入突触前膜的一部分 NE 可以被囊泡摄入再循环外，其余大部分被酶解，并最终经肾脏代谢排出体外。因此，NE 在突触间隙内的清除方式主要是重摄取，依赖于位于突触前膜的 NE 转运体完成；而其最终降解依赖于酶降解途径，被位于胞质内的单胺氧化酶（monoamine oxidase，MAO）在末梢的胞质内降解。儿茶酚胺氧化甲基转位酶（catechol-O-methyl transferase，COMT）是 NE 的另一个降解酶，主要位于非神经组织，如平滑肌、内皮细胞、胶质细胞上。

2. 去甲肾上腺素受体　去甲肾上腺素受体均为 G 蛋白耦联受体（GPCRs），受体结构中位于细胞外的 N 末端有两个糖基化位点，位于胞质内的 C 末端含有丰富色丝氨酸和苏氨酸残基的磷酸化位点。NE 与相应的受体结合，通过 G 蛋白介导，与第二信使耦联，产生一系列的信号转导和生理效应。与其相关的第二信使系统主要是腺苷酸环化酶（adenylate cyclase，AC）系统和磷脂酰肌醇（phosphotidyl inositol，PI）系统。根据受体耦联 G 蛋白的性质不同，NE 受体可以分为三类：α_1、α_2 和 β 受体。所有 α_1 受体均与 $G_{q/11}$ 耦联，当受体被激活时，通过 $G_{q/11}$ 蛋白的介导，水解 PI，生成重要的第二信使分子，如三磷酸肌醇（inositol triphosphate，IP_3）、甘油二酯（diglycerides，DAG）等（表 3-7）。IP_3 能够促进细胞内非线粒体钙库释放 Ca^{2+}，使细胞内 Ca^{2+} 浓度升高；DAG 则通过激活蛋白激酶，从而调控细胞的功能，产生受体的生理效应。α_2 受体与 $G_{i/o}$ 欧联，被激活后可以抑制腺苷酸环化酶的活性，减少 cAMP 的生成，通过激活内向整流 K^+ 通道来增加 K^+ 电流，降低 Ca^{2+} 电流，从而抑制靶细胞的活力。β 肾上腺素受体和 Gs 耦联，被激活后可以增加腺苷酸环化酶的活性，促进 cAMP 的合成，使细胞内的一些酶及蛋白磷酸化，活性改变，发挥生物学效应。

中枢神经系统中 NE 受体的激动剂和拮抗剂与周围神经相似，表 3-7 列举了 NE 受体的激动剂和拮抗剂。

表 3-7　NE 受体的药理学特性

受体亚型	跨膜信号转导方式	激动剂	拮抗剂
α_{1A}, α_{1B}, α_{1D}	Gq/11 PLC ↑ → IP_3 ↑，DG ↑	Epinephrine Phenylephrine Methoxamine st587	Phentolamine Phenoxybenzamine Prazosin Corynanthine
α_{2A}, α_{2B}, α_{2C}	Gi/o AC ↓ → cAMP ↓	Clonidine Dexmedetomidine Azepexole B-HT 920 UK 14303	Phentolamine Tolazoline Yohimbine Rauwolscine
β_1	Gs AC ↑ → cAMP ↑	Isoprenaline Tazolol Dobutamine Nebivolol	Propranolol Oxoprenolol Pindolol，Practolol Atenolol，Metoprolol
β_2	Gs AC ↑ → cAMP ↑	Isoprenaline Terbutalin Albuterol Metaproterenol	Propranolol Oxoprenolol Pindolol，IPS329 Butoxamine

3. 去甲肾上腺素的生理功能　脑内去甲肾上腺素能神经元的作用非常广泛，几乎参与所有脑功能的调节，包括调节注意力、意识、睡眠-觉醒周期、警觉、学习和记忆、焦虑和疼痛、情绪以及神经内分泌等功能。

Note

适当的去甲肾上腺素能神经元的激活可以促进专注力,但是过度的活动导致焦虑或情绪激动。若去甲肾上腺素能传递不足,则引起情绪方面的抑郁,三环类抗抑郁剂和 MAO 抑制剂都是与 NE 最有关的经典抗抑郁症的药物。两种药物分别通过抑制突触神经元对 NE 的重摄取和阻断 NE 的降解代谢来有效增加突触间隙内 NE 的浓度,发挥抗抑郁效果的。蓝斑核是去甲肾上腺素能神经元的胞体的主要聚集处,与睡眠 - 觉醒的节律调节有关,快动眼睡眠时,神经元发放低频率刺激,而在觉醒之前,这些神经元的放电频率增加,引起神经元兴奋性提高。

(三) 多巴胺

多巴胺(dopamine,DA)是神经系统中一类重要的儿茶酚胺类神经递质。与 NE 的化学结构极为相似,其含量至少占整个中枢神经系统儿茶酚胺含量的一半之多。

1. 多巴胺的生命周期

(1) 生物合成:多巴胺能神经元利用血液中摄取的酪氨酸,先后在酪氨酸羟化酶(TH)和多巴脱羧酶(DDC)的作用下,合成多巴胺(图 3-15)。如前所述,在去甲肾上腺素神经元中,在胞质中合成的 DA 被囊泡摄取,并在囊泡中多巴胺 -β- 羟化酶(DβH)的作用下,合成去甲肾上腺素,可见,DA 是 NE 合成过程的中间产物(表 3-8)。而在多巴胺能神经元中,由于囊泡内缺乏 DβH,胞质中合成的 DA 被囊泡摄取后即被储存。由于 DA 合成中的两个酶 TH 和 DDC 可在多巴胺能神经元的胞体内合成,常用免疫组织化学的 TH 染色鉴定多巴胺能神经元。

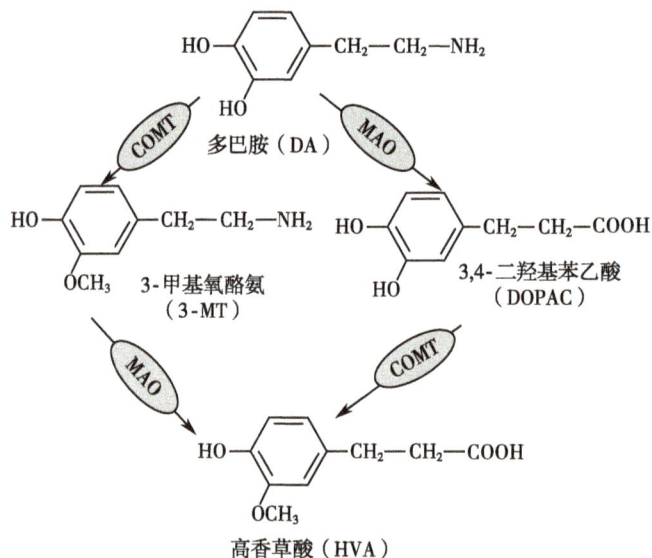

图 3-15　多巴胺的降解代谢过程

表 3-8　去甲肾上腺素与多巴胺合成酶的比较

特性	酪氨酸羟化酶(TH)		多巴脱羧酶(DDC)	多巴胺 β 羟化酶(DβH)
氨基酸残基数	497	501	442	578
	524	528	480	
催化底物	酪氨酸		多巴	多巴胺
产物	多巴		多巴胺	去甲肾上腺素
辅酶 / 辅助因子	O_2、Fe^{2+}、BH_4		Vitamine B_4	Cu^{2+}
存在部位	儿茶酚胺能神经元胞质		儿茶酚胺能神经元胞质	去甲肾上腺素能神经元囊泡
合成递质	多巴胺 去甲肾上腺素		多巴胺 去甲肾上腺素	去甲肾上腺素

（2）储存与释放：合成的 DA 约 75% 储存在囊泡中，多巴胺能神经元末梢含有储存单胺递质的特征性致密中心囊泡，虽然其形态与去甲肾上腺素能神经元末梢内的大致密囊泡相似，但两者的特性存在差异。DA 囊泡不含有多巴胺 -β- 羟化酶，不能合成 NE；NE 囊泡要求储存物的分子上含有 β- 羟基，DA 囊泡无 β- 羟基，所以不适于在 NE 囊泡内储存；虽然 DA 囊泡对 NE 也具有一定的摄取能力，且对左旋体和右旋体 NE 的摄取无显著差别，而 NE 囊泡摄取左旋体 NE 的能力较强，因此储存在 DA 囊泡中的少量 NE 则为右旋体 NE。此外，DA 囊泡的摄取同样依赖于囊泡上的跨膜蛋白 - 囊泡单胺转运体（VMATs）。

DA 也是以胞裂外排的形式释放，其释放过程受多种因素的影响，主要包括短时性调节与长时性调节两种方式。释放到突触间隙的 DA 可与多巴胺能神经元末梢上的突触前自身受体（一般为 D_2 受体）结合，负反馈抑制 DA 的进一步释放。该效应快速而短暂，为 DA 的短时性调节，也是 DA 释放的自我调节。DA 释放还受到其他神经递质的调节，如神经冲动的刺激能够增加 TH 活性和 DA 的合成，使得神经元的 DA 浓度不易受神经元活动的影响，保持相对稳定；神经末梢及效应器释放的前列腺素可作用于多巴胺能神经元突触前膜上的前列腺素受体，抑制 DA 释放。这些过程是缓慢而持久的，为 DA 释放的长时性调节。

（3）清除和失活：神经末梢释放的 DA 作用于受体发挥作用后，主要有四个途径：①被突触前膜重摄取（约占 1/3）；②被突触后膜摄取；③在突触间隙内被降解代谢；④渗漏入血。与去甲肾上腺素相似，除进入突触前膜的一部分可以被 DA 囊泡摄取投入再循环外，其余大部分都在酶的作用下被分解代谢，最后经肾脏排出体外。

重摄取是清除突触间隙 DA 的主要途径，释放到突触间隙的 DA 通过细胞膜上的多巴胺转运体（dopamine transporter，DAT）被突触前膜重摄取。DAT 对 DA 的摄取是主动转运过程，每转运 1 分子 DA，同时协调转运 1 分子 Cl^- 和 2 分子 Na^+。DAT 可以识别包括 DA 在内的多种底物或神经毒剂，结合后发生构象改变，将底物从胞膜外侧摄入并在胞膜内侧释放。此外，DA 的最终失活是通过酶的降解代谢实现（图 3-15），DA 可通过 MAO 氧化脱氨基变成醛基，醛基进一步氧化变成酸或醇（氨基修饰）；可以通过 COMT 氧位甲基化修饰或氧位与硫酸或葡萄糖醛酸结合形成复合物（儿茶酚胺侧链修饰）。

2. 多巴胺受体　根据 DA 受体药理特性不同，将其分为 D_1 和 D_2 受体家族：D_1 受体家族由 D_1 和 D_5 受体组成；D_2 受体家族由 D_2、D_3 和 D_4 受体组成。其中，根据氨基酸序列的多少，D_2 受体又分为长型（D_2L）和短型（D_2S）两种，D_2L 比 D_2S 多 29 个氨基酸残基。DA 受体均为 G 蛋白耦联受体，D_1 受体家族与 Gs 蛋白耦联被激活后，可以催化 ATP 形成 cAMP，激活 cAMP 依赖性蛋白激酶（PKA），催化蛋白质磷酸化，改变细胞膜对离子的通透性，进而调节递质合成酶的活力或引起其他效应；而 D_2 受体家族通常与 Gi 蛋白耦联，抑制腺苷酸环化酶的活性，减少 cAMP 的生成，并可激活 K^+ 通道，使 K^+ 外流引起细胞膜超极化，并限制电压依赖的 Ca^{2+} 内流。

DA 受体激动剂和拮抗剂与受体结合的作用机制不同，拮抗剂只有一个结合位点，而激动剂有两个结合位点，分别为高亲和力（K_H）和低亲和力（K_L）结合位点（表 3-9）。DA 是 D_1/D_2 混合型内源性激动剂，均可以作用于两种受体的两个结合位点。外源性激动剂 R（–）- 去水吗啡（apomorphine，APO）和 R（–）-N- 丙基去水吗啡（N-apomorphine，NPA）对 D_1 和 D_2 受体也具有同样的作用。苯氮杂类的 SKF-38393 是 D_1 受体高选择性的激动剂，SCH-23390 是高选择性拮抗剂。D_2 受体选择性的激动剂有 LY-171555 和 LY-141865；选择性拮抗剂有丁酰苯类的螺哌酮和苯甲酰胺类的左旋舒必利。

Note

表 3-9　DA 受体的药理学特性

受体亚型	跨膜信号转导方式	激动剂	拮抗剂
D_1	Gs	APO、NPA	Ph SCH23390
	AC $\uparrow \rightarrow$ cAMP $\uparrow$	SKF38393	Ecopipam
		Dihydrexidine	SKF83959
		SKF-89626	
D_5	Gs	Dihydrexidine	同 D_1
	AC $\uparrow \rightarrow$ cAMP $\uparrow$		
	PLC $\uparrow \rightarrow$ IP$_3$ $\uparrow$		
	PKC $\uparrow$		
	Ca^{2+} $\uparrow$		
D_2S/D_2L	Gi/o	Cabergoline	piperone
	AC $\downarrow \rightarrow$ cAMP $\downarrow$	Piribedil	Sulpiride
	IP$_3$ $\uparrow$	Talipexole	Raclopride
	K$^+$channel $\uparrow$	Busprione	Eticlopride
	Ca^{2+} $\downarrow$	5-OH-DPAT	Nafadotride
D_3	K$^+$ $\uparrow$	CJ-1639	NGB-2904
	Ca^{2+} $\downarrow$	PD-128907	SR 21502
D_4	Gi/o	WAY-100635	A-381393
	AC $\downarrow \rightarrow$ cAM $\downarrow$	FAUC 316	Clozapine

3. 多巴胺的生理功能　DA 主要影响机体的运动、情绪、神经内分泌以及呕吐等活动。DA 通过黑质 - 纹状体通路调节机体的运动功能,促进 DA 的活动引起运动功能的增强,是产生好奇、觅食、探索等活动的基础。应用 DA 受体阻断剂可以导致动物运动减少,对周围事物的反应下降,甚至不食不饮,乃至死亡。中脑边缘皮质通路的 DA 与机体的精神及情绪活动密切相关,DA 受体激动剂可以诱发类似精神分裂的症状,目前,DA 受体拮抗剂主要用于临床治疗精神分裂症和躁狂症。腹侧背盖区是多巴胺能神经元胞体的聚集区,生理情况下调节摄食、饮水等正常的强化行为,但也是海洛因、尼古丁等成瘾性形成的关键位点。另外,下丘脑 - 垂体的多巴胺能通路还可以通过作用于 D_2 受体调节垂体内分泌功能。

(四) 5- 羟色胺

5- 羟色胺(5-hydroxytryptamine,5-HT),亦称为血清素(serotonin),由吲哚和乙胺两部分组成,属吲哚胺化合物,与 NE、DA 同属单胺类神经递质。

1. 5- 羟色胺的生命周期

(1) 生物合成:5-HT 生物合成以色氨酸(tryptophan,Trp) 为前体,血中的色氨酸进入 5- 羟色氨酸能神经元后,在色氨酸羟化酶(tryptophan hydroxylase,TPH) 的催化下其苯环上 5- 位被羟基化,生成 5- 羟色氨酸(5-hydroxytryptophan,5-HTP),然后在 5- 羟色氨酸脱羧酶(5-hydroxytryptophan decarboxylase,5-HTPDC)的作用下脱羧,形成 5-HT(图 3-16)。TPH 是 5-HT 合成的限速酶,其在 5- 羟色胺能神经元的胞体合成,经轴浆运输到达轴突

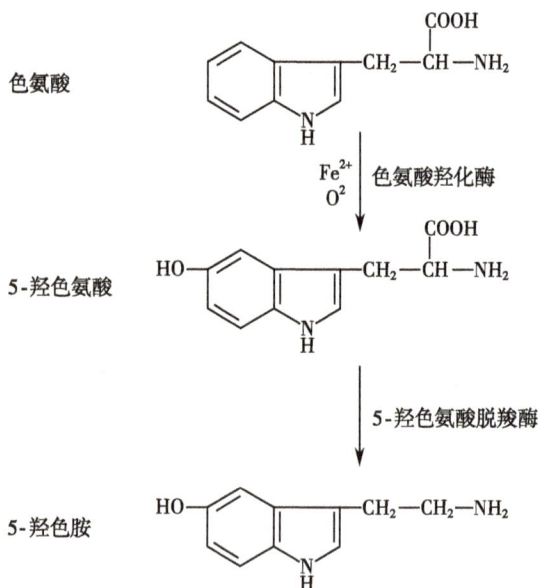

图 3-16　5- 羟色胺的生物合成过程

末梢,存在于 5- 羟色氨酸能神经末梢的胞质内,催化色氨酸转化成 5-HTP。血液中的色氨酸通过特异性转运载体透过血 - 脑屏障和神经元的细胞膜,补充脑内色氨酸可以增加 TPH 的底物浓度,生理条件下脑内 TPH 未被色氨酸饱和,因此,转运入 5- 羟色胺能神经元中的色氨酸数量越多,5-HT 的合成速度就越快。

(2) 储存和释放:5-HT 储存于 5- 羟色胺能神经末梢的囊泡内,与 NE 和 DA 的囊泡储存基本相似,在电镜下是致密中心囊泡,与 NE 囊泡不易区别。胞质中合成的 5-HT 在位于囊泡膜上单胺转运体(VMATs)的帮助下,进入囊泡。5-HT 囊泡内有特异的 5-HT 结合蛋白(serotonin-binding proteins,SBP),5-HT 一旦进入囊泡即与 SBP 结合形成大分子复合物,这种结合有利于 5-HT 在囊泡内的储存。

神经冲动引起突触末梢的 5-HT 以胞裂外排的形式释放。5-HT 的释放同样受到多种因素的调节。5-HT 自身受体可调节其释放,5- 羟色氨酸能神经元胞体上的 5-HT$_{1A}$ 受体与末梢上 5-HT$_{1B/1D}$ 受体是其自身受体,与 Gi/o 蛋白耦联,激活后可以降低 cAMP 的合成。研究证实,5-HT$_{1A}$ 受体激动剂可降低神经元的兴奋性以及中缝核神经元的放电,促进 5-HT 释放;而 5-HT$_{1B/1D}$ 受体激动剂则可以破坏与释放相联系的分子级联反应,进而抑制 5-HT 的释放。另外,药物对 5-HT 释放也有影响,芬氟明(fenfluramine)是一种食欲抑制剂,可用于单纯性肥胖及患有糖尿病、高血压、心血管疾患、焦虑症的肥胖患者。芬氟明的神经生物学功效是抑制 5-HT 的摄取,其代谢产物可以促进 5-HT 的释放,使脑内 5-HT 储存量降低,最后导致 5-HT 耗竭。与利血平耗竭 NE 不同的是,芬氟明并未破坏 5-HT 的储存机制,因此,芬氟明耗竭脑内的 5-HT 的作用也易于恢复。安非他明(amphetamine)也可促进 5-HT 释放。

(3) 清除和失活:与前述的儿茶酚胺类递质相似,主要的失活途径是重摄取和酶解失活。5- 羟色胺能神经元细胞膜上存在特异性的跨膜转运体——5-HT 转运体(serotonin transporter,SERT),SERT 摄取突触间隙中的 5-HT 进行突触前转运体重摄取。SERT 对 5-HT 有选择性的摄取,该转运体与 NE 转运体、DA 转运体同属 Na$^+$/Cl$^-$ 依赖型转运体,其摄取过程需要 Na$^+$ 和 Cl$^-$ 的同向共转运,同时 K$^+$ 或 H$^+$ 被同时反向转运,Na$^+$/K$^+$-ATP 为维持离子梯度提供能量。阻断 SERT 的功能就能阻断 5-HT 的重摄取,如非选择性三环类抗忧郁药(tricyclic antidepressants,TCAs)、选择性 5-HT 重摄取抑制剂(selective serotonin reuptake inhibitors,SSTIs)以及可卡因、安非他明。

此外,5-HT 还可最终被酶解失活。在中枢神经系统中,MAO 是 5-HT 主要降解酶,可使 5-HT 氧化脱氨成为 5- 羟吲哚乙醛,然后经醛脱氢酶快速氧化成 5- 羟吲哚乙酸(5-hydroxyindole acetic acid,5-HIAA)。与儿茶酚胺类递质不同,由于 5-HT 含有吲哚环,不能酶解 5-HT。5-HIAA 作为 5-HT 的代谢产物,临床上和基础研究中常以检测脑脊液、血和尿液中的 5-HIAA 含量来推断神经精神疾病中 5-HT 的功能。

2. 5- 羟色胺受体　5-HT 受体家族庞大,迄今为止已经克隆出 14 种不同的亚型,根据其功能、结构和信号转导的特性不同,分为七大家族,分别是 5-HT$_{1~7}$(表 3-10)。除 5-HT$_3$ 为离子通道型受体外,其余均属于 G 蛋白耦联受体家族。

由于 5-HT 受体亚型种类较多,很难找到特异性针对某个亚型的选择性激动剂和拮抗剂。例如:琥珀酸舒马普坦是 5-HT$_1$ 受体的激动剂,是 5-HT$_{1A}$ 受体的部分激动剂可以用于缓解焦虑。MDL100907 作为 5-HT$_{2A}$ 的受体拮抗剂用于治疗精神分裂症,利培酮、氯氮平等抗精神疾病药物对 5-HT$_{2A}$ 受体有一定的拮抗作用。恩丹西酮是 5-HT$_3$ 受体的阻断剂(表 3-10)。

3. 5- 羟色胺的生理功能　由于位于中缝核的 5-HT 能神经元几乎投射到整个神经系统,因此 5-HT 的作用十分广泛,对包括摄食、情绪、睡眠觉醒、焦虑、体温调节、性行为、疼痛、运动和心血管系统的功能都有调节作用。

Note

表 3-10 5-HT 受体的药理学特性

受体亚型	跨膜信号转导方式	激动剂	拮抗剂
5-HT$_{1A}$,5-HT$_{1B}$,5-HT$_{1D}$, 5-HT$_{1E}$,5-HT$_{1F}$	Gi/o- AC $\downarrow \rightarrow$ cAMP	吉哌隆 丁螺环酮 Ergotamine BRL-54443 Eletriptan	Methiothepin Olanzapine Metergoline MLS000756415
5-HT$_{2A}$,5-HT$_{2B}$,5-HT$_{2C}$	Gq/11 PLC $\uparrow \rightarrow$ IP$_3$ $\uparrow$,DG $\uparrow$	Mexamine PHA-57378 25C-NBOMe	Nefazodone Clozapine Olanzapine
5-HT$_3$	$\uparrow$ Na$^+$(Na$^+$-K$^+$ channel)	2-methyl-5-HT Bufotenin Ibogaine	Renzapride AS-8112 Batanopride RG12915
5-HT$_4$	Gs AC $\uparrow \rightarrow$ cAMP $\uparrow$	BIMU-8 Cisapride Mosapride	Piboserod GR-113,808
5-HT$_{5A}$	Gi/o AC $\downarrow \rightarrow$ cAMP $\downarrow$	Valerenic acid	Latrepirdine SB-699,551
5-HT$_6$	Gs- AC $\uparrow \rightarrow$ cAMP $\uparrow$	EMD386088 EMDT E6801 E6837	Cerlapirdine MS-245 SB742457
5-HT$_7$	Gs AC $\uparrow \rightarrow$ cAMP $\uparrow$	8-OH-DPAT 5-carboxamidotryptamine	Amoxapine Clomipramine Amitriptyline Vortioxetine

　　5-HT 在中枢神经系统参与镇痛作用,动物脑内注射微量的 5-HT 即可产生镇痛作用,适当增强中枢神经系统 5- 羟色胺能神经元的功能有助于增强吗啡的镇痛效果,在针刺镇痛研究中发现,5- 羟色胺能上行纤维在针刺镇痛中发挥着重要的作用。与 NE 相似,5-HT 的水平与抑郁症的发生密切相关,抑郁症时 5-HT 过少,躁狂症时 5-HT 过多。研究表明,5-HT 重摄取抑制剂可以有效提高脑内单胺类神经递质的浓度缓解抑郁症状。此外,中缝核群的 5-HT 参与调节睡眠和觉醒的周期转换:在清醒时有最大的活性,放电频率加快;而睡眠时,几乎记录不到 5-HT 能神经元的电活动。

(五)兴奋性氨基酸

　　神经系统中氨基酸递质包括谷氨酸(glutamate,Glu)、门冬氨酸(Aspartate,Asp)、γ- 氨基丁酸(GABA)和甘氨酸(glycine,Gly)。Glu、Asp 作为酸性氨基酸对大脑皮层神经元具有普遍而强烈的兴奋作用,被称为兴奋性氨基酸(exitatory amino acid,EAA);而 GABA 和 Gly 对神经元有抑制作用,被称为抑制性氨基酸(inhibitory amino acid,IAA)。Glu 广泛分布于哺乳动物中枢神经系统中,是 CNS 中含量最高的一种氨基酸。

1. 谷氨酸的生命周期

　　(1)生物合成:Glu 是一种不能透过血 - 脑屏障的非必需氨基酸,它不能通过血液供给脑。在脑内有其合成的酶系统,主要有两种合成途径:①作为三羧酸循环的一个分支,可以由 α- 酮戊二酸在转氨酶的作用下脱水形成,此过程需要维生素 B$_6$ 作为催化剂,这一途径合成所需的时间较长,并且由于三羧酸循环主要存在于线粒体中,是代谢性谷氨酸合成的主要方式;②谷氨酰胺在谷氨酰胺酶的作用下水解成谷氨酸。由于谷氨酰胺可以由胞体运输到突触末梢,因此可以在突触末梢内合成谷氨酸,是作为神经递质功能的谷氨酸的主要合成途径。

(2) 储存与释放:在中枢神经系统谷氨酸能神经元的末梢,合成的 Glu 在囊泡膜上低亲和性谷氨酸转运体(glutamate transporter,GluTs)的协助下,富集储存在囊泡中。当神经冲动到达突触末梢时,引起 Ca^{2+} 的内流,促使突触囊泡和突触前膜融合,通过胞裂外排作用将 Glu 释放到突触间隙,作用于位于突触后膜和突触前膜的相应受体。研究发现,当去除 Ca^{2+} 后,神经末梢囊泡内的谷氨酸递质不能释放,因此 Glu 的释放是 Ca^{2+} 依赖性的。

(3) 清除与失活:释放到突触间隙的 Glu 主要通过重摄取的方式被清除。采用同位素标记的放射自显影结果显示,在海马区约有 80% 的 ^3H-Glu 被重摄入神经元,其余则主要被周围的胶质细胞摄取。Glu 被神经元和胶质细胞重摄取的过程是由质膜膜上的高亲和性 GluTs($Km = 2\sim20\mu mol/L$)来完成的,它使静息状态下胞外 Glu 含量维持在 $1\mu mol/L$,胞质中 Glu 浓度为 $10\mu mol/L$,又经低亲和性囊泡 GluTs($Km=1.6mmol/L$)将其转入到囊泡内,使囊泡内浓度达到 $100mmol/L$。GluTs 每向细胞内转运一分子 Glu 就伴随着 3 个 Na^+ 和 1 个 H^+ 进入胞内,以及一个 K^+ 运出胞外,进而产生伴随谷氨酸摄取的内向电流。摄入胶质细胞的 Glu 在谷氨酰胺合成酶的作用下生成谷氨酰胺,后者进入神经末梢后经谷氨酰胺酶脱氨生成谷氨酸,形成神经元和胶质细胞之间的谷氨酸 - 谷氨酰胺循环(glutamate glutamine cycle)。胶质细胞摄取 Glu 的意义是为了防止过量 Glu 扩散到周围神经元上引起神经末梢过度兴奋。

2. 谷氨酸受体 谷氨酸受体包括离子型谷氨酸受体(ionotropic glutamate receptor,iGluR)和代谢性谷氨酸受体(metabotropic glutamate receptor,mGluR)两个大家族。iGluR 是递质门控离子通道复合物,根据激动剂的不同分为三种亚型:N- 甲基 -D- 天冬氨酸(N-methyl-D-aspartate,NMDA)受体、α- 氨基 -3- 羟基 -5- 甲基 -4- 异噁唑丙(α-anino-3-hydroxy-5-methyl-4-ioxazole propionic acid,AMPA)受体和海人藻酸(kainic acid,KA)受体。这三种受体由不同的受体基因家族编码,形成各自亚型。mGluR 属于 G 蛋白耦联受体超家族,与 G 蛋白耦联并介导受体激活的生物学作用(图 3-17)。

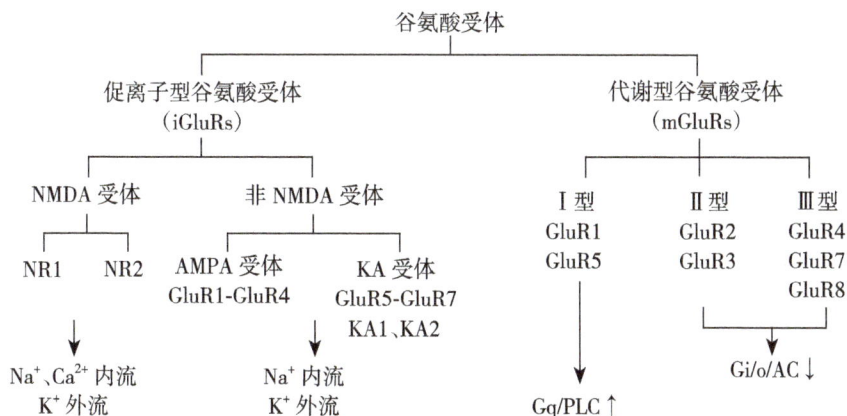

图 3-17 各种类型谷氨酸受体的比较

(1) NMDA 受体:NMDA 受体是一种配体门控阳离子通道型受体,其特点是对 Ca^{2+} 通透。NMDA 受体激活,通道开放,Na^+、K^+ 和 Ca^{2+} 通透性增加(Na^+、Ca^{2+} 内流,K^+ 外流),引起突触后膜去极化,产生慢时程 EPSP。NMDA 受体耦联的离子通道受配体和膜电位的双重调控,对 Ca^{2+} 具有较大的通透性,Ca^{2+} 是重要的胞内第二信使,能激活多种酶,通过不同的信号传导系统完成各种复杂的生理功能。但 NMDA 受体过度兴奋导致细胞内 Ca^{2+} 超载,对神经元也会产生毒性作用。另外,NMDA 受体的激活不仅需要谷氨酸结合于传统激动剂结合位点,而且还会受到其他

Note

位点的调制作用,如 Mg^{2+} 作用位点对受体起电压依赖性阻滞;甘氨酸位点结合增强受体激活(甘氨酸被称为 NMDA 受体的协同激动剂);多胺位点依赖于甘氨酸的增强作用或抑制作用;非竞争性拮抗剂作用位点等(表 3-11)。

表 3-11　内源性物质和药物对 NMDA 受体 - 通道的调制作用

调制物质	单通道电导值	通道开放时	通道开放频率	电压依赖性
Mg^{2+}	—	↓↓	↓	强
甘氨酸	—		↑↑	无
多胺　增强作用	—		↑	无
多肽　抑制作用	↓	↓		有
非竞争性拮抗剂 (麻醉药 PCP,抗忧郁药去甲丙咪嗪,抗惊厥要 M-801, σ - 阿片剂 SKF1~47 等)	—	↓	↓	强
Zn^{2+}	↓	↓	↓	
H^+	—		↓↓	无
氧化剂	—		↓	无

NMDA 受体广泛分布于中枢神经系统中,在海马和皮层最多,纹状体次之。NMDA 受体的亚单位为 NR1 和 NR2 亚单位。NR1 亚单位存在 8 种不同的功能剪接形式,NR2 亚单位则包括四种类型,即 NR2A、NR2B、NR2C 和 NR2D。NMDA 受体是由 2 个 NR1 亚基和 2 个 NR2 亚基组成的异四聚体,其中 NR1 是功能亚基,NR2 是调节亚基。只有当 NR1 和 NR2 共表达才能构成有功能的 NMDA 受体,同时其活性较单独表达 NR1 强百倍以上。

(2) AMPA 受体和 KA 受体:属于配体门控阳离子通道型受体。与 NMDA 受体不同的是,AMPA 受体和 KA 受体对膜电位不敏感,受体 - 通道打开时只通透 Na^+、K^+,是 Na^+/K^+ 通透性离子通道型受体,而对 Ca^{2+} 多数不通透。组成 AMPA 受体的亚单位属于 GluRα 组,即 GluR1,2,3,4。当膜电位保持在 –60mV 时,由于 Na^+ 内流大于 K^+ 外流,AMPA 受体通道的开放将出现内向电流。KA 受体则主要分布于海马 CA_3 区、皮层和脊髓的 C 纤维,其亚单位属于 GluRβ 组,包括 GluR5、GluR6、GluR7、KA1 和 KA2。KA 受体通道开放形成的内向电流主要是由于 Na^+ 内流引起的。

除谷氨酸外,AMPA 和 KA 均可以激活两种受体,只是作用强度不同。二羟基喹酮(6-nitro-7-sulphamoyl-benzo [f]quinoxaline-2,3-dione,NBQX)是选择性的 AMPA 受体竞争性拮抗剂,CNQX(6-Cyano-7-nitroquinoxaline-2,3-dione)和 DNQX(6,7-dinitro-2,3-dihydroquinoxaline-2,3-dione)可选择性阻断 AMPA 和 KA 受体,另外,苯二氮䓬类药物是 AMPA 受体的非竞争性拮抗剂。

(3) 代谢型谷氨酸受体:mGluR 是一类与 G 蛋白耦联的谷氨酸受体,mGluR 的序列具有一个较长的细胞外 N- 末端,紧接着 7 个跨膜区结构和一个细胞内的 C 末端,mGluR 的 N 末端结构呈 V 形,与谷氨酸的特异性结合有关,而第二个细胞内环则决定了耦联 G 蛋白的特异性。由于 mGluR 的序列除具备 7 个特征性的跨膜区外,和其他各种 G 蛋白耦联受体之间无同源性,构成 G 蛋白耦联受体的一个新家族。目前,已经克隆到 mGluR 的八个亚型(mGluR1 ~ mGluR8),根据氨基酸序列同源性、激动剂药理学和所介导的信号转导通路,将 mGluR 分为三种类型:Ⅰ 型包括 mGluR1 和 mGluR5;Ⅱ 型包括 mGluR2 和 mGluR3;Ⅲ 型包括 mGluR4、mGluR6、mGluR7 和 mGluR8。其中 mGluR1 和 mGluR5 主要通过 Gq 激活磷脂酶 C(phospholipase,PLC)水解膜磷脂酰肌醇产生胞内第二信使 IP_3 和 DAG,并进一步引起胞内 Ca^{2+} 变化而发挥作用;其他 mGluR 则主要通过 Gi 抑制腺苷酸环化酶及调节 K^+、Ca^{2+} 通道而发挥作用。

DHPG 是 mGluR1 和 mGluR5 的选择性激动剂,CHPG(2- 氯基 -5 羟基苯甘氨酸)是 mGluR5 的选择性激动剂,CPCCOet [7-(羟基亚胺)环丙烷 -1a- 羧基乙基酯]和 MPEP [2- 甲基 -6(苯乙

Note

炔基)吡啶]则分别是 mGluR1 和么 GluR5 的非竞争性拮抗剂。DCGIV［2-(2,3- 二羧基环丙基)甘氨酸]是 mGluR2 和 mGluR3 的激动剂,EGLU［(2S)-α- 乙基谷氨酸]和 LY341495 则是其拮抗剂。L-AP4(L-2- 氨基 -4- 磷酸基丁酸)为 mGluR4、6、7、8 的激动剂(表 3-12)。

表 3-12　谷氨酸受体的药理学特性

受体亚型	跨膜信号转导方式	激动剂	拮抗剂
NMDA	$Na^+/K^+/Ca^{2+}$	NMDA	AP5
		D-Cycloserine	MK-801
		Homocysterate	Ketamine
		D-serine	Nitrous oxide
		ACPL	Dexanabind
AMPA	Na^+/K^+	5-Fluorowillardiine	CNQX
		AMPA	Ethanol
		Domoic acid	Kynurenic acid
		Quisqualic acide	NBQX
			Tezampanel
KA	Na^+/K^+	KA	同 AMPA
mGlu1,mGluR5	Gq/11-PLC ↑→ IP_3↑,DAG ↑	3,5-dihydroxyphenylglycine	JNJ-16259685
		CHPG	R-214,127
			Acamprosate
			Mavoglurant
mGlu2,mGluR3	Gi/o	Eglumegad	APICA
	AC ↓→ cAMP ↓	Biphenylindanone A	EGLU
		DCG-IV	LY-341,495

3. 谷氨酸的生理功能　谷氨酸作为中枢神经系统中含量最丰富的氨基酸类神经递质,参与许多重要的生理功能,包括兴奋性突触传递、介导突触前抑制以及神经元的可塑性等,是学习和记忆形成的重要基础。在突触末梢,谷氨酸与 AMPA 和 NMDA 受体结合后,引起突触后阳离子通道开放,产生兴奋性突触后电流,使神经元去极化,当后者达到一定阈值时即产生动作电位,整个过程持续数十毫秒,完成兴奋性传递。谷氨酸 NMDA 受体对 Ca^{2+} 具有较高的通透性,其活化是突触可塑性改变的基础。谷氨酸通过作用于突触前 mGluRs,能够阻断兴奋性谷氨酸能和抑制性 γ- 氨基丁酸能突触传递,进而介导突触前抑制效应。

在神经系统疾病(如脑卒中、颅脑损伤等)的发生过程中,由于能量代谢障碍,导致细胞膜 Na^+-K^+ 泵的活力下降,造成细胞外高钾低钠,导致神经元去极化,引起囊泡谷氨酸的过度释放,产生神经元兴奋性毒性,研究表明,抑制 NMDA 受体 NR1 亚基的功能具有神经保护作用。

(六)抑制性氨基酸

氨基酸是中枢神经系统中最为广泛存在的神经递质,与谷氨酸兴奋性氨基酸类神经递质相对应的,是抑制性氨基酸类神经递质,主要包括 γ- 氨基丁酸(GABA)和甘氨酸(Gly),GABA 分布于大脑所有的区域,而甘氨酸是脊髓和脑干中的抑制性递质。下面主要以 GABA 为例介绍抑制性氨基酸类神经递质的特点。

1. γ- 氨基丁酸的生命周期

(1)生物合成:脑内的 GABA 是 Glu 在谷氨酸脱羧酶(glutamine acud decarboxylase,GAD)作用下脱羧形成的,该反应以磷酸吡哆醛(pyridoxal 5'-phosphate,PLP;亦称为维生素 B_6,VitB$_6$)为辅酶,Glu 既是兴奋性递质,又是合成 GABA 的前体。GAD 有两种同工酶 GAD65 和 GAD67,GAD67 以游离形式存在于胞质,GAD67 缺陷的小鼠脑内 GABA 水平显著降低,缺陷小鼠出生后不久死亡;而 GAD65 以膜结合形式与突触小泡紧密连在一起,GAD65 缺陷小鼠的脑内 GABA 水平稍有降低,表现出自发惊厥,对化学震颤药物敏感性显著增强。由此可见,脑内的 GABA 主要由 GAD67 催化合成,而 GAD65 能够快速合成 GABA,填补突触小泡备释放之用。由于神经胶质细胞中不存在 GAD,所以成熟的脑内只有神经元才能合成 GABA,脑内 GAD 的分布与 GABA 相平行,常将 GAD 作为 GABA 能神经元的标记。GABA 的代谢途径见图 3-18。

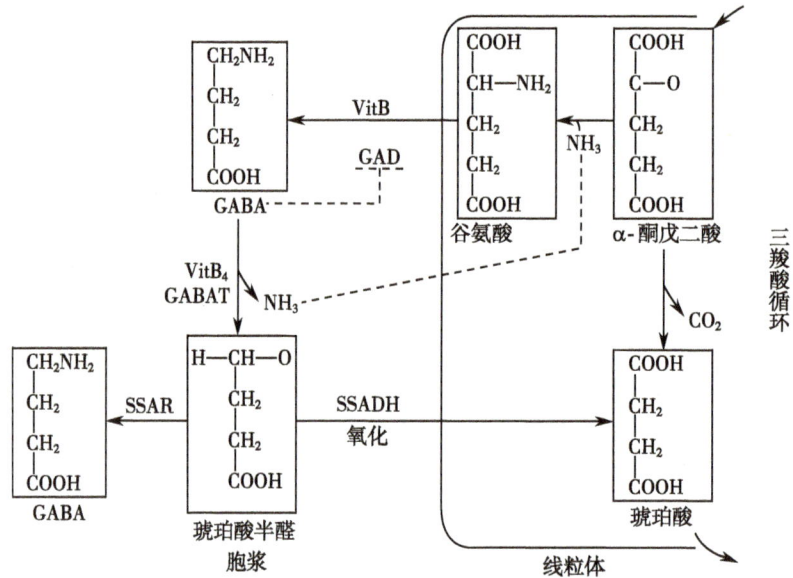

图 3-18　γ- 氨基丁酸的代谢途径

GAD:谷氨酸脱羧酶;GABA:γ- 氨基丁酸;SSADH:琥珀酸半醛脱氢酶;SSAR:和琥珀酸半醛还原酶

(2) 储存与释放:在神经末梢,胞质中合成的 GABA 依靠小囊泡型 GABA 转运蛋白(vesicular GABA transporter,VGAT) 主动运输,储存在突触囊泡中。VGAT 也可以转运甘氨酸。当神经冲动传来,GABA 以量子式释放的方式释放到突触间隙。

(3) 清除与失活:GABA 从囊泡中释放后,作用于突触后膜或突触前膜上的相应受体。细胞外的 GABA 主要通过依赖于 Na^+、Cl^- 的高亲和力摄取系统 GABA 转运体(GAT)被转运至 GABA 能神经元和胶质细胞中,以维持细胞外 GABA 微摩尔级的低浓度水平。GAT 是一种糖蛋白,具有 12 个跨膜的疏水螺旋结构,其肽链的 N- 末端、C- 末端都位于细胞膜内侧,并带有磷酸化位点。GABA 主要功能是摄取胞外的 GABA,可以逆化学梯度将 GABA 跨膜转运至细胞内,通常转运 1 分子 GABA 需要 2 分子 Na^+,1 分子 Cl^-。此外,在一定生理、病理调节下,受离子梯度和膜电位的影响,GAT 也可以反向释放 GABA。因此,GAT 功能是双向而又复杂的。目前已经克隆获得的小鼠 GABA 转运蛋白有四种、GAT-1、GAT-2、GAT-3 和 GAT-4。GAT-1 主要存在于神经元上,少量在胶质细胞上;GAT-2 在神经元和胶质细胞上均有分布;GAT-3 和 GAT-4 则表达较为广泛,以胶质细胞和非神经元细胞为主。

被摄入到神经末梢或胶质细胞内的 GABA 被进一步代谢分解,首先由 γ- 氨基丁酸转氨酶 (GABA transaminase,GABA-T)将其氨基去除,生成琥珀酸半醛(succinic semialdehyde,SSA),此过程以 $VitB_6$ 为辅酶。脱去的氨基主要被 α- 酮戊二酸接受,重新生成谷氨酸。SSA 经琥珀酸半醛脱氢酶(succinylsemialdehyde dehydrogenase,SSADH)氧化生成琥珀酸(succinic acid,SA),然后进入三羧酸循环,产生 α- 酮戊二酸,后者氨基化后成为 GABA 的前体谷氨酸,该路径成为 GABA 旁路;SSA 或者经琥珀酸半醛还原酶(succinic semialdehyde reductase,SSAR)还原成 γ- 羟基丁酸。胶质细胞摄取的谷氨酸经谷氨酰胺合成酶(glutamine synthetase)转变为谷氨酰胺,运出细胞,在神经元内经谷氨酰胺酶作用,生成谷氨酸,成为 GABA 的前体。

2. GABA 受体　GABA 主要通过其受体发挥作用,目前,GABA 受体可分为三类:GABA_A、

GABA$_B$ 和 GABA$_C$。

（1）GABA$_A$ 受体：GABA$_A$ 受体属于配体门控氯离子受体，受体激活时 Cl$^-$ 通道开放，细胞外 Cl$^-$ 内流，引起突触后膜超极化，由此产生一种抑制性突触后电位（IPSP）。

GABA$_A$ 受体由 5 个亚基构成，每个亚基含有 4 个疏水的跨膜段（M$_1$~M$_4$）和两个长的亲水段。位于 N 端的较长的亲水性结构域暴露于突触间隙，具有与 GABA 结合的位点；位于 M$_3$ 和 M$_4$ 之间的胞内亲水段具有磷酸化的作用位点；M$_2$ 跨膜段构成 GABA$_A$ 受体通道的内壁，其中带正电荷的氨基酸与通道的阴离子选择性有关。与 AChR 相似，GABA$_A$ 受体典型结构由两个 α（α$_1$ 或 α$_2$），两个 β（β$_1$ 或 β$_2$）和一个 γ$_2$ 亚单位组成。其中，GABA 的结合位点位于 β 亚单位。在 GABA$_A$ 受体上，除 GABA 受体的结合位点以外，还存在有识别乙醇、苯二氮䓬和巴比妥酸盐药物的位点，苯二氮䓬类药物可以通过变构性调制作用增强 GABA 与识别位点的结合（图 3-19），以增加 GABA$_A$ 受体通道开放的频率，减少平均关闭时间。巴比妥类药物也可以增加通道的开放时间。两类药物都是临床常用的 GABA$_A$ 受体的选择性激动剂。荷苞牡丹

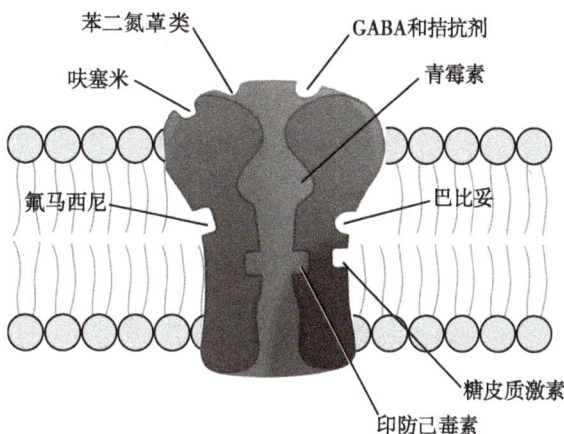

图 3-19　GABA$_A$ 受体与调节位点示意图

碱（bicuculline）是 GABA$_A$ 受体的竞争性拮抗剂，而印防己毒素（picrotoxin，PTX）是非竞争性拮抗剂。

（2）GABA$_B$ 受体：GABA$_B$ 受体属于代谢型受体，是一种 G$_{i/o}$- 蛋白耦联受体，在突触前膜通过抑制 Ca^{2+} 通道来影响递质的释放，在突触后膜上可以通过激活 K$^+$ 通道使突触后神经元超极化。GABA$_B$ 受体对荷苞牡丹碱不敏感，但能被氯苯氨丁酸激活。除内源性激动剂 GABA 外，还有 baclofen、APPA 和 SKF97542 等，拮抗剂主要有 phaclofen、2-hydroxysaclofen、CGP35348 和 CGP52432 等。

（3）GABA$_C$ 受体：GABA$_C$ 受体结构与 GABA$_A$ 受体相似，也通过打开 Cl$^-$ 通道产生抑制效应，受体激活时打开 Cl$^-$ 通道，Cl$^-$ 流动方向则取决于细胞内外的 Cl$^-$ 的分布。GABA$_C$ 与 GABA$_A$ 的不同在于：①GABA$_C$ 对 GABA 的亲和力更高，GABA$_C$ 比 GABA$_A$ 受体敏感 7~40 倍；②GABA$_C$ 使 Cl$^-$ 通道开放得慢而持久；③GABA$_C$ 不易脱敏。GABA$_C$ 主要存在于视网膜和视觉通路中，参与视觉功能的调节。GABA$_C$ 受体激活打开的 Cl$^-$ 通道能被 PTX 所阻断，但是其对荷苞牡丹碱和氯苯氨丁酸都不敏感。GABA$_C$ 受体的竞争性拮抗剂有 TPMPA、14AA 等，可强有力地阻断其效应（表 3-13）。

表 3-13　GABA 受体的药理学特性

受体亚型	跨膜信号转导方式	激动剂	拮抗剂
GABA$_A$	Cl$^-$ ↑	GABA	Bicuculline
		Ethnal	Cicutoxin
		Barbiturates	Flumazenil
		Benzodiazepines	Gabazine
		Chloral hydrate	Picrotoxin
GABA$_B$	Gi/o-	Baclofen	Phaclofen
	AC ↓ → cAMP ↓	GBLPropofol	Saclofen
	Ca^{2+} ↓		
	GIRK ↑		
GABA$_C$	Cl$^-$ ↑	GABA	Picrotoxin
			TPMPA
			14AA

3. GABA 的生理功能　GABA 具有抗焦虑的作用,参与调节神经垂体分泌、镇痛、摄食、惊厥、认知和大脑发育等病理和生理过程。

GABA 通过作用于 $GABA_A$ 受体,影响 Cl^- 通道开放的时间或频率,以改善焦虑症状。GABA 不仅可以影响下丘脑摄食中枢,抑制动物摄食行为,而且可以调节下丘脑 - 垂体激素的释放,如抑制下丘脑促肾上腺皮质激素释放激素的释放,抑制腺垂体促肾上腺皮质激素的分泌。$GABA_B$ 受体参与 LTP 诱导的调节,影响成神经细胞的迁移以及海马的节律活动,突触后膜上 $GABA_B$ 受体的激活可以产生抑制性突触后电流,造成突触后膜的超极化。突触前膜的 $GABA_B$ 受体及激活则会抑制多种神经递质,包括 GABA、Glu、DA、5-HT 和 NA 等的释放。通过减少突触末梢 GABA 的释放,使得突触后膜上 $GABA_A$ 和 $GABA_B$ 受体激发的抑制性突触后电位减小,产生负反馈效应,以活动依赖性方式调节 γ- 氨基丁酸能神经元突触的抑制作用。临床上,通过对 $GABA_B$ 受体的干预,可以治疗药物成瘾、痉挛、认知障碍、疼痛和癫痫等疾病。$GABA_C$ 受体则是 GABA 调节视觉通路信息传递的关键,还可能参与昼夜节律调节、学习记忆、痛觉以及胃肠激素内分泌等方面。

(七) 其他神经递质

除了前述的经典神经递质,20 世纪六七十年代后,陆续发现了一些在神经系统中具有神经递质特性的化学物质,在信息传递过程中起着重要作用。其中包括组胺、一氧化氮(NO)和嘌呤类化合物等。

1. 嘌呤类　1929 年 Drury 和 Szent-Gyorgy 发现,心肌缺血时心脏释放的腺苷(adenosine,ADO)是一种激素,可以引起动脉血管舒张。直到 1993 年 Burnstock 阐明了 ADO 和 ATP 在中枢、外周肠神经系统起到了神经递质和调质的作用。

(1) 生物合成和储存:ATP 在神经元内通过线粒体氧化磷酸化酶产生,ATP 是细胞活动的主要能源,所有细胞都含有大量的 ATP 及其代谢产物。腺苷主要来自于 ATP 的降解,细胞内外都会发生 ATP 的降解。大多数 ATP 贮存在肾上腺能、胆碱能、嘌呤能神经元的突触囊泡中,某些 ATP 可能单独贮存或直接来自于胞质中。腺苷可以存在于胞外和胞内,胞外的基础水平为 $2\mu mol/L$,但是,当神经元放电增加时,胞外腺苷迅速增加,在癫痫惊厥期间可增加 20 倍。

(2) 释放和失活:储存于神经末梢或细胞分泌囊泡处的 ATP 可通过胞裂外排的方式释放到细胞外,此外,受损的细胞也可释放大量 ATP。KCl 引起的去极化或其他去极化试剂如兴奋性氨基酸和广泛的电刺激可促使 ATP 释放。ATP 在细胞内的 5- 核苷酸酶(5-nucleotidase)作用下生成 ADP、AMP 和腺苷。ATP 也可以在细胞外的核苷酸酶作用下代谢产生腺苷。细胞内的腺苷不经分泌囊泡外排,而是通过细胞膜上的双向核苷转运体排到细胞间隙。ATP 和腺苷的释放还受到其他神经递质或神经肽的影响。腺苷也可以经此双向核苷转运体被重摄取,一旦腺苷出现在细胞间,可由特异性的核苷转运体分子摄取穿过细胞膜。有两种形式的核苷转运体:平衡型核苷转运体(equilibrative nucleoside transporters,ENTs),随着浓度梯度双向转运核苷穿过细胞膜;另一种为浓度型核苷转运体(concentrative nucleoside transporters,CNTs),通过一种浓度梯度并与跨膜 Na^+ 梯度耦联,这一类是辣椒素敏感的转运体。释放到细胞外的 ADO 发挥作用后,约 50% 可被重新摄取,重摄取是 ADO 失活的主要途径。ADO 失活的另一途径是经腺苷脱氨酶催化脱氨基生成肌苷,再水解生成次黄嘌呤和黄嘌呤。

(3) 受体:腺苷受体也称为 P_1 受体,可以分为 A_1、A_{2A}、A_{2B}、和 A_3 受体,P_1 受体都是与 G 蛋白相耦联的受体,在中枢神经系统和外周组织中广泛分布。腺苷酸受体称为 P_2 受体,根据药理学和分子克隆研究分为 P_2X 和 P_2Y 受体。P_2X 受体为核苷酸门控阳离子通道,可通透 Na^+、K^+ 和 Ca^{2+},现已经克隆了七个受体亚基,分别为 P_2X_{1-7}。P_2Y 则为 G 蛋白相耦联的受体,已经克隆了 P_2Y 受体亚型有八种,P_2Y_1、P_2Y_2、P_2Y_4、P_2Y_6 和 P_2Y_{11-14}。这些受体的药理学特征详见表 3-14。

表 3-14　嘌呤受体的药理学特征

类型	亚型	主要的第二信使或离子通道	激动剂	拮抗剂
P_1	A_1	Gi/Go 蛋白 ↓腺苷酸环化酶 ↑ K^+ ↑ PLC-PKC	2-氧-N_6-环戊腺苷(CCPA)	8-P-硫苯碱（SPT） 1,3-二丙-8-环戊黄嘌呤（DPCPX） CP66713
P_1	A_{2A} （高亲和力）	Gs 蛋白 ↑腺苷酸环化酶 ↑ IP_3	CGS21680	8-P-硫苯碱（SPT） 8-苯乙烯基黄嘌呤 CGS15943
P_1	A_{2B} （低亲和力）	Gs 蛋白 ↑腺苷酸环化酶	CGS21680	8-P-硫苯碱（SPT）CGS15943
P_1	A_3	G（？）蛋白 ↑ PLC ↑ IP_3	瑞加德松（Regadenoson） IB-MECA APNEA	8-P-硫苯碱（SPT）
P_2	P_2X_{1-6} P_2X_7	Na^+,K^+,Ca^{2+}-通道 非选择性离子和分子孔	2-MeATP 2-MeADP α,β-MeATP BzATP	苏拉明（suramin） 反应蓝（reaction blue） 吡哆醛衍生物（PPADS） 三氮 ATP 异喹啉衍生物（KN-62）
P_2	P_2Y_1 P_2Y_2	Gs 蛋白 ↑ PLC-IP_3 ↑ PLA-花生四烯酸 Gq 蛋白	2-MeATP 2-MeADP UTP UTP-半乳糖	苏拉明（suramin） PPADS MRS2179 NF023

（4）腺苷的生理功能：在中枢神经系统 ATP 作为一种兴奋性神经递质，突触前和细胞间的腺苷对单胺类神经递质和 GABA 的释放是一种抑制剂；突触后，腺苷通过突触后膜的去极化调节神经元的兴奋性。腺苷的另一种功能是调节痛的传递，分别作用在脊髓、脊髓之上和外周位点，并且腺苷在炎症性和神经性痛刺激中扮演了一个特别重要的角色。ATP 调节大脑血流，并限制中心炎症细胞的活化。ATP 与生长因子协同作用，刺激星形胶质细胞增殖，这是促成反应性星形胶质细胞过多症的原因。癫痫发作期，脑内的腺苷迅速增加。ATP、腺苷还参与了液体流动动态平衡、听觉敏感性和发育、睡眠等调节。

2. 一氧化氮

（1）生物合成与失活：体内合成一氧化氮（nitric oxide，NO）的前体物质是左旋精氨酸（L-Arg），L-Arg 在体内的主要代谢途径是鸟氨酸循环。L-Arg 通过一氧化氮合酶（nitric oxide synthase，NOS）转化成为 NO 和胍氨酸。在这一途径中还存在着一个小支路。图 3-20 为 NO 在中枢神经系统中的

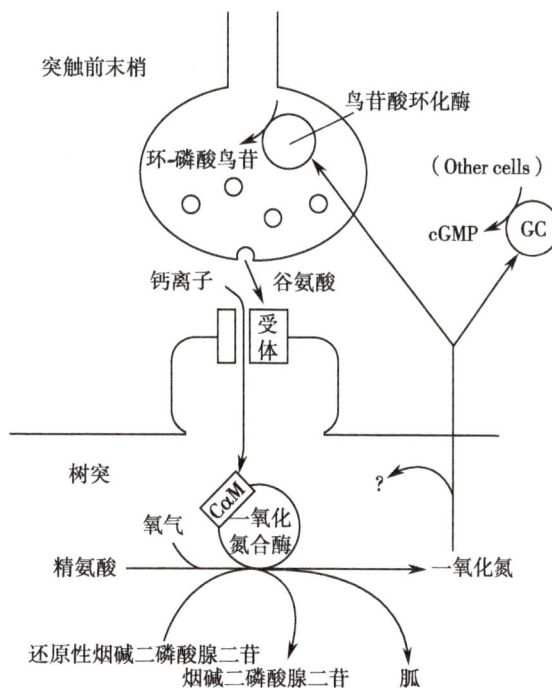

图 3-20　NO 在中枢神经系统中的合成及其作用

合成及其作用,从突触前末梢释放的 Glu 作用于突触后 NMDA 受体,离子通道开放引起 Ca^{2+} 内流并通过钙调蛋白激活 NOS。精氨酸在氧和烟碱腺嘌呤二磷酸核苷(NADPH)存在下,生成 NO,然后,NO 扩散到突触前末梢或邻近的神经元和星形胶质细胞,并作用于鸟苷酸环化酶刺激 cGMP 产生。

由于 NO 是一种气体分子,与其他神经递质不同,它不储存于突触囊泡中,不能直接由去极化导致胞吐释放,也不能作用于典型的细胞表面受体,而是以扩散方式到达靶细胞,是一种非经典的信使分子。NO 与 Fe^{2+} 有较高的亲和性,能与含有血红素基团的蛋白质结合。NO 对靶细胞的直接作用是激活细胞内可溶性的鸟苷酸环化酶(guanylate cyclase,GC),导致细胞内 cGMP 水平上升,触发一系列生物学效应。NO-cGMP 通路在多种组织、细胞中广泛存在,代表一种新的细胞信息的传递和细胞功能的调节机制。

NO 广泛存在于整个神经系统中,NOS 在中枢神经系统不同脑区分布有所不同,以小脑和嗅脑含量最高,髓质为最低。在某些脑区,NOS 的活性的分布与 EAA 的 NMDA 受体分布相一致,推测当谷氨酸神经末梢兴奋引起谷氨酸释放,并与突触后 NMDA 受体结合时,可导致 Ca^{2+} 内流,激活 Ca^{2+}/CaM,使细胞内 NOS 活化,从而合成 NO。由于 NO 具有亲脂性,除可作用于自身细胞内的 GC 外,还可迅速扩散进入突触前和周围星形胶质细胞,导致这些细胞内 cGMP 水平上升,引起相应的生物学效应。

NO 的化学性质极不稳定,半衰期仅为 3~5s,可被氧自由基、血红蛋白、氢醌迅速灭活,极易与氧反应生成 NO_2,在中性体液中转化为 NO_3^- 而丧失生物活性,可能是 NO 失活的主要生理机制。

(2) NOS 的特性:由于 NO 的气体特性,不便于直接研究其生物学特性,而 NOS 是合成 NO 的关键酶,因此人们就对 NOS 进行研究,用以探讨 NO 的生物学效应。NOS 是一种含有血红素(heme)的蛋白质,它采用氧和 NADPH 并需要黄素核苷酸还原酶和四氢生物蝶呤(BH_4)的激活。按 NOS 分布特点和细胞效应可分为原生型 NOS(constitutive NOS,cNOS)和诱生型 NOS(inducible NOS,iNOS),cNOS 又可分为神经元型 NOS(neuronal NPS,nNOS)和内皮型 NOS(endothelial NOS,eNOS)。表 3-15 总结了不同 NOS 的特性,nNOS 和 eNOS 是 Ca^{2+}/CaM 依赖性的酶,在生理情况下许多哺乳动物细胞中表达,而 iNOS 不依赖于 CaM,生理情况下不表达,免疫炎症反应等刺激可诱导免疫细胞的 iNOS 基因表达。

表 3-15 NOS 的特性比较

亚型	cNOS(nNOS,eNOS)	iNOS
合成细胞	神经元、内皮细胞	巨噬细胞、内皮细胞、小胶质细胞
活性形式	同型二聚体(nNOS) 寡聚体(eNOS)	同型二聚体
亚细胞定位	胞质(nNOS) 膜联颗粒(eNOS)	胞质
Ca^{2+} 依赖性	影响活性	影响转录
$Ca^{2+}M$ 依赖性	是	非
辅助因子依赖性(FAD、FMN、BH_4、铁原卟啉IX)	较少依赖	依赖
NO 释放	短时,pmol 维持 NO 的紧张释放	持久,mmol
激动剂	ACh、缓激肽、氨基酸、切应力	细胞因子(IL-1 等)
内源性抑制剂	二甲基精氨酸	糖皮质激素

(3) 生理功能:NO 通过 cGMP 作用对许多中枢神经系统活动都有影响,如促进某些神经递质的释放和影响突触可塑性、小脑和海马的长时程增强(LTP)。有人认为,NO 有可能在 LTP 中充当逆行信使。在周围神经系统,NOS 主要分布于胃肠道的肌间神经丛,肾上腺髓质中的神经节细胞,视网膜视杆细胞外段以及眼脉络膜神经纤维网。在周围神经系统中,NO 除作为非肾

上腺素能神经非胆碱能神经的递质,介导肠平滑肌松弛外,还可能在泌尿、生殖、肾上腺分泌、嗅觉、视觉及痛觉传入中起调节作用。

(八)神经肽

神经肽(neuropeptides)顾名思义是参与神经信息传递的多肽类物质。神经肽种类繁多,分布广泛,功能复杂,具有递质、调质或激素样的作用。

1. 神经肽的分类　神经肽种类繁多,根据他们的来源、功能和前体进行了归类,如内阿片肽、垂体激素、胃肠道激素、速激肽等,部分神经肽的命名和结构见表3-16。

表3-16　神经肽的分类和命名

分类	命名	分类	命名
垂体肽	促肾上腺皮质激素(ACTH)	内阿片肽	甲硫-脑啡肽(M-ENK)
	α-促黑激素(α-MSH)		亮-脑啡肽(L-ENK)
	催产素(OT)		内啡肽(EP)
	加压素(VP)	速激肽	P物质(SP)
	催乳素(PRL)		神经激肽A(NKA)
	生长素(GH)		神经激肽B(NKB)
下丘脑释放肽	促肾上腺皮质激素释放激素(CRH)		神经肽K(NPK)
	生长抑素(SOMT)		神经肽γ(NPγ)
	生长素释放激素(GHRH)	增血糖素相关肽	泡蛙肽(physalaemin)
	促甲状腺激素释放激素(TRH)		高血糖素(glucagon)
	促性腺激素释放激素(GnRH)		血管活性肠肽(VIP)

2. 神经肽的生命周期

(1) 生物合成:由于神经肽的化学特性是肽类化合物,因此,与经典神经递质不同,神经肽不是在神经末梢合成的,而是在胞体的核糖体内以合成蛋白质的方式进行。首先,在核糖体上合成无活性的大分子前体蛋白,随后该前体蛋白被转运到内质网、高尔基复合体和分泌颗粒或囊泡,经轴浆运输转运到末梢,在转运过程进行翻译后加工,形成有活性的神经肽。

(2) 储存和释放:神经肽合成后储存于囊泡中,囊泡不仅是神经肽储存的场所,也是由神经肽前体蛋白变成具有活性的神经肽的地方。与经典神经递质不同,神经肽主要储存在大囊泡中,有些神经肽与经典神经递质有囊泡内共存现象。神经递质和神经肽的释放都依赖于细胞内Ca^{2+}的浓度增加,一般短暂、快速地增加细胞内Ca^{2+}引起储存经典神经递质的小囊泡释放,而缓慢、持续的细胞内Ca^{2+}浓度增加则引起大囊泡释放神经肽。

(3) 清除和失活:释放到突触间隙的神经肽,主要是通过酶解方式失活,没有重摄取。体内多种氨肽酶、羧肽酶和内肽酶参与神经肽的灭活。经典神经递质与神经肽的区别见表3-17。

表3-17　神经递质与神经肽的异同

区别	经典神经递质	神经肽
相对分子质量	一般小于数百	几百到几千
中枢含量	一般为10^{-10}~10^{-9}mol/mg(单胺和ACh)	10^{-15}~10^{-12}mol/mg,为单胺类的1/1000
合成	在末梢由小分子的前体在合成酶的作用下合成	只能在胞体合成,首先由基因转录合成大分子前体,再经加工酶切生成有活性的神经肽,并通过轴浆运输到末梢
储存	大、小囊泡	大囊泡
降解	释放后,可被重摄取,也可被酶降解	酶促降解是主要方式,无重摄取
作用	典型的作用是在突触完成点对点的快速传递,迅速引起突触后膜的电位变化和功能变化,有时也可扩散到较远的部位	大多作用缓慢,影响范围较广,不一定直接触发效应细胞的电变化和功能改变,也有一些神经肽可完成快速的突触传递

Note

（4）受体：释放到突触间隙的神经肽同样作用于突触后膜受体，可发挥其神经递质效应，如果与突触前膜上的受体结合，则可调节自身或其他递质/神经肽的释放，发挥调质的作用。神经肽与细胞膜受体结合后，通过 G 蛋白耦联反应调节受体对递质的敏感性，或通过调节非门控离子通道的通透性，决定通道的开或关；神经肽与非突触的受体结合，通过启动第二信使来调节细胞核内的 mRNA 的合成，靶细胞中递质、神经肽以及相关蛋白质的合成；神经肽也可以通过改变轴突末梢对离子通道的通透性，调节递质或神经肽的释放。目前，绝大多数神经肽的受体是 G 蛋白耦联受体，后者通过第二信使激活细胞内的一系列蛋白激酶，发挥生物效应。

3. 几种神经肽的生理功能　神经肽的种类繁多，不同的神经肽生理功能又各不相同，以下介绍几种神经肽及其特性和功能。

（1）内阿片肽：内阿片肽（endogenous opioid peptides）以其强大的镇痛作用、情绪效应和成瘾性成为一类备受关注的药物。内阿片肽分为三大类，即内啡肽（endorphin）、脑啡肽（enkephalin）和强啡肽（dynorphin）。每一类都由一种特定的巨型前体分子衍化而来。前阿黑皮原（proopiomelanocortin，POMC）是 β- 内啡肽的前体；前脑啡肽（或称前脑啡肽 A）是甲硫脑啡肽及亮脑啡肽的前体；而前强啡肽（也称前脑啡肽 B）则是各种强啡肽的前体。上述每一种前体分子都有特定的编码基因，在脑中也有确定的分布区域，尽管不同前体的分布有很大的重叠。

阿片肽通过作用于其受体发挥生物学效应，内阿片肽对阿片受体具有选择性亲和力，内啡肽、脑啡肽和强啡肽分别对 μ、δ 和 κ 阿片受体有高亲和力（表 3-18）。不同类型的阿片受体激动后产生的药理作用可以完全不同，例如 κ 型阿片受体激动引起利尿，而 μ 型受体激动时则引起抗利尿效应；δ 激动剂可以引起癫痫样症状，κ 型激动剂却具有抗癫痫作用。阿片肽对于神经、精神、呼吸、循环、泌尿、生殖、内分泌、感觉、运动和免疫等方面的功能均具有调节作用，特别是对痛的调节作用尤为突出。

表 3-18　内阿片肽对阿片受体不同亚型的选择性

内阿片肽	结构	受体亲和力
β- 内啡肽	Y-G-G-F-M-T-S-E-K-S-Q-T-P-L-V-T-L-E-K-N-A-I-I-K-N-A-Y-K-K-G-E	μ=δ>ε>κ
亮脑啡肽	Y-G-G-F-L	δ>μ>ε>κ
甲脑啡肽	Y-G-G-F-M	δ>μ>κ>ε
甲八肽	Y-G-G-F-M-R-R-V-NH2	δ>μ>κ>ε
强啡肽 A	Y-G-G-F-L-R-R-I-R-P-K-W-D-N-Q	κ>μ>δ
强啡肽 B	Y-G-G-F-L-R-R-Q-F-K-V-V-T	κ>δ>μ
α- 新内啡肽	Y-G-G-F-L-R-K-Y-P-K	μ>δ>κ

（2）速激肽：速激肽（Tachykinin，TK）的 C 端为 F-X-G-L-M-NH$_2$ 序列，X 代表可变换的氨基酸，表 3-19 种列举了各种速激肽的结构及其相应的受体。哺乳动物组织有三种速激肽，即 P 物质（substance P，SP）、神经激肽 A（neurokinin A，NKA）、神经激肽 B（neurokinin B，NKB）；非哺乳动物有神经肽 K（neuropeptide K，NPK）、神经肽 γ（neuropeptide γ）等。

SP 是第一个发现的神经肽，免疫组织化学证明，SP 在脊髓背根神经节及初级传入纤维含量很高。电刺激或高价处理脊髓薄片都引起 SP 释放，微电泳 SP 对脊髓背角神经元具有极强兴奋性作用。SP 在脑内分布广泛，纹状体、黑质、杏仁核、大脑皮层、下丘脑、中脑底盖、脑干蓝斑核等含量较高。SP 与 GABA、DYN 共存于这一投射通路的纤维中。

表 3-19　速激肽的结构及其受体

速激肽	结构	受体
SP	R-P-K-P-Q-Q-F-F-G-L-M-NH$_2$	NK$_1$>NK$_2$>NK$_3$
NKA	H-K-T-D-A-F-V-G-L-M-NH$_2$	NK$_2$
NKB	D-M-H-D-F-F-V-G-L-M-NH$_2$	NK$_3$
NP γ	D-A-G-H-G-Q-I-S-H-K-R-H-K-T-D-S-F-V-G-L-M-NH$_2$	NK$_2$>NK$_3$
NPK	D-A-D-S-S-E-K-Q-V-A-L-L-K-A-L-Y-G-H-G-Q-I-S-H-K-R-H-K-T-D-S-F-V-G-L-M-NH$_2$	NK$_2$>NK$_3$
Physalaemin	pE-A-D-P-N-K-F-Y-G-L-M-NH$_2$	NK$_1$
Eledoisin	pE-P-S-K-D-A-F-I-C-L-M-NH$_2$	NK$_1$>NK$_2$
Kassinin	D-V-P-K-S-D-Q-F-V-G-L-M-NH$_2$	NK$_2$

速激肽受体分三型:NK$_1$、NK$_2$ 和 NK$_3$。NK$_1$ 对 SP 最敏感。NK$_2$ 受体对 NKA 最敏感,NK$_3$ 受体则对 NKB 最敏感。不同的速激肽激活相应的受体产生不同的生物学效应。SP 在脊髓背根神经节及初级传入纤维含量很高,与痛觉的传导密切相关。椎管内注射 SP 或 NK$_1$ 受体激动剂可使痛阈下降,若注射其受体拮抗剂则痛阈提高,有促进痛觉传导的作用;NKA 及其受体兴奋时产生 SP 样的作用,且较 SP 作用范围广而持久;NKB 及其受体兴奋时,则抑制痛觉传导,产生镇痛作用。速激肽参与了神经内分泌调节,下丘脑含有 TK 神经元,可直接将 TK 释放入垂体门脉血中,并到达腺垂体控制腺垂体激素的释放;腺垂体 SP 纤维分布存在种属差异,人类和豚鼠 SP 纤维主要分布在促甲状腺激素(thyrotropin,TSH)细胞周围,而大鼠的 SP 主要位于生长激素(GH)细胞周围;脑室注射 SP,对大鼠的 GH 释放有抑制作用,加入 NK$_1$ 拮抗剂或抗血清则有相反作用。此外,SP 还发挥神经调质的作用,如脑室注射 SP 或 SP 直接作用于神经垂体,还可促进催产素的释放。TK 对纹状体 - 黑质中多巴胺能神经元具有紧张性兴奋作用,促进环路中递质信息的传递。如 SP 可增加黑质脑片释放和再摄取 ^{3}H- 多巴胺,NK$_1$ 受体激动剂也可促进纹状体释放多巴胺;在黑质内灌流 SP 抗体,则减少尾核中多巴胺的释放。SP 对纹状体 - 黑质多巴胺能神经系统的激活作用受到其他递质的调节。SP 在自主神经活动中也起着重要作用。在延髓头端腹外侧,SP、肾上腺素、谷氨酸对交感神经节前神经元产生紧张性兴奋作用;在延髓背外侧压力感受器上,SP 纤维支配孤束核内的肾上腺素 - 神经肽 Y 神经元,通过后者的相互作用,从而抑制去甲肾上腺素、加压素系统的神经活动。TK 还对心血管系统产生调节作用,脑室注射 SP、NKA 和 NKB 可引起大鼠血压升高、心率加快和交感传出活动增强;NKB 的中枢心血管作用与下丘脑血管升压素释放有关;SP 和 NKA 的中枢心血管效应则与血管升压素无关;孤束核微量注射 SP 或 NKB 可引起低血压、心率减慢、呼吸频率和潮气量份额增加。TK 是一种舒血管物质,能增强血管通透性,致血浆渗出和水肿;低剂量 SP 通过轴突反射机制,对心脏冠状动脉和多数外周血管具有较强的扩张作用;高剂量 SP 可借助于其诱导产生的其他炎性介质而形成双重效应;SP、NKA、NKB 对多数血管具有扩张作用。TK 还影响外周呼吸系统,在哺乳类动物 SP 和 NKA 共存于呼吸道的 C 类感觉传入纤维中,可通过轴突反射在局部释放,NK$_1$、NK$_2$ 受体均参与支气管平滑肌收缩,NK$_1$ 受体兴奋调节呼吸道的功能,NK$_2$ 受体兴奋引起气管平滑肌收缩作用;呼吸系统许多疾病的发生与 TK 有关,如哮喘患者的 TK 敏感性较正常人高 100 倍,且呼吸道对 TK 的敏感性随年龄增长而减退,故 TK 在小儿疾病中的作用更为重要。SP 参与外周免疫调节及炎症反应,SP 可调节多种细胞产生多种细胞因子,如 SP 可促进单核 - 巨噬细胞合成和释放 IL-1、IL-6、IFN-α;SP 刺激 T 淋巴细胞产生 IL-2,刺激滑膜细胞产生粒 - 单集落刺激因子(GM-CSF)等。SP 可刺激 T 淋巴细胞增殖,调节 B 淋巴细胞合成 IG,促进单核细胞释放溶酶体酶和花生四烯酸代谢物。TK 参与神经源性炎症反应,它们通过舒血管效应、调节免疫功能等作用,成为重要的炎性介质。TK 影响外周消化道功能,SP 和 NKA 释放后,可直接通过 NK$_1$ 和 NK$_2$ 受体引起消化道

Note

平滑肌收缩,也可间接通过胆碱能神经元起作用。TK在行使其生理功能的过程中,常伴有一些经典神经递质(ACh、CCK、5-HT、NT)或其他神经肽的作用。

(高艳琴)

第四节   神经胶质细胞的功能

神经胶质细胞,简称胶质细胞(gliocyte),广泛分布于中枢和周围神经系统,是除神经元以外的另一大类细胞群。中枢神经系统的神经胶质细胞数量可达到$(1{\sim}5)\times10^{12}$个,是神经元的10~50倍,主要包括星形胶质细胞、少突胶质细胞和小胶质细胞等。神经胶质细胞体积较小,但因数量多而使总体积较大,与神经元总体积之比为1∶1~2∶1。实际上,神经元是处于被胶质细胞包围的环境之中,与胶质细胞之间存在宽15~20nm的细胞间隙,容纳细胞外液等物质,保证神经元功能活动得以正常进行。

神经胶质细胞与神经元明显不同,主要特征包括:①神经胶质细胞虽然也有突起,但无树突和轴突之分,并且缺乏传播动作电位所需的膜结构,因此无法通过电信号来传递信息;②神经胶质细胞之间普遍存在着缝隙连接,而不形成化学性突触;③神经胶质细胞也有膜电位,可随细胞外K^+的浓度改变而改变,但不能产生动作电位;④神经胶质细胞终身都具有分裂增殖能力。

由于神经胶质细胞不能产生兴奋,也无轴突传导兴奋,因此,一直以来,其功能被认为仅对神经元起支持、保护等作用,并不参与神经元的突触信息传递。随着技术手段的进步和神经科学研究的深入,关于神经胶质细胞对神经元突触传递的影响,以及两者之间的相互作用,人们有了更多新的认识。

一、星形胶质细胞

星形胶质细胞(astrocyte)是中枢神经系统中体积最大、数量最多、分布最广的神经胶质细胞,并且生物的进化程度越高,其占脑内细胞的比例越大。星形胶质细胞的功能也最为复杂,除了对神经元起支持、引导、隔离、保护、营养、修复再生及免疫应答等作用之外,还可通过其终足与神经元的突触形成联系,与神经元之间不断进行信息交流,影响神经元的突触传递过程。

1. 支持和引导神经元迁移   在中枢神经系统内没有结缔组织,除神经元和血管外,其余空间主要由星形胶质细胞充填,后者以其长突起交织成网,或互相连接,形成支持神经元胞体和神经纤维的支架;星形胶质细胞还可引导发育中的神经元向最终的定居部位迁移。

2. 隔离作用及参与血-脑屏障的形成   星形胶质细胞具有隔离中枢各区域的作用。一方面,通过其足突对同一神经元群的每一个神经末梢进行覆盖投射,避免不同来源的传入纤维电活动相互干扰;另一方面,可将终止于同一神经元树突干上的成群轴突末端全部包裹起来,形成突触小球,使之与其他神经元及其突起分隔开,防止对邻近神经元的活动产生影响。

星形胶质细胞突起末端膨大形成的血管周足,是构成血-脑屏障的重要组成部分。血-脑屏障的存在,使脑内毛细血管处的物质交换与体内其他部位有所不同,例如,对葡萄糖和氨基酸的通透性较高,但对甘露醇、蔗糖和许多离子的通透性很低,甚至不通透。

3. 营养作用   星形胶质细胞一方面通过血管周足和突起连接毛细血管与神经元,成为介导后两者之间信息和容量交换的桥梁,对神经元起运输营养物质和排除代谢产物的作用;另一方面,星形胶质细胞还能产生神经营养因子、神经生长因子、肿瘤坏死因子-α、雌激素以及胆固醇等物质,诱导神经元的分化、突起的生长及突触的形成,对神经元的生长、发育、存活及功能完整性的维持发挥重要作用。此外,作为中枢神经系统的糖原储存细胞,星形胶质细胞膜上的β-肾上腺素能受体被激活后,可通过AC-cAMP途径,使细胞内储存的糖原分解为葡萄糖,为神经元提供能源物质。

4. 免疫应答作用 星形胶质细胞是中枢神经系统的抗原呈递细胞,当神经系统发生感染性病变时,细胞膜上的特异性主要组织相容性复合分子Ⅱ能与经处理过的外来抗原结合,将其呈递给 T 淋巴细胞。活化后的星形胶质细胞还能产生白细胞介素、巨噬细胞集落刺激因子和 α-干扰素等细胞因子及补体分子等,在神经免疫调节回路中发挥重要作用。

5. 修复和再生作用 星形胶质细胞即使成年后依然保持生长分裂能力。在脑和脊髓组织因疾病、缺氧或损伤、变性而被清除后,留下的组织缺损主要依靠星形胶质细胞的增生来充填修复;但增生过强则可形成神经胶质瘤,成为癫痫发作的病灶,是诱发癫痫的主要病因。

6. 维持神经元细胞外 K^+ 浓度的稳定 星形胶质细胞膜上存在钠泵和 Na^+、K^+、Ca^{2+}、Cl^-、HCO_3^- 等多种离子通道。钠泵的活动可将细胞外过多的 K^+ 泵入胞内,并通过缝隙连接将其迅速分散到其他胶质细胞,以维持细胞外 K^+ 浓度的稳定及神经元的兴奋性,保证神经元电活动的正常进行。当星形胶质细胞增生并发生瘢痕化时,钠泵功能减弱,导致神经元细胞外高 K^+,兴奋阈值下降,兴奋性增高,从而引发局灶性癫痫。

7. 参与神经递质的合成、代谢及调节 星形胶质细胞可参与谷氨酸、γ- 氨基丁酸(GABA)等多种神经递质的合成与代谢,并可调节其释放,进而影响突触传递过程。

星形胶质细胞膜上有氨基酸类递质的转运体,可摄取突触间隙中过多的递质并进行代谢,从而消除了这些递质对神经元的持续作用,同时也可为神经递质的合成提供前体物质。例如,星形胶质细胞摄入神经元释放的谷氨酸后,可通过胞内谷氨酰胺合成酶的作用,将其转变为谷氨酰胺,再转运回神经元内,重新作为合成谷氨酸的原料。

此外,由于星形胶质细胞的突起形态具有可塑性,可通过突起的伸展或回缩,使其与神经元的间隙变小或增大,有助于提高或减弱对神经递质释放的调节能力,对缓冲神经元周围微环境成分的变化也具有重要意义。

8. 感知并影响神经元突触传递过程 星形胶质细胞上还存在多种促代谢型受体(如乙酰胆碱、去甲肾上腺素、多巴胺、5- 羟色胺、谷氨酸、γ- 氨基丁酸、血管紧张素Ⅱ、腺苷、ATP 及阿片类受体等),这些受体可被神经元突触前膜释放的神经递质或调质激活,通过复杂的信号传递,引起胶质细胞源性神经递质及活性物质的释放(如 ATP 等),对神经元的突触传递活动进行感知并发挥调节作用。

知识链接

ATP 受体与星形胶质细胞感知神经元放电

星形胶质细胞膜上的 ATP 受体在感知神经元放电方面具有重要意义。神经元的电活动既可释放 ATP 作为递质,也可刺激邻近星形胶质细胞释放 ATP,而 ATP 可与周围星形胶质细胞膜上的 ATP 受体结合,通过第二信使 IP_3 途径诱导这些胶质细胞中的 Ca^{2+} 浓度升高,以促使胶质细胞释放更多的 ATP 到周围环境中,由此形成 ATP 介导的星形胶质细胞间的链式 Ca^{2+} 应答反应,使更多星形胶质细胞通过 Ca^{2+} 浓度的增加,感知神经元的兴奋并做出相应反应,以调节神经元的突触传递活动,实现与神经元的双向信息交流。

二、少突胶质细胞

少突胶质细胞(oligodendrocyte)是中枢神经系统内的成髓鞘细胞。这种胶质细胞的突起末端不形成终足,而是扩展成扁平薄膜,可围绕多条神经纤维反复包绕形成髓鞘结构。

少突胶质细胞及外周的施万细胞构成的有髓神经纤维髓鞘,一方面可防止神经冲动传导时

Note

的电流扩散,具有绝缘和保护信息传递的作用,使神经元之间的活动互不干扰;另一方面可使局部电流呈现跳跃式传导,大大提高了神经纤维传导兴奋的速度。这主要是由于髓鞘可使轴浆与细胞外液间的电位差平均分散在每层膜的两侧,当兴奋在神经纤维上传导时,由局部电流引起的膜去极化在髓鞘的每层膜两侧都不能达到阈电位水平;只有在轴突膜裸露的郎飞结处,才能产生动作电位。

当某些遗传与环境因素(如病毒感染)相互作用时,可使中枢神经系统发生自身免疫性损伤,引起少突胶质细胞损害和继发性脱髓鞘改变,形成弥散性斑块和脑脊髓炎,影响神经元的信息传递,导致多发性硬化(multiple sclerosis,MS)。这是一种常见的中枢神经系统炎症性脱髓鞘疾病,临床以视力、语言、感觉、运动障碍和脑神经病变为主要表现。

三、小胶质细胞

小胶质细胞(microglia)是中枢神经系统内的吞噬细胞,具有抵御神经组织感染或损伤的重要免疫功能。细胞的形态多变,与其所受刺激及吞噬作用有关。正常脑内的小胶质细胞处于静止状态,当中枢神经系统发生病变时,小胶质细胞活化成为巨噬细胞,并作为主要吞噬细胞,与来自血中的单核细胞和巨噬细胞一起,共同清除变性的神经组织碎片和退化变性的髓鞘。

此外,小胶质细胞也是中枢神经系统内具有抗原呈递作用的细胞,参与神经免疫调节。

小胶质细胞被某些外源或内源性神经毒素激活后,能产生大量的氧自由基和促炎因子,引起神经元死亡,与多种神经系统疾病有密切关系。例如,在脑缺血损伤后,小胶质细胞可迅速活化、增殖,发挥吞噬作用,同时还可产生神经毒性分子和神经营养因子,发挥神经毒性和神经保护双重作用。帕金森病(Parkinson's disease,PD)患者黑质中有大量的小胶质细胞聚集,不仅可将外源性神经毒素转化为有毒的阳离子,还能直接干扰线粒体呼吸链,导致黑质多巴胺能神经元死亡,而死亡的神经元又可进一步激活小胶质细胞产生神经毒素,由此形成恶性循环。在阿尔茨海默病(Alzheimer's disease,AD)发病进程中,小胶质细胞可被脑内沉积的β淀粉蛋白激活,在发挥吞噬作用和分泌神经保护因子的同时,更能产生大量氧自由基和神经毒素,导致神经元死亡。

第五节 反射活动的基本规律

神经系统的功能是通过各种反射活动实现的。中枢的神经元之间通过突触结构形成多种联系方式,传递兴奋(易化)或抑制效应,以实现神经反射性调节功能。

一、反射与反射弧

神经系统活动的基本方式是反射,反射的结构基础是反射弧。

(一)反射

反射(reflex)是指在中枢神经系统的参与下,机体对内、外环境变化所作出的规律性应答。当感受器接受适宜刺激后,通过换能、编码作用,将刺激信息转化为一定频率的动作电位(神经冲动),沿传入神经纤维传向中枢,中枢对传入信息进行分析并作出反应,即产生中枢兴奋或抑制,再经传出神经传至效应器,发动或改变效应器官的活动,这样一个过程即为反射。

(二)反射弧

任何反射活动都有一定的结构基础,即反射弧(reflex arc)。反射弧由五部分组成,依次为感受器、传入神经、反射中枢、传出神经和效应器。如果效应器与感受器位于同一部位,例如,骨骼肌牵张反射的效应器(肌肉的梭外肌)与感受器(肌梭、腱器官)在同一块肌肉中,可使反射弧呈闭合环状。如果对感受器施以同等强度的连续叠加刺激,或对不同部位感受器同时施以刺激,可使反射活动出现或增强,即反射效应可叠加总和。

反射中枢是在中枢神经系统中调节某一特定生理功能的神经元群,是反射活动最复杂、最关键的环节。反射越简单,反射中枢所在部位越局限,反射越复杂,则中枢分布越广泛。例如,瞳孔对光反射的中枢局限在中脑,而呼吸反射中枢则位于脊髓、延髓、脑干及大脑皮层。反射越原始,反射中枢位置越低,反射越高级,则中枢向上延伸的位置越高。例如,脊髓反射最简单、最原始;而脊髓以上的延髓、脑桥、中脑、小脑、下丘脑及基底神经节所控制的反射均比较复杂,并且初级中枢完成的反射经常受高位中枢的调节、整合,使反射活动更具有复杂性和适应性。

在反射过程中,由于中枢神经元之间的突触传递需要经历一定时间,使反射效应有一定延迟。中枢神经元间可形成环状联系,有时虽然作用于感受器上的刺激已经停止,但传出神经上仍有冲动继续发放,使反射活动可以持续一段时间,出现反射活动的后放。中枢神经元间还存在辐散式联系,可使反射活动因刺激的增加出现范围扩散,例如皮肤受到伤害性刺激,可引起屈肌反射,当刺激强度加大到一定程度时,在同侧肢体屈肌反射基础上,还可引起对侧伸肌反射。

反射活动需要反射弧各部分的结构和功能完整,任何一个环节发生障碍,反射都将无法完成。因此,临床可通过某些反射活动判断神经系统疾病的部位。例如,通过检查瞳孔对光反射,可以了解病变是否已侵及中脑。此外,利用神经阻滞的方法,可人为阻断反射弧上的冲动传导以达到麻醉的目的。

(三) 反射的分类

根据反射形成过程、复杂程度、感受器、效应器位置及功能的不同,反射可有多种分类方式。

1. 非条件反射和条件反射　根据反射形成过程的不同,反射可分为非条件反射和条件反射。

(1) 非条件反射:非条件反射(unconditioned reflex)也称无条件反射,是指生来就具有的、维持生命所必需的本能反射活动,包括防御反射、食物反射、性反射等。非条件反射的特点是数量有限,形式相对固定,其建立无需大脑皮层参与,由皮层以下中枢即可完成,因而比较低级。非条件反射是生物体在长期种系进化发展过程中形成,并可遗传给后代,能使机体初步适应环境,对于个体和种系生存具有重要意义。

(2) 条件反射:条件反射(conditioned reflex)是指后天经学习和训练获得的、在非条件反射基础上不断建立起来的反射。条件反射的特点是数量无限、形式复杂多变,在大脑皮层参与下完成,属于高级反射活动。条件反射可根据所处的环境变化不断建立或消退,使机体对各种内、外环境变化的适应能力大大增强。

2. 单突触反射和多突触反射　根据反射弧复杂程度的不同,反射可分为单突触反射和多突触反射。

(1) 单突触反射:单突触反射(monosynaptic reflex)是指在中枢内的传入神经元直接与传出神经元形成单个突触联系,即中枢只经过一次突触传递的反射。单突触反射是最简单的反射,体内唯一的单突触反射是腱反射。

(2) 多突触反射:多突触反射(polysynaptic reflex)是指在中枢内的传入与传出神经元之间有一个以上中间神经元接替,即经过多次突触传递的反射,绝大部分反射都属于多突触反射。

3. 外感受性反射和内感受性反射　根据感受器位置的不同,反射可分为外感受性反射和内感受性反射。

(1) 外感受性反射:外感受性反射(exteroceptive reflex)是由外感受器引起的反射,如视觉反射、听觉反射、触觉反射、痛觉反射等。

(2) 内感受性反射:内感受性反射(enteroceptive reflex)是由内脏或本体感受器引起的反射,如血压突然变化引起的颈动脉窦压力感受性反射(即减压反射)等。

生理反射存在浅反射和深反射之分:①浅反射(superficial reflex)是指刺激皮肤、黏膜或角膜引起的反射,包括角膜反射、咽反射、腹壁反射、提睾反射、跖反射(又称巴宾斯基征阴性)和肛门反射等;②深反射(deep reflex)又称腱反射,是指刺激肌腱、骨膜及关节引起的反射,包括肱二头

Note

肌反射、肱三头肌反射、桡骨膜反射、膝反射、跟腱反射(踝反射)等。病理反射(pathologic reflex)是上述生理反射在锥体束损伤时出现的反常形式,多表现为原始的脊髓和脑干反射,临床常见的病理反射有巴宾斯基征、霍夫曼征、髌阵挛及踝阵挛等。

4. 躯体反射和内脏反射   根据效应器性质的不同,反射可分为躯体反射和内脏反射。

(1) 躯体反射:躯体反射(somatic reflex)效应器的效应是骨骼肌的活动,如屈肌反射、姿势反射等。

(2) 内脏反射:内脏反射(visceral reflex)效应器的效应包括内脏、平滑肌及腺体的活动,如血管舒缩反射、直肠排便反射、膀胱排尿反射及发汗反射等。

5. 其他分类   根据生理功能的不同,反射还可分为防御反射(defense reflex,如喷嚏反射、咳嗽反射)、食物反射(food reflex,是与摄食和消化有关的反射)、探究反射(investigatory reflex,如异常刺激引起警觉反射)及性反射(sexual reflex)等。

二、中枢神经元的联系方式

中枢神经元包括传入神经元、中间神经元和传出神经元,数量极多,其中以中间神经元数量为最多,且与其他神经元之间的联系非常复杂,具有重要的桥梁作用。中枢神经元相互连接成网,细胞间的联系方式多种多样,归纳起来主要包括单线式联系、辐散和聚合式联系,以及链锁式和环状联系等。不同的联系方式产生的传递效应也不同,是实现神经系统复杂生理功能的结构基础。

(一) 单线式联系

单线式联系(single line connection)是指一个突触前神经元仅和一个突触后神经元发生突触联系(图 3-21A)。单线式联系使反射活动更为精确。例如,位于视网膜中央凹的视锥细胞与双极细胞之间,以及双极细胞与神经节细胞之间均为一对一的单线式联系,这种联系方式保证了视锥系统较高的分辨能力。单线式联系比较少见,一般将会聚程度较低的突触联系视为单线式联系。

(二) 辐散和聚合式联系

辐散式联系(divergent connection)是指一个突触前神经元通过轴突末梢分支与多个突触后神经元形成突触联系(图 3-21B),从而使与之相联系的多个神经元同时兴奋或抑制。辐散式联系多见于传入通路中,大大增加了信息的影响效应和扩散范围。

聚合式联系(convergent connection)是指多个突触前神经元通过轴突末梢与同一突触后神经元形成突触联系(图 3-21C),从而使来源于不同神经元的兴奋和抑制在同一神经元上进行整合,决定该神经元最终的兴奋或抑制效应。聚合式联系多见于传出通路中,是中枢神经系统实现信息整合的结构基础。

脊髓的神经元之间既有辐散式联系,又有聚合式联系。进入脊髓的传入神经元,既有分支与该节段脊髓的中间神经元及传出神经元形成突触,又有上升与下降的分支及其侧支与相应各节段脊髓的中间神经元发生突触联系,因此脊髓中传入神经元与其他神经元之间多表现为一对多的辐散式联系;而作为传出神经的脊髓前角运动神经元,则接受不同轴突来源的突触传递而表现为多对一的聚合式联系。

(三) 链锁式和环状联系

在中间神经元之间,由于辐散与聚合同时存在,可形成链锁式和环状联系。

链锁式联系(chain connection)是指一个中间神经元的轴突侧支可与多个中间神经元形成突触联系,后者再继续通过轴突侧支与后继的神经元依次接替,将冲动逐级扩布的联系方式(图 3-21D)。链锁式联系可在空间上扩大神经元兴奋的作用范围。

环状联系(recurrent connection)则是指中间神经元轴突既可作用于其他多个中间神经元,同时又可经后者的轴突回返作用于自身,形成一种闭合环路联系方式(图 3-21E),其意义在于实现对反射活动的反馈调节。抑制性中间神经元参与的环状联系,可使反射活动及时终止,起到负反馈作用;而兴奋性中间神经元介导的环状联系则可形成正反馈效应,使兴奋得以延续或增强。即使最初的刺激已经停止,环式联系仍能使传出通路的冲动传递继续一段时间,称为反射活动的后发放(after discharge,也称后放)效应。环状联系是后放的结构基础,也可能是感觉性记忆的基础。

(四) 反射活动的调节

反射的基本过程是刺激信息经感受器、传入神经、反射中枢、传出神经和效应器的依次传递,使反射效应得以实现。这一过程看似一个开放通路,但实际上,反射活动的调节是一个闭合回路的反馈调节。由于反射活动中效应器产生的效应信息,部分又可被位于效应器中的感受器或其他感受器感知,并将反馈信息再次传入中枢,通过改变中枢等环节的状态,以纠正反射活动中出现的偏差。这种环路反馈调节,可表现为负反馈和正反馈两种方式。反馈信息对中枢的不断调节,保证了反射过程所实现的神经调节的准确性,如果反射中枢受损,将无法得到来自效应信息的反馈传入,反射活动也将因无法纠正偏差而出现紊乱。

此外,在整体情况下,神经冲动沿传入纤维进入中枢后,除在同一水平与传出神经发生联系并发出冲动

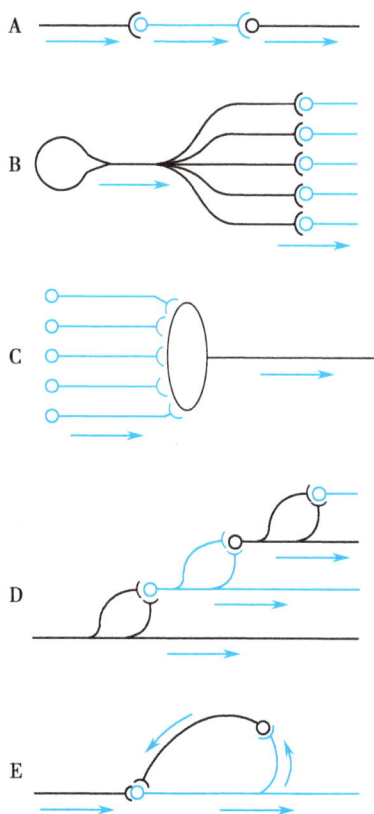

图3-21　中枢神经元的联系方式模式图
A.单线式联系;B.辐散式联系;C.聚合式联系;D.链锁式联系;E.环状联系

外,还有上行冲动传到更高级的中枢部位进一步整合,再由高级中枢发出下行冲动来调整反射的传出冲动。因此,一个反射的完成,往往需要通过多级水平的整合,才能使反射活动更具有复杂性和适应性。

三、中枢兴奋传播的特征

由于兴奋在反射弧的中枢部分传播时,要通过多次复杂的突触传递,因此突触兴奋传播的特征就决定了中枢兴奋传播的特征。与神经纤维上的兴奋传播不同,中枢(突触)兴奋传播的主要特征如下。

1. **单向传递**　兴奋沿反射弧上的神经纤维传导可以是双向的,但当通过中枢的化学性突触时,兴奋则只能从突触前神经元传向突触后神经元,这一现象称为单向传递(one-way conduction)。因为通常情况下,递质主要是由突触前膜释放,而受体通常位于突触后膜上。虽然近年来研究发现,突触后神经元也能释放一些递质,逆向传递至突触前膜上的突触前受体,但其主要作用是调节突触前神经元的递质释放,与兴奋传递并无直接关系。突触的单向传递具有重要意义,可限定神经兴奋传导所携带的信息只能沿着特定的路线进行。

2. **突触延搁**　兴奋在神经纤维的传播速度很快,但在经过反射中枢时往往比较缓慢,从而使反射活动的反应时间较长,这一现象称为中枢延搁(central delay),其实质是突触延搁(synaptic delay)。兴奋通过一个化学性突触通常需要0.3~0.5ms,而多突触反射中,兴奋在中枢传递时经过的突触数量越多,中枢延搁时间就越长。因为中枢神经元进行突触传递时,需要经历递质从突触前膜的释放、在突触间隙的扩散、与突触后膜上受体的结合,以及后膜离子通道活动等多个环节,因此耗时较长。电突触传递兴奋时则无时间延搁,因而在多个神经元的同步活动中起重要

作用。

3. **兴奋的总和**　前已述及,反射效应可进行叠加总和。在反射活动中,单根神经纤维的传入冲动一般不能引起中枢的传出效应,仅可引起突触后膜产生局部兴奋(EPSP),去极化幅度较小,不能爆发动作电位。如果多条神经纤维的传入冲动同时到达同一中枢神经元,或同一神经纤维上有冲动持续传入,引起的多个 EPSP 可发生空间总和(spatial summation)与时间总和(temporal summation),如果总和后达到阈电位水平,即可使突触后神经元爆发动作电位而产生传出效应,此过程即为兴奋的总和。如果总和结果未达到阈电位,此时突触后神经元虽未出现兴奋,但由于膜去极化程度加大,更接近阈电位水平,因此只需较小刺激就可达到,这种现象称为易化(facilitation)。

4. **兴奋节律的改变**　在兴奋传递过程中,反射弧的传入神经和传出神经的放电频率往往不同,即兴奋的节律出现了改变。由于传出神经(即突触后神经元)常同时接受多个中间神经元的突触传递,其自身功能状态也可能不同,因此,最终传出冲动的频率往往取决于传入冲动频率、中间神经元及传出神经元功能状态的综合效应。

5. **后放**　如前所述,中枢的中间神经元之间存在环状联系,是产生后放的结构基础。此外,后放也可见于各种神经反馈活动中,反射活动的效应器在产生效应的同时,还会刺激其内部的感受器装置继发性传入,使冲动在整个反射弧上持续传播(如 γ- 环路),这也是后放产生的另一个原因。

6. **对内环境变化敏感且易疲劳**　由于突触间隙与细胞外液相通,对其变化比较敏感,因此最易受内环境理化因素的影响。缺氧、CO_2 过多、麻醉剂及某些药物等均可影响突触传递。此外,受神经递质合成速度等因素影响,当高频神经冲动持续通过突触时,可使递质的释放超过其合成速度,导致递质耗竭,使突触后神经元放电频率逐渐降低。因此,突触传递是反射活动中最易出现疲劳的环节,而神经纤维则不会。

四、中枢抑制

在反射过程中,反射中枢的活动既可产生兴奋和易化效应,又可产生抑制效应,其对立统一活动使反射能够协调进行,也是神经系统实现整合功能的基础。中枢抑制(central inhibition)的本质即突触抑制,根据发生部位和机制的不同,可分为突触后抑制和突触前抑制。

(一) 突触后抑制

突触后抑制(postsynaptic inhibition)是由于抑制性中间神经元释放抑制性递质,使突触后膜上产生 IPSP,从而使突触后神经元发生抑制。这类抑制的结构基础是有抑制性中间神经元的参与,抑制发生的根本原因在于突触后神经元上 IPSP 的产生,因此是一种超极化抑制,具有持续时程短的特点。突触后抑制有传入侧支性抑制(交互抑制)和回返性抑制两种形式。

1. **传入侧支性抑制**　是指传入神经进入中枢后,在直接兴奋某一中枢神经元的同时,发出轴突侧支兴奋一个抑制性中间神经元,通过后者转而抑制另一中枢神经元的活动,称为传入侧支性抑制(afferent collateral inhibition),又称交互抑制(reciprocal inhibition)。例如,伸肌的肌梭传入纤维进入脊髓后,直接兴奋伸肌运动神经元,同时发出侧支兴奋一个抑制性中间神经元,转而抑制屈肌运动神经元(图 3-22A),从而导致伸肌收缩和屈肌舒张。传入侧支性抑制能使不同中枢之间的活动得以协调。

2. **回返性抑制**　是指某一中枢神经元兴奋时,其传出冲动沿轴突外传的同时,又经轴突侧支作用于抑制性中间神经元,经后者反过来抑制原先发动兴奋的神经元及同一中枢的其他神经元,这种环状联系形成的负反馈抑制称为回返性抑制(recurrent inhibition)。例如,脊髓前角运动神经元传出兴奋在沿轴突到达骨骼肌的同时,其轴突发出侧支兴奋与之形成突触的闰绍细胞(抑制性中间神经元),后者通过释放甘氨酸(抑制性递质)使原先发动运动的脊髓前角运动神经元

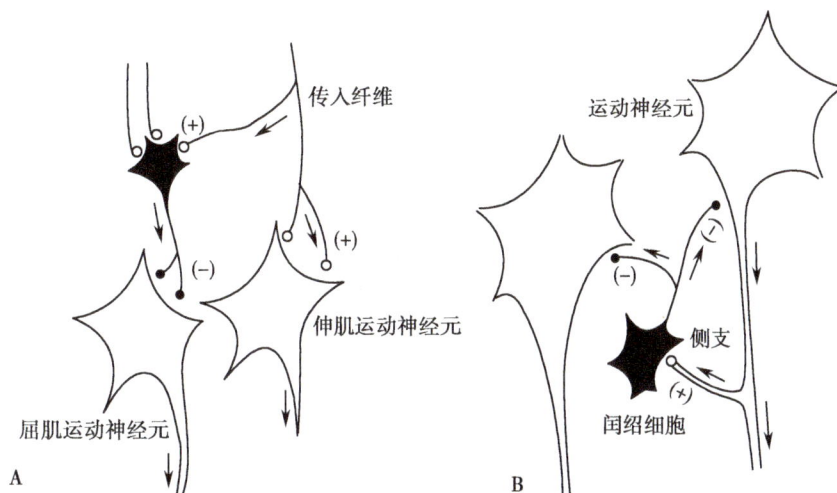

图 3-22　突触后抑制
A. 传入侧支性抑制；B. 回返性抑制

和其他同类神经元活动发生抑制（图 3-22B）。甘氨酸的作用可被士的宁和破伤风毒素破坏，引起强烈的肌痉挛。回返性抑制的意义在于及时终止神经元的活动，并使同一中枢内许多神经元的活动同步化。

（二）突触前抑制

突触前抑制（presynaptic inhibition）是指由于轴 - 轴式突触的介入，导致兴奋性突触前末梢释放的兴奋性递质减少，使突触后神经元产生的 EPSP 明显减小，不易或不能引起兴奋，从而表现为抑制效应。突触前抑制产生的根本原因在于突触后膜上产生的 EPSP 过小，因此属于一种去极化抑制。与突触后抑制相比，突触前抑制的潜伏期及持续时程较长。这类抑制的结构基础是兴奋性突触前末梢上存在轴 - 轴突触联系。如图 3-23A 所示，兴奋性神经元的轴突末梢 A 与运动神经元构成轴 - 胞式突触，而来自另一神经元的轴突末梢 B 与末梢 A 则构成了轴 - 轴式突触，且不与运动神经元直接形成突触，因此三个神经元之间形成了一种联合型突触。若仅末梢 A 兴奋，可引起运动神经元产生一定大小的 EPSP；若仅末梢 B 兴奋，运动神经元不发生反应。若末梢 B 先兴奋，一定时间后末梢 A 兴奋，则运动神经元产生的 EPSP 将明显减小（图 3-23B）。

突触前抑制在中枢内广泛存在，尤其多见于感觉传入通路，对于调节外周感觉信息传入活动具有重要意义。特定感觉在传入过程中，通过与其他旁路形成轴 - 轴式突触联系而对其产生突触前抑制，从而限制了其他信息的传入，保证了特定感觉传入的专一性。

突触前抑制的产生机制：如图 3-23 所示，兴奋性突触前末梢 A 在发生兴奋前，与之构成轴 - 轴式突触的末梢 B 兴奋并释放 GABA，后者可作用于末梢 A 上的 $GABA_A$ 受体，引起末梢 A 上的 Cl^- 电导增加，膜发生去极化改变。此时如果末梢 A 上有兴奋传来，在此膜电位基础上产生的动作电位幅度将明显变小，时程缩短，结果使进入末梢 A 的 Ca^{2+} 减少，由此引起兴奋性递质的释放减少，最终导致运动神经元的 EPSP 减小（图 3-23B）。

除 $GABA_A$ 受体外，某些轴突末梢（也如图 3-23A 中的末梢 A）上还存在 $GABA_B$ 受体，该受体激活时，通过耦联的 G 蛋白，使前膜的 K^+ 通道开放，引起 K^+ 外流，使膜复极化加快，同时也减少 Ca^{2+} 的内流而产生抑制效应。其他递质也可能通过 G 蛋白影响电压门控 Ca^{2+} 通道和 K^+ 通道的功能，从而介导突触前抑制。

此外，在末梢 A 上，通过激活某些促代谢型受体，可直接抑制递质的释放，这与 Ca^{2+} 内流无关，可能与递质释放的某些步骤对末梢内 Ca^{2+} 增多的敏感性降低有关。

Note

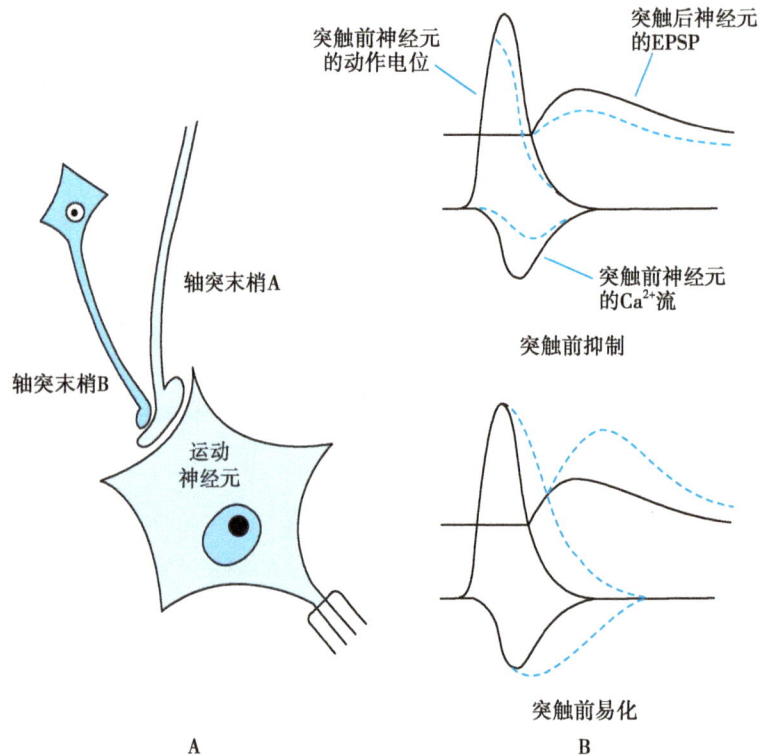

图 3-23　突触前抑制(或易化)

A. 突触前抑制(或易化)的结构模式;B. 突触前抑制(或易化)机制;虚线表示抑制(或易化)后的结果

　　大多数神经元上的 $GABA_A$ 受体被激活时,膜发生去极化的改变,但在某些神经元(如大脑皮层神经元)却可引起膜超极化。两种效应看似相互矛盾,其实不然。由于在感觉神经元、交感神经节细胞、内皮细胞、白细胞、平滑肌和心肌细胞等多数细胞中,Cl^- 的转运多为继发性主动转运,通过 $Na^+-K^+-2Cl^-$ 同向转运体、$Cl^--HCO_3^-$ 交换体实现,这些载体蛋白的活动可引起细胞内 Cl^- 的蓄积,因此在静息状态下,Cl^- 存在流向膜外的趋势,一旦 Cl^- 通道开放,将导致 Cl^- 外流(内向电流)而使膜发生去极化;而在大脑皮层及前庭外侧核的神经元膜上,由于存在一种 K^+-Cl^- 同向转运体的亚型,可利用膜内外 K^+ 的浓度梯度促进了 Cl^- 的外排,因此一旦 Cl^- 通道被激活,反而导致 Cl^- 内流(外向电流),从而使膜发生超极化。

　　突触后抑制与突触前抑制的主要区别,归纳为表 3-20。

表 3-20　突触后抑制与突触前抑制的主要区别

区别	突触后抑制	突触前抑制
结构基础	抑制性中间神经元参与	轴 - 轴式突触介入
发生部位	突触后膜	突触前膜
递质释放	抑制性递质	兴奋性递质过少
抑制原因	IPSP	EPSP 过小
抑制性质	超极化抑制	去极化抑制
抑制特点	持续时程短	潜伏期和持续时程长
生理意义	协调不同运动中枢之间以及同一中枢内部的活动	调节感觉传入活动

五、中枢易化

　　中枢易化(central facilitation)是中枢产生的另一种与抑制相反的效应,虽然不是兴奋,但通过突触传递可使某些生理过程变得容易。中枢易化的实质也是突触易化,可分为突触后易化和突触前易化,两者均可使突触后神经元上的 EPSP 幅度增大。

1. 突触后易化　突触后易化(postsynaptic facilitation)表现为 EPSP 的总和可使膜去极化幅度增大,更接近阈电位水平,在此基础上如果再给予一个刺激,就比较容易达到阈电位而爆发动作电位。

2. 突触前易化　突触前易化(presynaptic facilitation)与突触前抑制具有同样的结构基础。如图 3-23 所示,如果到达末梢 A 的动作电位时程延长,则 Ca^{2+} 通道开放的时间延长,进入末梢 A 的 Ca^{2+} 量增加,因此末梢 A 释放的递质也增多,最终使运动神经元的 EPSP 增大(图 3-23B),即产生突触前易化。至于末梢 A 动作电位时程延长的原因,可能是轴 - 轴式突触的突触前末梢释放某种递质(如 5- 羟色胺),使末梢 A 内 cAMP 水平升高,K^+ 通道发生磷酸化而关闭,延缓了动作电位的复极化过程。

(温海霞)

本章小结

神经元是神经系统的基本结构和单元,主要功能是接受、整合、传递信息。神经元的生物电以离子通道的活动为基础,离子通道分为非门控和门控离子通道,后者又分为电压门控、递质门控、机械门控和其他门控离子通道。细胞未受外界刺激时,存在于膜内外两侧的电位差称为静息电位。静息电位负值增大称超极化,负值减少称去极化,之后恢复到静息电位称复极化。细胞受刺激后会产生膜电位的变化,包括局部电位和动作电位。阈强度刺激可使膜电位去极化达到阈电位,进而产生动作电位(兴奋)。动作电位具有"全或无"、不衰减传导等特点,其兴奋性变化依次经历绝对不应期、相对不应期、超常期和低常期。

神经元之间的信息传递主要以化学性突触为主,此外还有电突触及曲张体非突触性化学传递。经典突触结构由突触前膜、突触间隙和突触后膜组成。突触前神经元可释放神经递质,与突触后膜上相应受体结合,导致后膜的递质门控离子通道开放,产生突触后电位。兴奋性突触的突触前膜释放兴奋性递质,使突触后膜产生去极化电位,称为兴奋性突触后电位(EPSP);抑制性突触前膜释放抑制性递质,使突触后膜产生超极化电位,称为抑制性突触后电位(IPSP)。突触后电位具有局部电位性质,可总和。外周神经递质主要包括乙酰胆碱(ACh)、去甲肾上腺素(NE)及肽类;中枢神经递质则包括胆碱类、单胺类和氨基酸类等。受体主要有胆碱能受体(包括 M 和 N 受体)和肾上腺素能受体(包括 α 和 β 受体)等。

中枢的神经胶质细胞中,星形胶质细胞数量最多,除对神经元起支持、营养、修复等作用外,还可影响神经元突触传递过程;少突胶质细胞是中枢成髓鞘细胞;小胶质细胞则是中枢的吞噬细胞。

神经系统的功能通过反射活动实现。反射是在中枢神经系统的参与下,机体对内、外环境变化所作出的规律性应答。反射的结构基础是反射弧,由感受器、传入神经、反射中枢、传出神经和效应器五部分组成,各部分通过突触相互联络。中枢的神经元之间可形成单线式、辐散和聚合式,以及链锁式和环状联系,其中辐散式联系多见于传入通路,聚合式联系多见于传出通路。与神经纤维的兴奋传播不同,中枢(突触)兴奋传播的主要特征包括单向传递、突触延搁、兴奋的总和、兴奋节律的改变、后放及对内环境变化敏感且易疲劳。中枢抑制可分为突触后抑制和突触前抑制,突触后抑制又包括传入侧支性抑制(交互抑制)和回返性抑制。中枢易化分为突触后易化和突触前易化,易化虽不是兴奋,但通过突触传递可使某些生理过程变得容易。

复习思考题

1. 试述化学性突触的结构及突触传递过程。

2. 试述静息电位及动作电位的概念及产生机制。

3. 简述兴奋性突触后电位和抑制性突触后电位的区别。

4. 简述中枢神经胶质细胞的分类及其主要功能。

5. 简述条件反射和非条件反射的主要区别。

6. 简述中枢神经元的联系方式。传入通路及传出通路各以何种联系方式为主？后放的结构基础是哪种联系方式？

7. 简述中枢兴奋传播的特征，并分析与神经纤维传播兴奋的区别。

8. 简述中枢抑制的分类及其主要区别。

9. 简述突触后抑制的分类及其意义。

参考文献

1. 孙凤艳. 医学神经生物学. 上海：上海科学技术出版社, 2008.

2. 关新民. 医学神经生物学. 北京：人民卫生出版社, 2002.

3. Olah ME, Stiles GL. The role of receptor structure in determining adenosine receptor activity. Phamacology & Therapeutics, 2000, 85 (2): 55-75.

4. 韩济生. 神经科学. 北京：北京大学医学出版社, 2009.

5. 鞠躬. 神经生物学. 北京：人民卫生出版社, 2004.

6. 赵铁建. 神经生理学. 北京：人民卫生出版社, 2012.

7. 朱大年. 生理学. 第8版. 北京：人民卫生出版社, 2013.

8. 姚泰. 生理学. 第2版. 北京：人民卫生出版社, 2010.

9. Theodosis DT, Poulain DA, Oliet SH. Activity-dependent structural and functional plasticity of astrocyte-neuron interactions. Physiol Rev, 2008, 88 (3): 983-1008.

第四章　感觉器官与神经系统的感觉功能

人和动物可以感受机体内、外环境的变化。这些内、外环境的变化,首先作用于机体的各种感受器或感觉器官,再通过神经系统的传递和整合后产生相应的感觉,并引起机体的反应,从而使机体更好地适应内、外环境的变化。并非所有从感受器始发的信息都可以到达中枢神经系统的高级部位引起感觉。有些感受器一般只向中枢神经系统提供内、外环境中某些因素改变的信息,引起调节性反应,在主观上并不产生特定的感觉。例如,位于颈动脉窦和主动脉弓血管外膜下的压力感受器,通过感受血管牵张的程度而引起压力感受性反射,并不引起特定感觉。人体主要的感觉有躯体感觉(包括皮肤感觉与深部感觉)、内脏感觉及特殊感觉(视觉、听觉、平衡觉、嗅觉、味觉)。

第一节　感受器及其一般生理特性

一、感受器的定义和分类

感受器(sensory receptor)是指分布在体表或组织内部的专门感受机体内、外环境变化的结构或装置,其功能是将环境中不同形式的刺激能量,如机械能、热能、电磁能和化学能等转换成神经元的生物电信号。感受器的结构形式多种多样,最简单的感受器是外周感觉神经末梢本身,如体表或组织内部与痛觉感受有关的游离神经末梢;有些感受器是在裸露的神经末梢周围包绕一些由结缔组织构成的被膜样结构,如环层小体(Pacinian corpuscle)、触觉小体(Meissner's corpuscle)和肌梭(muscle spindle)等;有些感受器是在裸露的神经末梢周围包绕一些结构和功能上都高度分化了的感受细胞,如视网膜中的视杆细胞和视锥细胞、耳蜗中的毛细胞等。这些感受细胞连同它们的附属结构,构成各种复杂的感觉器官(sense organ)。高等动物最重要的感觉器官有眼(视觉)、耳(听觉)、前庭(平衡感觉)、嗅上皮(嗅觉)、味蕾(味觉)等,称之为特殊感觉器官(special sense organ)。

机体的感受器种类繁多,有不同的分类方法。根据感受器所在的部位、接受刺激的来源等可将感受器分为3类:①外感受器(exteroceptor),分布于皮肤、黏膜、视器和听器等处,感受外界环境的刺激,如触、压、切割、温度、光和声等物理刺激和化学刺激;②内感受器(interoceptor),分布于内脏和心血管等处,感受机体内在的物理和化学刺激,如渗透压、压力、温度、离子和化合物浓度等;③本体感受器(proprioceptor),分布于肌、肌腱、关节和内耳的位置器等处,感受机体运动和平衡变化时所产生的刺激。根据感受器所接受刺激的性质,又可将感受器分为如下5类:①机械感受器(mechanoreceptor),可检测感受器或邻近组织的机械变形;②温度感受器(thermoreceptor),可感知温度的变化;③伤害性感受器(nociceptor),可检测组织的损伤;④光感受器(photoreceptor),可感知视网膜上的光刺激;⑤化学感受器(chemoreceptor),可分别感知口中的味道、鼻中的气味、动脉血中的氧含量、体液的渗透压,以及二氧化碳的浓度变化等。还有的分类方法根据刺激的能量形式和感觉类型,将感受器分为触压觉感受器、痛觉感受器、视觉感受器等。

Note

二、感受器的一般生理特性

(一)感受器的适宜刺激

不同的感受器对不同形式的刺激敏感性不同。一般来讲,一种感受器只对某种特定形式的能量变化最敏感,对其他种类的能量变化则不敏感或根本不感受,这一最敏感的刺激就叫做该感受器的适宜刺激(adequate stimulus)。例如,一定波长的电磁波是视网膜光感受细胞的适宜刺激。适宜刺激必须具有一定的刺激强度才能引起感觉,引起某种感觉所需要的最小刺激强度称为感觉阈值(sensory threshold)。某些感受器并不只是对它们的适宜刺激起反应,对于一些非适宜刺激也可发生反应,但所需的刺激强度常常要比适宜刺激大得多。正因为如此,机体内、外环境中所发生的各种形式的变化,总是先作用于和它们相对应的特异的感受器。这一现象的存在,是因为动物在长期进化过程中,逐步形成了具有各种特殊结构和功能的感受器和感觉器官,使它们有可能对内、外环境中一些有意义的变化进行灵敏的感受和精确的分析。

(二)感受器的换能作用

各种感受器在功能上的一个共同特征是,能将作用于它们的各种形式的刺激能量转换为传入神经上的动作电位,这种能量转换过程称为感受器的换能作用(transducer function)。在换能过程中,一般不是直接将刺激能量转变为神经冲动,而是先在感受器细胞或感觉神经末梢引起过渡性的局部膜电位变化,称为感受器电位(receptor potential)或发生器电位(generator potential)。感受器电位或发生器电位通常是由跨膜离子电流引起的去极化电位,但在视网膜的感光细胞则为膜超极化所致的超极化电位。感受器电位或发生器电位的产生机制不尽相同,介导这一过程的信号转导分子主要有G-蛋白耦联受体、瞬时受体电位(transient receptor potential,TRP)通道和机械门控通道等。已知视觉、嗅觉、味觉由不同的G-蛋白耦联受体介导;热觉、冷觉由不同的TRP通道介导;听觉、触觉等由机械门控通道介导;而痛觉则可能由多种信号分子介导。

感受器电位或发生器电位的性质与终板电位一样,它们的大小在一定范围内与刺激强度呈正比,不具有"全或无"的性质,可以在局部实现时间性总和和空间性总和,并能以电紧张的形式沿细胞膜作短距离扩布。所以,感受器电位和发生器电位的幅度、持续时间和波动方向,能够反映外界刺激的某些特性,即外界刺激信号所携带的信息在换能过程中转移到了这种过渡性电位变化的可变性参数之中。感受器电位或发生器电位的产生并不意味着感受器或发生器功能的完成,只有当这些过渡性电变化使该感受器或发生器的传入神经纤维发生去极化并产生"全或无"式的动作电位序列时,才标志着这一感受器(感觉器官)或发生器作用的完成。一般而言,感受器的换能和动作电位的发生并不在同一个部位。在有些感受器细胞或感觉神经末梢,其产生的感受器电位或发生器电位以电紧张的形式扩布到轴突始段或感觉神经的第一个郎飞结时,只要去极化足以达到阈电位水平,动作电位即可在这些部位爆发并沿感觉神经传导(图4-1)。

(三)感受器的编码功能

感受器将外界刺激转换成神经动作电位时,不仅发生了能量形式的转换,而且更重要的是将刺激所包含的环境变化的信息也转移到了动作电位的频率和序列之中,这就是感受器的编码

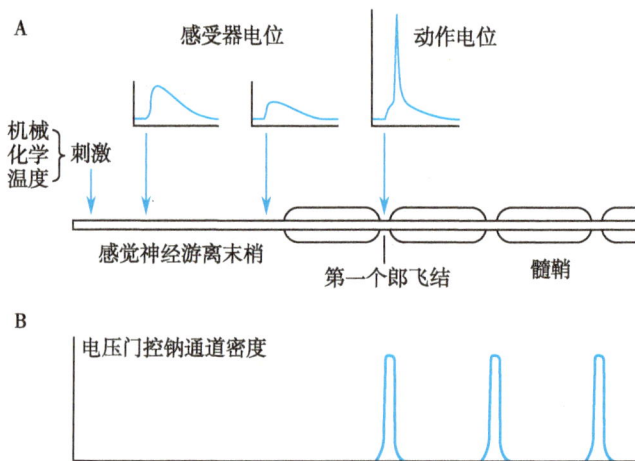

图4-1　感受器电位转变为传入神经纤维动作电位的部位示意图

(coding)功能。迄今为止,对感受器编码功能的认识还不够十分清晰。下面仅就感受器对刺激的性质和强度以及其他属性进行编码的一些基本问题加以叙述。

不同性质的刺激是如何被编码的呢?事实上,不同感受器所产生的传入神经冲动,都是一些在波形和产生原理上十分相似的动作电位,并无本质上的差别。因此,不同性质的外界刺激不可能通过动作电位的幅度大小或波形特征来编码。许多实验和临床经验都证明,不同种类感觉的引起,不但决定于刺激的性质和被刺激的感受器类型,也决定于传入冲动投射到的大脑皮质的特定部位。所以,当刺激发生在一个特定感觉的神经通路时,不管该通路的活动是如何引起的,或者是由该通路的哪一部分所产生的,所引起的感觉总是和该通路相联系的感受器受刺激引起的感觉相同。例如,临床上遇到某些肿瘤或炎症等病变刺激听神经时,会产生耳鸣的症状;与痛觉有关的传入通路或中枢的刺激性病变,也常会引起身体一定部位的疼痛;用电刺激刺激患者的视神经或枕叶皮质,患者会产生光感。这些事实都说明,感觉的性质决定于传入冲动所到达高级中枢的部位,而不是由动作电位的波形或序列差异所致。换言之,不同性质感觉的产生,与传输感觉信号的传入通路密切相关,即经由某一专用线路(labeled line)将信号传至特定终端部位时,即可引起某种性质的主观感觉。由于感受器细胞在进化过程中高度分化,这就使得某一感受器细胞选择性地只对某种特定性质的刺激发生反应,由此而产生的传入冲动又只能循着特定的途径到达特定的高级中枢,产生特定的感觉。

在同一感觉系统或感觉类型的范围内,外界刺激的量或强度又是怎样编码的呢?由于动作电位是"全或无"式的,故刺激强度也不可能通过动作电位的幅度大小或波形改变来编码。迄今的研究资料表明,刺激强度是通过单个神经纤维上冲动频率的高低和参与该信息传输的神经纤维数目的多少来编码的(图4-2)。

可见,感觉信号的编码过程并不是仅仅发生在感受器部位,事实上,传入信息在中枢神经元网络的传输和处理过程中,不断地进行编码。当然,这不属于本节讨论的范畴。

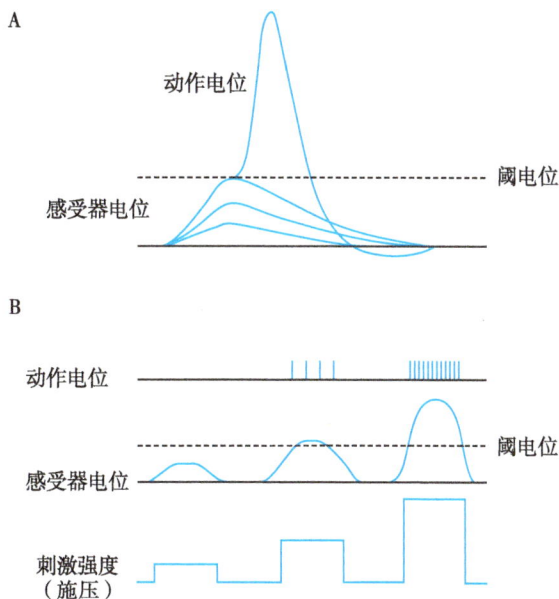

图 4-2　感受器对刺激强度编码示意图

(四)感受器的适应现象

当用一个恒定强度的刺激作用于某种感受器时,一个常见的现象是,虽然刺激仍在继续,但由其所诱发的传入神经纤维上的冲动频率却逐渐降低,这一现象称为感受器的适应(adaptation)。感受器适应的程度可因感受器的类型不同而有很大的差别。根据感受器发生适应的快慢,通常将其区分为快适应感受器(rapidly adapting receptor)和慢适应感受器(slowly adapting receptor)两类。皮肤中的环层小体、嗅觉感受器和味觉感受器等是快适应感受器的典型代表。例如,给皮肤的环层小体或触觉小体施加恒定的压力刺激时,仅在刺激开始的短时间内有传入冲动发放,以后虽然刺激仍在作用,但其传入冲动的频率却很快下降到零。显然,这种感受器不能用于传递持续性的信息。但其对于刺激的变化却十分灵敏,故适于传递快速变化的信息。这对生命活动十分重要,它有助于机体探索新异的物体或障碍物,有利于感受器及中枢再接受新的刺激。慢适应感受器以肌梭、颈动脉窦压力感受器、关节囊和皮肤及皮下组织中的 Ruffini 小体为代表。它们的共同特点是,在刺激持续作用时,一般只是在刺激开始后不久出现冲动频率的下降,其后可以较长时间维持在这一水平。感受器的这种慢适应过程对机体的生命活动也具有重要的意义,它有利于机体对某些功能状态如姿势、血压等进行长期持续的监测,并根据其变化随时调整机体的功能。图4-3显示了不同的感受器对持续刺激产生适应的情况。

感受器适应现象产生的机制比较复杂,它可发生在感觉信息转换的不同阶段。感受器的换能过程、离子通道的功能状态以及感受器细胞与感觉神经纤维之间的突触传递特性等,均可影响感受器的适应。不同类型的感受器产生适应的机制也不尽相同。需要指出的是,适应并非疲劳,因为感受器对某一强度的刺激产生适应后,若进一步加大其刺激强度,相应的神经传入冲动又可增加。

三、感觉信号在感觉通路中的编码和处理

如前所述,感受器将外界刺激转换成神经动作电位时,不仅发生了能量形式的转换,更重要的是将刺激所包含的信息也转移到了动作电位的频率和序列之中。感觉信息由感受器或感觉器官传向中枢的感觉通路由一系列以突触相连接的神经元组成。因此,编码过程不仅发生在感受器,而且发生在每一级突触,从而使信息获得不断的处理和整合。

(一)特殊神经能量定律

不同类型感觉的引起,还与传入冲动所经过的专用通路以及最终到达的大脑皮层的特定部位密切有关。所以,刺激某一种特定感觉传入通路的任一部分,不管该通路的活动如何引起,所产生的感觉总是和该通路相联系的感受器受刺激引起的感觉相同。德国生理学家缪勒在19世纪30年代提出特殊神经能量定律(doctrine of specific nerve energies)学说,用以解释上述生理现象。该学说认为,无论是压迫手上的环层小体,还是因为臂丛的肿瘤刺激了相关传入神经,所引起的感觉都是触觉;电刺激患者的视神经或枕叶皮质,患者都会产生光感。

(二)感觉通路中神经元的感受野

对于感觉通路中任一神经元,感受野(receptive field)指的是所有能影响其活动的感受器所组成的空间范围。对神经元活动的影响可以是兴奋性的,也可以是抑制性的;可能直接来自感受器,也可能来自感觉通路中的不同水平的神经元。一般而言,通路中感觉神经元的感受野要比感受器的感受野大,高位神经元的感受野要比低位神经元的感受野大,这是因为聚合式联系在传入通路中较为常见。感觉神经元的感受野的大小不一。例如,视网膜中央凹和手指尖皮肤的分辨率很高,感受器在此处的分布十分密集,因而其相应感觉神经元的感受野就很小;但视网膜周边区和躯干皮肤的分辨率较低,感受器在那里的分布较稀疏,因而其相应感觉神经元的感受野就很大。此外,相邻的感受野之间并非截然分开,常常互相重叠。

(三)感觉通路中的侧向抑制

感觉中一个普遍的特征是存在对比增强效应。例如,注视一个亮背景上的暗区,会发现暗区的边缘比中央更暗,而与暗区紧邻的亮背景区域看起来比背景区的其他部分更亮一些。这一现象的生理基础是感觉通路中的侧向抑制(lateral inhibition)。侧向抑制现象普遍存在于许多动物的感觉系统中。在感觉通路中,由于存在辐散式联系,一个局部刺激常可激活多个中枢神经元,处于中心区的投射纤维直接兴奋下一个神经元,而处于周边区的投射纤维则通过抑制性中间神经元而抑制与之相联系的下一个神经元。这样,与来自刺激中心区感觉神经元的信息相比,

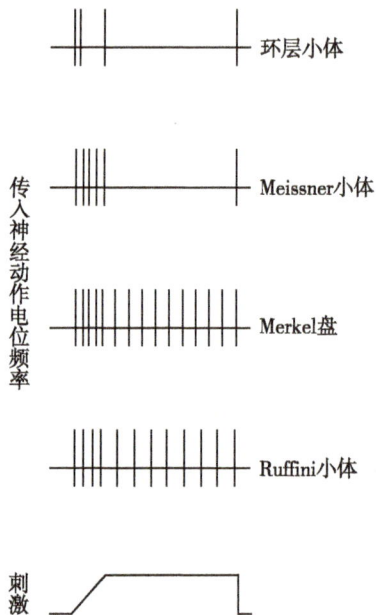

图4-3　感受器的适应现象示意图

图中示环层小体和Meissner小体对持续刺激发生适应较快,表现为刺激持续时,传入纤维上的动作电位发放迅速降为零;而Merkel盘和Ruffini小体则对持续刺激发生适应较慢,表现为刺激持续时传入纤维上的动作电位仍以一定的频率发放

来自刺激周边区的信息则是抑制性的。可见,侧向抑制能加大刺激中心区和周边区之间的差距,增强感觉系统的分辨能力。

（闫剑群）

第二节　视器与视觉

研究表明,在人脑所获得的外界信息中,至少有70%以上来自于视觉(vision)。通过视觉系统,人们能感知外界物体的大小、形状、颜色、明暗、动静、远近等。双目失明会使患者失去绝大部分的信息,人类正是由于具有优越的视觉系统才得以认识世界,进而改造世界。

引起视觉的外周感受器官是眼即视器(visual organ),由眼球和眼副器共同构成。眼球的功能是接受光波刺激,将光刺激转变为神经冲动,经视觉传导通路传至大脑视觉中枢,产生视觉。眼副器位于眼球周围或附近,包括眼睑、结膜、泪器、眼球外肌、眶脂体和眶筋膜等,对眼球起支持、保护和运动作用。

一、眼球

眼球(eyeball)是视器的主要部分,近似球形,位于眶内。两眼眶各呈四棱锥形,内侧壁几乎平行,外侧壁向后相交成90°角。眼眶内侧壁与外侧壁的夹角为45°（图4-4,图4-5）。眼球借筋膜与眶壁相连,后部借视神经连于间脑的视交叉。

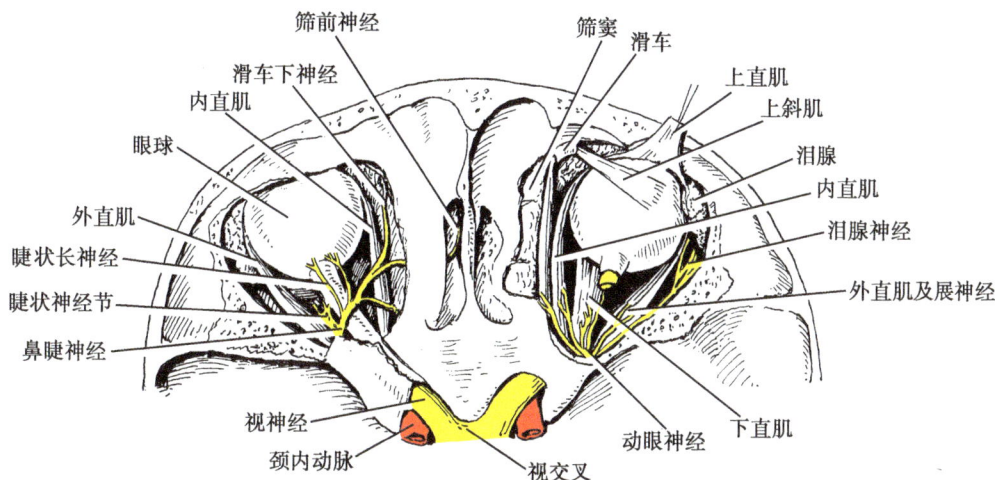

图4-4　眶壁、眼球、视神经及视交叉

当眼平视前方时,眼球前面正中点称前极,后面正中点称后极,前、后极的连线称眼轴。在眼球的表面,距前、后极等距离的各点连接起来的环形连线称为赤道(中纬线)。经瞳孔的中央至视网膜黄斑中央凹的连线称视轴,眼轴与视轴呈锐角交叉。

眼球由眼球壁和眼球的内容物构成（图4-6,表4-1）。

(一)眼球壁

从外向内依次分为眼球纤维膜、血管膜和视网膜3层（图4-7）。

1. 眼球纤维膜

由坚韧的纤维结缔组织构成,有支持和保护作用。由前向后可分为角膜和巩膜两部分。

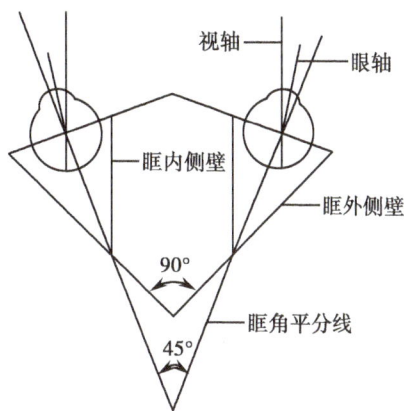

图4-5　眶壁、眼轴和视轴

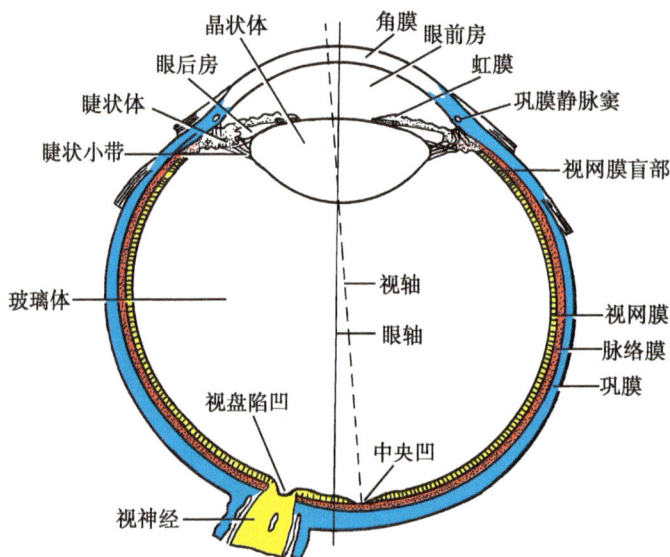

图 4-6　右眼球水平切面

（1）角膜（cornea）：占眼球纤维膜的前 1/6，无色透明，富有弹性，无血管但富有感觉神经末梢。从前至后可将角膜分为 5 层（图 4-8）。

1）角膜上皮（corneal epithelium）：为未角化的复层扁平上皮，由 5~6 层排列整齐的细胞构成，无黑素细胞。基部平坦，基底层为一层矮柱状细胞，具有一定的增殖能力，中间 3 层为多边形细胞，表面 1~2 层为扁平细胞，故角膜表面平整光滑。上皮更新较快，平均 7 天即可更新一次。上皮内有丰富的游离神经末梢，因此角膜感觉敏锐。

2）前界层（anterior limiting lamina）：为不含细胞的薄层结构，由胶原原纤维和基质构成。

3）角膜基质（corneal stroma）：又称固有层，约占角膜全厚度的 90%，主要成分为多层与表面平行的胶原板层。胶原板层由大量胶原原纤维平行排列而成，相邻板层的纤维排列方向互相垂直。胶原板层之间散在分布扁平多突起的成纤维细胞，能产生基质和纤维，参与角膜损伤的修复。此外，角膜基质含较多水分。

4）后界层（posterior limiting lamina）：结构似前界层，但更薄。

5）角膜内皮（corneal endothelium）：为单层扁平或立方上皮，参与后界层的形成。

角膜成分（特别是纤维）的规则排列、富含水分、无血管和黑素细胞存在，是角膜透明的主要原因。角膜的曲度较大，外凸内凹，具有屈光作用。角膜的营养来自周围的毛细血管、泪液和房水。角膜炎或溃疡可致角膜混浊，失去透明性，影响视觉。

（2）巩膜（sclera）：占眼球纤维膜的后 5/6，乳白色不透明，厚而坚韧，有保护眼球内容物和维持眼球形态的作用。巩膜前缘接角膜缘，后方与视神经的硬膜鞘相延续。在巩膜与角膜交界处的外面稍内陷，称巩膜沟。在靠近角膜缘处的巩膜实质内，有环形的巩膜静脉窦（sinus venosus sclerae）（图 4-7），是房水流出的通道。巩膜在视神经穿出的附近最厚，向前逐渐变薄，在眼球的

表 4-1　眼球的结构

眼球	眼球壁	纤维膜	角膜	
			巩膜	
		血管膜	虹膜	
			睫状体	
			脉络膜	
		视网膜	虹膜部	盲部
			睫状体部	
			脉络膜部	视部
	内容物		房水	
			晶状体	
			玻璃体	

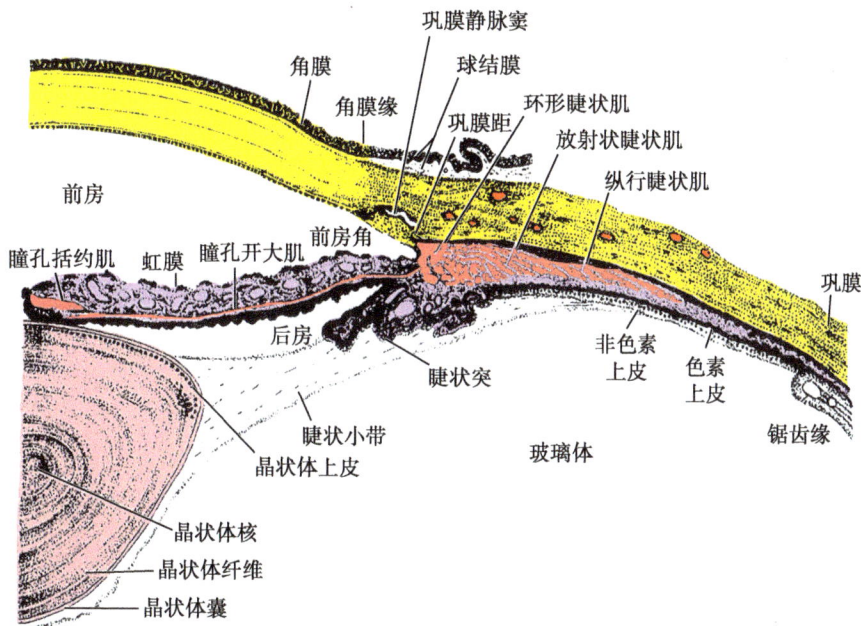

图 4-7　眼球前部仿真图

赤道附近最薄;在眼外肌附着处再度增厚。巩膜前部露于眼裂的部分,正常呈乳白色,黄色常是黄疸的重要体征;老年人的巩膜因脂肪沉积略呈黄色;先天性薄巩膜呈蔚蓝色。

（3）角膜缘（corneal limbus）:为角膜与巩膜的带状移行区域。此处通常是临床眼球前部手术的入路之处。角膜缘环绕角膜周边,宽1~2mm。角膜缘上皮不同于角膜上皮,较厚,细胞通常超过 10 层,细胞较小,核深染。基底层细胞为矮柱状,排列成栅栏样。上皮内有黑素细胞,无杯状细胞。角膜缘基底层的细胞具有干细胞特征,称角膜缘干细胞（limbal stem cell）,可通过增殖不断向角膜中央方向迁移,补充角膜基底层细胞。故临床上通过角膜缘移植,可治疗某些严重的眼球表面疾病。

巩膜静脉窦内侧为网格状的小梁网（trabecular meshwork）,由小梁和小梁间隙构成。小梁内部为胶原纤维,表面覆以内皮。小梁间隙与巩膜静脉窦相通,两者是房水回流的必经之路（图 4-9）。

2. 眼球血管膜　富含血管和色素细胞,呈棕黑色,具有营养眼球内组织及遮光的作用。由前至后分为虹膜、睫状体和脉络膜 3 部分。

（1）虹膜（iris）:呈冠状位,是血管膜最前部圆盘形的薄膜（图 4-6,图 4-10）,中央有圆形的

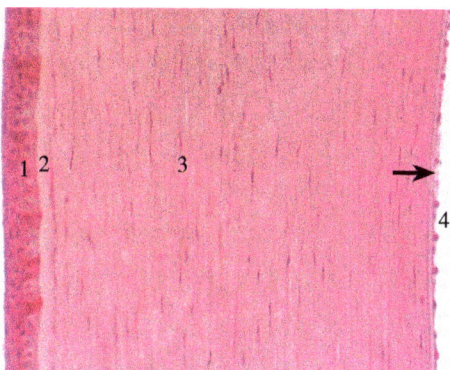

图 4-8　角膜光镜图

1. 角膜上皮;2. 前界层;3. 角膜基质;→后界层;4. 角膜内皮(吉大白医　图)

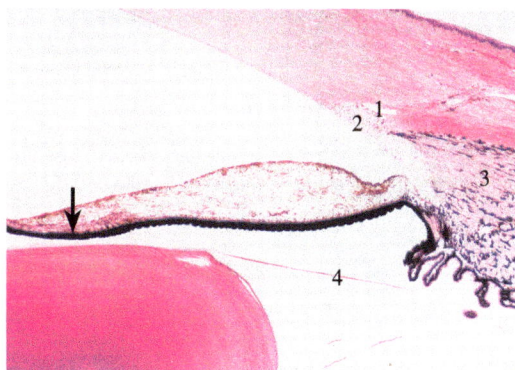

图 4-9　眼球前部光镜图

1. 巩膜静脉窦;2. 小梁网;3. 睫状体;4. 睫状小带;↓瞳孔括约肌(吉大白医)

Note

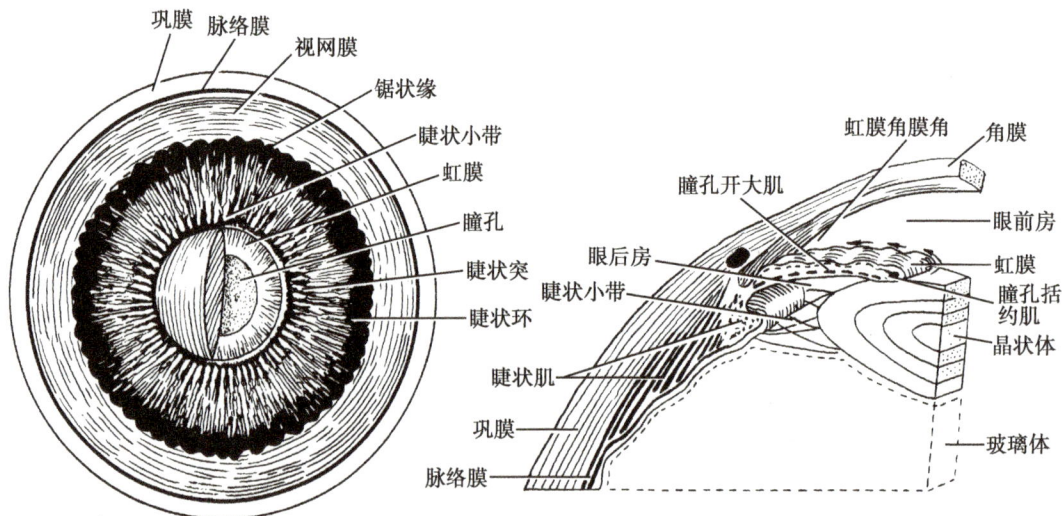

图 4-10　眼球前半部后面观及虹膜角膜角

瞳孔(pupil)。角膜与晶状体之间的间隙称眼房(chambers of eyeball)。虹膜将眼房分为较大的前房和较小的后房,两者借瞳孔相交通。在前房的周边,虹膜与角膜交界处的环形区域,称虹膜角膜角,又称前房角。虹膜直径约为 12mm,厚度约 0.5mm,近瞳孔缘处较厚,周边较薄。虹膜由前向后分三层,即前缘层(anterior border layer)、虹膜基质(iris stroma)和虹膜上皮(iris epithelium)。

前缘层为一层不连续的成纤维细胞和黑素细胞。虹膜基质较厚,为富含血管和黑素细胞的疏松结缔组织。黑素细胞(melanocyte)的形态不规则,有突起,细胞质内充满黑素颗粒。在靠近瞳孔缘的虹膜基质中有宽带状平滑肌,围绕瞳孔环行,收缩时使瞳孔缩小,故称瞳孔括约肌(sphincter pupillae muscle),由副交感神经支配,在强光下或看近物时,瞳孔缩小。虹膜上皮由前后两层细胞组成。前层为肌上皮细胞,以瞳孔为中心呈放射状分布,称瞳孔开大肌(dilator pupillae muscle),收缩时使瞳孔开大,由交感神经支配,在弱光下或视远物时,瞳孔开大。后层细胞较大,呈立方形,胞质内充满黑素颗粒(图 4-7,图 4-9,图 4-11)。在活体上,透过角膜可见虹膜及瞳孔。

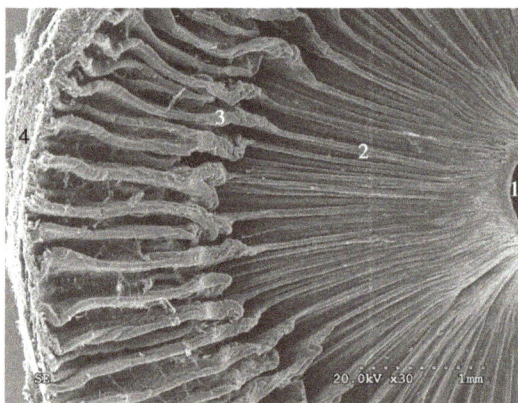

图 4-11　虹膜后面扫描电镜图

1.瞳孔;2.瞳孔开大肌在虹膜上皮表面形成的放射状隆起;3.睫状突(其表面的睫状小带已去除);4.虹膜(朴英杰　图)

　　虹膜的颜色取决于色素的多少,有种族差异,可有黑、棕、蓝和灰色等。白色人种,因缺乏色素,呈浅黄色或浅蓝色;黄种人的虹膜多呈棕色。

　　(2)睫状体(ciliary body):是血管膜中部最肥厚的部分,位于巩膜与角膜移行部的内面。其后部较为平坦,为睫状环,前部有向内突出呈放射状排列的皱襞,称睫状突(ciliary processes),后者发出睫状小带与晶状体相连。在眼球水平切面上,睫状体呈三角形。睫状体由睫状肌、基质和上皮组成。

　　睫状肌(ciliary muscle)为平滑肌,是睫状体的主要组成成分,由副交感神经支配。肌纤维有环行、放射状和纵行 3 种走向。睫状体基质为富含血管和黑素细胞的结缔组织。上皮由两层细胞组成,外层为立方形色素上皮细胞,内层为矮柱状非色素上皮细胞,可分泌房水,产生构成睫状小带和玻璃体的生化成分。

睫状体的前内侧伸出约 70 个呈放射状排列的睫状突 (ciliary process),睫状突与晶状体之间有睫状小带相连。睫状小带 (ciliary zonule) 呈纤维状,由大量微原纤维借蛋白聚糖粘合而成。睫状小带一端连于睫状体,一端插入晶状体囊内,具有悬挂固定晶状体的作用。睫状肌收缩时,睫状体突向前方内侧,睫状小带松弛;反之则紧张,借此改变晶状体的位置和曲度,从而调节焦距。

(3) 脉络膜 (choroid):占血管膜的后 2/3,富含血管及色素。外面与巩膜疏松相连,内面紧贴视网膜的色素层,与视网膜相贴的最内层为一均质透明的薄膜,称玻璃膜,由纤维和基质组成。后方有视神经穿过。脉络膜可营养眼球内组织并吸收分散光线。

3. **视网膜 (retina)**　位于眼球血管膜的内面,目前向后分为 3 部分,即视网膜虹膜部、睫状体部和脉络膜部 (图 4-6)。虹膜部和睫状体部分别贴附于虹膜和睫状体的内面,薄而无感光作用,故称为视网膜盲部。脉络膜部附于脉络膜内面,范围最大,有感光作用,又称为视网膜视部。视部的后部最厚,愈向前愈薄,在视神经的起始处有一境界清楚略呈椭圆形的盘状结构,称视神经盘 (optic disc),又称视神经乳头 (papilla nervi optici)。视神经盘中央凹陷,称视盘陷凹,有视网膜中央动、静脉穿过,无感光细胞,表现为视野中的一个盲区,故称生理性盲点。在视神经盘的颞侧稍偏下方约 3.5mm 处,有一由密集的视锥细胞构成的黄色小区,称黄斑 (macula lutea),直径 1.8~2mm,其中央凹陷称中央凹 (fovea centralis) (图 4-12,图 4-13),此区无血管,为感光最敏锐处。

视网膜视部分两层。外层为色素上皮层,由大量的单层色素上皮细胞构成;内层为神经层,是视网膜的固有结构。两层之间有一潜在性的间隙,是造成视网膜脱离的解剖学基础。

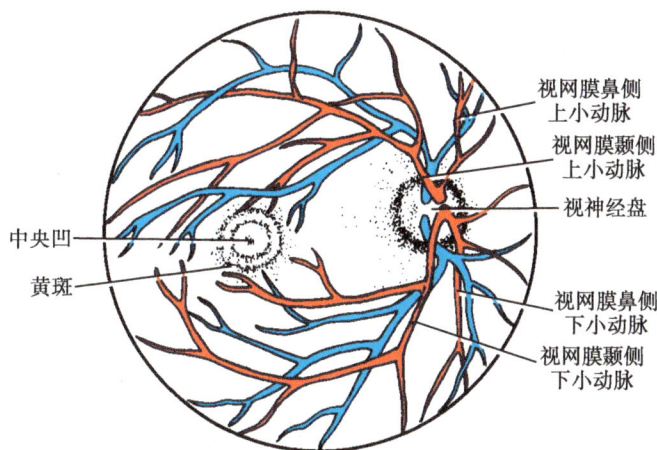

图 4-12　眼底(右侧)

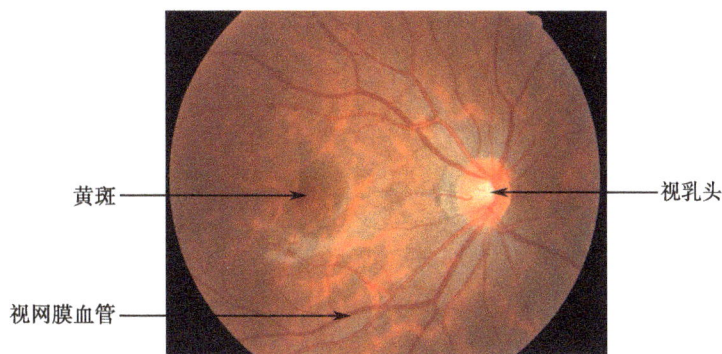

图 4-13　正常眼底活体照片

（1）色素上皮层：是由色素上皮细胞（pigment epithelial cell）构成的单层立方上皮（图 4-14，图 4-15），基底面紧贴玻璃膜。细胞顶部有大量突起伸入视细胞的外节之间。胞质内含大量粗大的黑素颗粒和吞噬体。黑素颗粒可防止强光对视细胞的损害，吞噬体内通常为视杆细胞脱落的膜盘，表明色素上皮细胞可参与视细胞外节的更新。细胞侧面有紧密连接。视网膜色素上皮有多方面的功能，如保护视细胞、稳定视网膜的内环境、贮存维生素 A，以及营养神经层和吞噬视细胞脱落物。

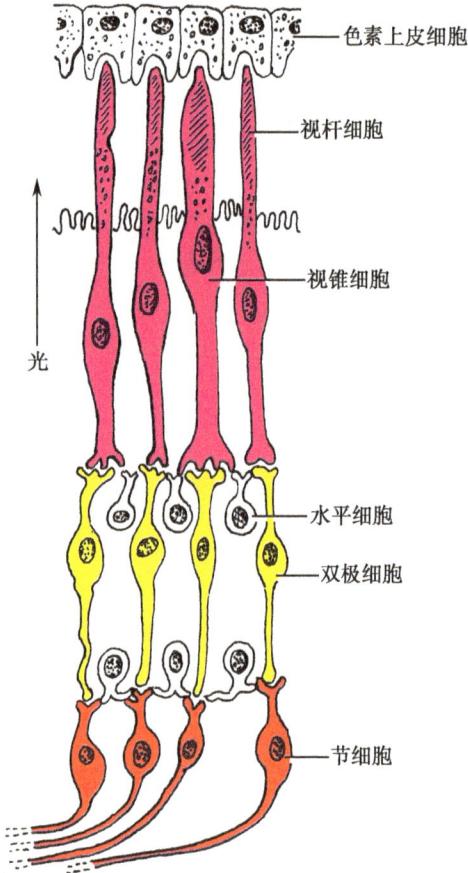

图 4-14　视网膜的神经细胞示意图

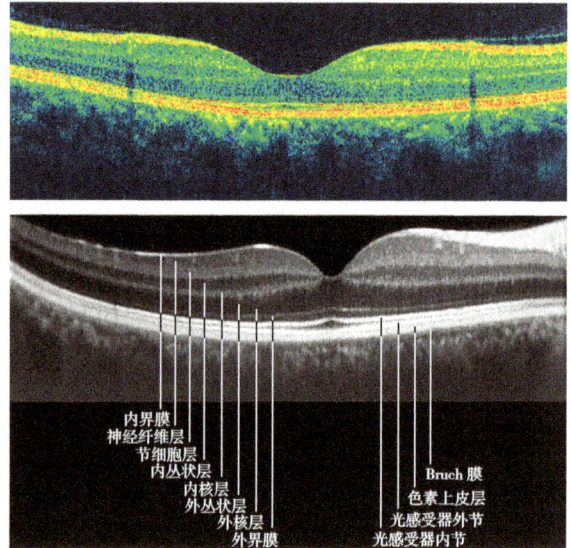

图 4-15　超高分辨率 OCT 图像

（2）视网膜视部的神经层：主要由 3 层神经细胞组成（图 4-13，图 4-15）。外层为视锥和视杆细胞，它们是感光细胞，紧邻色素上皮层。中层为双极细胞，将来自感光细胞的神经冲动传导至内层的节细胞，节细胞的轴突向视神经盘处汇集，穿脉络膜和巩膜后构成视神经。

1）感光细胞（photoreceptor cell）：又称视细胞（visual cell），由胞体、外突（树突）和内突（轴突）三部分构成。胞体是细胞核所在部位，略微膨大。外突中段有一缩窄而将其分为内节和外节，缩窄处的内部为纤毛样构造，称连接纤毛（connecting cilium）。内节（inner segment）紧邻胞体，含丰富的线粒体、粗面内质网和高尔基复合体，是合成感光蛋白的部位，感光物质经缩窄处转移到外节。外节（outer segment）为感光部位，含有大量平行层叠的扁平状膜盘（membranous disc）。它们是一些具有一般细胞膜脂质双分子层结构的扁平囊状物（图 4-16），膜中有能感光的镶嵌蛋白。内突末端主要与双极细胞形成突触联系。根据外突形状和感光性质不同，视细胞分为视杆细胞和视锥细胞两种。

视杆细胞（rod cell）主要分布在视网膜的周边区，感受弱光，其数量远远多于视锥细胞。视杆细胞较细长，核较小、染色较深，外突呈杆状（视杆），内突末端膨大呈小球状。膜盘与细胞表面胞膜分离而独立。每个视杆细胞可有数百乃至上千个膜盘。膜盘不断更新，由外节基部向顶端推移，顶端的膜盘则老化脱落，被色素上皮细胞吞噬消化。膜盘上的感光蛋白称视紫红质，由 11- 顺式视黄醛和视蛋白组成。维生素 A 是合成 11- 顺式视黄醛的原料。当人体维生素 A 不足时，视紫红质缺乏，导致弱光视力减退，即夜盲症。

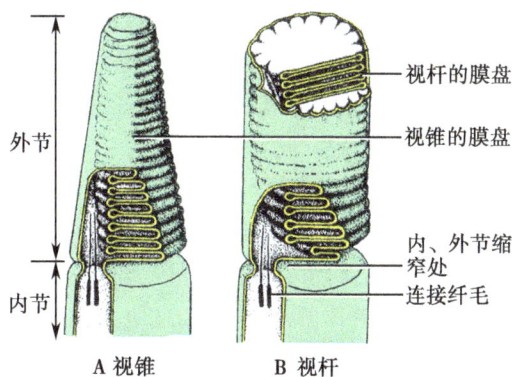

图 4-16　视锥和视杆外节超微结构模式图

视锥细胞（cone cell）主要分布在视网膜中部，感受强光和颜色。细胞外形较视杆细胞粗大，核较大，染色较浅，外突呈圆锥形（视锥），内突末端膨大呈足状。视锥外节的膜盘大多与细胞膜不分离，顶端膜盘也不脱落。其感光物质称视色素（visual pigment），也由 11- 顺式视黄醛和视蛋白组成，但视蛋白的结构与视紫红质的不同。视锥细胞有 3 种功能类型，分别含有红敏色素、绿敏色素和蓝敏色素。如缺少感红光（或绿光）的视锥细胞，则不能分辨红（或绿）色，为红（或绿）色盲。

2）双极细胞层：双极细胞（bipolar cell）是连接视细胞和节细胞的纵向中间神经元。其树突与视细胞的内突形成突触，轴突与节细胞形成突触。大多数双极细胞可与多个视细胞和节细胞形成突触联系；但也有少数细胞只与一个视锥细胞和一个节细胞联系，称侏儒双极细胞（midget bipolar cell），它们位于视网膜中央凹边缘。

此层还有多种其他中间神经元，目前比较明确的有水平细胞（horizontal cell）、无长突细胞（amacrine cell）和网间细胞（interplexiform cell）。它们与其他细胞之间，以及相互之间存在广泛的突触联系，构成局部环路，参与视觉信号的传导和调控。

3）节细胞层：节细胞（ganglion cell）是具有长轴突的多极神经元，大多为单层排列，其树突主要与双极细胞形成突触，轴突向眼球后极汇聚，并穿出眼球壁构成视神经。大多数节细胞胞体较大，与多个双极细胞形成突触联系；少数为胞体较小的侏儒节细胞（midget ganglion cell），只和一个侏儒双极细胞联系，也位于视网膜中央凹边缘。

新近发现，少数节细胞能够合成一种特殊的感光色素——黑视蛋白，也称黑视素。这些节细胞具备自主感光能力，现称它们为内在的感光视网膜神经节细胞（intrinsically photosensitive retinal ganglion cells，ipRGCs）。ipRGCs 的轴突主要投射到视交叉上核、橄榄顶盖前核等脑区，参与调控昼夜节律、瞳孔对光反射等非成像视觉功能。

和其他部位的神经组织一样，视网膜中也有各种神经胶质细胞，如星形胶质细胞、少突胶质细胞和小胶质细胞。此外，还有一种特有的放射状胶质细胞（radial neuroglia cell），又称米勒细胞（MÜller cell）。细胞狭长，几乎贯穿神经层。细胞核位于双极细胞层，宽大的叶片状突起伸展于神经元之间。细胞内外两侧的突起末端常膨大分叉，外侧端于视细胞内节处相互连接构成保护性的膜。内侧端于视网膜内表面相互连接形成胶质界膜。放射状胶质细胞具有营养、支持、绝缘和保护等作用。

（二）眼球内容物

包括房水、晶状体和玻璃体。这些结构透明而无血管，具有屈光作用。它们与角膜合称为眼的屈光装置，使所视物体在视网膜上清晰成像。

1. **房水（aqueous humor）**　为无色透明的液体，充填于眼房内。房水由睫状体产生，进入眼后房，经瞳孔至眼前房，又经虹膜角膜角进入巩膜静脉窦，借睫前静脉汇入眼上、下静脉。房水的生理功能是为角膜和晶状体提供营养，并维持正常的眼内压。

2. **晶状体（lens）**　位于虹膜和玻璃体之间，借睫状小带与睫状体相连；呈双凸透镜状，前面

Note

曲度较小,后面曲度较大,无色透明、富有弹性、不含血管和神经。晶状体的外面包有高度弹性的薄膜,称为晶状体囊。晶状体本身由平行排列的晶状体纤维组成,周围部较软称晶状体皮质;中央部较硬称晶状体核。晶状体若因疾病或创伤而变混浊,称为白内障。临床上,糖尿病患者常并发白内障及视网膜病变。

晶状体是眼屈光系统的主要装置,与睫状体联合用于眼的调节。

3. 玻璃体(vitreous body)   是无色透明的胶状物质,表面被覆玻璃体膜。它填充于晶状体与视网膜之间,约占眼球内腔的后 4/5。玻璃体的前面以晶状体及其悬韧带(睫状小带)为界,呈凹面状,称玻璃体凹;玻璃体的其他部分与睫状体和视网膜相邻,对视网膜起支撑作用,使视网膜与色素上皮紧贴。若支撑作用减弱,易导致视网膜剥离。玻璃体混浊时,可影响视力。

二、眼副器

眼副器(accessory organs of eye)为保护、运动和支持眼球的装置,包括眼睑、结膜、泪器、眼球外肌、眶脂体和眶筋膜等结构。

(一) 眼睑

眼睑(palpebrae)位于眼球的前方(图 4-17),是眼球的保护屏障。分上睑和下睑,两者之间的裂隙称睑裂。睑裂的内、外侧端分别称内眦和外眦。睑的游离缘称睑缘,又分为睑前缘和睑后缘。

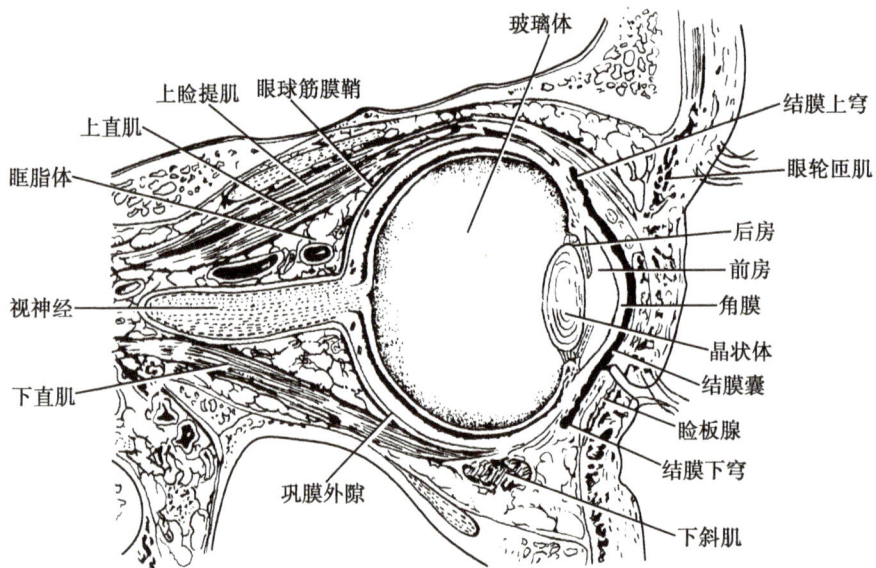

图 4-17   右眼眶(矢状切面)

睑缘有睫毛 2~3 行,上、下睑睫毛均弯曲向前,上睑睫毛硬而长,下睑睫毛短而少,睫毛有防止灰尘进入眼内和减弱强光照射的作用。如果睫毛长向角膜,称为倒睫,可引起角膜炎、溃疡等。睫毛的根部有睫毛腺(Moll 腺),近睑缘处有睑缘腺(Zeis 腺)。睫毛毛囊、睫毛腺或睑缘腺的急性炎症,称麦粒肿。

眼睑由浅至深可分为 5 层:皮肤、皮下组织、肌层、睑板和睑结膜。眼睑的皮肤细薄,皮下组织疏松,可因积水或出血发生肿胀。睑部感染、肾炎等疾患常伴有眼睑水肿。肌层主要是眼轮匝肌的睑部,该肌收缩可闭合睑裂。在上睑还有上睑提肌,该肌的腱膜止于上睑的上部,可提起上睑。

睑板(tarsus)为一半月形致密结缔组织板,上下各一。睑板的内、外两端借横位的睑内、外侧韧带与眶缘相连接。睑内侧韧带较强韧,其前面有内眦动静脉越过,后面有泪囊,是手术时寻找泪囊的标志。睑板内有麦穗状的睑板腺(tarsal glands),与睑缘垂直排列,开口于睑缘(图4-18)。睑板腺分泌油样液体,可润滑眼睑,防止泪液外流。若睑板腺导管阻塞,形成睑板腺囊肿,亦称霰粒肿。

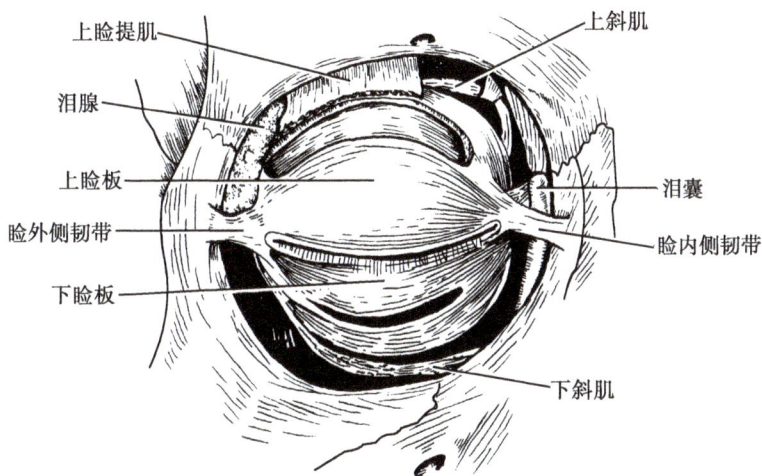

图 4-18 睑板(右侧)

眼睑的血液供应丰富(图4-19),主要来源有:①颈外动脉发出的面动脉、颞浅动脉、眶下动脉等分支;②眼动脉发出的眶上动脉、泪腺动脉和滑车上动脉等分支。这些动脉在眼睑的浅部形成动脉网,在深部吻合成动脉弓。静脉血回流至眼静脉和内眦静脉。眼睑的手术需注意血管的位置及吻合。

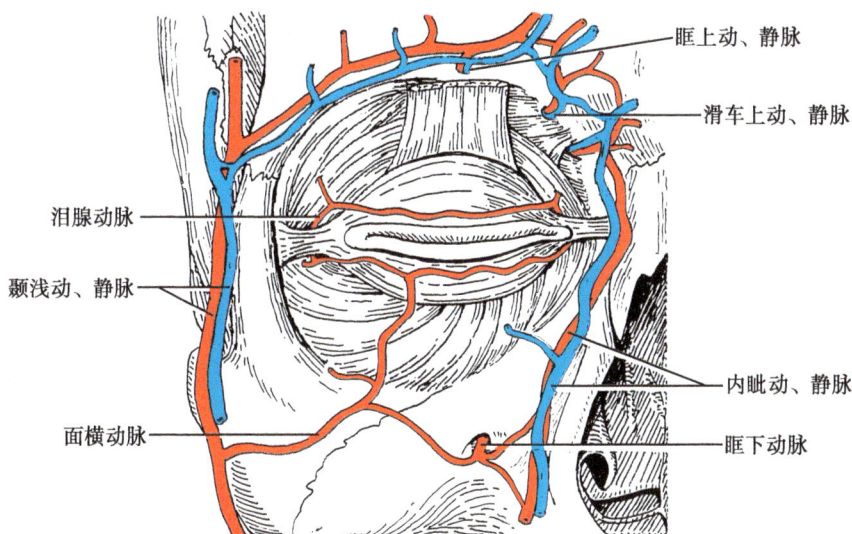

图 4-19 眼睑的血管

(二)结膜

结膜(conjunctiva)是一层薄而透明、富含血管的黏膜,覆盖在眼球前面及眼睑内面(图4-17)。按所在部位可分为3部:①睑结膜(palpebral conjunctiva)衬覆于上、下睑的内面,与睑板结合紧密,在睑结膜的内表面,可透视深层的小血管和睑板腺;②球结膜(bulbar conjunctiva)覆盖在眼球前面,于近角膜缘处移行为角膜上皮,该处与巩膜结合紧密,其余部分连结疏松易移动;③结膜穹隆(conjunctival fornix)为睑结膜与球结膜的移行处,分为结膜上穹和结膜下穹。一般结膜上穹

Note

较结膜下穹为深。当上下睑闭合时,整个结膜形成囊状腔隙称结膜囊(conjunctival sac),通过睑裂与外界相通。

结膜病变常局限于某一部位。如沙眼易发于睑结膜和结膜穹隆;疱疹则多见于角膜缘的结膜和球结膜。炎症常引起结膜充血肿胀。

(三) 泪器

泪器(lacrimal apparatus)由泪腺和泪道组成(图 4-20)。

1. 泪腺(lacrimal gland) 位于眼眶外上方的泪腺窝内,长约 2cm,有 10~20 条排泄管开口于结膜上穹的外侧部。分泌的泪液借眨眼活动涂抹于眼球表面,有防止角膜干燥和冲洗微尘的作用。此外,泪液含溶菌酶具有灭菌作用。多余的泪液流向内眦处的泪湖(lacrimal lake),经泪点、泪小管进入泪囊,再经鼻泪管至鼻腔。

2. 泪道 包括泪点、泪小管、泪囊和鼻泪管。

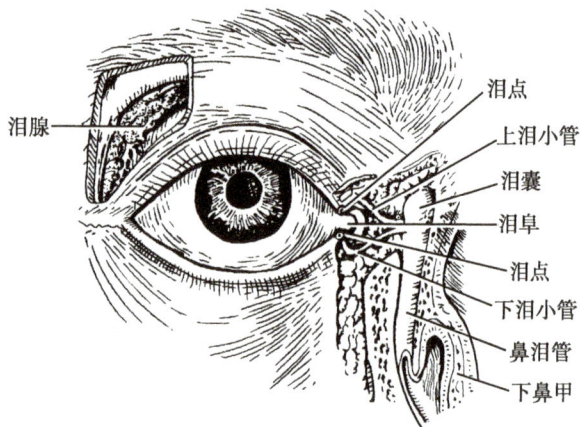

图 4-20 泪器

(1) 泪点(lacrimal punctum):在上、下睑缘近内侧端处各有一隆起称泪乳头(lacrimal papilla),其顶部有一小孔称泪点,是泪小管的开口。沙眼等疾病可造成泪点变位而引起泪溢症。

(2) 泪小管(lacrimal ductule):为连接泪点与泪囊的小管,分上泪小管和下泪小管,分别垂直向上、下行,继而几乎成直角转向内侧汇合一起,开口于泪囊上部。

(3) 泪囊(lacrimal sac):位于眶内侧壁前下部的泪囊窝中,为一膜性囊。上端为盲端,下部移行为鼻泪管。泪囊的前面有睑内侧韧带和眼轮匝肌纤维,少量肌束跨过泪囊的深面。眼轮匝肌收缩时牵引睑内侧韧带可扩大泪囊,使囊内产生负压,促使泪液流入泪囊。

(4) 鼻泪管(nasolacrimal duct):为一膜性管道,上部包埋在骨性鼻泪管中,与骨膜结合紧密;下部在鼻腔外侧壁黏膜的深面,开口于下鼻道外侧壁。鼻泪管开口处的黏膜内有丰富的静脉丛,感冒时,黏膜充血和肿胀,可导致鼻泪管下口闭塞,泪液向鼻腔引流不畅,故感冒时常有流泪的现象。

(四) 眼球外肌

眼球外肌(extraocular muscles)为视器的运动装置(图 4-21)。包括运动眼球的 4 块直肌、2 块斜肌和运动眼睑的上睑提肌,均为骨骼肌。

1. 上睑提肌(levator palpebrae superioris) 起自视神经管前上方的眶壁,在上直肌上方向前走行,止于上睑的皮肤和上睑板。该肌收缩提上睑,开大眼裂,由动眼神经支配。该肌瘫痪可导致上睑下垂。Müller 肌是一块很薄而小的平滑肌,起于上睑提肌下面的横纹肌纤维间,在上睑提肌与上直肌、结膜穹之间向前下方走行,止于睑板上缘。Müller 肌助提上睑,受颈交感神经支配,该神经麻痹导致霍纳综合征(Horner 征),可出现瞳孔缩小、眼球内陷、上睑下垂等症状。

2. 上、下、内、外直肌 运动眼球的 4 块直肌为上直肌(rectus superior)、下直肌(rectus inferior)、内直肌(rectus medialis)和外直肌(rectus lateralis),分别位于眼球的上方、下方、内侧和外侧。各直肌共同起自视神经管周围和眶上裂内侧的总腱环,在赤道的前方,分别止于巩膜的上、下、内侧和外侧。上、下、内、外直肌收缩时,分别使瞳孔转向上内、下内、内侧和外侧(图 4-21,表 4-2)。

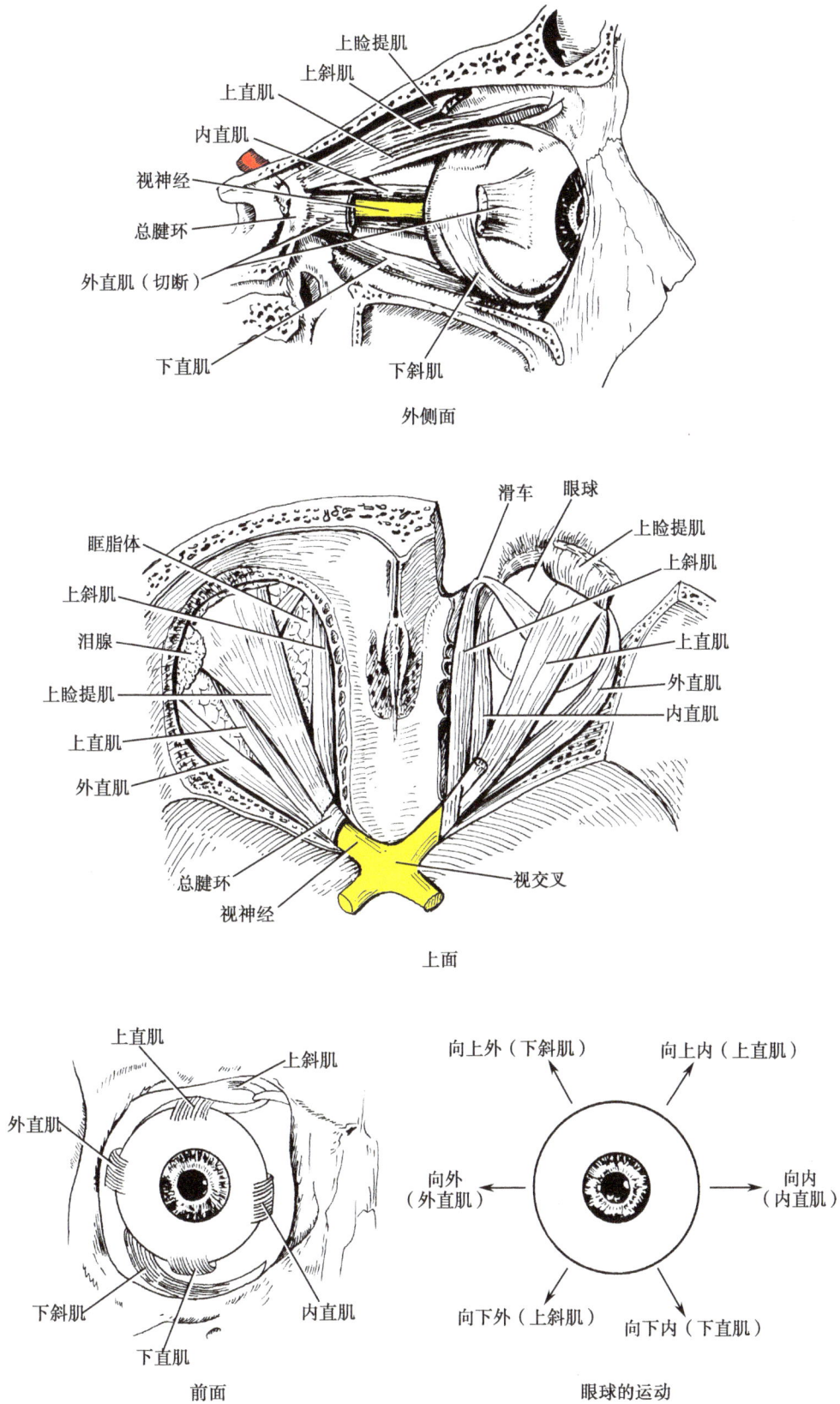

图 4-21　眼球外肌

表 4-2　眼球外肌的起止、功能及神经支配

名称	起点	止点	作用	神经支配
上睑提肌	视神经管前上方的眶壁	上睑皮肤、上睑板	提上睑	动眼神经
上斜肌	蝶骨体	眼球后外侧赤道后方的巩膜	瞳孔转向下外	滑车神经
下斜肌	眶下壁内侧份	眼球下部赤道后方的巩膜	瞳孔转向上外	
上直肌			瞳孔转向上内	动眼神经
下直肌	总腱环	眼球赤道以前的巩膜	瞳孔转向下内	
内直肌			瞳孔转向内侧	
外直肌			瞳孔转向外侧	展神经

3. 上斜肌和下斜肌

（1）上斜肌（obliquus superior）：位于上直肌与内直肌之间，起于蝶骨体，以细腱通过眶内侧壁前上方的滑车，经上直肌的下方转向后外，在上直肌和外直肌之间止于眼球后外侧赤道后方的巩膜。该肌收缩使瞳孔转向下外方。

（2）下斜肌（obliquus inferior）：位于眶下壁与下直肌之间，起自眶下壁的前内侧，斜向后外，止于眼球下面赤道后方的巩膜。该肌收缩使瞳孔转向上外方。

眼球的正常运动，并非单一肌肉的收缩，而是两眼数条肌肉协同作用的结果。如俯视时，两眼的下直肌和上斜肌同时收缩；仰视时，两眼上直肌和下斜肌同时收缩；侧视时，一侧眼的外直肌和另一侧眼的内直肌共同作用；聚视中线时，则是两眼内直肌共同作用的结果。当某一眼肌麻痹时，可出现斜视和复视现象。

（五）眶脂体与眶筋膜

1. 眶脂体（adipose body of orbit）　为眼眶内的脂肪组织，充填于眼球、眼球外肌与眶骨膜之间，起支持和保护作用（图 4-17）。在眼球后方，视神经与眼球各肌之间脂肪组织较多，与眼球之间类似关节头与关节窝的关系，允许眼球做多轴的运动，还可减少外来震动对眼球的影响。

2. 眶筋膜（orbital fasciae）　包括眶骨膜、眼球筋膜鞘、眼肌筋膜和眶隔（图 4-17）。

（1）眶骨膜（periorbita）：疏松地衬于眶壁的内面，在面前部与周围骨膜相续连。在视神经管处，硬脑膜分两层，内层为视神经的外鞘，外层续为眶骨膜。在眶的后部，眶骨膜增厚形成总腱环，为眼球外肌提供附着处。

（2）眼球筋膜鞘（sheath of eyeball）：是眶脂体与眼球之间薄而致密的纤维膜，又称 Tenon 囊。该鞘包绕眼球的大部，向前在角膜缘稍后方与巩膜融合在一起，向后与视神经硬膜鞘结合。眼球筋膜鞘的内面光滑，与眼球之间的间隙称为巩膜外隙，眼球在鞘内可进行较灵活的运动。

（3）眼肌筋膜（fascia of ocular muscles）：呈鞘状包绕各眼球外肌。

（4）眶隔（orbital septum）：为上睑板上缘和下睑板下缘的一薄层结缔组织，分别连于眶上缘和眶下缘，与眶骨膜相连续。

三、眼的血管和神经

（一）眼的动脉

1. 眼动脉（ophthalmic artery）　眼球和眶内结构的血液供应主要来自眼动脉（图 4-22）。眼动脉起自颈内动脉，在视神经的下方经视神经管入眶，先居视神经的下外侧，然后在上直肌的下方越至眶内侧前行，走在上斜肌和内直肌之间，终支出眶，终于滑车上动脉。在行程中眼动脉发出分支供应眼球、眼球外肌、泪腺和眼睑。主要分支如下：

（1）视网膜中央动脉（central artery of retina）：是供应视网膜内层的唯一动脉（图 4-22）。发自

眼动脉,行于视神经的下方,在距眼球 10~15mm 处穿入视神经鞘内,走行 0.9~2.5mm 后,继而行于视神经中央,在视神经盘处穿出分为上、下 2 支,再复分成视网膜鼻侧上、下和视网膜颞侧上、下 4 支小动脉(图 4-12),分布至视网膜鼻侧上、鼻侧下、颞侧上和颞侧下 4 个扇形区。临床上,用眼底镜可直接观察这些血管。黄斑中央凹 0.5mm 范围内无血管分布。

视网膜中央动脉是终动脉,在视网膜内的分支之间无吻合,也不与脉络膜内的血管吻合,但行于视神经鞘内和视神经内这两段的分支间有吻合。视网膜中央动脉阻塞时可导致眼全盲。视网膜中央动脉及其分支均有同名静脉伴行。

(2)睫后短动脉:又称脉络膜动脉(图 4-23),有很多支,在视神经周围垂直穿入巩膜,分布于脉络膜。

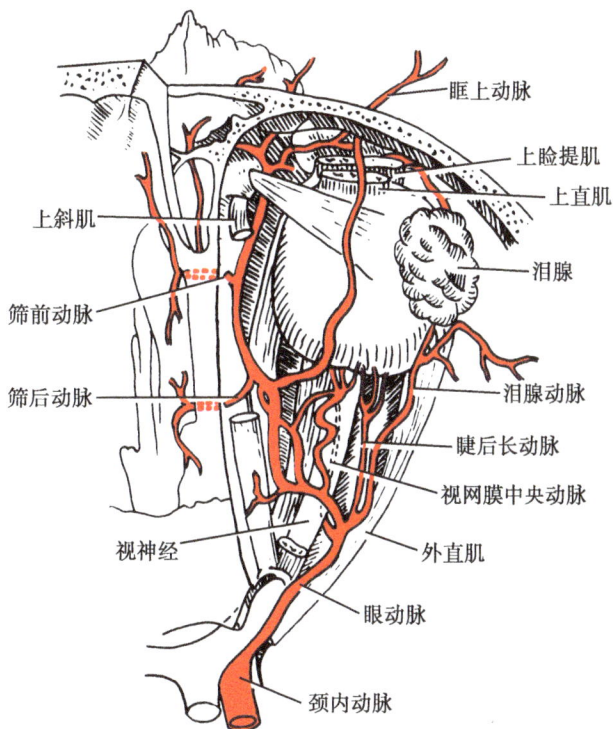

图 4-22 眼的动脉

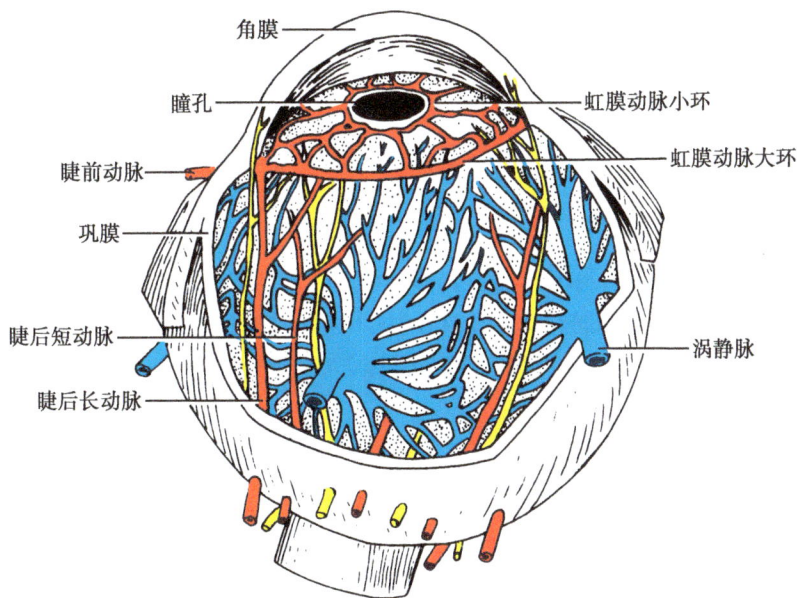

图 4-23 虹膜的动脉和涡静脉

(3)睫后长动脉:又称虹膜动脉(图 4-23),有 2 支,在视神经的内、外侧穿入巩膜,在巩膜与脉络膜间前行至睫状体,发出 3 支:①回归动脉支,进入脉络膜与睫后短动脉吻合;②睫状肌支,至睫状肌;③虹膜动脉大环支,与睫前动脉吻合。

(4)睫前动脉:由眼动脉的各肌支发出,共 7 支,在眼球前部距角膜缘 5~8mm 处穿入巩膜,在巩膜静脉窦的后面入睫状肌,发分支与虹膜动脉大环吻合,营养巩膜的前部、虹膜和睫状体(图 4-23)。睫前动脉在进入巩膜前,分支至球结膜。

另外,眼动脉还发出泪腺动脉、筛前动脉、筛后动脉以及眶上动脉等分支至相应的部位。

(二)眼的静脉

眼球内的静脉有:①视网膜中央静脉(图 4-12),与同名动脉伴行,收纳视网膜的静脉血;②涡静脉,是眼球血管膜的主要静脉,多数为 4 条,即两条上涡静脉和两条下涡静脉,分散在眼球赤道后方的 4 条直肌之间,收集虹膜、睫状体和脉络膜的静脉血;此静脉不与动脉伴行,在眼球赤道附近穿出巩膜,经眼上、下静脉汇入海绵窦(图 4-23);③睫前静脉,收集眼球前部虹膜等处的静脉血。这些静脉以及眶内的其他静脉,最后均汇入眼上、下静脉。

眼球外的静脉有:①眼上静脉,起自眶内上角,向后经眶上裂注入海绵窦;②眼下静脉,起自眶下壁和内侧壁的静脉网,向后分 2 支,一支经眶上裂注入眼上静脉,另一支经眶下裂汇入翼静脉丛。

眼静脉内无瓣膜,在内眦处向前与面静脉吻合,向后注入海绵窦。面部感染可经眼静脉侵入海绵窦引起颅内感染。

(三)眼的神经

眼部的神经支配丰富,与眼相关的脑神经共有 6 对。第 Ⅱ 脑神经——视神经;第 Ⅲ 脑神经——动眼神经,支配所有眼内肌、上睑提肌和除外直肌、上斜肌以外的眼外肌;第 Ⅳ 脑神经——滑车神经,支配上斜肌;第 Ⅴ 脑神经——三叉神经,司眼部感觉;第 Ⅵ 脑神经——展神经,支配外直肌;第 Ⅶ 脑神经——面神经,支配眼轮匝肌。第 Ⅲ 和第 Ⅴ 脑神经与自主神经在眼眶内还形成特殊的神经结构。

1. **睫状神经节(ciliary ganglion)**　位于视神经外侧,总腱环前 10mm 处。节前纤维由 3 个根组成:①长根为感觉根,由鼻睫状神经发出;②短根为运动根,由第 Ⅲ 脑神经发出,含副交感神经纤维;③交感根,由颈内动脉丛发出,支配眼血管的舒缩。节后纤维即睫状短神经。眼内手术施行球后麻醉,即阻断此神经节。

2. **鼻睫状神经(nasociliary nerve)**　为第 Ⅴ 脑神经眼支的分支,司眼部感觉。在眶内又分出:睫状节长根,睫状长神经,筛后神经和滑车下神经等。

睫状长神经(long ciliary nerve)在眼球后分 2 支分别在视神经两侧穿过巩膜进入眼内,有交感神经纤维加入,行走于脉络膜上腔,司角膜感觉。其中交感神经纤维分布于睫状肌和瞳孔开大肌。

睫状短神经(short ciliary nerve)为混合纤维,共 6~10 支,在视神经周围及眼球后极部穿入巩膜,行走于脉络膜上腔,前行到睫状体,组成神经丛。由此发出分支,司虹膜睫状体、角膜和巩膜的感觉,其副交感纤维分布于瞳孔括约肌及睫状肌,交感神经纤维至眼球内血管,司血管舒缩。

四、眼的功能——视觉

图 4-24 是人右眼水平切面的示意图。眼内与产生视觉直接有关的结构是眼的折光系统和视网膜。折光系统由角膜、房水、晶状体和玻璃体组成;视网膜上所含的感光细胞以及与其相联系的双极细胞和视神经节细胞,构成眼的感光系统。人眼的适宜刺激是波长为 380~760nm 的电磁波,在这个可见光谱的范围内,来自外界物体的光线,透过眼的折光系统成像在视网膜上。视网膜含有对光刺激高度敏感的视杆细胞和视锥细胞,能将外界光刺激所包含的视觉信息转变成电信号,并在视网膜内进行编码、加工,由视神经传向视觉中枢作进一步分析,最后形成视觉。因此,研究眼的视觉功能,首先要研究眼的折光系统的光学特性,搞清楚它们是如何将不同远近的物体清晰地成像于视网膜上;其次,要阐明视网膜是怎样对视网膜上的物像进行换能与编码的。

(一)眼的折光系统及其调节

1. **眼的折光系统的光学特性**　按照光学原理,当光线遇到两个折射率不同的透明介质的界面时,将发生折射,其折射特性由界面的曲率半径和两种介质的折射率所决定。人眼的折光系统是一个复杂的光学系统。射入眼内的光线,通过角膜、房水、晶状体和玻璃体四种折射率不同的介质,并通过四个屈光度(diopter)不同的折射面,即角膜的前表面、后表面和晶状体的前、后表面,才能在视网膜上形成物像。入射光线的折射主要发生在角膜的前表面。按几何光学原理进行较复杂的计算表明,正常成年人的眼在安静而不进行调节时,它的折光系统后主焦点的位置,恰好是视网膜所在的位置。由于对人眼和一般光学系统来说,来自 6m 以外物体的各发光点的光线,都可认为是平行光线,因此这些光线可在视网膜上形成清晰的图像。

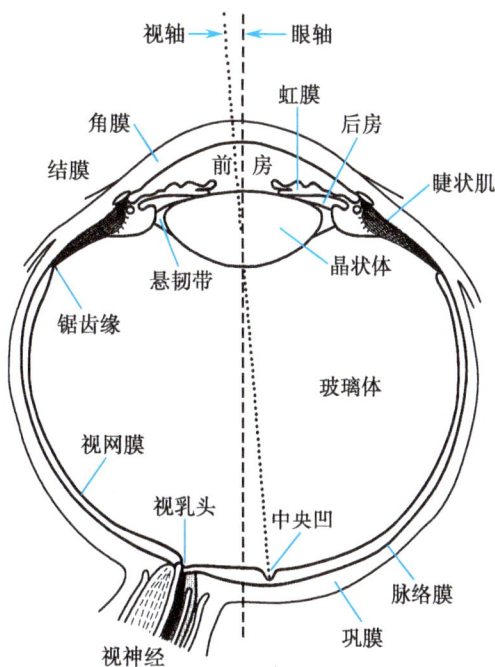

图 4-24 右眼的水平切面示意图

2. 眼内光的折射与简化眼 眼的折光系统是由多个折光体所构成的复合透镜,其节点、主面的位置与薄透镜大不相同,要用一般几何光学的原理画出光线在眼内的行进途径和成像情况时,显得十分复杂。因此,有人根据眼的实际光学特性,设计了与正常眼在折光效果上相同,但更为简单的等效光学系统或模型,称为简化眼(reduced eye)。简化眼只是一个假想的人工模型,但其光学参数和其他特征与正常眼等值,故可用来研究折光系统的成像特性。简化眼模型由一个前后径为 20mm 的单球面折光体构成,折射率为 1.333,与水的折射率相同;入射光线只在由空气进入球形界面时折射一次,此球面的曲率半径为 5mm,即节点(nodal point)在球形界面后方 5mm 的位置,第二焦点正相当于视网膜的位置。这个模型和正常安静时的人眼一样,正好能使平行光线聚焦在视网膜上(图 4-25)。

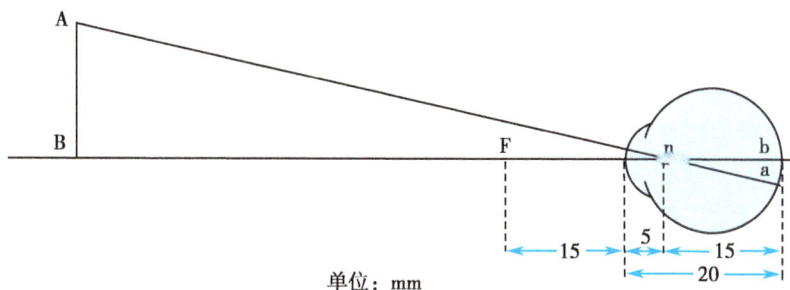

图 4-25 简化眼及其成像示意图

F 为前焦点。N 为节点,△AnB 和 △anb 是两个相似直角三角形;如果物距(近似于 Bn)和物体大小(AB)为已知,则可根据相似三角形对应边的比例关系计算出视网膜上物象的大小(ab),也可计算出两三角形对顶角(即视角)的大小

利用简化眼可方便地计算出不同远近的物体在视网膜上成像的大小。如图 4-25 所示,AnB 和 anb 是具有对顶角的两个相似三角形,因而

$$\frac{AB(物体的大小)}{Bn(物体至节点的距离)} = \frac{ab(物像的大小)}{nb(节点至视网膜的距离)}$$

式中 nb 固定不变,为 15mm,那么,根据物体的大小和它与眼睛之间的距离,就可算出视网膜上物像的大小。此外,利用简化眼可算出正常人眼能看清的物体在视网膜上成像大小的限度。

Note

实际上,正常人眼在光照良好的情况下,如果物体在视网膜上的成像小于 $5\mu m$,一般不能产生清晰的视觉,这表明正常人的视力有一个限度。这个限度只能用人所能看清楚的最小视网膜像的大小来表示,而不能用所能看清楚的物体的大小来表示。因为物像的大小不仅与物体的大小有关,也与物体与眼之间的距离有关。人眼所能看清楚的最小视网膜像的大小,大致相当于视网膜中央凹处一个视锥细胞的平均直径。

3. 眼的调节   当眼注视 6m 以外的物体(远物)时,从物体上发出的所有进入眼内的光线可被认为是平行光线,对正常眼来说,不需作任何调节即可在视网膜上形成清晰的像。通常将人眼不作任何调节时所能看清楚的最远物体所在之处称为远点(far point)。远点在理论上可在无限远处。但离眼太远的物体发出的光线过弱,由于这些光线在空间和眼内传播时被散射或被吸收,它们在到达视网膜时已不足以兴奋感光细胞;或由于被视物体太远而使它们在视网膜上形成的物像过小,以至于超出感光细胞分辨能力的下限。在这些情况下,眼将不能看清楚这些离眼太远的物体。

当眼注视 6m 以内的物体(近物)时,从物体发出的进入眼内的光线呈不同程度的辐射状,光线通过眼的折光系统将成像在视网膜之后,由于光线到达视网膜时尚未聚焦,因而产生一个模糊的视觉形象。但正常眼在看近物时也非常清楚,这是因为眼在看近物时已进行了调节的缘故。

(1)眼的近反射:眼在注视 6m 以内的近物或被视物体由远移近时,眼将发生一系列调节,其中最主要的是晶状体变凸,同时发生瞳孔缩小和视轴会聚,这一系列的调节称为眼的近反射(near reflex)。

1)晶状体变凸:晶状体是一个富有弹性的双凸透镜形的透明体,当眼看远物时,睫状肌处于松弛状态,此时悬韧带保持一定的紧张度,晶状体受悬韧带的牵引,使其形状相对较扁平;当眼视近物时,可反射性地引起睫状肌收缩,导致连接于晶状体囊的悬韧带松弛,晶状体因其自身的弹性而向前和向后凸出,尤以前凸更显著,使其前表面曲率增加,折光能力增强,从而使物像前移而成像于视网膜上(图 4-26)。

眼视近物时,晶状体变凸是通过反射实现的。反射过程如下:当模糊的视觉信息到达视皮层时可使皮层发出下行冲动,冲动沿皮层中脑束到达中脑正中核,继而传至动眼神经缩瞳核,再经动眼神经中副交感节前纤维到达睫状神经节,最后经睫状神经抵达睫状肌,使该肌收缩,悬韧带松弛,因而晶状体变凸。被视物体离眼越近,入眼光线的辐散程度越大,需要晶状体变凸的程度

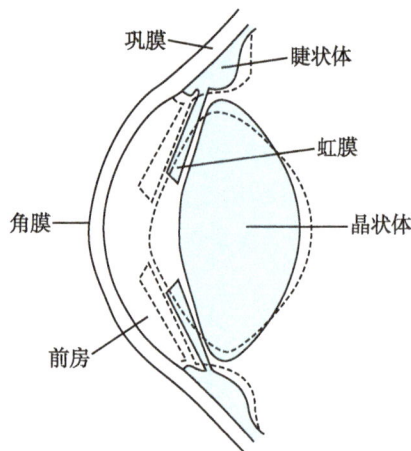

图 4-26   睫状体位置和晶状体形态在眼调节中发生改变的示意图
实线表示眼未作调节时的情况;虚线表示眼在近反射的改变

也更大,物像才能成像于视网膜上。长时间看近物,睫状肌持续处于收缩状态而易疲劳,久之如不能完全复原,导致眼的远距离视力减退,成为近视眼(仅由调节引起、没有眼轴变长的为假性近视;如进而通过系列反射引起眼轴变长,则成为真性近视)。对睫状肌过度收缩不能放松引起的假性近视,及时使睫状肌放松可治疗(如阿托品滴眼液等)。临床上进行眼科检查时,常用扩瞳药(阿托品等)点眼,由于睫状肌与瞳孔括约肌都受副交感神经支配,在阻断瞳孔括约肌的同时也阻断了睫状肌收缩,因而可影响晶状体变凸而使视网膜像变模糊。

晶状体的最大调节能力可用近点(near point)来表示,它是指眼做充分调节时眼所能看清楚的眼前最近物体所在之处。近点离眼越近,说明晶状体的弹性越好,即眼的调节能力越强。正常人随年龄的增长,晶状体核逐渐增大变硬、弹性减退,睫状肌逐渐萎缩,晶状体的调节能力逐

渐减弱,近点将逐渐移远,近距离视物困难,出现老视(presbyopia),即"老花眼"。如 10 岁儿童的近点平均约 9cm,20 岁左右的青年人约 11cm,而 60 岁老年人的近点可增至 83cm 左右。老视眼视远物与正视眼无明显差异,但视近物时调节能力下降,可用适度的凸透镜加以补偿。

2) 瞳孔缩小:虹膜含有两种平滑肌纤维,即由交感神经支配的瞳孔开大肌和由副交感神经支配的瞳孔括约肌。正常人眼的瞳孔直径可在 1.5~8.0mm 之间变动。当视近物时,可反射性地引起双眼瞳孔缩小,称为瞳孔近反射(near reflex of the pupil)或瞳孔调节反射(pupillary accommodation reflex)。在上述晶状体变凸的反射中,由缩瞳核发出的副交感纤维也到达虹膜括约肌,使之收缩,引起瞳孔缩小。瞳孔缩小的意义是减少折光系统的球面像差(像呈边缘模糊的现象)和色像差(像的边缘呈色彩模糊的现象),使视网膜成像更为清晰。

3) 视轴会聚:当双眼注视某一近物或被视物由远移近时,两眼视轴向鼻侧会聚的现象,称为视轴会聚,也称辐辏反射(convergence reflex)。在上述晶状体变凸的反射中,当冲动到达动眼神经核后,经动眼神经的活动能使两眼内直肌收缩,结果引起视轴会聚,其意义在于使物像始终落在两眼视网膜的对称点(corresponding points)上以避免复视。

(2) 瞳孔对光反射:瞳孔对光反射(pupillary light reflex)是指瞳孔在强光照射时缩小而在光线变弱时散大的反射。这是眼的一种重要的适应功能,而与视近物无关,其意义在于调节进入眼内的光量,使视网膜不至于因光量过强而受到损害,也不会因光线过弱而影响视觉。瞳孔对光反射的效应是双侧性的,光照一侧眼的视网膜时,双侧眼的瞳孔均缩小,故又称互感性对光反射(consensual light reflex)。反射的过程是:强(或弱)光照射视网膜时产生的冲动沿视神经传到中脑的顶盖前区更换神经元,然后到达双侧的动眼神经缩瞳核,再沿动眼神经中的副交感纤维传向睫状神经节,经节后纤维到达瞳孔括约肌引起两侧瞳孔缩小。这一神经通路位于上述近反射通路的背侧,因此,有时(如在 Argyll Robertson 瞳孔征)可有对光反射缺失而近反射完好的表现。由于瞳孔对光反射的中枢位于中脑,因此临床上常通过检查该反射是否完好来判断麻醉的深度和病情的危重程度。

4. 眼的折光能力异常　　正常人眼在安静未作调节的情况下就可使平行光线聚焦于视网膜上,因而能看清远处的物体。经过调节的眼,只要物距不小于眼与近点之距,也能看清 6m 以内的物体,这种眼称为正视眼(emmetropia)(图 4-27A)。若眼的折光能力异常,或眼球的形态异常,使平行光线不能聚焦于安静未调节眼的视网膜上,这种眼则称为非正视眼(ametropia),也称屈光不正(error of refraction),包括近视眼、远视眼和散光眼。

(1) 近视:近视(myopia)的发生是由于眼球前后径过长(轴性近视)或折光系统的折光能力过强(屈光性近视),故远处物体发出的平行光线被聚焦在视网膜的前方,因而在视网膜上形成模糊的图像(图 4-27B)。近视眼看近物时,由于近物发出的是辐散光线,故不需调节或只需作较小程度的调节,就能使光线聚焦在视网膜上。因此,近视眼的近点和远点都移近。近视眼可用凹透镜加以矫正。

(2) 远视:远视(hyperopia)的发生是由于眼球的前后径过短(轴性远视)或折光系统的折光能力过弱(屈光性远视),来自远物的平行光线聚焦在视网膜的后方,因而不能清晰地成像于视网膜上(图 4-27C)。新生儿的眼轴往往过短,多呈远视,在发育

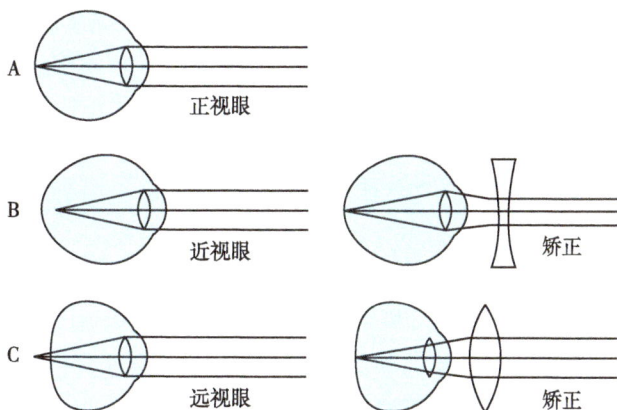

图 4-27　正视眼以及近视眼和远视眼及其矫正的示意图
A. 正视眼;B. 近视眼及其矫正;C. 近视眼及其矫正

Note

过程中眼轴逐渐变长，一般至 6 岁时成为正视眼。远视眼的特点是在视远物时就需要调节，视近物时则需要作更大程度的调节才能看清楚物体，因此远视眼的近点比正视眼远。由于远视眼无论看近物还是看远物都需要调节，故易发生调节疲劳，尤其是进行近距离作业或长时间阅读时可因调节疲劳而产生头痛，长时间的视轴会聚还将导致斜视。远视眼可用凸透镜矫正。

（3）散光：正常人眼的角膜表面呈正球面，球面各径线上的曲率都相等，因而到达角膜表面各个点上的平行光线经折射后均能聚焦于视网膜上。散光（astig-matism）主要是由于角膜表面不同径线上的曲率不等所致，入射光线中，部分经曲率较大的角膜表面折射而聚焦于视网膜之前；部分经曲率正常的角膜表面折射而聚焦于视网膜上；还有部分经曲率较小的角膜表面折射而聚焦于视网膜之后。因此，平行光线经过角膜表面的不同径线入眼后不能聚焦于同一焦平面上（图 4-28），造成视物不清或物像变形。此外，散光也可因晶状体表面各径线的曲率不等，或在外力作用下晶状体被挤出其正常位置而产生，眼外伤造成的角膜表面畸形可产生不规则散光。规则散光通常可用柱面镜加以矫正，但不规则散光则很难矫正。

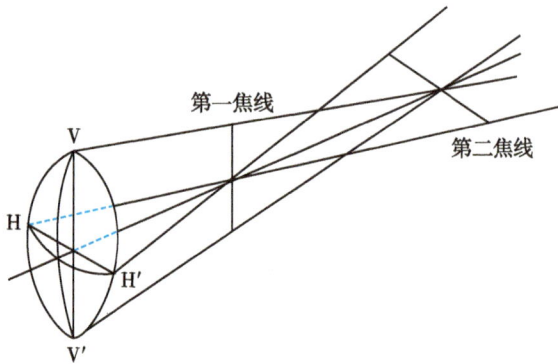

图 4-28　规则散光眼的示意图

图中 HH′ 和 VV′ 分别为散光眼的水平和垂直经线，沿 HH′ 的光线聚焦于第一焦线处，沿 VV′ 的光线聚焦于第二焦线处

5. 房水和眼内压　房水不断生成，又不断回流入静脉，保持动态平衡，称为房水循环，并维持一定的眼内压（ocular tension）。由于房水量的恒定及前、后房容积的相对恒定，因而眼内压也保持相对稳定。眼内压的相对稳定对保持眼球特别是角膜的正常形状与折光能力具有重要意义。人眼的总折光能力与眼内各折光体都有关系，但最主要的折射发生在空气与角膜接触的界面上，约占总折光能力的 80%。因此，角膜的形状和曲度的改变将明显影响眼的折光能力。若眼球被刺破，将导致房水流失、眼内压下降、眼球变形，引起角膜曲率改变。病理情况下房水代谢紊乱或房水循环障碍时（如房水排出受阻）可使眼内压增高，眼内压的病理性增高称为青光眼（glaucoma）。青光眼除引起眼的折光异常外，还能引起头痛、恶心等全身症状，严重时可导致角膜混浊、视力丧失。

（二）眼的感光换能系统

外界物体通过眼的折光系统成像于视网膜上的原理可归于物理研究的范畴，与物体在照相机底片上成像并无本质上区别；但通过视觉系统最终在主观意识上形成感觉则属于生理学和心理学研究的范畴。虽然视觉最终在视觉中枢内形成，但视觉信息首先在视网膜中形成并在此进行初步的加工处理，视网膜的基本功能是感受外界光刺激，并将这种形式的刺激能量转换成神经纤维上的电信号。

1. 视网膜的功能结构　视网膜（retina）通常是指具有感光功能的视部，是位于眼球壁最内层锯齿缘以后的部分，包括色素上皮层和神经层，其厚度仅 0.1~0.5mm，但结构十分复杂。视网膜在组织学上可分为 10 层结构。神经层内主要含有视杆细胞和视锥细胞两种感光细胞以及其他四种神经元，即双极细胞、神经节细胞、水平细胞和无长突细胞（图 4-29）。

（1）色素上皮及其功能：色素上皮层不属于神经组织。色素上皮细胞内的黑色素颗粒能吸收光线，能防止光线自视网膜折返而干扰视像，也能消除来自巩膜侧的散射光线。当强光照射视网膜时，色素上皮细胞能伸出伪足样突起，包被视杆细胞外段，使之相互隔离；当入射光线较弱时，伪足样突起缩回到胞体，使视杆细胞外段暴露，从而能充分接受光刺激。色素上皮细胞的血供来自脉络膜一侧,能为视网膜外层传递营养,并吞噬感光细胞外段脱落的膜盘和代谢产物,因而在视网膜感光细胞的代谢中起重要作用,许多视网膜疾病都与色素上皮功能失调有关。

(2) 感光细胞及其特征:感光细胞属于神经组织,人和哺乳动物视网膜中有视杆细胞(rod cell)和视锥细胞(cone cell)两种感光细胞(图 4-30)。外段是视色素集中的部位,在感光换能中起重要作用。视色素是接受光刺激而产生视觉的物质基础。膜盘膜中镶嵌着蛋白质(图 4-31)。人的每个视杆细胞外段中约有 10^3 个膜盘,每个膜盘约含 10^6 个视紫红质分子。因此,单个视杆细胞就可对入射光线起反应,此外,视杆细胞对光的反应较慢,有利于更多的光反应得以总和,这在一定程度上可提高单个视杆细胞对光的敏感度,使视网膜能察觉出单个光量子的强度。视锥细胞外段的膜盘膜中含有 3 种不同的视色素,分别存在于 3 种不同的视锥细胞中。正因为所含视色素的不同,两种感光细胞在功能上存在明显的差异。

(3) 视网膜细胞的联系:两种感光细胞都通过其终足部与双极细胞建立化学性突触联系,双极细胞再和神经节细胞建立化学性突触联系。视网膜中这种细胞的纵向联系是视觉信息传递的重要结构基础。神经节细胞发出的轴突在视网膜表面会聚成束,并在中央凹鼻侧约 3mm 处穿过视网膜和眼球后壁而构成视神经。神经

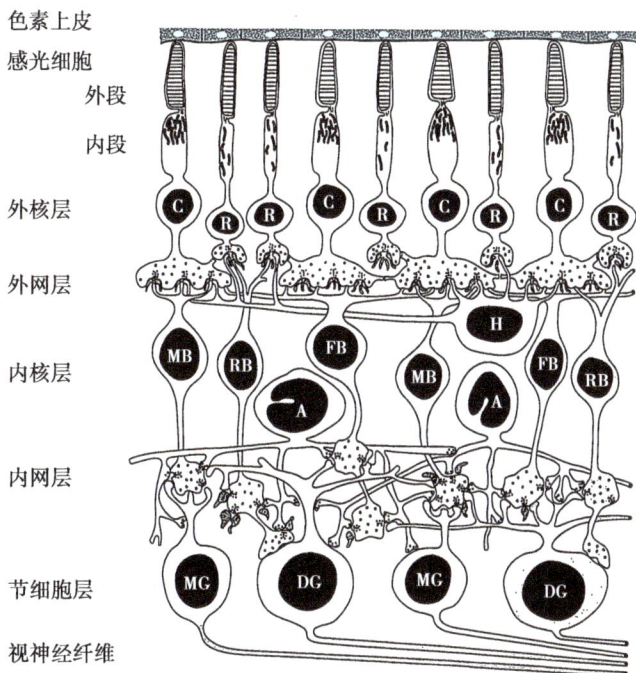

图 4-29　视网膜中央凹以外部分的主要细胞层次及其联系模式图

C:视锥细胞;R:视杆细胞;MB:侏儒双极细胞;RB:视杆双极细胞;FB:扁平双极细胞;DG:弥散节细胞;MG:侏儒节细胞;H:水平细胞;A:无长突细胞

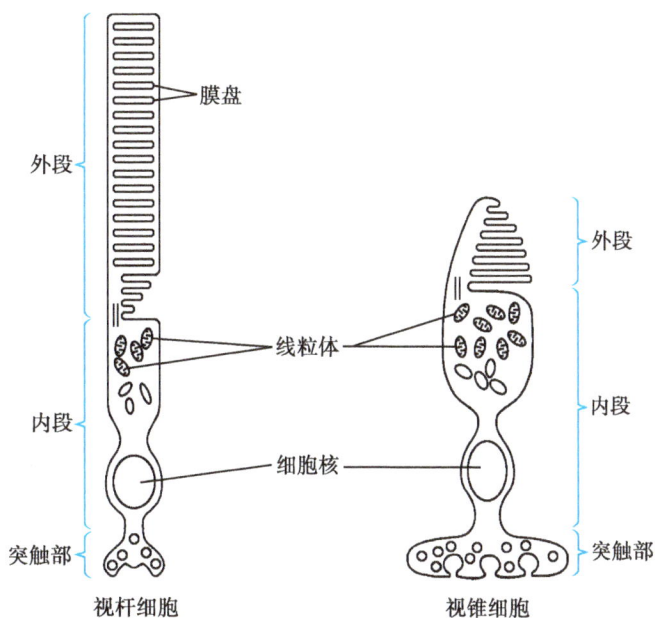

图 4-30　哺乳动物视杆细胞和视锥细胞模式图

节细胞轴突穿过视网膜的部位,即为视神经盘。由于此处无感光细胞分布,落在此处的光线不能被感受而成为视野中的一个盲区,即为生理盲点(blind spot)。但人们平时都用双眼视物,一侧眼视野中的盲点可被对侧眼的视野所补偿,因此人们并不感觉到自己的视野中存在盲点。

在视网膜中,除上述细胞间的纵向联系外,还存在横向联系。位于外网层的水平细胞在感

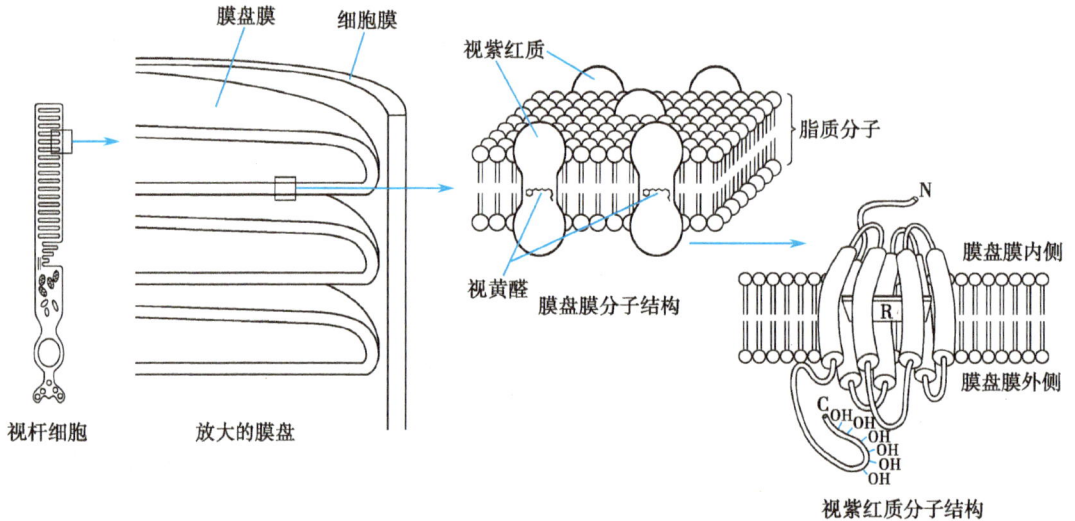

图 4-31　视杆细胞外段的超微结构示意图

视杆细胞外段有许多膜盘,膜盘上镶嵌着大量视紫红质,视紫红质是结合有视黄醇分子的跨膜蛋白质,为 7 次跨膜的蛋白质分子,它所结合的视黄醇分子位于膜盘膜的中心附近,其长轴与膜平面平行;C 和 N:分别表示视紫红质蛋白分子的羧基末端和氨基末端;R:表示视黄醇分子

光细胞之间起联络作用,而位于内网层的无长突细胞则以不同长度和不同形式的突起在神经节细胞之间起联络作用(图 4-29)。此外,在感光细胞终足部之间、水平细胞之间以及无长突细胞之间,甚至在各神经元之间还存在着缝隙连接。这些缝隙连接的通透性是可调节的。通过缝隙连接,细胞之间可在电学上相互耦合而影响光感受活动。

2. 视网膜的两种感光换能系统　在人和大多数脊椎动物的视网膜中存在两种感光换能系统,即视杆系统和视锥系统。视杆系统又称晚光觉或暗视觉(scotopic vision)系统,由视杆细胞和与它们相联系的双极细胞以及神经节细胞等组成。它们对光的敏感度较高,能在昏暗环境中感受弱光刺激而引起暗视觉,但无色觉,对被视物细节的分辨能力较差。视锥系统又称昼光觉或明视觉(photopic vision)系统,由视锥细胞和与它们相联系的双极细胞以及神经节细胞等组成。它们对光的敏感性较低,只有在强光条件下才能被激活,但视物时可辨别颜色,且对被视物体的细节具有较高的分辨能力。

可证明视网膜中存在上述两种不同感光换能系统的确实证据有以下几个方面。

(1)不同感光细胞在视网膜中的不同分布:视杆细胞主要分布于视网膜的周边区,其数量在中央凹外 10°~20° 处最多,越往视网膜周边区则越少;视锥细胞高度集中于视网膜中央凹处,且此处仅有视锥细胞分布,向视网膜周边区即明显减少(图 4-32)。与上述细胞分布相一致的是,在明处,人眼具有良好的颜色分辨能力和对被视物体细微结构较高的分辨能力,其分辨能力以中央凹处最强;在暗处,人眼不能分辨颜色,对所视物体只能辨别其大体轮廓和亮度差别,对光的敏感度以视网膜周边区为高。

(2)视杆系统和视锥系统中不同的细胞联系方式:人一侧眼的视网膜中有 1.2×10^8 个视杆细胞和 6×10^6 个视锥细胞,而一侧视神经中仅有 1.2×10^6 根视神经纤维。因此,感光细胞通过双极细胞到神经节细胞总的会聚程度为 $10^5:1$。在视网膜周边区可见多达 250 个视杆细胞经少数几个双极细胞会聚于一个神经节细胞;而在中央凹处常见一个视锥细胞仅与一个双极细胞相联系,然后又只与一个神经节细胞相连接。可见,在视杆系统的细胞联系中存在较高程度的会聚,而视锥系统中的会聚程度则低得多。感觉通路中的会聚程度越低,如在视锥系统,其感觉分辨能力就越高;而会聚程度越高,如在视杆系统,其感觉分辨能力则越低。

(3)不同种系动物的不同习性:某些只在白昼活动的动物,如鸡、鸽、松鼠等,其光感受器以

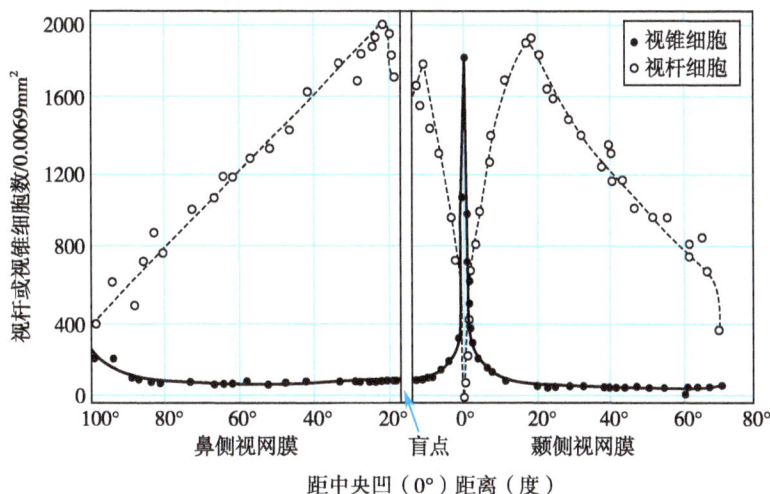

图 4-32 视杆细胞和视锥细胞在视网膜上的分布情况

视锥细胞为主;而在夜间活动的动物,如猫头鹰等,其视网膜中只有视杆细胞。

(4) 不同感光细胞含不同的视色素:视杆细胞中只有一种视色素,即视紫红质,而视锥细胞含有 3 种吸收光谱特性不同的视色素,这与视杆系统无色觉功能而视锥系统有色觉功能的事实是相符合的。

3. 视杆细胞的感光换能机制

(1) 视紫红质的光化学反应:视紫红质是一种结合蛋白质,由一分子视蛋白(opsin)和一分子视黄醛(retinene)的生色基团组成。视蛋白是由 348 个疏水性氨基酸残基组成的单链,有 7 个螺旋区(类似于 α- 螺旋)7 次穿越视杆细胞内膜盘的膜结构,11- 顺式视黄醛分子连接在第 7 个螺旋区的赖氨酸残基上。视黄醛由维生素 A 转变而来,后者是一种不饱和醇,在体内可氧化成视黄醛。

视紫红质在光照时迅速分解为视蛋白和视黄醛,这是一个多阶段反应。目前认为,视黄醛分子在光照作用下由 11- 顺式视黄醛(11- cis retinal)转变为全反式视黄醛(all- trans retinal)。视黄醛分子的这一光异构改变,导致它与视蛋白分子之间的构型不贴切而相互分离,视蛋白分子的变构可经过较复杂的信号转导系统的活动,诱发视杆细胞出现感受器电位。在这一过程中,视色素失去颜色,称为漂白。据计算,一个光量子被视紫红质吸收可使生色基团变为全反型视黄醛,导致视紫红质最后分解为视蛋白和视黄醛。

视紫红质的光化学反应是可逆的,在暗处又可重新合成,其反应的平衡点取决于光照的强度。视紫红质的再合成是由全反式视黄醛变为 11- 顺式视黄醛,这一过程需要一种异构酶,这种异构酶存在于视网膜色素上皮中。全反式视黄醛必须从视杆细胞中释放出来,被色素上皮摄取,再由异构酶将它异构化为 11- 顺式视黄醛,并返回到视杆细胞与视蛋白结合,形成视紫红质(图 4-33)。此外,全反式视黄醛也可先转变为全反式视黄醇(维生素 A 的一种形式),然后在异构酶的作用下转变为 11- 顺式视黄醇,最后再转变为 11- 顺式视黄醛,并与视蛋白结合,形成视紫红质。另一方面,储存在色素上皮中的维生素 A,即全反式视黄醇,同样可以转变为 11- 顺式视黄醛。因此,在正常情况下维生素 A 可被用于视紫红质的合成与补充,但这个过程进行的速度较慢,不是促进视紫红质再合成的即时因素。另外,视网膜中过多的视黄醇也可逆转成为维生素 A,这对视网膜适应不同的光强度特别重要。人在暗处视物时,实际是既有视紫红质的分解,又有它的合成,这是人在暗处能不断视物的基础;此时的合成过程超过分解过程,视网膜中处于合成状态的视紫红质数量就较多,从而使视网膜对弱光较敏感;相反,人在亮光处时,视紫红质的分解大于合成,使视杆细胞几乎失去感受光刺激的能力。事实上,此时人的视觉是依

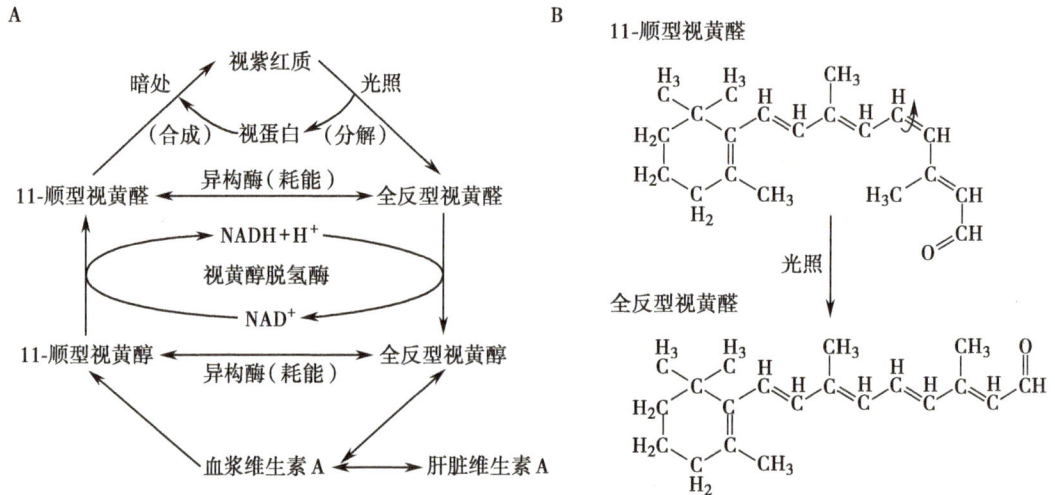

图 4-33　视紫红质的光化学反应示意图
A. 视紫红质的分解与合成反应;B. 11- 顺型视黄醛在光照下异构为全反型视黄醛的分子式转变示意图

靠视锥系统来完成的,视锥系统在弱光下不足以被激活,而在强光条件下视杆细胞中的视紫红质较多地处于分解状态时,视锥系统就取而代之成为强光刺激的感受系统。在视紫红质分解和再合成的过程中,有一部分视黄醛被消耗,依赖于食物进入血液循环(相当部分储存于肝)中的维生素 A 来补充。因此,如果长期维生素 A 摄入不足,会影响人的暗视觉,引起夜盲症(nyctalopia)。

　　(2)视杆细胞的感受器电位:视杆细胞在暗处的静息电位为 $-30\sim-40mV$,明显小于大多数神经元的静息电位。视杆细胞在暗环境中主要存在两种电流,一是由 Na^+ 经过外段膜中的 cGMP 门控通道内流而产生,这一内向电流可使膜发生去极化;二是由 K^+ 通过内段膜中的非门控钾敏感通道外流所引起,该外向电流可使膜发生超极化。视杆细胞依靠其内段膜中高密度钠泵的活动,使细胞内 Na^+、K^+ 浓度保持相对稳定。上述 cGMP 门控通道受控于胞质内的 cGMP 浓度,在暗处,胞质内的 cGMP 浓度较高,能维持 cGMP 门控通道处于开放状态,因而可产生稳定的内向流,这个电流称为暗电流(dark current)(图 4-34)。这就是视杆细胞静息电位较低的原因。

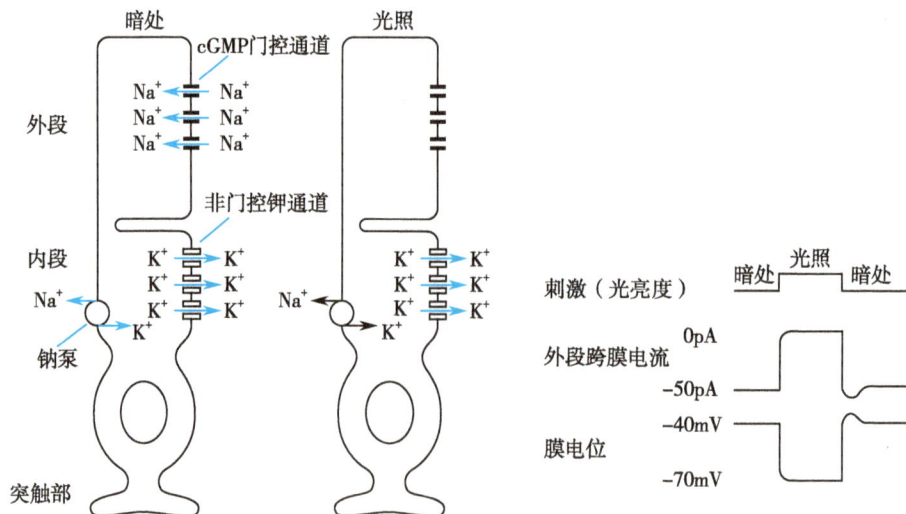

图 4-34　暗电流形成示意图
在暗处,视杆细胞胞质内 cGMP 浓度较高,能维持 cGMP 门控通道处于开放状态,因而可产生稳定的内向电流,即暗电流;光照时,胞质内 cGMP 浓度降低,cGMP 门控通道关闭,暗电流终止,膜电位将发生相应改变,即发生超极化

当视网膜受到光照时,视杆细胞外段膜盘膜中的视紫红质在光量子的作用下发生光化学反应,最终使视紫红质分解为视黄醛和视蛋白。与此同时,膜盘膜中的一种称为转导蛋白(transducin,G_t)的 G 蛋白被激活,进而激活附近的磷酸二酯酶,后者使外段胞质内的 cGMP 被大量分解为无活性的 5'-GMP。由于 cGMP 是控制 cGMP 门控通道开放的重要因子,当光照引起胞质内 cGMP 浓度下降时,外段膜中的 cGMP 门控通道关闭,暗电流减小或消失,而内段膜中的非门控钾敏感通道仍继续允许 K^+ 外流,于是膜电位就向着 K^+ 平衡电位(约 -70mV)方向变化,因而出现膜的超极化。这就是视杆细胞产生超极化型感受器电位的机制(图 4-34,图 4-35)。据统计,一个视紫红质分子被激活时,至少能激活 500 个转导蛋白,而一个活化的磷酸二酯酶每秒可使 2000 个 cGMP 分子分解。正是由于这种生物放大效应,1 个光量子足以引起外段膜中大量的 cGMP 门控通道关闭,从而产生超极化型电变化。视杆细胞不能产生动作电位,但在外段膜产生的超极化型感受器电位能以电紧张的形式扩布至细胞的终足部,影响此处的递质释放,已知所释放的递质是谷氨酸。

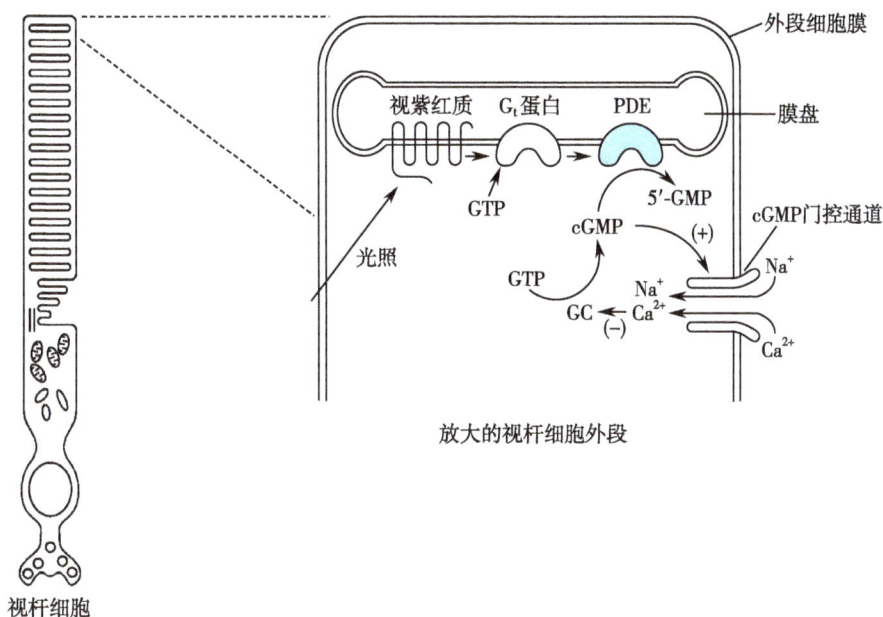

图 4-35 视杆细胞感受器电位产生机制示意图
PDE:磷酸二酯酶;GC:鸟苷酸环化酶

视杆细胞外段膜中的 cGMP 门控通道除允许 Na^+ 通透外,也允许 Ca^{2+} 通透,进入细胞内的 Ca^{2+} 能抑制鸟苷酸环化酶的活性(图 4-35)。光照可使胞质内 cGMP 减少,cGMP 门控通道关闭而使 Na^+ 内流减少,但光照也能使 Ca^{2+} 内流减少。由于胞质内 Ca^{2+} 浓度降低,使之对鸟苷酸环化酶活性的抑制减弱,结果使 cGMP 合成增加,从而对稳定胞质内 cGMP 浓度,保持 cGMP 门控通道的开放具有一定的调节作用。

4. 视锥系统的换能与颜色视觉 视锥细胞的视色素也是由视蛋白和视黄醛结合而成,只是视蛋白的分子结构略有不同。正是由于视蛋白分子结构中的这种微小差异,决定了与它结合在一起的视黄醛分子对某种波长的光线最为敏感,因而可区分出 3 种不同的视锥色素。当光线作用于视锥细胞外段时,在其外段膜的两侧也发生同视杆细胞类似的超极化型感受器电位,作为光电转换的第一步,最终在相应的神经节细胞上产生动作电位。

(1)颜色色觉:视锥细胞功能的重要特点是它具有辨别颜色的能力。颜色视觉(color vision)是一种复杂的物理心理现象,对不同颜色的识别,主要是不同波长的光线作用于视网膜后在人脑引起不同的主观印象。正常人眼可分辨波长 380~760nm 之间的 150 种左右不同的颜色,每种

Note

颜色都与一定波长的光线相对应。在可见光谱的范围内,波长长度只要有 3~5nm 的增减,就可被人视觉系统分辨为不同的颜色。

　　(2) 三色学说:正常人眼虽能分辨百余种颜色,但视网膜中并不存在百余种对不同波长可见光发生反应的视锥细胞或视色素。早在 19 世纪初,Young 和 Helmholtz 就提出视觉的三色学说(trichromatic theory)。他们设想视网膜中存在 3 种不同的视锥细胞,分别含有对红、绿、蓝 3 种光敏感的视色素。当某一波长的光线作用于视网膜时,可以一定的比例使 3 种不同的视锥细胞发生兴奋,这样的信息传至中枢,就产生某一种颜色的感受。如果红、绿、蓝 3 种色光按各种不同的比例作适当的混合,就会产生任何颜色的感觉。

　　至 20 世纪 70 年代后,三色学说才被许多实验所证实。例如,有人用不超过单个视锥细胞直径的细小单色光束,逐个检查并绘制在体视锥细胞的光谱吸收曲线,发现视网膜中确实存在三类吸收光谱,其峰值分别在 564nm、534nm 和 420nm 处,相当于红、绿、蓝三色光的波长(图 4-36)。用微电极记录单个视锥细胞感受器电位的方法,也观察到不同单色光引起的超极化型感受器电位的幅度在不同的视锥细胞是不同的,峰值出现的情况也符合三色学说。

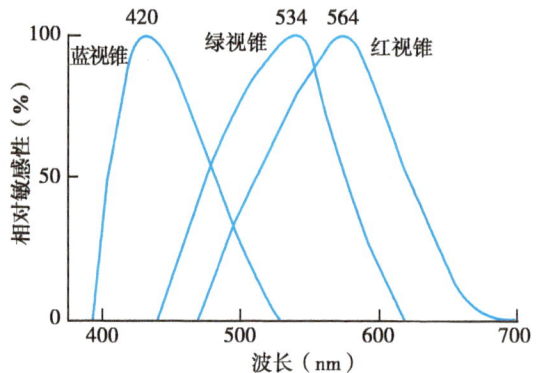

图 4-36　人视网膜中三种不同视锥细胞对不同波长光的相对敏感性
三种不同的视锥细胞的光谱吸收峰值与蓝、绿、红三色光的波长相近

　　用三色学说也大体上可解释色盲与色弱的发生。色盲(color blindness)是一种对全部颜色或某些颜色缺乏分辨能力的色觉障碍。全色盲表现为只能分辨光线的明暗,呈单色视觉,但全色盲极少见。部分色盲可分为红色盲、绿色盲和蓝色盲,其中以红色盲和绿色盲为多见。色盲属遗传缺陷疾病,男性居多,女性少见。近年来,编码人视色素的基因已被分离,并已成功克隆出 3 种不同光谱吸收特性的视锥色素。现已明确,红敏色素和绿敏色素的基因均位于 X 染色体上,而蓝敏色素的基因则位于第 7 对染色体上。大多数绿色盲患者是由于绿敏色素基因缺失,或是该基因被一杂合基因所取代,即其起始区为绿敏色素的基因,而其余部分则为红敏色素的基因。大多数红色盲患者,其红敏色素基因为相应的杂合基因所取代。

　　有些色觉异常的产生并非由于缺乏某种视锥细胞,而是由于某种视锥细胞的反应能力较弱,这就使患者对某种颜色的识别能力较正常人稍差(辨色功能不足),这种色觉异常称为色弱(color weakness)。色弱常由后天因素引起。

　　(3) 对比色学说:三色学说虽能合理解释许多色觉现象,但无法解释颜色对比现象。如将蓝色块置于黄色背景上,人们将感觉此蓝色块特别蓝,而黄色背景也特别黄,这种现象称为颜色对比,而黄色和蓝色则互为对比色或互补色。Hering 于 1876 年提出了对比色学说(opponent color theory)。他认为,在红、绿、蓝、黄四种颜色中,红色与绿色,蓝色与黄色分别形成对比色。由于任何颜色都由红、绿、蓝、黄四种颜色按不同比例混合而成,故对比色学说也称四色学说。除上述颜色对比现象外,对比色学说也得到以下一些实验研究的支持。例如,在用微电极记录金鱼视网膜水平细胞的跨膜电位时发现,有些水平细胞在用黄光刺激时出现最大的去极化反应,而在用蓝光刺激时则出现最大的超极化反应;另有一些水平细胞在分别用红光和绿光刺激时也出现类似的不同反应。可见,色觉的形成十分复杂,三色学说所描述的是颜色信息在感光细胞水平的编码机制,而对比色学说却阐述了颜色信息在光感受器之后神经通路中的编码机制。

　　5. 视网膜的信息处理　感光细胞产生感受器电位仅是眼视觉功能的第一步;视网膜还对此

信息进行初步但复杂的处理,最后编码成视神经上的冲动传向中枢。如上所述,视网膜有视杆和视锥两个系统,视锥系统又有 3 种类型的感光细胞;在功能上这些感光细胞既自成系统,又相互影响;在结构上就是神经回路的错综复杂而又高度有序。目前对视网膜内的信息处理还远未明了。已经肯定的结果有以下几个方面。

(1) 仅节细胞和少数无长突细胞具有产生动作电位的能力(兴奋性)。在到达节细胞之前,视觉信息的载体主要是局部反应,传递方式主要是电紧张扩布。局部反应具有模拟量特性,能方便地用于生物运算,如总和。

(2) 视网膜内的主要递质是氨基酸类,如感光细胞和双极细胞之间是谷氨酸(glutamic acid)。另一个重要递质是 γ- 氨基丁酸(γ-aminobutyric acid,GABA)。由于受体类型的多样性,突触传递过程可以方便地实现局部反应的"非"运算,如将超极化局部反应变为去极化性的。

(3) 节细胞感受野与视神经编码相联系。小感受野主要分辨细节,而大感受野与定位、复杂感受野与运动信息有关。

(4) 节细胞的编码有中心给光反应和中心撤光反应。神经节细胞的给光中心细胞(on-center cell)和撤光中心细胞(off-center cell)分别接受同类双极细胞的传入信息。研究表明,在给光中心细胞,光照中心区将引起给光反应,光照周边区则引起撤光反应,用弥散光同时照射其中心区和周边区,它们的反应趋于彼此抵消,但以给光反应为主;而撤光中心细胞的对光反应恰与给光中心细胞相反,用弥散光同时照射其中心区和周边区,它们的反应也趋于彼此抵消,但以撤光反应为主(图 4-37)。图 4-38 是用周边和中央明暗不同的图案刺激节细胞感受野时,记录到的节细胞输出冲动的变化;其结构基础是感光细胞之间的或通过中间神经元实现的侧抑制。可以推测这类反应在对图案边缘的检测中有重要意义。也就是说视神经冲动中已编码了视网膜对图像初步分析的信息。

6. 视觉传入通路和视皮层的视觉分析功能

(1) 传入通路与皮层代表区:视神经入颅后,来自两眼鼻侧视网膜的视神经纤维交叉而形成视交叉,来自颞侧视网膜的纤维则不交叉。因此,左眼颞侧视网膜和右眼鼻侧视网膜的纤维汇集成左侧视束,投射到左侧外侧膝状体;而右眼颞侧视网膜和左眼鼻侧视网膜的纤维则汇集成右侧视束,投射到右侧外侧膝状体。左、右外侧膝状体各自经同侧膝状体距状束投射到同侧初级视皮层。初级视皮层位于枕叶皮层内侧面的距状沟之上、下缘(17 区)。距状沟上缘接受视网膜上半部的投射,而距状沟下缘则接受视网膜下半部的投射;距状沟后部接受视网膜中央凹黄斑区的投射,而距状沟前部则接受视网膜周边区的投射(图 4-39A)。视觉通路的损伤常可引起视野的缺损。图 4-39A 和 B 中显示视觉通路各个水平(分别用 a、b、c、d 标示)受损时的视野缺损情况(各对应的视野缺损显示于图 4-39B 中),故临床上检查视野有助于眼和视觉通路受损的诊断。

(2) 中枢对视觉的分析:视网膜神经节细胞轴突和外侧膝状体以及初级视皮层之间具有点对点的投射关系。视皮层也有 6 层结构,在浅表 4C 层的细胞能产生移动的、位置的和立体的视觉,在深部 4C 层的细胞则能产生颜色、形状、质地和细微结构的视觉,而在二、三层内的多簇状细胞也与色觉有关。此外,视皮层与躯体感觉皮层一样,也以相同的功能而纵向排列成柱状。视皮层的感觉柱称为方位柱(orientation column),每个方位柱都对某一特定方向的光带作出最佳反应,且视皮层上每跨越一个方位柱,其最佳感受方向就相差 5°~10°。因此,如果将视皮层上相隔很小距离的所有方位柱集合起来,就能构成一个具有 360° 方向上都能感受的完整的感受野。

(三) 与视觉有关的若干生理现象

1. 视敏度　眼对物体细小结构的分辨能力,称为视敏度(visual acuity),又称视力或视锐度。正常人眼的视力是有限度的,如前所述,这个限度是视网膜像不小于中央凹处一个视锥细胞的平均直径。视力表就是根据这一原理设计的。视力的量度通常以视角的倒数来表示。视角是

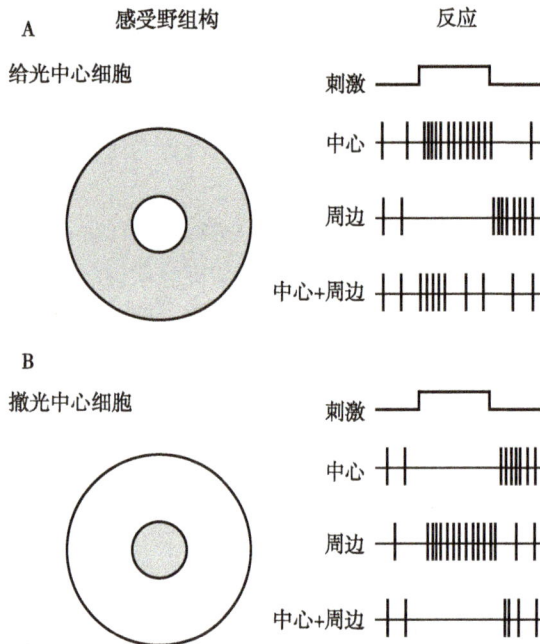

图 4-37　视网膜神经节细胞的感受野组构和接受光照刺激时的放电特征（反应）示意图

A.B. 分别表示给光中心细胞和撤光中心细胞的感受野组构（左）和放电特征（右）。感受野中的明区表示光照该区时神经节细胞放电频率增加，即兴奋；暗区表示光照该区时神经节细胞放电频率降低，即抑制，放电特征部分显示分别光照中心区、周边区或用弥散光同时照射中心区和周边区时神经节细胞的放电频率改变。解释见正文。

图 4-38　视网膜神经元对视觉信息传导和处理的简要总结示意图

解析见正文。R:视杆细胞；H:水平细胞；B:双极细胞；A:无长突细胞；G_1 和 G_3:两种不同类型的神经节细胞。突触旁所示"+"和空心圆圈表示兴奋效应；"−"和实心圆点表示抑制效应

指物体上两个点发出的光线入眼后通过节点所形成的夹角。视角的大小与视网膜像的大小呈正比。在眼前 5m 处，两个相距 1.5mm 的光点所发出的光线入眼后形成的视角正好为 1 分角，此时的视网膜像约 4.5μm，正相当于一个视锥细胞的平均直径。国际标准视力表上视力为 1.0（1/1 分角）的那一行正是表达了这种情况。受试者能分辨的视角越小（视力 >1.0）表明其视力越好；相反，视角越大（视力 <1.0）则表明视力越差。但国际标准视力表各行的增率并不相等，故不能很好比较视力的增减程度。我国眼科医师缪天荣于 1959 年设计了一种对数视力表，这种视力表是在上述国际标准视力表的基础上，将任何相邻两行视标大小之比恒定为 $10^{0.1}$（$10^{0.1}=1.2589$），即视标每增大 1.2589 倍，视力记录就减少 0.1（$\lg 10^{0.1}$）。如此，视力表上各行间的增减程度都相等。对数视力表已在我国推广使用。

　　2. 暗适应与明适应　当人长时间在明亮环境中而突然进入暗处时，最初看不见任何东西，经过一定时间后，视觉敏感度才逐渐增高，能逐渐看见在暗处的物体，这种现象称为暗适应（dark

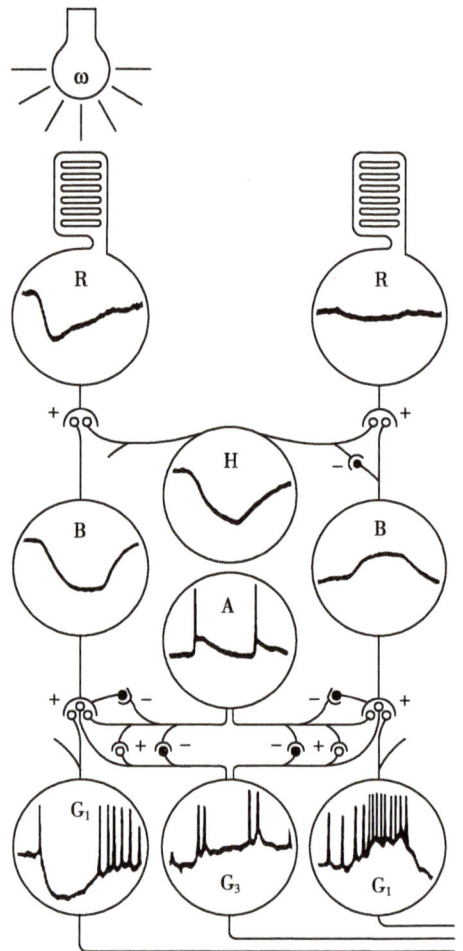

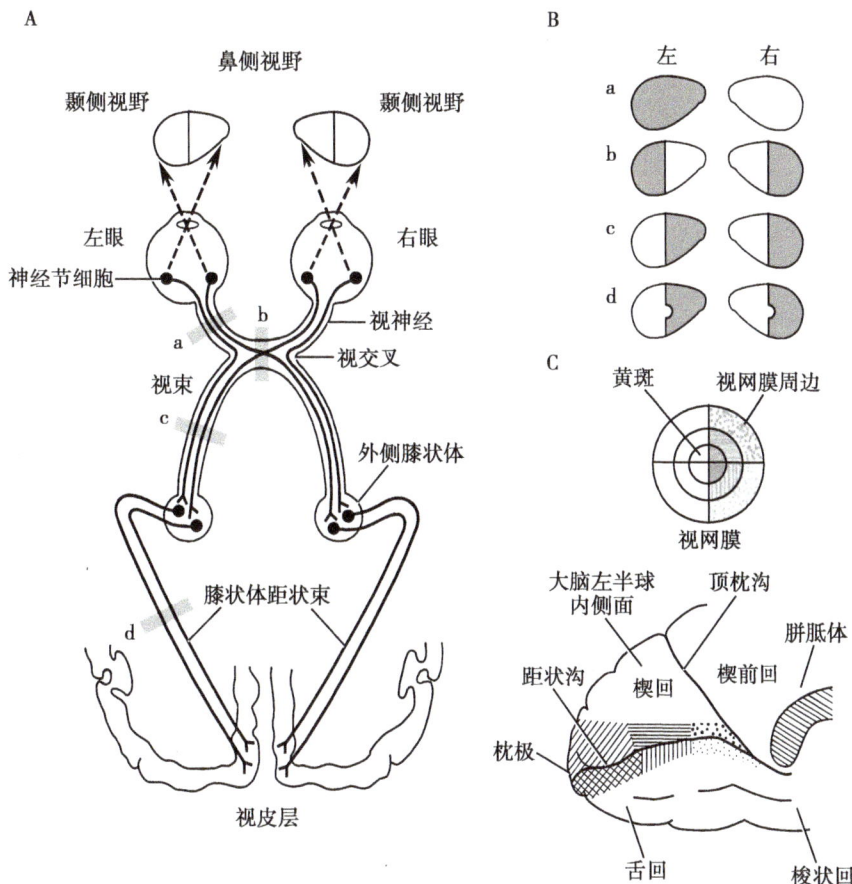

图 4-39　视觉传入通路和视皮层投射规律示意图

A. 示视觉传入通路；B. a、b、c.d 分别表示视觉传入通路不同水平横断（见于 A 图中标有 a、b、c、d 的灰色长方形小条块处）后出现的各种不同视野缺损情况，视野缺损在图中用灰色表示；C. 示枕叶皮层内侧面距状沟上、下缘的初级视皮层，距状沟上、下缘分别接受来自视网膜上、下半部的投射，距状沟后部（上、下缘分别用斜线和网格线表示）接受视网膜中央凹黄斑区的投射，距状沟中部（上、下缘分别用横线和竖线表示）接受视网膜中央凹黄斑区周围的投射；而距状沟前部（上、下缘分别用粗点和细点表示）则接受视网膜周边区的投射

adaptation）。相反，当人长时间在暗处而突然进入明亮处时，最初感到一片耀眼的光亮，也不能看清物体，稍待片刻后才能恢复视觉，这种现象称为明适应（light adaptation）。

暗适应是人眼在暗处对光的敏感度逐渐提高的过程：如图 4-40 所示，一般是在进入暗处后的最初 5~8 分钟之内，人眼感知光线的视觉阈出现一次明显的下降，以后再次出现更为明显的下降；大约进入暗处 25~30 分钟时，视觉阈下降到最低点，并稳定于这一水平。上述视觉阈的第一次下降，主要与视锥细胞视色素的合成增加有关；第二次下

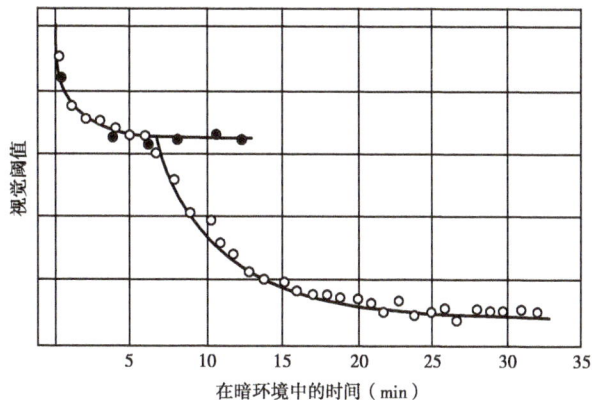

图 4-40　暗适应曲线

○表示用白光对全眼的测定结果；●表示用红光对中央凹测定的结果（表示视锥细胞单独的暗适应曲线，因中央凹为视锥细胞集中部位，且红光不易被视杆细胞所感受）

降亦即暗适应的主要阶段,则与视杆细胞中视紫红质的合成增强有关。

明适应的进程很快,通常在几秒钟内即可完成。其机制是视杆细胞在暗处蓄积了大量的视紫红质,进入亮处遇到强光时迅速分解,因而产生耀眼的光感。只有在较多的视杆色素迅速分解之后,对光相对不敏感的视锥色素才能在亮处感光而恢复视觉。

3. 视野　用单眼固定地注视前方一点时,该眼所能看到的空间范围,称为视野(visual field)。视野的最大界限应以它和视轴形成的夹角的大小来表示。在同一光照条件下,用不同颜色的目标物测得的视野大小不一,白色视野最大,其次为黄蓝色,再次为红色,绿色视野最小。视野的大小可能与各类感光细胞在视网膜中的分布范围有关。另外,由于面部结构(鼻和额)阻挡视线,也影响视野的大小和形状。如一般人颞侧和下方的视野较大,而鼻侧与上方的视野较小。但由于人的双眼位于头部额面,双眼视野大部分重叠,因而正常情况下不会出现鼻侧盲区。视野对人的工作和生活有重要影响,视野狭小者不应驾驶交通工具,也不应从事本身或周围物体有较大范围活动的劳动,以防发生事故。世界卫生组织规定,视野小于10°者即使中央视力正常也属于盲。临床上检查视野可帮助诊断眼部和中枢神经系统的一些病变。

4. 视后像和融合现象　注视一个光源或较亮的物体,然后闭上眼睛,这时可感觉到一个光斑,其形状和大小均与该光源或物体相似,这种主观的视觉后效应称为视后像。如果给以闪光刺激,则主观上的光亮感觉的持续时间比实际的闪光时间长,这是由于光的后效应所致。后效应的持续时间与光刺激的强度有关,如果光刺激很强,视后像的持续时间也较长。如果用重复的闪光刺激人眼,当闪光频率较低时,主观上常能分辨出一次又一次的闪光。当闪光频率增加到一定程度时,重复的闪光刺激可引起主观上的连续光感,这一现象称为融合现象(fusion phenomenon)。融合现象是由于闪光的间歇时间比视后像的时间更短而产生的。

能引起闪光融合的最低频率,称为临界融合频率(critical fusion frequency,CFF)。研究发现,临界融合频率与闪光刺激的亮度、闪光光斑的大小以及被刺激的视网膜部位有关。光线较暗时,闪光频率低至3~4周/秒即可产生融合现象;在中等光照强度下,临界融合频率约为25周/秒;而光线较强时,临界融合频率可高达100周/秒。电影每秒钟放映24个画面,电视每秒钟播放60个画面,因此,观看电影和电视时主观感觉其画面是连续的。在测定视网膜不同部位的临界融合频率时也发现,愈靠近中央凹,其临界融合频率愈高。另外,闪光的颜色、视角的大小、受试者的年龄及某些药物等均可影响临界融合频率,尤其是中枢神经系统疲劳可使临界融合频率下降。因此,在劳动生理中常将临界融合频率作为中枢疲劳的指标。

5. 双眼视觉与立体视觉　在某些哺乳动物,如牛、马、羊等,它们的两眼长在头部两侧,因此两眼的视野完全不重叠,左眼和右眼各自感受不同侧面的光刺激,这些动物仅有单眼视觉(monocular vision)。人和灵长类动物的双眼都在头部的前方,两眼的鼻侧视野相互重叠,因此凡落在此范围内的任何物体都能同时被两眼所见,两眼同时看某一物体时产生的视觉称为双眼视觉(binocular vision)。双眼视物时,两眼视网膜上各形成一个完整的物像,由于眼外肌的精细协调运动,可使来自物体同一部分的光线成像于两眼视网膜的对称点上,并在主观上产生单一物体的视觉,称为单视。眼外肌瘫痪或眼球内肿瘤压迫等都可使物像落在两眼视网膜的非对称点上,因而在主观上产生有一定程度互相重叠的两个物体的感觉,称为复视(diplopia)。双眼视觉的优点是可以弥补单眼视野中的盲区缺损,扩大视野,并产生立体视觉。

双眼视物时,主观上可产生被视物体的厚度和空间的深度或距离等感觉,称为立体视觉(stereoscopic vision)。其主要原因是两眼存在一定距离,同一被视物体在两眼视网膜上的像并不完全相同,左眼从左方看到物体的左侧面较多,而右眼则从右方看到物体的右侧面多,由于两眼视差造成的并不完全相同的图像信息经中枢神经系统处理后,才形成具有立体感的视觉形象。但在单眼视物时也能在一定程度产生立体感觉,除与生活经验有关外,主要原因有:①头部和眼球的运动引起远近物体表像的相对移动,即当头部右移时,近物似乎在左移,而远物则似乎在右移;②物体阴影的变化,近物的感觉较鲜明而远物的感觉较模糊;③眼的调节活动在视远物时不明显,而在视近物时加强。

五、眼的发生

(一)眼球的发生

胚胎第4周,当神经管前端闭合成前脑时,向外膨出左、右一对囊泡,称视泡(optic vesicle)(图4-41,图4-42,图4-43)。视泡腔与脑室相通,视泡远端膨大,贴近表面外胚层,进而内陷形成双层杯状结构,称视杯(optic cup)。视泡近端变细,称视柄(optic stalk),与间脑相连。与此同时,表面外胚层在视泡的诱导下增厚,形成晶状体板(lens placode)。随后晶状体板内陷入视杯内,且

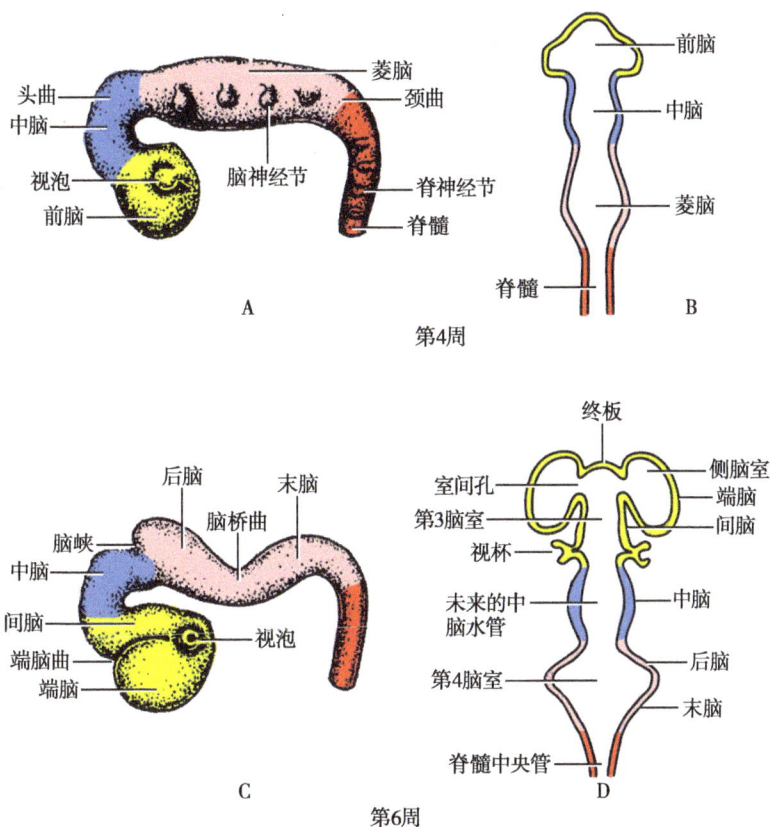

图4-41 脑泡的发生和演变模式图
AC.侧面观;BD.冠状切面

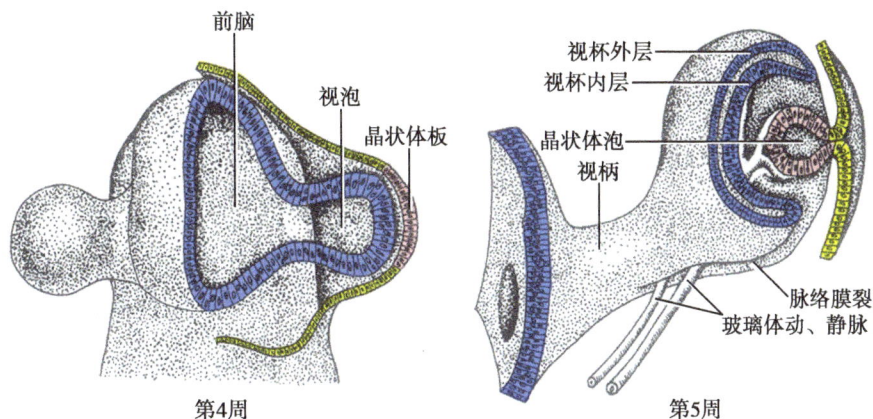

图4-42 视杯与晶状体的发生模式图

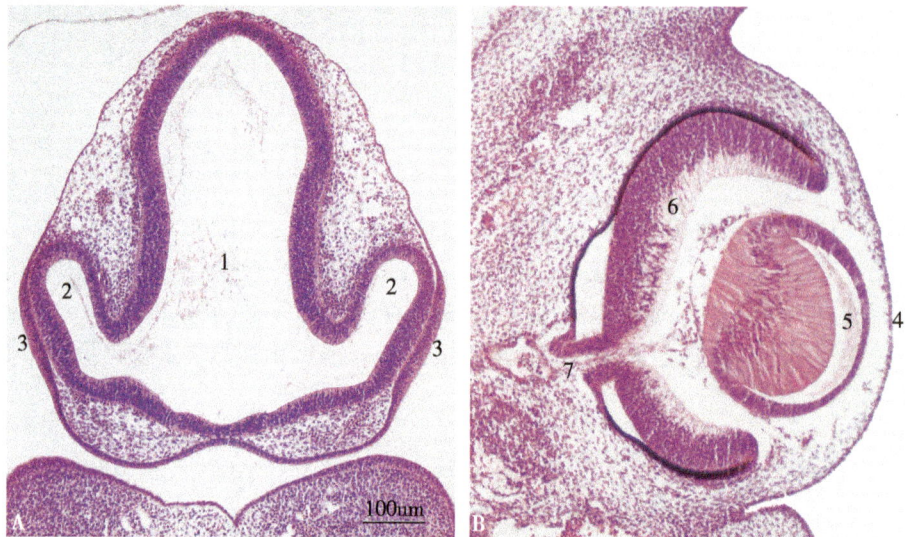

图 4-43   眼的发生光镜图

A. 羊胚头部冠状切面;B. 猪胚眼矢状切面;1. 前脑;2. 视泡;3. 晶状体板;4. 角膜;5. 晶状体泡;
6. 视网膜;7. 视柄(周国民　图)

渐与表面外胚层脱离,形成晶状体泡(lens vesicle)。眼的各部分就是由视杯、视柄、晶状体泡和它们周围的间充质分化形成的。

1. **视网膜的发生**   视网膜由视杯内、外两层共同分化而成。视杯外层分化为色素上皮层。视杯内层增厚,自第 5 周起,先后分化出节细胞、视锥细胞、无长突细胞、水平细胞、视杆细胞和双极细胞。视杯两层之间的视泡腔变窄,最后消失,于是两层相贴,构成视网膜视部。在视杯口边缘部,内层上皮不增厚,与外层分化的色素上皮相贴,并向晶状体泡与角膜之间的间充质内延伸,形成视网膜盲部,即睫状体与虹膜的上皮。

2. **视神经的发生**   胚胎第 5 周,视杯及视柄下方向内凹陷,形成一条纵沟,称脉络膜裂(choroid fissure)。脉络膜裂内除含间充质外,还有玻璃体动、静脉,为玻璃体和晶状体的发育提供营养。玻璃体动脉还发出分支营养视网膜。脉络膜裂于第 7 周封闭,玻璃体动、静脉穿经玻璃体的一段退化,并遗留一残迹,称玻璃体管(图 4-44,图 4-45)。玻璃体动、静脉的近侧段则成为视网膜中央动、静脉。视柄与视杯相连,也分内、外两层。随着视网膜的分化发育,逐渐增多的节细胞轴突向视柄内层聚集,视柄内层逐渐增厚,并与外层融合。视柄内、外层细胞演变为星形胶质细胞和少突胶质细胞,并围绕在节细胞轴突周围,于是,视柄演变为视神经。

3. **晶状体的发生**   晶状体由晶状体泡演变而成。最初晶状体泡由单层上皮组成。泡的前壁细胞呈立方形,分化为晶状体上皮;后壁细胞呈高柱状,并逐渐向前壁方向伸长,形成初级晶状体纤维。泡腔逐渐缩小,直到消失,晶状体变为实体结构(图 4-46)。此后,晶状体赤道区的上皮细胞不断增生、变长,形成次级晶状体纤维,原有的初级晶状体纤维及其胞核逐渐退化形成晶状体核。新的晶状体纤维逐层添加到晶状体核的周围,晶状体核及晶状体逐渐增大。此过程持续终身,但随年龄增长而速度减慢。

4. **角膜、虹膜和眼房的发生**   在晶状体泡的诱导下,其前方的表面外胚层分化为角膜上皮,角膜上皮后面的间充质分化为角膜其余各层。位于晶状体前面的视杯口边缘部的间充质形成虹膜基质,其周边部厚,中央部薄,封闭视杯口,称瞳孔膜(pupillary membrane)。视杯两层上皮的前缘部分形成虹膜上皮层,与虹膜基质共同发育成虹膜。在虹膜形成以前,晶状体泡与角膜之间的间充质内出现一个腔隙,即前房。虹膜与睫状体形成后,虹膜、睫状体与晶状体之间形成后

Note

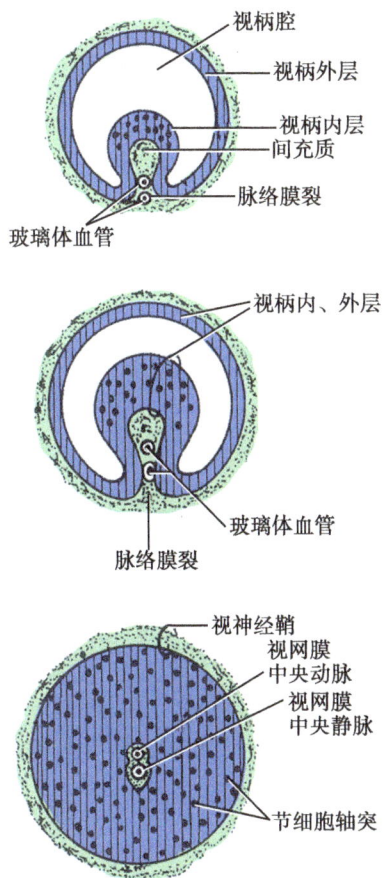

图 4-44　视神经的发生模式图

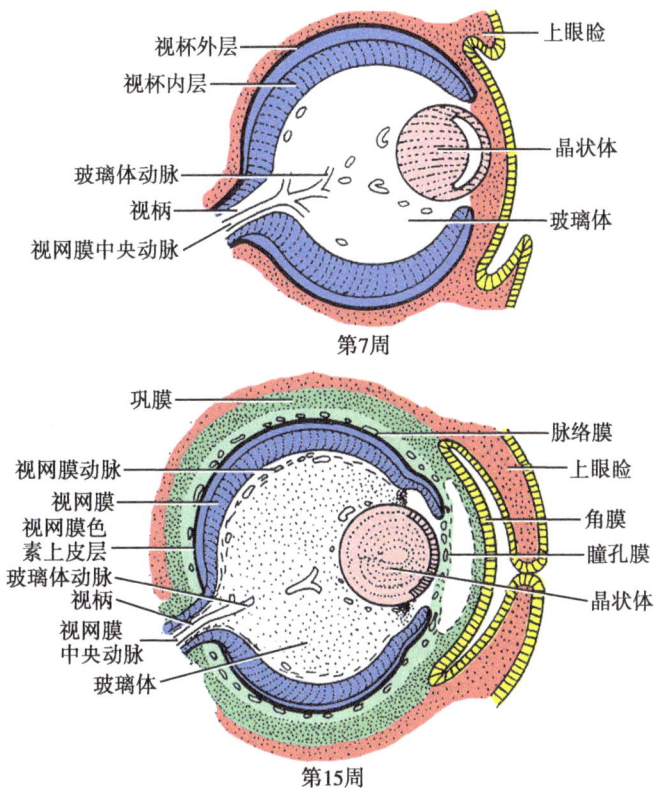

图 4-45　眼球与眼睑的发生模式图

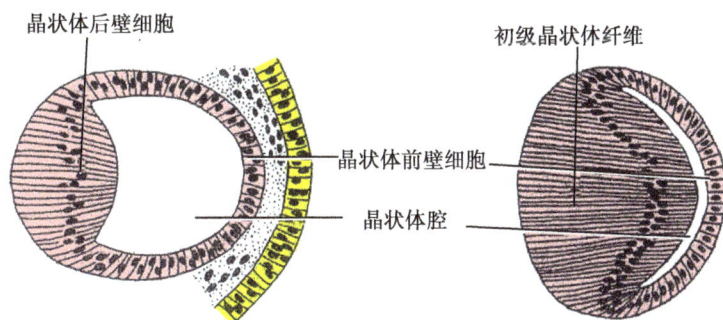

图 4-46　晶状体纤维的发育模式图

房。出生前瞳孔膜被吸收，前、后房经瞳孔相连通（图 4-45）。

5. **血管膜和巩膜的发生**　第 6~7 周时，视杯周围的间充质分为内、外两层。内层富含血管和色素细胞，分化成眼球壁的血管膜。血管膜的大部分贴在视网膜外面，即为脉络膜；贴在视杯口边缘部的间充质则分化为虹膜基质和睫状体的主体。外层较致密，分化为巩膜。脉络膜与巩膜分别与视神经周围的软脑膜和硬脑膜相连续（图 4-45）。

（二）眼副器的发生

胚胎第 4 周时，围绕视杯周围间隙内的神经嵴细胞发育并逐步分化成眼眶的骨、软骨、脂肪和结缔组织。眼眶发育较眼球缓慢，胚胎第 6 个月时眶缘仅在眼球的赤道部，眼眶发育持续到青春期。胚胎第 5 周时源于中胚叶的眼外肌开始分化，第 7 周时上直肌分化出上睑提肌。胚胎第 3 个月时眼外肌肌腱与巩膜融合。眼睑的发生始于胚胎第 4~5 周，表层外胚叶形成睑皮肤和结膜,中胚叶形成睑板和肌肉,至第5个月时,上、下睑逐渐分离开。眼睑附属物如毛囊、皮脂腺等,于胚胎第3~6个月间,由上皮细胞陷入间充质内发育而成。泪腺在胚胎第6~7周时开始发育,泪腺导管约在胚胎第3个月时形成。副泪腺于胚胎第2个月时出现,均由表皮外胚叶分化而来。

(三) 眼的先天畸形

主要畸形如下:

1. 先天性白内障(congenital cataract)　为晶状体的透明度发生异常。多为遗传性,也可由于母体在妊娠早期感染风疹病毒、母体甲状腺功能低下、营养不良和维生素缺乏等引起。

2. 先天性无虹膜　属常染色体显性遗传性异常,多为双侧性。形成的确切机制还不清楚,可能是视杯前缘生长和分化障碍,虹膜不能发育所致。由于无虹膜,瞳孔特别大。

3. 先天性青光眼(congenital glaucoma)　属常染色体隐性遗传性疾病,发病机制尚不十分明确,有人认为是由于巩膜静脉窦或小梁网发育障碍所致。患儿房水排出受阻,眼内压增高,眼球胀大,角膜突出,因眼球增大,故又称牛眼。

4. 瞳孔膜残留　因瞳孔膜未能全部退化消失所致,在瞳孔处有薄膜或蛛网状细丝遮盖在晶状体前面,轻度残留通常不影响视力和瞳孔活动(图4-47)。

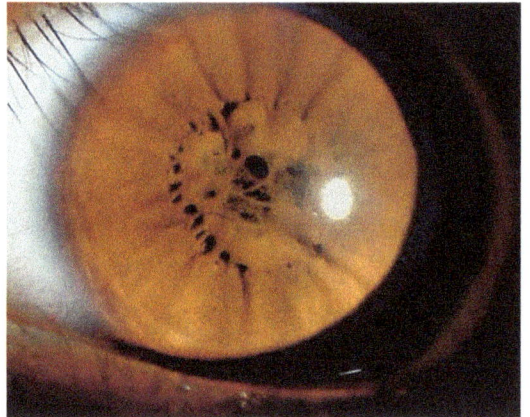

图 4-47　先天性瞳孔残膜

(安美霞)

第三节　听　觉

听觉(hearing)是声波刺激感受器产生的感觉。耳是产生听觉的外周感觉器官,由外耳、中耳和内耳组成,也称前庭蜗器(图4-48)。内耳的耳蜗是听觉感受器的所在部位。声波经外耳和

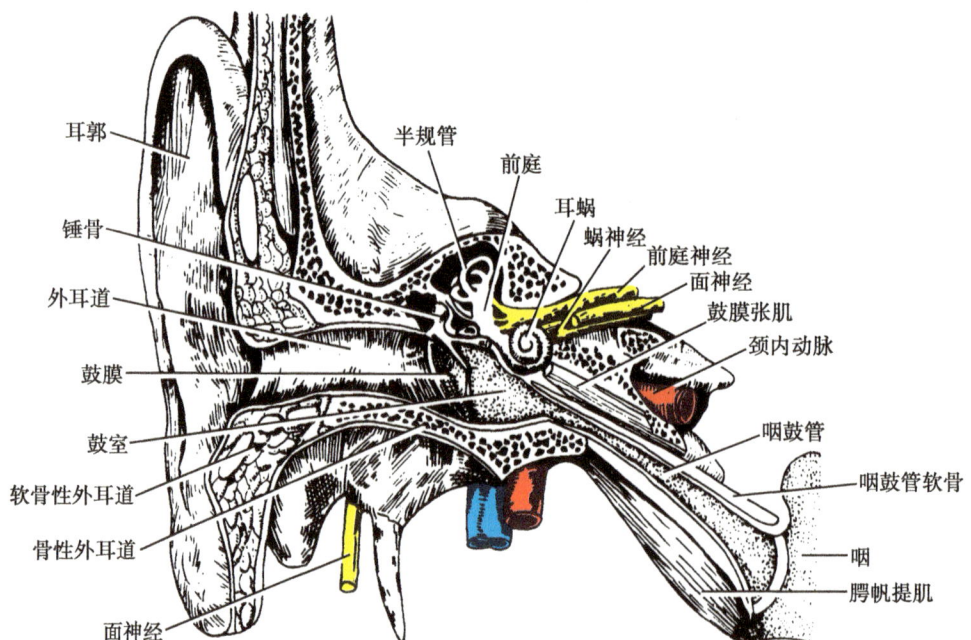

图 4-48　前庭蜗器全貌

中耳组成的传音系统传递到内耳,经耳蜗感音、换能作用,将声波的机械能转变为听神经纤维上的神经冲动,后者经神经传导路径投射到大脑皮质听觉中枢,产生听觉。

一、外耳

外耳(external ear)包括耳郭(也叫耳廓)、外耳道和鼓膜三部分。

(一)耳郭的结构与功能

耳郭(auricle)位于头部的两侧,凸面向后,凹面朝向前外侧面(图 4-49)。从前面观察可见耳郭周缘卷曲为耳轮,耳轮前起自外耳门的上方的耳轮脚,围成耳郭的上缘和后缘,向下连于耳垂。耳轮的前方有一与耳轮平行的弧形隆起,称对耳轮。对耳轮的上端分为对耳轮上脚和对耳轮下脚,两脚之间的三角形浅窝,称三角窝。耳轮和对耳轮之间狭长的凹陷,称耳舟。对耳轮前方的深窝,称耳甲。耳甲被对耳轮脚分为上、下两个窝,上部的窝称为耳甲艇,下部的窝为耳甲腔。耳甲腔通入外耳门(external acoustic pore)。耳甲腔的前方有一突起,称耳屏;耳甲腔的后方,在对耳轮的下部有一突起,称对耳屏。耳屏与对耳屏之间有一凹陷,称为耳屏间切迹。

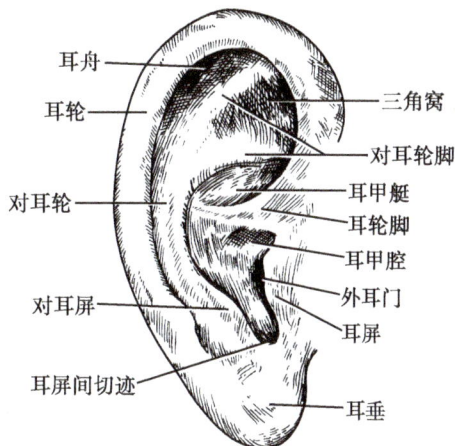

图 4-49 耳郭

外耳耳郭的形状有利于收集声波,其主要功能是收集声波,起采音作用。有些动物能通过转动耳郭以探测声源的方向。人耳耳郭的运动能力已经退化,但可通过转动头部来判断声源的位置。

耳郭由皮肤和弹性软骨组成,皮脂腺丰富。耳郭内感觉神经末梢丰富,故感染后疼痛明显。在耳郭皮下结缔组织中可见动静脉吻合,这与耳郭的体温维持有关。耳郭血管位置表浅且皮肤细薄,故易冻伤。耳郭的软骨组织血液供应不够丰富,抗感染能力差,伤后不易愈合,常发生坏死,愈合后留有畸形。耳郭的皮肤、软骨与外耳道的皮肤和软骨相连,外伤或耳部手术、外耳道炎症时牵拉耳郭或按压耳屏可加剧耳痛。耳垂处无神经末梢,脂肪组织较多,为临床采血部位。

(二)外耳道的结构与功能

外耳道(external acoustic meatus)是声波传导的通道,具有传音功能。人类的外耳道长约2.5cm,其一端开口于耳郭,另一端终止于鼓膜(图 4-48)。外耳道起自耳甲腔底,向内止于鼓膜,长 2.5~3.5cm,呈 S 形弯曲,方向由外向内为前上、后、前下,分为外侧 1/3 软骨部和内侧 2/3 骨性部。外耳道有两处狭窄,一处为骨部与软骨部交界处,另一处为骨部距鼓膜约 0.5cm 处。后者称外耳道峡。检查鼓膜时,牵拉耳郭向上后,使外耳道软骨部变直,才能见鼓膜。被覆的薄层皮肤与软骨膜和骨膜结合紧密。外耳道异物容易嵌在外耳道峡部。

外耳道在传音时能产生共振作用,因而具有增压效应,当频率为 3000~5000Hz 的声波传至鼓膜时,其强度要比外耳道口增强 12 分贝左右。

外耳道外侧为软骨部,其皮肤稍厚,内有耳毛、皮脂腺和顶泌汗腺,后者又称耵聍腺(ceruminous gland),分泌黏稠的体液,有阻止异物侵入外耳道的作用。内侧骨性外耳道的皮肤较薄,仅 0.1mm,耳毛和耵聍腺较少,顶部有少量皮脂腺。外耳道皮肤的皮下组织很少,紧贴软骨膜或骨膜,且外耳道上皮内游离感觉神经末梢比较丰富,因此,外耳道发炎、肿胀可引起剧烈疼痛。

(三)鼓膜的结构与功能

鼓膜(tympanic membrane)介于鼓室与外耳道之间,为向内凹入、椭圆形、半透明的膜性结构;高 9mm、宽约 8mm、厚约 0.1mm。鼓膜的前下方朝内倾斜,与外耳道约呈 45°~50°,故外耳道

Note

前下壁较后上壁为长。5 个月内新生儿倾斜约 35°。鼓膜边缘稍厚,大部分借纤维软骨环嵌附于鼓沟内,称紧张部。鼓膜直接附着于颞鳞部,较松弛,称松弛部。鼓膜最凹陷处称脐部,由脐向上方有一白色条纹达紧张部上端称锤纹,为锤骨柄附着处,脐向上稍向前达紧张部。上缘处有一灰白色小突起名锤突即锤骨短突。自脐向前下达鼓膜边缘有一个三角形反光区名光锥。临床上常将鼓膜分为 4 个象限,即沿锤骨柄作一假想直线,另经鼓膜脐作与其相交的直线,便可将鼓膜分为前上、前下、后上、后下 4 个象限(图 4-50)。

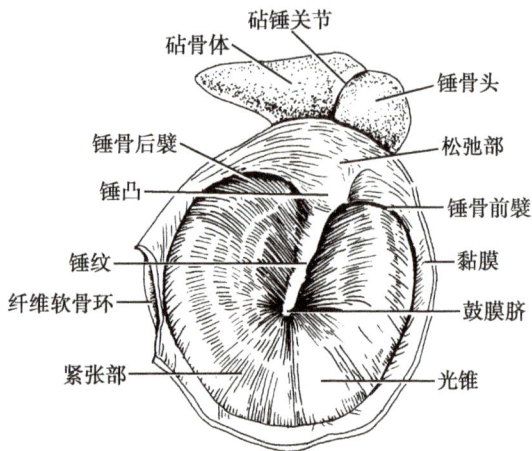

图 4-50　鼓膜(右侧)

　　鼓膜的结构分为 3 层,外层为复层扁平上皮,与外耳道表皮相延续;内表面为单层立方上皮,与中耳鼓室黏膜上皮延续;中间是薄层结缔组织,称为固有层。

　　鼓膜的形状如同一个浅漏斗,其顶点朝向中耳,内侧与锤骨柄相连。鼓膜如同电话机听筒中的振膜,是一个压力承受装置,其振动可与声波振动同始同终,有利于鼓膜如实地把声波传递给锤骨。

二、中耳

　　中耳(middle ear)包括鼓室、咽鼓管、鼓窦及乳突 4 部分。中耳具有传音功能,听骨链在声音传递过程中还起增压作用。

(一)鼓室的结构与功能

　　鼓室(tympanic cavity)是指颞骨内不规则的含气腔,位于鼓膜与内耳外侧壁之间,其前方经咽鼓管与鼻咽相通,其后方经鼓窦入口与鼓窦及乳突气房相通。以鼓膜紧张部上下边缘为界,可将鼓室分为:①上鼓室,或称鼓室上隐窝,位于鼓膜紧张部上缘以上的鼓室腔;②中鼓室,位于紧张部上下缘平面之间,即鼓膜与鼓室内壁之间的鼓室腔;③下鼓室,位于鼓膜紧张部下缘平面以下,下达鼓室底。鼓室容积 1~2ml,上下径 15mm,前后径 13mm,内外径在上鼓室约为 6mm,下鼓室约为 4mm,鼓膜脐与鼓岬之间距离最近约 2mm。鼓室内有听小骨、韧带、肌、血管和神经,覆盖有黏膜。

　　1. 鼓室各壁　鼓室有外、内、前、后、顶、底 6 个壁(图 4-51,图 4-52)。

　　(1)外壁:又称鼓膜壁(membranous wall),由骨部及膜部构成。骨部较小,即鼓膜以上的上鼓室外侧壁;膜部较大,即鼓膜。

　　(2)内壁:内壁(labyrinthine wall)即内耳的外壁,有多个突起和小凹。鼓岬为内壁中央较大的膨凸,系耳蜗底周所在处;其表面有鼓室神经丛。鼓岬后上方有一个小凹,称前庭窗龛,龛底部有前庭窗,又名卵圆窗,面积约 3.2mm²,为镫骨足板及周围的环韧带所封闭,通向内耳的前庭。鼓岬下方有一小凹,称圆窗龛,其底部有蜗窗,又名圆窗,为圆窗膜所封闭,此膜又称第二鼓膜,面积约 2mm²,内通向耳蜗的鼓阶。面神经管凸即面神经管的水平部,位于前庭窗上方,管内有膜神经通过。外半规管凸位于面神经管凸之上后方,为迷路瘘管好发部位。匙突位于前庭窗之前稍上方,为鼓膜张肌半管的鼓室端弯曲向外所形成;鼓膜张肌的肌腱绕过匙突向外达锤骨柄上部内侧。

　　(3)前壁:亦称颈动脉壁(carotid wall),前壁下部以极薄的骨板与颈内动脉相隔,上部有二口:上为鼓膜张肌半管的开口,下为咽鼓管半管的鼓室口。

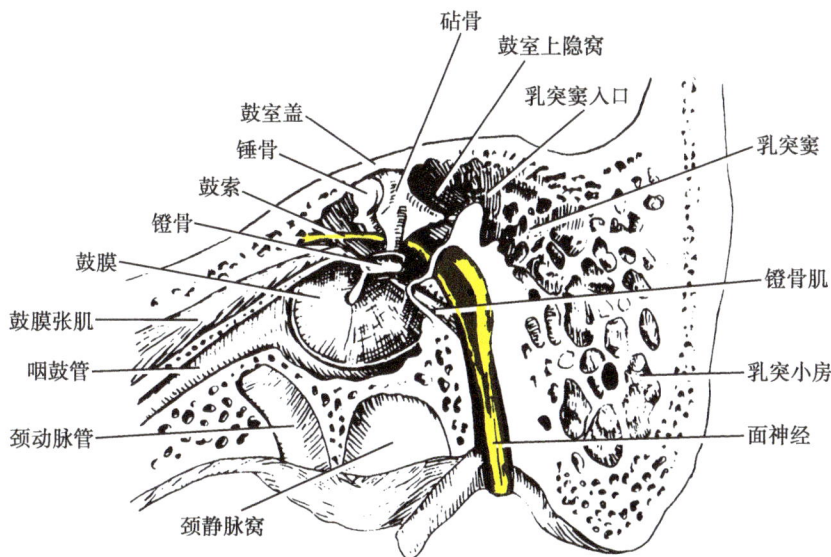

图 4-51 鼓室外侧壁

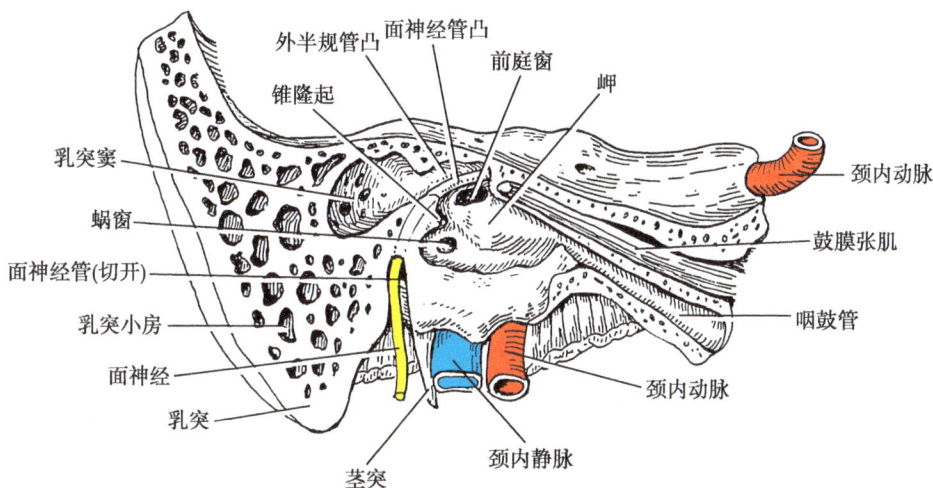

图 4-52 鼓室内侧壁

（4）后壁：又称乳突壁（mastoid wall），上宽下窄，面神经管垂直段通过此壁之内侧。后壁上的小孔名鼓窦入口，上鼓室借此孔与鼓室相通。鼓窦入口内侧、面神经管凸的后上方，有外半规管凸。鼓窦入口之底部有一小凹称砧骨窝，砧骨短脚借砧骨韧带附着于此，为中耳手术的重要标志。其内下方平前庭窗高度有一骨性突起为锥隆起，镫骨肌腱位于其内，镫骨肌腱从其尖端穿出附着于镫骨颈后面。锥隆起外侧，鼓环内侧有鼓索小管和其开口，鼓索神经由此入鼓室。相当于鼓膜后缘以后的鼓室腔常称后鼓室，内有面隐窝与鼓室窦。在鼓环上部鼓索神经内侧，砧骨窝以下，面神经管垂直段以外有一骨性凹陷称面隐窝，是耳科手术的重要标志。在面隐窝内下方，锥隆起与面神经骨管锤直段深侧外鼓室窦，又名锥隐窝，是后鼓室病变如胆脂瘤易残留部位。

（5）上壁：又称鼓室盖（tegmental wall），由颞骨岩部前面构成，后连鼓窦盖，前与鼓膜张肌半管之顶相连续；鼓室借此壁与颅中窝的大脑颞叶分隔。位于此壁的岩鳞裂在婴幼儿时常未闭合，硬脑膜的细小血管经此裂与鼓室相通，可成为中耳感染进入颅内的途径之一。

（6）下壁：又称颈静脉壁（jugular wall），为一狭窄的薄骨板，将鼓室与颈静脉球分隔，其前方即为颈动脉管的后壁。下壁若有缺损,颈静脉球的蓝色即可透过鼓膜下部隐约见及。下壁内有一小孔,为舌咽神经通过。

2. 鼓室内容

(1)听骨:听骨(auditory ossicles)为人体中最小的一组小骨,由外向内依次为锤骨(malleus)、砧骨(incus)和镫骨(stapes),连接而成听骨链。锤骨柄附着于鼓膜,镫骨的脚板与卵圆窗(前庭窗)膜相贴,砧骨居中。听骨表面均覆盖有薄层黏膜,由单层立方上皮和薄层结缔组织组成。

听骨介于鼓膜与前庭窗之间,将鼓膜震动的能量传入内耳。三块听小骨形成一个固定角度的杠杆,锤骨柄为长臂,砧骨长突为短臂(图4-53)。杠杆的支点刚好在听骨链的重心上,因而在能量传递过程中惰性最小,效率最高。声波由鼓膜经听骨链到达卵圆窗膜时,其振动的压强增大,而振幅减小,这就是中耳的增压作用。这样既可提高传音效率,又可避免对前庭窗膜造成损伤。压强增大的原因主要有两个方面:①鼓膜的实际振动面积约$59.4mm^2$,而卵圆窗膜的面积只有$3.2mm^2$,两者之比为18.6∶1,如果听骨链传递时总压力不变,则作用于卵圆窗膜上的压强为鼓膜上压强的18.6倍;②听骨链杠杆的长臂与短臂之比为1.3∶1,这样,通过杠杆的作用在短臂一侧的压力将增大为原来的1.3倍。通过以上两方面的作用,在整个中耳传递过程中总的增压效应为24.2倍(18.6×1.3)。

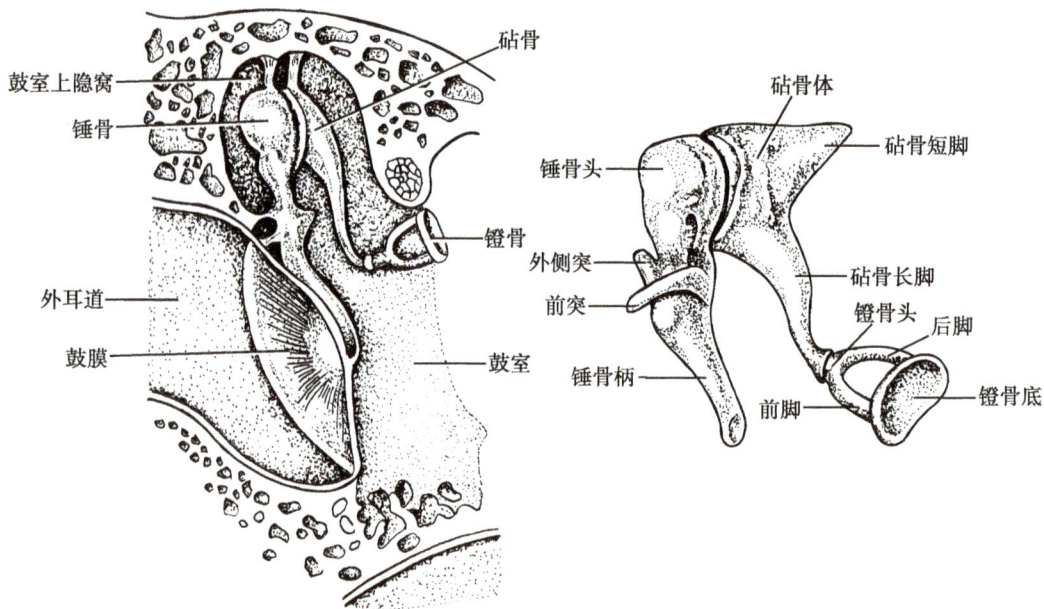

图4-53 听小骨

(2)听骨韧带:借锤上韧带、锤前韧带、锤外侧韧带、砧骨上韧带、砧骨后韧带和镫骨环韧带,将听骨固定于鼓室内。

(3)鼓室肌肉:鼓膜张肌起自咽鼓管软骨部,蝶骨大翼和鼓膜张肌半管下壁,肌腱绕过匙突呈直角向外弯曲止于锤骨下方内侧面,由三叉神经下颌支的鼓膜张肌神经支配其运动,收缩时向内牵拉锤骨柄,增加鼓膜的紧张度,以免鼓膜震破或伤及内耳。镫骨肌起自鼓室后壁的锥隆其内,止于镫骨颈后方,由面神经镫骨肌支司其运动;此肌收缩时可牵拉镫骨小头向后,使镫骨足板以后缘为支点,前缘向外跷起,以减少内耳压力。

3. 鼓室黏膜

鼓室各壁、听骨、肌腱、韧带和神经表面均有黏膜被覆。前与咽鼓管黏膜相连,后与鼓窦和乳突气房黏膜连续。鼓室腔面均覆盖有薄层黏膜,鼓室的黏膜由上皮和较薄的固有层组成,上皮的类型有很多种,如外侧壁和内侧壁为单层扁平上皮,后壁为单层立方或单层纤毛低柱状上皮,前壁和下壁则为单层纤毛柱状上皮和假复层纤毛柱状上皮,并有杯状细胞。固有层为细密结缔组织,内含神经纤维、血管和淋巴管。黏膜与深部骨膜连接紧密。中耳炎时,杯状细胞增多,产生的黏液积存在鼓室内,可使听力受损。

(二)咽鼓管的结构与功能

咽鼓管(auditory tube)是鼓室沟通鼻咽部的管道(图4-48)。咽鼓管分骨部和软骨部,外1/3为骨部,内2/3为软骨部,长约35mm,自鼓室前壁向前、内、下走行,与水平面约成45°角,与矢状面约成45°角。骨部管腔为开放性的,内径最宽处为鼓室口,越向内越窄。骨与软骨部交界处最窄,称为峡,内径1~2mm。软骨部在静止状态时闭合成一裂隙。

咽鼓管管壁的前2/3为软骨部,黏膜覆以假复层纤毛柱状上皮,纤毛朝咽部方向摆动;后1/3为骨部,近鼓室段的表面被覆的是单层柱状上皮。近鼻咽段的上皮为假复层纤毛柱状,纤毛向咽部摆动。固有层结缔组织内含混合腺。一般情况下,咽鼓管的管腔是闭合的,只有在吞咽、呵欠或在口鼻闭合情况下用呼气时才被动开放。

咽鼓管的主要功能是调节鼓室内空气的压力,使之与外界大气压保持平衡,这对于维持鼓膜的正常位置、形状和振动性能有重要意义。如果由于某种原因,如咽鼓管因炎症而被阻塞后,鼓室内的空气被吸收而压力降低,可造成鼓膜内陷。在日常生活中,如潜水、加压舱、飞机降落时,鼓室内压小于外界气压,也可导致鼓膜内陷,引起耳鸣、听力减退甚至鼓膜破裂。吞咽或呵欠时,腭帆张肌收缩使其张开,空气由咽鼓管进入鼓室。

面神经是人体中穿过骨管最长的脑神经,面神经从内耳门达内耳道,在内耳道底前上部进入面神经管,分为3段:①迷路段,为内耳道底至鼓室内侧壁前上方;②鼓室段;③乳突段,鼓室后壁的锥隆凸之后下达茎乳孔。面神经出茎乳孔后分为5支分布于面部表情肌。

(三)鼓窦及乳突小房

为鼓室后上方的含气腔,是鼓室和乳突气房相互交通的枢纽,出生时即存在。鼓窦向前经鼓窦入口与上鼓室相通,向后下通乳突气房,上方以鼓窦盖与颅中窝相隔,内壁前部有外半规管凸及面神经管凸,后壁借乳突气房及乙状窦与颅后窝相隔,外壁为乳突皮层,相当于外耳道上三角。

初生时乳突尚未发育,多自2岁后开始由鼓窦向乳突部逐渐发展。随着乳突的发育,乳突内形成许多蜂窝状的小腔,大小不等,形态不一,互相连通,腔内覆盖黏膜,与乳突窦和鼓室的黏膜相连续。根据气房发育程度,乳突气房可分为4种类型:①气化型:乳突全部气化,气房较大而间隔的骨壁较薄;此型约占80%;②板障型:乳突气化不良,气房小而多,形如头颅骨的板障;③硬化型:乳突未气化,骨质致密,多由于婴儿时期鼓室受羊水刺激、细菌感染或局部营养不良;④混合型:上述3型中有任何2型存在或3型均存在者。

三、内耳

内耳(internal ear)是前庭蜗器的主要部分,位于颞骨岩部的骨质内,介于鼓室内侧壁和内耳道底之间(图4-54)。因其

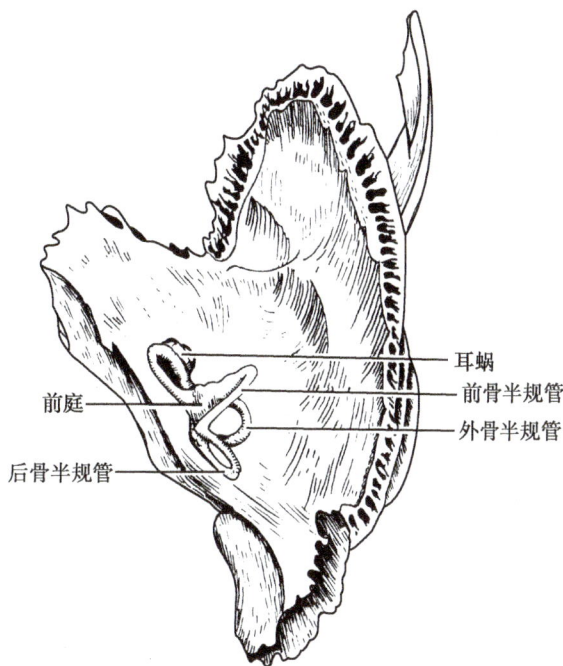

耳蜗
前骨半规管
外骨半规管
前庭
后骨半规管

图4-54 内耳在颞骨岩部的投影

结构复杂,形同迷宫,故又称迷路(labyrinth)。内耳由骨迷路和膜迷路两部分组成。骨迷路与膜迷路之间充满外淋巴,膜迷路内充满内淋巴,内、外淋巴互不相通。内耳的主要作用有两个方面:①传音功能,即将卵圆窗所接受的声能传送到螺旋器的毛细胞;②感音功能,即将螺旋器感受道的声能转化为蜗神经冲动。因此,内耳的螺旋器与听觉产生密切相关,壶腹嵴和位觉斑与平衡感觉相关。

(一) 骨迷路

骨迷路(bony labyrinth)是颞骨岩部骨密质围成的不规则腔隙,从后外向前内沿颞骨岩部的长轴排列,依次可分为骨半规管、前庭和耳蜗,它们互相通连,内壁上均衬以骨膜(图 4-55)。

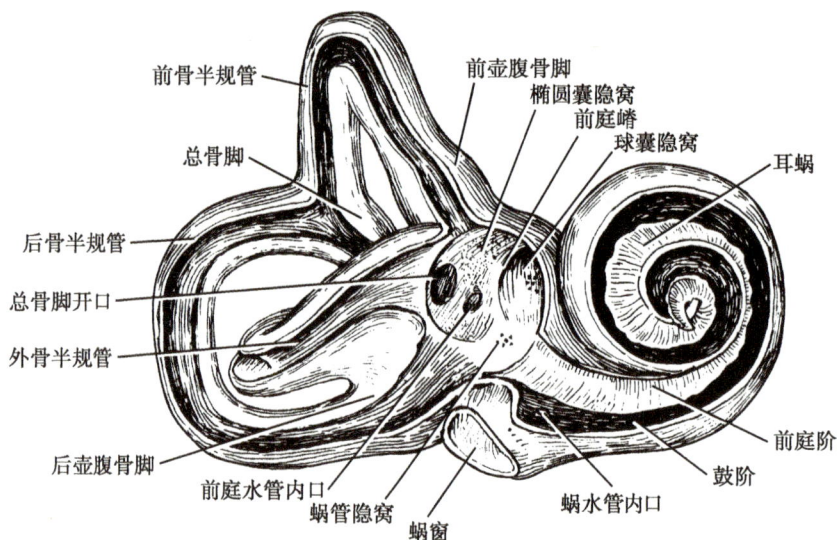

图 4-55　骨迷路

1. 骨半规管　骨半规管(bony semicircular canals)为 3 个半环形的骨管,分别位于 3 个互相垂直的面内,彼此互呈直角排列。前骨半规管弓向上方,埋于颞骨岩部的弓状隆起深面,与颞骨岩部的长轴垂直。外骨半规管弓向外侧,当头前倾30°时,呈水平位,是 3 个半规管中最短的一个,形成乳突窦入口内侧的隆起,即外半规管凸。后骨半规管弓向后外方,是 3 个半规管最长的一个,与颞骨岩部的长轴平行。

同侧的前骨半规管与后骨半规管所在平面互为垂直,后骨半规管和外骨半规管所在的平面亦互为垂直,但前骨半规管和外骨半规管所在的平面约呈 79.3°,略小于直角。两侧外骨半规管形态、位置对称,约在同一水平面上,两侧前骨半规管所在的平面向后延长,互相垂直,两侧后骨半规管所在的平面互相平行。

每个骨半规管皆有两个骨脚连于前庭,一个骨脚膨大称壶腹骨脚,膨大部称骨壶腹;另一骨脚细小称单骨脚。因前、后半规管单骨脚合成一个总骨脚,故 3 个骨半规管只有 5 个口开口于前庭的后上壁。

2. 前庭　前庭(vestibule)是骨迷路的中间部分,为一近似椭圆形腔隙,长约 5mm,内含膜迷路的椭圆囊和球囊。前部较窄,有一孔与耳蜗相通;后上部较宽,有 5 个小孔与 3 个骨半规管相通。前庭可分为前、后、内和外 4 个壁。

外侧壁即鼓室的内侧壁,有前庭窗和蜗窗,前庭窗由镫骨底封闭,蜗窗由第二鼓膜封闭。内侧壁即内耳道的底,有前庭蜗神经通过。在内侧壁上有一自前上向后下的弓形隆起线,称前庭嵴。在前庭嵴的后上方有椭圆囊隐窝,前庭嵴的前下方有球囊隐窝,分别容纳膜迷路的椭圆囊和球囊。前庭嵴的下部分开,在分叉处内有一小的凹面为蜗管隐窝,容纳蜗管的前庭盲端。在椭圆囊隐窝靠近总骨脚开口处的前方有一前庭水管内口,前庭水管由此向后下至内耳门后外侧的前庭水管外口。内淋巴管经此管至内淋巴囊,后者位于颞骨岩部后面近前庭水管外口附近的硬脑膜内。前壁较窄,有椭圆形的蜗螺旋管入口,由此通入蜗螺旋管的前庭阶。后壁较前壁宽,有骨半规管的5个开口。

3. 耳蜗　耳蜗(cochlea)位于前庭的前方,形如蜗牛壳(图 4-56)。尖朝向前外侧,称蜗顶(cupula of cochlea);底朝向后内侧,称蜗底(base of cochlea),对向内耳道底。耳蜗由蜗轴(modiolus)和蜗螺旋管(cochlear spiral canal)构成。

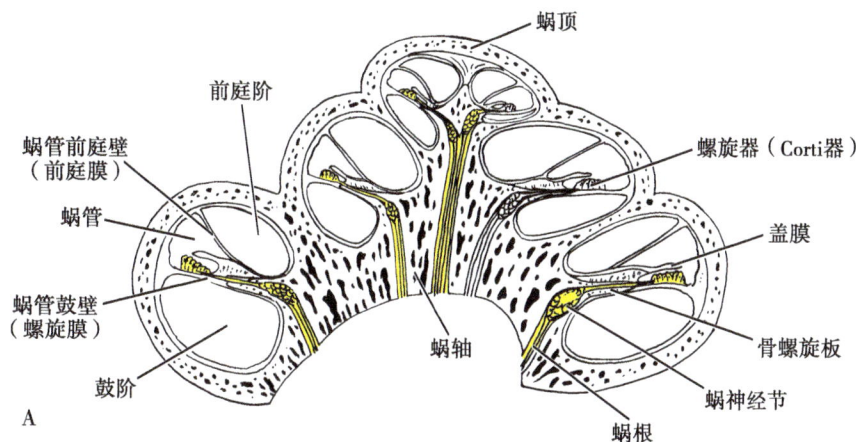

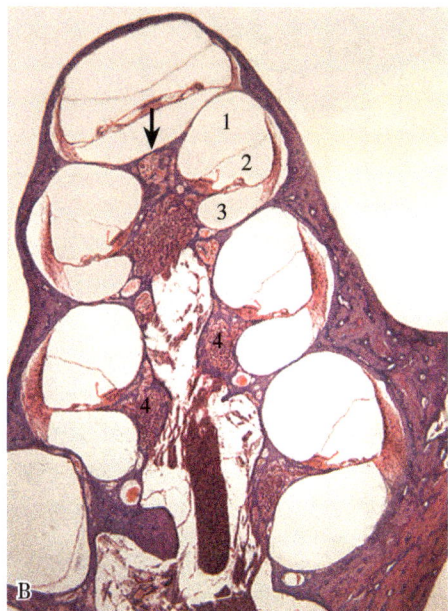

图 4-56　耳蜗轴切面(A)和豚鼠耳蜗纵切面光镜图(B)
↓蜗轴;1. 前庭阶;2. 膜蜗管;3. 鼓室阶;4. 耳蜗神经节(南方医　图)

蜗轴是耳蜗的中轴,骨质疏松,由蜗底至蜗顶,呈圆锥形。由蜗轴伸出蜗螺旋管内的螺旋形薄骨片称骨螺旋板(osseous spiral lamina),其基部有蜗轴螺旋管(spinal canal of modiolus),内藏蜗神经节,神经节细胞为双极神经元,树突分布到螺旋器,轴突组成耳蜗神经。蜗轴的骨松质内有蜗神经穿过。

蜗螺旋管是由骨密质围成的骨管,围绕蜗轴螺旋盘曲约两圈半,也称骨蜗管(bony cochlear canal)。蜗螺旋管在蜗底处的管腔较大且通向前庭,向蜗顶管腔逐渐细小,以盲端终于蜗顶。蜗螺旋管外侧壁的骨膜增厚形成螺旋韧带,骨螺旋板与螺旋韧带之间的薄膜称膜螺旋板,又称基底膜,另有从骨螺旋板上面斜向螺旋韧带上部的薄膜称前庭膜。因此,在沿蜗轴水平切面观察,可见骨蜗管被分割成3个管道:近蜗顶侧的管腔为前庭阶(scala vestibule),起自前庭且相通;中间三角形管道是膜蜗管(简称蜗管);近蜗底侧者为鼓阶(scala tympani)。鼓阶底端的外侧壁上有蜗窗,为第二鼓膜所封闭,与鼓室相隔。前庭阶和鼓阶内均含外淋巴,在蜗顶处借蜗孔彼此相通。蜗孔在蜗顶处,是骨螺旋板和膜螺旋板与蜗轴围成的孔,是前庭阶和鼓阶的唯一通道。

(二)膜迷路

膜迷路(membranous labyrinth)是套在骨迷路内封闭的膜性管和囊(图 4-57),借纤维束固定于骨迷路的壁上。由膜半规管、膜前庭(椭圆囊和球囊)和膜蜗管 3 部分组成。它们之间相连通,其内充满着内淋巴。膜半规管位于骨半规管内,椭圆囊和球囊位于骨迷路的前庭内,膜蜗管位于耳蜗的蜗螺旋管内。

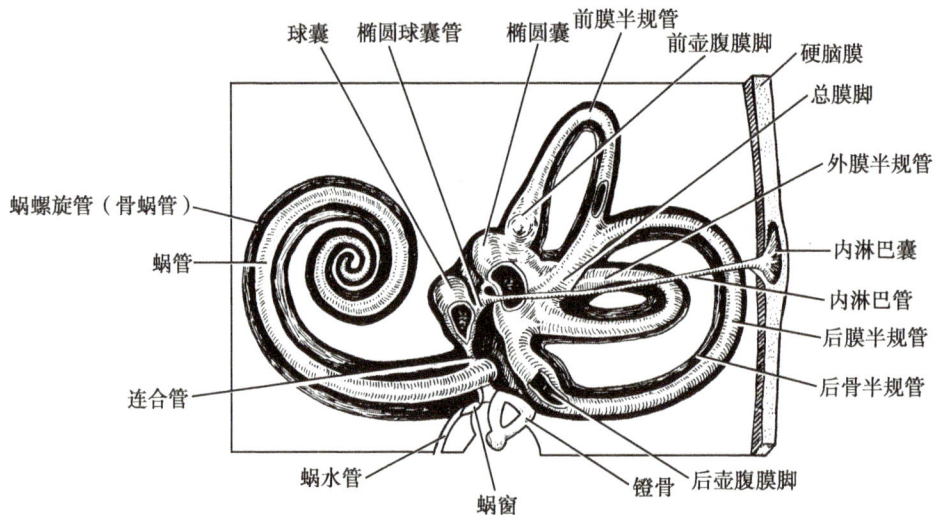

图 4-57 内耳模式图

1. 膜半规管 膜半规管(membranous semicircular canal)形态与骨半规管相似,套于同名骨半规管内,其管径约为骨半规管的 1/4~1/3。在骨壶腹内,膜半规管亦有相应的球形膨大,称膜壶腹。

2. 膜前庭 膜前庭由椭圆囊(utricle)和球囊(saccule)组成,分别位于前庭的椭圆囊隐窝和球囊隐窝处。在椭圆囊呈椭圆形,后壁上有 5 个开口,与 3 个膜半规管连通;前壁以椭圆球囊管(utriculosaccular duct)连接球囊和内淋巴管(endolymphatic duct),内淋巴管的末端为盲状膨大,称内淋巴囊(endolymphatic sac),后者位于颞骨岩部后面的前庭水管外口处。球囊较椭圆囊小,呈扁平状的梨形,向下借连合管(ductus reunions)与蜗管相连,向后借椭圆球囊管及内淋巴导管连接椭圆囊和内淋巴囊。

椭圆囊的外侧壁和球囊的前壁的局部黏膜增厚隆起,构成位觉斑(macula staticae),分别称为椭圆囊斑(macula utriculi)和球囊斑(macula sacculi),两个位觉斑呈相互垂直关系。

3. 膜蜗管及螺旋器 膜蜗管(membranous cochlear duct)套嵌在骨蜗管内,其前庭端借连合管与球囊相通,顶端终于蜗顶,为盲端,故蜗管为盲管。在水平切面上,膜蜗管呈三角形(图 4-58,图 4-59),上壁为菲薄的前庭膜(vestibular membrane),两面覆单层扁平上皮,中间有薄层结缔组织,上皮细胞具有吞饮作用,可能对内、外淋巴间的物质交换有一定作用。外侧壁为螺旋韧带(spiral ligament),表面覆盖着含连续型毛细血管的复层上皮,故称血管纹(stria vascularis),可产生内淋巴。

血管纹的上皮由 3 种细胞构成:①最表面细胞呈边缘细胞(border cell),细胞不规则,游离面

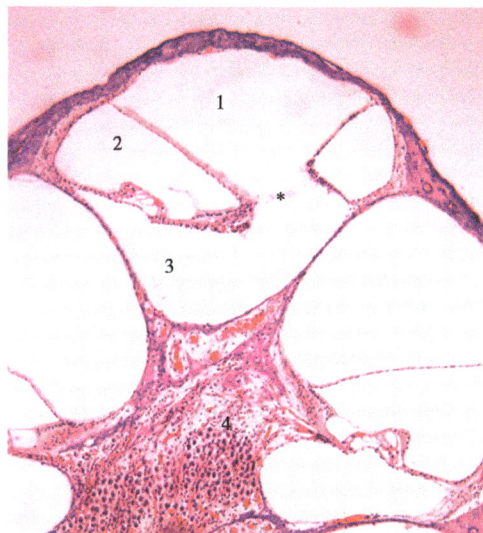

图 4-58 耳蜗顶部光镜图
* 蜗孔；1. 前庭阶；2. 膜蜗管；3. 鼓室阶；4. 耳蜗
神经节（田雪梅 图）

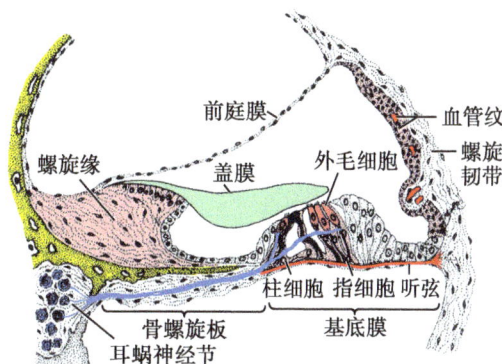

图 4-59 膜蜗管与螺旋器仿真图

有短的微绒毛，具丰富的 ATP 酶活性，细胞伸出许多突起包绕上皮的毛细血管，基底面有质膜内褶，细胞间有紧密连接；细胞质近游离面有丰富的粗面内质网、游离核糖体、线粒体、高尔基复合体、溶酶体样嗜铌小体和多种小泡等；这些结构与边缘细胞活跃的离子转运及主动运输功能有关，边缘细胞分泌内淋巴，内淋巴含有较高的钾离子浓度；②中间细胞（intermediate cell）位于边缘细胞的深面，细胞较小，细胞也有突起包绕毛细血管，但突起较小较少；③基底细胞（basal cell）位于上皮深部，与螺旋韧带相邻，细胞扁平，细胞间有紧密连接和桥粒。血管纹与内淋巴的分泌和吸收有关。

下壁由内侧的骨螺旋板和外侧的膜螺旋板（membranous spiral lamina）（基底膜）共同构成。骨螺旋板起始部的骨膜增厚突入蜗管内，称螺旋缘（spinal limbus），螺旋缘表面上皮分泌的糖蛋白和细纤维形成的一片螺旋形的胶质薄膜，称盖膜（tectorial membrane），覆盖在螺旋器上方，与毛细胞（hair cell）的听毛接触。基底膜中除有神经和血管外，主要成分是非常薄的纤维层，其中几乎没有细胞，纤维是从骨螺旋板向外放射状排列的胶原样细丝束，称听弦（auditory string）。由于基底膜从蜗底向蜗顶逐渐增宽，所以蜗底的听弦较短，蜗顶的听弦较长且较细，因此蜗底基底膜的共振频率高，蜗顶的共振频率低。蜗底受损可导致高音感觉障碍，蜗顶受损可导致低音感受障碍。基底膜表面的上皮增高特化为听觉感受装置，叫螺旋器（图 4-59，图 4-60，图 4-61，图 4-62）。

螺旋器（spiral organ）又称柯蒂器（organ of Corti）（Corti 器），主要由支持细胞和毛细胞组成，支持细胞种类较多，主要是柱细胞和指细胞（图 4-61，图 4-62）。①柱细胞（pillar cell）：分为内柱细胞和外柱细胞，柱细胞呈高柱状，核圆，位于细胞基部，胞质内有丰富的张力原纤维起支持作用；内、外柱细胞基部宽，排列于基膜上，底部相接；而胞体中部细长，彼此分离，顶部又互相嵌合，从而围成一条三角形的细胞隧道，称内隧道（inner tunnel），沿蜗管螺旋走

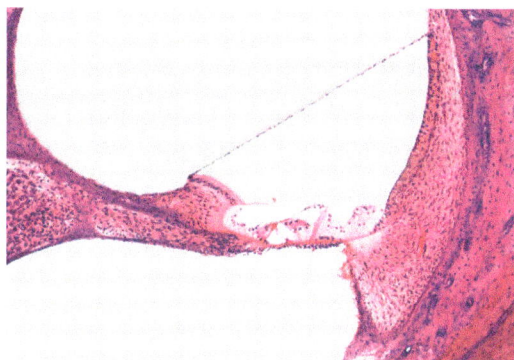

图 4-60 膜蜗管与螺旋器光镜图（文建国 图）

图 4-61　螺旋器光镜图
* 内隧道(吉大白医　图)

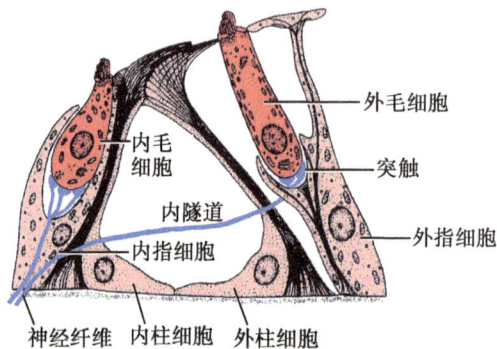

图 4-62　螺旋器毛细胞与支持细胞模式图

行;②指细胞(phalangeal cell):分列于内、外柱细胞之两侧,可分内指细胞和外指细胞,内指细胞排成 1 列,外指细胞有 3~5 列,蜗底少,蜗顶多;指细胞呈杯状,细胞核位于上部,基部位于基底膜上,顶部凹陷内托着一个毛细胞,一侧伸出一个指状突起抵达螺旋器的游离面,扩展形成薄板状结构,并与邻近的指细胞和柱细胞等形成的薄板连接;③毛细胞:是感受听觉的上皮细胞,坐落于指细胞顶部的凹陷内,故相应地分为 1 列内毛细胞(约有 3500 个)和 3~4 列外毛细胞(约有 12 000 个)。内毛细胞呈烧瓶形,外毛细胞呈高柱状。细胞游离面有数十至上百根粗而长的静纤毛(stereocilium),称听毛(trichobothrium)。内毛细胞的听毛有 3~4 行,总体上呈 U 形或弧形。外毛细胞的听毛有 3~5 行,呈 V 形或 W 形排列。听毛的排列为阶梯状,外侧的听毛较内侧的逐排增高(图 4-63),外毛细胞中较长的听毛插入盖膜的胶质中。毛细胞底部胞质内有细胞核和含神经递质的突触小泡。螺旋神经节的

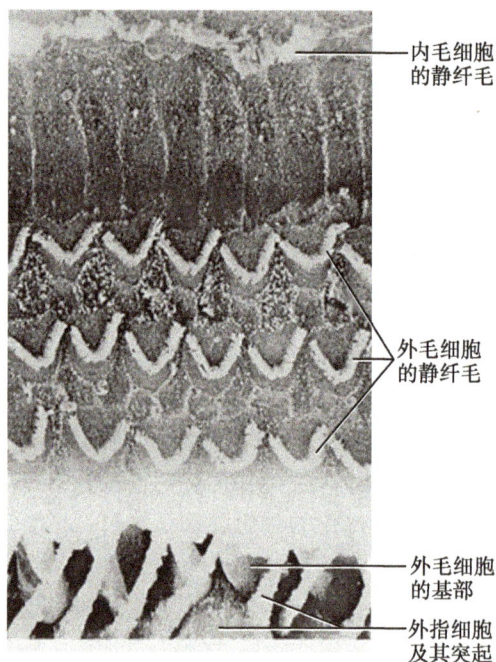

图 4-63　豚鼠螺旋器顶部扫描电镜图(尹昕,朱秀雄　图)

双极神经元的周围突穿过骨螺旋板,其终末与毛细胞的基部形成突触,中枢突穿出蜗轴形成蜗神经。

螺旋器接受声波刺激的途径如下:声波经外耳道达鼓膜,鼓膜的振动经听小骨传至卵圆窗,引起前庭阶的外淋巴振动,继而使前庭膜和膜蜗管的内淋巴振动,同时前庭阶的外淋巴振动又可经蜗孔传至鼓室阶进而使基底膜发生共振。由于基底膜的不同部位的听弦长度和直径不同,因而引起与声波的频率相应的听弦发生大幅度的共振。相应部位的基底膜的振动导致该部位的毛细胞的听毛和盖膜接触,静纤毛发生弯曲,使毛细胞兴奋,经蜗神经将冲动传至中枢。

螺旋器易受到外因的影响,主要有噪音外伤及链霉素、新霉素等耳毒性药物的损伤。这些药物可引起螺旋器血管和血管纹的血管内皮暂时性肿胀,血流受阻导致毛细胞缺氧,听毛肿胀,毛细胞发生退变坏死,与其相联系的神经纤维和螺旋神经节发生退行性变,导致药物性耳聋。

Note

(三) 内耳的血管、淋巴和神经

1. 内耳的血管　动脉主要是迷路动脉,该动脉多发自小脑下前动脉或基底动脉,少数发自小脑下后动脉和椎动脉颅内段。迷路动脉穿内耳门后分为前庭支和蜗支,前庭支分布于椭圆囊、球囊和半规管;蜗支分为十多支,经蜗轴内的小管分布于蜗螺旋管。此外,由耳后动脉发出的茎乳动脉尚分布到部分半规管。这三支动脉皆为终动脉,不能相互代偿。颈椎肥大、椎动脉血供受阻、基底动脉供血不足等,可以影响内耳的血液供应,从而产生眩晕。内耳的静脉合成迷路静脉汇入岩上、下窦或横窦。

2. 内耳的淋巴　内耳是否存在有固定的淋巴管尚无定论。一般认为外淋巴所含成分与脑脊液相似,含有丰富的 Na^+,但 K^+ 很少;其来源、产生率、循环和吸收尚不清楚。一般认为前庭内的外淋巴向后与半规管的外淋巴相通连,向前与耳蜗前庭阶内的外淋巴通连,继经蜗孔进入鼓阶。前庭的外淋巴通过蜗水管内口、蜗水管向蛛网膜下腔引流。蜗水管位于颞骨岩部内,其内口位于蜗窗的内侧,外口位于颈静脉窝的内侧,内耳道下方。

内淋巴除了由蜗管外侧壁的血管纹分泌产生外,目前认为还可由椭圆囊和半规管的暗细胞和外淋巴的滤过液生成,具体机制不清,但成分与外淋巴有明显的差异。内淋巴类似细胞内液,富含 K^+ 但 Na^+ 很少。内淋巴所含电解质分子大小、浓度受内淋巴管上皮的泵系统的调节,特别是血管纹内钠泵的调节。内淋巴经内淋巴管引流至内淋巴囊,再经内淋巴囊进入周围的静脉丛内。前庭导水管起于前庭内侧壁,向后下走行,开口于前庭导水管外口。内淋巴管和部分内淋巴囊位于前庭导水管内。前庭导水管外口位于颞骨岩部后面,距内耳门后外约11mm,呈裂缝状,常有骨嵴遮蔽,骨嵴对内淋巴囊有保护作用。

3. 内耳的神经　内耳的神经即前庭蜗神经(Ⅷ),由前庭神经和蜗神经组成,皆为特殊躯体感觉神经。前庭神经节内神经细胞的周围突由3支组成。上支称椭圆囊壶腹神经,穿前庭上区的小孔分布于椭圆囊斑和前、外膜半规管的壶膜嵴;下支称球囊神经,穿前庭下区的小孔分布至球囊斑;后支称后壶腹神经,穿内耳道底后下部的单孔分布至后膜半规管的壶腹嵴。

蜗神经由蜗螺旋神经节细胞的中枢突组成,蜗螺旋神经节位于蜗轴螺旋管内,节细胞的周围突穿经骨螺旋板和基底膜,分布于螺旋器,中枢突经蜗轴纵管,穿内耳道底筛状区的螺旋孔裂,经内耳门入颅。

(四) 内耳道

内耳道(internal acoustic meatus)位于颞骨岩部后面中部,是横贯颞骨岩部的短管(图 4-64)。一端开口于颅腔,即内耳门,另一端为盲端,即内耳道底。从内耳门至内耳道底,长约10mm。内耳道底邻接骨迷路的内侧壁,有很多的孔,前庭蜗神经、面神经和迷路动脉由此穿行。

内耳道底有一横位的骨嵴称横嵴,将内耳道底分隔为上、下两部。上部的前份有一圆形的孔,有面神经通过。下部的前份为蜗区,可见螺旋孔,有蜗神经通过。上、下部的后份有前庭上区、前庭下区和单孔,分别有前庭神经的3个支分别通过。

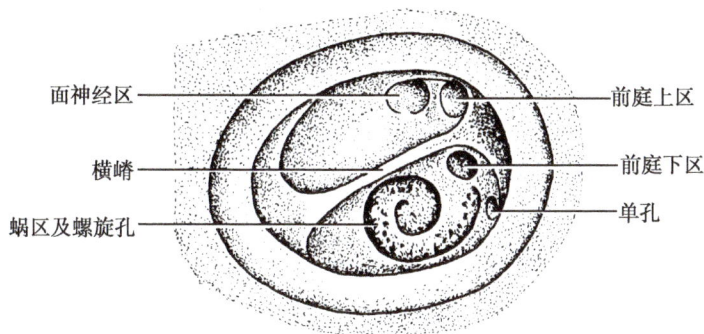

图 4-64　内耳道底(右侧)

四、听觉的形成

(一) 耳蜗的感音换能作用

1. 基底膜的振动和行波理论　　耳蜗的感音换能作用是把传到耳蜗的机械振动转变为听神经的神经冲动,在这一过程中,基底膜的振动起着关键作用。

当声波振动通过听骨链到达卵圆窗膜时,如果压力变化使卵圆窗膜内移,前庭膜和基底膜则下移,最后鼓阶的外淋巴压迫圆窗膜向外凸起;相反,当卵圆窗膜外移时,整个耳蜗内的液体和膜性结构又作相反方向的移动,如此反复,便形成了基底膜的振动。

振动从基底膜的底部开始,按照物理学中的行波(travelling wave)原理向耳蜗的顶部方向传播,就像有人在抖动一条绸带时,行波沿绸带向其远端传播一样。声波频率不同,行波传播的远近和最大振幅出现的部位也不同。声波频率愈高,行波传播愈近,最大振幅出现的部位则愈靠近卵圆窗处;相反,声波频率愈低,行波传播的距离愈远,最大振幅出现的部位则愈靠近蜗顶(图 4-65)。因此,对于每一个振动频率来说,在基底膜上都有一个特定的行波传播范围和最大振幅区,位于该区域的毛细胞受到的刺激就最强,与这部分毛细胞相联系的听神经纤维的传入冲动也就最多。起自基底膜不同部位的听神经纤维的冲动传到听觉中枢的不同部位,就可产生不同的音调感觉。这就是耳蜗对声音频率进行初步分析的基本原理。在动物实验和临床研究中都已证实,耳蜗底部受损时主要影响对高频声音的听力,而耳蜗顶部受损时主要影响低频听力。

2. 毛细胞兴奋与感受器电位　　当声波振动引起卵圆窗外移时,基底膜上移,由于基底膜中外毛细胞顶端一些较长的纤毛埋植于盖膜的胶质中,且基底膜与盖膜附着于蜗轴的不同部位,故基底膜向上移动可引起基底膜与盖膜之间发生剪切运动,使盖膜向外侧移动,同时也使埋于盖膜中较长的纤毛也向外侧弯曲或偏转(图 4-66)。纤毛与纤毛之间存在铰链结构,包括顶连(tip link)和侧连(side link)。侧连能使一个毛细胞的所有纤毛相互连接成束,但当纤毛束发生侧向弯曲或偏转时,纤毛之间又能相互滑行,所以,当那些埋于盖膜中较长的纤毛向外侧弯曲或偏转时,整个纤毛束也随之朝相同方向弯曲或偏转,即短纤毛向长纤毛方向弯曲或偏转,纤毛的弯曲构成机械性刺激,使外毛细胞产生去极化电位变化,也就是去极化感受器电位。当声波振动引起卵圆窗内移时,基底膜下移,使纤毛束由长纤毛向短纤毛方向弯曲或偏转,其结果是外毛细胞发生超极化电位变化,产生超极化感受器电位。在内毛细胞,因其纤毛束漂浮在内淋巴中,故当声波传入内耳时,纤毛束随内淋巴流动而发生歪曲或偏转,感受器电位的产生则与外毛细胞相同。

在纤毛顶部有机械门控离子通道,对机械力的作用非常敏感。这些机械门控离子通道对离子的选择性不强,单价和某些阳离子(包括 Ca^{2+})均较容易通过。目前研究发现,在生理情况下,内淋巴液中含有高浓度的 K^+,因此 K^+ 内流是其最主要的离子电流。若毛细胞处于安静状态时,有少量通道开放以及少量但稳定的 K^+ 内流。当基底膜在振动中上移时,短纤毛向长纤毛一侧弯曲,则通道进一步开放,大量的 K^+ 内流引起去极化感受器电位。相反,当基底膜在振动中下

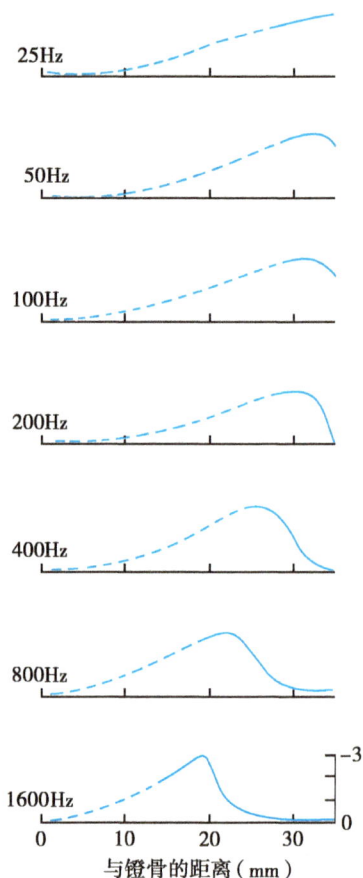

图 4-65　不同频率声波引起基底膜位移示意图

声波频率越高,行波传播的距离越近

移时,长纤毛向短纤毛一侧弯曲,则通道关闭,K^+内流停止而产生超极化感受器电位。

毛细胞产生感受器电位后如何将信息传递给听神经,在内、外毛细胞存在很大差异。在内毛细胞,基底侧膜上存在电压门控钙通道和钙激活的钾通道。纤毛弯曲使其顶部的机械门控通道开放,引起K^+内流使毛细胞去极化时,位于基底侧膜上的电压门控钙通道激活开放,Ca^{2+}内流,Ca^{2+}浓度升高引起毛细胞底部递质释放,将信息传递给与之形成突触的双极神经元;同时激活基底侧膜上钙依赖钾通道,引起K^+外流,使毛细胞恢复静息电位水平。外毛细胞不存在上述机制,外毛细胞膜上有马达蛋白(motor protein),当毛细胞发生

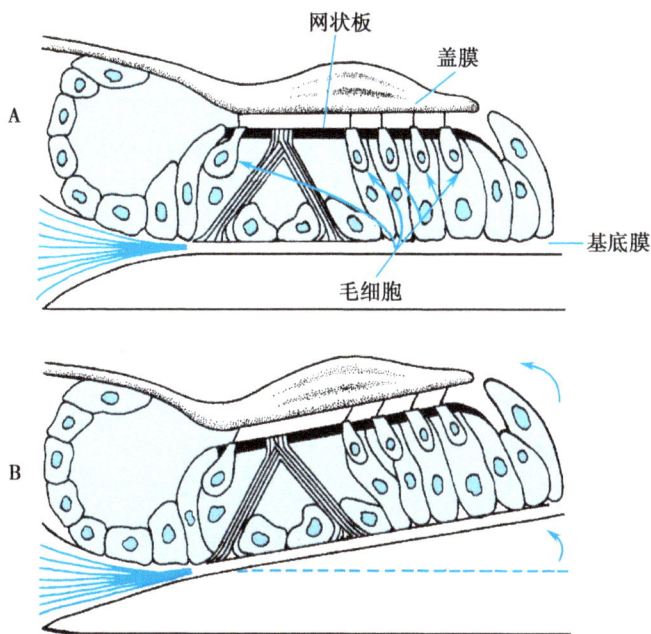

图 4-66 基底膜和盖膜振动时毛细胞顶部纤毛受力情况

A. 静止时的情况;B. 基底膜在振动中上移时,听毛因与盖膜间切向运动而弯向蜗管外侧

去极化,大量的马达蛋白同时收缩,可引起外毛细胞收缩而缩短,进而加强基底膜的上移;当毛细胞超极化时,则导致毛细胞伸长,进而加强基底膜的下移。所以,外毛细胞的功能类似耳蜗放大器,能感受并加强基底膜的振动,有助于内淋巴的流动,促使基底膜与盖膜之间内角处的内淋巴的流出,进而使毛细胞漂浮于内淋巴中的较短的纤毛顶端与盖膜接触。听神经的传入纤维中 90%~95% 来自内毛细胞,仅有 5%~10% 来自外毛细胞,也支持耳蜗内两种不同毛细胞在功能上的差异。

(二) 耳蜗的生物电现象

由于基底膜的振动引起毛细胞听毛弯曲变形,导致细胞膜离子通道开放,由此引起耳蜗内产生一系列的生物电活动,最后引起听神经纤维产生动作电位,完成耳蜗的换能作用。

1. **耳蜗内电位** 耳蜗管中的内、外淋巴在离子组成上差异很大,内淋巴中的 K^+ 浓度比外淋巴中高 30 倍,而外淋巴中的 Na^+ 浓度则比内淋巴中高 10 倍。因此,静息状态下耳蜗不同部位之间存在一定的电位差。在耳蜗未受刺激时,如果以鼓阶外淋巴的电位为参考电位(以 0mV 计),那么可测出蜗管内淋巴的电位为 +80mV 左右,称为耳蜗内电位(endocochlear potential),又称内淋巴电位(endolymphatic potential)。在静息状态下,毛细胞的静息电位为 –80~–70mV。由于毛细胞顶端浸浴在内淋巴中,而其他部位细胞膜浸浴在外淋巴中,所以毛细胞顶端膜内外电位差可达 160mV 左右,而毛细胞基底部膜内外电位差为 80mV 左右。这是毛细胞的膜电位与一般细胞的膜电位的不同之处。

内淋巴中正电位的产生和维持,与蜗管外侧壁处的血管纹结构的细胞活动有直接关系。由于血管纹细胞膜上存在有 ATP 酶活性的钠泵,可以分解 ATP,释放的能量将血浆中的 K^+ 泵入内淋巴液,将内淋巴液中的 Na^+ 泵入血浆,使内淋巴液中含有大量的 K^+,因而保持了较高的正电位。缺氧时,ATP 的生成和钠泵的活动出现障碍,难以维持内淋巴液的正电位,可导致听力障碍。

2. **耳蜗微音器电位** 当耳蜗受到声音刺激时,在耳蜗及其附近结构可记录到一种与声波的频率和幅度完全一致的电位变化,称为耳蜗微音器电位(cochlear microphonic potential)(图 4-67)。实验证明,听毛只要有 0.1° 的角位移,就可引起毛细胞上出现感受器电位,而且电位变化的方向与听毛受力的方向有关。这就是为什么微音器电位的波动能够同声波振动的频率和幅度相一

致的原因。耳蜗微音器电位是多个毛细胞产生的感受器电位的复合电位变化,具有位相性。其主要特点是无真正的阈值,没有潜伏期和不应期,不易疲劳,没有适应现象。耳蜗微音器电位可诱发听神经产生动作电位。

(三) 听神经动作电位

听神经动作电位是耳蜗对声音刺激所产生的一系列反应中最后出现的电变化,是耳蜗对声音刺激进行换能和编码的总结果,其作用是向听觉中枢传递声音信息。根据引导方法的不同,可记录到听神经单纤维动作电位和复合动作电位。

听神经单纤维动作电位记录的是单一听神经纤维的动作电位,安静时有自发放电,声音刺激时放电频率增加。不同的听神经纤维对不同频率的声音敏感性不同,用不同频率的纯音进行刺激时,某一特定的频率只需很小的刺激强度便可使某一听神经兴奋,这个频率即为该听神经纤维的特征频率(characteristic frequency)或最佳频率(optimum frequency)。随着声音强度的增加,单一听神经纤维放电的频率范围也增大。听神经纤维的特征频率与该纤维末梢在基底膜上的起源部位有关,特征频率高的神经纤维起源于耳蜗底部,特征频率低的神经纤维则起源于耳蜗顶部。

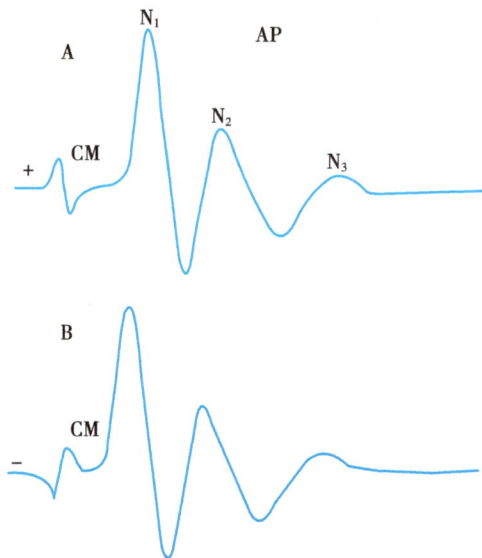

图 4-67　耳蜗微音器电位及听神经动作电位
CM:微音器电位;AP:听神经动作电位,包括 N1、N2、N3 三个负电位,A 与 B 对比表明,声音位相改变时,微音器电位位相倒转,但听神经动作电位位相不变

听神经复合动作电位是从整根听神经上记录到的复合动作电位,是所有兴奋的听神经纤维动作电位的总和。其振幅取决于声音的强度、兴奋的纤维数目以及不同神经纤维放电的同步化程度(图 4-67)。听神经动作电位的振幅与波形不能反映声音的特性,但可通过神经冲动的节律及发放神经冲动的纤维在基底膜的起源部位来传递不同的声音信息。作用于人耳的声波是多种多样的,由此而引起的听神经纤维的冲动及其序列的组合也多种多样,人脑便根据其中特定的规律而区分不同的音量、音调、音色等信息。

(四) 听觉中枢对听觉信息的处理

来自外界的声波经毛细胞转变为动作电位后,沿着听神经,经过脑干向听觉中枢传导。听觉的投射是双侧的,来自耳蜗的听神经首先在同侧脑干的耳蜗神经核换元,换元后的纤维大部分交叉到对侧(小部分不交叉),再经过核团接替后抵达内侧膝状体,最后投射到两侧大脑皮层的听觉代表区。人类听觉代表区位于颞叶皮层的颞横回和颞上回(41、42 区)。

听觉中枢的功能是对声音进行分析、理解和加工,以感觉声音的音色、音调、音强,同时把这些声音的含义和指令传达给其他有关的中枢,例如运动中枢、记忆中枢、视觉中枢等。听觉中枢与语言中枢关系极为密切,只有两者协同作用,才能共同完成听、说功能。当听力有了障碍时,语言的发育也会受到影响,如果严重的听力障碍导致听觉中枢不感受声音时,学习语言就无从谈起,人们常说的十聋九哑就是这个道理。另外借助于听觉中枢,还能完成各种听觉反射,如镫骨肌反射等,在受大声刺激时,通过此反射,可保护内耳免于伤害。

五、声音的传导

声音的传导分空气传导和骨传导两条途径。正常情况下以空气传导为主。

(一) 空气传导

耳廓收集声波经外耳道传至鼓膜,引起鼓膜振动,中耳内 3 个听小骨构成的听小骨链随之运动,将声波转换成机械能并加以放大,经镫骨底板传至前庭窗,引起前庭阶的外淋巴波动。在正常情况下,外淋巴的波动先由前庭阶传向蜗孔,再经蜗孔传向鼓阶。最后波动抵达第二鼓膜,使第二鼓膜外凸而波动消失。外淋巴的波动同时可通过前庭膜使内淋巴波动,也可以直接使基底膜振动,刺激螺旋器并产生神经冲动,经蜗神经传入中枢,产生听觉(图 4-68)。

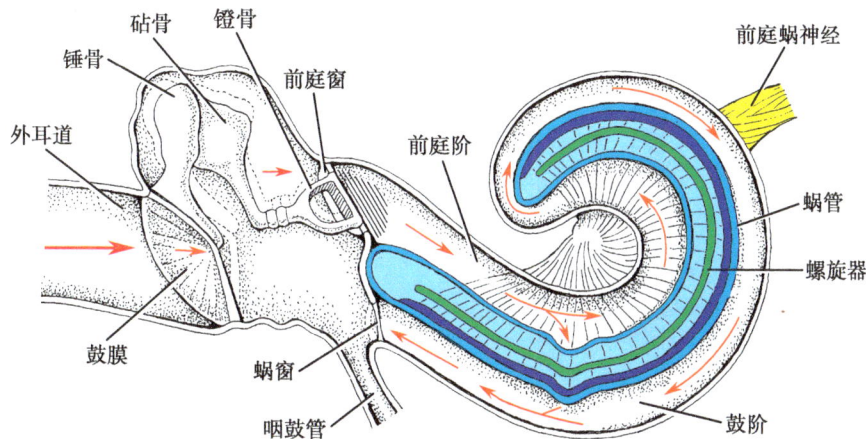

图 4-68　声波的传导

在鼓膜穿孔时,外耳道中的空气振动可以直接波及第二鼓膜,引起鼓阶内外淋巴波动,使基底膜振动以兴奋螺旋器。通过这条途径,也能产生一定程度的听觉。

(二) 骨传导

骨传导是指声波经颅骨(骨迷路)传入内耳的过程。声波的冲击和鼓膜的振动可经颅骨和骨迷路传入,使耳蜗内的外淋巴和内淋巴波动,刺激基底膜上的螺旋器产生神经兴奋,引起较弱的听觉。

外耳和中耳的疾患引起的耳聋称为传导性耳聋。此时骨传导尚可部分地代偿,故不会产生完全性耳聋。内耳、蜗神经、听觉传导通路及听觉中枢的疾患引起的耳聋,称为神经性耳聋。此时空气传导和骨传导的途径虽属正常,但也不能引起听觉,称为完全性耳聋。

列表简示如下:

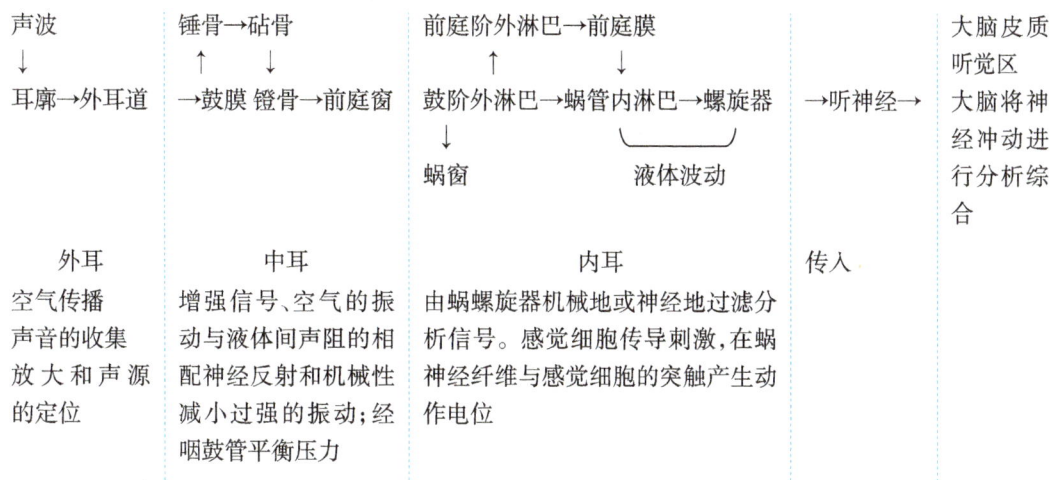

声波 ↓ 耳廓→外耳道	锤骨→砧骨 ↑ →鼓膜 镫骨→前庭窗	前庭阶外淋巴→前庭膜 ↑　　　　↓ 鼓阶外淋巴→蜗管内淋巴→螺旋器 ↓　　　　　　　　　 蜗窗　　　　液体波动	→听神经→	大脑皮质听觉区 大脑将神经冲动进行分析综合
外耳 空气传播 声音的收集 放大和声源的定位	中耳 增强信号、空气的振动与液体间声阻的相配神经反射和机械性减小过强的振动;经咽鼓管平衡压力	内耳 由蜗螺旋器机械地或神经地过滤分析信号。感觉细胞传导刺激,在蜗神经纤维与感觉细胞的突触产生动作电位	传入	

六、耳的发生

耳可分为外耳、中耳和内耳 3 部分,分别由外胚层来源的第 1 鳃沟及围绕鳃沟的 6 个结节、内胚层来源的第一咽囊和头部表面外胚层形成的耳板演变而来。

(一) 外耳的发生

外耳由第1鳃沟演变形成。胚胎第2个月末,第1鳃沟向内深陷,形成漏斗状管,演化成外耳道外侧段。管道底部外胚层细胞增生成一上皮细胞索,称外耳道栓(external acoustic meatus plug)。胚胎第7个月时,外耳道栓内部细胞退化吸收,形成的管腔成为外耳道的内侧段(图4-69)。胚胎第6周时,第1鳃沟周围的间充质增生,形成6个结节状隆起,称耳丘(auricular hillock)。后来这些耳丘围绕外耳道口,演变成耳郭(图4-70)。

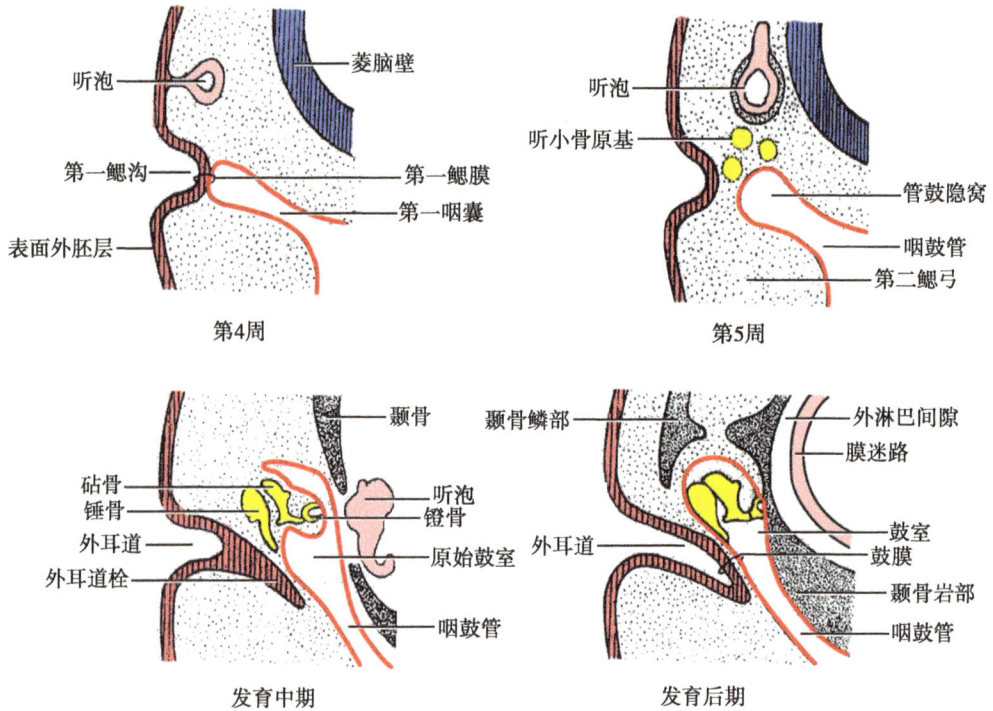

图4-69　耳的发生模式图

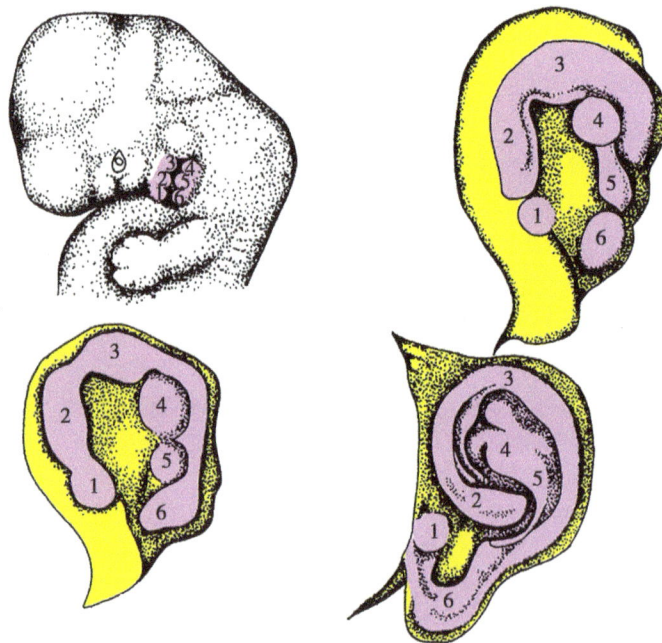

图4-70　耳郭的发生模式图
1~6示耳丘6个结节状隆起的发生与演变

(二) 中耳的发生

胚胎第 9 周时,第 1 咽囊向背外侧扩伸,远侧盲端膨大形成管鼓隐窝(tubotympanic recess),近侧端形成咽鼓管。管鼓隐窝上方的间充质形成 3 个听小骨原基。胚胎第 6 个月时,3 个听小骨原基先后骨化成为 3 块听小骨。与此同时,管鼓隐窝远侧端扩大形成原始鼓室,听小骨周围的结缔组织被吸收而形成腔隙并向上部扩展,与原始鼓室共同形成鼓室,听小骨位于其内。管鼓隐窝顶部的内胚层与第 1 鳃沟底的外胚层相对,分别形成鼓膜内、外上皮,两者之间的间充质形成鼓膜的结缔组织,于是形成了具有 3 层结构的鼓膜(图 4-69)。

(三) 内耳的发生

胚胎第 4 周初,菱脑两侧的表面外胚层在菱脑的诱导下增厚,形成听板(otic placode);继而向下方间充质内陷,形成听窝(otic pit);最后听窝闭合,并与表面外胚层分离,形成囊状的听泡(otic vesicle)。听泡初为梨形,以后向背腹方向延伸增大,形成背侧的前庭囊和腹侧的耳蜗囊,并在背端内侧长出一小囊管,为内淋巴管。前庭囊演化为 3 个膜半规管和椭圆囊的上皮;耳蜗囊演化为球囊和膜蜗管的上皮。这样听泡便演变为内耳膜迷路(图 4-71)。第 3 个月时,膜迷路周围的间充质分化成一个软骨性囊,包绕膜迷路。约在第 5 个月时,软骨性囊骨化成为骨迷路。于是膜迷路就完全被套在骨迷路内,两者间隔狭窄的外淋巴间隙。

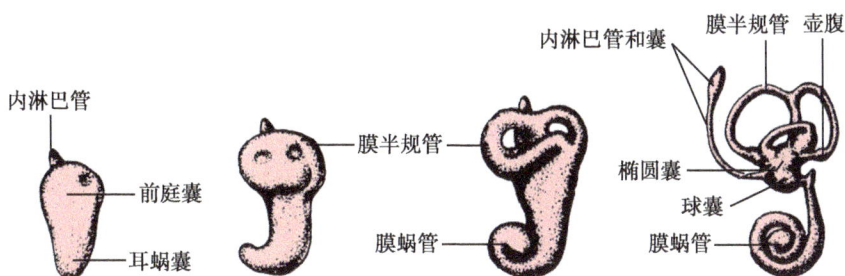

图 4-71 听泡的发育模式图(第 5~8 周)

(四) 耳的常见畸形

1. **先天性耳聋**(congenital deafness) 分遗传性和非遗传性两类。遗传性耳聋属常染色体隐性遗传,主要由于不同类型和不同程度的内耳发育不全、耳蜗神经发育不良、听小骨发育缺陷和外耳道闭锁(外耳道栓细胞未吸收)所致。非遗传性耳聋与药物中毒、感染、新生儿溶血性黄疸等因素有关。先天性耳聋患儿听不到语言,不能进行语言学习与锻炼,通常又聋又哑。

2. **副耳郭**(accessory auricle) 多由于耳丘发生过多所致,常见于耳屏前方。

3. **耳瘘**(auricular fistula) 常见于耳屏前方,可能因为第 1 鳃沟的背部闭合不全,或第 1、2 鳃弓发生的耳丘融合不良所致,形成皮肤性盲管继续向下延伸,并和鼓室相通,可挤压出白色乳酪状液体,易感染发炎。

(邹 原 肖 玲 陈 尧)

第四节 平 衡 觉

人体正常姿势的维持依赖于前庭器官、视觉器官和本体感觉的协同活动来完成,其中前庭器官的作用最为重要。前庭器官由前庭内的位觉斑和半规管内的壶腹嵴组成,在感受机体的姿势、运动状态、头部空间位置变化,以及保持身体平衡中起重要作用。

Note

一、平衡觉的结构基础

(一) 位觉斑

在膜前庭的椭圆囊的外侧壁和球囊的前壁的局部黏膜增厚隆起,构成位觉斑,分别称为椭圆囊斑和球囊斑,两个位觉斑相互垂直。位觉斑表面平坦,上皮为高柱状,由支持细胞和毛细胞组成(图 4-72,图 4-73)。

支持细胞呈高柱状,基部位于基膜上,游离面有微绒毛,细胞质顶部有分泌颗粒。支持细胞分泌胶状的糖蛋白,在位觉斑表面形成胶质膜,称位砂膜(statoconic membrane),膜表面碳酸钙和蛋白质组成的结晶颗粒,称位砂或耳石(otolith)。位砂膜是一种胶质板,耳石主要由蛋白质和碳酸钙组成,比重大于内淋巴,因而具有较大的惯性。椭圆囊中的囊斑和球囊中的囊斑所处的空间位置有所不同,当人体直立而静止不动时,椭圆囊囊斑的平面与地面平行,位砂膜在毛细胞纤毛的上方,而球囊囊斑的平面则与地面垂直,位砂膜悬在纤毛的外侧。

毛细胞位于支持细胞之间,细胞顶部有许多静纤毛(stereocilium)和一根较长的动纤毛(kinocilium),皆插入位砂膜中。静纤毛呈阶梯状排列,最长的静纤毛一侧有一根较长的动纤毛。静纤毛是特殊分化的微绒毛,中轴内有纵行排列的微丝;动纤毛内有 9+2 的微管结构。毛细胞基底部与前庭神经末梢形成突触联系。毛细胞分为Ⅰ型和Ⅱ型,Ⅰ型细胞呈烧瓶状,细胞除顶部以外均被前庭神经末梢包裹,后者形似酒杯,称为神经杯,与毛细胞形成突触。Ⅱ型细胞为长圆柱状,细胞基部和多个前庭神经末梢有突触联系,但不形成神经杯(图 4-74)。

椭圆囊和球囊囊斑的适宜刺激是头部空间位置的改变和身体水平方向的直线变速运动。在椭圆囊和球囊的囊斑上,几乎每个毛细胞的排列方向都不完全相同,因此,能感受各个方向上的变化。例如,当头的位置发生改变时,由于重力的作用,位砂膜与毛细胞的相对位置会发生改变;当躯体在水平方向作直线变速运动时,由于惯性的作用,位砂膜与毛细胞的相对位置也会发生改变,可使纤毛弯曲,从而使相应的传入神经纤维的冲动发生改变,信息传入中枢。椭圆囊斑的神经冲动沿前庭神经的椭圆囊支传向中枢,而球囊斑的神经冲动沿前庭神经的球囊支向中枢。由于椭圆囊斑和球囊斑互成直角,所以,不管身体处在何种

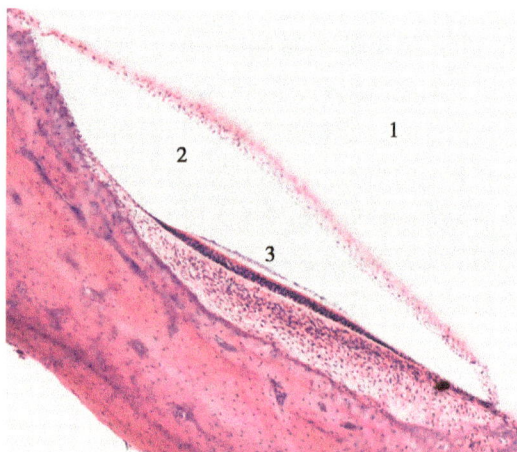

图 4-72　位觉斑光镜图
1. 前庭;2. 椭圆囊;3. 椭圆囊斑(文建国　图)

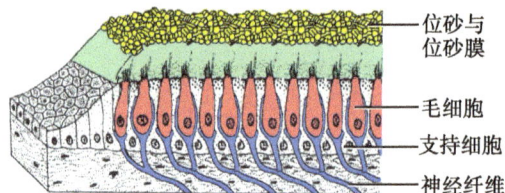

图 4-73　位觉斑模式图

位砂与位砂膜
毛细胞
支持细胞
神经纤维

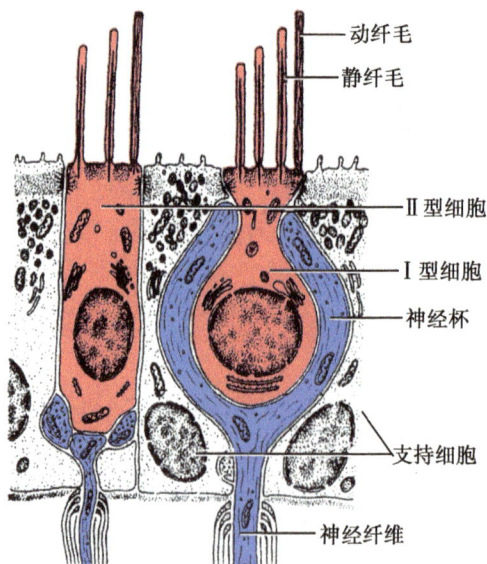

图 4-74　位觉感受器超微结构模式图

动纤毛
静纤毛
Ⅱ型细胞
Ⅰ型细胞
神经杯
支持细胞
神经纤维

Note

位置,都会有毛细胞受到刺激。

(二) 壶腹嵴

膜半规管套于同名骨半规管内,每个半规管与椭圆囊连接的一端都有一个膨大的部分,称为壶腹(ampulla),膜壶腹一侧的部分黏膜呈鞍状增厚凸向腔内,形成一横行隆起,称壶腹嵴(crista ampullaris)(图4-75,图4-76)。

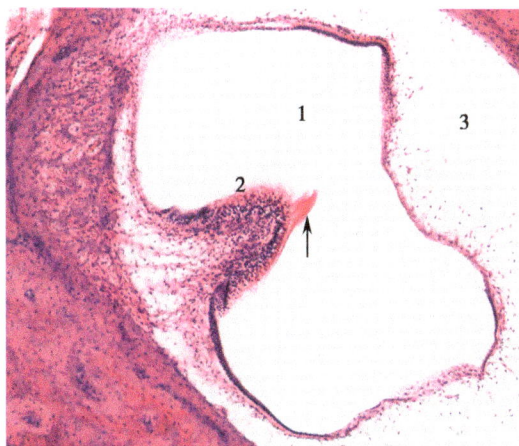

图 4-75　壶腹嵴光镜图

1. 膜半规管壶腹部;2. 壶腹嵴;↑壶腹帽(为完全保存);3. 半规管(文建国　图)

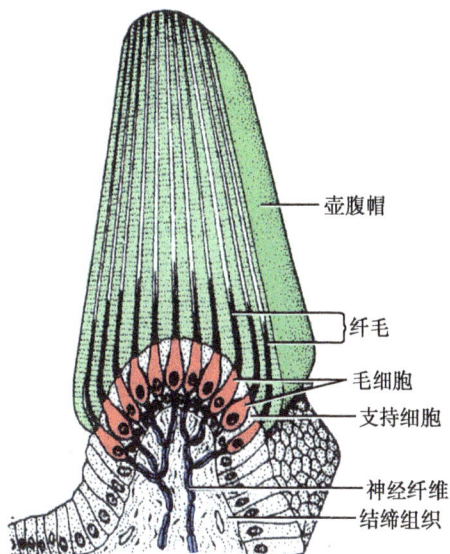

图 4-76　壶腹嵴模式图

壶腹嵴的上皮由支持细胞和毛细胞组成,毛细胞位于壶腹嵴顶部的支持细胞之间,分为Ⅰ型和Ⅱ型,Ⅰ型毛细胞分布于壶腹嵴中央部,而Ⅱ型毛细胞分布于壶腹嵴周边部,其动纤毛和静纤毛的数量和排列情况与位觉斑类似。支持细胞分泌的含酸性黏多糖的胶状物,并形成一圆锥状的帽状结构,称壶腹帽(cupula),动纤毛和静纤毛插入壶腹帽基部。

毛细胞上动纤毛与静纤毛的相对位置是固定的。在外半规管内,当内淋巴由管腔朝向壶腹的方向移动时,能使毛细胞的静纤毛向动纤毛一侧弯曲,引起毛细胞兴奋;相反,当内淋巴离开壶腹流向管腔时则静纤毛向相反的方向弯曲,使毛细胞抑制。在上半规管和后半规管,因毛细胞排列方向不同,内淋巴流动的方向与毛细胞反应的方式刚好相反,离开壶腹方向的流动引起毛细胞兴奋,而朝向壶腹的流动则引起毛细胞抑制。

半规管壶腹嵴的适宜刺激是空间任何方向的旋转变速运动。当人体向左开始旋转时,左侧水平半规管中的内淋巴将向壶腹的方向流动,使该侧毛细胞兴奋而产生较多的神经冲动;与此同时,右侧水平半规管中内淋巴的流动方向是离开壶腹,于是右侧水平半规管壶腹传向中枢的冲动减少。当旋转进行到匀速状态时,管腔中的内淋巴与半规管呈相同角速度的运动,于是两侧壶腹中的毛细胞都处于不受刺激的状态,中枢获得的信息与不进行旋转时无异。当旋转突然停止时,由于内淋巴的惯性,两侧壶腹中毛细胞纤毛的弯曲方向和冲动发放情况正好与旋转开始时相反。人脑正是根据来自两侧水平半规管传入信号的差别来判断旋转方向和旋转状态的。其他两对半规管也接受与它们所处平面方向相一致的旋转变速运动的刺激。

二、平衡觉的形成

(一) 毛细胞的适宜刺激及生理功能

毛细胞超微结构参见图4-74。毛细胞的适宜刺激是与纤毛的生长面呈平行的机械力的作

Note

用。实验证明,当纤毛处于自然状态时,细胞膜内侧存在约 -80mV 的静息电位,同时与毛细胞相连的神经纤维上有一定频率的持续放电。如果外力使静纤毛朝向动纤毛一侧偏转,毛细胞膜电位即发生去极化,去极化达到阈电位(-60mV)水平时,支配毛细胞的传入神经冲动发放频率就增加,表现为兴奋效应;相反,当外力使静纤毛向背离动纤毛的一侧弯曲时,则毛细胞的膜电位发生超极化,传入纤维的冲动发放减少,表现为抑制效应(图 4-77)。这是前庭器官中毛细胞感受外界刺激的一般规律,其换能机制与耳蜗毛细胞相似。

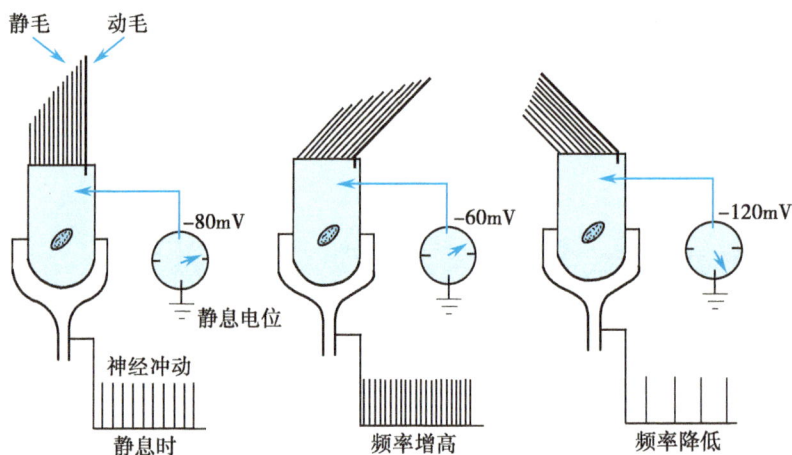

图 4-77 前庭毛细胞顶部纤毛受力情况与电位变化关系示意图
静纤毛向动纤毛一侧偏转时,毛细胞膜去极化;当动纤毛向静纤毛一侧偏转时,毛细胞膜超极化

(二) 前庭反应

当前庭器官受刺激而兴奋时,除引起一定的运动觉和位置觉外,还能引起各种不同的骨骼肌和内脏功能的改变,这种现象称为前庭反应。前庭反应包括前庭姿势调节反射、自主神经反应和眼震颤。

1. 前庭姿势调节反射 前庭器官通过姿势调节反射,维持姿势和保持身体平衡。例如,当汽车向前开动时,由于惯性身体会向后倾倒,可是当身体向后倾倒之前,椭圆囊的耳石因其惯性而使囊斑毛细胞的纤毛向后弯曲,信息传入中枢即可反射性地使躯干部的屈肌和下肢的伸肌的张力增加,从而使身体向前倾以保持身体的平衡。乘电梯上升时,椭圆囊中的耳石对毛细胞施加的压力增加,球囊中的耳石使毛细胞纤毛向下方弯曲,反射性地引起四肢伸肌抑制而发生下肢屈曲;电梯下降时,耳石对囊斑的刺激作用可导致伸肌收缩,下肢伸直。这些都是前庭器官的姿势反射,其意义在于维持机体一定的姿势和保持身体平衡。

2. 自主神经反应 如果前庭器官受到过强或长时间的刺激时,可通过前庭神经核与网状结构的联系而引起自主神经功能失调,导致心率加速、血压下降、呼吸频率增加、出汗以及皮肤苍白、恶心、呕吐等现象,称为前庭自主神经反应(vestibular autonomic reaction)。如果前庭感受器过度敏感,一般的前庭刺激也会引起自主神经反应。晕车、晕船等都是前庭自主神经反应的表现。

3. 眼震颤 眼震颤(nystagmus)是躯体旋转运动时引起的眼球不自主的节律性运动,是最典型的前庭反应。临床上检查这一反应,常用于判定前庭功能是否正常。眼震颤主要是由半规管受刺激而引起的。在生理情况下,两侧水平半规管受到刺激(如以身体纵轴为轴心的旋转运动)时,可引起水平方向的眼震颤,上半规管受刺激(如侧身翻转)时可引起垂直方向的眼震颤,后半规管受刺激(如前、后翻滚)时可引起旋转性眼震颤。

　　人类在地平面上的活动较多(如转身、头部向后回顾等),当头与身体开始向左旋转时,由于内淋巴的惯性,使左侧半规管壶腹嵴的毛细胞受刺激增强,而右侧半规管正好相反,这样的刺激可反射性地引起某些眼外肌的兴奋和另一些眼外肌的抑制,于是出现两侧眼球缓慢向右侧移动,这一过程称为眼震颤的慢动相(slow component);当眼球移动到两眼裂右侧端不能再移动时,又突然快速地向左侧移动回到眼裂正中,这一过程称为眼震颤的快动相(quick component)。随后再出现新的慢动相和快动相,周而复始。当旋转变为匀速转动时,旋转虽在继续,但眼震颤停止。当旋转突然停止时,又由于内淋巴的惯性而出现与旋转开始时方向相反的慢动相和快动相组成的眼震颤(图 4-78)。眼震颤慢动相的方向与旋转方向相反,是由于对前庭器官的刺激而引起的,而快动相的方向与旋转方向一致,是中枢进行矫正的运动。临床上用快动相来表示眼震颤的方向,进行眼震颤试验以判断前庭功能是否正常。

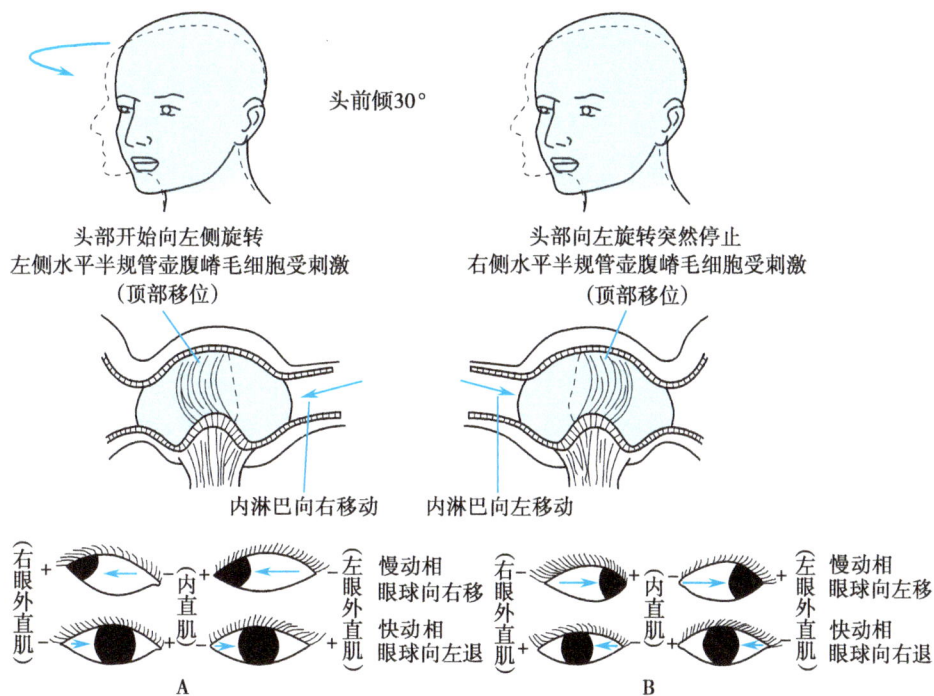

图 4-78　眼震颤示意图
A. 头前倾 30°、旋转开始时的眼震颤方向；B. 旋转突然停止时的眼震颤方向

(邹　原　肖　玲)

第五节　嗅觉和味觉

　　嗅觉(olfaction)和味觉(taste)同属化学感觉。从进化的角度看,两者都是最古老的感觉。这两种感觉均源自于它们的感受器与外界化学物质的相互作用。嗅觉感受器的适宜刺激是可溶的、有气味的气体分子,这些气体分子作用于鼻腔上部的嗅细胞(嗅感受器)而引起嗅觉;味觉感受器的适宜刺激是水溶性化学物质,它直接作用于分布在舌面、咽喉的黏膜和软腭等处的味蕾而引起味觉。引起嗅觉和味觉的化学物质的分子挥发性不同,不挥发的分子有可能触发味觉,但不能引起嗅觉。嗅、味觉均是快适应性感觉,随着刺激延续而敏感性迅速降低。

　　正常的嗅、味觉对维持机体代谢和内环境稳态、保障健康、提高生存及生活质量、促进人们的社会交往等方面,具有重要的意义。

Note

一、嗅觉

(一)嗅觉的一般特性

脊椎动物、其他具有嗅觉感受器的动物和人,能通过嗅觉来辨别食物、配偶、所处环境以及愉悦和厌恶的气味,从而获得外界环境的信息。自然界能够引起嗅觉的有气味物质多达两万余种,而人类能够明确辨别的气味约一万种。一般认为,嗅觉的多种感受是由至少7种基本气味(或称原初气味)组合而形成的,这7种基本气味是:樟脑味、麝香味、花草味、乙醚味、薄荷味、辛辣味和腐腥味。实际上,基本气味可能远不止7种。

嗅觉的特征之一是感受阈值低,空气中只要含有极微量的某一种气味物质,即可引起相应的嗅觉。例如,空气中灯笼椒(bell pepper)的挥发性香味在0.01nmol/L浓度时即能被嗅到。不同种属的动物的嗅觉敏感程度差异大,例如狗被认为是嗅觉敏锐动物,人和其他灵长类动物的嗅觉则相对迟钝。例如,人对醋酸的感觉阈值比狗高1000万倍。另外,同一动物或人对不同气味物质的敏感程度也不相同,有的人甚至缺乏嗅觉感知能力,通常称之为嗅觉缺失或嗅盲(anosmia)。嗅觉的另一个明显特征是适应快,当某种气味突然出现时,可引起明显的嗅觉,如果有这种气味的物质继续存在,嗅觉很快减弱,乃至消失。某些疾病状态会对嗅觉产生明显的影响,如感冒、鼻炎等均可降低嗅觉的敏感度。此外,环境温度、湿度和气压等的明显变化,也都对嗅觉的敏感度产生影响。

(二)嗅觉感受器的结构和功能

1. 嗅觉感受器的解剖位置与形态   鼻腔(nasal cavity)以鼻阈为界分为鼻前庭(nasal vestibule)和固有鼻腔(nasal proper cavity)。固有鼻腔有内、外侧和顶、底四壁。底壁为硬腭的鼻腔面,顶壁窄,呈穹隆状,其中段水平为筛骨的水平板,板上分布有筛孔,嗅区嗅细胞发出的嗅丝由此通过。

鼻腔内面有鼻腔黏膜覆盖,与鼻泪管、鼻窦和鼻咽的黏膜相连续,分为嗅区黏膜和呼吸区黏膜。嗅器(olfactory apparatus)位于鼻中隔上部、上鼻甲及鼻腔顶部。此处的黏膜称嗅黏膜,嗅黏膜呈棕黄色,人两侧嗅黏膜的总面积为$4\sim6cm^2$,狗的嗅黏膜约为$100cm^2$,故狗的嗅觉比人发达。嗅黏膜由上皮和固有层组成,上皮为假复层无纤毛柱状,又称嗅上皮,内有嗅细胞,支持细胞和基细胞(图4-79,图4-80)。

(1) 嗅细胞   嗅细胞(olfactory cell)即嗅觉感受器,为双极神经元,位于支持细胞之间,是唯一存在于上皮内的感觉神经元,也是唯一起源于中枢神经系

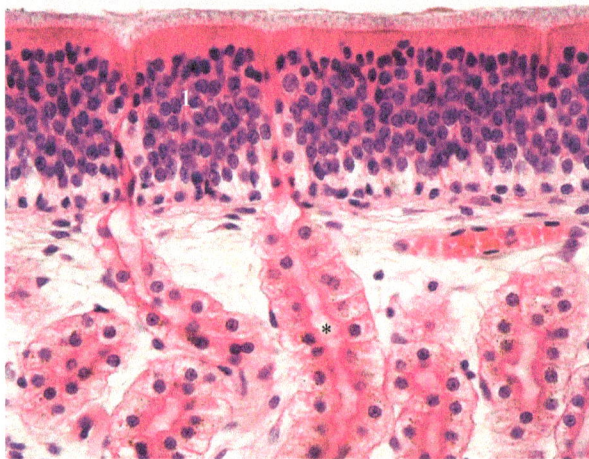

图4-79   嗅黏膜光镜图
1. 假复层纤毛柱状上皮;* 嗅腺(周莉   图)

统且能直接感受环境中化学物质刺激的神经元,有感受刺激和传导冲动的能力。嗅细胞数量约为100×10^6个,呈长梭形,长约$42\mu m$,细胞分为树突、胞体和轴突,其树突细长伸至上皮表面,末端膨大成球状的嗅泡(olfactory vesicle),从嗅泡发出10~30根较长的嗅毛(olfactory cilia)。嗅毛属于纤毛,但由于其微管缺乏动力臂故不能摆动,而是倒伏、浸埋于上皮表面的嗅腺分泌物中。胞体基部伸出轴突,穿过基膜入固有层内,由嗅鞘细胞(olfactory ensheathing cell)包裹构成无髓神经纤维,进而组成嗅神经(olfactory nerve)。嗅毛为嗅觉感受器,其上分布有不同的受体,可接受不同化学物质的刺激,使嗅细胞产生冲动,经嗅神经穿过颅骨筛板,终止于嗅球,产生嗅觉。

嗅细胞是哺乳动物神经系统少有的数种呈规律性死亡和再生的神经元之一,其生存周期介于4~8周之间,死亡后由基细胞分裂分化补充。

(2) 支持细胞:支持细胞(supporting cell)数目最多,细胞呈高柱状,顶部宽大,基部较细,游离面有许多微绒毛。核呈卵圆形,位于细胞上部。细胞器的分布有明显极性,大部分集中在细胞顶部胞质内,因此顶部胞质的染色较深,而基部胞质染色较浅。胞质内线粒体较多,常见脂褐素颗粒、吞噬体和凋亡小体。细胞侧面与相邻的嗅细胞之间有连接复合体。支持细胞有支持、分隔、营养和保护嗅细胞的作用。

(3) 基细胞:基细胞(basal cell)位于嗅上皮基底部,呈圆形或锥形,胞体较小,直径4~6μm,核圆居中,胞质内细胞器较少。基细胞具有干细胞的功能,可分裂分化为支持细胞和嗅细胞。

嗅黏膜固有层为薄层结缔组织,其深部与骨膜相连。固有层内有较多的血管、淋巴管和神经,并有许多浆液性嗅腺(olfactory gland),又称鲍曼腺(Bowman gland)。嗅腺腺泡分泌的浆液经导管排出至上皮表面,

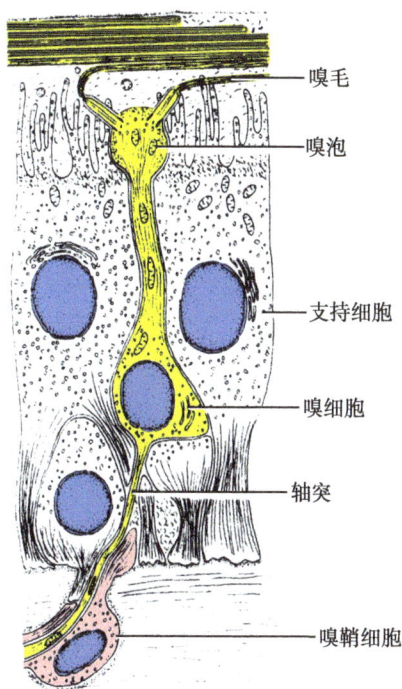

图 4-80　嗅黏膜上皮细胞超微结构模式图

可溶解空气中的化学物质,刺激嗅毛,产生嗅觉。嗅腺不断分泌浆液,可清洗上皮表面,保持嗅细胞感受刺激的敏感性,亦可防止嗅上皮干燥。

2. 嗅觉受体与嗅觉信号转导　嗅觉受体属G-蛋白耦联受体,为穿膜蛋白。嗅细胞的细胞膜基本结构由脂质双分子层构成,在胞膜的内面和外面都是亲水性荷负电的磷酸基团,两层疏水性的脂肪酸链位于胞膜内。这样的细胞膜结构不易通透大分子和亲水性带电荷的分子,而对脂溶性的小分子容易通透。研究者们使用免疫组织化学方法进一步确定了嗅受体蛋白在嗅细胞上的空间分布,发现嗅受体蛋白主要分布在嗅纤毛上。嗅觉信号的转导起始于嗅质与相应嗅受体的结合,并激活其耦联的G-蛋白,G-蛋白的Golf(α)亚单位与GTP结合,进而激活腺苷酸环化酶Ⅲ(adenylyl cyclase Ⅲ, ACⅢ),导致胞内环化腺苷酸(cAMP)水平升高并开放其门控的离子通道,使 Na^+ 和 Ca^{2+} 内流,最终使嗅细胞去极化。这种去极化效应能被 Ca^{2+} 激活的外向 Cl^- 电流放大,通过电压门控通道调节 Na^+ 通道而引发动作电位(图4-81)。迄今的研究表明,用基因敲除技术使小鼠嗅觉信号转导通路中的3个蛋白(Golf、ACⅢ、核苷酸环化酶门控通道)中任意一个失活,小鼠嗅觉细胞对嗅质刺激引起的电反应及行为学反应完全消失,证明嗅觉转导通路中每个蛋白分子对嗅觉信息的正常传导都必不可少。除了cAMP途径外,三磷酸肌醇(IP_3)也通过与细胞内质网膜的 IP_3 受体(IP_3R)结合,开放 Ca^{2+} 通道、释放 Ca^{2+},参与嗅觉的信号转导,但可能主要起调节作用。

1991年,Richard Axel 和 Linda Buck 揭示了嗅细胞上的嗅觉受体跨膜蛋白家族以及编码这类蛋白的基因。他们发现并克隆了这一多基因家族中的18个不同的基因,这些基因编码特异性地表达于嗅上皮上的7个跨膜蛋白。这类蛋白都具有螺旋状7次跨膜结构,其基因序列也与另一类G-蛋白结合受体家族类似(图4-82)。这一突破性的进展大大促进了人们对嗅觉生理过程的认识。迄今,科学家们已经发现了人类的350个嗅觉受体基因和大约560个嗅觉受体伪基因。这些基因和伪基因的表达产物特异性地存在于嗅觉系统,占了人类基因组基因中的约2%。每个受体基因在结构上和其他基因都有所不同,所以由这些基因编码的每个受体蛋白和嗅质结合的能力也不尽相同。不仅如此,每个嗅觉感受器细胞似乎只表达一种受体基因。嗅觉受体蛋

Note

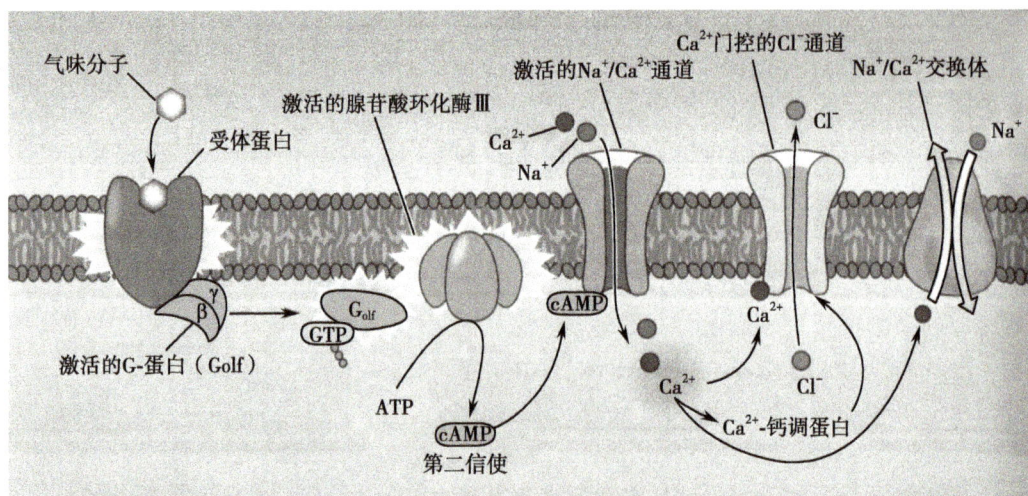

图 4-81 嗅觉信号转导模式图

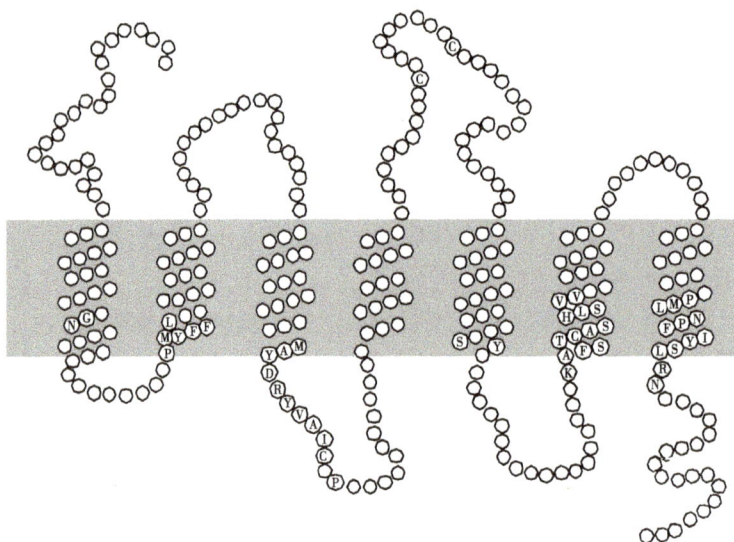

图 4-82 嗅蛋白结构模式图

白基因家族的发现及其功能的探索,在嗅觉研究领域具有里程碑式的意义。由于 Richard Axel 和 Linda Buck 教授在这一领域的卓越贡献而获得 2004 年度的诺贝尔生理学或医学奖。

晚近的研究表明,多种其他类别的蛋白可能也参与嗅觉的信号转导。受体转运蛋白(receptor transporting protein,RTP)中的 RTP_1、RTP_2 和 $REEP_1$ 在嗅上皮内嗅细胞上有特异性的表达,这些蛋白能够促进嗅受体在细胞表面的表达。一般认为,它们可能作为分子伴侣或伴侣蛋白促进嗅蛋白的折叠和从胞内向胞膜的运输。鸟嘌呤核苷酸交换因子 Ric-8B 在嗅细胞、嗅球和纹状体等脑组织中有表达。鸟嘌呤核苷酸交换因子 Ric-8B 可以与 $G_{\alpha olf}$ 相互作用,促进 GDP 与 GTP 的交换,进而加快 $G_{\alpha olf}$ 的激活,激活嗅受体的信号转导通路。

此外,进入鼻腔的空气,不仅有能兴奋嗅觉感受器并最终形成气味感觉的嗅质分子,还有一些分子被称为信息素(pheromone)。它们刺激鼻腔中的另一类受体,信息传到中枢后,不引起特定的气味感觉,而是调节内分泌激素的分泌和引起特定的行为反应。

(三) 嗅觉传导通路

1. 嗅觉信息在嗅球的传递与整合 嗅觉信息传递始于鼻腔内嗅区黏膜嗅上皮的嗅细胞,该类细胞同时具有感受气味刺激和传导冲动的双重作用。嗅细胞的中枢突是无髓神经纤维,参与组成嗅丝。20 余条嗅丝构成嗅神经,传导嗅觉冲动至同侧嗅球中的不同的嗅小球(glomerulus)。嗅小球既是嗅球中的结构单元,也是功能单元。在啮齿类动物,每个嗅球大约包含数千个嗅小球。一个嗅小球只接受表达一种气味受体的嗅细胞的投射,因此一个嗅小球的气味感受域(molecular receptive range,MRR)代表了一种气味受体的感受域。目前对嗅小球气味感受域的研究显示,一种气味分子能够激活固定的一些嗅小球,不同的气味分子则激活不同的嗅小球的组合。

大量研究资料表明,每个嗅小球与数十个僧帽细胞(mitral cell)和更多的丛毛细胞(tufted cell)形成突触联系(图 4-83)。采用电生理记录、分子标记和光学成像的方法都可以观察到嗅小球可被特定的气味所激活,不同的嗅小球有其特异的气味激活模式。由于与同一个嗅小球形成联系的僧帽或丛毛细胞只接受来自一种受体的输入,因此嗅小球和与之连接的僧帽或丛毛细胞组成了嗅球中信号处理的基本单元。

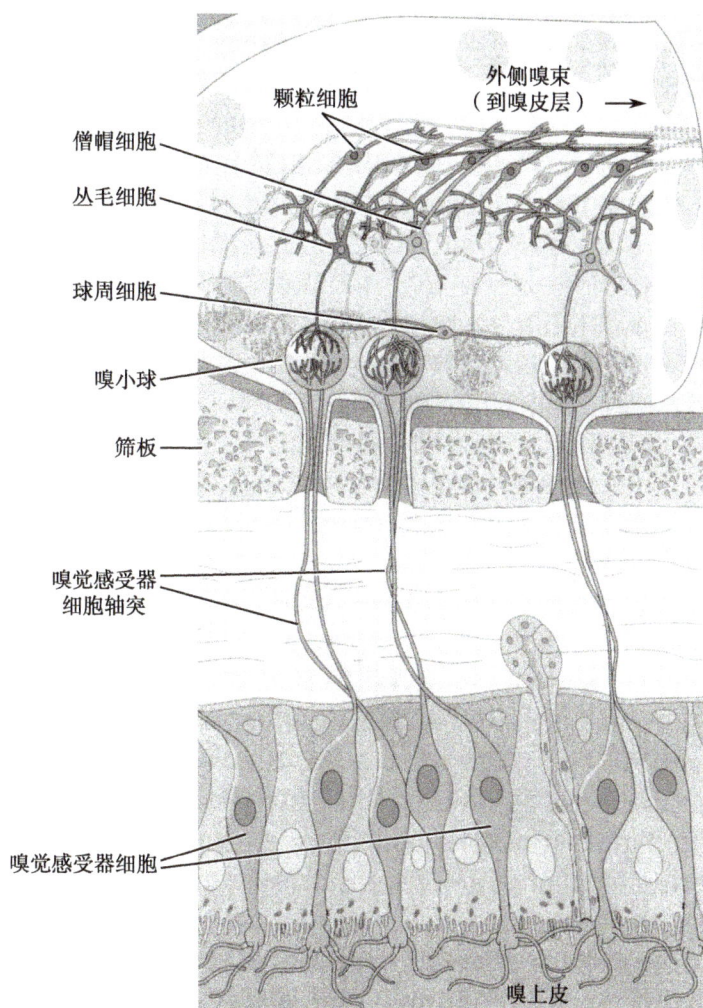

图 4-83　嗅觉信息在外周和嗅球传递的模式图

嗅球内部还存在大量的中间神经元,这些神经元与僧帽或丛毛细胞一起构成了嗅球中复杂的神经元环路,以整合或介导嗅球内部的相互作用。除了连接同一嗅小球的僧帽细胞之间存在相互作用以外,连接不同嗅小球的僧帽细胞之间也有相互作用。小球间的回路主要由僧帽细胞和颗粒细胞之间交互的树 - 树突触构成。单个僧帽细胞与其突触后的颗粒细胞之间存在交互突触,而颗粒细胞又通过交互突触与其他的僧帽细胞相连。这种突触联系产生了如下效应:颗粒细胞介导的侧抑制可以使僧帽细胞的感受域变小；交互突触参与了嗅球内部震荡的形成，使僧帽细胞的放电同步化，从而使嗅觉记忆在嗅球内的储存成为可能。

2. 嗅觉信息在高级嗅觉中枢的整合　僧帽细胞发出的轴突组成外侧嗅束，外侧嗅束的轴突在后端分为外侧和内侧嗅纹，再主要投射至颞叶腹内侧部的梨状皮层（pyriform cortex），也有轴突投射至副嗅核（accessory olfactory nuclei）、嗅结节（olfactory tubercle）、内嗅皮层（entorhinal cortex）以及杏仁（amygdala）等结构。这一脑内投射径路以同侧投射为主，也有少量轴突投射至对侧相应部位，以实现嗅觉信息在高级中枢的处理和进一步整合。梨状皮层发出锥状轴突，依次投射至丘脑、下丘脑、海马及杏仁。梨状皮层的部分神经元也直接与前额皮层等新皮层的多个区域的神经元相联系，以完成对复杂嗅觉刺激的复合反应。高级嗅觉中枢对嗅觉信息进一步整合、解码后，产生不同的嗅知觉。目前对嗅觉信息在梨状皮层和新皮层相关区域整合的机制所知不多，但可以肯定的是，包括多个边缘前脑结构在内的这些复杂信息通路涉及嗅知觉与认知、内脏活动、相关的情绪及内环境稳态的相互作用（图 4-84）。

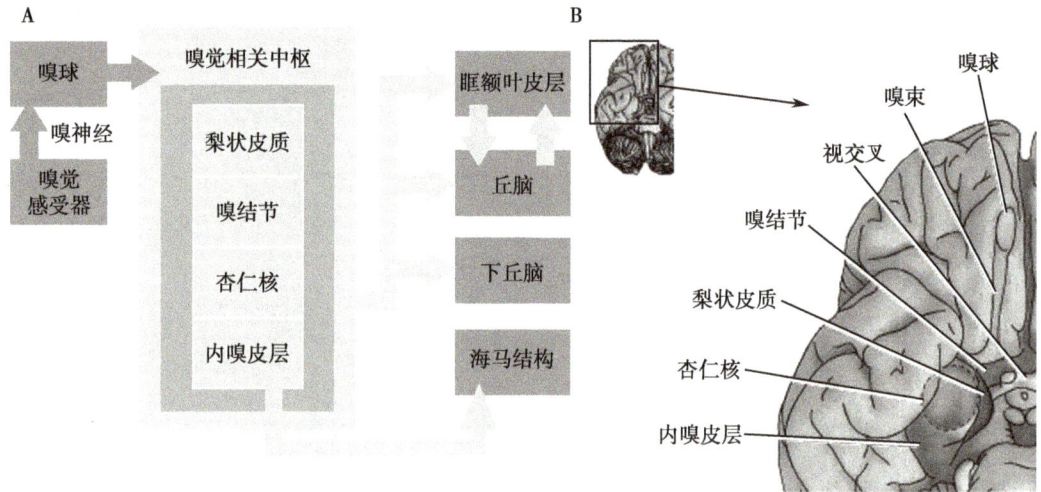

图 4-84　嗅觉信息在高级中枢的传递模式图

二、味觉

(一) 味觉的一般特性

人类及大多数哺乳动物通常能够辨别 5 种基本味道，即甜（sweet）、酸（sour）、苦（bitter）、咸（salt）和鲜味（umami）。甜味通常代表富含能量的食物，鲜味一般指的是谷氨酸的味道，酸味是新陈代谢加速和食物变质的信号，苦味一般来自于天然毒物，咸味主要由 Na^+ 引起，与机体电解质平衡感知密切相关。

这 5 种味觉都不是由单一的化学物质引起的。实验中，通常以蔗糖、盐酸、奎宁、氯化钠及谷氨酸钠为 5 种基本味质的代表。对于哺乳动物，甜味质，如糖类、某些氨基酸、糖精等大都能产生欣快味觉，而某些酸味质以及奎宁等苦味质则引起厌恶性味觉。动物都能根据机体自身所需形成不同的味觉喜好，来指导对食物的选择。因此，味觉的作用不仅在于辨别味道，更为重要的是参与调节营养物质的摄取和机体内环境稳态的维持。

很多因素可以影响味觉：①物质的分子结构：通常 NaCl 能引起典型的咸味；H^+ 是引起酸味的关键因素，有机酸的味道与它们带负电的酸根有关；甜味觉的引起与葡萄糖的主体结构有关；而奎宁和一些有毒物质的生物碱结构能引起典型的苦味；②物质的水溶性：化学物质必须有一定的水溶性才可能产生味觉，完全不溶于水的物质是无味的，溶解度小于阈值的物质也是

Note

无味的,水溶性越高,味觉产生的越快,消失的也越快;一般来讲,酸、甜、咸味的物质易溶于水,而苦味物质的水溶性相对较小;③同一种味质,由于其浓度不同所产生的味觉也不尽相同,如0.01~0.03mol/L 的食盐溶液呈微弱的甜味,0.04mol/L 呈甜咸味,而浓度大于 0.04mol/L 时才引起纯粹的咸味;④动物或人类对不同味质的敏感度不同;一般情况下,对苦味的敏感度远高于其他,即对苦味质的感受阈值最低,其次为酸味质,再次为咸味质,而对甜味质的阈值最高;味觉感受器是一种快适应感受器,长时间受某种味质刺激时,其味觉敏感度降低,但此时对其他物质的味觉感受并无影响;⑤舌不同部位对不同味觉刺激的敏感度有所不同,一般认为,舌尖对甜味、舌两侧对酸味、舌两侧前部对咸味比较敏感,而软腭和舌根部则对苦味敏感;⑥温度:味觉的敏感度常受食物或刺激物本身温度的影响,在 20~30℃之间,味觉的敏感度最高。此外,味觉的辨别能力也受血液化学成分的影响。

(二)味觉感受器的结构和功能

1. 味觉感受器的形态和分类　味觉感受器细胞包被在味蕾(taste bud)中,主要分布于舌表面的菌状乳头的表面和轮廓乳头沟两侧的上皮内,软腭、会厌及咽等部上皮内也有少量散在分布。舌乳头按其形态可分为 4 种类型——丝状乳头(filiform papilla)、菌状乳头(fungiform papilla)、叶状乳头(foliate form papilla)和轮廓乳头(circumvallate form papilla,CV)。其中丝状乳头不含味蕾,仅起机械支持作用。后三者因含味蕾而被称为味乳头,它们在舌上的分布不同。菌状乳头散布于整个舌表面。轮廓状乳头局限于靠近舌根部。叶状乳头分布于舌的侧缘,人类的叶状乳头不发达。成年人其中约一半的味蕾在轮廓乳头中(图 4-85)。人的味蕾总数平均约 10万个,儿童味蕾相对较多,老年时因萎缩而减少。

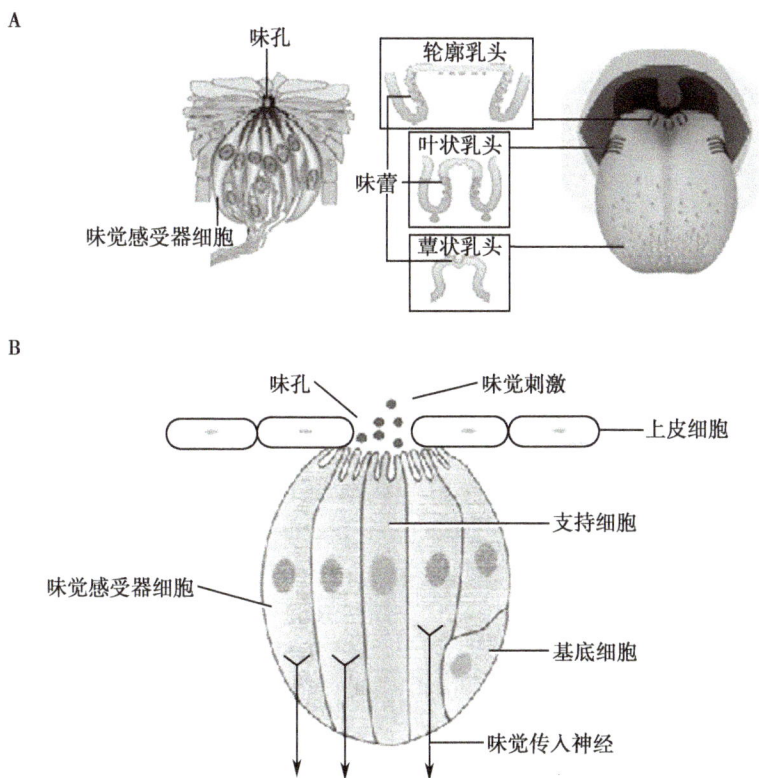

图 4-85　味觉感受器细胞,味蕾和舌乳头示意图

味蕾是上皮细胞分化形成的特殊结构,呈卵圆形,通常由 50~150 个味觉感受器细胞(味细胞)和基细胞并列成簇排列而成,顶端有味孔(图 4-86)。味细胞属于感觉上皮细胞,呈长梭形,细胞顶部有微绒毛(也称味毛)伸入味孔,基部胞质内含突触小泡样颗粒,基底面与味觉神经末

梢形成突触。味蕾深部的基细胞呈小锥体形，是未分化细胞，可分化为味细胞。味蕾是味觉感受器。舌不同部位的味蕾对不同味道的物质的感受性不同。舌尖主要感受甜和咸味物质，舌两侧主要感受酸味物质，舌背后部主要感受苦味物质，其他味觉都由这4种基本味觉相互组合而产生。

根据形态及对味觉刺激的反应特征，哺乳动物的味觉感受器细胞分为4种类型，即Ⅰ型细胞（暗细胞）、Ⅱ型细胞（明细胞）、Ⅲ型细胞和Ⅳ型细胞（基细胞）。Ⅰ型细胞约占味蕾细胞的60%，顶端有微绒毛，可分泌物质进入味蕾

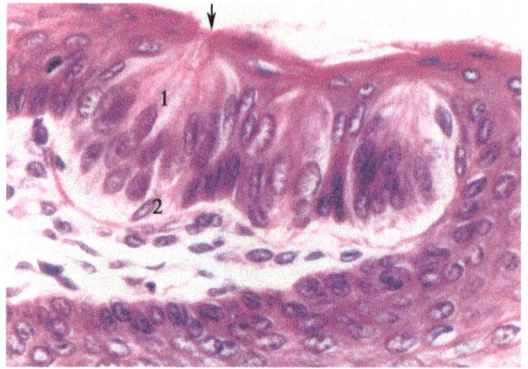

图4-86   味蕾光镜图
1. 味细胞   2. 基细胞   ↓味孔

的内腔，可能是咸味觉的感受细胞。Ⅱ型细胞是甜味觉、咸味觉和苦味觉的感受器细胞，微绒毛少，顶端胞质终止在味孔内，占味蕾细胞的30%左右，可感受不同的味质特性并将其转化为味觉信号。它也是上皮细胞，可以再生，其上有微绒毛，称为味毛，伸入腔内，在舌表面的水溶性物质能通过味孔扩散至味蕾的内腔，与感受器微绒毛的膜相接触，引起感受器兴奋。Ⅲ型细胞约占味蕾细胞的7%，形态似Ⅱ型细胞，但无微绒毛。细胞顶端钝圆，近味孔，是酸味感受细胞，也是目前所知的唯一与味觉传入神经有突触联系的细胞，它在味觉信息向中枢的传递中发挥重要作用。Ⅳ型细胞位于味蕾基底部，占味蕾细胞的3%左右。系由周围的上皮细胞内向迁移所形成，转而分化为新的感受器细胞。味觉细胞一般存活期为2周，之后由来自Ⅳ型细胞分化而成的细胞所取代。

2. 味觉受体与味觉信号转导   引起味觉的物质种类繁多，对其信号转导的机制还不十分清楚。目前已经基本明确了上述5种基本味觉的受体及其相应的配体（图4-87）。5种基本味觉的换能或跨膜信号转导机制并不完全相同（图4-88）。

（1）甜味觉和鲜味觉：甜味觉和鲜味觉大多由G-蛋白耦联受体家族成员之一的T_1R（包括T_1R_1、T_1R_2、T_1R_3）介导。T_1Rs有较长的N端伸出在胞质外，可能参与配体的结合。单个T_1R不具有功能，G-蛋白耦联受体家族以同源二聚体或异源二聚体的形式形成受体复合物。通常T_1R_2和T_1R_3的异源二聚体作为甜味觉受体，T_1R_1和T_1R_3的异源二聚体作为鲜味觉受体。T_1R_1和

鲜味觉受体	甜味觉受体	苦味觉受体	咸味觉受体	酸味觉受体	
T1R1+T1R3	T1R2+T1R3	~30 T2Rs	ENaC	PKD2L1	CA IV
L-型谷氨酸	糖类	环几酰亚胺	低浓度氯化钠	酸	碳酸饮料
L-型氨基酸	蔗糖 果糖 葡萄糖	苯甲地那胺	钠盐	柠檬酸	
甘氨酸	人工甜味剂	水杨苷		酒石酸	
L-AP4	糖精 安赛蜜	苯硫脲		盐酸	
核苷酸增味剂	阿斯巴甜C 环磺酸盐	糖精			
5'-肌苷酸二钠	D-型氨基酸	奎宁			
5'-鸟苷酸二钠	D-型丙氨酸	士的宁			
	D-型丝氨酸	阿托品			
	D-苯基丙氨酸				
	甘氨酸				

图4-87   哺乳动物味觉受体及配体

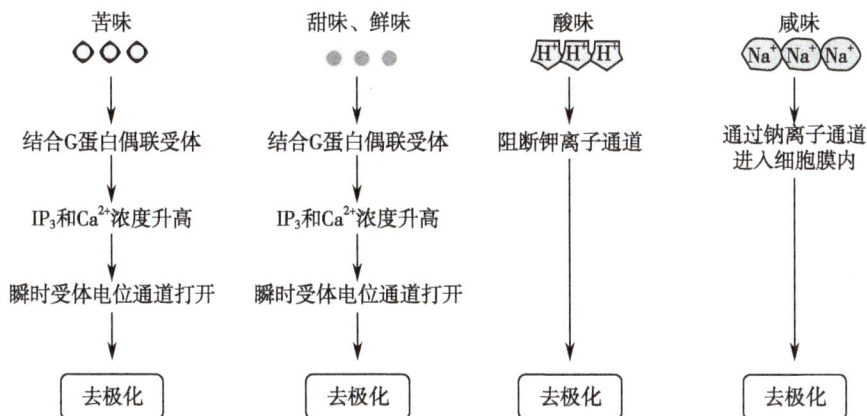

图 4-88　味觉转导机制示意图

T_1R_2 在不同的味觉感受器细胞表达,它们分别都与 T_1R_3 共表达,形成异源二聚体受体。除了 T_1R_1/T_1R_3 和 T_1R_2/T_1R_3 细胞,还有部分 T_1R_3 表达细胞并不表达 T_1R_1 或 T_1R_2。引起甜味觉的物质大多数都是有机化合物,如糖、甘露醇、乙醇、乙醛等;引起鲜味觉得物质大多数为富含氨基酸的食物。这些食物之所以能引起甜味觉或者鲜味觉,主要是由于糖分子或者氨基酸分子与细胞膜的 G-蛋白耦联受体结合后,进而激活腺苷酸环化酶,使细胞内 cAMP 增多,结果导致味细胞基底侧膜上的 K^+ 通道关闭,引起细胞膜去极化,并产生动作电位。

（2）苦味觉:苦味觉受体是由 30 多个成员组成的 G-蛋白耦联受体家族成员 T_2R。T_2R 相对多变,可以与多种苦味质相互结合。结合的位点位于受体的跨膜区或胞外环状区。目前已证实了 25 种人类 T_2R 基因及 33 种小鼠的 T_2R 基因。T_2R 基因选择性表达在味觉感受器细胞上,与表达甜味和鲜味觉受体的细胞互不重叠。研究发现,缺失某种 T_2R,动物对同源苦味质的感受选择性丧失。单个 T_2R 可能作为所有苦味质的广谱受体。尽管动物能够检测很多苦味成分,但它们不必从性质上对其加以区分。

（3）酸味觉:酸味觉通常由质子,即 H^+ 引起。味觉感受器细胞的酸味觉受体是瞬时受体电位(TRP)通道家族的成员 PKD2L1。PKD2L1 选择性地在有别于其他表达甜味、鲜味和苦味觉受体的味觉感受器细胞上表达。PKD2L1 离子通道可能是酸味觉受体的基本组成部分。已有研究提示,PKD2L1 选择性地在脊髓中央管相联系的神经元上表达,以监控质子浓度。此外,位于感受器细胞顶端微绒毛上的 K^+ 通道也可能介导酸味觉信号转导。

（4）咸味觉:引起咸味觉最主要的刺激因子是 Na^+,故咸味觉主要由摄入物的 Na^+ 浓度所决定。味觉感受器细胞膜上存在着一类特异性的上皮钠离子通道(epithelial Na^+ channel,ENaC),该通道对 Li^+ 和 Na^+ 具有选择性的通透作用。当 Na 盐作用于舌表面时,Na^+ 通过 ENaC 进入细胞,引起咸味觉感受器细胞的感受器电位,导致神经递质的释放并进而产生味觉传入神经上的动作电位。另外,H^+ 也能通过这种 Na^+ 通道扩散。这可以解释为什么将酸(如柠檬汁)加在咸味食品上会使其咸度降低。这种 Na^+ 通道的特点是对阿米洛利(amiloride)非常敏感,如果将阿米洛林直接加于舌部,可阻断 Na^+ 通道,使咸味感觉消失。

（5）脂肪味觉:近年来有研究发现人类和某些动物可能存在一种专门的"脂肪味觉",以介导高脂食物的喜好与摄入,有研究者将其称之为第六种基本味觉。在啮齿类动物的研究发现,膜结合蛋白 CD_{36} 表达于 II 型味觉感受器细胞,可以特异性结合长链脂肪酸并在"脂肪味觉"的感知与编码过程中发挥重要的作用。也有研究认为,GPR_{120} 也是小鼠脂肪味觉系统中的脂肪感知蛋白之一。人类味觉感受器细胞同时表达 CD36 和 GPR120 这两种蛋白,但是目前对人类"脂肪味觉"的研究还知之甚少。

Note

(三) 味觉信息的外周编码

几十年来,关于哺乳动物味觉信息在外周味觉系统如何编码存在两种观点:①标签模式(labeled line code),即酸、甜、苦、咸、鲜味质分别由不同的表达特异受体的细胞来感知,多个这样的神经元的反应组成了对某种基本味觉的精确感觉,这理论认为存在着特殊的味觉感受器,每一种感受器细胞仅仅感受一种味觉刺激;②跨纤维模式(across-fiber pattern, AFP),这一模式最初由Pfaffmann提出,他认为味觉刺激可能和光谱一样,是一系列刺激物的组合。跨纤维模式认为,不同味觉的产生在相当程度上取决于:①不同部位的味觉感受器对味觉刺激的敏感性不同;②传入神经纤维对不同味觉刺激的敏感性不同。在过去的二十多年中这一假说非常流行。

近年来的研究利用分子工具确定了各种味觉受体,建立起了外周味觉编码的基础理论:不同的味觉细胞表达不同的受体,作为专用感受器调节5种基本味觉之一的感知。已经有研究发现:甜味、鲜味、苦味和酸味觉的受体分别在不同的味觉细胞上表达,相互之间不重叠,强有力地支持了"标签模式"理论。在转基因小鼠的一系列研究已经证实这种味觉编码的逻辑,并提供了外周味觉标签模式编码的明确证据。

(四) 味觉传导通路

味觉感受器细胞产生的感受器电位通过突触传递引起感觉神经末梢产生动作电位,传向味觉中枢。哺乳动物味觉系统的第一级神经元胞体位于面神经、舌咽神经和迷走神经的神经节内。其中面神经味觉纤维分布于舌前2/3,此类纤维可沿舌神经、鼓索、鼓索与耳神经节的交通支、耳神经节、岩浅大神经到膝状神经节或经鼓索和面神经直接到达膝状神经节。舌咽神经的味觉

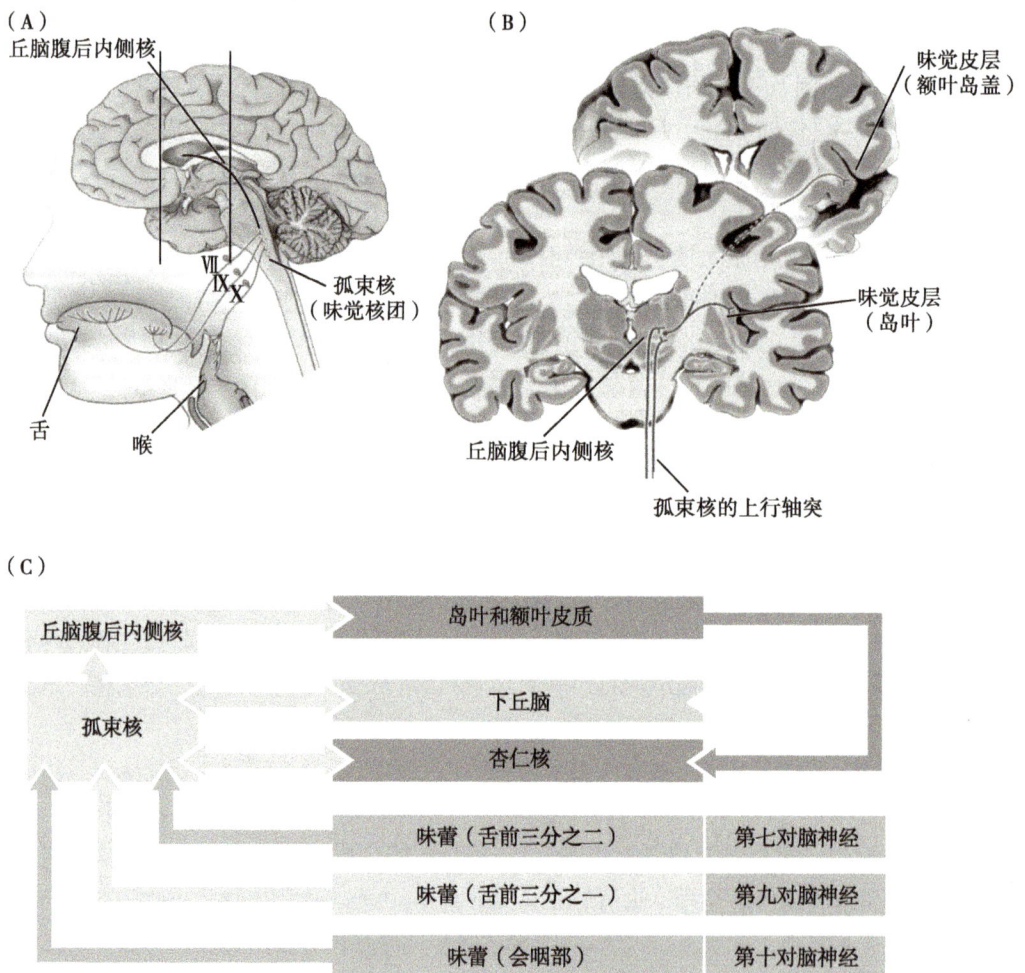

图 4-89 味觉信息传递模式图

纤维分布于舌后 1/3,而迷走神经的味觉纤维分布于会厌区和舌根部。味觉系统的第一级神经元胞体都为假单极神经元,其周围突起分布于位于舌表面的味觉感受器细胞,中枢突进入延髓。味觉传入纤维在延髓内终止于同侧孤束核吻端(rostral nucleus of solitary tract,rNST),与第二级神经元形成突触联系,后者的轴突越过中线经内侧丘系与丘脑相联系。从 NST 至丘脑的投射是同侧性的,在腹内侧核与来自舌部的热觉和触觉传入纤维间有一定的重叠。从丘脑发出的第三级神经元经内囊终止于大脑皮层的两个不同区域:皮层顶叶和岛叶。而在啮齿类动物,自 rNST发出的二级味觉纤维投射至同侧或对侧臂旁核(parabrachial nucleus,PBN)的中央内侧亚核或腹外侧亚核。PBN 味觉纤维的上行投射包括背侧上行通路和腹侧上行通路:背侧通路指从 PBN经丘脑投射到味觉皮层的上行投射,其功能是进行味觉信息整合并获得味觉主观感觉;腹侧通路是指从 PBN 到腹侧前脑的杏仁中央核(central nucleus of amygdala,CeA),外侧下丘脑(lateral hypothalamus,LH)和终纹床核(bed nucleus of the stria terminalis,BST)等的上行投射,这一通路与味觉的奖赏、摄食行为及机体内环境的调节有关。PBN 和 NST 还接受来自高位中枢的下行投射,他们之间及各自的内部也有往返纤维联系,形成复杂的神经元回路(图 4-89)。这种复杂的交互联系,不仅有利于对味觉感知的精确调节,也是味觉 - 情绪 - 摄食相互作用机制形成的重要结构基础。

(闫剑群 肖 玲)

第六节 躯体和内脏感觉

一、痛觉

(一)定义和特征

痛觉(pain)是一种与组织损伤有关的不愉快感觉和情感性体验,而引起痛觉的组织损伤可为实际存在的或潜在的。痛觉感受器不存在适宜刺激,任何形式(机械、温度、化学)的刺激只要达到对机体伤害的程度均可使痛觉感受器兴奋,因而痛觉感受器又称伤害性感受器(nociceptor)。痛觉感受器不易发生适应,属于慢适应感受器,因而痛觉可成为机体遭遇危险的警报信号,对机体具有保护意义。

(二)致痛物质

体内外能引起疼痛的化学物质称为致痛物质。机体组织损伤或发生炎症时,由受损细胞释出的内源性致痛物质有 K^+、H^+、5- 羟色胺、缓激肽、前列腺素、降钙素基因相关肽和 P 物质等。这些物质的细胞来源虽不完全相同,但都能激活伤害性感受器,或使其阈值降低。例如,从损伤细胞直接释出的 K^+ 可直接激活伤害性感受器;缓激肽是一种很强的致痛物质,由损伤和炎症部位的一种激肽释放酶降解血浆激肽原而生成,通过缓激肽 B 受体而起作用;组胺由肥大细胞释放,低浓度时可引起痒觉,高浓度时则引起痛觉。这些致痛物质不仅参与疼痛的发生,也参与疼痛的发展,导致痛觉过敏。

(三)快痛与慢痛及其信息的处理与整合

痛觉感受器是游离神经末梢,主要有机械伤害性感受器(mechanical nociceptor)、机械温度伤害性感受器(mechanothermal nociceptor)和多觉型伤害性感受器(polymodal nociceptor)。痛觉传入纤维有 A 类有髓纤维和 C 类无髓纤维两类,由于它们的传导速度不等,因而产生两种不同性质的痛觉,即快痛(fast pain)和慢痛(slow pain)。快痛是一种尖锐和定位明确的"刺痛",发生快,消失也快,一般不伴有明显的情绪改变;慢痛则表现为一种定位不明确的"烧灼痛",发生慢,消退也慢,常伴有明显的不愉快情绪。近年来发现,在这两类传入纤维末梢上存在瞬时受体电位(transit receptor potential,TRP)V1(TRPV1)、V2(TRPV2)和 M8(TRPM8)通道,前两种 TRP 通道介导伤害性热刺激,后一种 TRP 通道则介导伤害性冷刺激。快痛主要经特异投射系统到达大脑皮质的第一和第二感觉区;慢痛则主要投射到扣带回。此外,许多痛觉纤维经非特异投射系统投射到大脑皮质的广泛区域。

(四)躯体痛和内脏痛

疼痛是常见的临床症状。躯体痛包括体表痛和深部痛;内脏痛具有许多不同于躯体痛的特点,且存在一些特殊的疼痛,如体腔壁痛和牵涉痛。

1. 躯体痛 发生在体表某处的疼痛称为体表痛。当伤害性刺激作用于皮肤时,可先后出现两种性质不同的痛觉,即快痛(fast pain)和慢痛(slow pain)。发生在躯体深部,如骨、关节、骨膜、肌腱、韧带和肌肉等处的痛感称为深部痛。深部痛一般表现为慢痛,其特点是定位不明确,可伴有恶心、出汗和血压改变等自主神经反应。出现深部痛时,可反射性引起邻近骨骼肌收缩而导致局部组织缺血,而缺血又使疼痛进一步加剧。缺血性疼痛的可能机制是肌肉收缩时局部组织释放某种致痛物质(properdin,P 因子)。当肌肉持续收缩而发生痉挛时,血流受阻而该物质在局部堆积,持续刺激痛觉感受器,于是形成恶性循环,使痉挛进一步加重;当血供恢复后,该致痛物质被带走或被降解,因而疼痛也得到缓解。P 因子的本质尚未确定,有人认为就是 K^+。

2. 内脏痛 内脏痛常由机械性牵拉、痉挛、缺血和炎症等刺激所致。内脏痛具有以下几个明显的特点:

(1)定位不准确:这是内脏痛最主要的特点,如腹痛时患者常不能说出所发生疼痛的明确位置,因为痛觉感受器在内脏的分布比在躯体稀疏得多。

(2)发生缓慢,持续时间较长:即主要表现为慢痛,常呈渐进性增强,但有时也可迅速转为剧烈疼痛。

(3)适宜刺激与皮肤有明显差别:中空内脏器官(如胃、肠、胆囊和胆管等)壁上的感受器对扩张性刺激和牵拉性刺激十分敏感,而对切割、烧灼等通常易引起皮肤痛的刺激却不敏感。

(4)伴有情绪和内脏活动:特别能引起不愉快的情绪活动,并伴有恶心、呕吐和心血管及呼吸活动改变,这可能是由于内脏痛的传入通路与引起这些自主神经反应的通路之间存在密切的联系。

体腔壁痛和牵涉痛是较为特殊的内脏痛,在临床上对某些疾病的诊断具有一定意义。

体腔壁痛(parietal pain)是指内脏疾患引起邻近体腔壁浆膜受刺激或骨骼肌痉挛而产生的疼痛。例如,胸膜或腹膜炎症时可发生体腔壁痛,这种疼痛与躯体痛相似,也由躯体神经,如膈神经、肋间神经和腰上部脊神经传入。

牵涉痛(referred pain)是指由某些内脏疾病引起的远隔体表部位发生疼痛或痛觉过敏的现象。例如心肌缺血时,常感到心前区、左肩和左上臂疼痛;膈中央部受刺激往往引起肩上部疼痛;患胃溃疡和胰腺炎时,可出现左上腹和肩胛间疼痛;胆囊炎、胆石症发作时,可感觉右肩区疼痛;发生阑尾炎时,发病开始时常觉上腹部或脐周疼痛;肾结石时可引起腹股沟区疼痛;输尿管结石则可引起睾丸疼痛等。躯体深部痛也有牵涉痛的表现。由于牵涉痛的体表放射部位比较固定,因而在临床上常提示某些疾病的发生。

发生牵涉痛时,疼痛往往发生在与患病内脏具有相同胚胎节段和皮节来源的体表部位,这一原理称为皮节法则(dermatomal rule)。例如,在胚胎发育过程中,膈自颈区迁移到胸腹腔之间,膈神经也跟着一起迁移,故其传入纤维在第 2~4 颈段进入脊髓,而肩上部的传入纤维也在同一水平进入脊髓。同样,心脏和上臂也发源于同一节段水平。睾丸及其支配神经是从尿生殖嵴迁移而来的,而尿生殖嵴也是肾和输尿管的发源部位。

牵涉痛的产生可用会聚 - 投射理论(convergence-projection theory)加以解释。体表和内脏的痛觉纤维在脊髓后角感觉传入的第二级神经元发生会聚(图 4-90)。体表痛的传入冲动通常并不激活脊髓后角的第二级神经元,但当来自内脏的伤害性刺激冲动持续存在时,则可对体表传入冲动产生易化作用,此时脊髓后角第二级神经元被激活。在这种情况下,中枢将无法判断刺激究竟来自内脏还是来自体表,但由于中枢更习惯于识别体表信息,因而常将内脏痛误判为体表痛。

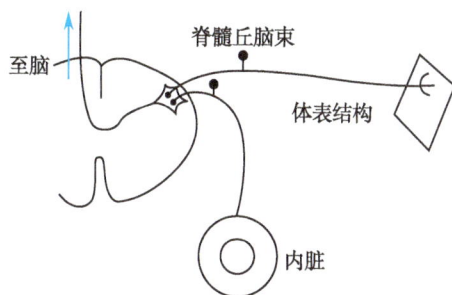

图 4-90　牵涉痛产生机制示意图

二、温度觉

温度觉有热觉(warmth)和冷觉(cold)之分,而且是各自独立的。热感受器位于 C 类传入纤维的末梢上,而冷感受器则位于 A 和 C 类传入纤维的末梢上。温度感受器在皮肤也呈点状分布。在人的皮肤上冷点明显多于热点,前者为后者的 5~11 倍。热感受器和冷感受器的感受野都很小。实验表明,当皮肤温度升至 30~46℃时,热感受器被激活而放电,放电频率随皮肤温度的升高而增高,所产生的热觉也随之增强。当皮肤温度超过 46℃时,热觉突然消失,代之出现痛觉。引起冷感受器放电的皮肤温度在 10~40℃之间,当皮肤温度降到 30℃以下时,冷感受器放电便增加,冷觉随之增强。

近年来发现,在温度感受器所在的 C 类纤维末梢上存在 3 种特殊的受体,它们的活化与温度感受器的兴奋有关,它们是 2 种介导产生热觉的香草素样受体(vanilloid receptors)VR1 和 VRL1,以及介导产生冷觉的冷和薄荷醇敏感受体 -1(cold and menthol sensitive receptors,CMR1)。香草素(vanillins)是一类包括引起痛觉的辣椒素(capsaicin)在内的复合物。VR1 受体不仅对辣椒素,而且对质子和 43℃以上可能会引起伤害的高热有反应;VRL1 受体对 50% 左右的温度有反应,而对辣椒素却无反应。VR1、VRL1 和 CMR1 都是 TRP 兴奋性离子通道家族的成员。

来自丘脑的温度觉投射纤维除到达中央后回外,还投射到同侧的岛叶皮层,后者可能是温度觉的初级皮层。目前对丘脑和大脑皮质在温度信息加工中的具体作用尚不清楚。

三、触 - 压觉

触 - 压觉(touch-pressure sensation)是触觉(touch)和压觉(pressure)的统称,由皮肤受到机械性刺激而引起,后者实际上是持续性的触觉。人的皮肤内存在多种触 - 压觉感受器,如环层小体(pacinian corpuscle)、麦斯纳小体(Meissner corpuscle)、梅克尔盘(Merkel disk)和鲁菲尼小体(Ruffini ending)等,它们在皮肤上呈点状分布。如果用纤细的毛轻触皮肤表面,只有当某些特殊的点被触及时,才能引起触觉,这些点称为触点(touch point);相邻两个触点的最小距离称为两点辨别阈(threshold of two-point discrimination)。麦斯纳小体和梅克尔盘的感受野较小,两点辨别阈较低,因而分辨力较强;而环层小体和鲁菲尼小体的感受野较大,两点辨别阈较高,因而分辨力较弱。引起触 - 压觉的最小压陷深度称为触觉阈(tactile sensation threshold)。触觉阈的高低与感受器的感受野大小和皮肤上感受器的分布密度有关。在人的鼻、口唇和指尖等处,触觉感受器的感受野很小,而感受器分布密度却很高;相反,腕和足等处的感受野较大,而感受器密度却很低。所以,触觉阈在鼻、口唇和指尖处很低,而在腕和足等处很高。

触 - 压觉是中枢损伤中最不易缺损的感觉,除非损伤范围十分广泛,因为其传入冲动在内侧丘系和前外侧系两条通路中上行;但经两条通路传导的触 - 压觉类型是不同的。经内侧丘系传导的精细触 - 压觉与刺激的具体定位、空间和时间的形式等有关,而经脊髓丘脑束传导的粗略触 - 压觉仅有粗略定位的功能。两条通路损伤时都有触觉阈升高和感受野面积减小的表现,但前者有震动觉(一种节律性压觉)和肌肉本体感觉功能减退的表现,触 - 压觉定位也受损;而后者的触 - 压觉缺损较轻微,触 - 压觉定位仍正常。

四、肌肉本体感觉

本体感觉(proprioception)是指来自躯体深部的肌肉、肌腱和关节等组织,主要对躯体的空

Note

间位置、姿势、运动状态和运动方向的感觉。感受器主要有肌梭、腱器官和关节感受器等。肌梭（muscle spindle）能感受骨骼肌的长度变化、运动方向、运动速度及其变化率，这些信息传入中枢后一方面产生相应的本体感觉（对单纯的肌肉、肌腱和关节的感觉，一般不能被意识；但在肢体运动时，本体感受器和皮肤感受器一起发挥作用，则可产生有意识的运动感觉），另一方面反射性引起腱反射和维持肌紧张，并参与对随意运动的精细调节。腱器官（tendon organ）感受骨骼肌的张力变化，对过度的肌牵张反射有保护意义，信息传入中枢后也产生相应的本体感觉。在关节囊、韧带及骨膜等处，一些由皮肤感受器变形而来的感受器，如鲁菲尼小体能感受关节的屈曲和伸展，而环层小体则能感受关节的活动程度等。本体感觉的传入对躯体平衡感觉的形成具有一定作用。

经脊髓后索上行的本体感觉传入冲动中，有相当一部分进入小脑，故后索疾患时产生运动共济失调是因为本体感觉至小脑的传导受阻。有些冲动经内侧丘系和丘脑投射到大脑皮质的本体感觉区，与躯体各部分空间位置的有意识感知有关，并参与协调躯体运动。

（刘传勇）

本章小结

感觉是客观物质世界在人脑的主观反映。人和动物可以感受机体内、外环境的变化。这些内、外环境的变化，首先作用于机体的各种感受器或感觉器官，通过感受器的换能作用转换为相应的神经冲动，再通过传入神经系统的传递和中枢整合后产生相应的感觉，并引起机体的反应，从而使机体更好地适应内、外环境的变化。感受器是专门感受机体内、外环境变化的特殊结构或装置，适宜刺激、换能作用、编码作用及适应现象是感受器的一般生理特性。感受装置和它们的附属结构一起构成复杂的感觉器官。

眼是视觉器官，具有折光系统和感光系统两个部分。折光系统包括角膜、房水、晶状体和玻璃体，其功能是使远近不同的物体清晰地成像于视网膜上；感光系统即视网膜，其功能是将视网膜上的物像进行换能和编码，然后转变为视神经的冲动，传入视觉中枢后产生视觉。眼视近物的调节过程包括：晶状体变凸、瞳孔缩小和双眼会聚。眼的屈光不正包括近视、远视和散光，可分别用凹透镜、凸透镜及柱面镜矫正。视网膜中存在视杆和视锥两种感光换能系统，视杆系统的光敏感度高，能感受弱光刺激，无色觉，分辨能力低；视锥系统的光敏感度低，有色觉，分辨能力高。

耳是听觉器官，声波通过外耳和中耳传至内耳耳蜗，引起基底膜振动并以行波方式传播，使耳蜗螺旋器上的毛细胞兴奋，进而转变为听神经纤维上的动作电位传入中枢，在大脑皮质听觉中枢整合后产生听觉。

前庭器官是机体对自身运动状态和头在空间位置的感受装置，包括半规管、椭圆囊和球囊，在维持身体平衡中起重要的作用。半规管感受旋转变速运动，椭圆囊和球囊感受直线变速运动和头部在空间位置的变化。

嗅觉和味觉均为化学感觉。嗅觉感受器是嗅细胞，为双极神经元，是唯一起源于中枢神经系统且能直接感受环境中化学物质刺激的神经元，可接受上万种不同化学物质的刺激，使嗅细胞产生冲动，经嗅神经终止于嗅球，引起嗅觉。味觉感受器是味蕾。人类及大多数哺乳动物通常能够辨别 5 种基本味道，即甜、酸、苦、咸和鲜味。味觉感受器细胞产生的感受器电位通过突触传递引起感觉神经末梢产生动作电位，并沿相应的脑神经传向味觉中枢，产生不同的味觉。

　　机体组织损伤或炎症可以通过伤害性感受器引起痛觉,致痛物质主要为化学物质,分快痛和慢痛;内脏受到刺激时除出现经典的内脏痛外,还可出现体腔壁痛和牵涉痛。躯体感觉还包括温度觉、触-压觉和肌肉本体感觉。

复习思考题

　　1. 试述感受器的一般特性。

　　2. 眼在看物体时是如何进行调节的?

　　3. 视锥细胞和视杆细胞的功能有什么区别?

　　4. 简述视杆细胞接受光线到产生视觉的基本过程。

　　5. 外界空气中的声波是怎样传入内耳,引起耳蜗卵圆窗膜的振动的?

　　6. 中耳在传音过程中通过什么途径放大作用在卵圆窗膜的声压的? 这种放大有何生理意义?

　　7. 叙述卵圆窗内压和恢复式的振动引起毛细胞感受器电位的过程。

　　8. 根据行波学说,高频声波引起基底膜什么部位的最大振幅的振动? 低频声波引起基底膜什么部位振动?

　　9. 眼球由哪几部分组成? 房水循环途径是什么?

　　10. 屈光不正分哪几类? 其定义分别是什么?

　　11. 视网膜如何感受明暗和色彩?

　　12. 视路由哪几部分组成?

　　13. 耳蜗通过哪三条途径分析声音的强度,使中枢感觉声音强弱?

　　14. 叙述听觉冲动从内耳螺旋器传至听皮质的传导途径。

　　15. 半规管主要感受什么刺激? 每侧有哪三种半规管? 它们的位置怎样排列?

　　16. 前庭毛细胞的静纤毛分别向矢量方向和背离矢量方向偏曲时,膜电位产生什么变化? 毛细胞底部的传入神经冲动发放有何变化? 为什么会产生这两种变化?

　　17. 根据囊斑位置及囊斑中毛细胞的矢量分布特点,叙述椭圆囊和球囊的主要生理功能。

　　18. 什么是前庭眼球反射? 什么是前庭脊髓反射? 它们各自的生理意义是什么?

　　19. 快痛和慢痛的传入途径有何不同?

　　20. 试述前庭蜗器的组成、分部和各部的功能。

　　21. 鼓膜的位置和形态如何? 其两侧的压力是如何调节的? 为何咽部的感染有可能蔓延至中耳?

　　22. 味觉感受器与嗅觉感受器有什么不同? 简述嗅觉、味觉信息的传递过程。

　　23. 内脏痛有哪些特点?

　　24. 牵涉痛是如何产生的? 有何临床意义?

参考文献

　　1. 姚泰. 生理学. 第2版. 北京:人民卫生出版社,2013.

　　2. 朱大年,王庭槐. 生理学. 第8版. 北京:人民卫生出版社,2013.

　　3. 柏树令. 系统解剖学. 第8版. 北京:人民卫生出版社,2013.

　　4. 邹仲之. 组织学与胚胎学. 第8版. 北京:人民卫生出版社,2013.

　　5. 赵堪兴. 眼科学. 第8版. 北京:人民卫生出版社,2013.

　　6. 葛坚. 眼科学. 第2版. 北京:人民卫生出版社,2010.

Note

7. 朱大年. 生理学. 第 8 版. 北京:人民卫生出版社,2013.

8. 姚泰. 生理学. 第 6 版. 北京:人民卫生出版社,2003.

9. 朱大年. 生理学. 第 7 版. 北京:人民卫生出版社,2008.

10. Hall JE. Textbook of medical physiology.12th Edition. Philadelphia:Elsevier Saunders,2011.

11. Chen J,Nathans J. Estrogen-related receptor beta/NR3B2 controls epithelial cell fate and endolymphproduction by the stria vascularis. Dev Cell,2007,13(3):325-337.

12. 闫剑群,赵晏. 神经生物学概论. 西安:西安交通大学出版社,2007.

13. Yarmolinsky DA,Zuker CS. Common sense about taste:from mammals to insects. Cell,2009,139(2):234-244.

14. 邹仲之,李继承. 组织学与胚胎学. 第 8 版. 北京:人民卫生出版社,2011.

Note

第五章　神经系统对姿势和躯体运动的调节

人的中枢运动调控系统由三级水平的神经结构组成。大脑皮质联络区、基底神经节和皮层小脑居于最高水平,负责运动的总体策划;运动皮层和脊髓小脑居于中间水平,负责运动的协调、组织和实施;而脑干和脊髓则处于最低水平,负责运动的执行。三个水平对运动的调控作用不同,它们之间首先是从高级到低级的关系,控制反射运动的脊髓接受高位中枢的下行控制,高位中枢发出的运动指令又需要低位中枢的活动实现运动。此外,三个水平又是平行地组织在一起的,如大脑皮质运动区可直接也可间接通过脑干控制脊髓运动神经元和中间神经元。这种串行和平行联系,使中枢对运动的控制更为灵活多样,并且对神经系统受损后的恢复和代偿具有重要意义。

一般认为,随意运动的策划起自皮层联络区,并且,信息需要在大脑皮质与皮层下的两个重要运动脑区(基底神经节和皮层小脑)之间不断进行交流,然后策划好的运动指令被传送到皮层运动区,即中央前回和运动前区,并由此发出运动指令,再经运动传出通路到达脊髓和脑干运动神经元,最终到达它们所支配的骨骼肌而产生运动。在此过程中,运动调控中枢各级水平都需要不断接受感觉信息,用以调整运动中枢的活动。在运动发起前,运动调控中枢在策划运动以及在一些精巧动作学习过程中编制程序时都需要感觉信息,基底神经节和皮层小脑在此过程中发挥重要作用;在运动过程中中枢又需要根据感觉反馈信息及时纠正运动的偏差,使执行中的运动不偏离预定的轨迹,脊髓小脑利用它与脊髓和脑干以及与大脑皮质之间的纤维联系,将来自肌肉、关节等处的感觉信息与皮层运动区发出的运动指令反复进行比较,以修正皮层运动区的活动;在脊髓和脑干,感觉信息可引起反射,调整运动前和运动中的身体姿势,以配合运动的发起和执行(图 5-1)。

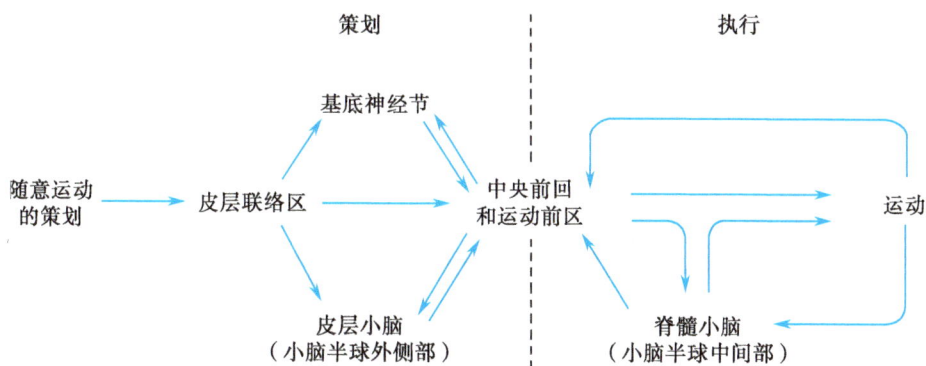

图 5-1　运动的产生和调控示意图

此外,运动的正常进行需有适当的身体姿势作为其背景或基础,两者的功能互相联系和影响,因此神经系统对躯体运动的调控无疑包含对姿势的调节。

第一节　运动传出的最后公路

一、运动神经元

脊髓灰质前角中存在 α、β 和 γ 三类运动神经元。α 运动神经元既接受从脑干到大脑皮质各级高位运动中枢的下传信息,也接受来自躯干、四肢皮肤、肌肉和关节等处的外周传入的信息,许多运动信息在此会聚并发生整合,最终由它发出一定形式和频率的冲动到达所支配的骨骼肌,因此 α 运动神经元是躯体运动反射的最后公路(final common pathway)。会聚到 α 运动神经元的各种运动信息具有引发随意运动、调节姿势和协调不同肌群活动等方面的作用,通过运动神经元对这些信息的整合,使躯体运动能得以平稳和精确地进行,因而具有重要意义。

γ 运动神经元的胞体较 α 运动神经元小,散在分布于 α 运动神经元之间,它发出的纤维支配骨骼肌的梭内肌纤维。γ 运动神经元的兴奋性较 α 运动神经元高,常以较高频率持续放电,其作用是调节肌梭对牵拉刺激的敏感性。β 运动神经元发出的纤维对梭内肌和梭外肌纤维都有支配,但其功能尚不十分清楚。

二、运动单位

由一个 α 运动神经元及其所支配的全部肌纤维所组成的功能单位称为运动单位(motor unit)。运动单位的大小可相差很大,其大小取决于 α 运动神经元轴突末梢分支的多少。有的运动单位较大,如一个支配三角肌的运动神经元,可支配多达 2000 根肌纤维,当它兴奋时可使许多肌纤维发生收缩,从而产生很大的肌张力;有的运动单位则较小,如一个支配眼外肌的运动神经元,仅支配 6~12 根肌纤维,有利于肌肉的精巧运动。由于一个运动单位的肌纤维与其他运动单位的肌纤维交叉分布,所以,即使只有少数运动神经元兴奋,肌肉收缩所产生的张力也是均匀的。

第二节　脊髓休克及脊髓对运动的调节

脊髓是躯体运动调控的初级中枢,脊髓灰质前角存在大量的运动神经元,其中,仅 α 运动神经元被认为是躯体运动反射的最后环节。脊髓在很大程度上受高位中枢的控制。

一、脊髓休克

当人和动物的脊髓在与高位中枢离断后,反射活动能力暂时丧失而进入无反应状态的现象称为脊髓休克(spinal shock),简称脊休克。在动物实验中,为了保持动物的呼吸功能,常在脊髓第 5 颈段水平以下切断脊髓,以保留膈神经对膈肌呼吸运动的支配。这种脊髓与高位中枢离断的动物称为脊髓动物(spinal animal),简称脊动物。

脊髓休克主要表现为横断面以下的脊髓所支配的躯体与内脏反射均减退以致消失,如骨骼肌紧张降低,甚至消失,外周血管扩张,血压下降,发汗反射消失,粪、尿潴留。在发生脊髓休克后,一些以脊髓为基本中枢的反射可逐渐在不同程度上恢复,其恢复的速度与动物进化程度有关,因为不同动物的脊髓反射对高位中枢的依赖程度不同。例如蛙在脊髓离断后数分钟内反射即可恢复;狗可于数天后恢复;而人类因外伤等原因引起脊髓休克时,则需数周以至数月反射才能恢复。各种反射的恢复也有先后,比较简单和较原始的反射(如屈肌反射和腱反射)恢复较早,相对较复杂的反射(如对侧伸肌反射、搔爬反射)恢复则较慢。血压也回升到一定水平,排便、排尿反射也在一定程度上有所恢复。但此时的反射往往不能很好地适应机体生理功能的需要。

离断面水平以下的知觉和随意运动能力将永久丧失。

实验中观察到,脊髓休克恢复后的动物在第一次离断水平下方行第二次脊髓离断术,脊髓休克现象不再出现,说明脊髓休克的发生是因为离断面下的脊髓突然失去高位中枢的调控,而非切断脊髓的损伤刺激本身。可见,脊髓具有完成某些简单反射的能力,但这些反射平时受高位中枢的控制而不易表现出来。脊髓休克恢复后,通常是伸肌反射减弱而屈肌反射增强,说明高位中枢平时具有易化伸肌反射和抑制屈肌反射的作用。

二、脊髓对姿势的调节

姿势(posture)是指人和动物身体各部分之间以及身体与四周空间之间的相对位置关系。

中枢神经系统通过反射改变骨骼肌紧张或产生相应的动作,以保持或改变身体的姿势以免发生倾倒,称为姿势反射(postural reflex)。如人站立时,对姿势的正确调控能对抗地球重力场的引力,将身体重心保持在两足支撑面范围内而不至于倾斜;运动时,通过姿势反射能对抗由于运动引起的不平衡以防跌倒。对侧伸肌反射、牵张反射和节间反射是可在脊髓水平完成的姿势反射。

(一) 屈肌反射和对侧伸肌反射

当脊动物一侧肢体的皮肤受到伤害性刺激时,可反射性引起受刺激侧肢体关节的屈肌收缩而伸肌舒张,使肢体屈曲,这一反射称为屈肌反射(flexor reflex)。

在此反射中,肢体屈曲程度与刺激强度有关。若较弱的刺激作用于手指时,一般只引起受刺激的手指发生屈曲,随着刺激强度的增强,可引起腕关节、肘关节甚至肩关节都发生屈曲反应。

屈肌反射至少要有 3 个神经元参加,即皮肤的信息经后根传入脊髓后角,再经中间神经元传递给前角的 α 运动神经元,α 运动神经元再兴奋,引起骨骼肌收缩。由于肢体收缩要涉及成群的肌肉,故受到兴奋的 α 运动神经元常常是多阶段的。

屈肌反射具有躲避伤害的保护意义,但不属于姿势反射。此外,随着刺激的加大,除引起同侧肢体屈曲外,还可引起对侧肢体的伸展,这称为对侧伸肌反射(crossed extensor reflex)。对侧伸肌反射是一种姿势反射,在保持身体平衡中具有重要意义。

(二) 牵张反射

牵张反射(stretch reflex)是指有完整神经支配的骨骼肌在受外力牵拉伸长时引起的被牵拉的同一肌肉发生收缩的反射。

1. 牵张反射的感受器　牵张反射的感受器是肌梭(muscle spindle)。肌梭位于一般肌纤维之间,呈梭状,长约数毫米,其外包被一层结缔组织囊,囊内含 6~12 根肌纤维,称为梭内肌纤维(intrafusal fiber)。囊外一般肌纤维则称为梭外肌纤维(extrafusal fiber)。肌梭与梭外肌纤维平行排列,两者呈并联关系。梭内肌纤维由位于两端的收缩成分和位于中间的感受装置(非收缩成分)所构成,两者呈串联关系。梭内肌纤维分为核袋纤维(nuclear bagfiber)和核链纤维(nuclear chain fiber)两类。核袋纤维的细胞核多集中在中央部,而核链纤维的细胞核则较分散。肌梭的传入神经纤维有 I$_a$ 和 Ⅱ类纤维两类。I$_a$ 类纤维的末梢呈螺旋形缠绕于核袋纤维和核链纤维的感受装置部位;Ⅱ类纤维的末梢呈花枝状,分布于核链纤维的感受装置部位。两类纤维都终止于 α 运动神经元。γ 运动神经元的传出纤维支配梭外肌纤维。γ 运动神经元的传出纤维支配梭内肌纤维的收缩成分,其末梢有两种:一种是板状末梢,支配核袋纤维;另一种为蔓状末梢,支配核链纤维(图 5-2A)。

当肌肉受外力牵拉而使肌梭感受装置被拉长时,螺旋形末梢发生变形而引起 I 类纤维传入冲动增加,冲动的频率与肌梭被牵拉的程度呈正比。肌梭的传入冲动增加可引起支配同一肌肉的 α 运动神经元兴奋,使梭外肌收缩,从而形成一次牵张反射。与肌肉受牵拉而伸长的情况相反,当 γ 运动神经元受刺激,使梭外肌纤维缩短时,由于肌梭与梭外肌纤维呈并联关系,因而肌

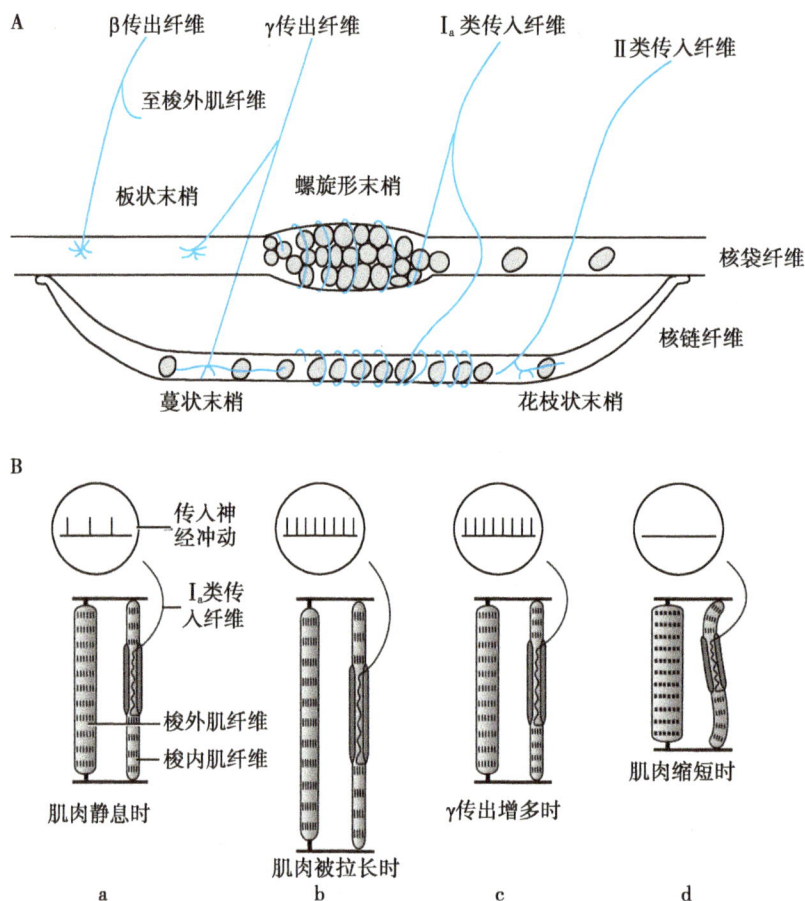

图 5-2 肌梭主要组成及在不同长度状态下传入神经放电改变的示意图

A. 肌梭的主要组成;B. 肌梭在不同长度状态下掺入神经放电的改变:静息时(a 小图),肌梭长度和 I_a 类传入纤维放电处于一定水平;当肌梭受牵拉而伸长(b 小图)或肌梭长度不变而 γ 传出增多时(c 小图),I_a 类传入纤维放电频率增加;当梭外肌收缩而肌梭松弛时(d 小图),I_a 传入纤维放电频率减少或消失

梭也缩短,肌梭感受装置所受到的牵拉刺激减少,I_a 类传入纤维放电减少或消失(图 5-2B)。可见,肌梭是一种长度感受器,是中枢神经系统了解肢体或体段相关位置的结构。

当传出纤维受刺激,使肌梭收缩成分收缩时,其收缩强度虽不足以引起整块肌肉缩短,但可牵拉肌梭感受装置,引起 I_a 类传入纤维放电增加。前已述,γ 运动神经元的兴奋性较高,常以较高频率持续放电。在整体情况下,即使肌肉不活动,α 运动神经元无放电时,有些 γ 运动神经元仍持续放电;当 α 运动神经元活动增加时,γ 运动神经元放电也相应增加。这表明梭外肌收缩时梭内肌也收缩,显然,这可防止当梭外肌收缩时肌梭因受牵拉刺激减少而停止放电的发生,所以,γ 传出的作用是调节肌梭对牵张反射的敏感性。在平时正常情况下,γ 传出主要受高位中枢下行通路的调控,通过调节和改变肌梭的敏感性和躯体不同部位的牵张反射的阈值,以适应控制姿势的需要。I_a 和 Ⅱ 类纤维的传入冲动进入脊髓后,除产生牵张反射外,还通过侧支和中间神经元接替上传到小脑和大脑皮质感觉区。核链纤维上 Ⅱ 类纤维的功能可能与本体感觉的传入有关。

2. 牵张反射的类型 牵张反射包括腱反射和肌紧张两种类型。

(1) 腱反射:腱反射(tendon reflex)是指快速牵拉肌腱时发生的牵张反射,如叩击股四头肌肌腱引起股四头肌收缩的膝反射、叩击跟腱引起小腿腓肠肌收缩的跟腱反射等。腱反射的效应器主要是收缩较快的快肌纤维。完成一次腱反射的时间很短,据测算兴奋通过中枢的传播时间仅约 0.7ms，只够一次突触传递所需的时间，可见腱反射是单突触反射。

（2）肌紧张：肌紧张（muscle tonus）是指缓慢持续牵拉肌腱时发生的牵张反射，表现为受牵拉的肌肉处于持续、轻度的收缩状态，但不表现为明显的动作。例如，在人取直立体位时，支持体重的关节由于重力影响而趋向于弯曲，从而使伸肌的肌梭受到持续的牵拉，引起被牵拉的肌肉收缩，使背部的骶棘肌、颈部以及下肢的伸肌群肌紧张加强，以对抗关节的屈曲，保持抬头、挺胸、伸腰、直腿的直立姿势。因此，肌紧张是维持身体姿势最基本的反射活动，也是随意运动的基础。肌紧张的效应器主要是收缩较慢的慢肌纤维。肌紧张常表现为同一肌肉的不同运动单位交替进行收缩，故能持久进行而不易疲劳。肌紧张中枢的突触接替不止一个，所以是一种多突触反射。

伸肌和屈肌都有牵张反射。人类的牵张反射主要发生在伸肌，因为伸肌是人类的抗重力肌。临床上常通过检查腱反射和肌紧张（肌张力）来了解神经系统的功能状态。腱反射和肌紧张减弱或消失提示反射弧损害或中断；而腱反射和肌紧张亢进则提示高位中枢有病变，因为牵张反射受高位中枢的调控。

（3）腱器官及反牵张反射：肌梭是一种感受肌肉长度的感受器，其传入冲动对同一肌肉的 α 运动神经元起兴奋作用。除肌梭外，骨骼肌中还有一种能感受肌肉张力的感受器，称为腱器官（tendon organ），它分布于肌腱胶原纤维之间，与梭外肌纤维呈串联关系，传入神经为 I_b 类纤维，其传入冲动对支配同一肌肉的 α 运动神经元起抑制作用。当肌肉受外力牵拉而被拉长时，首先兴奋肌梭感受器引发牵张反射，使被牵拉的肌肉收缩以对抗牵拉。当牵拉力量加大时，腱器官可因受牵拉张力的增加而兴奋，其反射效应是抑制牵张反射。这种由腱器官兴奋引起的牵张反射抑制，称为反牵张反射（inverse stretch reflex）。反牵张反射可防止牵张反射过强而拉伤肌肉，因此具有保护意义。

（三）节间反射

脊动物在反射恢复的后期可出现较复杂的节间反射。由于脊髓相邻节段的神经元之间存在突触联系，故在与高位中枢失去联系后，脊髓依靠上下节段的协同活动也能完成一定的反射活动，这种反射称为节间反射（intersegmental reflex）。搔爬反射（scratching reflex）就是节间反射的一种表现，通常由皮肤瘙痒或其他刺激引起，如有蚤在动物腰背部皮肤爬行可引起动物后爪的一阵子瘙痒动作，即在受刺激处皮肤来回摩擦。

第三节　脑干对肌紧张及姿势的调节

在运动调控系统中，脑干居于高级中枢和脊髓之间的中间层次，不仅运动传出通路穿行其间，而且各种感觉反馈通路也在此经过，因而在功能上起"上下沟通"的作用。另外，脑干内存在抑制和加强肌紧张的区域，在肌紧张调节中起重要作用，而肌紧张是维持姿势的基础。脑干通过对肌紧张的调节可完成复杂的姿势反射，如状态反射、翻正反射等。

一、脑干对肌紧张的调节

（一）脑干网状结构抑制区和易化区

电刺激脑干网状结构的不同区域，可观察到网状结构中存在抑制或加强肌紧张和肌肉运动的区域，分别称为抑制区（inhibitory area）和易化区（facilitatory area）。抑制区较小，位于延髓网状结构的腹内侧部分；易化区较大，分布于广大的脑干中央区域，包括延髓网状结构的背外侧部分、脑桥的被盖、中脑的中央灰质及被盖；也包括脑干以外的下丘脑和丘脑中线核群等部位（图 5-3）。与抑制区相比，易化区的活动较强，在肌紧张的平衡调节中略占优势。此外，脑其他结构中也存在调节肌紧张的区域或核团，如刺激大脑皮质运动区、纹状体、小脑前叶蚓部等部位，可引起肌紧张降低；而刺激前庭核、小脑前叶两侧部和后叶中间部等部位，可使肌紧张增

Note

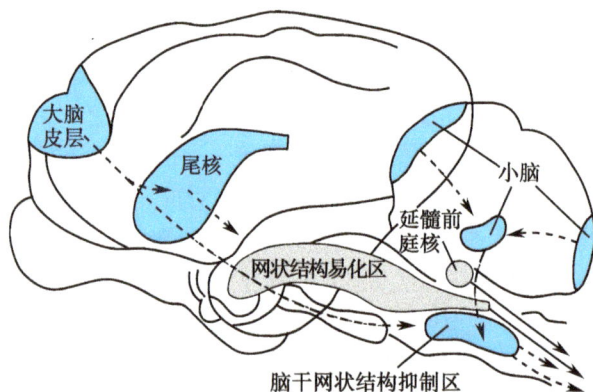

图 5-3　猫脑内与肌紧张调节有关的脑区及其下行路径示意图
图中蓝色区域为抑制区，浅灰色区域为易化区
图中虚线箭头表示下行抑制作用路径，实线箭头表示下行易化作用路径

强。这些区域或核团与脑干网状结构抑制区和易化区具有结构和功能上的联系，它们对肌紧张的影响可能通过脑干网状结构内的抑制区和易化区来完成。

（二）去大脑僵直

易化区和抑制区对肌紧张的影响可用去大脑僵直现象加以说明。去大脑僵直现象是由英国神经生理学家、诺贝尔奖得主 Sherrington 于 1898 年首先描述和研究的。

1. 去大脑僵直现象　在麻醉动物，于中脑上、下丘之间切断脑干，动物即表现为四肢伸直，坚硬如柱，头尾昂起，脊柱挺硬，呈角弓反张状态，这一现象称为去大脑僵直（decerebrate rigidity）（图 5-4）。

2. 去大脑僵直的发生机制　去大脑僵直是抗重力肌（伸肌）紧张增强的表现。局部肌内注射麻醉剂或切断相应的脊髓后根以消除肌梭的传入冲动，伸肌紧张性增强的现象便消失。说明去大脑僵直是在脊髓牵张反射的基础上发展起来的，是一种过强的牵张反射。去大脑僵直的发生是由于在中脑水平切断脑干后中断了大脑皮质、纹状体等部位与脑干网

图 5-4　猫去大脑僵直示意图

状结构之间的功能联系，造成抑制区和易化区之间的活动失衡，使抑制区的活动大为减弱，而易化区的活动明显占优势的结果。

人类也可出现类似现象，当蝶鞍上囊肿引起皮层与皮层下结构失去联系时，可出现明显的下肢伸肌僵直及上肢的半屈状态，称为去皮层僵直（decorticate rigidity），这也是抗重力肌紧张增强的表现。人类在中脑疾患时可出现去大脑僵直现象，表现为头后仰，上、下肢均僵硬伸直，上臂内旋，手指屈曲（图 5-5）。出现去大脑僵直往往提示病变已严重侵犯脑干，是预后不良的信号。

（三）α 僵直和 γ 僵直

从去大脑僵直产生的机制分析，有 α 僵直和 γ 僵直两种类型。

1. γ 僵直　高位中枢的下行作用通常首先提高脊髓 γ 运动神经元的活动，使肌梭的敏感性提高，传入冲动增多，转而使 α 运动神经元兴奋，导致肌紧张增强而出现僵直，故这种僵直称为 γ 僵直（γ rigidity）。实验证明，切断猫中脑上、下丘处造成去大脑僵直后，若切断动物腰骶部后根以消除肌梭传入冲动对中枢的作用后，可使后肢僵直消失，说明经典的去大脑僵直属于 γ 僵直。γ 僵直主要通过网状脊髓束而实现，因为当刺激完整动物的网状结构易化区时，肌梭传入冲动增加，由于肌梭传入冲动的增加可反映梭内肌纤维的收缩加强，因此认为，当易化区活动增强时，下行冲动首先改变 γ 运动神经元的活动（图 5-6）。

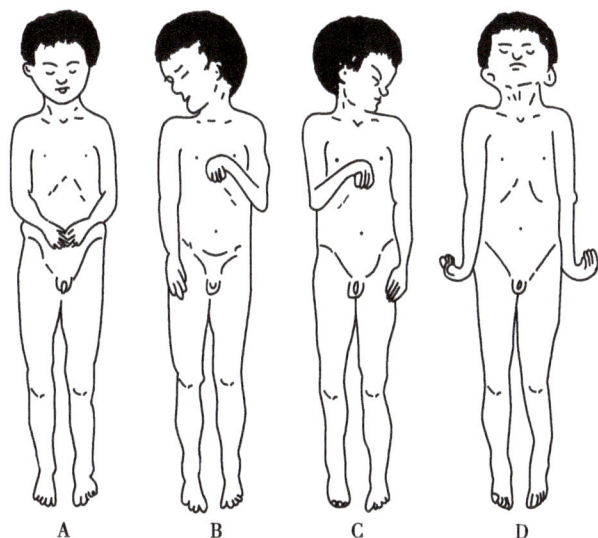

图 5-5　人类去皮层僵直及去大脑僵直

A、B、C. 为去皮层僵直;A. 仰卧,头部姿势正常时,上肢半屈;B
和 C. 转动头部时的上肢姿势;D. 为去大脑僵直,上下肢均僵直

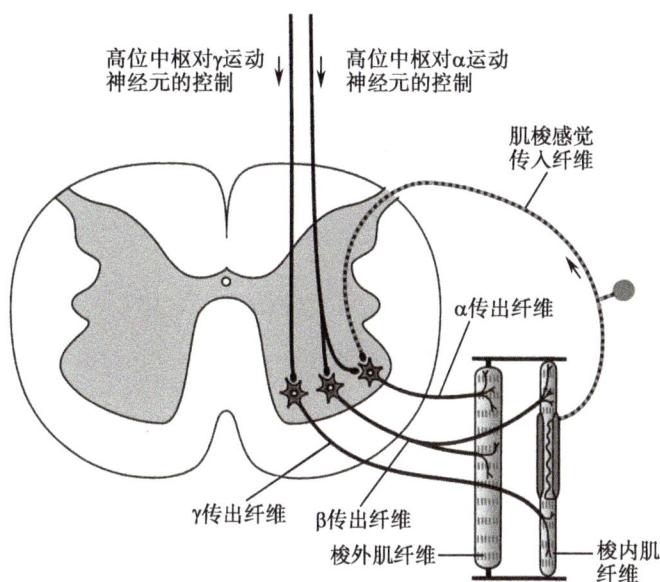

图 5-6　高位中枢对骨骼肌运动控制的模式图

2. **α 僵直**　高位中枢的下行作用也可直接作用于 α 运动神经元,或通过脊髓中间神经元间接作用于 α 运动神经元,提高其活动,引起肌紧张加强而出现僵直,这种僵直称为 α 僵直(α rigidity)。在上述发生 γ 僵直的动物以切断后根消除相应节段僵直的基础上,若进一步切除小脑前叶,可使僵直再次出现,这种僵直就属于 α 僵直,因为此时后根已切断,γ 僵直已不可能发生。

若进一步切断第八对脑神经,以消除从内耳半规管和前庭传到前庭核的冲动,则上述僵直消失,可见 α 僵直主要是通过前庭脊髓束实现的(图 5-6)。

二、脑干对姿势的调节

(一) 状态反射

头部在空间的位置发生改变以及头部与躯干的相对位置发生改变,都可反射性地改变躯体肌肉的紧张性,这一反射称为状态反射(attitudinal reflex)。状态反射是在低位脑干整合下完成

Note

的,但在完整动物因低位脑干受高位中枢的控制而不易表现出来,所以只有在去大脑动物才明显可见。

状态反射包括迷路紧张反射(tonic labyrinthine reflex)和颈紧张反射(tonic neck reflex)。迷路紧张反射是内耳椭圆囊和球囊的传入冲动对躯体伸肌紧张的反射性调节,其反射中枢主要是前庭核。当动物取仰卧位时伸肌紧张最高,而取俯卧位时伸肌紧张则最低。这是因头部位置不同,位砂膜受重力影响的不同,导致囊斑中毛细胞受不同刺激而引起的。颈紧张反射是颈部扭曲时颈部脊椎关节韧带和肌肉本体感受器的传入冲动对四肢肌肉紧张的反射性调节,其反射中枢位于颈部脊髓。当头向一侧扭转时,下颏所指一侧的伸肌紧张加强;若头后仰时,则前肢伸肌紧张加强,而后肢伸肌紧张降低;若头前俯时,则前肢伸肌紧张降低,而后肢伸肌紧张加强。人类在去皮层僵直的基础上,也可出现颈紧张反射,即当颈部扭曲时,下颏所指一侧的上肢伸直,而对侧上肢则处于更屈曲状态(图5-5)。正常情况下,状态反射受高位中枢的抑制而不易表现出来。

(二) 翻正反射

正常动物可保持站立姿势,若将其推倒或将其四足朝天从空中抛下,动物能迅速翻正过来,这种反射称为翻正反射(righting reflex)。例如,把动物四足朝天从空中抛下,可清楚地观察到动物在坠落过程中首先是头颈扭转,使头部的位置翻正,然后前肢和躯干扭转过来,接着后肢也扭转过来,最后四肢安全着地。这一过程包括一系列的反射活动,最初是由于头部在空间的位置不正常,刺激视觉与平衡觉感受器,从而引起头部的位置翻正;头部翻正后,头与躯干之间的位置不正常,刺激颈部的本体感受器,导致躯干的位置也翻正。在翻正反射中,视觉器官和前庭器官起着重要作用,尤其是视觉器官。若蒙住动物双眼并毁损其双侧迷路,动物下落时便不再出现翻正反射。

第四节　大脑皮质的运动调节功能

大脑皮质是运动调控的最高级也是最复杂的中枢部位。它接受感觉信息的传入,并根据机体对环境变化的反应和意愿,策划和发动随意运动。

一、大脑皮质运动区

(一) 主要运动区

主要运动区包括中央前回(4区)和运动前区(6区),是控制躯体运动最重要的区域。它们接受本体感觉冲动,感受躯体的姿势和躯体各部分在空间的位置及运动状态,并根据机体的需要和意愿调整和控制全身的运动。运动区有以下3个方面的功能特征。

1. **对躯体运动的调控为交叉性支配**　即一侧皮层支配对侧躯体的肌肉。但在头面部,除下部面肌和舌肌主要受对侧支配外,其余部分均为双侧性支配。因此,一侧内囊损伤将产生对侧下部面肌及舌肌麻痹,但头面部多数肌肉活动仍基本正常。

2. **皮层代表区的大小与躯体运动的精细和复杂程度有关**　运动越精细越复杂,其相应肌肉的代表区就越大,如拇指的代表区面积可为躯干代表区的若干倍。

3. **运动代表区功能定位**　总体安排是倒置的,即下肢的代表区在皮层顶部,膝关节以下肌肉的代表区在半球内侧面;上肢肌肉的代表区在中间部;而头面部肌肉的代表区在底部,但头面部代表区的内部安排是正立的。从运动区前后的安排来看,躯干和近端肢体的代表区在前部(6区);远端肢体的代表区在后部(4区);手指、足趾、唇和舌等肌肉的代表区在中央沟前缘。

(二) 其他运动区

人与猴的运动辅助区位于两半球内侧面,扣带回沟以上,4区之前的区域。电刺激该区所引起的运动比较复杂,一般是引起双侧性的运动反应,破坏该区可使双手协调性动作难以完成,复杂动作变得笨拙。此外,第一感觉区以及后顶叶皮层也与运动有关。采用电刺激大脑皮质引起肌肉收缩的方法研究表明,皮层脊髓束和皮层脑干束中约31%的纤维来自中央前回,约29%的纤维来自运动前区和运动辅助区,约40%的纤维来自后顶叶皮层(5、7区)和第一感觉区。

在大脑皮质运动区也可见到类似感觉区的纵向柱状排列,从而组成运动皮层的基本功能单位,即运动柱(motor column)。一个运动柱可控制同一关节几块肌肉的活动,而一块肌肉可接受几个运动柱的控制。

二、运动传出通路

(一) 皮质脊髓束和皮质脑干束

由皮层发出,经内囊、脑干下行,到达脊髓前角运动神经元的传导束,称为皮层脊髓束(corticospinal tract),而由皮层发出,经内囊到达脑干内各脑神经运动神经元的传导束,称为皮层脑干束(corticobulbar tract)。皮层脊髓束中约80%的纤维在延髓锥体跨过中线,在对侧脊髓外侧索下行而形成皮层脊髓侧束。侧束纵贯脊髓全长,其纤维终止于同侧前角外侧部的运动神经元。皮层脊髓侧束在种系发生上较新,其功能是控制四肢远端肌肉的活动,与精细的、技巧性的运动有关。其余约20%的纤维在延髓不跨越中线而在脊髓同侧前索下行形成皮层脊髓前束。前束一般只下降到脊髓胸段,其纤维经中间神经元接替后,终止于双侧脊髓前角内侧部的运动神经元。皮层脊髓前束在种系发生上较古老,其功能是控制躯干和四肢近端肌肉,尤其是屈肌的活动,与姿势的维持和粗略的运动有关。

上述通路除直接下行控制脊髓和脑干运动神经元外还发出侧支,并与一些直接起源于运动皮层的纤维一起经脑干某些核团接替后形成顶盖脊髓束、网状脊髓束和前庭脊髓束,其功能与皮层脊髓前束相似,参与对近端肌肉粗略运动和姿势的调控;而红核脊髓束的功能可能与皮层脊髓侧束相似,参与对四肢远端肌肉精细运动的调控。

(二) 运动传出通路损伤时的表现

皮层脊髓束和皮层脑干束是在进化过程中逐渐发展起来的。非哺乳脊椎动物基本上没有皮层脊髓束和皮层脑干束传导系统,但它们的运动非常灵巧;猫和狗在该系统完全被破坏后仍能站立、行走、奔跑和进食;只有人和灵长类动物在该系统损伤后才会出现明显的运动缺陷。在灵长类动物实验中,横切其延髓锥体,高度选择性地破坏皮层脊髓束,动物立即出现并持久地丧失用两手指夹起细小物品的能力,但仍保留腕以上部位的运动能力,动物仍能大体上应用其手,并能站立和行走。这与失去神经系统对四肢远端肌肉精细的、技巧性的运动控制有关。另一方面,损伤皮层脊髓前束后,由于近端肌肉失去神经控制,躯体平衡的维持、行走和攀登均发生困难。这种因单纯的运动传出通路损伤而引起的运动能力减弱,常伴有肌张力下降,但没有腱反射和肌肉紧张亢进的表现,故将这种运动障碍称为不全麻痹(paresis)。

运动传导通路损伤后,临床上常出现柔软性麻痹(flaccid paralysis,简称软瘫)和痉挛性麻痹(spastic paralysis,简称硬瘫)两种表现。两者虽然都有随意运动的丧失,但软瘫表现为牵张反射(包括腱反射和肌紧张)减弱或消失,肌肉松弛,并逐渐出现肌肉萎缩,巴宾斯基征阴性,见于脊髓运动神经元损伤,如脊髓灰质炎;而硬瘫则表现为牵张反射亢进,肌肉萎缩不明显,巴宾斯基征阳性,常见于中枢性损伤,如内囊出血引起的卒中。临床上常将运动控制系统分为下、上运动神经元,下运动神经元是指脊髓运动神经元,而上运动神经元则是指皮层和脑干中支配下运动神经元的神经元,尤其是指皮层脊髓束神经元。根据以上软瘫和硬瘫的发生规律得出下运动神经元损伤引起软瘫,而上运动神经元损伤则导致硬瘫的结论,但这一结论显然与切断延髓锥体实验中观察到动物出现不全麻痹的事实不符。目前认为,中枢运动控制系统中存在功能上的分化,有部分上运动神经元主要在姿势调节中发挥作用,称为姿势调节系统,对牵张反射有重要调节作用,临床上出现硬瘫主要是由于姿势调节系统受损而引起;此外,有部分上运动神经元主要在运动协调中发挥作用,如小脑和基底神经节中的一些神经元,而由大脑皮质运动区发出的运动传出通路,其主要作用是将皮层运动指令下传给下运动神经元。

巴宾斯基征(babinski sign)是神经科常用检查之一,因最早由法国神经学家巴宾斯基发现而得名。用一钝物划足跖外侧,出现踇趾背屈和其他四趾外展呈扇形散开的体征称为巴宾斯基征阳性(图 5-7),是一种异常的跖伸肌反射,常提示皮层脊髓束受损。成年人的正常表现是所有足趾均发生跖屈,称为巴宾斯基征阴性(图 5-7)。正常人的巴宾斯基征(即阴性)是一种屈肌反射,由于脊髓平时受高位中枢的控制,这一原始反射被抑制而不表现出来。婴儿因皮层脊髓束发育尚不完全,成年人在深睡或麻醉状态下,也都可出现巴宾斯基阳性体征。

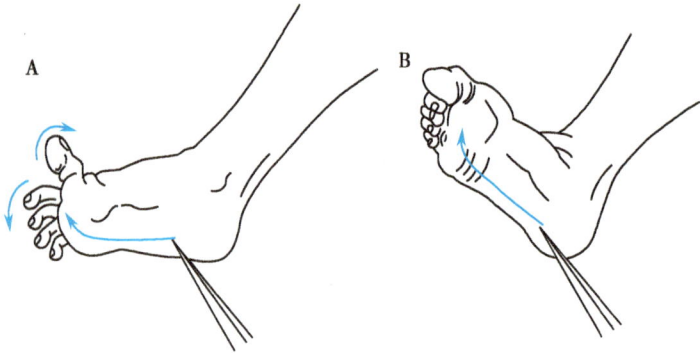

图 5-7　巴宾斯基征阳性和阴性体征示意图
A. 阳性体征;B. 阴性体征

需要说明的是,运动传出通路在传统上分为锥体系(pyramidal system)和锥体外系(extrapyramidal system)两个系统。前者是指皮层脊髓束和皮层脑干束,即通常认为的上运动神经元;后者则是指锥体系以外所有控制脊髓运动神经元活动的下行通路。锥体系因其大部分纤维在下行至延髓腹侧时构成锥体而得名,但皮层脊髓前束和皮层脑干束并不通过锥体,即使是皮层脊髓侧束的纤维也不全来自中央前回,而锥体外系的纤维更是由许多不同功能的纤维所组成;锥体系和锥体外系两个系统在大脑皮质起源的部位多有重叠,而且两者之间存在广泛的纤维联系,所以从皮层到脑干之间损伤而引起的运动障碍往往分不清究竟是由哪个系统功能缺损所致,临床上将上运动神经元损伤引起硬瘫的一系列表现称为锥体束综合征,看来也是不正确的。

有鉴于此,有人主张摒弃下、上运动神经元之分以及锥体系和锥体外系这些术语。

三、大脑皮质对姿势的调节

大脑皮质对姿势反射也有调节作用。皮层与皮层下失去联系时可出现去皮层僵直,说明大脑皮质也具有抑制伸肌紧张的作用。除去皮层僵直外,在去皮层动物中还可观察到两类姿势反应受到严重损害,即跳跃反应(hopping reaction)和放置反应(placing reaction)。跳跃反应是指动物(如猫)在站立时受到外力推动而产生的跳跃运动,其生理意义是保持四肢的正常位置,以维持躯体平衡。放置反应是指动物将腿牢固地放置在一支持物体表面的反应。例如,将动物用布带蒙住眼睛并悬吊在空中,让动物足部的任何部分或动物的口鼻部或触须接触某一个支持平面(如桌面),动物马上会将它的两前爪放置在这个支持平面上。这两个姿势反应的整合需要大脑皮质的参与。

第五节　基底神经节的运动调节功能

基底神经节(basal ganglia)是大脑皮质下的一些神经核群,与躯体运动调控有关的主要是纹状体。纹状体包括发生上较新的新纹状体(尾核和壳核)和发生上较古老的旧纹状体(苍白球)。苍白球常分为内侧部和外侧部两部分。此外,中脑黑质和丘脑底核在功能上与基底神经节密切相关,因而,也被纳入基底神经节的范畴。在人和哺乳动物,基底神经节是皮层下与皮层构成神经回路的重要脑区之一,参与运动的策划和运动程序的编制。基底神经节的功能失调将引起运动障碍性疾病。

一、基底神经节的纤维联系

(一) 基底神经节与大脑皮质之间的神经回路

基底神经节的新纹状体接受来自大脑皮质广泛区域的兴奋性纤维投射,而其传出纤维从苍白球内侧部发出,经丘脑前腹核和外侧腹核接替后回到大脑皮质的运动前区和前额叶。在此神经回路中,从新纹状体到苍白球内侧部的投射有两条通路,即直接通路(direct pathway)和间接通路(indirect pathway)。前者是指新纹状体直接向苍白球内侧部的投射路径;后者则为新纹状体先后经过苍白球外侧部和丘脑底核两次中继后间接到达苍白球内侧部的投射路径(图 5-8)。大脑皮质对新纹状体的作用是兴奋性的,释放的递质是谷氨酸;而从新纹状体到苍白球内侧部以及从苍白球内侧部再到丘脑前腹核和外侧腹核的纤维投射都是抑制性的,递质都是 γ- 氨基丁酸(GABA)。因此,当大脑皮质发放的神经冲动激活新纹状体 - 苍白球内侧部的直接通路时,苍白球内侧部的活动被抑制,使后者对丘脑前腹核和外侧腹核的抑制性作用减弱,丘脑的活动增加,这种现象称为去抑制(disinhibition)。丘脑 - 皮层的投射系统是兴奋性的,因此,直接通路的活动最终能易化大脑皮质发动运动。由新纹状体 - 苍白球外侧部 - 丘脑底核的通路中同样存在去抑制现象,而由丘脑底核到达苍白球内侧部的投射纤维则是兴奋性的,递质为谷氨酸。因此,当间接通路兴奋时,苍白球外侧部的活动被抑制,使之对丘脑底核的抑制作用减弱,加强苍白球内侧部对丘脑 - 皮层投射系统的抑制,从而对大脑皮质发动运动产生抑制作用。正常情况下,两条通路相互拮抗,但平时以直接通路的活动为主,并保持平衡状态,一旦这两条通路中的某一环节或某种神经递质异常将引起相应的运动障碍。

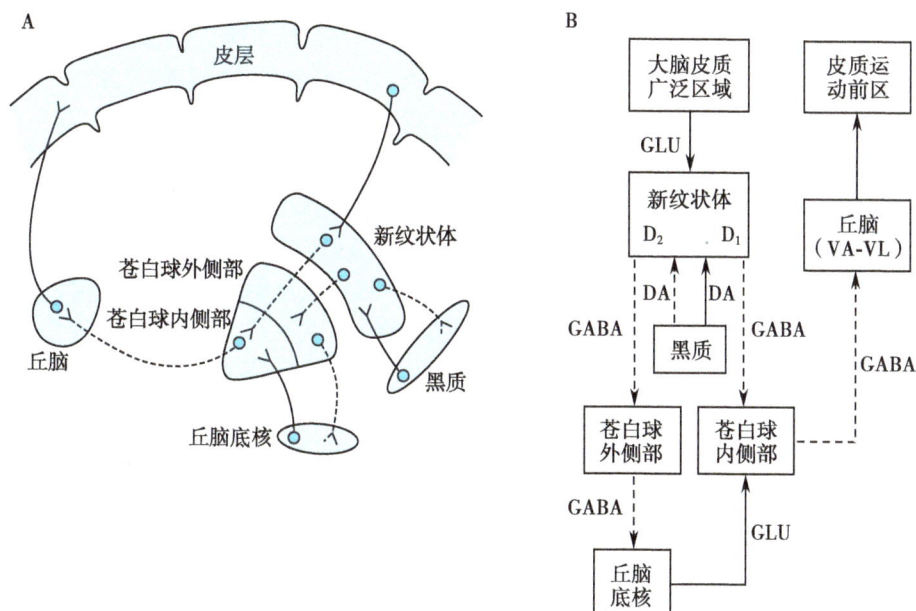

图 5-8　基底神经节与大脑皮层之间神经回路的模式图

A. 基底神经节与大脑皮层的神经回路;B. 直接通路和间接通路。DA:多巴胺,GABA:γ- 氨基丁酸,GLu:谷氨酸。实线投射和箭头:兴奋性作用;虚线投射和箭头:抑制性作用。新纹状体内以 γ- 氨基丁酸和乙酰胆碱为递质的中间神经元未标出

（二）黑质 - 纹状体投射系统

新纹状体内细胞密集，主要有投射神经元和中间神经元两类细胞。中型多棘神经元（medium spiny neuron，MSN）属于投射神经元，是新纹状体内主要的信息整合神经元，释放的递质主要是GABA。中型多棘神经元除接受大脑皮质发出的谷氨酸能纤维投射外，还接受来自中脑黑质致密部的多巴胺能纤维投射，构成黑质 - 纹状体投射系统；此外，也接受新纹状体内 GABA 能和胆碱能抑制性中间神经元的纤维投射。中型多棘神经元有两种类型，它们的细胞膜中分别有 D_1 和 D_2 受体，其纤维分别投射到苍白球内侧部和苍白球外侧部，从而分别组成新纹状体 - 苍白球内侧部之间的直接通路和间接通路。黑质 - 纹状体多巴胺能纤维末梢释放的多巴胺通过激活 D_1 受体可增强直接通路的活动，而通过激活 D_2 受体则抑制其传出神经元的活动，从而抑制间接通路的作用。尽管两种不同受体介导的突触传递效应不同，但它们最终对大脑皮质产生的效应却是相同的，即都能使丘脑 - 皮层投射系统活动加强，从而易化大脑皮质的活动，使运动增多。

二、与基底神经节损伤有关的疾病

基底神经节病变可产生两类运动障碍性疾病，一类是肌紧张过强而运动过少性疾病，如帕金森病。另一类是肌紧张不全而运动过多性疾病，如亨廷顿病与手足徐动症。

（一）帕金森病

帕金森病（Parkinson disease）又称震颤麻痹（paralysis agitans），是常见的中老年神经系统变性疾病之一，因最早由英国医师帕金森描述而被命名。帕金森病的主要症状是全身肌紧张增高，肌肉强直，随意运动减少，动作缓慢，面部表情呆板，常伴有静止性震颤（static tremor）。运动症状主要发生在动作的准备阶段，而动作一旦发起，则可继续进行。帕金森病的病因是双侧黑质病变，多巴胺能神经元变性受损。由于多巴胺可通过 D_1 受体增强直接通路的活动，亦可通过 D_2 受体抑制间接通路的活动，所以该递质系统受损时，可引起直接通路活动减弱而间接通路活动增强，使皮层对运动的发动受到抑制，从而出现运动减少和动作缓慢的症状。

临床上给予多巴胺的前体左旋多巴（L-Dopa）能部分改善帕金森病患者的症状，应用 M 受体拮抗剂东莨菪碱或苯海索等也能治疗此病。黑质 - 纹状体多巴胺递质系统的作用在于抑制纹状体内乙酰胆碱递质的作用，当黑质多巴胺神经元受损后，对纹状体内胆碱能神经元的抑制作用减弱，导致乙酰胆碱递质系统功能亢进，进而影响新纹状体传出神经元的活动而引起一系列症状，因此，黑质多巴胺系统与纹状体乙酰胆碱系统之间的功能失衡可能是帕金森病发病的原因之一。左旋多巴和 M 受体拮抗剂对静止性震颤均无明显疗效。记录帕金森病患者丘脑外侧腹核的神经元放电，可观察到某些神经元放电的周期性节律与患者震颤肢体的节律相同步，破坏丘脑外侧腹核则静止性震颤消失，因而静止性震颤可能与丘脑外侧腹核等结构的功能异常有关。

（二）亨廷顿病

亨廷顿病（Huntington disease）也称舞蹈病（chorea），是一种以神经变性为病理改变的遗传性疾病，因首先由亨廷顿报道而得名。其主要表现为不自主的上肢和头部的舞蹈样动作，伴肌张力降低等症状。其病因是双侧新纹状体病变，新纹状体内 GABA 能中间神经元变性或遗传性缺损，使新纹状体对苍白球外侧部的抑制作用减弱，进而加强对丘脑底核活动的抑制，引起间接通路活动减弱而直接通路活动相对增强，对大脑皮质发动运动产生易化作用，从而出现运动过多的症状。临床上用利血平耗竭多巴胺可缓解其症状。

三、基底神经节的功能

迄今为止，关于基底神经节功能仍不十分清楚。毁损动物的基底神经节几乎不出现任何症状;而记录基底神经节神经元放电,发现其放电发生在运动开始之前;新纹状体内的中型多棘神经元很少或没有自发放电活动,仅在大脑皮质有冲动传来时才开始活动。根据这些观察,结合以上对人类基底神经节损伤后出现的症状、药物治疗效应及其机制分析,可以认为基底神经节可能参与运动的设计和程序编制,并将一个抽象的设计转换为一个随意运动。基底神经节对随意运动的产生和稳定协调、肌紧张的调节、本体感受传入冲动信息的处理可能都有关。此外,基底神经节中某些核团还参与自主神经的调节、感觉传入、心理行为和学习记忆等功能活动。

第六节 小脑的运动调节功能

小脑由皮层(灰质)和髓质(白质)组成,髓质深部有三对灰质小核,即顶核、间置核(在人类又分栓状核和球状核)和齿状核。小脑皮质可按原裂及后外侧裂横向分为前叶、后叶和绒球小结叶;也可纵向分为中间的蚓部和外侧的半球部,半球部可再分为中间部及外侧部。由于小脑皮质中没有像大脑皮质中的连合纤维和联络纤维,小脑内、外侧各部之间并不相互联系。因此从功能学角度看,小脑的纵向分区更为合理。

小脑是大脑皮质下与皮层构成回路的又一重要脑区,它不仅与皮层形成神经回路,还与脑干及脊髓有大量的纤维联系。根据其传入、传出纤维联系,可将小脑分为前庭小脑、脊髓小脑和皮层小脑3个主要功能部分(图5-9)。

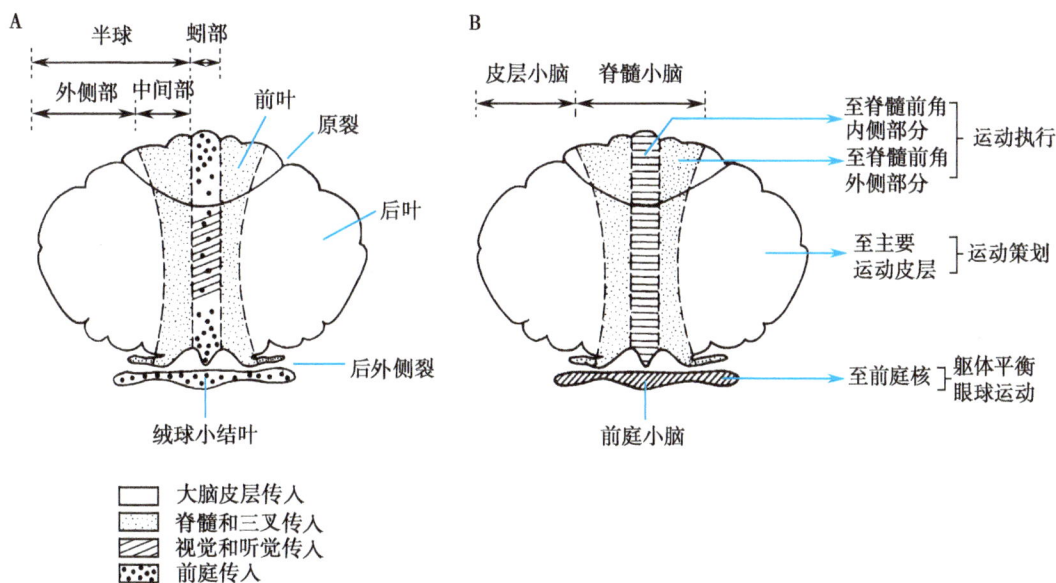

图5-9 小脑的分区与传入-传出纤维联系示意图
A.小脑的分区和传入纤维联系:以原裂和后外侧裂可将小脑横向分为前叶、后叶和绒球小结叶三部分,也可纵向分为蚓部、半球的中间部和外侧部三部分,小脑各种不同的传入纤维联系用不同的图例表示;B.小脑的功能分区(前庭小脑、脊髓小脑和皮层小脑)及其不同的传出投射,脊髓前角内侧部的运动神经元控制躯干和四肢近端的肌肉运动,与姿势的维持和粗大的运动有关,而脊髓前角外侧部的运动神经元控制四肢近远端的肌肉运动,与精细的、技巧性的运动有关

一、前庭小脑

前庭小脑(vestibulocerebellum)主要由绒球小结叶构成,与之邻近的小部分蚓垂也可归入此区。前庭小脑与前庭核之间有双向纤维联系,它接受来自前庭核纤维的投射,其传出纤维又经前庭核换元,再通过前庭脊髓束抵达脊髓前角内侧部分的运动神经元,控制躯干和四肢近端肌

肉的活动。因此,前庭小脑参与身体姿势平衡功能的调节。切除绒球小结叶的猴,或第四脑室附近患肿瘤压迫绒球小结叶的患者,身体平衡失调,出现步基宽(站立时两脚之间的距离增宽)、站立不稳、步态蹒跚和容易跌倒等症状,但其随意运动的协调不受影响。动物实验还证明,狗在切除绒球小结叶后不再出现运动病(如晕船、晕车等)。

此外,前庭小脑可通过脑桥核接受外侧膝状体、上丘和视皮层等处的视觉传入信息,调节眼外肌的活动,从而协调头部运动时眼的凝视运动。猫在切除绒球小结叶后可出现位置性眼震颤(positional nystagmus),即当其头部固定于某一特定位置(即凝视某一场景)时出现的眼震颤。这一功能活动实际上与保持身体平衡的调节是密切配合的。

二、脊髓小脑

脊髓小脑(spinocerebellum)由蚓部和半球中间部组成。这部分小脑主要接受来自脊髓和三叉神经的传入信息,也接受视觉和听觉的信息。蚓部的传出纤维向顶核投射,经前庭核和脑干网状结构下行至脊髓前角的内侧部分,也经丘脑外侧腹核上行至运动皮层的躯体近端代表区。半球中间部的传出纤维向间位核投射,经红核大细胞部,下行至脊髓前角的外侧部分,也经丘脑外侧腹核上行至运动皮层的躯体远端代表区。可见,脊髓小脑与脊髓及脑干有大量的纤维联系,其主要功能是调节进行过程中的运动,协助大脑皮质对随意运动进行适时的控制。当运动皮层向脊髓发出运动指令时,通过皮层脊髓束的侧支向脊髓小脑传递有关运动指令的"副本";另外,运动过程中来自肌肉与关节等处的本体感觉传入以及视、听觉传入等也到达脊髓小脑。脊髓小脑通过比较来自大脑皮质的运动指令和外周的反馈信息,察觉运动指令和运动执行情况之间的偏差,并通过上行纤维向大脑皮质发出矫正信号,修正运动皮层的活动,使之符合当时运动的实际情况;同时又通过脑干-脊髓下行通路调节肌肉的活动,纠正运动的偏差,使运动能按预定的目标和轨道准确进行。脊髓小脑受损后,由于不能有效利用来自大脑皮质和外周感觉的反馈信息来协调运动,因而运动变得笨拙而不准确,表现为随意运动的力量、方向及限度发生紊乱。例如,患者不能完成精巧动作,肌肉在动作进行过程中抖动而把握不住方向,尤其在精细动作的终末出现震颤,称为意向性震颤(intention tremor);行走时跨步过大而躯干落后,以致容易倾倒,或走路摇晃呈酩酊蹒跚状,沿直线行走则更不平稳;不能进行拮抗肌轮替快复动作(如上臂不断交替进行内旋与外旋),且动作越迅速则协调障碍越明显,但在静止时则无肌肉运动异常的表现。以上这些动作协调障碍统称为小脑性共济失调(cerebellar ataxia)。

此外,脊髓小脑还具有调节肌紧张的功能。小脑对肌紧张的调节既有抑制作用,也有易化作用。抑制肌紧张的区域是小脑前叶蚓部,其空间分布是倒置的,即其前端与动物尾部及下肢肌紧张的抑制功能有关,后端及单小叶与上肢及头面部肌紧张的抑制功能有关。易化肌紧张的区域是小脑前叶两侧部和后叶中间部,前叶两侧部的空间安排也是倒置的。小脑对肌紧张调节的双重作用可分别通过脑干网状结构抑制区和易化区来实现。在进化过程中,小脑抑制肌紧张作用逐渐减退,而易化作用逐渐增强。所以,脊髓小脑受损后常有肌张力减退和四肢乏力的表现。

三、皮质小脑

皮层小脑(cerebrocerebellum)是指半球外侧部,它不接受外周感觉的传入,而主要经脑桥核接受大脑皮质广大区域(感觉区、运动区、联络区)的投射,其传出纤维先后经齿状核、红核小细胞部、丘脑外侧腹核换元后,再回到大脑皮质运动区;还有一类纤维投射到红核小细胞部,经换元后发出纤维投射到下橄榄核主核和脑干网状结构。投射到下橄榄核主核的纤维,换元后经橄榄小脑束返回皮层小脑,形成小脑皮质的自身回路;而投射到脑干网状结构的纤维,换元后经网状脊髓束下达脊髓(图 5-10)。皮层小脑与大脑皮质运动区、感觉区、联络区之间的联合活动与运动的策划和运动程序的编制有关。如前所述,一个随意运动的产生包括运动的策划和执行两个不同阶段,并需要脑在策划和执行之间进行反复的比较来协调动作。例如,在学习某种精巧运动(如打字、体操动作或乐器演奏)的开始阶段,动作往往不甚协调。在学习过程中,大脑皮质与小脑之间不断进行联合活动,同时脊髓小脑不断接受感觉传入信息,逐步纠正运动过程中发生的偏差,使运动逐步协调起来。等到运动熟练后,皮层小脑内就储存起一整套程序。当大脑皮质发动精巧运动时,首先通过大脑 - 小脑回路从皮层小脑提取程序,并将它回输到运动皮层,再通过皮层脊髓束发动运动。这样,运动就变得非常协调、精巧和快速。但是,在狗和猴的实验中观察到切除小脑半球外侧部后并不产生明显的运动缺陷;在人类,小脑半球外侧部受损后也无明显临床表现。因此,皮层小脑调节运动的机制还有待进一步研究。

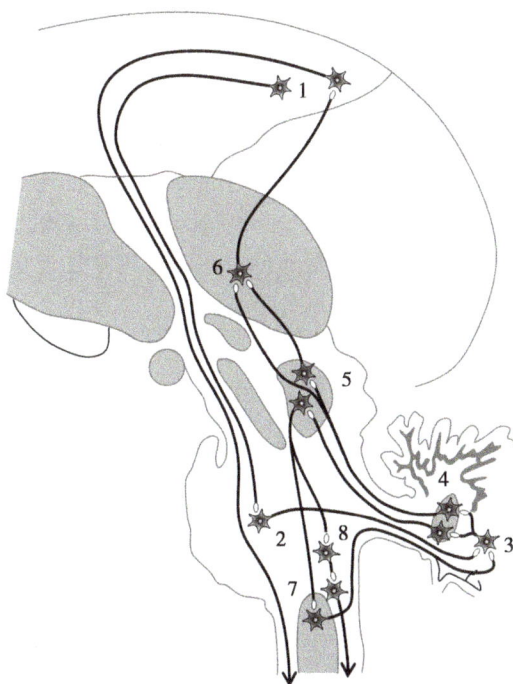

图 5-10　皮层小脑 - 大脑皮层纤维联系示意图
1. 大脑皮层运动区;2. 脑桥核;3. 皮层小脑;4. 小脑齿状核;5. 红核;6. 丘脑外侧腹核;7. 下橄榄核主核;8. 脑干网状结构

综上所述,小脑与基底神经节都参与运动的策划和程序的编制、运动的协调、肌紧张的调节,以及本体感觉传入冲动信息的处理等活动,但两者的作用并不完全相同。基底神经节主要在运动的准备和发动阶段起作用,而小脑则主要在运动进行过程中发挥作用。另外,基底神经节主要与大脑皮质之间构成回路,而小脑除与大脑皮质形成回路外,还与脑干及脊髓有大量的纤维联系。因此,基底神经节可能主要参与运动的策划,而小脑除了参与运动的策划外,还参与运动的执行。

(刘传勇)

本章小结

　　机体躯体运动和姿势是大脑皮质、皮层下核团、小脑、脑干及脊髓等多个水平的神经活动,通过调节骨骼肌肌群相互协调和配合来实现。

　　脊髓和脑干内的 α 运动神经元是躯体运动反射的最后公路。脊髓前角运动神经元调控躯干骨骼肌运动,脑干运动神经元控制头面部肌肉活动。由脊髓前角 α 运动神经元及其所支配的全部肌纤维所组成的功能单位称为运动单位。当脊髓与高位中枢离断后,断面以下脊髓对躯体和内脏反射暂时丧失,表现为脊休克,以后可逐渐恢复,恢复的速度与不同动物的脊髓反射对高位中枢的依赖程度有关。脊髓可介导屈肌反射、对侧神肌反射和牵张反射。屈肌反射是一侧肢体的皮肤受到伤害性刺激时,引起受刺激同侧肢体的屈肌收缩和伸肌舒张,可保护机体躲避伤害刺激。对侧伸肌反射是较强的伤害性刺激作用于一侧肢体皮肤时,除同侧肢体发生屈曲,还引起对侧肢体的伸肌收缩,以维持姿势和身体平衡。牵张反射是骨骼肌在受到外力牵拉时,能反射性引起受牵拉的同一骨骼肌收缩的现象。牵张反射包括腱反射和肌紧张两种,其中腱反射是指快速牵拉肌腱时发生的牵张反射,肌紧张是

Note

指缓慢、持续牵拉肌腱时发生的牵张反射。肌紧张是维持身体姿势最基本的反射活动，也是躯体随意运动的基础。

脑干对躯体运动有重要的调节作用。脑干网状结构存在有抑制和加强肌紧张的部位。抑制区较小，位于网状结构的腹内侧区；易化区较大，包括背外侧、脑桥的被盖、中脑的中央灰质及被盖。脑干以外其他部位也存在调节肌紧张的神经核团，如抑制区有大脑皮质运动区、纹状体、小脑前叶蚓部等；易化区有前庭核、小脑前叶两侧部等。这些高位结构可通过脑干调节躯体运动。脑干还参与状态反射、翻正反射的调节。状态反射包括迷路紧张反射和颈紧张反射，可协调头部与躯干之间的相对位置，引起躯体肌肉紧张性变化。翻正反射较为复杂，有赖于中脑的协调，通过一系列的反射活动，保持头部和躯干部的位置以及身体正常的姿势。

基底神经节是位于大脑皮质下的一些神经核团，主要包括尾状核、壳核、苍白核、黑质和丘脑底核。基底神经节与大脑皮质之间形成神经回路，参与随意运动的产生、肌紧张的调节，以及本体感觉传入冲动信息的处理。基底神经节损伤可导致产生两类运动功能障碍性疾病，一类是肌紧张过强而运动过少性疾病，如帕金森病；另一类是肌紧张不全而运动过多性疾病，如亨廷顿病。

小脑包括前庭小脑、脊髓小脑和皮层小脑。前庭小脑主要由绒球小结叶构成，与前庭核具有神经纤维联系，参与躯体姿势平衡的调节。脊髓小脑由小脑前叶蚓部和后叶的中间部构成，一方面通过脑干网状结构，调节肌紧张；另一方面通过与大脑皮质运动区的环路联系，参与协调随意运动。皮层小脑指小脑后叶的外侧部，与大脑皮质运动区、感觉区、联络区密切联系，参与随意运动的策划和运动程序的编制。

大脑皮质是躯体运动的最高级中枢，躯体运动的发动和协调都是由大脑皮质调控完成的。大脑皮质一方面通过皮层脊髓神经束、皮层脑干束控制肌肉的活动，另一方面通过脑干、小脑以及皮层下某些核团等，调节躯体运动。

复习思考题

1. 何谓脊休克？简述其产生和恢复机制。
2. 何谓对侧伸肌反射？有何生理意义？
3. 何谓牵张反射？牵张反射产生的结构基础是什么？
4. 何谓腱反射和肌紧张？各有何生理意义？
5. 何谓去大脑僵直？其产生机制是什么？
6. 简述基底神经节的功能。当其受损后机体运动有何障碍？产生机制如何？
7. 小脑对躯体运动的调节有何作用？
8. 大脑皮质运动区的功能特征有哪些？

参考文献

1. 王庭槐. 生理学. 第3版. 北京：人民卫生出版社，2015
2. 朱大年. 生理学. 第8版. 北京：人民卫生出版社，2013
3. 管又飞，刘传勇. 医学生理学. 北京：北京大学医学出版社，2013
4. Hall JE. Textbook of Medical Physiology. 12th ed. Philadelphia：Saunders，2011
5. Barrett KF，Susan MB，Boitano S. et al. Ganong's Review of Medical Physiology. 24th ed. Stamford：McGraw Hill 2012

Note

第六章　神经系统对内脏活动、情绪和行为的调节

第一节　神经系统对内脏活动的调节

一、脊髓对内脏活动的调节

脊髓是调节内脏活动的初级中枢，可以完成基本的血管张力反射、发汗反射、排尿反射、排便反射及阴茎勃起反射等基本反射。平时这些反射是受高位中枢控制的，依靠脊髓本身的活动不足以很好适应生理功能的需要。例如，脊髓离断患者在经历了脊髓休克过后，由平卧位转成直立位时会常感头晕，因为脊髓基本内脏调节功能虽然有所恢复，但已失去了高位中枢的控制，此时体位性血压反射的调节能力很差，外周血管阻力不能及时发生适应性改变。此外，患者虽保留了一定的排尿能力，但排尿反射已不受意识控制，即出现尿失禁，且排尿也不完全。

二、低位脑干对内脏活动的调节

延髓是心血管和呼吸基本中枢所在。由延髓发出的自主神经传出纤维支配头面部的所有腺体、心、支气管、喉、食管、胃、胰腺、肝和小肠等。许多基本生命现象（如循环、呼吸等）的反射调节在延髓水平已初步完成，延髓因此有"生命中枢"之称。同时，脑干网状结构中也存在许多与内脏活动调节有关的神经元，其下行纤维支配脊髓，调节脊髓的自主神经功能。此外，中脑是瞳孔对光反射的中枢部位。

三、下丘脑对内脏活动的调节

下丘脑被认为是调节内脏活动的较高级中枢，并将内脏活动和躯体活动、情绪反应等进行联系和整合，对体温、摄食行为、水平衡、内分泌、情绪活动、生物节律等更为复杂的生理活动进行调节。

1. **自主神经系统活动调节**　下丘脑可通过传出纤维联系到达脑干和脊髓，改变自主神经元的紧张性活动，从而调节循环、呼吸、消化和泌尿等多种内脏活动。下丘脑的不同部位对内脏活动的调节也有所不同，例如刺激动物下丘脑后部和外侧部，可引起血压升高、心率加快，而刺激视前区则可引起血压下降和心率减慢；再如，刺激下丘脑灰结节外侧部，可引起血压升高、呼吸加快、胃肠道蠕动减慢、瞳孔扩大等，而刺激灰结节内侧部则引起心率减慢、胃肠蠕动增强。另外，刺激下丘脑漏斗后部可明显增强交感神经系统的活动，表现为呼吸、心率加快、血管收缩、血压升高、胃肠蠕动减慢、瞳孔扩大、基础代谢率升高等。

2. **体温调节**　体温调节的基本中枢在下丘脑的视前区 - 下丘脑前部（PO/AH）。实验发现，在哺乳动物间脑之上切除大脑皮质，其体温基本保持相对稳定；如在下丘脑以下水平横切脑干，动物则不能维持体温。现已知视前区 - 下丘脑前部存在着温度敏感神经元，这些神经元既能作为感受器感受所在中枢部位的温度变化，也能对外周传入的温度信息进行整合，起到体温调节中枢的作用。当此处温度高于或低于其正常调定点时（正常水平为 36.8~37℃），可通过调节机

体的散热和产热活动,以维持体温的相对稳定。

3. **水平衡调节** 下丘脑可以调节水的摄入和排出,从而维持机体的水平衡。毁损下丘脑则可导致动物烦渴与多尿。在下丘脑前部存在脑渗透压感受器,在通过渴觉引起的本能饮水行为中起重要作用;而对肾脏水排出的调节,则是通过其感受到的脑渗透压变化,调节下丘脑视上核和室旁核抗利尿激素的合成和释放实现的。

4. **对垂体激素分泌的调节** 下丘脑也是调节内分泌系统功能的高级中枢,与腺垂体和神经垂体间都存在紧密的结构和功能联系,可通过控制垂体激素的合成分泌,实现对机体多种生理活动的调节。下丘脑促垂体区位于下丘脑内侧基底部,包括视前区、腹内侧核、视交叉上核、弓状核和室周核等,其小细胞神经元可合成多种调节腺垂体活动的肽类激素(下丘脑调节肽),经轴浆运输并分泌至正中隆起,由此经垂体门脉系统到达腺垂体,促进或抑制各种腺垂体激素的分泌,例如下丘脑释放的生长激素释放激素和生长激素释放抑制激素可分别促进和抑制腺垂体生长激素的合成分泌。同时,下丘脑内也存在监察细胞,能感受血液中某些激素浓度的变化,反馈调节下丘脑调节肽的分泌。另外,下丘脑视上核和室旁核的大细胞神经元能合成血管升压素和缩宫素,经由其长轴突形成的下丘脑-垂体束运送至神经垂体贮存,并调控这些激素从神经垂体的释放。

5. **生物节律控制** 机体内的许多活动能按一定的时间顺序发生周期性变化,这一现象称为生物节律(biorhythm)。按发生的频率高低,生物节律可分为高频节律(周期 <1 天,如心动周期、呼吸周期等)、中频节律(日周期,如体温、睡眠、生长激素及 ACTH 的分泌等)及低频节律(周期 >1 天,如月经周期等)。其中,日周期节律也称昼夜节律(circadian rhythm),是许多生理活动都具有的,也是人体最重要的生物节律。研究表明,下丘脑视交叉上核是哺乳动物控制日节律的关键部位,主要作用是形成日节律,使内源性日节律适应外界环境的昼夜节律,并使体内组织器官不同的节律与视交叉上核的节律同步。光照是影响生物节律最重要的因素,视交叉上核可通过视网膜视交叉上核束与视觉感受装置发生联系,因此外界昼夜光照的变化可影响其活动,从而使体内日周期节律和外环境的昼夜节律趋于同步。如果人为改变每日光照和黑暗的时间,可使某些机体功能的日周期位相发生移动。除下丘脑外,某些体液因素也可控制生物节律,例如松果体分泌的褪黑素可能对体内器官起着时钟指针作用。

6. **行为欲的产生和本能行为及情绪的控制** 下丘脑能产生某些行为欲,如食欲、渴觉和性欲等,并能调节相应的摄食、饮水和性行为等本能行为。此外,下丘脑还参与睡眠、情绪活动的调节,以及情绪生理反应形成等。

四、大脑皮质对内脏活动的调节

1. **边缘系统** 边缘系统的结构包括边缘叶(海马、穹隆、扣带回、海马回、胼胝体回)及周围的皮质下结构。边缘叶(limbic lobe)是指围绕着脑干的大脑内侧面皮层和胼胝体旁的一些环周结构,其中最内圈的海马、穹隆等为古皮层;较外圈的扣带回、海马回等为旧皮层。边缘叶连同与其密切有关的岛叶、颞极、眶回等皮层,以及杏仁核、隔区、下丘脑、丘脑前核等皮层下结构统称为边缘系统(limbic system)。此外,中脑中央灰质及被盖等中脑结构也被归入边缘系统,从而形成边缘前脑(limbic forebrain)和边缘中脑(limbic midbrain)的概念。

边缘系统的主要功能是通过自主性神经系统调节心血管、呼吸和消化等内脏活动。边缘系统不同部位对内脏的调节作用也不同,受刺激后引起的反应极其复杂。例如刺激扣带回前部可出现呼吸抑制或加速、心率减慢、血压下降或上升、胃运动抑制、瞳孔扩大或缩小;刺激杏仁核可出现咀嚼、唾液和胃液分泌增加、胃蠕动增强、排便、心率减慢、瞳孔扩大;刺激隔区可出现阴茎勃起、血压下降或上升、呼吸暂停或加强等效应。此外,边缘系统还产生动机,参与调节本能行为和情绪反应、调制感觉信息、参与学习和记忆过程。

2. **新皮层** 新皮层是指大脑皮质中除边缘系统皮层部分以外进化程度最新的皮层部分。

电刺激新皮层除引起躯体运动反应外,还能引起内脏活动的变化。例如,电刺激动物皮层内侧面 Brodmann 第 4 区一定部位可引起直肠与膀胱运动的变化;刺激皮层外侧面的一定部位可引起呼吸、血管运动的变化;刺激第 4 区底部可引起产生消化道运动及唾液分泌的变化;刺激第 6区一定部位可引起竖毛与出汗;刺激第 8 区和第 19 区等除可引起眼外肌运动外,还能引起瞳孔的反应。电刺激人类大脑皮质也能见到类似的结果。

五、自主神经系统对内脏活动的调节结构和生理基础

自主神经系统和躯体运动系统一起组成了中枢神经系统的全部神经传出。躯体运动支配和调控骨骼肌纤维;自主神经系统调控除骨骼肌以外的所有组织和器官(平滑肌、心肌和腺体)。它们的共同之处:都有上运动神经元,发出指令到达下运动神经元,再由下运动神经元发出纤维支配对应的靶组织。它们的不同之处:躯体下运动神经元的胞体位于中枢神经系统内(脊髓和脑干内),而自主神经系统的下运动神经元在中枢神经系统外部,也就是自主神经节的细胞丛内。这些神经节的神经元称为节后神经元,它们由节前神经元支配,而节前神经元的胞体在脊髓和脑干内。因此,躯体运动系统直接与外周靶组织形成突触联系,而自主神经通过 2 级神经元发挥调节作用。

自主神经系统通过两个相互拮抗的系统——交感与副交感神经发挥作用(图 6-1),但是它

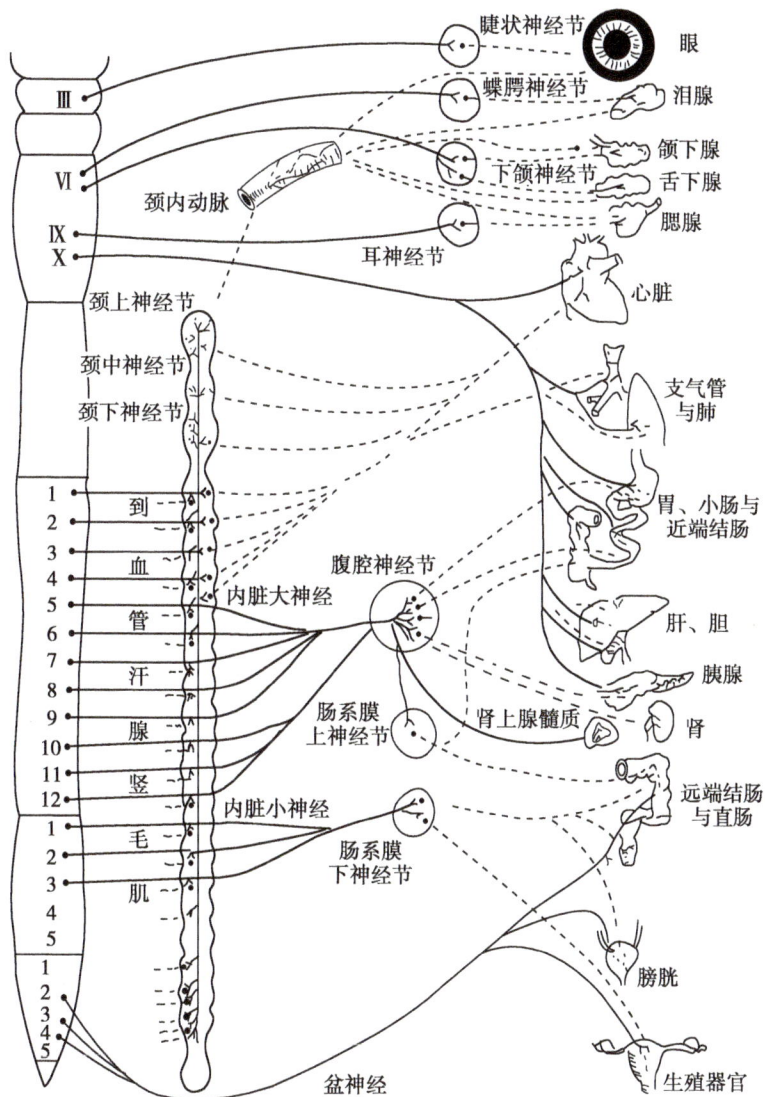

图 6-1　自主神经分布示意图

们不论在结构上还是神经递质系统上,都有很大的不同。结构:交感神经节前纤维从脊髓的胸腰段发出,而副交感的节前纤维来自脑干和脊髓的骶段。副交感的节前纤维比交感的要长,因为副交感神经节位于靶器官附近或靶器官内。递质特点:交感和副交感的节前纤维都释放乙酰胆碱;大部分交感节后纤维释放去甲肾上腺素,作用较广泛,甚至可以通过血液远距离发挥作用,但是所有副交感节后纤维释放乙酰胆碱,一般局部发挥作用。

第二节　神经系统对本能行为和情绪的控制

　　本能行为(instinctual behavior)是指动物在进化过程中形成、遗传固定下来的、对个体生存和种族延续具有重要意义的行为,如摄食、饮水和性行为等。情绪(emotion)则是指人类和动物对客观环境刺激所表达的一种特殊的心理体验,有恐惧、焦虑、发怒、平静、愉快、痛苦、悲哀和惊讶等多种表现形式,在本能行为和情绪活动进行过程中,常伴随自主神经功能、内分泌功能、某种固定形式的躯体运动功能以及本能行为的改变。本能行为和情绪主要受下丘脑和边缘系统的调节,并受后天学习和社会因素的显著影响。

一、本能行为的调节

(一) 摄食行为的调节

　　摄食行为是动物维持个体生存的基本活动,主要与下丘脑和边缘系统活动有关,并受大脑皮质和意识的控制。

　　下丘脑存在摄食中枢(feeding center)和饱中枢(satiety center),两者相互制约调节摄食行为。刺激下丘脑外侧区可引起动物多食,毁损该部位则引起动物拒食,提示该区是摄食中枢所在。反之,刺激下丘脑腹内侧核引起动物拒食,破坏该区则导致食欲增大而逐渐肥胖,提示该区是饱中枢所在,并可抑制摄食中枢的活动。在摄食中枢和饱中枢内均存在对葡萄糖敏感的神经元,葡萄糖可通过激活摄食中枢内葡萄糖敏感神经元膜上的钠泵,使膜发生超极化,进而抑制摄食中枢神经元活动;还可加强饱中枢神经元的活动。饱中枢的活动主要取决于葡萄糖敏感神经元葡萄糖利用度,当利用度较高时,饱中枢神经元活动加强而摄食中枢神经元活动减弱,因而产生饱感而抑制摄食;反之亦然。糖尿病患者多食的原因,就是因为其血中葡萄糖水平虽高,但由于胰岛素不足,饱中枢神经元对葡萄糖的利用度低,引起摄食中枢活动加强所致。此外,用微电极分别记录下丘脑外侧核和腹内侧核的神经元放电,观察到动物在饥饿情况下,前者放电频率较高而后者放电频率较低;静脉注射葡萄糖后,则发生相反的变化,即前者放电频率减少,而后者放电频率增多,证明下丘脑的摄食中枢和饱中枢之间存在交互抑制的关系。

　　边缘系统杏仁核也参与摄食行为的调节,其基底外侧核群神经元的活动可易化饱中枢,并抑制摄食中枢的活动。损毁杏仁核可引起动物摄食过多而肥胖;而用电刺激杏仁核的基底外侧核群则可抑制摄食活动。另外,隔区对摄食行为的影响与杏仁核基底外侧核群相似,也可易化饱中枢和抑制摄食中枢。

　　边缘系统和下丘脑对摄食行为的调节也存在相互作用,即边缘系统杏仁核基底外侧核群能易化下丘脑饱中枢并抑制摄食中枢的活动。研究发现,同时记录杏仁核基底外侧核群和下丘脑外侧区的摄食中枢神经元放电,当一个核内神经元放电增多时则另一个核内神经元放电减少,反之亦然,可见两者自发放电相互制约。

　　许多研究表明脑内多巴胺系统在激发摄食中发挥重要作用,而五羟色胺系统与抑制摄食相关。而近年研究热点是脂肪细胞释放的瘦素分子,作用于第三脑室附近的下丘脑弓状核的瘦素受体上,能明显抑制摄食。

(二)饮水行为的调节

人类和高等动物的饮水行为是通过渴觉引起的。引起渴觉的主要因素是血浆晶体渗透压升高和细胞外液量明显减少。前者通过刺激下丘脑前部的脑渗透压感受器,导致下丘脑相关神经元分泌抗利尿激素进入神经垂体而起作用,临床上下丘脑特定部位破坏引起抗利尿激素分泌障碍会导致尿崩症;而后者则主要由肾素 - 血管紧张素系统所介导。低血容量能刺激肾素分泌增加,此时血液中的血管紧张素Ⅱ含量增加,血管紧张素Ⅱ能作用于间脑的特殊感受区穹隆下器(subfomical organ,SFO)和终板血管器(organum vasculosum of the lamina terminalis,OVLT),这两个区域都属于室周器(circumventricular organ),此处血 - 脑屏障较薄弱,血液中血管紧张素Ⅱ能到达这些区域而引起渴觉。在人类,饮水常为习惯性行为,不一定都由渴觉引起。

(三)性行为的调节

性行为是动物维持种系生存的基本活动。神经系统中的许多部位参与对性行为的调控。交媾本身是由一系列的反射在脊髓和低位脑干中进行整合的,但伴随它的行为成分、交媾的欲望、发生在雌性和雄性动物一系列协调的顺序性调节,在很大程度上是在边缘系统和下丘脑进行的。刺激大鼠、猫、猴等动物内侧视前区,雄性或雌性动物均可出现性行为的表现;破坏该部位,则出现对异性的冷漠和性行为的丧失。在该区注入性激素也可诱发性行为。此外,杏仁核的活动也与性行为有密切关系。实验表明,杏仁外侧核以及基底外侧核具有抑制性行为的作用,而杏仁皮层内侧区则具有兴奋性行为的作用。20多年前 Science 杂志曾发表研究论文指出了所谓“同性恋的结构基础”:男性的下丘脑前部间质核团 -3 是女性的 2 倍,而同性恋男性的下丘脑前部间质核团 -3 大小与女性相当。

二、情绪的调节

(一)恐惧和发怒

动物在恐惧(fear)时表现为出汗、瞳孔扩大、蜷缩、后退、左右探头企图寻机逃跑等,而在发怒(rage)时则表现为攻击行为,如竖毛、张牙舞爪、发出咆哮声等。引发恐惧和发怒的环境刺激具有相似之处,一般都是对动物的机体或生命可能或已经造成威胁和伤害的信号。当危险信号出现时,动物通过快速判断后作出抉择,或者逃避,或者进行格斗。因此,恐惧和发怒是一种本能的防御反应(defense reaction)。也有人称之为格斗 - 逃避反应(fight-flight reaction)。

在间脑水平以上切除大脑的猫,只要给予微弱的刺激,就能激发出强烈的防御反应,通常表现为张牙舞爪的模样,好像正常猫在进行搏斗时的表现,这一现象称为假怒(sham rage)。这是因为平时下丘脑的这种活动受到大脑皮质的抑制而不易表现出来,切除大脑后则抑制解除,表现为防御反应的易化。研究表明,下丘脑内存在防御反应区(defense zone),主要位于近中线的腹内侧区。在清醒动物,电刺激该区可引发防御性行为。此外,电刺激下丘脑外侧区也可引起动物出现攻击行为,电刺激下丘脑背侧区则出现逃避行为。人类下丘脑发生疾病时也往往伴随出现不正常的情绪活动。

此外,与情绪调节有关的脑区还包括边缘系统和中脑等部位。例如,电刺激中脑中央灰质背侧部也能引起防御反应。刺激杏仁核外侧部,动物出现恐惧和逃避反应;而刺激杏仁核内侧部和尾侧部,则出现攻击行为。毁损杏仁核能够减少攻击行为,它在 20 世纪早期曾被用于治疗包括攻击行为在内的精神异常。

(二)愉快和痛苦

愉快(pleasure)是一种积极的情绪,通常由那些能够满足机体需要的刺激所引起,如在饥饿时得到美味的食物;而痛苦(agony)则是一种消极的情绪,一般由那些伤害躯体和精神的刺激或因渴望得到的需求不能得到满足而产生,如严重创伤、饥饿和寒冷等。

在动物实验中,预先于脑内埋藏一刺激电极,并让动物学会自己操纵开关而进行脑刺激。

这种实验方法称为自我刺激(self stimulation)。如果将电极置于大鼠脑内从中脑被盖腹侧区延伸到额叶皮层的近中线部分,包括中脑被盖腹侧区、内侧前脑束、伏隔核和额叶皮层等结构,动物只要在无意中有过一次自我刺激的体验后,就会一遍又一遍地进行自我刺激,很快发展到长时间连续自我刺激。表明刺激这些脑区能引起动物的自我满足和愉快,这些脑区称为奖赏系统(reward system)或趋向系统(approach system)。已知从中脑被盖腹侧区到伏隔核的多巴胺能通路与之有关,应用多巴胺能受体激动剂能增加自我刺激的频率,而给予多巴胺受体拮抗剂则可减少自我刺激频率,多巴胺能受体可能主要存在于伏隔核内。如果置电极于大鼠下丘脑后部的外侧部分、中脑的背侧和内嗅皮层等部位,则无意中的一次自我刺激将使动物出现退缩、回避等表现,且以后不再进行自我刺激。表明刺激这些脑区可使动物感到嫌恶和痛苦,这些脑区称为惩罚系统(punishment system)或回避系统(avoidance system)。据统计,在大鼠脑内奖赏系统所占脑区约为全脑的35%;惩罚系统区约为5%;而既非奖赏系统又非惩罚系统区约占60%。在一些患有精神分裂症、癫痫或肿瘤伴有顽痛的患者中进行自我刺激试验,其结果也极为相似。

(三) 焦虑和抑郁

焦虑是一种情感表现,正常的焦虑情感是人们对潜在的或真实的危险或威胁所产生的情感反应,是人们预期到某种危险或痛苦境遇即将发生时的一种适应反应或为生物学的防御现象,是一种复杂的综合情绪。病理焦虑是指不适当的焦虑表现,没有明确的致焦虑环境因素,以及环境因素和反应不相称,表现为严重的或持续的焦虑反应。抑郁是一种以情绪低落为主的精神状态,偶然的抑郁是正常的情绪波动,病理性抑郁表现为心境低落持久存在,且心境低落与其处境不相称,主要为悲观、无助、绝望,严重时可出现自杀念头和行为。

研究发现,边缘系统和新皮质中苯二氮䓬受体和GABA受体、氯离子通道组合成一个超分子复合体,焦虑症患者可能是由于苯二氮䓬受体功能不足。研究还发现焦虑障碍的发生可能与5-HT功能增强有关,5-HT系统损害或5-HT合成受阻在动物模型上起到抗焦虑的作用,也支持焦虑症5-HT能增强。丙米嗪主要影响5-HT能系统和NE能递质系统,有较好的治疗焦虑障碍的效果。氯米帕明、氟西汀等影响5-HT能神经递质系统,对焦虑障碍也有较好效果。氯氮䓬抑制中缝背核的放电,氯硝西泮能抑制5-HT神经元的放电,两者皆可减少5-HT的转换与释放,故这些抗焦虑药物从另一个侧面表明了5-HT在焦虑症发生中的作用。

研究发现,去甲肾上腺素源于中脑蓝斑核的中枢NE神经核团,向额叶皮层β_3受体的投射保持个体正常心境,向α_1受体的投射保持一定的醒觉状态。抑郁症患者下丘脑NE浓度降低,提示抑郁症与中枢NE能低下有关。抑郁症还与突触前膜肾上腺素α_2受体超敏有关,NE功能下降和增强都会发生抑郁症,抑郁症的发生是由于脑中NE不足所致,中枢神经系统中NE含量下降,则发生抑郁症,反之则发生躁狂症。

临床研究也发现,5-羟色胺含量减少或增多均会导致抑郁症的发生,通过利用微量离子渗透技术测量强迫游泳实验中大鼠的纹状体、额叶、海马区、杏仁核细胞5-羟色胺含量时发现,纹状体中5-羟色胺含量增多,杏仁核和中隔核的5-羟色胺含量下降,而额叶和海马区的5-羟色胺含量无明显变化,而且发现严重抑郁症患者5-羟色胺的功能均有不同程度的紊乱,这提示抑郁症的发病可能与这些核区的5-羟色胺功能状态有关。

三、情绪生理反应

情绪生理反应(emotional physiological reaction)是指在情绪活动过程中伴随发生的一系列生理变化,主要包括自主神经系统和内分泌系统功能活动的改变。

(一) 自主神经系统的情绪生理反应

自主神经系统功能活动的改变在多数情况下,情绪生理反应表现为交感神经系统活动的相对亢进。例如,在动物发动防御反应时,可出现瞳孔扩大、出汗、心率加快、血压升高、骨骼肌血管舒张、皮肤和小肠血管收缩等交感活动的改变,其意义在于重新分配各器官的血流量,使骨骼肌在格斗或逃跑时获得充足的血供。在某些情况下也可表现为副交感神经系统活动的相对亢进,如食物性刺激可增强消化液分泌和胃肠道运动;性兴奋时生殖器官血管舒张;悲伤时则表现为流泪等。

(二) 内分泌系统的情绪生理反应

内分泌系统功能活动的改变情绪生理反应常引起多种激素分泌改变。例如,在创伤、疼痛等原因引起应激而出现痛苦、恐惧和焦虑等的情绪反应中,血中促肾上腺皮质激素和肾上腺糖皮质激素浓度明显升高,肾上腺素、去甲肾上腺素、甲状腺激素、生长激素和催乳素等浓度也升高;情绪波动时往往出现性激素分泌紊乱,并引起育龄期女性月经失调和性周期紊乱。

(罗本燕)

本章小结

神经系统对内脏活动、情绪和行为的调节包括神经系统对内脏活动的调节和神经系统对本能行为和情绪的控制。按照神经系统部位的不同又可区分为脊髓、脑干、下丘脑、大脑皮质以及自主神经系统和躯体运动系统一起组成了中枢神经系统对内脏活动的调节。本能行为主要针对摄食、饮水以及性行为的神经调节,情绪的调节主要为恐惧和发怒、愉快和痛苦、焦虑和抑郁等方面的神经控制,以及在情绪活动中伴随的一系列生理反应。

复习思考题

1. 下丘脑主要调节内脏活动的哪些方面?
2. 神经系统如何对体温进行调节?
3. 神经系统如何对生物进行节律控制?
4. 简述摄食行为调节的可能机制。
5. 简述性行为的调节机制。
6. 简述愉快和痛苦的调节机制。
7. 简述机体的情绪生理反应。

Note

第七章　脑电活动与脑的高级功能

第一节　脑电活动与睡眠和觉醒

觉醒与睡眠是脑的重要功能活动之一。除了在行为上的区别外,在哺乳动物和鸟类等动物,两者的区别可根据同时记录脑电图、肌电图或眼电图等方法进行客观判定。因此,在介绍觉醒与睡眠之前首先介绍脑电活动。

一、脑电活动

本节所述的脑电活动是指大脑皮质许多神经元的集群电活动,而非单个神经元的电活动。脑电活动包括自发脑电活动和皮层诱发电位两种不同形式。

(一) 自发脑电活动

自发脑电活动(spontaneous electrical activity of brain)是在无明显刺激情况下,大脑皮质自发产生的节律性电位变化。用脑电图仪在头皮表面记录到的自发脑电活动,称为脑电图(electro-encephalogram,EEG)。英国生理学家 Richard Caton 于 1875 年首先在动物脑记录到节律性脑电波,而人的脑电波是在 1928 年由德国精神病学家 Hans Berger 首次记录到的。

1. 脑电图的波形　脑电波的基本波形有 α、β、θ 和 δ 波四种(图 7-1)。α 波的频率为 8~13Hz,幅度为 20~100μV,常表现为波幅由小变大、再由大变小,反复变化而形成 α 波的梭形。α 波在枕叶皮层最为显著,成年人在清醒、安静并闭眼时出现,睁眼或接受其他刺激时立即消失而呈快波(β 波),这一现象称为 α 波阻断(alpha block)。β 波的频率为 14~30Hz,幅度为 5~20μV。在额叶和顶叶较显著,是新皮层处于紧张活动状态的标志。θ 波的频率为 4~7Hz,幅度为 100~150μV,是成年人困倦时的主要脑电活动表现,可在颞叶和顶叶记录到。δ 波的频率为 0.5~3Hz,幅度为 20~200μV,δ 波常出现在成人入睡后,或处于极度疲劳或麻醉时,在颞叶和枕叶比较明显。此外,在觉醒并专注于某一事时,常可见一种频率较 β 波更高的 γ 波,其频率为 30~80Hz,波幅范围不定;而在睡眠时还可出现另一些波形较为特殊的正常脑电波,如驼峰波、σ

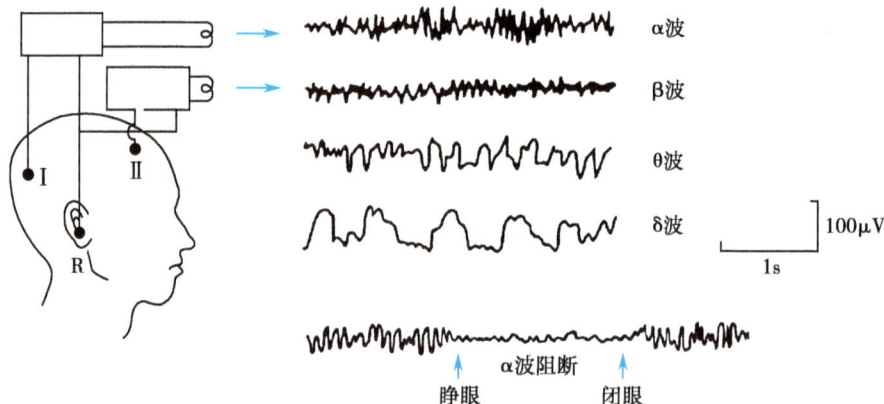

图 7-1　脑电图记录方法与正常脑电图波形
Ⅰ、Ⅱ:引导电极放置位置(分别为枕叶和颞叶);R:无关电极放置位置(耳廓)

波、λ 波、κ- 复合波、μ 波等。

2. 脑电波形的变动　一般情况下，频率较低的脑电波幅度较大，而频率较高的脑电波幅度较小。脑电波形可因记录部位及人体所处状态不同而有明显差异。在睡眠时脑电波呈高幅慢波，称为脑电的同步化（synchronization），而在觉醒时呈低幅快波，称为脑电的去同步化（desynchronization）。

人在安静状态下，脑电图的主要波形可随年龄而发生改变。在婴儿期，可见到 β 样快波活动，而在枕叶却常记录到 0.5~2Hz 的慢波。在整个儿童期，枕叶的慢波逐渐加快，在幼儿期一般常可见到 θ 样波形，到青春期开始时才出现成人型 α 波。另外，在不同生理情况下脑电波也可发生改变，如在血糖、体温和糖皮质激素处于低水平，以及当动脉血 PCO_2 处于高水平时，α 波的频率减慢；反之，则 α 波频率加快。

在临床上，癫痫患者或皮层有占位病变（如肿瘤等）的患者，其脑电波可出现棘波（频率高于 12.5Hz，幅度 50~150μV，升支和降支均极陡峭）、尖波（频率为 5~12.5Hz，幅度为 100~200μV，升支极陡，波顶较钝，降支较缓）、棘慢综合波（在棘波后紧随一个慢波或次序相反，慢波频率为 2~5Hz，波幅为 100~200μV）等变化。因此，可根据脑电波的改变特征，并结合临床资料，用于肿瘤发生部位或癫痫等疾病的判断。

3. 脑电波形成的机制　脑电波的节律比神经元的动作电位慢得多，但和神经元的突触后电位的时程较近似。在动物实验中观察到，应用微电极所记录的皮层神经元的慢突触后电位与皮层表面记录到的脑电波的电位变化相似，尤其在 α 波出现时。但单个神经元的微弱的突触后电位显然不足以引起皮层表面的电位改变，因此认为，脑电波是由大量神经元同步发生的突触后电位经总和后形成的，而突触后电位总和的结构基础是锥体细胞在皮层排列整齐，其顶树突相互平行，并垂直于皮层表面，因此其同步活动较易发生总和而形成强大的电场，从而改变皮层表面电位。大量皮层神经元的同步电活动则与丘脑的功能活动有关。在中等深度麻醉的动物，在皮层广泛区域可记录到 8~12Hz 的类似 α 波的自发脑电活动；在切断丘脑与皮层的纤维联系或切除丘脑后，皮层的这种类似 α 波的节律便大大减弱或消失；但切除皮层或切断丘脑与皮层的纤维联系后，丘脑髓板内核群的类似 α 波的节律仍然存在；以 8~12Hz 的频率电刺激丘脑非特异投射核，可在皮层引导出类似 α 波的电变化。记录丘脑髓板内核群神经元的细胞内电活动时，可观察到重复刺激引起 EPSP 和 IPSP 的交替，在皮层也可见到同样节律的电位周期性变化，因而推测皮层电活动的同步化是由于丘脑非特异投射核的同步化 EPSP 和 IPSP 交替出现的结果。以高频电刺激丘脑髓板内核群，可使皮层中类似 α 波的节律变为去同步化快波，这可能就是 α 波阻断的产生机制。

（二）皮质诱发电位

皮层诱发电位（evoked cortical potential）是指刺激感觉传入系统或脑的某一部位时，在大脑皮质一定部位引出的电位变化。皮层诱发电位可由刺激感受器、感觉神经或感觉传入通路的任何一个部位而引出。诱发电位一般包括主反应、次反应和后发放三部分（图 7-2）。主反应为一先正后负的电位变化，在大脑皮质的投射有特定的中心区，出现在一定的潜伏期后，即与刺激有锁时关系。其潜伏期的长短取决于刺激部位与皮层间的距离、神经纤维的传导速度和所经过的突触数目等因素。主反应与感觉的特异投射系统活动有关。次反应是尾随主反应之后的扩散性续发反应，可见于皮层的广泛区域，与刺激无锁时关系。次反应与感觉的非特异投射系统活动有关。后发放则为在主反应和次反应之后的一系列正相周期性电位波动，是非特异感觉传入和中间神经元引起的皮层顶树突去极化和超极化交替作用的结果。

诱发电位的波幅较小，又发生在自发脑电的背景上，故常被自发脑电淹没而难以辨认出来。应用电子计算机将诱发电位叠加和平均处理，能使诱发电位突显出来，经叠加和平均处理后的电位称为平均诱发电位（averaged evoked potential）。平均诱发电位目前已成为研究人类感觉功能、

Note

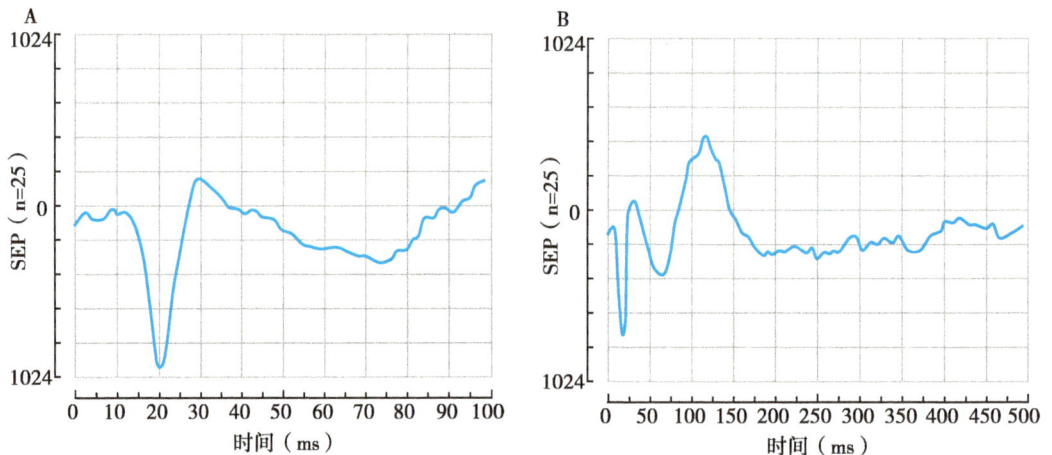

图 7-2　电刺激家兔腓总神经引发的体感诱发电位(SEP)

A. 刺激后 0~100ms 内的 SEP 描记,即 B 图中前。100ms 的展宽;B. 刺激后 0~500ms 内的 SEP 描记,刺激后约 12ms 出现先正(向下)后负(向上)的主反应,随后出现次反应,约 300ms 后出现后发放。横坐标为描记时间,纵坐标为计算机数字量,n 为计算机叠加次数

神经系统疾病、行为和心理活动的方法之一。临床常用的有体感诱发电位(somatosensory evoked potential,SEP)、听觉诱发电位(auditory evoked potential,AEP)和视觉诱发电位(visual evoked potential,VEP)。体感诱发电位是指刺激一侧肢体,从对侧对应于大脑皮质感觉投射区位置头皮引出的电位。以短声或光照刺激一侧外耳或视网膜,分别从相应头皮(对应于颞叶和枕叶皮层位置)引出的电位则为听觉或视觉诱发电位。

二、睡眠与觉醒

睡眠(sleep)与觉醒(wakefulness)是人体所处的两种不同状态,两者夜昼交替而形成睡眠-觉醒周期。人们只有在觉醒状态下才能进行各种体力和脑力活动,睡眠则能使人的精力和体力得到恢复,还能增强免疫、促进生长和发育、增进学习和记忆能力、有助于情绪的稳定,因此,充足的睡眠对促进人体身心健康,保证人们充满活力地从事各种活动至关重要。

(一) 睡眠的两种状态及其意义

睡眠是人类生存所必需,人的一生中大约有三分之一的时间是在睡眠中度过的。一般情况下,成年人每天需要睡眠 7~9 小时,儿童需要更多睡眠时间,新生儿需要 18~20 小时,而老年人所需睡眠时间则较少。

人在睡眠时会出现周期性的快速眼球运动,因此,根据睡眠过程中眼电图(electrooculogram,EOG)、肌电图(electromyogram,EMG)和脑电图的变化观察,可将睡眠分为非快眼动睡眠(non-rapid eye movement sleep,NREM sleep)和快眼动睡眠(rapid eye movement sleep,REM sleep)。

NREM 睡眠的脑电图呈现高幅慢波,因而也称慢波睡眠(slow wave sleep,SWS),而快速眼球运动期间的脑电波和觉醒期的脑电波类似,表现为低幅快波,故又称快波睡眠(fast wave sleep,FWS)或异相睡眠(paradoxical sleep,PS)。

1. 慢波睡眠　根据脑电图的特点,可将 NREM 睡眠分为四期。Ⅰ期为入睡期,脑电波表现为低幅 θ 波和 β 波,频率比觉醒时稍低,脑电波趋于平坦。这一阶段很快过渡到Ⅱ期。Ⅱ期为浅睡期,脑电波呈持续 0.5~1 秒的睡眠梭形波(即 σ 波,是 α 波的变异,频率稍快,幅度稍低)及若干 κ-复合波(是 δ 波和 σ 波的复合)。随后,睡眠进入Ⅲ期,此期为中度睡眠期,脑电波中出现高幅(>75μV) δ 波。当 δ 波在脑电波中超过 50% 时,睡眠进入Ⅵ期,即深度睡眠期。Ⅲ期和Ⅵ期睡眠统称为 δ 睡眠,在人类,这两个时期合称为慢波睡眠,而在有些动物,所有这四期均称为慢

波睡眠。在 NREM 睡眠中,由于感觉传入冲动很少,大脑皮质神经元活动趋向步调一致,脑电以频率逐渐减慢、幅度逐渐增高、δ 波所占比例逐渐增多为特征,表现出同步化趋势(图 7-3),故 NREM 睡眠又称同步化睡眠。在 NREM 睡眠时期,视、听、嗅和触等感觉以及骨骼肌反射、循环、呼吸和交感神经活动等均随睡眠的加深而降低,且相当稳定;但此期腺垂体分泌生长激素则明显增多,因而 NREM 睡眠有利于体力恢复和促进生长发育。

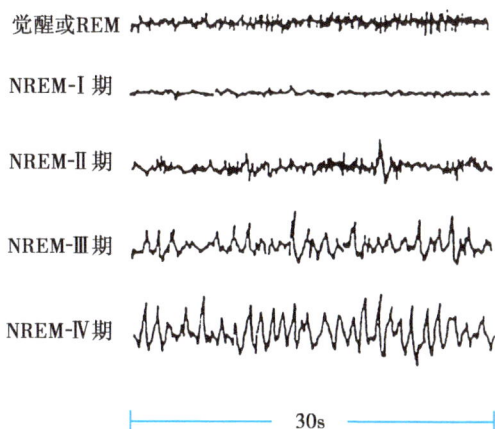

图 7-3　正常成年人 NREM 睡眠各期脑电波

2. 异相睡眠　慢波睡眠之后,脑电的渐进性高幅低频的变化出现逆转,呈现与觉醒相似的不规则 β 波,表现为皮层活动的去同步化,但在行为上却表现为睡眠状态。在 REM 睡眠期,机体的各种感觉进一步减退,肌紧张减弱;交感神经活动进一步降低;下丘脑体温调节功能明显减退,表明其睡眠深度要比慢波睡眠更深。此外,REM 睡眠阶段尚有躯体抽动、眼球快速运动及血压升高、心率加快、呼吸快而不规则等间断的阵发性表现。若在此期间被唤醒,74%~95% 的人将诉说正在做梦,但在被唤醒的人中仅有 7% 能回忆起梦中的情形,说明 REM 睡眠中的眼球运动和上述阵发性表现可能与梦境有联系。

REM 睡眠期间,脑内蛋白质合成加快,脑的耗氧量和血流量增多,而生长激素分泌则减少。REM 睡眠与幼儿神经系统的成熟和建立新的突触联系密切有关,因而能促进学习与记忆以及精力恢复。但是,REM 睡眠期间出现的上述阵发性表现可能与某些疾病易于在夜间发作有关,如哮喘、心绞痛、阻塞性肺气肿缺氧发作等常发生于夜间。

睡眠并非由"浅睡"到"深睡"的连续过程,而是 NREM 睡眠和 REM 睡眠两个不同时相周期性交替的过程。入睡后,一般先进入 NREM 睡眠,由 Ⅰ 期开始,随后相继过渡到 Ⅱ、Ⅲ、Ⅵ 期睡眠,持续 80~120 分钟后转入 REM 睡眠,REM 睡眠持续 20~30 分钟后又转入 NREM 睡眠,NREM 睡眠和 REM 睡眠两个时相在整个睡眠过程中有 4~5 次交替。NREM 睡眠主要出现在前半夜的睡眠中,在睡眠后期的周期中逐渐减少甚至消失;与此相反,REM 睡眠在睡眠后期的周期中比例则逐渐增加(图 7-4)。两个时相的睡眠均可直接转为觉醒状态,但由觉醒转为睡眠则通常先进入 NREM 睡眠,而不是直接进入 REM 睡眠。

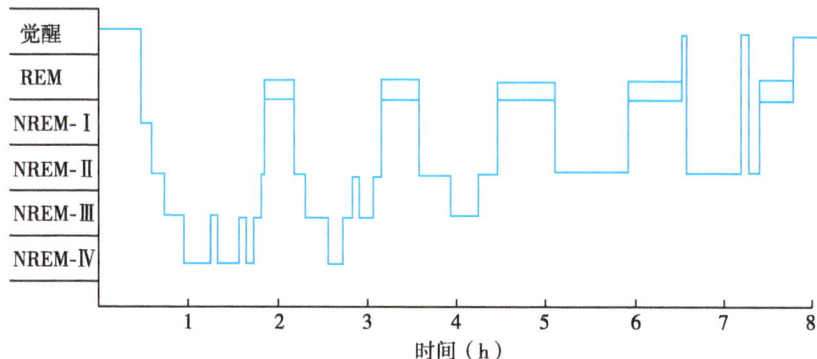

图 7-4　正常成年人整夜睡眠中两个睡眠时相交替的示意图

无论是 NREM 睡眠还是 REM 睡眠,均为正常人之所需。一般成年人若持续于觉醒状态 15~16 小时,便可称为睡眠剥夺。当睡眠长期被剥夺后,若任其自然睡眠,则睡眠时间将明显增加以补偿睡眠的不足。进一步研究表明,分别在 NREM 睡眠和 REM 睡眠中被唤醒,导致 NREM

Note

睡眠或 REM 睡眠的剥夺,再任其自然睡眠,则两种睡眠均将出现补偿性延时。在 REM 睡眠被剥夺后,觉醒状态可直接进入 REM 睡眠,而不需经过 NREM 睡眠的过渡。

(二)觉醒与睡眠的产生机制

曾经认为,觉醒的产生和维持是大脑皮质不断接受感觉传入的结果,而睡眠则是个被动过程,此时感觉传入暂停或因脑疲劳而使之活动减缓。目前已发现人和动物脑内有许多部位和投射纤维参与觉醒和睡眠的调控,它们形成促觉醒和促睡眠两个系统,并相互作用、相互制约而形成复杂的神经网络,调节睡眠 - 觉醒周期和睡眠不同状态的互相转化。所以,觉醒和睡眠都是主动过程。

1. 与觉醒有关的脑区　感觉的非特异投射系统接受脑干网状结构的纤维投射。由于网状结构是个多突触系统,神经元的联系在此高度聚合,形成复杂的神经网络,使各种特异感觉的传入失去专一性,因而非特异投射系统的主要功能是维持和改变大脑皮质的兴奋状态,换言之,它具有上行唤醒作用。刺激猫的中脑网状结构可将其从睡眠中唤醒,脑电波呈去同步化快波;如果在中脑头端切断网状结构或选择性破坏中脑被盖中央区的网状结构,动物便进入持久的昏睡状态,脑电图呈同步化慢波(图 7-5)。可见,觉醒的产生与脑干网状结构的活动有关,故称之为网状结构上行激动系统(ascending reticular activating system)。另一方面,大脑皮质感觉运动区、额叶、眶回、扣带回、颞上回、海马、杏仁核和下丘脑等部位也有下行纤维到达网状结构并使之兴奋。网状结构是个多递质系统,已知网状结构中大多数神经元上行和下行纤维的递质是谷氨酸。许多麻醉药(如巴比妥类)都是通过阻断谷氨酸能系统而发挥作用的。静脉注射阿托品也能阻断脑干网状结构对脑电的唤醒作用,此外,与觉醒有关的脑区和投射系统还有许多,如脑桥蓝斑去甲肾上腺素能系统、低位脑干的中缝背核 5- 羟色胺能系统、脑桥头端被盖胆碱能神经元、中脑黑质多巴胺能系统、前脑基底部胆碱能系统、下丘脑结节乳头体核组胺能神经元和下丘脑外侧区的增食因子(orexin)能神经元等。而且,脑干和下丘脑内与觉醒有关的脑区之间存在广泛的纤维联系,它们可能经丘脑和前脑基底部上行至大脑皮质而产生和维持觉醒。

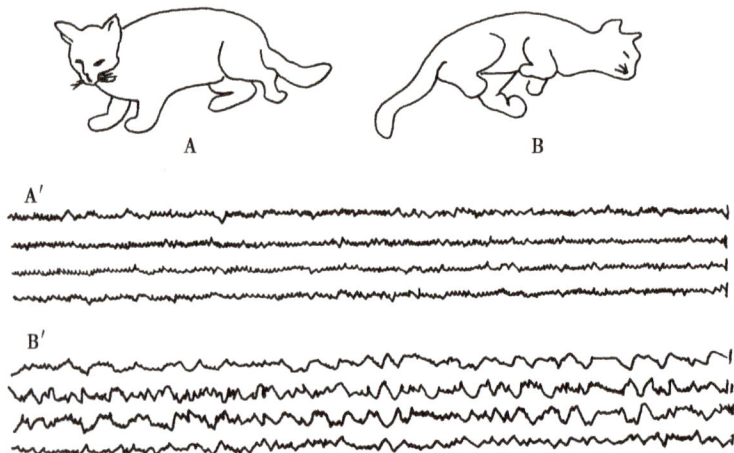

图 7-5　切断特异和非特异传导通路后猫的行为与脑电图变化
A. 切断特异性传导通路而不损伤非特异性传导通路的猫,处于觉醒状态,
A′为其脑电图;B. 切断非特异性传导通路的猫,处于昏睡状态,B′为其脑电图

另外,在动物实验中还观察到行为觉醒和脑电觉醒分离的现象。行为觉醒(behavioral arousal)表现为对环境的突然改变有探究行为,而脑电觉醒(electroencephalographic arousal)则不一定有探究行为,但脑电呈去同步化快波。静脉注射阿托品阻断脑干网状结构胆碱能系统的活动后,动物脑电呈同步化慢波,但在行为上并不表现为睡眠;单纯破坏中脑黑质多巴胺能系统后,动物对环境的突然改变不再有探究行为,但脑电仍可出现快波。可见,行为觉醒可能与黑质

多巴胺能系统的功能有关。这与帕金森病患者缺乏行为觉醒的表现是一致的。

2. 与睡眠有关的脑区

（1）促进 NREM 睡眠的脑区：脑内存在多个促进 NREM 睡眠的部位，其中最重要的是视前区腹外侧部（ventrolateralpreoptic area，VLPO）。由觉醒进入 NREM 睡眠后，VLPO 神经元放电频率增高，且细胞原癌基因 *c-fos* 表达增加（表示此时处于活动状态）。VLPO 内存在大量促睡眠神经元，它们发出的纤维投射到脑内多个与觉醒有关的部位，如蓝斑去甲肾上腺素能神经元、中缝背核 5- 羟色胺能神经元、脑桥头端被盖胆碱能神经元、下丘脑结节乳头体核组胺能神经元等，VLPO 投射纤维的主要递质是 γ- 氨基丁酸，通过对促觉醒脑区活动的抑制，促进觉醒向睡眠转化，产生 NREM 睡眠。有研究表明，视交叉上核有纤维通过其他核团中继后投射到下丘脑外侧部的增食因子能神经元和 VLPO，将昼夜节律的信息传递给促觉醒和促睡眠脑区，调节觉醒与睡眠的相互转换。此外，促进 NREM 睡眠的脑区还有位于延髓网状结构的脑干促眠区，也称上行抑制系统（ascending inhibitory system）；位于下丘脑后部、丘脑髓板内核群邻旁区和丘脑前核的间脑促眠区；以及位于下丘脑或前脑视前区和 Broea 斜带区的前脑基底部促眠区。对脑干和间脑促眠区施以低频电刺激可引起 NREM 睡眠，而施以高频电刺激则引起觉醒；而在前脑促眠区无论施加低频或高频刺激均将引起 NREM 睡眠的发生。

（2）促进 REM 睡眠的脑区：位于桥脑头端被盖外侧区的胆碱能神经元在 REM 睡眠的启动中起重要作用，这些神经元称为 REM 睡眠启动（REM-on）神经元，其电活动在觉醒时停止，而在 REM 睡眠期间则明显增加。它们不仅能引起脑电发生去同步化快波，还能激发桥脑网状结构、外侧膝状体和枕叶皮层出现一种棘波，称为脑桥 - 外侧膝状体 - 枕叶锋电位（ponto-geniculo-occipital spike），简称 PGO 锋电位（PGO spike）。PGO 锋电位是 REM 睡眠的启动因素，它一方面通过视觉中枢产生快速眼球运动，另一方面通过传出纤维兴奋延髓巨细胞核，再经网状脊髓腹外侧束兴奋脊髓的抑制性神经元，引起四肢肌肉松弛和放电停止。在猫脑桥被盖以上横切脑干后，动物仍能维持正常的 REM 睡眠，包括睡眠期的眼球快速运动和肌紧张消失，但如果毁损脑桥头端被盖及其邻近部位，则 REM 睡眠随即消失。此外，蓝斑的去甲肾上腺素能神经元和中缝背核的 5- 羟色胺神经元既能启动和维持觉醒，也可终止 REM 睡眠，因而称为 REM 睡眠关闭（REM-off）神经元，它们在觉醒时放电频率较高，在转为 NREM 睡眠时放电明显减少，而转为 REM 睡眠时则放电停止。因此，REM 睡眠的发生和维持可能受控于 REM-off 神经元和 REM-on 神经元之间的相互作用。

3. 调节觉醒与睡眠的内源性物质

除中枢有关神经递质外，已知的调节觉醒与睡眠的内源性物质有几十种，以下仅介绍几种主要的内源性促眠物质。

（1）腺苷：脑内腺苷的含量随脑组织代谢水平的不同而发生变化，在觉醒时腺苷的含量随觉醒时间的延长而升高，高水平的腺苷可促进 NREM 睡眠，而在睡眠期其含量随睡眠时间的延长而降低，由此引发觉醒。已有众多实验证实腺苷具有促眠作用，如剥夺睡眠可明显提高大鼠和猫前脑基底部、皮层和海马等处的腺苷水平，尤以前脑基底部为著，这对维持睡眠稳定状态具有重要意义；咖啡因能增强觉醒也是通过阻断腺苷受体而实现的。腺苷的促眠作用一是通过腺苷 A_1 受体抑制前脑基底部的胆碱能神经元而抑制觉醒；二是通过作用于 VLPO 的腺苷 A_2 受体，激活 VLPO 内 γ- 氨基丁酸能神经元，通过抑制多个促觉醒脑区的活动，尤其是抑制下丘脑乳头体核组胺的释放，从而促进睡眠。

（2）前列腺素 D_2：前列腺素 D_2（PGD_2）是目前已知的重要内源性促眠物质。它是由前列腺素 H_2（PGH_2）经前列腺素 D 合成酶的作用而形成，抑制前列腺素 D 合成酶可导致睡眠减少。PGD_2 在脑脊液中的浓度呈日节律变化，与睡眠 - 觉醒周期一致，并可随剥夺睡眠时间的延长而增高。PGD_2 可通过影响腺苷的释放而促进睡眠。

（3）生长激素：生长激素的释放发生于 NREM 睡眠时相，因此 NREM 睡眠具有促进机体生长和体力恢复的作用,而生长激素的释放又能增强脑电的慢波活动,促进 NREM 睡眠。生长激素释放激素和生长抑素不仅通过影响生长激素的释放而参与睡眠的调节,也能直接影响睡眠。生长激素释放激素及其 mRNA 随昼夜节律而变化,且在剥夺睡眠后增加。脑室内注射生长激素释放激素可增加 NREM 睡眠,同时也能增加 REM 睡眠,而脑室内注射生长激素释放激素的抗体则引起相反的结果。

此外,一些细胞因子也参与睡眠的调节,如白细胞介素-1、干扰素和肿瘤坏死因子等均可增加 NREM 睡眠。此外,还发现多种促眠因子(sleep promoting factor)在睡眠调节中的作用,如催眠毒素(hypnotoxin)是从剥夺睡眠 150~293 小时的狗脑中提取出的一种内源性促眠物质。s 因子(factor s)是从剥夺睡眠山羊的脑脊液中提取出的一种肽类物质,如果将剥夺睡眠山羊的脑脊液注入大鼠,也能使大鼠进入睡眠状态。从刺激家兔丘脑髓板内核群而致眠的家兔静脉血中可提取出一种称为 δ 促眠肽(delta sleep inducing peptide)的 9 肽,它可促进 NREM 睡眠并使脑电图出现 δ 波。

(刘传勇)

第二节　脑的高级功能

大脑是产生感觉、调节躯体运动和内脏活动的最高级中枢,还具有学习、记忆、思维、语言等更为复杂的高级功能。

一、学习和记忆

学习(learning)是指机体通过不断接受环境刺激而获得新的经验和行为习惯的过程。记忆(memory)是将所获得的信息加以保留和读出的神经过程。两者之间互相联系。执行学习和记忆功能的脑结构涉及许多部位。

(一)学习的形式

学习有非联合型学习和联合型学习两种形式。

1. 非联合型学习　非联合型学习(nonassociative learning)是由单一的刺激引起反应的学习形式,不需要两个事件之间建立某种明确的联系,是一种比较简单的学习形式,如习惯化和敏感化等可塑性改变。

(1) 习惯化:习惯化(habituation)是指受非伤害性刺激重复作用后,机体反射性效应逐渐减弱的现象。例如在触摸刺激引起海兔缩鳃反射实验中,可见缩鳃反射随着触摸刺激的重复进行而逐渐减弱,甚至消失。习惯化使个体学会对某些重复性的刺激“不注意”,从而主动地放弃对这些刺激的反应,这有利于机体接受其他类型的刺激。

(2) 敏感化:敏感化(sensitization)是指受较强的伤害性刺激后,机体对原先弱刺激引起的反应明显增强的现象。例如,电刺激作用于海兔的头部或尾部后,原先触摸刺激引起的缩鳃反应将大大加强。与习惯化相反,敏感化使个体学会了对某些伤害性刺激的注意,有利于躲避该刺激。

2. 联合型学习　联合型学习(associative learning)指两个事件在时间上很接近地重复发生,最后在脑内逐渐形成某种联系,包括经典的条件反射和操作式条件反射。

(1) 经典的条件反射:又称巴甫洛夫条件反射。经典的条件反射(classical conditioning)是在非条件反射的基础上,由特定的条件刺激所引起,经过后天的学习获得的反射。例如,食物为非条件刺激,进食可以引起狗唾液分泌,这属于非条件反射;铃声不能引起狗唾液分泌,是无关刺激,但如果每次给狗喂食物时先给予铃声刺激,然后再立即给予食物,这样多次结合后,当铃声一出现,狗的唾液便开始分泌。铃声由无关刺激转化为能够引起唾液分泌的条件刺激,是铃声和食物反复结合的结果。无关刺激和非条件刺激在时间上反复结合的过程,称为强化

（reinforcement）。只有通过强化，才能建立条件反射。经典性条件反射的出现，表明条件刺激（如铃声）和非条件刺激（如食物）之间已形成了一定的联系，条件刺激已经成为非条件刺激即将到来的信号。自然界中可以成为条件刺激的信号是多种多样的，所以，经典的条件反射大大提高了机体的预见能力。条件反射是在大脑皮质参与下建立起来的，是高级神经活动的基本形式，但其神经联系是暂时的，需反复强化。条件反射建立后如不反复强化，就会逐渐减弱，甚至消失，这称为条件反射的消退（extinction）。条件反射的消退是由于在中枢产生了抑制性效应的结果。

（2）操作式条件反射：又称工具性条件反射。操作式条件反射（operant conditioning）比经典条件反射更为复杂。其形成特点是要求实验动物必须采取某种行动才能完成。例如，以灯光等信号作为条件刺激，出现灯光信号后动物必须踩杠杆才能得到食物。操作式条件反射是受意志控制的高级反射活动，是在动物接受的刺激和做出的反应之间形成联系，属于联合型学习。这种学习过程操作式条件反射还包括回避性条件反射、辨别性学习等类型。回避性条件反射也称防御性条件反射，动物通过回避性条件反射来逃避惩罚。如动物听到铃声必须举起前肢，否则予以电击。辨别性学习是动物学习辨别时间、空间或图形的能力，要求动物在有分支的道路（迷路）中学习选择正确路线以获得食物。

人类的学习方式多数是联合型学习，通过大脑皮质第二信号系统的功能来实现，其特点是可利用语言、文字进行学习和思维，依靠文字建立相关联系，既简化了学习过程，又提高了学习效果。

（二）两种信号系统学说

条件反射是对信号发生反应的神经过程。大脑皮质对不同信号发生反应的功能系统可分为两种信号系统。

1. 第一信号系统　第一信号是指具体的、现实的信号，如光、声、嗅、味、触等刺激，可直接作用于眼、耳、鼻、舌、身等感受装置。人类和动物均可以第一信号作为条件刺激发生条件反射，如饥饿时看到可口的食物即可引起唾液分泌。大脑皮质对第一信号发生反应的功能系统称为第一信号系统（first signal system）。第一信号系统是人类和动物所共有的。

2. 第二信号系统　第二信号是指抽象的、代表第一信号的信号，即语言和文字。大脑皮质对第二信号发生反应的功能系统被称为第二信号系统（second signal system）。因为只有人类才具有语言和文字，所以第二信号系统是人类所特有的。例如，人在听到别人谈论某种美味的食物，可引起唾液的分泌，就是第二信号系统活动的结果。

（三）记忆的形式

记忆是大脑巩固获得信息并使之再现的过程。根据储存时间和提取方式的不同，可将记忆分为陈述性记忆和非陈述性记忆；根据记忆保留的时间长短，可将记忆分为短时程记忆和长时程记忆。

1. 陈述性记忆和非陈述性记忆

（1）陈述性记忆：陈述性记忆（declarative memory）是与特定时间和地点有关的事实或事件的记忆。陈述性记忆与主观意识有关，可以用语言陈述或以影像形式保持在记忆中。日常所说的记忆通常是指陈述性记忆。陈述性记忆又可分为情景式记忆（episodic memory）和语义式记忆（semantic memory），前者是对一件具体事务或一个场面的记忆；后者则是对文字和语言的记忆。陈述性记忆需要海马、内侧颞叶、边缘间脑结构的参与。陈述性记忆能够较快建立，但也容易遗忘。

（2）非陈述性记忆：非陈述性记忆（non declarative memory）是与实际操作和实践有关的记忆，它需要反复从事某种技能的操作，经过长期的经验积累才能缓慢地保存下来。这种记忆与主观意识无关，也不容易遗忘。非陈述性记忆的获得也是习惯形成的过程，技巧性动作的记忆（如运动技巧、乐器演奏等）和条件反射的形成都属于这种记忆类型。

Note

陈述性记忆和非陈述性记忆可同时参与学习过程,并且两种记忆可以转化,如在学习骑自行车的过程中需要对某些情景产生陈述性记忆,一旦学会后,该陈述性记忆转变成非陈述性记忆。

2. 短时程记忆和长时程记忆

(1) 短时程记忆:短时程记忆(short-term memory)的特点是保存时间短,仅几秒到几分钟,容易受到干扰,记忆容量有限。短时程记忆有多种表现形式,如对影像的视觉瞬间记忆,对执行某些认知行为过程中的一种暂时的信息存储等。短时程记忆可将传入信息进行加工、整合,如在房间内搜寻遗失物品时的短暂记忆。

(2) 长时程记忆:长时程记忆(long-term memory)的特点是保留时间长,可持续几小时,几天到几年,有些记忆甚至可保持终生,形成永久记忆(remote memory)。长时程记忆的形成是在海马和其他脑区内对信息进行分级加工处理的动态过程。短时程记忆可以向长时程记忆转化,促使转化的因素是记忆内容的反复运用和强化。

(四) 人类的记忆过程

记忆的过程可分为感觉性记忆、第一级记忆、第二级记忆和第三级记忆四个阶段(图7-6)。

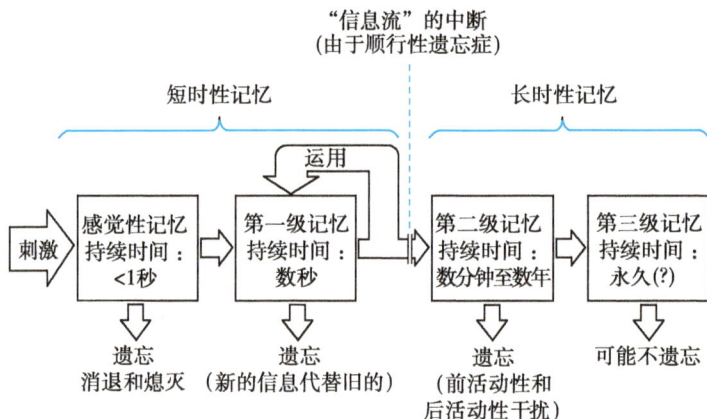

图 7-6　从感觉性记忆至第三级记忆的信息流示意图
图示在每一个记忆内储存的持续时间及遗忘的可能机制

1. **感觉性记忆**　感觉性记忆是机体经感觉系统获得的信息在脑的感觉代表区储存的阶段。所有进入机体的信息都要经过这一阶段。信息在此阶段保留的时间很短,一般不超过1秒。如果对这些即时感觉性的信息加以处理,可将感觉性信息转换成表达性符号(如语言),感觉性记忆便可转入第一级记忆。

2. **第一级记忆**　信息在第一级记忆中的保留时间仍很短,约几秒钟,主要表现为临时性的记忆,如临时记住拨打一个陌生的电话号码等。如果某些信息反复应用,信息便在第一级记忆中循环,并可转入第二级记忆中。

3. **第二级记忆**　第二级记忆属于长时性记忆,信息在此可以保存数分至数年,是一个大而持久的储存系统。人体需要保存的信息,大部分都贮存在此记忆中。

4. **第三级记忆**　第三级记忆是终身难忘的记忆。对于终年累月运用的信息,如自己的或非常熟悉的人的信息,以及常年进行的操作手艺等,可以转入此记忆中。

(五) 遗忘

与记忆相对应的现象就是遗忘(loss of memory)。遗忘是指部分或完全失去记忆和再认的能力。大脑通过感官系统获取外界大量的信息,但只有少量信息得以保留在记忆中。因此,遗忘是一种正常的生理现象。遗忘在学习后就已开始,最初遗忘的速率很快,以后逐渐减慢。遗忘并不意味记忆痕迹的消失,因为复习已经遗忘的内容总比学习新的内容容易。产生遗忘的原因与条件刺激长时间得不到强化而引起反射的消退,和后来信息的干扰等因素有关。

临床上将疾病情况下发生的遗忘称为遗忘症(amnesia),分为顺行性遗忘症(anterograde amnesia)和逆行性遗忘症(retrograde amnesia)两类。前者表现为不能保留新近获得的信息,其发生机制可能是信息不能从第一级记忆转入第二级记忆,多见于慢性乙醇中毒者和阿尔茨海默病等神经退行性疾病的早期临床表现。后者表现为不能回忆发病之前一段时间内的经历,但新进入的信息仍能转入长时程记忆之中,第三级记忆也不受影响,其发生机制可能是第二级记忆中原有的信息不能读出或第二级记忆本身发生紊乱,多见于非特异性的脑疾患,如脑震荡、电击和麻醉等。

(六)学习和记忆的机制

学习和记忆涉及中枢神经系统多区域、多神经元的共同活动。目前已知在脑内有多个脑区与学习和记忆有密切关系,涉及大脑皮质联络区、海马及其邻近结构、杏仁核、丘脑和脑干网状结构等。为进一步揭示学习、记忆机制,科学家们采用形态学、功能性等研究手段,从神经生理学、神经生化和神经解剖等多方面进行了广泛研究。

1. 神经生理学机制 突触可塑性是学习和记忆的生理学基础。由于中枢神经元间的环路联系,即使中断了神经环路中传入冲动的传导,传出神经元的活动也不立即消失,即出现神经元活动的后发放,这可能是感觉性记忆的基础。通过神经元间形成的神经环路(如海马环路),传入信息在环路中循环运行,可使记忆保存较长的时间。

突触可塑性是学习和记忆的生理学基础已得到许多学者的认同。突触可塑性包括习惯化、敏感化、长时程增强和长时程抑制等形式,它们发生在中枢神经系统的许多部位,尤其是与学习和记忆功能有关的海马等脑区。高频电刺激海马的传入纤维,可在海马记录到长时程增强现象,许多学者将长时程增强与学习记忆联系起来。在训练大鼠进行旋转平台的空间分辨学习过程中,记忆能力强的大鼠海马长时程增强反应强,而记忆能力差的大鼠长时程增强反应弱。

2. 神经生物化学机制 学习和记忆与脑内蛋白质的合成有关。研究发现,长时程记忆与脑内某些物质的代谢有关。动物在学习训练后,脑内蛋白质的合成明显增加;而阻断蛋白质合成的药物则阻断长时程记忆的建立,表明蛋白质的合成是学习记忆过程中必不可少的物质基础。此外,脑内某些中枢神经递质含量变化也与学习和记忆有关。动物实验和临床研究发现,乙酰胆碱是加强学习记忆的重要递质。对老年人健忘症,可通过给予拟胆碱药而改善其记忆功能;正常人长期服用抗胆碱药可引起记忆减退。其他神经递质如儿茶酚胺、γ-氨基丁酸、血管升压素等可加强记忆,而催产素、脑啡肽等则抑制学习和记忆。

3. 神经解剖学机制 学习与记忆还可能与新的突触联系的建立和脑的形态学改变有关。例如,生活在复杂环境中的大鼠的皮层较厚,生活在简单环境中的大鼠的皮层较薄,说明学习和记忆活动较多的大鼠的大脑皮质比较发达,突触联系较多。

二、语言功能

(一)优势半球和一侧优势

人类的大脑左、右半球具有不同的高级功能优势,即优势半球(dominant hemisphere)。语言活动功能主要集中在大脑左侧半球,非语言性的认识功能主要集中在右侧半球。因此,左侧大脑半球是语言活动功能的优势半球,右侧为非语言性的认识功能的优势半球。优势半球现象表明人类两侧大脑半球的功能是不对称的,高级功能往往向一侧半球集中,称为一侧优势(laterality of cerebral dominance)。一侧优势现象与遗传有一定的关系,但与后天生活实践也有密切的关系。如左侧半球在语言功能上的优势现象,与人类习惯使用右手进行劳动有关。小孩在 2~3 岁之前尚未建立左侧优势,如果发生左侧大脑半球损伤,其语言活动功能的障碍同右侧半球损害时的情况相比,没有明显差别。10~12岁起左侧优势逐步建立。成年以后,左侧优势已经形成,如果发生左半球损伤就很难在右侧大脑皮质再建立起语言活动中枢。

左右两半球各有功能优势,可使有限的大脑实现更多的功能。但是,这种一侧优势也是相对的,如语言功能的实现有赖于两侧半球的相互协调。此外,联系左右半球的胼胝体连合纤维能够将两侧半球的功能联系起来,说明左、右半球可互通信息,通过互相配合实现语言功能。所以左侧半球也有一定的非语词性认识功能,右侧半球也有一定的简单的语词活动功能;右手学会的某种技巧性动作,左手在一定程度上也能完成该动作。

(二)大脑皮质的语言中枢

语言是人类特有的一种极其复杂的高级神经活动,是由于社会劳动和交往的需要、随着人脑的进化发展而产生和完善的。人类左侧大脑皮质的一定区域与语言特有的活动功能如听、说、读、写有关,这些区域被称为语言中枢(图7-7)。

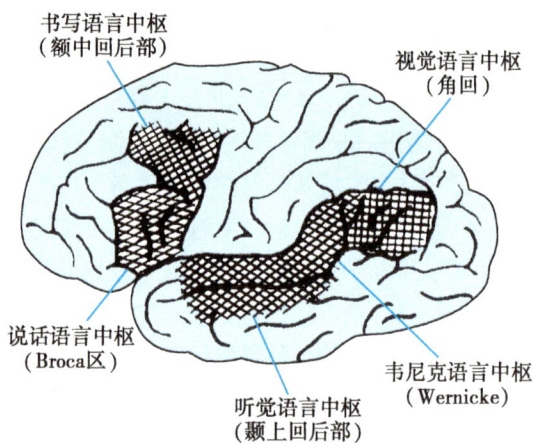

图 7-7 人类大脑皮层语言功能区域示意图

1. 说话语言中枢 位于额下回后1/3处,又称 Broca 区。损伤 Broca 区,会导致"运动性失语症"。患者可以看懂文字,听懂别人的谈话,自己也可以发音,但不能用语词来口头表达自己的思想。

2. 书写语言中枢 位于额中回后部,接近中央前回手部代表区的部位。损伤后,出现"失写症"。患者可以听懂别人的说话,看懂文字,自己也会说话,但不会书写,手部的其他运动并不受影响。

3. 听觉语言中枢 位于颞上回后部,接近听觉代表区。损伤时,出现"感觉性失语症"。患者可以讲话及书写,也能看懂文字,但听不懂别人的谈话;能听到发音,只是听不懂谈话的含义。

4. 视觉语言中枢 位于角回,损伤时出现"失读症"。虽然患者看不懂文字的含义,其视觉和其他语言功能却是良好的。

除语言功能外,大脑皮质还有其他认知功能。颞叶联络皮层参与视觉和听觉记忆;前额叶皮层参与短时程情景式记忆和情绪活动;顶叶联络皮层参与精细躯体感觉和空间深度感觉学习等。

(邹   原)

本章小结

大脑皮质的自发脑电活动包括 α、β、θ 和 δ 波四种基本波形,分别出现于大脑皮质不同的功能状态,其产生原因可能是大量皮层下神经元突触后电位发生总和,临床上可用于癫痫的诊断;诱发电位是刺激感觉传入系统或脑的某一部位时,在大脑皮质一定部位引出的电位变化,常用于研究人类感觉功能、神经系统疾病、行为和心理活动。

觉醒和睡眠是人体所处的两种状态。人在睡眠过程中自发脑电活动交替出现同步化慢波和去同步化快波,称为慢波睡眠和快波睡眠。慢波睡眠时期脑内生长激素分泌增多,促进婴幼儿的生长和成年人的体力恢复;快波睡眠时期脑内血流增加,蛋白质合成增加,参与婴幼儿智力发育和成年人长期记忆的形成。

觉醒和睡眠都是主动过程。人和动物脑内有许多部位和投射纤维参与觉醒和睡眠的调控,形成促觉醒和促睡眠两个系统,并相互作用、相互制约,调节睡眠 - 觉醒周期和睡眠不同状态的互相转化。

大脑具有学习、记忆、思维、语言等高级功能。学习是指机体通过不断接受环境刺激而获得新的经验和行为习惯的过程,分联合型学习和非联合型学习,前者包括习惯化和敏感化,后者包括经典条件反射和操作性条件反射。人类具有第一和第二信号系统。第一信号是指具体的、现实的信号;第二信号是指抽象的、代表第一信号的信号,即语言和文字。通过第二信号系统可利用语言、文字进行学习和思维,依靠文字建立相关联系,简化学习过程,提高学习效果。

记忆是大脑巩固获得信息并使之再现的过程,分为陈述性记忆和非陈述性记忆,短时程记忆和长时程记忆。陈述性记忆是与特定时间和地点有关的事实或事件的记忆,非陈述性记忆是与实际操作和实践有关的记忆。短时程记忆保存时间短,仅几秒到几分钟,容易受到干扰,记忆容量有限;长时程记忆保留时间长,可持续几小时、几天到几年,有些记忆甚至可保持终生,形成永久记忆。人类记忆的过程可分为感觉性记忆、第一级记忆、第二级记忆和第三级记忆四个阶段,其中前两个阶段属于短时程记忆,后两个阶段属于长时程记忆。部分或完全失去记忆和再认的能力称为遗忘。慢性乙醇中毒和阿尔茨海默病等神经退行性疾病的早期常出现顺行性遗忘,不能保留新近获得的信息,长期记忆继续保持;脑震荡、电击和麻醉等特异性脑疾患会出现逆行性遗忘,不能回忆发病之前一段时间内的经历,但新进入的信息仍能转入长时程记忆之中,第三级记忆一般不受影响。

学习和记忆的机制不清,目前认为神经生理学机制可能参与了短期记忆的形成,而神经化学机制和神经解剖学机制参与了长期记忆的形成。

人类大脑左、右半球具有不同的高级功能优势,即优势半球。语言活动功能主要集中在大脑左侧半球,非语言性的认识功能主要集中在右侧半球。人类左侧大脑皮质的一定区域与语言特有的活动功能有关,称为语言中枢,包括说话语言中枢、书写语言中枢、听觉语言中枢、视觉语言中枢等,某个区域的损伤往往造成特定的语言功能障碍。

复习思考题

1. 人类的脑电活动有哪些正常波形? 各有何特点? 在皮层何种状态下出现?
2. 人类的睡眠分哪几个时相,各有何特点和功能?
3. 联合型学习和非联合型学习有哪种形式? 各有何特点?
4. 人类的第二信号系统有哪些特点和优势?
5. 记忆有哪几个过程? 各有何特点?
6. 顺行性遗忘症和逆行性遗忘症常出现于哪些疾病? 各有何特点?

参考文献

1. 姚泰. 生理学. 第 2 版. 北京:人民卫生出版社,2010.
2. 朱大年,王庭槐. 生理学. 第 8 版. 北京:人民卫生出版社,2013.
3. Guyton AC, Hall JE. Textbook of medical physiology.11th Edition. Philadelphia: Elservier Saunders,2006.

第八章 神经系统病理

神经系统的结构和功能与机体各器官系统关系十分密切。神经系统的病变可导致由其支配的其他部位功能障碍,而其他系统的疾患也可引起神经系统的功能失常,如机体的失血、缺氧、窒息和心搏骤停可导致缺血性脑病、脑水肿和脑疝进而危及生命。

鉴于神经系统在解剖和生理上具有结构和功能方面的特殊性,使其在病理学上具有与其他器官不同的特点:①病变定位与功能障碍之间关系密切,据此临床上可做出病变的定位诊断,如一侧大脑基底节的病变可引起对侧肢体偏瘫;②性质相同的病变发生在不同部位,其临床表现和后果迥然不同,如额叶前皮质区的小梗死灶可无症状,但若发生在延髓则可导致严重的后果,甚至危及生命;③颅外器官的恶性肿瘤常可转移到脑,但颅内原发性恶性肿瘤则极少发生颅外转移;④颅内不同性质的病变常可导致相同的后果如颅内出血,炎症及肿瘤均可引起颅内压升高;⑤除了一些共性的病变(如炎症、肿瘤、细胞损伤等)外,常见一些其他器官所不具有的病变,如神经元变性、髓鞘脱失、胶质细胞增生等;⑥颅内无固有的淋巴组织,免疫活性细胞常来自血液循环;⑦某些解剖生理特征具有双重影响,如颅骨既有保护作用,又是引起颅内高压的重要因素。

第一节 神经系统细胞的基本病变

神经系统是由神经元、胶质细胞(包括星形胶质细胞、少突胶质细胞和室管膜细胞等)、小胶质细胞和脑膜的组成细胞以及血管所组成的结构精巧而复杂的系统。据估计人类约半数或以上的人类基因具有神经系统的特异性。

一、神经细胞及功能概述

神经系统协调控制各系统器官,完成统一的生理功能。人类神经系统行使高度复杂的功能,不仅接受和整合感觉,控制和协调运动,还处理人类特有的思想,产生情感,存储记忆等。十亿计的细胞被组织分类,特化来执行这些功能。神经元是执行者,胶质细胞提供环境,血管供应营养物质,而脑膜起到保护作用。为了实现这些作用,神经元、胶质细胞、血管和脑膜细胞拥有它们自己的形态和功能,并且在病理状态下出现不同的反应。

二、神经元的基本病变

(一)神经元及其组成部分

神经元起源于胚胎时期的神经管上皮细胞。大脑皮质的大部分神经元胞体呈锥体状,而脊髓神经节则呈圆形。大脑皮质躯体运动区大锥体细胞胞体直径可达 $100\mu m$,而小脑皮质的颗粒细胞仅有 $5\mu m$。尽管大小可以千差万别,根据形态可将神经元大致分成胞体、树突、轴突 3 个组成部分;而根据功能,则可分成具有输入、整合、传导和输出功能的 4 个部分。因此,神经元不同部位损伤时会出现相应的功能障碍。

1. 胞体 胞体包括核和核周质(胞质)。核内含有染色体,核周质含有尼氏体和嗜银原纤维。核周质的超微结构水平包括亚细胞水平的细胞器:含核糖体的粗面内质网(它即光镜下的尼氏体),光面内质网、高尔基体、线粒体、过氧化物酶类、溶酶体和细胞骨架。而细胞骨架又包括 3 种类型:微管、中间丝(又叫神经丝)和微丝。

2. **树突**　核周质逐渐变细,形成树突,最后形成树突棘。

3. **轴突**　轴突传导神经冲动,从核周质的轴丘起始,轴丘被认为是神经元轴突的起始,负责整合信号,故而不含尼氏体。轴突主要成分是线粒体和细胞骨架。轴突根据投射的长度可以大致分成高尔基Ⅰ型和高尔基Ⅱ型:Ⅰ型为较长,为髓鞘化的轴突,它与较远的神经元形成突触联系;而Ⅱ型轴突较短,未髓鞘化,与较近的局部神经元形成突触联系。

4. **突触**　轴突末梢与下一个神经元或其他靶组织形成突触联系。

(二)神经元的基本病变

神经元对缺血缺氧、感染和中毒等高度敏感,急性状态下可出现核周质肿大、空泡样改变、尼氏体溶解、核皱缩等各种改变,见于各种感染、中毒、血管性和代谢性疾病等。而慢性状态下可出现胞体浓缩、树突变钝消失、核的强嗜碱性改变等。

1. **神经元急性坏死**　神经元急性坏死为急性缺血缺氧、感染和中毒等引起的神经元的凝固性坏死。HE 染色时,由于皱缩的核周质与部分或全部尼氏体一起被伊红染成深红色,而固缩的核被苏木精染成不均一的蓝色,在镜下首先表现为深红色,故又称红色神经元(red neuron)(图 8-1)。继而,神经元细胞核溶解消失,残留细胞的轮廓或痕迹称为鬼影细胞(ghost cell)。由缺血引起的红色神经元最常见于大脑皮质的锥体细胞和小脑的 Purkinje 细胞。

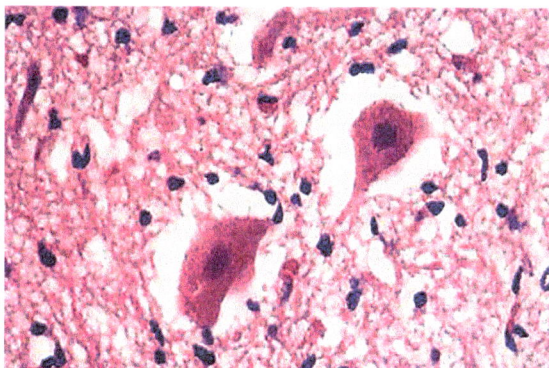

图 8-1　红色神经元
神经元胞体缩小,呈深嗜伊红色,核固缩

2. **单纯性神经元萎缩**　单纯性神经元萎缩是神经元慢性渐进性变性以致死亡的过程。多见于缓慢进展,病程较长的变性疾病,如多系统萎缩、肌萎缩侧索硬化等,特征性表现是神经元胞体及胞核固缩、消失,无明显尼氏体溶解,一般不伴炎症反应。病变早期难以察觉神经元丢失,晚期局部伴明显胶质细胞增生,从而提示该处曾经有神经元存在。

3. **中央性尼氏体溶解**　常由病毒感染、缺氧、B 族维生素缺乏及轴突损伤等引起。表现为神经元肿胀变圆,核偏位,胞质中央尼氏体崩解,进而消失,或仅在细胞周边区少量残留,胞质呈均质状(图 8-2)。这是由于粗面内质网脱颗粒所致。由于游离核糖体使神经元蛋白质合成代谢

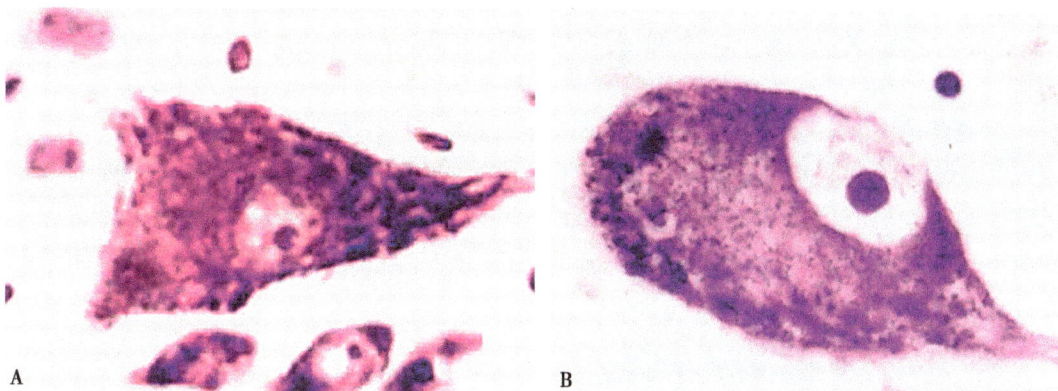

图 8-2　中央性尼氏体溶解
A. 正常神经元;B. 中央性尼氏体溶解

大大增强,故早期病变可逆,但若病因长期存在,可导致神经元死亡。

4. 包涵体形成　神经元胞质或胞核内包涵体见于某些病毒感染和变性疾病,虽然其形态、大小和着色不同,但分布部位有一定规律,如 Parkinson 病患者黑质神经元胞质中的 Lewy 小体(图 8-3);狂犬病患者海马和皮质锥体细胞胞质中的 Negri 小体,该小体具有诊断价值;巨细胞病毒感染时包涵体可同时出现在核内和胞质内。此外,神经元胞质中的脂褐素多见于老年人,它源于溶酶体的残体。

5. 神经原纤维变性　用镀银染色法在 Alzheimer 病患者大脑皮质神经元胞质中可显示神经原纤维变粗,并在胞核周围凝结卷曲缠结状,又称神经原纤维缠结(neurofibrillary tangles)(图 8-4)。电镜下为双螺旋微丝成分。它是神经元趋向死亡的标志,除变性的原纤维外,细胞其余部分最终消失,残留变性的原纤维常常聚集成团,引起胶质细胞反应,形成老年斑。

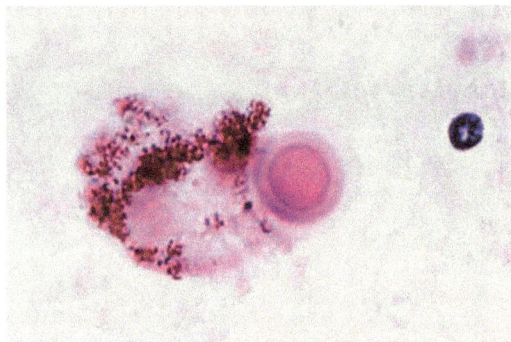

图 8-3　Lewy 小体
黑质神经元胞质内见圆形均质,弱嗜酸性包涵体,周围可见空晕

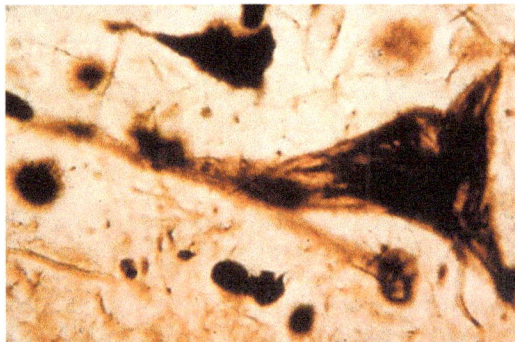

图 8-4　神经原纤维缠结
脑皮质锥体细胞神经元纤维缠结呈团块状,银染色

(三) 树突的基本病变

树突减少,变钝,丢失可见于神经元变性病如 Alzheimer 病,此外,朊蛋白病和 HIV 脑病也较常见。

(四) 轴突的基本病变

1. 轴突损伤和轴突反应　轴突损伤后,神经元出现中央性尼氏体溶解的同时,轴突出现肿胀和轴突运输障碍。HE 染色时,轴突出现肿胀呈红染球状,称轴突小球。

轴突反应或称 Waller 变性(Wallerian degeneration)是中枢或周围神经轴索离断后,轴突出现的一系列变化,整个过程包括 3 个阶段:①轴索断裂崩解,即远端和部分近端轴索及其所属髓鞘发生变性、崩解、被吞噬消化;②髓鞘崩解脱失,游离出脂滴,呈苏丹Ⅲ染色阳性;③细胞增生反应,即吞噬细胞增生,吞噬崩解产物。

轴突变性在早期可以被 β- 淀粉样蛋白前体蛋白(β-amyloid precursor protein,β-APP)抗体检测到。β-APP 免疫反应所显示的轴突损伤早于传统的组织染色。

2. 脱髓鞘　Schwann 细胞变性或髓鞘损伤导致髓鞘板层分离、肿胀、断裂并崩解成脂滴,进而完全脱失,这个过程称为脱髓鞘(demyelination),此时轴索相对保留。随着病情进展,轴索可出现继发性损伤。中枢神经系统髓鞘再生能力有限。患者的临床表现取决于脱髓鞘继发性轴索损伤和再生髓鞘的程度。脱髓鞘可发生在脱髓鞘的疾病,称原发性脱髓鞘;创伤、感染和缺氧等引起的脱髓鞘称为继发性脱髓鞘。

三、神经胶质细胞的基本病变

粗略估计,人脑中胶质细胞的数量超过神经元的 10 倍。神经系统的胶质细胞根据形态可以分为星形胶质细胞,少突胶质细胞(仅存在于中枢神经系统),Schwann 细胞(仅存在于周围神经系统,功能类似于少突胶质细胞),室管膜细胞和小胶质细胞。

星形胶质细胞、少突胶质细胞、Schwann 细胞、室管膜细胞与神经元一样,源自胚胎时期的神经管上皮细胞,而小胶质细胞则来源于骨髓的单核细胞。

(一) 星形胶质细胞的基本病变

基本病变包括肿胀、反应性胶质化、包涵体形成等。

1. **肿胀**　肿胀是缺氧、中毒、低血糖以及海绵状脑病等引起神经系统受损后,最早出现的形态变化。星形胶质细胞核明显增大、染色质疏松淡染。如损伤因子持续存在,肿胀的星形胶质细胞核可逐渐皱缩、死亡。

2. **反应性胶质化**　反应性胶质化是神经系统受损后的修复反应,表现为胶质细胞增生和肥大,形成大量胶质纤维,最后成为胶质瘢痕。与纤维瘢痕不同,胶质瘢痕没有胶原纤维和相应的间质蛋白,所以机械强度较弱。缺氧、感染、中毒及低血糖均能引起星形胶质细胞增生。

3. **淀粉样小体**　老年人星形胶质细胞突起聚集,形成 HE 染色下呈圆形、向心性层状排列的嗜碱性小体,称为淀粉样小体(corpora amylacea),多见于星形胶质细胞丰富的区域,如软脑膜下,室管膜下和血管周围。

4. **Rosenthal 纤维**　是在星形胶质细胞胞质和突起中形成的一种均质性、毛玻璃样嗜酸性小体,呈圆形或卵圆形(横切面)、长形(纵切面)和棒状,PTAH 染色呈红色至紫红色(图 8-5)。该纤维为胶质纤维酸性蛋白(glial fibrillary acidic protein,GFAP)细丝变异而成,常见于缓慢生长的肿瘤(如毛细胞星型胶质细胞瘤)和慢性非肿瘤性疾病中胶质纤维增生区(如多发性硬化)。

(二) 少突胶质细胞的基本病变

卫星现象(satellitosis):在灰质中 1~2 个少突胶质细胞常分布于单个神经元周围。如果一个神经元由 5 个或 5 个以上少突胶质细胞围绕称为卫星现象(图 8-6),此现象与神经元损害的程度和时间无明确关系,意义不明,可能和神经营养有关。

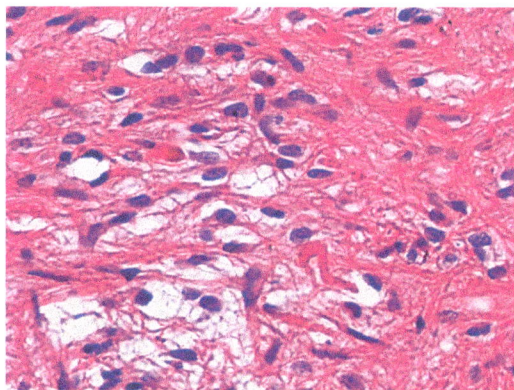

图 8-5　Rosenthal 纤维
毛细胞星型胶质细胞瘤胞质内出现大的 Rosenthal 纤维,为其诊断的主要依据

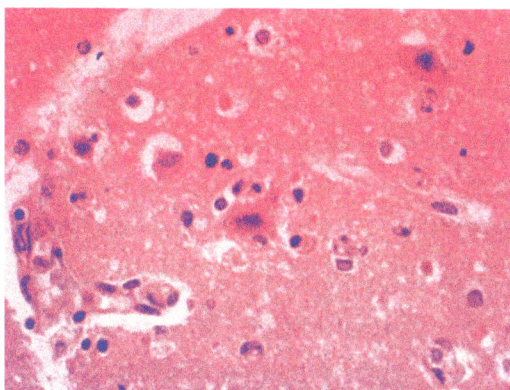

图 8-6　卫星现象
退变的神经元周围有多个少突胶质细胞围绕

(三) 小胶质细胞

各种损伤均可导致其快速活化。常见病变有:

1. **噬神经细胞现象(neuronophagia)**　是指坏死的神经元被增生的小胶质细胞或血源性巨噬细胞吞噬。如流行性乙型脑炎时,大脑皮质神经元被吞噬,这是小胶质细胞对坏死神经元的一种反应(图 8-7)。

2. **小胶质细胞结节(microglial nodules)**　中枢神经系统感染,尤其是病毒性脑炎时,小胶质细胞常呈弥漫性或局灶性增生,后者聚集成团,形成小胶质细胞结节(图 8-8)。

3. **格子细胞(gitter cell)**　小胶质细胞或巨噬细胞吞噬神经组织崩解产物后,胞体增大,胞

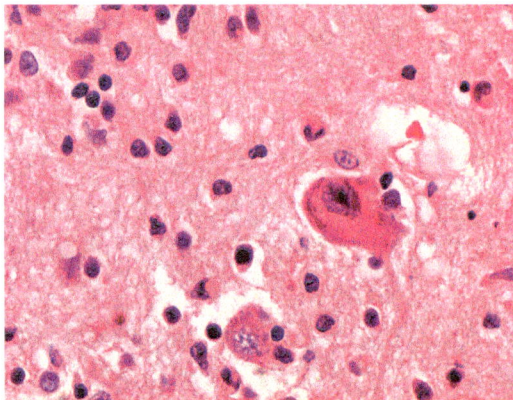

图 8-7　噬神经细胞现象

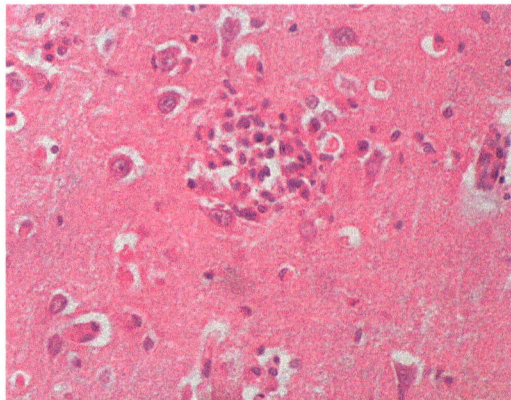

图 8-8　小胶质细胞结节
局部小胶质细胞增生,形成胶质结节

质中出现大量脂质小滴,HE 染色呈空泡状,称为格子细胞或泡沫细胞,苏丹Ⅲ染色阳性。

(四) 室管膜细胞

室管膜细胞(ependymal cell)呈立方形覆盖于脑室系统内面。一些致病因素可能引起局部室管膜细胞丢失,由室管膜下的星形胶质细胞增生,充填缺损,形成众多向脑室面突起的细小颗粒,称为颗粒性室管膜炎。病毒感染,尤其是巨细胞病毒感染,可引起广泛室管膜损伤。残留的室管膜细胞内可出现病毒包涵体。

第二节　中枢神经系统变性疾病

神经系统变性疾病是指一组原因不明的以神经元原发性变性为主的慢性进行性中枢神经系统疾病。病变特点在于选择性地累及某 1~2 个功能系统的神经细胞而引起受累部位特定的临床表现,如累及大脑皮质神经细胞的病变主要表现为痴呆;累及基底核等锥体外系则引起运动障碍,临床上常表现为震颤麻痹;累及小脑可导致共济失调。本组疾病的共同病理特点为受累部位神经元的萎缩、坏死和星形胶质细胞增生。不同的疾病还可有各自特殊的病变,如在细胞内形成包涵体或发生神经原纤维缠结等病变。

常见的有阿尔茨海默病(Alzheimer disease,AD)、帕金森病(Parkinson disease,PD)、亨廷顿舞蹈病(Huntington chorea)、肌萎缩性脊髓侧索硬化及纹状体黑质变性、Pick 病等。

一、阿尔茨海默病

阿尔茨海默病,又称老年性痴呆,是以进行性痴呆为主要临床表现的大脑变性疾病。1906年德国医师 Alois Alzheimer 首次记录并描述了此病。AD 早期症状是记忆减退,患者难以获得之前甚至几分钟前的新信息,以至于发展为他们走路或开车时迷失方向而丢失。随着病情的发展,患者的认知逐渐衰退,理解力、智力减退,以及语言发生障碍、不能自理日常事务,最终患者神经系统功能遭到严重破坏,导致死亡。起病多在 50 岁以后,随着年龄增长和世界人口的老龄化,本病的发病率呈增高趋势。

(一) 病因和发病机制

对 AD 近年有比较深入的研究,已发现了本病的形态、生化、遗传等各方面的异常改变,尽管高龄人群中本病发病率明显升高,80 岁以上人群中可达 30%。但该病的确切病因和发病机制尚未完全阐明。目前研究认为,本病的发病可能与以下因素有关:①淀粉样物质沉积,AD 患者脑内常见 β 淀粉样蛋白(β amyloid protein,Aβ)沉积,由 β-APP 异常降解所致,β-APP 是神经细胞表面具有受体样结构的跨膜糖蛋白;由于该蛋白正常代谢受到干扰,产生了不能溶解的片段 Aβ;Aβ 对神经元有毒性作用,是构成脑内神经毡中老年斑(senile plaque,SP)的主要成分;②Tau 蛋白过度磷酸化,Tau 蛋白是神经细胞内一种细胞骨架蛋白,Tau 蛋白正常磷酸化和去磷酸化过程对于维持细胞骨架的正常结构和功能非常重要;Tau 蛋白的过度磷酸化使神经微丝和微管异常聚集,出现神经元内神经原纤维缠结;③遗传因素,尽管多数病例呈散发性,研究显示约有 10% 患者有明显遗传倾向,与本病有关的基因位于第 21、19、14 和第 1 号染色体;大多数早发性家族性 AD 的发病与位于第 14 和 1 号染色体上两个基因位点有关,这两个基因分别编码早老蛋白 1(presenilin 1,PS1)和早老蛋白 2(presenilin 2,PS2),早老蛋白基因的突变可引起 β 淀粉样蛋白增加;④受教育程度,研究表明 AD 的发病率与受教育程度有关,受教育程度越高,发病率越低,研究认为人的不断学习可促进突触的改建,有利于突触功能的维持;⑤继发性递质改变,其中最主要的改变是乙酰胆碱的减少,主要由于脑内隔区、Meynert 基底核神经元的大量缺失导致其投射到新皮质、海马、杏仁核等区域的乙酰胆碱能纤维减少所致。目前主流学术界认为 Aβ 沉积、Tau 蛋白异常过度磷酸化是 AD 发病的主要发病机制。

1. Aβ 的毒性机制 Aβ 是由 39~43 个氨基酸组成,并由 β-APP 经 β- 和 γ- 分泌酶连续切割后形成的相对分子质量约为 4×10^3 的多肽。β-APP 的正常生理功能与细胞的生长和黏附有关,调节神经元之间的连接和可塑性。Aβ 是各种细胞 β-APP 正常加工产物,神经系统的多种细胞表达 β-APP 并分解产生 Aβ,正常机体中 Aβ 的产生和降解处于一种平衡,一旦平衡被打乱,大量 Aβ 堆积沉积,形成了淀粉样蛋白斑。Aβ 具有神经毒性,并可诱发炎性反应,损伤神经系统。AD 的发病机制可分为家族型和散发型,家族型 AD 患者的 β-APP 和 γ- 分泌酶基因多个位点的突变可导致 Aβ 的过量产生与沉积,一般发病早;而散发型 AD 是由于环境和其他疾病等因素造成 Aβ 产生过多或降解减少而引发 Aβ 沉积,一般发病较晚。进一步的研究表明,细胞外 Aβ 沉积与 AD 发病程度无关,在大部分情况下不引起转基因鼠的学习记忆功能障碍。因此,当今的研究集中在可溶性 Aβ,尤其是 Aβ 寡聚物的神经毒性。Aβ 寡聚物可导致过氧化损伤,引起神经细胞凋亡、炎症反应,损伤轴突功能等。

(1) Aβ 诱导的氧化应激:Aβ 可导致神经元的过氧化损伤。AD 患者脑内超氧化物歧化酶(superoxide dismutase,SOD)、葡萄糖 -6- 磷酸脱氢酶(glucose-6-phosphate dehydrogenase,G-6-PD)活性增高、谷氨酰胺合成酶(glutamine synthetase,GS)活性下降、脂质过氧化物含量增多,均表明自由基和过氧化损伤与 AD 密切相关。Aβ 对神经元的过氧化损伤可能与以下机制有关:①Aβ 诱导自由基产生损伤细胞膜:Aβ 主要通过攻击构成细胞膜双层结构的磷脂多不饱和脂肪酸上的不饱和键,生成有细胞毒性的脂质自由基和脂质过氧化物;②Aβ 干扰细胞内 Ca^{2+} 的稳态,导致细胞内钙离子平衡失调:Aβ 可以在细胞膜双层脂质中形成允许 Ca^{2+} 进出的通道,导致细胞内钙离子增加,进一步加剧氧化应激反应,在体外实验观察到,Aβ 诱导产生的氧自由基不仅直接引起神经元的氧化应激损伤,而且能够显著抑制星形胶质细胞对谷氨酸的摄取,使细胞外谷氨酸堆积,导致神经元的兴奋性毒性损伤;③Aβ 氧化蛋白质上的组氨酸、脯氨酸、精氨酸、赖氨酸等氨基酸残基,导致某些关键酶失活如肌酸激酶(creatine kinase,CK)等失活,促进神经元死亡。

(2) Aβ 诱导的细胞凋亡:在体外培养的海马和皮层神经元上,Aβ 干预能够引起神经元形态改变、DNA 断裂、核染色质固缩、细胞膜起泡等典型的细胞凋亡的形态学和生物化学变化。Aβ 引起细胞凋亡具有氨基酸序列和构型的依赖性,反向序列或重编序列的 Aβ 不能诱导细胞凋亡。

(3) Aβ 诱导的炎症反应:Aβ 能够刺激小胶质细胞产生过量的补体 C3;Aβ 能和补体 C1q 结合激活非抗体依赖性经典补体通路。有学者提出,Aβ 对神经元的毒性作用是通过作用于小胶质细胞来实现的,因为在体外培养的海马神经元中,加入 100μmol/L Aβ(约为生理含量的 1000 倍)不引起神经元的损伤,然而如果将 100nmol/L 的 Aβ 处理与小胶质细胞共培养的神经元,可以造成神经元的明显损伤。同样,如果将 Aβ 处理过的外周血单核细胞与海马神经元共培养可

Note

以引起神经元的死亡,但是未用 Aβ 处理的对照组无神经元毒性,提示 Aβ 对神经元的毒性作用与炎症或小胶质细胞的激活关系密切。脑外伤、感染等是 AD 发生的潜在危险因素,用非甾体类抗炎药物能够有效延缓或防止 AD 的发生,进一步提示炎症在 AD 的发生和发展过程中发挥着重要作用。

2. Tau 蛋白异常磷酸化的细胞毒性机制　Tau 蛋白是神经细胞主要的微管相关蛋白(microtubule associated protein,MAP),Tau 蛋白含有多个磷酸化位点,其磷酸化异常反映了 AD 患者脑内蛋白激酶和蛋白磷酸酶活性异常。AD 患者脑内的 Tau 蛋白总量表达高于正常人,且正常 Tau 蛋白减少,异常过度磷酸化 Tau 蛋白大量增加。异常磷酸化的 Tau 蛋白与微管的结合率仅为正常 Tau 蛋白的 1/10,失去了其促进微管装配形成的生物学功能,可造成 MAP 的稳定性降低。同时,由于异常磷酸化 Tau 蛋白丧失了结合微管的能力,在神经元中的分布改变为从轴突逐步扩散到树突,造成树突棘功能障碍、轴浆运输受阻,导致神经原纤维缠结,对神经系统造成损伤。此外,Tau 蛋白还可被 caspase-3 和 calpain 切割,进一步导致神经元死亡。

异常磷酸化的 Tau 蛋白是 AD 患者脑神经元中形成双螺旋丝 -Tau(paired helical filament Tau,PHF-Tau)的主要成分,AD 脑中非异常修饰的 Tau 蛋白(C-Tau)水平较对照组低,而 Tau 蛋白总量却显著高于对照组,其中主要是异常过度磷酸化的 Tau 蛋白。目前,已经发现 PHF-Tau 的 40 多个位点发生了异常过度磷酸化,其磷酸化水平受蛋白激酶和磷酸酯酶的双重调控,因此,蛋白激酶和磷酸酯酶系统调节平衡的失调是导致 Tau 过度磷酸化的直接原因。根据蛋白激酶催化目标底物磷酸化反应的序列特点,将丝氨酸 / 苏氨酸蛋白激酶分为两类:脯氨酸指导的蛋白激酶(proline-directed protein kinase,PDPK),这类酶催化的底物磷酸化反应的序列特点是:-X- 丝氨酸 / 苏氨酸 - 脯氨酸(X 为任意氨基酸),第二类是非脯氨酸指导的蛋白激酶(non-proline-directed protein kinase,non-PDPK)。在已知的 AD Tau 蛋白异常磷酸化位点中,两类激酶的作用位点各一半,能使 Tau 蛋白发生磷酸化的 PDPK 主要有:细胞外信号相关蛋白激酶(Erk)、细胞分裂周期蛋白激酶 -2、周期蛋白依赖性激酶 -2(cdk-2)、周期蛋白依赖性激酶 -5(cdk-5)和 GSK-3,促进 Tau 蛋白磷酸化的 non-PDPK 包括:环磷酸酰苷依赖性蛋白激酶(PKA)、蛋白激酶 C(PKC)、钙 / 钙调素 - 依赖性蛋白激酶 II(CaMK II)和酪蛋白激酶等。因此,在 AD 患者脑内可能有多种蛋白激酶参与了 Tau 蛋白的异常磷酸化过程,最终引起 Tau 蛋白的过度磷酸化和聚集。另外,蛋白磷酸酯酶(protein phosphatases,PP)是催化磷酸化蛋白去磷酸化的酶。根据 PP 的结构、组成和所催化底物的特异性、激活剂与抑制剂的不同,可将哺乳动物体内的蛋白磷酸酯酶分为 5 类,分别是 PP-1、PP-2A、PP-2B、PP-2C 和 PP-5。人脑组织中表达以上 5 种亚类的蛋白磷酸酯酶,并且用 AD 脑中分离的异常磷酸化的 Tau 作底物,除 PP-2C 外,其余 4 种蛋白磷酸酯酶均可使磷酸化的 Tau 去磷酸化,且不同程度地恢复其促微管组装的活性。蛋白磷酸酯酶抑制剂可导致 Tau 蛋白异常磷酸化、中间丝结构改变以及微管、神经元突触和树突的丢失。

3. 早老素与 AD　早老素 1 和早老素 2 基因突变被认为是大部分显性遗传性早发型 AD(FAD)的原因。PS 突变导致 APP 代谢改变,最终产生更多的 Aβ,如携带 PS 突变体的成纤维细胞产生高浓度 Aβ、过表达 PS1- 突变型的转基因动物也产生高浓度 Aβ。尽管 PS 的生化功能尚不清楚,但许多研究已经提示 PS 本身不仅具有 γ- 分泌酶作用,而且还是一种 γ- 分泌酶激活的必需共同因子。研究表明 PS 可与 γ- 分泌酶抑制剂 L-486 直接结合,提示 PS 是 γ- 分泌酶的主要成分,PS 可作为 γ- 分泌酶直接切割 APP,产生 Aβ,使用 γ- 分泌酶抑制剂可降低细胞内 Aβ 水平。PS 还可通过 Wnt 信号通路影响 Tau 蛋白的磷酸化,从而在 AD 样病理过程中发挥作用。研究表明,PS1 可直接与 Wnt 信号通路中的蛋白激酶 GSK-3β 相结合,而 GSK-3β 是一种重要的 Tau 蛋白激酶,与 AD 相关的 PS1 突变可增加 PS1 与 GSK-3β 的结合,导致 GSK-3β 活性增强。此外,PS1 与 β- 连环素形成复合体可增加 β- 连环素的稳定性,而 PS1- 突变后则使 β- 连环素稳定性和含量降低。由于 β- 连环素和 Tau 蛋白都是 GSK-3β 的底物,β- 连环素含量降低则可导致更多的 GSK-3β 磷酸化 Tau 蛋白，从而导致 Tau 蛋白的异常过度磷酸化。PS 突变还可破坏细胞内的 Ca^{2+} 稳态，使氧自由基增加，导致细胞凋亡。

(二)病理变化

阿尔茨海默病患者的大体标本的病理呈弥漫性脑萎缩，重量常较正常大脑轻 40% 以上或小于 1000g。脑回变窄，脑沟变宽，尤以颞、顶、前额叶萎缩更明显，第三脑室和侧脑室异常扩大，海马萎缩明显，而且这种病理改变随着病变严重程度而加重(图 8-9)。脑冠状切面示脑室系统对称性扩大、皮层变薄。

镜下的病理特点包括有老年斑、神经原纤维缠结、颗粒空泡变性、广泛神经元缺失及轴索和突起的异常、星形胶质细胞反应、小胶质细胞反应和血管淀粉样变，其中以老年斑、神经原纤维缠结和神经元减少为其三大主征。

1. 老年斑　是含 β 淀粉样蛋白及早老素 1、早老素 2、α_1 抗糜蛋白酶、载脂蛋白 E、α_2 巨球蛋白和泛素等的细胞外沉积物。在 β 淀粉样结构形成弥漫的不成熟斑时，可通过银染在显微镜下清楚看到，但这些弥漫的斑并不足以导致痴呆。许多正常老年人也存在弥漫斑的显著沉积，这种情况被称为"病理性老化"。当这些斑成熟为"老年斑"或神经斑时才会出现痴呆。老年斑的核心是 Aβ，周围缠绕着无数的蛋白和细胞碎片，镜下表现为退变的神经轴突围绕中心淀粉样多肽，形成 50~200μm 直径的球形结构，HE、Bielschowsky 染色及嗜银染色下形似菊花(图 8-10)。老年斑在大脑皮质广泛分布，通常是从海马和基底前脑后开始，逐渐累积整个大脑皮质和皮层下灰质。老年斑形成的同时，伴随着广泛的进行性大脑突起的丢失，这与最早的临床表现即短时记忆障碍有关。

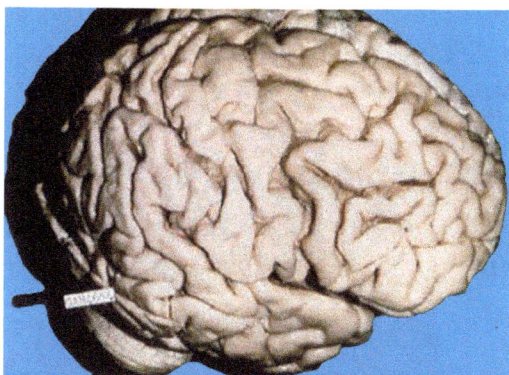

图 8-9　阿尔茨海默病患者大脑
脑组织萎缩，脑回变窄，脑沟宽

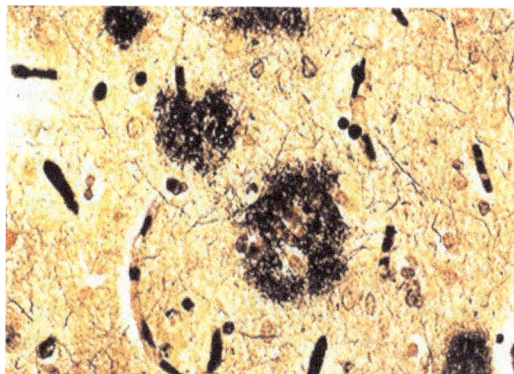

图 8-10　老年斑
光镜下可见多个嗜银颗粒及细丝组成的老年斑

2. 神经原纤维缠结　主要组成部分是 Aβ 和过度磷酸化的 Tau 蛋白。HE 染色、Bielschowsky 染色、刚果红染色和某些特殊染色均可显示，电镜下呈螺旋样细丝，神经原纤维缠结在细胞内形成(图 8-4)，含有一种微管相关蛋白(即 Tau 蛋白)，后者在正常情况下对神经元细胞骨架和功能的维持起至关重要的作用。由于 AD 患者的 Tau 蛋白是高度磷酸化的，这使得它与细胞骨架分离，并形成双螺旋结构，导致细胞骨架结构分解破坏。虽然神经原纤维缠结也可以见于正常老年人颞叶和其他神经系统变性病，但在 AD 患者的脑中数量多，分布范围广，其数目和分布直接影响痴呆的严重程度。

3. 广泛神经元缺失，代之以星形胶质细胞增生和小胶质细胞增生。

4. AD 的其他病理特征还包括海马锥体细胞的颗粒空泡变性，轴索、突触异常断裂和血管淀粉样变等。

颗粒空泡变性(granulovacuolar degeneration)是指胞质内含少数小空泡，而空泡中心又含深染颗粒，这种变性用 HE 染色即可发现。也可见有粉红色均质淀粉样小体，位于细胞质内，刚果红染色血管壁的中层呈无结构的均质红染。

二、帕金森病

帕金森病（Parkinson disease，PD）又称原发性震颤麻痹，是一种以纹状体、黑质损害为主的缓慢进行性疾病，以震颤、肌僵直和运动减少为典型临床表现，多发生在 50~80 岁。帕金森病主要病理改变为黑质 - 纹状体多巴胺神经元进行性变性、死亡，同时伴随含嗜酸性包涵体（Lewy 小体）出现，纹状体多巴胺含量降低，引起运动功能紊乱。

（一）病因与发病机制

本病病因迄今尚不清楚。其发生可能主要是由于大脑基底神经节（basal ganglia）环路中神经元损伤而导致基底神经节传递通路发生障碍；或是多巴胺（dopamine，DA）型神经元的变性，导致 DA 不足，而胆碱能神经功能相对亢进，引起神经功能紊乱，最终导致神经细胞的死亡。

PD 的神经生化病理学特征：PD 是一种原发于黑质 - 纹状体通路的神经退行性病变，其病理特征为黑质致密部的 DA 神经元大量退化和丢失，某些残留的 DA 神经元胞体内含有 Lewy 小体的嗜酸性包涵体。PD 患者尸体解剖观察到脑内黑质区色素减退，免疫组织化学染色发现黑质 DA 能神经元数量减少至正常人的 50% 以下。此外，脑内的一些儿茶酚递质神经元的分布脑区也伴有大量的神经元丢失，如腹侧被盖区、红核后区、蓝斑等区域。MRI 技术动态观察活体脑内的 DA 受体发现早期 PD 患者 D_2 受体密度下降。当黑质多巴胺能神经元减少时，纹状体也伴行相应的 DA 神经元活性下降，而皮质和下丘脑（尤其是弓形区和脑室旁区）DA 能神经元并不减少。这些证据从形态学上证明了黑质多巴胺能神经元对纹状体调节效应的丢失是 PD 发病的重要病理学基础。当黑质多巴胺能神经元退化后，黑质 - 纹状体通路中的 DA 对壳核内 GABA 能神经元的调节作用减弱，尤其是对间接通路中的 D_2 受体的兴奋性作用减弱，从而减少了 DA 能神经元对间接通路的抑制作用，使间接通路的兴奋性提高，表现出对运动皮质兴奋性减弱，导致了运动功能减退的临床症状。

PD 的明确病理学改变除了黑质致密带投射至纹状体的 DA 能神经元大量死亡外，中脑其他多巴胺能神经元也有死亡，但范围不同，蓝斑的去甲肾上腺素能细胞和基底前脑区的胆碱能神经元亦可见死亡。以神经毒素 6- 羟基多巴胺（6-OHDA）破坏后的双侧黑质致密带，可引起肌僵直和运动迟缓，但无震颤。PD 的神经元死亡在神经元胞质中伴随有 LB 出现，特别是在黑质致密带。LB 呈球形，直径 5~25μm，电镜下可见在其周围有放射状排列的疏松的 7~25nm 直径的纤维丝。用免疫组织化学分析 LB 的主要结构，发现了 3 种主要成分，即：α-synuclein 蛋白、神经纤维丝蛋白和泛素蛋白。分析 LB 内细胞骨架和非细胞骨架蛋白发现了 4 种成分，分别为 LB 纤维丝；与 LB 形成相关的细胞应答蛋白；可调节 LB 纤维丝的酶如激酶和磷酸酶；参与包涵体形成的细胞可溶性蛋白。

（二）病理变化

大脑的肉眼观无明显改变，脑重量一般在正常范围内。切面上主要是中脑黑质、脑桥的蓝斑及迷走神经背核等部位脱色，其中尤以黑质最为显著，外观颜色变浅甚至完全无色（图 8-11）。

光镜下的特征性病理改变是黑质多巴胺能神经元大量变性脱失，残留的神经元胞质中有 Lewy 小体

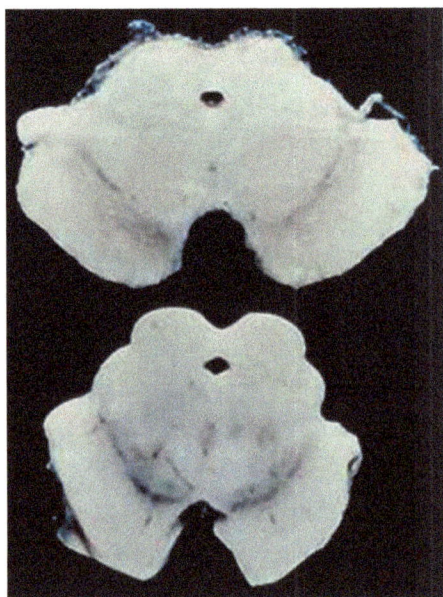

图 8-11　帕金森病
中脑黑质脱失（上），正常中脑黑质完好（下）

形成。此外,还可见病变区域有胶质细胞增生。黑质神经元变性丢失具有特殊分布区,主要见于致密部的腹外侧部,腹内侧部次之,背侧部较轻。2005 年德国学者 Braak 提出 PD 病理改变并非始于黑质,而是先发于延髓,只是在中脑黑质多巴胺能丢失严重时(4 期)才出现帕金森典型的临床症状。

Lewy 小体主要见于黑质神经元的胞质内,还可见与蓝斑、迷走神经背核、丘脑、下丘脑和无名质等含有色素的神经元的胞体中。HE 染色呈圆形,为一种嗜酸性的蛋白包涵体,直径为 8~30μm,中央为一玻璃样变的核心,该核心可被 Masson 法染成亮红色,但 Nissl 染色则不着色,在神经元胞质内一般可见一个或数个大小不一的 Lewy 小体(图 8-3)。这种嗜伊红包涵体自 1912 年由德国学者 Lewy 发现并详细描述,但至今有关 Lewy 小体内确切的化学成分仍很不清楚,通过免疫组织化学技术仅知道主要含有 α- 突触核蛋白、神经丝蛋白、泛素等数种蛋白成分,其中 α- 突触核蛋白是 Lewy 小体的主要成分。最近,我国学者在有关 Lewy 小体的蛋白质组学研究方面发现包涵体内有 6 种新蛋白质存在,其中 2 种蛋白质是国际上从未报道过的,其确切功能有待进一步研究。Lewy 小体是 PD 显著病理标志之一,由于它出现在神经变性的过程中,其形成机制和病理意义至关重要,但至今仍不明确。导致蛋白质的错误折叠、聚集、纤维化的结果究竟是毒性作用还是保护机制？目前大多数观点认为,神经元变性的初期 Lewy 小体将这些蛋白隔离包裹起来,可能是对细胞的一种保护作用。但是当过量的毒性蛋白堆积时,则会对细胞造成一系列病理性损害,最终导致神经元的变性死亡。

第三节　脱髓鞘疾病

脱髓鞘(demyelination)疾病是指已形成的髓鞘脱失而神经元胞体及其轴索相对完好的一类疾病,包括遗传性和获得性两类。中枢性遗传性脱髓鞘疾病主要有脑白质营养不良,其中包括肾上腺脑白质营养不良、异染性脑白质营养不良、球状细胞脑白质营养不良等;获得性脱髓鞘疾病包括多发性硬化、视神经脊髓炎、急性播散性脑脊髓炎、同心圆硬化、脑桥中央髓鞘溶解症、放射性脑病,以及中毒或缺血缺氧所致的脱髓鞘病等。

一、多发性硬化

多发性硬化(multiple sclerosis, MS)是一种常见的中枢神经系统脱髓鞘疾病。本病是由自身免疫功能异常引起的慢性疾病,以中枢神经系统白质炎性脱髓鞘为主要病理特点。发病年龄主要在 20~40 岁,男女比例为 1:2。病灶主要分布在脑室周围、视神经、脊髓、脑干和小脑。临床特征主要为症状体征的空间多发性和病程的时间多发性。

(一)流行病学

多发性硬化呈全球性分布,发病率与地区的纬度、种族有密切关系,我国属低发病区。离赤道越远,发病率越高;北美与欧洲的高加索人患病率显著高于非洲黑人及亚洲人,但移民会改变本病的危险性,移民者的患病率与其移居地相同。

(二)病因

多发性硬化的病因及发病机制迄今尚不明,可能与病毒感染、自身免疫反应及遗传等多种因素相关。越来越多的研究证实环境因素与个体基因易感性之间的相互作用能影响疾病的表现及疗效反应。

(三)病理变化

病变分布广泛,可累及大脑、视神经、脊髓、脑干(图 8-12)和小脑等处,既往认为病变多累及白质,特别以脑室周围白质的病变最突出。但近期越来越多研究提出灰质也可严重受累,病变可出现在大脑皮质、丘脑、基底节、海马等多处,研究显示大量的皮层受累与疾病进展和临床症

Note

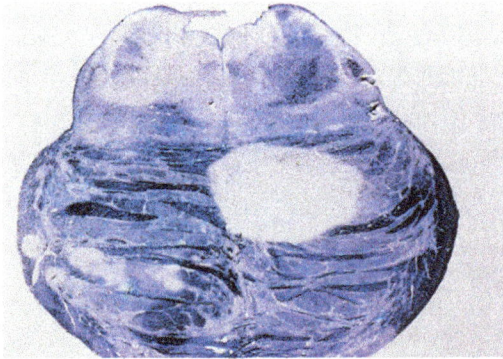

图 8-12 脱髓鞘病灶
脑桥见多个大小不等、境界清楚的髓鞘脱失区,髓鞘染色

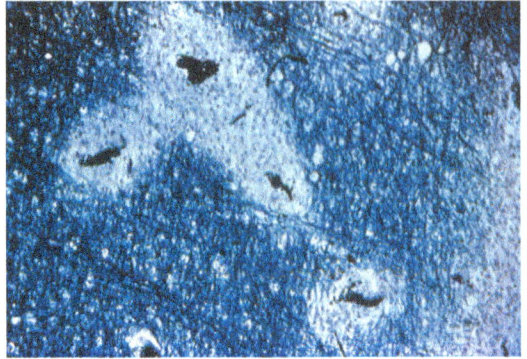

图 8-13 脱髓鞘病灶镜下观
白质中见多个灶性髓鞘脱失区,病灶围绕血管(静脉周围脱髓鞘),髓鞘染色

状严重性密切相关。

1. 肉眼观 急性期可见软脑膜轻度充血,脑水肿和脊髓节段性肿胀,慢性期可见软脑膜增厚、脑和脊髓萎缩,脑沟增宽,脑室扩大。脑和脊髓的冠状切面可见分散的脱髓鞘病灶,病灶呈圆形或不规则形,大小不等,直径从 0.1cm 到数厘米不等,新鲜病灶呈粉红色或半透明状,质地较软;陈旧性病灶呈灰白色,质地较硬。脑萎缩可存在于进展性或较严重的多发性硬化中,也可出现在疾病的早期,如临床孤立综合征中。

2. 镜下所见 脱髓鞘是本病的主要改变,早期多从静脉周围开始,伴血管周围单核细胞及淋巴细胞浸润。进行性脱髓鞘病灶的边缘常有多量单核细胞浸润,髓鞘变性崩解成颗粒状,并被吞噬细胞吞噬形成泡沫细胞。轴索大多保存完好,但部分也可因变性而发生肿胀、扭曲断裂,甚至消失(图 8-13),更常见的情况是仅少数轴索严重损伤,其余呈正常状态或仅有轻微改变。少突胶质细胞明显减少,大量星形胶质细胞反应性增生。随着病情的好转,充血、水肿消退,髓鞘再生,纤维化胶质细胞增生,病灶颜色变浅,形成晚期硬化斑或瘢痕。

灰质的病理改变与白质病变的炎症性改变不同,主要表现为轴索断裂,神经元、胶质细胞或突触消失,提示通过磁共振成像(magnetic resonance imaging,MRI)研究大脑萎缩及皮层厚度减小对全面了解多发性硬化具有重要意义。

(四) 临床表现

多发性硬化多于 20~40 岁起病,男女患病之比约为 1∶2。起病方式以急性或亚急性多见。国内资料表明发病前多有感染、劳累、应激、外伤、手术、妊娠等诱因,发病无明显季节性。临床症状因病灶部位的不同而各异,我国和日本以视神经和脊髓受累常见,而西方以脑干、小脑和脊髓受累为主。主要临床症状有视力障碍、肢体无力、感觉异常、共济失调、自主神经功能障碍、精神症状和认知功能障碍等。

(五) 临床分型

既往根据临床表型,将多发性硬化分为复发 - 缓解型、原发进展型、继发进展型、临床孤立综合征。

(六) 辅助检查

1. 脑脊液检查 多发性硬化症患者脑脊液检查的主要特点是免疫球蛋白增加,其中以 IgG 升高为主。鞘内 IgG 合成的检测是临床诊断本病的一项重要辅助指标,主要表现为 IgG 指数增高或出现 IgG 寡克隆带。当脑脊液中出现 IgG 寡克隆带而血清中缺如,更提示 IgG 是鞘内合成,支持本病的诊断。

2. 电生理检查 诱发电位检测在发现多发性硬化亚临床病灶方面具有一定的敏感性,有助于早期诊断,但不具有特异性,需结合临床综合分析。

3. **影像学检查**　MRI 是检测多发性硬化最有效的辅助检查手段,有效率高达 62%~94%。本病的特征性 MRI 表现为白质内多发长 T_1、长 T_2 异常信号,脑内病灶直径常 <1.0cm,一般 0.3~1.0cm,分散在脑室旁、胼胝体、脑干与小脑。脑室旁病灶呈椭圆形或线条形,垂直于脑室长轴,这种病灶垂直于脑室壁的特点,称为 Dawson 手指征,是多发性硬化的特征性表现之一。脊髓多发性硬化的病灶以颈胸段多见,形态多样,病灶直径 >3mm,但病灶长度很少超过 2 个椎体节段,脊髓肿胀不明显。有时 MRI 检查结果存在与临床症状不匹配的现象,主要由于传统 MRI 技术对灰质病灶检测能力有限,因此近年来不断推出一些 MRI 新技术,提高了对灰质病灶的检测能力。

(七) 治疗

目前尚无有效根治多发性硬化的措施,治疗的主要目标是抑制急性期炎性脱髓鞘病变进程,避免可能促使复发的因素,尽可能减少复发的次数。晚期则采用对症和支持疗法。治疗措施主要分为免疫干预治疗和对症治疗,免疫干预治疗药物包括皮质激素、β 干扰素、免疫抑制剂、血浆置换、静脉注射人免疫球蛋白及单克隆抗体等。随着研究的深入,本病的治疗措施在从广泛的免疫抑制剂或免疫调节剂向高选择性的靶向治疗,甚至干细胞治疗转变。此外,还需要注意对多发性硬化患者的对症治疗。

(八) 预后

本病预后差异很大,大部分患者预后较好,部分患者可因病情在短时间内迅速恶化而致残或死亡。高龄患者预后不佳,有共济失调或瘫痪的患者预后较差,以复视、视神经炎、眩晕、感觉障碍为主要症状的预后相对较好。

二、同心圆硬化

同心圆硬化(concentric sclerosis)又称 Balo 病,本病的特征性病理改变是同心圆病灶,主要位于额叶、颞叶和顶叶白质,偶见于小脑、脑干和脊髓。大体标本可见多个散在、大小不一的圆形或不规则形浅灰或灰黄软化灶,直径 2~5cm,呈灰白相间的多层同心圆排列。镜下可见脱髓鞘区与髓鞘保留区呈同心圆性层状交互排列,髓鞘保留带比脱髓鞘带窄,同心圆中心为最陈旧的病灶,边缘是新近的病灶。轴突保存相对完好,胶质细胞增生、肥大,小静脉周围有较多淋巴细胞及少量浆细胞浸润。

MRI 可见大脑白质病灶呈同心圆样改变,典型病灶层数为 3~5 层。急性期 T_2 像可见病变中心类圆形高信号和周边较高信号,构成"煎鸡蛋"样病灶,T_1 呈低和较低信号。亚急性期中央区 T_2 像上高信号淡化,病灶内高低信号相互交替,排列呈层状,即同心圆病灶。

三、视神经脊髓炎

视神经脊髓炎(neuromyelitis optica,NMO)是一种特发的严重的累及中枢神经系统,尤其是视神经和脊髓的炎性脱髓鞘疾病。因其由 Devic(1894 年)首次描述,故又称 Devic 病或 Devic 综合征。视神经脊髓炎具有全球分布性,并且预后较差,根据大量的临床、血清学、免疫学及病理特点均表明该病是不同于多发性硬化的独立疾病实体。

(一) 流行病学

视神经脊髓炎常见于女性,女性发病率比男性高 9 倍。视神经脊髓炎的遗传因素不明,多无家族史,有少数家系的病例报道。

(二) 病因

视神经脊髓炎的病因可能与 HIV、登革热、传染性单核细胞增多症、甲型肝炎等病毒感染及结核分枝杆菌、肺炎支原体感染有关,免疫接种也可引发视神经脊髓炎。2004 年 Lennon 等人在

Note

视神经脊髓炎患者的血清中检测到特异性抗体,命名为"NMO-IgG",并以其作为标志,诊断视神经脊髓炎患者的敏感性和特异性分别达 73% 和 91%。2005 年 Lennon 等应用免疫荧光组织化学证实了 NMO-IgG 特异性靶点为位于中枢神经系统血 - 脑屏障上的星形胶质细胞足突上的水通道蛋白 -4(aquaporin-4,AQP-4)。

(三) 病理变化

病变主要累及视神经和脊髓,视神经损害多位于视神经和视交叉部位,可累及视束,表现为髓鞘脱失,轻度炎性细胞浸润。脑组织大致正常,或有小范围斑点状髓鞘脱失、胶质细胞增生和血管周围炎性细胞浸润。脊髓病灶可累及多个节段,大体观可见肿胀、软化和空洞形成。镜下可见灰质和白质血管周围轻度炎性脱髓鞘至出血、坏死等不同程度改变。典型的病灶位于脊髓中央,少突胶质细胞丢失明显,病灶内可见巨噬细胞、小胶质细胞及淋巴细胞浸润。不同于多发性硬化,视神经脊髓炎的病灶中常见有嗜酸性粒细胞和中性粒细胞的炎性浸润,脊髓穿通血管增厚、透明化。尸检研究也证实了脑内病灶与髓内病灶具有相同的免疫组织化学反应。研究已证实 NMO 病变的受累部位与 AQP-4 高表达的区域有关,包括脊髓、视神经,其次还有皮质下及深部白质、第三脑室旁、侧脑室旁、第四脑室旁及脑干。以往的病理学可以看出,视神经脊髓炎的脊髓病灶处以星形胶质细胞 AQP-4 显著缺失为特点,并且在早期活动性髓鞘破坏区,病灶血管周围可见明显的嗜酸性粒细胞、中性粒细胞浸润以及免疫球蛋白 IgG、补体呈"环形"或"玫瑰花形"沉积。

(四) 临床表现

一般呈急性或亚急性起病,分别在数天内或 1~2 个月达高峰,少数患者慢性起病并进行性加重,常伴有其他自身免疫性疾病如甲状腺炎、干燥综合征、系统性红斑狼疮。半数患者起病前几日至数周有上呼吸道感染或消化道感染时,以后相继出现或同时出现视神经及脊髓损害征象,间隔时间为数天或数月达到高峰。多数复发病程间隔期为 5 个月左右。发生在 1 个月内的双侧视神经炎和脊髓炎通常预示为单相病程;复发性脊髓炎常伴有 Lhermitte 征、痛性痉挛和神经根痛,而这些症状在单相病程少见。

视神经损害多表现为视神经炎或球后视神经炎,双眼同时或先后受累,开始时视力下降伴眼球胀痛,晚期可表现为视力丧失或视野改变。以视神经损害形式发病者,眼底检查早期正常或有视神经乳头水肿,晚期出现视神经萎缩。脊髓损害的典型表现为脊髓完全横贯性损害,在数小时至数天内双侧脊髓的运动、感觉和自主神经功能严重受损。运动障碍可迅速进展为截瘫或四肢瘫,出现脊髓休克,若发生在颈段,则可能出现 Lhermitte 征,重症患者由于严重的脱髓鞘使神经冲动扩散,导致痛性痉挛发作。

(五) 辅助检查

1. 脑脊液　压力与外观一般正常。细胞数轻度增多,以淋巴细胞为主,通常不超过 100×10^6/L,蛋白含量中度或轻度增高,多在 1g/L 以下,免疫球蛋白轻度增高,以 IgA 和 IgG 为主,复发型患者脑脊液蛋白显著高于单相病程患者;蛋白电泳检查可见寡克隆区带,阳性率为 20%~40%,明显低于多发性硬化。

2. 血清 NMO-IgG　视神经脊髓炎的特异性自身抗体标志物,用间接免疫荧光法检测,91%~100% 的患者血清 NMO-IgG 阳性。

3. 血清自身抗体　半数以上视神经脊髓炎患者血清常可检测出一个或多个自身抗体,如抗核抗体、抗双链 DNA 抗体和抗甲状腺抗体等。

4. MRI　眼部 MRI 检查可见急性期视神经炎患者视神经或视交叉肿胀,可有或无强化。脊髓病灶常可见至少 3 个脊髓节段受累,表现为长 T_1、长 T_2 异常信号,增强扫描有不规则斑片状强化或均匀强化。

5. 诱发电位　多数患者有视觉诱发电位异常,表现为 P100 潜伏期延长及波幅降低,少数患者脑干听觉诱发电位异常,提示脑内有潜在的脱髓鞘病灶。

（六）治疗

治疗包括单纯型和复发型视神经脊髓炎急性发作期治疗、防止并发症和康复锻炼。长期免疫治疗只适用于复发型视神经脊髓炎患者。

急性期首选的经典治疗方案，静脉用甲泼尼龙 1g/d，连续 3~5 天为 1 个疗程，有助于抑制炎症反应，保护神经功能，这是借鉴于多发性硬化的治疗。如果 1 周后临床未见显效，也可合并静脉用环磷酰胺。病情较轻的复发，也可采用口服激素治疗模式。若治疗未见起效或病情加重，应在数天内及早采用血浆置换（PE）疗法进行干预，其根本目的也在于快速清除血浆中的自身抗体、补体及细胞因子等物质。

复发型视神经脊髓炎患者由于阶梯式的神经功能损害，需采取有效的预防措施保护神经功能。可联合硫唑嘌呤和泼尼松作为复发型视神经脊髓炎患者的一线预防用药。

（七）预后

多与脊髓炎的严重程度、并发症有关。视神经脊髓炎临床表现较多发性硬化严重。单纯型患者 5 年生存率约 90%。复发型预后较差，多因一连串发作而加剧，5 年内生存率约 68%。

第四节　感染性疾病

中枢神经系统的感染性疾病，按病因可分为病毒、细菌、立克次体、螺旋体、真菌和寄生虫等引起的疾病。病原体可通过下列途径侵入：①血源性感染，如脓毒血症的感染性栓子等；②局部扩散，如颅骨开放性骨折、乳突炎、中耳炎、鼻窦炎等；③直接感染，如创伤或医源性（腰椎穿刺）感染；④经神经感染，某些病毒如狂犬病病毒可沿周围神经；单纯疱疹病毒可沿嗅神经、三叉神经侵入中枢神经系统而引起感染。此外，乙型脑炎常经蚊媒介传播乙脑病毒而引起发病。

一、细菌性疾病

常见的颅内细菌性感染为脑膜炎（meningitis）和脑脓肿（brain abscess）。脑膜炎可累及硬脑膜、蛛网膜和软脑膜。由于各种抗生素的问世和临床应用，继发于颅骨感染的硬脑膜炎（pachymeningitis）的发病率已大为降低。脑膜炎一般是指软脑膜炎（leptomeningitis），包括软脑膜、蛛网膜和脑脊液的感染。严重及病程较长者可累及脑实质而引起脑膜脑炎。

脑膜炎一般可分为 3 种基本类型：化脓性脑膜炎（多由细菌引起），淋巴细胞性脑膜炎（多为病毒所致）和慢性脑膜炎（可由结核分枝杆菌、梅毒螺旋体、布氏杆菌及真菌引起）。本节以流行性脑脊髓膜炎为例叙述急性化脓性脑膜炎，结核性脑膜炎将在结核病中予以介绍。

（一）流行性脑脊髓膜炎

流行性脑脊髓膜炎（epidemic cerebrospinal meningitis）是由脑膜炎双球菌感染引起的脑脊髓膜的急性化脓性炎症。多为散发性，在冬春季可引起流行，称为流行性脑膜炎（简称流脑）。患者多为儿童和青少年。临床上可出现发热、头痛、呕吐、皮肤瘀点或瘀斑，脑膜刺激症状，部分患者可出现中毒性休克。

1. 病因及发病机制　脑膜炎双球菌具有荚膜，能抵抗体内白细胞的吞噬作用。该菌可存在于正常人的鼻咽部黏膜，成为带菌者。患者或带菌者鼻咽部分泌物中的细菌通过咳嗽、喷嚏等，由飞沫经呼吸道侵入人体，但大多数不发病，或仅有轻度局部卡他性炎。当机体抗病能力低下或菌量多、毒性大，则细菌在局部大量繁殖，同时产生内毒素，引起短期菌血症或败血症。2%~3% 机体抵抗力低下患者，病菌到达脑（脊）膜引起化脓性脑膜炎。化脓菌可在蛛网膜下腔的脑脊液循环中迅速繁殖、播散，因此脑膜炎症一般呈弥漫分布。

2. 病理变化　根据病情进展，一般可分为 3 期：

（1）上呼吸道感染期：细菌在鼻咽部黏膜繁殖，经 2~4 天潜伏期后，出现上呼吸道感染症状，主要为黏膜充血、水肿,少量中性粒细胞浸润,分泌物增多。

(2) 败血症期:上期经 1~2 天,一部分患者进入此期。大部分患者的皮肤、黏膜出现瘀斑,此乃细菌栓塞在小血管和内毒素对血管壁损害所出现的出血灶。此期血培养可阳性;出血处刮片也常可找见细菌。因内毒素的作用,患者可有高热、头痛、呕吐及外周血中性粒细胞增高等表现。

(3) 脑膜炎症期:此期的特征性病变是脑脊髓膜的化脓性炎症。肉眼观察,脑脊髓膜血管高度扩张充血,病变严重的区域,蛛网膜下腔充满灰黄色脓性渗出物,覆盖于脑沟脑回,以致结构模糊不清(图 8-14),边缘病变较轻的区域,可见脓性渗出物沿血管分布。由于炎性渗出物的阻塞,脑脊液循环发生障碍,可引起不同程度的脑室扩张。镜下,蛛网膜血管高度扩张充血,蛛网膜下腔增宽,其中有大量中性粒细胞,浆液及纤维素渗出和少量淋巴细胞、单核细胞浸润(图 8-15)。用革兰氏染色,在细胞内外均可找到致病菌。脑实质一般不受累,邻近的脑皮质可有轻度水肿。严重病例邻近脑膜的脑实质也可出现炎症,使神经细胞变性,称脑膜脑炎。病变严重者,动脉、静脉管壁可受累并进而发生脉管炎和血栓形成,从而导致脑实质的缺血和梗死。

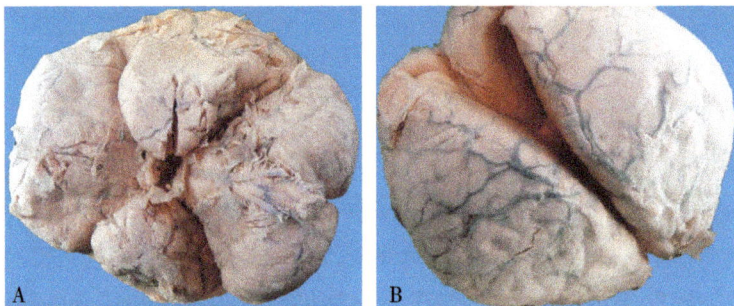

图 8-14　流行性脑脊髓膜炎(大体)
蛛网膜下腔见多量脓液积聚,脓性渗出物见于脚间池(A)和大脑凸面(B)

3. 临床病理联系

(1) 脑膜刺激症状:表现为颈项强直和屈髋伸膝征(Kernig sign)阳性。颈项强直是由于炎症累及脊髓神经根周围的蛛网膜及软脑膜和软脊膜,使神经根在通过椎间孔处受压,当颈部或背部肌肉运动时,牵引受压的神经根而产生疼痛,因而颈部肌肉发生保护性痉挛而呈僵硬紧张状态。在婴幼儿,其腰背部肌肉也常发生保护性痉挛,形成角弓反张(episthiotonus)的体征。Kernig 征是由于腰骶节段脊神经后根受到炎症波及而受压,当屈髋伸膝时,坐骨神经受到牵引而发生疼痛。

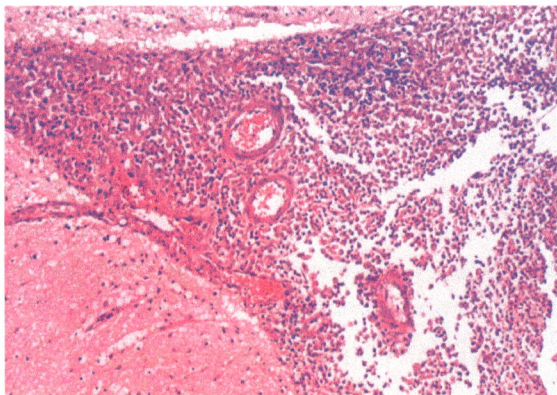

图 8-15　流行性脑脊髓膜炎(光镜)
脑实质表面软脑膜血管、充血,蛛网膜下腔见大量中性粒细胞浸润

(2) 颅内压升高症状:由于脑膜血管充血,蛛网膜下腔脓性渗出物积聚,蛛网膜颗粒因脓性渗出物的阻塞而致脑脊液吸收障碍等原因而使颅内压升高,如伴有脑水肿则颅内压升高更显著,表现为剧烈的头痛、喷射性呕吐、小儿前囟饱满、视神经乳头水肿等症状体征。

(3) 脑脊液改变:如压力增高,混浊或呈脓性,蛋白含量增多,糖量减少;涂片及培养均可找到脑膜炎双球菌。

4. 结局和并发症

由于磺胺类药物及抗生素广泛应用,流脑如能及时治疗,大多数患者都能痊愈,目前病死率已从过去的 70%~90% 下降至 5% 以下。只有很少数患者可发生以下后遗症:

①脑积水,由于脑膜粘连,脑脊液循环障碍所致;②脑神经受损麻痹,如耳聋、视力障碍,面神经麻痹等;③脑底部动脉炎所致的阻塞性病变,引起相应部位脑梗死。

少数病例(主要是儿童)起病急,病情危重,称为暴发性流脑。根据临床病理特点,又可分为以下两型。

(1)暴发型脑膜炎双球菌败血症:主要表现为败血症休克而脑膜的炎症病变较轻。短期内即出现皮肤、黏膜下的广泛性出血点、瘀斑及周围循环衰竭等严重临床表现。过去认为是由严重感染引起双侧肾上腺广泛出血以及急性肾上腺功能衰竭所致,并将这种综合表现称为华 - 佛氏综合征(waterhouse-friderichsen syndrome)。现认为其发生机制是由于脑膜炎双球菌败血症时,大量内毒素释放到血液中引起中毒性休克及弥散性血管内凝血,两者相互影响,引起病情进一步恶化的结果。

(2)暴发性脑膜脑炎:除脑膜炎外,软脑膜下脑组织也受累,主要是由于脑微循环障碍,引起脑组织瘀血,进而发生严重脑水肿,使颅内压急骤升高。临床表现为突然高热,剧烈头痛、频繁呕吐,常伴惊厥,昏迷或脑疝形成。若抢救不及时,可危及生命。

(二)脑脓肿

脑脓肿的致病菌多为葡萄球菌、链球菌等需氧菌,近年来厌氧菌属于无芽胞革兰氏阴性菌,类杆菌等也已成为常见致病菌。脑脓肿的发病部位和数目与感染途径有关。一般由局部感染灶直接蔓延所致的脑脓肿常为单个。其中耳源性(化脓性中耳炎、乳突炎)脑脓肿多见于颞叶或小脑;鼻窦(额窦)炎引起的脑脓肿多见于额叶。血源性感染者常为多发性,可分布于大脑各部。

脑脓肿的病理变化与全身其他器官的脓肿相似。急性脓肿发展快,境界不清,无包膜形成,可向四周扩大,甚至破入蛛网膜下腔或脑室,引起脑室积脓,可迅速致死。慢性脓肿边缘可形成炎性肉芽组织和纤维包膜,境界清楚(图8-16)。脑脓肿周围组织明显水肿并伴有星形胶质细胞增生。

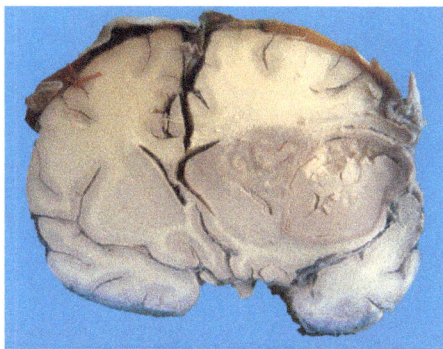

图 8-16　脑脓肿
脓肿位于一侧大脑半球,脓腔内充满脓液,边界清楚

二、病毒性疾病

引起中枢神经系统病毒性感染疾病的种类繁多,如疱疹病毒(DNA病毒)、虫媒病毒(RNA病毒,包括乙型脑炎病毒、森林脑炎病毒)、肠源性病毒(小型RNA病毒如脊髓灰质炎病毒)等。狂犬病毒以及人类免疫缺陷病毒(HIV)等,本节主要介绍由虫媒传播的乙脑病毒引起的流行性乙型脑炎。

流行性乙型脑炎

流行性乙型脑炎(epidemic encephalitis B)是乙型脑炎病毒感染所致的一种急性传染病。本病在夏秋之交流行,与冬季发生的甲型昏睡型脑炎不同,故称为乙型脑炎。本病起病急,病情重,死亡率高,临床表现为高热、嗜睡、抽搐、昏迷等。儿童的发病率比成人高,尤以10岁以下的儿童为多,占乙型脑炎的50%~70%。

1. **病因及发病机制**　本病的病原体是嗜神经性乙型脑炎病毒。传染源为乙型脑炎患者和中间宿主家畜、家禽,其传播媒介为库蚊、伊蚊和按蚊。带病毒的蚊子叮人吸血时,病毒可侵入人体,先在血管内皮细胞及全身单核 - 巨噬细胞系统中繁殖,然后入血引起短暂病毒血症。病毒能否进入中枢神经系统,取决于机体免疫反应和血 - 脑屏障功能状态。凡机体免疫力强,血 - 脑屏障功能正常者,病毒不能进入脑组织致病,故成为隐性感染,多见于成人。在免疫功能低下,

血 - 脑屏障不健全者,病毒可侵及中枢神经系统而致病。由于受感染的神经细胞表面有膜抗原存在,随后机体产生了相应的抗体并与膜抗原结合,同时激活补体,通过体液免疫或细胞免疫反应引起神经细胞损害,是本病发病的基础。

2. 病理变化　本病的病变主要广泛累及脑实质,但以大脑皮质、基底核、视丘最为严重。小脑皮质,丘脑及桥脑次之;脊髓病变最轻,常仅限于颈段脊髓。

肉眼观察,软脑膜充血、水肿,脑回变宽,脑沟变浅。切面充血水肿,严重者脑实质有散在点状出血,可见散在粟粒或针尖大的软化灶,一般以顶叶及丘脑等处最为明显。镜下通常综合出现以下几种基本病变:

(1) 脑血管改变和炎症反应:脑实质血管高度扩张充血,有时可见小出血灶;血管周围间隙增宽,以淋巴细胞为主的炎细胞常围绕血管呈袖套状浸润,称为淋巴细胞套(图 8-17)。

(2) 神经细胞变性坏死:病毒在神经细胞内增殖,破坏其代谢功能和结构,引起神经细胞肿胀,尼氏小体消失,胞质内出现空泡,核偏位等。重者神经细胞可发生核固缩、溶解消失。在变性的神经细胞周围,常有增生的少突胶质细胞围绕,称为神经细胞卫星现象;小胶质细胞及中性粒细胞侵入变性坏死的神经细胞内,称为噬神经细胞现象(图 8-18)。

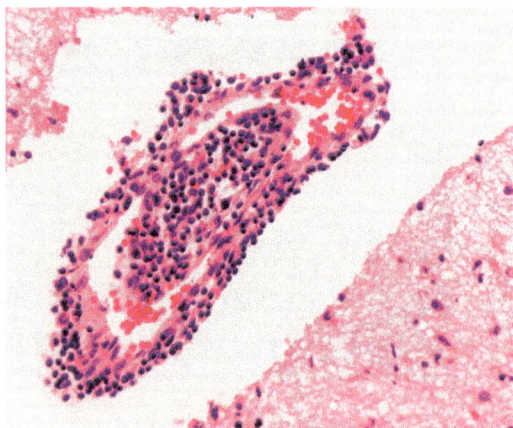

图 8-17　淋巴细胞套
以淋巴细胞为主的渗出围绕脑组织血管周围呈袖套样外观

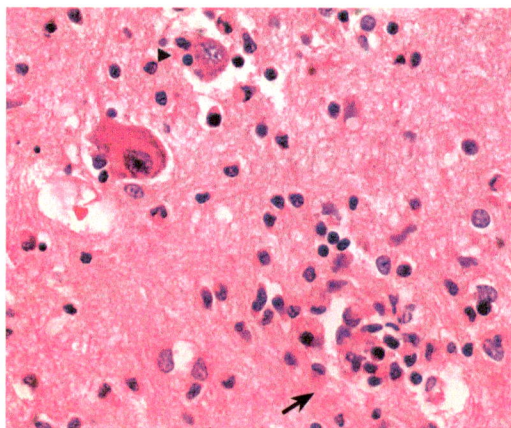

图 8-18　噬神经细胞现象和小胶质细胞结节
左上角箭头噬神经细胞现象(▲),右下角箭头示小胶质细胞结节(→)

(3) 软化灶形成:病变严重时,神经组织发生局灶性坏死液化,形成质地疏松,染色较淡的筛网状病灶,称为软化灶(图 8-19)。随病程进展,软化灶可被吸收,由增生的胶质细胞所取代而形成胶质瘢痕。关于软化灶的发生机制至今尚未能肯定,除病毒或免疫反应对神经组织可能造成的损害外,局部循环障碍可能也是造成软化灶的因素之一。

(4) 胶质细胞增生:主要是小胶质细胞呈弥漫性或局灶性增生。增生的胶质细胞可聚集成群,形成胶质细胞结节。后者多位于坏死的神经细胞附近或小血管旁。

3. 临床病理联系　本病早期有高热、全身不适等症状,系由病毒血症所致。由于脑实质炎性损害和神经细胞广泛变性、坏死,患者

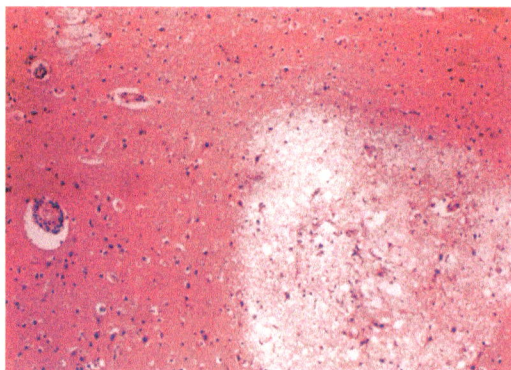

图 8-19　筛状软化灶
脑组织内见淡染的类圆形筛网状病灶,病灶内见坏死的神经组织碎屑和吞噬细胞

出现嗜睡、昏迷。当脑内运动神经细胞受损严重时,可出现肌张力增强,腱反射亢进,抽搐、痉挛等上运动神经元损害的表现。桥脑和延髓的运动神经细胞受损严重时,出现延髓性麻痹,患者吞咽困难,甚至发生呼吸、循环衰竭。由于脑实质血管高度扩张充血,血管壁通透性增加,而发生脑水肿,颅内压升高,出现头痛、呕吐。严重的颅内压增高可引起脑疝常见的有小脑扁桃体疝和海马沟回疝。小脑扁桃体疝时,由于延髓的呼吸和心血管中枢受挤压,可引起呼吸、循环衰竭,甚至死亡。由于脑膜有轻度的炎症反应,临床上也可出现脑膜刺激症状。

多数患者经治疗后痊愈。少数病例因脑组织病变较重而恢复较慢,有的不能恢复而留有痴呆、语言障碍、肢体瘫痪等后遗症。病变严重者,有时可因呼吸、循环衰竭或并发小叶性肺炎而死亡。

三、海绵状脑病

海绵状脑病(spongiform encephalopathies)是一组以前被划归为慢病毒感染的,以中枢神经系统慢性海绵状退行性变为特征的疾病。包括克-雅氏病(creutzfeldt-Jacob disease,CJD)、库鲁病(Kuru disease)、致死性家族性失眠症(fatal familial insomnia,FFI)、Gerstomann-Straussler综合征、动物的羊瘙痒症,疯牛病及猫抓病等。

1. **病因及发病机制** 该病的致病因子是一种称为 Prion 的糖脂蛋白,又称朊蛋白(prion protein,Prp)病。正常的 Prp 是神经元的穿膜蛋白,为 α-螺旋结构,可被完全降解。病理状态下其蛋白构型转变为 β 折叠,这种异常的 Prp 不能被降解还具有传染性,而且可将宿主的正常构型的 Prp^c 复制成异常构型的 Prp^{sc},这种异常的 Prp^{sc} 可在神经系统中沉积并引起神经系统病变。现已证明,人类 Prp 蛋白的控制基因位于第 20 号染色体,称为 *PRNP* 基因,具有一个开放的读码框架和一个外显子,对来自任何种系的具转染力的 Prp^{sc} 高度敏感。因此,因 Prp 基因突变引起的散发病例和摄入含有异常朊蛋白的感染病例(如 20 世纪 90 年代初英国疯牛病)可同时存在。

2. **病理变化及临床表现** 该病的病变主要累及大脑皮质,有时基底节、丘脑、小脑皮质等也可受累。肉眼观大脑萎缩;光镜下神经毡(neuropil),即神经突起构成的网状结构和神经细胞胞质出现大量空泡,呈海绵状外观(图 8-20),伴有不同程度的神经元缺失和反应性胶质化,但无炎症反应。病变区可有淀粉样斑块。电镜下空泡内可见含有与细胞膜碎片相似的卷曲的结构。临床表现多样性,多以人格改变起病,进行性智力衰退,无发热。CJD 患者可有步态异常,肌阵挛和发展迅速的痴呆。约 85% 的 CJD 为散发病例,年发病率为 1/100 万。多累及 70 岁以上的老人,但由 *PRNP* 突变所致的家族性 CJD 可累及年轻人。大多数患者的病情为进行性发展,往往在起病后 7 个月内死亡。

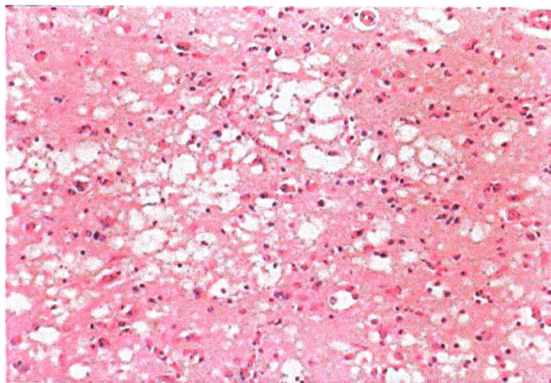

图 8-20 克-雅氏病
大脑皮层呈海绵状疏松外观

第五节 神经系统肿瘤

神经系统肿瘤包括中枢神经系统肿瘤和周围神经系统肿瘤,两者均有原发性和转移性肿瘤两大类。原发性中枢神经系统肿瘤发病率为(5~15)/10 万,其中胶质瘤(glioma)最常见,约占 40%,其次是脑膜肿瘤,约占 15%。

一、神经系统肿瘤的分类和分级

2006年11月在德国海德堡癌症研究中心由25名世界各地病理学和遗传学专家组成的国际工作组,经过反复研讨,并汇集另外50名专家的意见,形成了2007年中枢神经系统肿瘤WHO分类(第4版)。WHO新分类体现疾病分类的3个层次:临床病理学实体、变异型和组织学形态。新分类中特别体现出了组织学形态要紧密结合临床特点的思想,每一种新的肿瘤类型的命名必须要具备明确的临床病理学特点,而不能仅仅是形态学上的某种改变。WHO新分类中包括以下指标:①肿瘤的组织学级别;②临床表现;③影像学表现;④手术切除范围;⑤增殖指数;⑥基因改变。其中肿瘤的组织学级别对手术方案的选择,以及术后是否辅以放化疗,有重要的指导意义。

1. 神经系统常见肿瘤类型　见表8-1。

表8-1　神经系统肿瘤WHO分类简表

神经上皮组织肿瘤	淋巴瘤和造血系统肿瘤
星形细胞肿瘤	恶性淋巴瘤
少突胶质细胞肿瘤	浆细胞瘤
少突星形细胞肿瘤	粒细胞肉瘤
室管膜肿瘤	生殖细胞肿瘤
脉络丛肿瘤	生殖细胞瘤
其他神经上皮肿瘤	胚胎癌
神经元及混合性神经元 - 胶质肿瘤	卵黄囊瘤
松果体区肿瘤	绒毛膜上皮癌
胚胎性肿瘤	畸胎瘤
脑神经和脊神经肿瘤	混合性生殖细胞肿瘤
施万细胞瘤(神经鞘瘤)	鞍区肿瘤
神经纤维瘤	颅咽管瘤
神经束膜瘤	颗粒细胞肿瘤
恶性周围神经鞘膜瘤	垂体细胞瘤
脑膜肿瘤	腺垂体梭形细胞嗜酸细胞瘤
脑膜上皮细胞肿瘤	转移性肿瘤
脑膜间叶组织肿瘤	
脑膜原发性黑色素细胞病变	

2. WHO肿瘤分级　自第1版的WHO(1979年)中枢神经系统肿瘤分类开始,就提出了肿瘤组织学分级的框架,虽然这不是一个严格的分级系统,但目前在临床上,肿瘤的分级却是选择治疗方法的关键因素。新分类中强调了肿瘤的分级并给出了分级标准。Ⅰ级:肿瘤具有较低的增殖潜能,通过手术切除就可能治愈。Ⅱ级:肿瘤一般浸润性生长,尽管增殖活性较低,但常常复发,有些肿瘤可以进展到高级别,存活期长于5年。Ⅲ级:组织学上有恶性的证据,包括核异型性、核分裂,这个级别的肿瘤一般要进行术后的辅助放化疗,存活期2~3年。Ⅳ级:具有明确的细胞学上的恶性表现,包括显著增加的核分裂象、坏死,常常进展迅速,并导致死亡。虽然这不是一个必备的条件,但周围组织的广泛浸润和脊髓播散是很多Ⅳ级肿瘤的特征,具有肿瘤组织弥漫性浸润和随脑脊液播散的特征,预后取决于治疗方案是否有效。

Note

二、中枢神经系统常见肿瘤

中枢神经系统肿瘤包括起源于脑、脊髓或脑膜的原发性肿瘤和转移性肿瘤两大类。原发性肿瘤中常见的有胶质瘤、脑膜瘤和听神经瘤(神经鞘瘤)等。转移性肿瘤则以转移性肺癌为多见。儿童颅内恶性肿瘤仅次于发病率第一的白血病,常见的有胶质瘤和髓母细胞瘤。颅内原发性中枢神经系统肿瘤有一些共同的生物学特性和临床表现:①与癌比较,肿瘤没有类似癌前病变和原位癌的阶段;②无论级别高低,肿瘤都可在脑内广泛浸润,引起严重的临床后果,故肿瘤的良恶性具有相对性;胶质瘤的浸润性生长主要累及血管周围间隙、软脑膜、室管膜和神经纤维束间;③任何组织学类型的肿瘤,患者预后都受其解剖学部位的影响,如延髓的脑膜瘤可压迫延髓导致呼吸循环衰竭;④脑脊液转移是恶性胶质瘤常见的转移方式,特别是位于脑室旁和脑池旁的肿瘤发生该转移的机会更多;⑤不同类型的颅内肿瘤可引起共同的临床表现。一是肿瘤压迫或破坏周围脑组织所引起的局部神经症状,如癫痫发作、瘫痪、视野缺损等;二是引起颅内压增高的症状,表现为头痛、呕吐和视神经乳头水肿等。

(一)胶质瘤

胶质瘤包括星形细胞肿瘤(astrocytic tumor)、少突胶质细胞肿瘤(oligodendroglial tumor)和室管膜瘤(ependymoma)。前两者往往呈弥漫浸润性生长,后者倾向于形成实体瘤。

1. 星形细胞肿瘤　是最常见的胶质瘤,约占颅内肿瘤的30%,占胶质瘤的78%以上,男性较多见,高峰发病年龄为30~40岁。肿瘤部位以大脑额叶和颞叶最多见。它包括一大类临床病理特点各异的肿瘤:毛细胞型星形细胞瘤(WHO Ⅰ级)、室管膜下巨细胞星形细胞瘤(WHO Ⅰ级)、多形性黄色星形细胞瘤(WHO Ⅰ级)、弥漫性黄色星形细胞瘤(WHO Ⅱ级)、间变性星形细胞瘤(WHO Ⅲ级)、胶质母细胞瘤(WHO Ⅳ级)、大脑神经胶质瘤病,其中以弥漫性星形细胞瘤最常见。应该指出,同一肿瘤的不同区域,瘤细胞可有不同的形态特征,且分化程度也不尽相同,因此星形胶质细胞瘤的分型与分级仅具有相对的意义。

星形细胞肿瘤常显示多种遗传学改变,包括肿瘤抑制基因 TP53、Rb、p16 等失活及 10 号染色体杂合缺失,其中 TP53 基因突变最显著和最常见,是弥漫性星形细胞瘤的早期分子事件。此外,尚有 EGFR 的扩增,PDGF 及其受体的过度表达。

肉眼观察:肿瘤大小可为数厘米大的结节至巨大肿块不等,一般境界不清,在肿瘤组织出现坏死出血时,似与周边组织境界分明,但边界外仍有瘤组织浸润。瘤体灰白色,质地视瘤内胶质纤维多少而异,或硬、或软、或呈胶冻状外观,并可形成大小不等的囊腔。由于肿瘤的生长,占位和邻近脑组织的肿胀,脑的原有结构因受挤压而扭曲变形(图8-21)。

光镜下,肿瘤细胞形态多种多样,不同类型肿瘤细胞核的多形性,核分裂象,瘤细胞密度,血管内皮增生程度以及瘤组织坏死情况不一,这也是其组织学分级的依据。星形细胞肿瘤的细胞骨架 GFAP 免疫组织化学呈阳性反应。电镜下在瘤细胞胞质中可见成束排列的中间丝。

星形细胞肿瘤预后较好,按瘤细胞形态又分为纤维型、原浆型、肥胖型和混合细胞型等亚型。其中以纤维型星形细胞瘤(fibrillary astrocytome)最常见,瘤细胞分化好,但呈浸润性生长,瘤细胞之间可见红染的原纤维性背景。原浆型星形细胞瘤(protoplasmic astrocytoma)

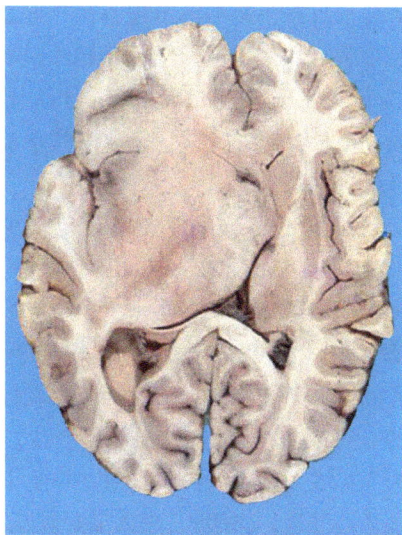

图 8-21　星形细胞肿瘤
左大脑半球肿胀,肿瘤呈浸润性生长,界限不清

较少见,瘤细胞体积小,形态较一致,胞突少而短(图8-22)。肥胖细胞型星形细胞瘤(gemistocytic astrocytoma)瘤细胞体积较大,胞质丰富,半透明,核偏位。电镜下在瘤细胞胞质中可见成束排列的中间丝。星形细胞瘤胞质均表达GFAP、S-100蛋白和Vimentin。弥漫性星形细胞瘤术后平均生存期为6~8年,它有进展为间变性胶质瘤,并最终转变为胶质母细胞瘤的倾向。

间变性星形细胞瘤(anaplastic astrocytoma)预后较差,光镜下表现为瘤细胞密度增加,核异型性明显,核深染可见核分裂象,血管内皮细胞增生等,为恶性肿瘤的征象。

胶质母细胞瘤(glioblastoma)是恶性程度最高的星形细胞肿瘤,可分为原发性和继发性。本病多见于成人。肿瘤常发于额叶、颞叶,浸润范围广,常可穿过胼胝体到对侧,或挤压周围组织。瘤体常因出血坏死而呈红褐色。镜下,瘤细胞密集,有明显异型性,可见异型的单核或多核瘤巨细胞,出血坏死明显,是其区别于间变性星形细胞瘤的主要特征。血管内皮细胞明显增生,肿大或呈实性条索状。有时高度增生的血管丛呈球状,称肾小球样小体(图8-23)。肿瘤发展迅速,预后极差,患者多在2年内死亡。

在星形细胞源性肿瘤中,还有常发生于儿童、青少年的毛发细胞型星形细胞瘤,黄色瘤性星形细胞瘤和室管膜下星形细胞瘤,它们生长缓慢,预后较好。其中毛细胞性星形细胞瘤形态较为特殊,其瘤细胞呈细梭形或毛发状,平行或束状排列,特征性结构是可见球形或棒状嗜酸性的Rosenthal纤维,分布于细胞间,表现为球形、棒状或胡萝卜状嗜酸性毛玻璃样团块(图8-24)。

2. 少突胶质细胞肿瘤　包括少突胶质细胞瘤(oligodendrocytoma)和间变性少突胶质细胞瘤。前者是是由少突胶质细胞衍化、分化比较成熟的肿瘤,相当于WHOⅡ级。少突胶质细胞瘤占颅内原发性肿瘤的2.5%,占胶质瘤的5%~6%。高发年龄为40~45岁,男性多于女性。好发于大脑皮质的浅层。肉眼观,瘤体呈灰红色,呈浸润性生长,可见出血、囊性变和钙化。大脑深部的少突胶质细胞瘤可突入脑室内生长。镜下观瘤组织呈蜂窝状结构,瘤细胞

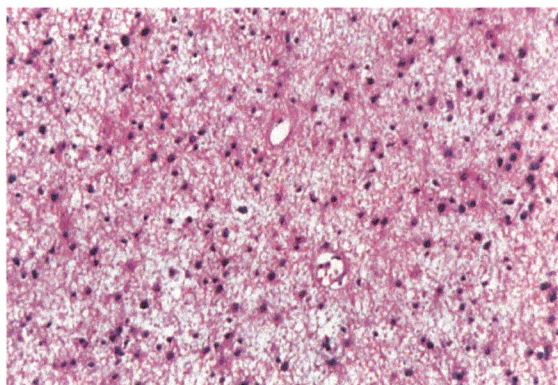

图8-22　原浆型星形细胞肿瘤
肿瘤细胞之间见原纤维背景,瘤细胞较小,分化较好,细胞核近圆形,无核分裂象

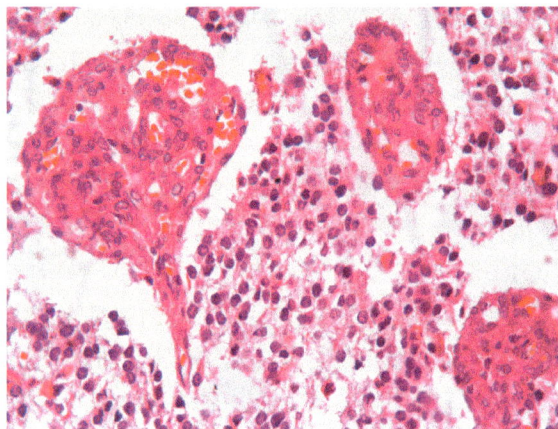

图8-23　胶质母细胞瘤
肿瘤间质血管丛高度增生形成球状的肾小球样小体

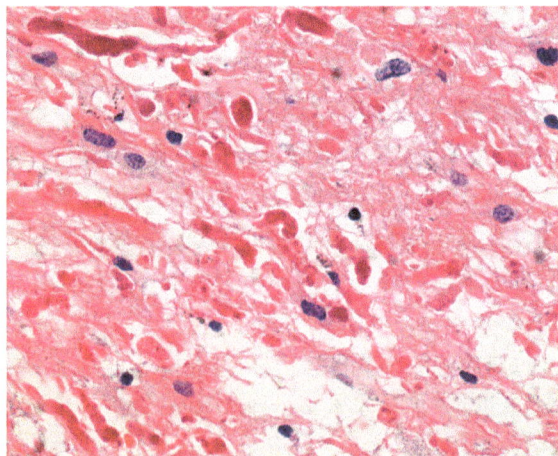

图8-24　毛细胞型星形细胞瘤的Rosenthal纤维
Rosenthal纤维球形、棒状或胡萝卜状嗜酸性毛玻璃样团块

呈圆形,大小一致,形态单一;核圆形居中,核周胞质透亮,呈核周空晕。瘤细胞弥散排列(图8-25),也有环绕神经元呈卫星状排列的倾向;瘤组织内血管呈丛状结构,多数血管呈枝芽状穿插在瘤细胞群之间并可伴有不同程度的钙化和砂粒体形成。若瘤细胞分化差,核多形性、异型性明显、核分裂象易见,则称为间变性少突胶质细胞瘤(相当于WHO Ⅲ级)。若瘤组织内混杂数量不等的星形细胞瘤成分,可称为少突星形细胞瘤(oligoastrocytomas)。组织化学和IHC显示半乳糖脂、碳酸酐酸同工酶C、CD₅₇、MAP(微管相关蛋白)和MBP(碱性髓鞘蛋白)呈阳性反应等。该肿瘤遗传学上常呈1p和19q同时缺失。

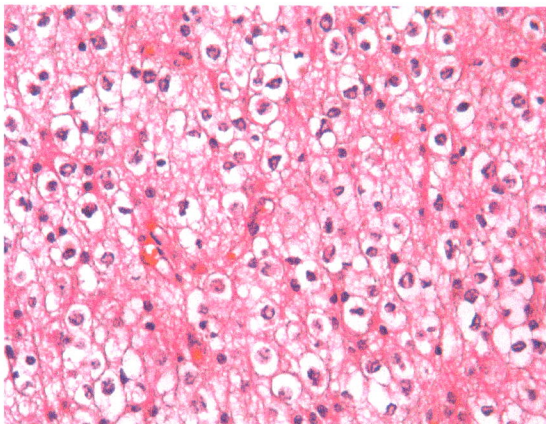

图8-25　少突胶质细胞瘤

瘤细胞核圆形居中,核周胞浆透亮,呈核周空晕,产生蜂窝状结构特征

　　少突胶质细胞瘤是目前胶质瘤中唯一对化疗敏感的肿瘤,该肿瘤生长缓慢,平均术后生存期可长达十余年,临床上常表现为癫痫发作或局部性瘫痪。间变型少突胶质细胞瘤生长迅速,预后不良,平均术后生存期仅3年半。

　　3. 室管膜肿瘤　包括室管膜瘤和间变性室管膜瘤(anaplastic ependymoma)。前者相当于WHO Ⅱ级,可发生于脑室系统任何部位,以第四脑室最为常见,也可见于脊髓中央管(好发于腰骶部及马尾部)。室管膜瘤占神经上皮肿瘤的2%~9%,患者以儿童和青少年居多。肉眼观,瘤体边界清楚,球形或分叶状,切面灰白色,有时可见出血、钙化和囊性变。镜下观,肿瘤细胞大小形态较一致,多呈梭形或胡萝卜形,胞质丰富,核圆形或椭圆形。瘤细胞排列较密集,常可见瘤细胞围绕空腔呈腺管状排列(菊形团形成),或围绕血管排列(假菊形团),并以细胞突与血管壁相连,有时可形成乳头状结构(图8-26)。当瘤组织中瘤细胞密集,出现病理性核分裂象并有假栅栏状坏死时,即可诊断为间变性室管膜瘤。室管膜瘤生长缓慢,可存活8~10年,易致脑积水和颅内压升高。

　　(二)髓母细胞瘤

　　髓母细胞瘤(medulloblastoma)是中枢神经系统中最常见的胚胎性肿瘤,占儿童脑肿瘤的20%,相当于WHO Ⅳ级。多见于小儿,高峰年龄为7岁,50岁以上罕见。该肿瘤起源于小脑蚓部的原始神经上皮细胞或小脑皮质的胚胎性外颗粒层细胞,或

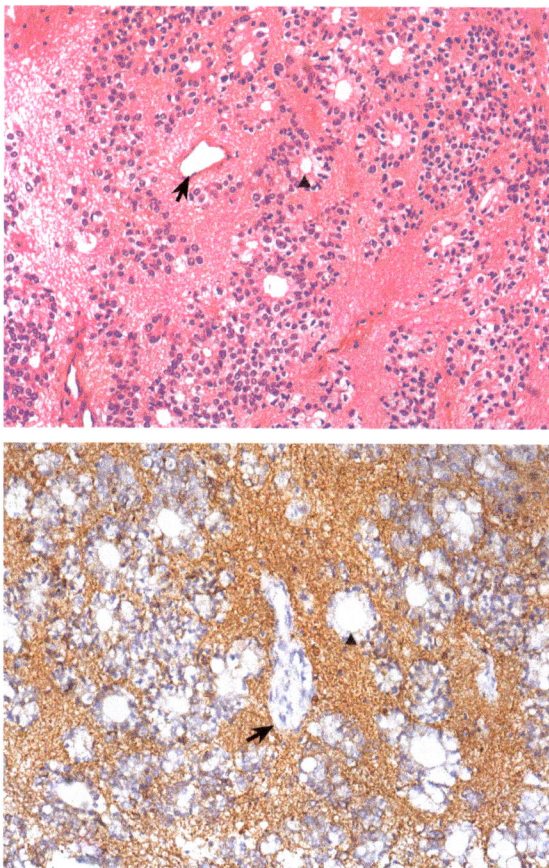

图8-26　室管膜瘤

瘤细胞围绕空腔形成菊形团结构(箭头所示),或围绕血管排列(假菊形团,箭所示)

室管膜下基质细胞,故高达75%的儿童髓母细胞瘤常位于小脑蚓部,占据第四脑室顶部。随着年龄的增大,部分病例可见于小脑半球。

肉眼观察,肿瘤组织呈鱼肉状,灰红色。镜下,瘤细胞呈圆形、卵圆形,胞质少,胞核深染,可见数量不等的病理性核分裂象。典型的结构是瘤细胞环绕嗜银性神经纤维中心呈放射状排列形成 Homer-Wright 菊形团,具有一定的诊断意义(图 8-27)。电镜证实可呈现神经元和胶质细胞双向分化。免疫组织化学 GFAP 阳性,并表达神经元分化标记物如突触素(synaptophysin,Syn)和 NSE 等。本瘤最常见的遗传学异常是出现 17q 等臂染色体(30%~40%),并伴有染色体 17 三体。多数病例显示 *MYC* 基因的扩增。本瘤易发生脑脊液播散,恶性程度高,预后差,但手术切除加上正规辅助治疗后,患者的 5 年生存率可达 75%。

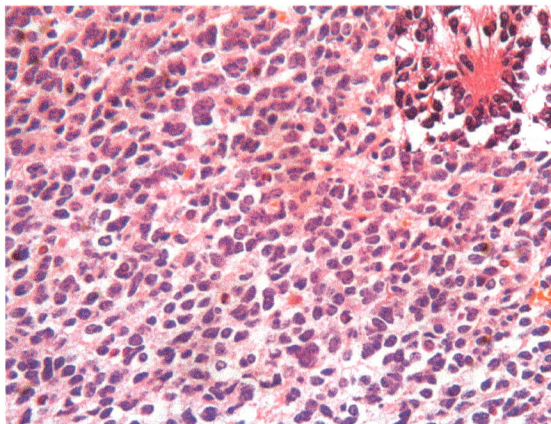

图 8-27　髓母细胞瘤
瘤细胞排列形成 Homer-Wright 菊形团(右上角图为高倍放大)

(三) 神经元肿瘤

1. 节细胞瘤和节细胞胶质瘤(gangliocytoma and gangliogioma)　为分化好、生长缓慢的神经上皮肿瘤,相当于 WHO Ⅰ级(节细胞瘤)或Ⅰ~Ⅱ级(节细胞胶质瘤),间变性节细胞胶质瘤相当于 WHO Ⅲ级。颅内神经节细胞瘤好发于幕上,尤其是颞叶(>70%)。肉眼观,体积小,质稍硬。界限清楚,灰红色,部分病例囊性变、钙化。光镜下,由成熟的神经节细胞和突起构成。神经节细胞分布不规则、单核、双核或多核,见有核仁,胞质内尼氏小体,瘤组织内混杂有髓鞘和无髓鞘的神经纤维。有一部分病例的瘤组织内有一定数量的胶质细胞,则称为神经节细胞胶质瘤,如胶质细胞有异型,则称间变性节细胞胶质瘤。IHC 显示瘤组织内胶质细胞 GFAP 标记阳性,神经节细胞 NF、NSE、Syn 及 CgA 标记阳性。电镜观察,特征性表现为肿瘤性神经元内见致密的核心颗粒。

2. 中枢神经细胞瘤(central neurocytoma)　是近年认识的一种具有神经元和有胶质分化的肿瘤,相当于 WHO Ⅱ级。主要发生在年轻人,一般发生于侧脑室旁、透明隔或 Monro 孔,可长入侧脑室或第三脑室。病理上肿瘤组织是由成片的同一类型的瘤细胞组成,细胞小,核圆形,胞质透明,血管周可见原纤维性细胞带,可见 Homer-Wright 假菊形团,瘤细胞有神经元分化的特点。Syn 是最有用和最可靠的免疫组织化学标记,几乎所有病例表现为核表达。CgA 和 NF 通常阴性。该肿瘤一般能被完全切除,预后较好,偶可复发和恶性变。

(四) 脑膜瘤

脑膜瘤(meningioma)是颅内和椎管内最常见的肿瘤之一,发生率仅次于星形细胞肿瘤,占颅内肿瘤的 13%~26%。本瘤好发于中老年人,高发年龄为 50~70 岁,女性多于男性。由于其多为良性,生长缓慢,易于手术切除,复发率和侵袭力均很低,因此脑膜瘤在中枢神经肿瘤中预后最好,多数相当于 WHO Ⅰ级。

脑膜瘤起源于蛛网膜颗粒的内皮细胞和纤维母细胞,因此,脑膜瘤的好发部位是与蛛网膜颗粒在脑膜上的分布情况相平行的。肿瘤常见于上矢状窦两侧、蝶骨嵴、嗅沟,小脑桥脑角以及脊髓胸段脊神经在椎间孔的出口处。

脑膜瘤常为单发,偶可多发。肿瘤大小差异很大,与肿瘤发生部位有一定关系。肉眼观,肿瘤界限清楚,包膜完整,局部可与硬脑膜附着。较大的肿瘤可呈分叶,压迫下方的脑组织,与脑组织较易分离(图 8-28)。切面多为灰白色,很少见坏死,切面有砂粒感是存在有砂粒体的脑膜瘤的特点,个别病例肿瘤内可有囊肿形成。镜下特点是肿瘤细胞呈大小不等同心圆状或漩涡

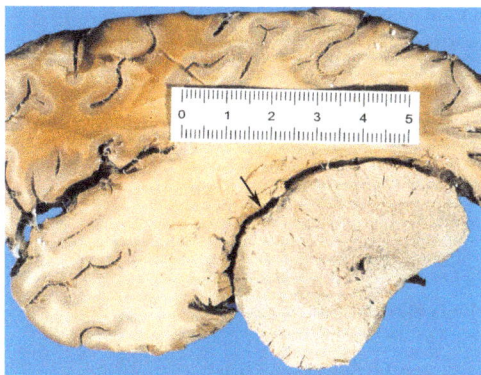

图 8-28　脑膜瘤（大体）
肿瘤位于脑组织边缘，质实，灰白色，边界清楚（箭头）

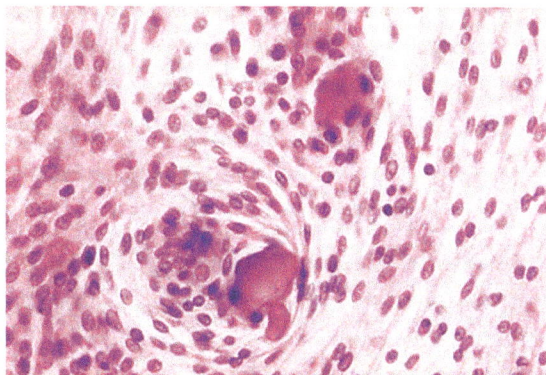

图 8-29　脑膜瘤（镜下）
肿瘤细胞呈卵圆形，旋涡状排列，并见钙化小体（砂粒体）

状排列，其中央的血管壁常有透明变性，以至于钙化形成砂粒体，此为脑膜细胞型或合体细胞型（图 8-29）；瘤细胞也可为长梭形，呈致密交织束状结构，其间可见网状纤维或胶原纤维，为纤维（成纤维细胞）型；还可呈现以上两种图像的过渡或混合，为过渡型或混合型。此外，还有其他多种少见类型。少数脑膜瘤细胞异型增生、生长活跃，可出现坏死，甚至颅外转移，主要累及肺及淋巴结，称为恶性脑膜瘤或间变性脑膜瘤，相当于 WHO Ⅲ 级，诊断时应十分慎重。所有脑膜瘤表达波形蛋白，多数病例表达 EMA。

大多数脑膜瘤易于手术切除，预后良好。约有 20% 良性脑膜瘤肉眼全切后 20 年内复发。

三、周围神经肿瘤

周围神经肿瘤一般可分两大类，一类是来源于神经鞘膜，包括神经鞘瘤和神经纤维瘤。另一类为神经细胞源性肿瘤，主要发生在交感神经节和肾上腺髓质，其中原始而低分化的恶性肿瘤为神经母细胞瘤，高分化的良性肿瘤为节细胞神经瘤。以下对神经鞘瘤和神经纤维瘤进行简介。

（一）神经鞘瘤

神经鞘瘤（neurilemoma）又称施万细胞瘤（schwannoma）或神经膜细胞瘤，是起源于胚胎期神经嵴来源的神经膜细胞或施万细胞的良性肿瘤，相当于 WHO Ⅰ 级。脑神经鞘瘤主要发生在听神经的前庭（又称听神经瘤），小脑桥脑角和三叉神经等。发生于周围神经的神经鞘瘤多见于四肢屈侧较大的神经干。此外，神经鞘瘤是椎管内最常见的肿瘤，其发生率占椎管内肿瘤的 25%~30%。

肉眼观，肿瘤多呈圆形或分叶状，界限清楚，包膜完整，切面灰白色或灰黄色，可见漩涡状结构，有时可见出血、囊性变。镜下一般可见两种组织结构：一为束状型（Antoni A 型），细胞呈梭形；细胞间界限不清，核呈梭形或卵圆形，相互紧密平行排列呈栅栏状或不完全的漩涡状，称 Verocay 小体（图 8-30）。另一型为网状型（Antoni B 型），细胞稀少，排列呈稀疏的网状结构，细胞间有较多的液体，常有小囊腔形成。以上两种往往同时存在于同一种肿瘤中，其间有过渡形式，但多数以其中一型为主。一般

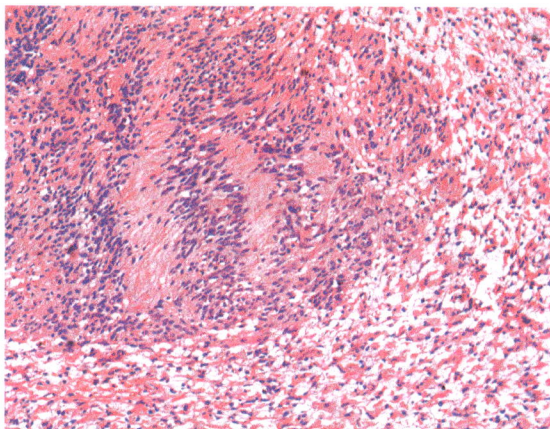

图 8-30　神经鞘瘤
核呈梭形或卵圆形，瘤细胞相互紧密平行排列呈栅栏状

颅内的神经鞘瘤较多出现 Antoni B 型结构,椎管内的神经鞘瘤多以 Antoni A 型结构为主,且更易见小囊腔形成。免疫组织化学显示瘤细胞一致性表达 S-100 蛋白,Ⅵ型胶原和层粘连蛋白常呈细胞膜阳性。

临床表现视肿瘤大小和部位而异,较大者因受累神经受压而引起麻痹或疼痛,并沿神经放射。颅内听神经瘤可引起听觉障碍或耳鸣等症状。

(二)神经纤维瘤

神经纤维瘤(neurofibroma)相当于 WHO Ⅰ级,多发生在皮下,可单发或多发。多发性神经纤维瘤又称神经纤维瘤病 1 型(neurofibromatosis 1,Von Recklinghausen's disease),并发皮肤牛奶咖啡色斑和腋窝斑点。

肉眼观,皮肤及皮下单发性神经纤维瘤境界清楚,无包膜,切面灰白,质实,可见漩涡状纤维,很少发生出血、囊性变。光镜下,肿瘤组织由增生的神经膜细胞和纤维母细胞构成,交织排列成小束并分散在神经纤维之间,伴大量网状纤维和胶质纤维及疏松的黏液样基质。若细胞密度增大,核异型并见核分裂象,提示恶性变可能。

四、转移性肿瘤

脑内的转移性肿瘤占全部临床脑肿瘤的 20% 左右。最容易发生脑转移的恶性肿瘤是肺癌(约占 50%),其次是乳腺癌,恶性黑色素瘤,以及胃癌、结肠癌、肾癌和绒毛膜上皮癌等。白血病时脑膜或脑实质也常可发生白血病细胞灶性浸润。

颅内转移瘤的转移途径绝大部分是远隔部位的原发肿瘤经血行转移至颅内,另一个途径是邻近部位的肿瘤直接侵入,如鼻咽癌、眶内肿瘤等,由于它们与原发瘤相连,所以不属于转移瘤。

颅内转移性肿瘤可有 3 种形式:①转移结节,多见于皮质与白质交界处及脑的深部(图8-31);②软脑膜癌病(leptomeningeal carcinomatosis),肿瘤细胞沿蛛网膜下腔弥漫性浸润,局部可呈现大小不等的结节或斑块,由于脑脊液循环受阻,可产生颅内高压和脑积水;③脑炎性转移,弥漫性血管周围瘤细胞浸润可形成局限性瘤结节或广泛浸润,并伴发软脑膜癌病。转移瘤的组织形态与原发性肿瘤相似,常伴有出血、坏死、囊性变及液化。如出现坏死,则可见泡沫细胞。

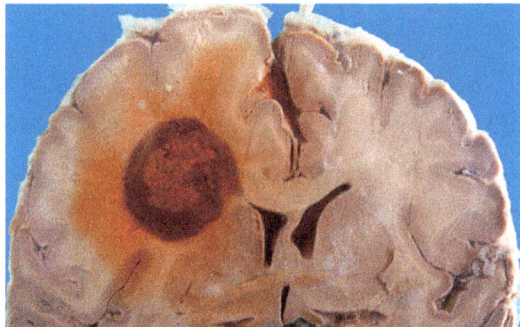

图 8-31 绒毛膜癌脑转移
转移性结节位于脑的深部

第六节 缺氧与脑血管病

脑血管疾病是一组高发病率、高致残率、高死亡率的疾病,2008 年原卫生部数据显示脑血管病已经成为中国第一位死亡原因。脑组织不能储存能量,也不能进行糖的无氧酵解,因此其对氧和血供的要求很高。脑缺血可激活谷氨酸受体,导致大量钙离子进入神经元,致使神经元死亡。缺血缺氧 4 分钟即可造成神经元死亡。

一、缺血缺氧性脑病

缺血缺氧性脑病(hypoxic-ischemia encephalopathy,HIE)是指由于低血压、心搏骤停、失血、低血糖、中毒及窒息等原因引起的脑缺血缺氧,造成脑损害和由此引发的一系列神经精神症状的一种临床综合征。其发生是多环节、多损伤因素相互作用的结果,最终导致神经元的炎症、坏死和凋亡,从而继发引起神经系统功能障碍。

1. 病变的影响因素　不同部位的脑组织和不同的细胞对缺氧的敏感性不尽相同。大脑较脑干各级中枢更为敏感,大脑灰质较白质敏感。各类细胞对缺氧敏感性由高至低依次为:神经元、星形胶质细胞、少突胶质细胞、内皮细胞。神经元中以皮质第3、5、6层细胞,海马锥体细胞和小脑普肯耶细胞更为敏感,在缺血(氧)时首先受累。

局部血管的分布、状态与损伤部位有关。发生缺血(氧)时,动脉血管的远心端供血区域发生灌注不足。大脑分别由来自颈内动脉系统的大脑前动脉、大脑中动脉和来自椎基底动脉系统的大脑后动脉、基底动脉供血。这些血管供血区之间存在血供边缘带,位于大脑凸面,与矢状窦相平行,且旁开矢状缝1~1.5cm。发生缺血性脑病时,该区域则最易受累。但若某支血管管径相对较小,或局部动脉粥样硬化,其供血区也较易受累。

此外,脑损伤程度也取决于缺血(氧)的程度和持续时间以及患者的存活时间。

2. 病理变化　轻度缺氧往往无明显病变,重度缺氧仅存活数小时者,尸检时也可无明显病变。只有重度缺氧、存活时间在12小时以上者才出现典型病变。表现为神经元出现中央性尼氏小体溶解和坏死(红色神经元);髓鞘和轴索崩解;星形胶质细胞肿胀。第1~2天出现脑水肿,中性粒细胞和巨噬细胞浸润,并开始出现泡沫细胞。第4天星形胶质细胞明显增生,出现修复反应;大约30天形成蜂窝状胶质瘢痕。常见的缺血缺氧性脑病有层状坏死,海马硬化和边缘带梗死三型;层状坏死累及皮质第3、5、6层神经元;海马硬化累及海马锥体细胞;边缘带梗死可形成C形分布的梗死灶,极端情况下则可引起全大脑梗死(图8-32)。

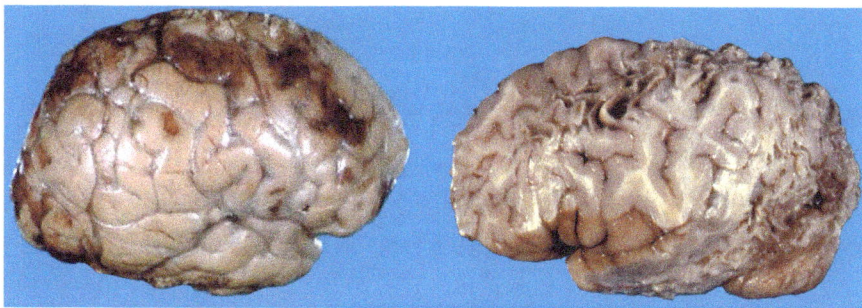

图 8-32　大脑缺血性脑病
左图示大脑前、中、后动脉血供边缘带出血性梗死灶呈C型;右图示陈旧性C型梗死灶呈蜂窝状

二、阻塞性脑血管病

脑梗死(cerebral infarction)是由于血管堵塞引起局部血供中断所致,可以是血栓形成性堵塞,也可以是栓塞性堵塞。

脑血管解剖大体分为颈内动脉系统和椎基底动脉系统,两者通过Willis环沟通。脑动脉具有以下解剖特点:①脑动脉的主干和分支均位于脑的腹侧面,然后再绕到背侧面;②脑动脉分为皮层支、中央支,两者间吻合甚少,皮层支间吻合丰富,中央支间较前者差;③脑动脉为肌型动脉,血管周围没有支持组织;④脑动脉内膜有丰富的内弹力膜,中、外膜薄,没有外弹力膜;⑤脑实质内外动脉均有神经纤维分布。

侧支循环在缺血性脑血管病的发病中具有重要的临床意义。大动脉如颈内动脉、椎动脉,当一支血管闭塞,Willis环完整、侧支循环良好时可不引起脑梗死;中动脉如大脑前动脉、大脑中动脉等,其终末支之间仅有部分吻合,血管管腔堵塞可导致梗死,但梗死区小于该血管供应区。小动脉,如豆纹动脉、皮质穿支则少有吻合支,一旦发生闭塞,梗死的范围和血管供应区基本一致。

(一)阻塞性脑血管病的临床类型

1. 血栓性堵塞　血栓性堵塞常发生在动脉粥样硬化的基础上,粥样硬化好发于颈内动脉与大脑前动脉、大脑中动脉分支处,以及后交通动脉及基底动脉等。粥样斑块及复合病变(如斑块内出血、附壁血栓)均可阻塞血管。血栓性阻塞所致脑梗死发展较慢,其症状常在数小时或数天内不断发展,表现为偏瘫、神志不清和失语等。

2. 栓塞性堵塞　栓子可来源与脑供血动脉,也可以来源于心脏,但以心源性栓子居多。病变常累及大脑中动脉供应区。其发生往往比较突然,临床起病急骤,预后也较差。

(二) 病理表现

脑梗死可分为动脉供血障碍所致缺血性梗死和静脉回流障碍所致的瘀积性梗死。局部动脉供血中断引起的梗死一般为缺血性,如栓子碎裂并随再通灌注血流前行,使梗死区血供部分恢复,可引起再灌流的血液经从损坏的血管壁大量外溢,使缺血性梗死转变成出血性梗死,即出血转化。颅内静脉窦、大脑皮质浅静脉、大脑深静脉等静脉系统血栓形成造成脑血流回流障碍引起组织严重瘀血,继而发展为瘀血性梗死,也属于出血性梗死。

肉眼观,数小时后可见梗死区灰质暗淡,灰白质界限不清,2~3 天后局部水肿,夹杂有出血点。一周后坏死组织软化,最后液化形成蜂窝状囊腔。光镜下,病变与缺血性脑病基本一致。值得指出的是,由于脑膜和皮质之间有吻合支存在,故梗死灶内皮质浅层结构常保存完好,有别于脑挫伤的形态学改变。

腔隙性梗死(lacunae infarct)是直径小于 1.5cm 的囊性病灶,常呈多发性,可见于基底核、内囊、丘脑、脑桥基底部与大脑白质。腔隙性坏死的原因可以是在高血压基础上引起的小出血,也可以是深部细动脉堵塞(动脉粥样硬化、栓塞或脂质玻璃样变)引起的梗死。若发生在某些脑区,腔隙性梗死也可无临床表现。

三、脑出血

脑出血最常见的原因为高血压病,包括脑内出血、蛛网膜下腔出血和混合性出血。绝大多数高血压性脑出血发生在基底节的壳及内囊区,约占脑出血的 70%,脑叶、脑干及小脑齿状核出血各占约 10%。受累血管依次为大脑中动脉深穿支豆纹动脉、基底动脉脑桥支、大脑后动脉丘脑支、供应小脑齿状核及深部白质的小脑上动脉分支、顶枕交界区和颞叶白质分支。非高血压性脑出血出血灶多位于皮质下,多无动脉硬化表现。70 岁以上脑出血者约 10% 为脑血管淀粉样变性(cerebral amyloid angiopathy,CAA)所致。根据脑出血的病因不同,其出血方式不同。高血压病、CAA、脑动脉瘤、动静脉畸形等,常导致血管破裂,出血量大,形成大块型脑出血,起病急骤,病情较重;而血液病、脑动脉炎及部分梗死后出血常表现为点状、环状出血,出血量小,症状相对较轻。

出血侧大脑半球肿胀,脑回变宽,脑沟变浅,血液可破入脑室系统或流入蛛网膜下腔。血肿较大时,由于血肿的占位效应,以及血肿周围脑组织水肿,引起颅内压升高,可使脑组织和脑室受压移位、变形,重者形成脑疝。幕上半球的出血,血肿向下挤压丘脑下部和脑干,使其变形、移位和继发出血,并常出现小脑天幕疝;如下丘脑和脑干等中线结构下移,可形成中心疝;如颅内压升高明显,或小脑大量出血时,可发生枕骨大孔疝。并发脑室内出血或严重的脑疝是导致患者死亡的直接原因。

脑出血的病理改变分 3 个阶段,包括动脉破裂、血肿形成及血肿扩大和周围水肿。

1. 动脉破裂　由于细动脉硬化、细动脉急性坏死性改变、脑血管粥样硬化、淀粉样血管病、粟粒样微动脉瘤、异常血管团等因素,颅内细小血管管壁发生相应的病理性改变,血压急剧波动时,易导致相应血管破裂出血。

2. 早期血肿　扩大高达 40% 的血肿会在破裂后的数小时内扩大,早期血肿扩大是神经功能恶化的重要原因之一。血肿的扩大与血压增高的程度、凝血功能、出血部位(该部位神经纤维密度)和血肿形态等有关。

3. **出血灶**　周围的病理变化对发病不同时期死亡的高血压脑出血患者出血病灶及其周围脑组织病理变化的系统观察结果显示：脑出血后 6 小时，出血灶红细胞完整，出血灶周围有血浆蛋白渗出，可见少量环形出血，水肿较轻，血管周围可见少量单核细胞及中性粒细胞渗出，神经细胞肿胀。脑出血后 12 小时，血管周围炎性细胞渗出增多，出血灶周围水肿略为明显，可见胶质细胞增生。脑出血后 24 小时，环形出血增多，水肿及血管周围炎性渗出明显，神经细胞出现轻度缺血性改变。

脑出血后 2~3 天，血肿周围的红细胞开始破坏，水肿及血管周围炎性渗出达高峰，第 3 天可见软化及少量格子细胞，胶质细胞增生明显，神经细胞呈明显的缺血性改变。脑出血后 4~7 天，出血灶边缘红细胞破坏，与周围脑组织界限欠清楚，脑水肿仍很严重，可见吞噬反应，表现为毛细血管增生，格子细胞增多，环形出血增多，病灶逐渐融合成片状，弥漫性胶质细胞增生，出现脱髓鞘改变。脑出血后 2~3 周，出血灶内红细胞破坏，并逐渐吸收，出血灶缩小，周围水肿减退，毛细血管增生并可见大量格子细胞。脑出血后 1~2 个月，血肿被吸收，周围组织疏松，仍有吞噬反应，可见大量含铁血黄素的吞噬细胞，2 个月可形成卒中囊。脑出血后 6 个月，卒中囊形成，囊壁主要由胶质纤维组成，随着时间推移，囊壁由薄变厚，仍可见吞噬含铁血黄素的吞噬细胞，卒中囊周边脑组织胶质细胞增生明显，髓鞘脱失，神经细胞不同程度坏死。

蛛网膜下腔出血（subarachnoid hemorrhage）最常见原因为先天性球性动脉瘤破裂。动脉瘤主要位于 Willis 环及其主要分支血管，尤其是动脉的分叉处，80%~90% 位于脑底动脉环前部，破裂最常发生在以下部位：后交通动脉和颈内动脉交界处，约为 40%；前交通动脉和大脑前动脉约 30%；大脑中动脉在外侧裂的第一个主要分支处，约 20%。后循环动脉瘤多发生在基底动脉尖或椎动脉与小脑后下动脉连接处，约为 10%。动脉瘤常呈单发性，约 20% 为多发，多位于对侧相同动脉，称为"镜像"动脉瘤。动脉瘤随着年龄的增长，破裂的概率增加，高峰年龄为 35~65 岁，动脉瘤的大小与破裂有关，直径大于 10mm 极易出血；不规则或多囊状，位于穿隆处的动脉瘤易破裂。蛛网膜下腔出血另一常见病因为动静脉畸形（arterior-venous malformation），动静脉畸形是指走向扭曲，管壁结构异常，介于动脉和静脉之间的一类血管，其管腔大小不一，可以成簇成堆出现，常见于大脑中动脉分布区，约 90% 畸形血管分布于大脑半球浅表层，破裂常导致脑内和蛛网膜下腔的混合性出血。其他原因包括高血压、脑动脉粥样硬化、颅内肿瘤、血液病、各种感染引起的动脉炎、肿瘤破坏血管、颅底异常血管网症（如 Moyamoya 病）等。

动脉瘤形状通常不规则，管壁可薄如纸，较大的动脉瘤可有凝血块充填。动脉瘤破裂处多在瘤顶部，破裂后血液流入蛛网膜下腔，颅腔内容物增加，压力增高，并继发脑血管痉挛，后者是因出血后血凝块和围绕血管壁的纤维索之牵引所致（机械因素），血管壁平滑肌细胞间形成的神经肌肉接头产生广泛缺血性损害和水肿。蛛网膜下腔积血可见呈紫红色的血液沉积在脑底部各脑池和脊髓池中，如鞍上池、脑桥小脑脚池、环池、小脑延髓池和终池等。大量出血时，血液可形成薄层血凝块覆盖于颅底的脑组织、血管及神经，蛛网膜呈无菌性炎症反应及软膜增厚，导致脑组织与血管或神经粘连，同时血液充填各脑室，可导致脑脊液回流障碍而出现急性梗阻性脑积水；此外，部分凝集的红细胞还可堵塞蛛网膜绒毛间的小沟，使脑脊液的回吸收被阻，因而可发生急性交通性脑积水。脑积水时脑室扩大、脑膜可表现为无菌性炎症反应。脑实质内广泛白质水肿，皮质可见多发斑片状缺血灶。有时血液可进入动脉瘤附近的脑实质而形成脑内血肿，多见于额颞叶。在出血较多处可能发现破裂的动脉瘤。蛛网膜下腔出血常引起颅内血管的严重痉挛，进而导致脑梗死，患者可因此死亡。

蛛网膜下腔出血镜下早期表现为细胞反应及吞噬现象，逐渐出现成纤维细胞进入血块，最后形成一层闭塞蛛网膜下腔的瘢痕。显微镜下观察显示，出血后 1~4 小时即可出现脑膜反应，软脑膜血管周围可见少量多形核白细胞集结，4~6 小时多形核细胞反应即较强，16~32 小时即存在大量的白细胞及淋巴细胞，并可见到白细胞的破坏，一部分游离于蛛网膜下腔，一部分在吞噬细胞及白细胞的胞质内。出血后 3 天,各型炎性细胞都参与反应,多形核白细胞反应达顶峰后,淋巴细胞及吞噬细胞即迅速增加,在吞噬细胞内可见到完整的红细胞、含铁血黄素颗粒及变性的白细胞。7 天后多形核白细胞消失,淋巴细胞浸润,吞噬细胞吞噬活跃,虽然还有一些完整的红细胞,但多为血红素的分解产物。10 天后,有不同程度的纤维组织逐渐侵入血块内,形成一层瘢痕组织。

第七节　中枢神经系统常见的并发症

上述所介绍的中枢神经系统疾病最常见而重要的并发症为颅内压增高、脑水肿和脑积水。三种并发症常合并发生,互为因果,常导致严重的后果,甚至死亡。

一、颅内压增高及脑疝形成

(一)颅内压增高

颅内正常的脑脊液压力(颅内压)一般保持在 4.5~13.5mm 汞柱,如侧卧位时脑脊液持续地超过 15mm 汞柱时,即为颅内压增高,这是由于颅腔内容物的容积增加,超过了颅腔所能代偿的极限所致。颅内压增高的主要原因在于颅内占位性病变和脑脊液循环障碍所致的脑积水。常见的占位性病变有脑出血、颅内血肿、脑梗死、脑肿瘤和脑脓肿及脑膜脑炎等,其后果与病变的大小、程度及其增大的速度有关。有时将其分为弥漫性颅内压增高和局限性颅内压增高。脑水肿可加重病变的占位性。颅内压增高可分为 3 个时期:

1. 代偿期　通过反应性血管收缩致脑脊液吸收增加和(或)形成减少,使颅内血容量和脑脊液容量相应减少,颅内空间相对增加,以代偿占位性病变引起的脑容积增加。

2. 失代偿期　占位性病变和脑水肿使颅内容物继续增大,超过颅腔所能容纳的程度,可引起头痛、呕吐、眼底视神经乳头水肿、意识障碍、血压升高及反应性脉搏变慢和脑疝形成。

3. 血管运动麻痹期　颅内压严重持续升高使脑组织灌流量减少,引起脑缺氧导致脑组织损害和血管扩张,继而引起血管运动麻痹,加重脑水肿,引起意识障碍甚至死亡。

(二)脑疝形成

颅内压持续增高可引起脑移位,脑室变形,使部分脑组织嵌入颅脑内的分隔(如大脑镰、小脑幕)和颅骨孔道(如枕骨大孔等)导致脑疝形成(herniation)。常见的脑疝有以下 3 种类型(图 8-33)。

1. 扣带回疝　又称大脑镰下疝(subfalcial hernia),是因一侧大脑半球特别是额、顶、颞叶的占位性病变,引起中线向对侧移位,致同侧脑扣带回从大脑镰的游离缘向对侧膨出,形成扣带回疝。疝出的扣带回背侧受大脑镰边缘压迫,受压处的脑组织可发生出血、坏死。大脑前动脉的胼胝体支也可因受压而引起相应脑组织梗死。

2. 海马沟回疝　又称小脑幕疝(transtentorial herniation),是因小脑幕以上的脑组织内肿瘤、血肿、梗死等病变引起脑组织体积肿大,致颞叶的海马沟回经小脑幕孔向下膨出,形成小脑幕疝。其不良后果主要有:①同侧动眼神经在穿过小脑幕孔处受压,引起同侧瞳孔一过性缩小,继之散大固定及同侧眼上视和内视障碍;②中脑及脑干受压后移,可致意识

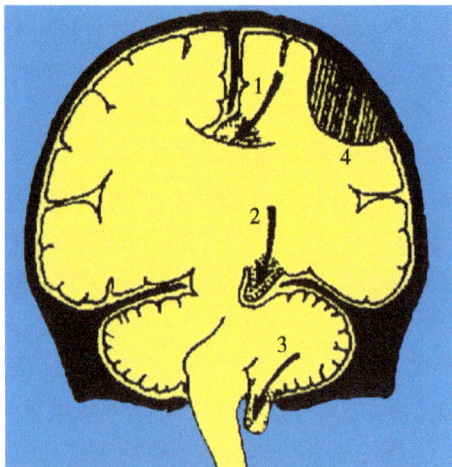

图 8-33　脑疝模式图
1.扣带回疝;2.海马沟回疝;3.小脑扁桃体疝;
4.占位性病变

丧失;导水管变窄,脑脊液循环受阻加剧颅内压增高;血管牵引过度,引起中脑和桥脑上部出血梗死,可致昏迷和死亡;③中脑侧移,使对侧中脑的大脑脚底压于该侧小脑幕锐利的游离缘上形成压迫性 Kernohan 切迹;④压迫大脑后动脉引起同侧枕叶距状裂脑组织出血性梗死。

3. 枕骨大孔疝　又称小脑扁桃体疝(tonsillar hernia)。由于颅内高压或后颅窝占位病变将小脑和延髓推向枕骨大孔并向下移位而形成。疝入枕骨大孔的小脑扁桃体和延髓形成圆锥形,其腹侧出现枕骨大孔压迹。由于延髓受压,生命中枢受损,严重时可致呼吸、循环衰竭而猝死。在颅内压升高的情况下,若腰椎穿刺放出脑脊液过多、过快,可诱发或加重小脑扁桃体疝的形成,对此临床医师应予特别注意。各种原因引起的颅内压增高最常见的临床症状是头痛、呕吐和视神经乳头水肿,称颅内压增高三联症。

二、脑水肿

脑水肿(brain edema)是指脑组织内液体含量过多贮积而引起脑体积增大的一种病理状态,也是颅内压升高的重要原因之一。缺氧、创伤、梗死、炎症、肿瘤和中毒等,均可伴发脑水肿。脑水肿的形成除上述一些原发因素外,也与颅内解剖生理特点有关:①血-脑屏障的存在限制了血浆蛋白通过脑毛细血管的渗透性运动;②脑组织无淋巴管难以运走过多的液体。常见的脑水肿类型有:

1. 血管源性脑水肿(vasogenic edema)　此型最为常见,是血管通透性增加的结果,特别多见于脑肿瘤、脑出血、脑外伤及炎症(如脑膜炎、脑膜脑炎)等。此时颅内血管壁的通透性增加,富含蛋白质的液体自血管内通过血管壁进入脑组织间隙,引起脑水肿。

2. 细胞毒性脑水肿(cytotoxic edema)　多由于缺血缺氧、中毒引起细胞损伤,Na^+-K^+-ATP酶功能失常,细胞内水、钠潴留所致。

在许多疾病过程中,两种类型的脑水肿常合并存在,在缺血性脑病时尤为显著。肉眼观,脑组织体积和重量增加,脑回宽而扁平,脑沟浅而窄,脑室缩小,白质水肿明显,严重的脑水肿常同时有脑疝形成。光镜下血管源性脑水肿时,脑组织疏松,血管和细胞周围间隙增大,有大量液体积聚。细胞毒性脑水肿时,由于神经元、神经胶质细胞及血管内皮细胞内均有过多水分积聚,故见细胞体积增大,胞质淡染,而细胞外间隙和血管间隙扩大不明显。电镜下,血管源性脑水肿时,细胞外间隙增宽,星形胶质细胞足突肿胀,而细胞毒性水肿时仅有细胞肿胀。

三、脑积水

脑室系统内脑脊液含量异常增多伴脑室持续性扩张状态称为脑积水(hydrocephalus)。脑积水发生的主要原因有:①脑脊液循环通路阻塞,如脑囊虫、脑肿瘤,先天性畸形、炎症、外伤、蛛网膜下腔出血等,脑室内通路阻塞引起的脑积水称阻塞性脑积水或非交通性脑积水;②脑脊液产生过多或吸收障碍,常见于脉络丛乳头状瘤、慢性蛛网膜炎等,此类脑积水称为非阻塞性脑积水或交通性脑积水。

病理变化:根据病变部位和程度不同,病变也不完全相同。轻度脑积水时,脑室呈轻度扩张,脑组织呈轻度萎缩。严重脑积水时,脑室高度扩张,脑组织受压、变薄,脑实质萎缩消失(图 8-34)。

颅骨未闭合前的婴幼儿如有脑积水则头

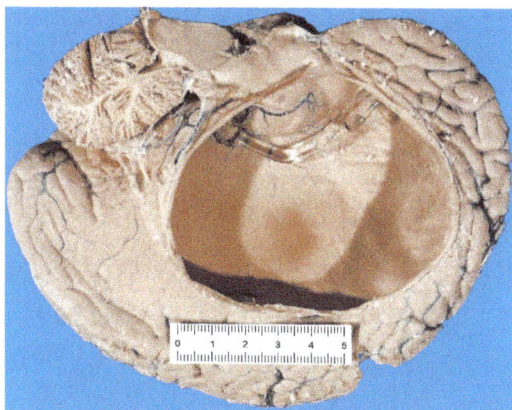

图 8-34　脑积水
脑室高度扩张,脑组织受压变薄,脑实质萎缩消失

Note

颅渐进性增大,脑室扩张,颅骨缝分开,前囟扩张;因大脑皮质萎缩,患儿智力减退,肢体瘫痪。成人颅骨闭合后产生脑积水可导致颅内压进行性升高,脑积水严重者可致脑疝形成。

(陈洪雷)

本章小结

　　中枢神经系统病理包括神经系统细胞的基本病变、变性疾病如阿尔茨海默病和帕金森病、脱髓鞘疾病、感染性疾病、神经系统肿瘤、缺氧与脑血管病,以及这些疾病引起的常见的并发症包括颅内压升高及脑疝形成、脑水肿和脑积水等。其中重点内容包括神经系统疾病的基本病变,流脑、乙脑的病理变化及临床病理联系,胶质瘤、脑膜瘤的病变特点,阿尔茨海默病、帕金森病的病变特点。

　　感染性疾病包括:流行性脑脊髓膜炎和流行性乙型脑炎。

　　1. 流行性脑脊髓膜炎　又称流脑,是由脑膜炎双球菌引起的脑脊髓膜的化脓性炎症。发生于冬春季,由带菌者之飞沫经呼吸道传染,有典型的临床表现,其暴发型者在脑炎病变未发生之前便可死亡。

　　2. 流行性乙型脑炎　又称乙脑,是由乙型脑炎病毒引起的以实质细胞变质为主的炎症(有神经细胞变质,胶质细胞增生和血管的改变)。多发生于夏、秋季,蚊虫是传播媒介。成人多因隐性感染而获得免疫力,故好发于儿童。重症者可因颅内压增高引起脑疝压迫延髓呼吸中枢而死亡。

　　神经系统变性疾病是指一组原因不明的以神经元原发性变性为主的慢性进行性中枢神经系统疾病。本组疾病的共同病理特点为受累部位神经元的萎缩、坏死和星形胶质细胞增生。不同的疾病还可有各自特殊的病变,如在细胞内形成包涵体或发生神经原纤维缠结等病变。阿尔茨海默病,是以进行性痴呆为主要临床表现的大脑变性疾病。帕金森病是一种以纹状体、黑质损害为主的缓慢进行性疾病,以震颤、肌僵直和运动减少为典型临床表现。

　　神经系统肿瘤包括中枢神经系统肿瘤和周围神经系统肿瘤,两者均有原发性和转移性肿瘤两大类。中枢神经系统肿瘤包括起源于脑、脊髓或脑膜的原发性肿瘤和转移性肿瘤两大类,其中胶质瘤最常见,其次是脑膜肿瘤。

复习思考题

　　1. 简述流行性脑脊髓膜炎的病理变化。
　　2. 简述流行性乙型脑炎的病理变化。
　　3. 简述阿尔茨海默病的病理变化。
　　4. 简述帕金森病的病理变化。
　　5. 简述星形胶质细胞瘤的亚型和病理变化。

参考文献

　　1. 李玉林. 病理学. 第8版. 北京:人民卫生出版社,2013.326-349.

　　2. 陈杰,李甘地. 病理学. 第2版. 北京:人民卫生出版社,2010.396-427.

　　3. Wingerchuk DM,Lennon VA,Lucchinotfi CF,et a1.The spectrum of neuromyelitis optica. Lancet Neurol,2007,6: 805-815.

　　4. 孙凤艳. 医学神经生物学. 上海:上海科学技术出版社,2008.

　　5. Stetler RA,Leak RK,Gan Y,et al. Preconditioning provides neuroprotection in models of

CNS disease: paradigms and clinical significance. Prog Neurobiol, 2014, 114:58-83.

6. Lashuel A, Overk C, Oueslati A, et al. The many faces of α-synuclein: from structure and toxicity to therapeutic target. Nat Rev Neurosci, 2013, 14:38-48.

7. Ittner LM, Götz J. Amyloid-β and Tau-a toxic pas de deux in Alzheimer's disease. Nat Rev Neurosci, 2011, 12: 67-72.

8. Cookson MR. The role of leucine-rich repeat kinase 2 (LRRK2) in Parkinson's disease. Nat Rev Neurosci, 2010, 11:791-797.

9. Ballatore C, Lee VM, Trojanowski JQ. Tau-mediated neurodegeneration in Alzheimer's disease and related disorders. Nat Rev Neurosci, 2007, 8:663-672.

10. Lotharius J, Brundin P. Pathogenesis of Parkinson's disease: dopamine, vesicles and α-synuclein. Nat Rev Neurosci, 2002, 3: 932-942.

11. Louis DN, Ohgaki H, Wiestler OD, et al. WHO classification of tumours of the central nervous system. 4th ed. Lyon: IARC Press, 2007: 20-134.

第九章　作用于中枢神经系统的药物

第一节　概　　述

中枢神经系统药理学主要研究中枢神经系统(central nervous system,CNS)药物的来源、作用、作用机制、体内过程、临床应用及不良反应,以预防和治疗精神神经疾病,开发更安全有效的治疗药物为目的。同时,中枢神经系统药理学也是研究正常 CNS 功能的工具。中枢神经系统药理学属于神经药理学的一部分。广义的神经药理学除包含自主神经药理学(autonomic pharmacology) 和中枢神经系统药理学外,还包括研究药物对动物行为影响的行为药理学(behavioral pharmacology)和研究药物对人类精神活动影响的精神药理学(psychopharmacology)。因此,广义的神经药理学亦被称为神经精神药理学(neuropsychopharmacology)。

随着研究技术的进步,CNS 药理学研究取得了显著进展。首先,明确多数药物的 CNS 效应是通过作用于特异性受体而调节突触信息传递。但有些药物则不通过特异性受体发挥作用,如全麻药和乙醇是通过对细胞膜的非特异性机制产生 CNS 效应。其次,药物作为激动剂或拮抗剂(往往比内源性递质具有更高的选择性)可模拟或阻断内源性递质的作用,在 CNS 药理学研究具有重要意义。此外,对 CNS 药物作用机制的研究有助于阐明相关疾病的病理生理机制。比如抗精神病药物对多巴胺受体作用的发现为研究精神分裂症的病理生理机制提供了重要依据,对 γ-氨基丁酸(γ-aminobutyric acid,GABA)受体激动剂和拮抗剂的研究深化了人们对焦虑、癫痫等疾病的认识。

一、中枢神经系统药物作用的靶点

(一) 神经元

CNS 药物在脑内的靶细胞主要为神经元,多为神经元的兴奋剂或抑制剂,通过作用于神经元上不同受体、转运体、离子通道、酶等靶点调节神经递质功能。几乎所有作用于 CNS 药物的作用机制均为调节突触传递过程中的某一个环节。根据药物对突触传递的作用将这些机制大致分为两类:突触前机制和突触后机制。

突触前机制包括影响递质的合成、储存、代谢和释放。阻断递质的合成和储存可抑制突触传递,如利血平通过干扰突触前膜对单胺类神经递质的再摄取而使递质耗竭。阻断突触前膜内递质的代谢可增加递质释放量,如使用单胺氧化酶抑制剂可减少单胺类神经递质的代谢,增加单胺类神经递质在突触间隙中的浓度和作用。药物也可影响递质的释放,如苯丙胺可促进肾上腺素能突触释放儿茶酚胺类神经递质,辣椒素引起感觉神经元释放 P 物质,破伤风毒素抑制神经递质的释放等。神经递质释放入突触间隙,其作用可因突触前膜的再摄取或代谢作用而终止,如可卡因可抑制肾上腺素能突触对儿茶酚胺的再摄取而增强其作用,而乙酰胆碱作用的消除主要依赖酶的降解作用,乙酰胆碱酯酶抑制剂可抑制乙酰胆碱的降解而延长其作用。在 CNS 中尚未发现神经肽的再摄取机制和特异性酶降解机制。

突触后神经递质特异性受体是药物作用的主要靶点。有的药物可作为受体激动剂模拟神经递质的作用,如阿片类药物具有内啡肽的作用。有些药物可抑制受体功能,对受体的拮抗是 CNS

药物常见的作用机制,如士的宁通过拮抗抑制性神经递质甘氨酸受体,而起到抗惊厥作用。药物也能直接作用于亲离子型受体的离子通道,如巴比妥类药物能阻断多种兴奋性亲离子受体的离子通道。对于亲代谢性受体,药物可作用于受体下游信号的任一环节,如甲基黄嘌呤通过第二信使 cAMP 调节神经递质作用,应用高浓度的甲基黄嘌呤时可阻断 cAMP 代谢,使 cAMP 水平增高,作用延长。

(二)神经胶质细胞

CNS 中含有多种非神经元的神经胶质细胞(neuroglia cells),在数量上超过神经元一个数量级,包括星形胶质细胞(astrocyte)、少突胶质细胞(oligodendrocyte)、小胶质细胞(microglia)和室管膜细胞(ependymocyte),其中星形胶质细胞的含量最为丰富,占脑内细胞数量的 20% 左右。

传统观点认为胶质细胞的主要功能是支持和维持神经元周围内环境的稳定,在 CNS 发育过程中引导神经元走向,参与突触周围神经递质的摄取和灭活(如星形胶质细胞对谷氨酸的再摄取,使星形胶质细胞上的谷氨酸转运体成为研发神经保护剂的重要靶点)。近年来发现胶质细胞尤其是星形胶质细胞能够释放谷氨酸、ATP 和 D- 丝氨酸等胶质递质(gliotransmitters),通过胶质传递(gliotransmission)对突触信息传递的整合、突触可塑性的调控等起重要作用,进而影响神经元的功能。同时星形胶质细胞表达多种神经递质受体,如 5-HT$_2$ 受体、α- 和 β- 肾上腺素能受体等,CNS 药物可通过作用于这些受体引起星形胶质细胞功能变化,如 5-HT 选择性再摄取抑制剂(selective serotonin reuptake inhibitors,SSRIs)氟西汀和抗双相情感障碍药物锂盐、卡马西平、丙戊酸钠可引起星形胶质细胞基因表达的改变。这些发现有助于神经精神疾病的病理生理机制和药物作用机制的研究。虽然胶质细胞可能为神经精神疾病治疗药物的新靶点,但目前临床上没有药物是以胶质细胞为靶点开发出来的。

(三)血 - 脑屏障

血 - 脑屏障(blood-brain barrier,BBB)由毛细血管内皮细胞、基膜及胶质膜等结构构成。由于血 - 脑屏障的存在,药物在血中和脑内的药物浓度往往不同。凡期待在 CNS 发挥治疗作用的药物,应选择容易通过血 - 脑屏障的药物。药物透过血 - 脑屏障的程度主要取决于其相对分子质量、解离度、蛋白结合率、脂溶性等。理想的 CNS 药物应具有相对分子质量小、脂溶性高、血浆蛋白结合率低,以及与血 - 脑屏障中 P- 糖蛋白等主动外排转运(active efflux transport,AET)亲和力低等特点。在某些病理条件下,如脑缺血、炎症时,也可增加血 - 脑屏障的通透性,使一些不易通过血 - 脑屏障的药物在脑内浓度增高,如患脑膜炎时,正常情况下透过率低的青霉素亦能在脑脊液中达到有效治疗浓度。

二、中枢神经系统药理学特点

(一)CNS 药物作用的复杂性

CNS 药物的作用机制明显较作用于其他系统的药物复杂,尤其体现在药物的分子及细胞机制对神经环路的影响。神经环路可在药理和非药理因素的影响下发生结构和功能的持续性变化。大多数 CNS 药物只作用于表达其作用靶点的神经元。如氟西汀可与 5-HT 转运体结合,选择性抑制 5-HT 再摄取,影响 CNS 中 5-HT 的作用。它直接影响的只是 5-HT 能神经元,数量约100 000,而脑内神经元总量约 1000 亿。虽然已知氟西汀能够抑制 5-HT 能神经元对 5-HT 的再摄取,但尚不清楚它对受 5-HT 影响的其他神经元即表达 5-HT 受体的神经元,及神经环路中的大量神经元所产生的效应。脑内细胞外的 5-HT 浓度在给予氟西汀 30 分钟内即可升高,但氟西汀的临床疗效并不是在用药后立即显现,而是在连续用药数周后才显现出来。这种延迟现象说明氟西汀的临床疗效并不直接依赖于抑制 5-HT 转运体的这一作用,而是由 5-HT 转运体持续抑制作用引起的某些神经适应性变化所介导。然而,究竟是 5-HT 能神经元,还是受 5-HT 影响的神经元,或是受上述神经元影响的其他神经元对氟西汀产生了适应性变化尚无法确定。这些适应性变化的分子机制也需要进一步研究。

多数 CNS 药物与氟西汀一样,临床疗效与药物慢性应用诱导的神经元可塑性有关。因此,为了解 CNS 药物的作用机制,不仅需要确定药物初始效应,还要了解控制细胞适应性的细胞内和细胞间的信号机制,以及调控复杂脑内功能的神经环路中大量神经元的信号通路。

(二)中枢神经系统药物作用的特异性和非特异性

CNS 药物特异性表现为特定的分子机制,如选择性地作用于某种细胞或某种受体。相反,非特异性主要体现在通过多种分子机制影响多种靶细胞。而特异性与非特异性的区分需要密切观察药物的量效关系和细胞分子机制。一些在低剂量时具有高特异性的药物在相对较高剂量下可表现出非特异性。相反,一些作用广泛的药物对各级中枢的作用亦不均衡,如镇静催眠药和全麻药对呼吸和循环中枢神经元的影响非常有限。当给予较高剂量或选择一定给药途径使药物在组织中浓度过高时,特异性高药物也可能会产生非特异性效应。

无论药物的效应是兴奋还是抑制,其作用影响广泛且非特异,这样的药物为非特异性药物。反之,当药物作用局限且特异性较强时,这样的药物为特异性药物。即使某种药物无明显的兴奋或抑制作用时,并不能排除它能对 CNS 产生影响。如毒蕈碱能受体拮抗剂对正常动物影响微弱,但这类药物广泛用于治疗运动失调和晕动症。

1. **非特异性中枢抑制剂**　这类药物包括麻醉气体、乙醇和镇静催眠药。这类药物对 CNS 中可兴奋组织产生抑制作用,导致神经递质释放减少,抑制突触后效应及离子转运。但在亚麻醉浓度下,这类药物(如乙醇)能够对特定神经元产生相对特异的作用,这也是这些药物产生行为学作用差异的主要因素,尤其是易产生依赖性的行为学作用。

2. **非特异性中枢兴奋剂**　这类药物包括能够产生较强 CNS 兴奋作用的戊四氮(pentylenetetrazol)和其衍生物,以及对中枢兴奋作用较弱的甲基黄嘌呤。CNS 兴奋作用一般依赖于下列两种机制之一产生:①阻断抑制作用;②直接产生神经元兴奋作用(包括增加神经递质释放、延长神经递质作用、增加突触后膜的不稳定性及缩短突触功能恢复时间)。

3. **选择性中枢药物**　这类药物即可产生兴奋作用,也可产生抑制作用。在一些情况下,一个药物可同时对不同系统产生兴奋或抑制作用。在治疗剂量时某些药物对兴奋性影响较小。这类药物包括:抗惊厥药、抗帕金森病药、阿片及非阿片类镇痛药、食欲抑制药、止吐药、解热镇痛药、兴奋药、抗精神病药(如抗抑郁药、抗躁狂药、抗精神分裂症药)、镇静药、催眠药。另外,此类药物还包含用于治疗阿尔茨海默病的药物(胆碱酯酶抑制剂、抗谷氨酸能神经保护药)和用于亨廷顿病症状治疗的药物(丁苯那嗪)。

(三) CNS 药物的相互作用

为取得更好的治疗效果往往需要联合用药,如治疗帕金森病时联合使用抗胆碱类药物和左旋多巴。然而,有些联合用药会使不良反应叠加或存在拮抗效应。

机体所处的生理状况或其他引起中枢抑制或兴奋的药物存在时,会影响到 CNS 药物的效应。如麻醉药对过度兴奋者的作用比对普通患者效果要差;而使用中枢兴奋剂时则相反。一般情况下,所有类型的中枢抑制剂在合用时都会产生作用的相加,如巴比妥类药物或苯二氮䓬类药物与乙醇合用时可能产生致死性结果,中枢兴奋剂亦有此特点。因此,抑制药增强吗啡的呼吸抑制作用,而兴奋药能加重吗啡引起的呕吐和肌肉痉挛。

兴奋剂和拮抗剂间的拮抗作用不尽相同。一些药物间的拮抗作用为药理性拮抗,如阿片类拮抗药能选择性地抑制阿片类药物的镇痛作用。然而,有的 CNS 药物间的拮抗作用本质上为生理性拮抗,如应用阿片类药物对中枢的抑制作用不能完全被咖啡因所逆转。

影响同一神经递质系统的药物所产生的效应,可以是相互增强或相互抑制的,同时使用时需要考虑到两药间的相互作用。为减少此类相互作用,应调整治疗方案,如间隔给药形成一段无药期,或者延长治疗时间产生脱敏或超敏状态,以限制药物间此消彼长的速度。通常可观察到低浓度 CNS 抑制药可产生兴奋作用,这是由于抑制系统被抑制或兴奋性递质释放短暂增加所致,全麻药诱导麻醉时产生的"兴奋期"和乙醇的兴奋效应就是这方面的例子。CNS抑制药低浓度时可出现兴奋状态,随着浓度增加可出现持续抑制状态。为减少这种兴奋作用,可适当应用中枢抑制药预处理(如苯二氮䓬类药物用于麻醉前给药)。对脑脊髓短暂强烈的刺激之后往往会出现抑制作用,部分原因是神经疲劳和神经递质耗竭。发作后抑制作用与CNS抑制药的效应也会产生相加作用。而药物诱导的短暂抑制后不会产生兴奋作用。不过,长期应用巴比妥类药物或乙醇诱导的镇静或抑制作用,突然停药后会产生长时间的过度兴奋状态(戒断症状)。应用同类或其他类别的抑制药可有效控制这种过度兴奋。

第二节　镇静催眠药

镇静催眠药(sedative-hypnotics)是一类对中枢神经系统产生广泛抑制,减少机体活动,降低兴奋性,诱导和维持近似生理睡眠作用的药物。常用的镇静催眠药可分为苯二氮䓬类、巴比妥类、非苯二氮䓬类$GABA_A$受体激动药及其他类。苯二氮䓬类除有镇静催眠作用外,还有抗焦虑、抗惊厥和抗癫痫作用。其毒性小,安全范围大,目前成为临床上最常用的镇静催眠药。巴比妥类主要用于抗惊厥、抗癫痫和麻醉前用药,其镇静催眠作用目前已较少应用。非苯二氮䓬类$GABA_A$受体激动药安全性高,不易产生耐受性和依赖性,主要用于失眠症的治疗。

一、苯二氮䓬类

苯二氮䓬类(benzodiazepines,BZs)药物均为1,4-苯并二氮䓬的衍生物,化学结构见图9-1及表9-1。在R_1、R_2、R_3及R_7取代不同基团,得到多种同类化学结构相似的药物。各药作用机制相似,但因取代基不同而在药物效应动力学和药物代谢动力学方面各有特点,导致在镇静催眠、抗焦虑、抗惊厥、肌肉松弛等临床应用上存在差异。

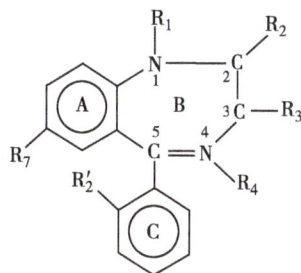

图9-1　苯二氮䓬类药物的母核结构

(除氯氮䓬在R_4为O外;其他药无R_4取代)

表9-1　苯二氮䓬类药物的化学结构

苯二氮䓬类药物	R_1	R_2	R_3	R_7	R_2'
地西泮(diazepam)	—CH_3	=O	—H	—Cl	—H
氯氮䓬(chlordiazepoxide)	(—)	—$NHCH_3$	—H	—Cl	—H
奥沙西泮(oxazepam)	—H	=O	—OH	—Cl	—H
劳拉西泮(lorazepam)	—H	=O	—OH	—Cl	—Cl
氟西泮(flurazepam)	—$CH_2CH_2N(C_2H_5)_2$	=O	—H	—Cl	—F
硝西泮(nitrazepam)	—H	=O	—H	—NO_2	—H
氯硝西泮(clonazepam)	—H	=O	—H	—NO_2	—Cl
三唑仑(triazolam)	(连接成三氮唑环)[a]		—H	—Cl	—Cl
艾司唑仑(estazolam)	(连接成三氮唑环)[b]		—H	—Cl	—H
咪达唑仑(midazolam)	(融合的咪唑环)[c]		—H	—Cl	—F

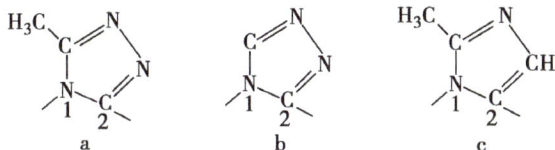

a　　　　　b　　　　　c

(一)作用机制

苯二氮䓬类药物在中枢神经系统的作用主要与其作用于 GABA$_A$ 受体的 BZs 特异性结合位点,增强中枢抑制性神经递质 GABA 功能有关。GABA$_A$ 受体为配体门控性 Cl$^-$ 通道,在 Cl$^-$ 通道周围有 5 个结合位点:GABA、苯二氮䓬类、巴比妥类、印防己毒素和神经甾体化合物。GABA 作用于 GABA$_A$ 受体,使 GABA$_A$ 受体激活,使细胞膜对 Cl$^-$ 通透性增加,Cl$^-$ 大量进入细胞引起膜超极化,使神经元兴奋性降低。苯二氮䓬类药物与 GABA$_A$ 受体特异性位点结合,增加 Cl$^-$ 通道开放的频率,进而增强 GABA 对 GABA$_A$ 受体的作用,产生中枢神经抑制作用。氟吗西尼作为苯二氮䓬受体拮抗剂,可与作用位点结合,而不影响 GABA$_A$ 受体功能,可逆转大剂量苯二氮䓬类药物的药理作用。

(二)药理作用

1. 镇静、抗焦虑作用　焦虑是多种精神疾病的常见症状,患者多表现出恐惧、紧张、焦急、忧虑等情绪反应,常伴有心悸、出汗、震颤等自主神经功能失调的表现。苯二氮䓬类药物通过作用于边缘系统的 BZs 受体而发挥抗焦虑作用。选择性较高,小剂量即有良好的抗焦虑作用,对各种原因引起的焦虑均有效,能显著改善患者恐惧、紧张、焦急、忧虑等焦虑症状。主要用于治疗焦虑症。

2. 催眠作用　所有苯二氮䓬类药物在逐渐增加使用剂量时,均会表现出催眠作用。苯二氮䓬类药物的催眠作用主要体现为:①能明显缩短入睡时间;②延长总睡眠时间,主要为非快动眼睡眠(non-rapid eye movement sleep,NREMS)的 2 相睡眠;③对快动眼睡眠(rapid eye movement sleep,REMS)影响较小;④显著缩短 NREMS 的 3 相和 4 相时间,减少发生在此期间的夜惊或梦游症。患者停药后,会出现反跳性 REMS 睡眠延长,但较巴比妥类药物轻,依赖性和戒断症状也较轻。目前已取代巴比妥类药成为最常用的镇静催眠药,适用于失眠患者短期应用。

3. 抗惊厥、抗癫痫作用　苯二氮䓬类药物的抗惊厥作用与其增强 GABA 的突触传递功能有关,能够限制脑内癫痫病灶异常放电向周围皮层和皮层下扩散,终止或减轻惊厥的发作。可用于辅助治疗破伤风、子痫、小儿高热惊厥及药物中毒性惊厥。静脉注射地西泮是治疗癫痫持续状态的首选药。

4. 中枢性肌松作用　苯二氮䓬类药物小剂量时抑制脑干网状结构下行系统对 γ 神经元的易化作用,较大剂量时增强脊髓神经元的突触前抑制,抑制多突触反射,而发挥肌松作用。苯二氮䓬类药物在极高剂量时也可在外周产生神经肌肉阻断作用。可用于缓解脑损伤所致的肌肉强直,如脑血管意外、脊髓损伤等引起的中枢性肌强直的治疗,也可用于缓解局部关节病变、腰肌劳损及内镜检查所致的肌肉痉挛。

5. 其他

(1) 记忆:催眠剂量的苯二氮䓬类药物可使患者产生一定程度的顺行性遗忘。

(2) 呼吸系统:催眠剂量的苯二氮䓬类药物对正常成人呼吸无影响。使用较大剂量时如用于麻醉前给药或内镜检查时,苯二氮䓬类药物可轻度抑制肺泡换气功能,导致呼吸性酸中毒。慢性阻塞性肺疾病(chronic obstructive pulmonary disease,COPD)患者在治疗剂量时即可产生明显的呼吸功能抑制。

(3) 心血管系统:催眠剂量对健康人的心血管系统无明显影响,但在中毒剂量时可抑制心肌收缩力,降低血管张力。

(4) 麻醉前给药:可减少麻醉药用量,减少不良反应,效果优于吗啡及氯丙嗪。可用作心脏电击复律或内镜检查前用药。

(三)体内过程

1. 吸收　除氯氮䓬外,所有的苯二氮䓬类药物均可完全吸收,而氯氮䓬在胃液中快速脱羧化,形成 N- 去甲苯甲二氮䓬(去甲西泮),从而完全吸收。

2. **分布**　苯二氮䓬类药物及其代谢产物与血浆蛋白结合程度与其脂溶性相关,结合率在70%(阿普唑仑)到99%(地西泮)之间。本类药物可透过血 - 脑屏障,在脑脊液中的药物浓度与血浆游离药物浓度相近。也可通过胎盘屏障,故产前应用此类药物,新生儿可出现肌无力、低血压、低体温及轻度呼吸抑制。妊娠期妇女忌用此类药物。

3. **代谢**　苯二氮䓬类药物主要通过肝药酶代谢,特别是 CYP3A4 和 CYP2C19。少数苯二氮䓬类药物如奥沙西泮,可直接与葡萄糖醛酸结合。部分苯二氮䓬类药物代谢后产生活性代谢产物,且体内消除速度较母药更慢,因此这些药物的作用时间与母药半衰期 $t_{1/2}$ 关系不大,如氟西泮的半衰期 $t_{1/2}$ 为 2 小时,而其主要活性代谢产物 N- 去羟氟西泮的半衰期 $t_{1/2}$ 为50 小时。

4. **排泄**　苯二氮䓬类药物的原形或代谢产物与葡萄糖醛酸结合而失活,由肾脏进行排泄。也可自乳汁排出,乳儿可出现倦怠和体重减轻,故哺乳期妇女忌用此类药物。

苯二氮䓬类药物的药代动力学特征决定了这些药物的作用时间及临床应用,表 9-2 显示苯二氮䓬类药物的药代动力学特点及其作用。

(四) 不良反应

苯二氮䓬类药物安全范围较大,很少因用药剂量过大而引起死亡。催眠剂量的苯二氮䓬类药物可引起不同程度的眩晕、倦怠、反应迟钝、共济失调、精神运动功能障碍、精神错乱和顺行性遗忘。同时应用吗啡、乙醇或其他中枢抑制药可显著增强其中枢抑制作用。静脉注射对心血管系统有抑制作用,口服治疗剂量则无此作用。因可透过胎盘屏障,并可通过乳汁分泌,孕妇和哺乳期妇女忌用。苯二氮䓬类药物过量中毒可用氟马西尼进行鉴别诊断和抢救。氟马西尼是苯二氮䓬受体拮抗剂,特异性地竞争性拮抗苯二氮䓬类药物与 $GABA_A$ 受体上特异性位点结合,对巴比妥类和其他中枢抑制药引起的中毒无效。

长期应用苯二氮䓬类药物可产生耐受性,当用于催眠治疗时,耐受性产生较快,而用于抗焦虑治疗时耐受性产生缓慢。长期应用亦存在药物依赖的风险,形成躯体依赖性后停用药物可出现戒断症状,包括原始治疗症状的短暂加重(如失眠、焦虑),还可出现烦躁、兴奋、出汗、震颤、厌食、眩晕等症状。因而,这类药物不宜长期服用,宜短期或间断性服用,停药时应逐渐减量,以免出现戒断症状。

(五) 苯二氮䓬受体拮抗剂——氟马西尼

氟马西尼(flumazenil,安易醒)为咪唑并苯二氮䓬化合物,是苯二氮䓬受体特异性拮抗剂。氟马西尼与 $GABA_A$ 受体的特定位点亲和力高,能竞争性拮抗苯二氮䓬类药物和其他配体的结合及变构作用。该药能拮抗苯二氮䓬受体激动剂(如地西泮)和反向激动剂(如 β- 卡波林衍生物)的作用。临床试验证实氟马西尼能拮抗地西泮、氟硝西泮和咪达唑仑等的多种药理作用,但对巴比妥类和三环类药物过量引起的中枢抑制作用无效。

氟马西尼口服吸收迅速,但存在明显的首过消除效应,生物利用度为 16%。静脉注射氟马西尼几乎完全被肝脏代谢为无活性代谢产物,半衰期平均为 1 小时,其临床有效时间只有 30~60分钟。

氟马西尼主要用于苯二氮䓬类药物过量的诊断和治疗,能有效催醒患者和改善中毒所致的呼吸、循环抑制。少量间断注射氟马西尼效果优于单次注射。用于苯二氮䓬类药物过量中毒时,起始以 0.1~0.2mg 静脉注射,每 60 秒重复 1 次,直到清醒或总量达 2mg。若患者在 20~30 分钟再次出现抑制状态,可再次给予氟马西尼。若给予氟马西尼总量达 5mg,患者仍无好转,表明患者的中枢抑制状态并非由苯二氮䓬类药物引起。

患者对氟马西尼耐受良好,常见的不良反应有恶心、呕吐、烦躁、焦虑不安等。长期使用苯二氮䓬类药物或出现耐受性和(或)依赖性的患者,应用氟马西尼可能诱发戒断症状。有癫痫病史的患者应用氟马西尼可能诱发癫痫三环类抗抑郁药中毒的患者更易发生。

Note

表 9-2　苯二氮䓬类药物药代动力学特点及其作用

苯二氮䓬类药物	口服生物利用度(%)	尿排泄(%)	血浆蛋白结合率(%)	分布容积(L/kg)	清除率(ml·min⁻¹·kg⁻¹)	半衰期(h)	活性代谢产物	作用特点
氯氮䓬 (chlordiazepoxide)	100	1	96.5±1.8	0.30±0.03	0.54±0.49	10±3.4	去甲氯氮䓬、奥沙西泮	抗焦虑、镇静、催眠、抗惊厥
地西泮 (diazepam)	100±14	1	98.7±0.2	1.1±0.3	0.38±0.06	44±13	去甲地西泮、奥沙西泮	抗焦虑、肌松作用比氯氮䓬强5倍,抗惊厥作用强10倍
硝西泮 (nitrazepam)	78±15	1	87±1	1.9±0.3	0.86±0.12	26±3	无	催眠作用显著,抗惊厥作用较强
氯硝西泮 (clonazepam)	98±31	1	86±0.5	3.2±1.1	1.55±0.28	23±5	无	抗惊厥作用比地西泮及硝西泮强
氟西泮 (flurazepam)		1	95.5	22±7	4.5±2.3	7.4±24	N_1-脱烷基西泮	催眠作用强
劳拉西泮 (lorazepam)	93±10	1	91±2	1.3±0.2	1.1±0.4	14±5	无	抗焦虑作用较强
三唑仑 (triazolam)	55	2	90.1±1.5	1.1±0.4	8.3±1.8	2.3±0.4	无	催眠作用比硝西泮及氟硝西泮强
氟硝西泮 (flunitrazepam)	85	1	77±79	3.3±0.6	3.5±0.4	15±5	去甲氟硝西泮	催眠作用似硝西泮
奥沙西泮 (oxazepam)	90	1	97.8±2.3	1.0±0.3	1.2±0.4	7.6±2.2	无	抗焦虑抗惊厥作用较强

二、巴比妥类

巴比妥类药物(barbiturates)是巴比妥酸的衍生物,巴比妥酸化学结构见图9-2。巴比妥酸本身无中枢抑制作用,因 C_5 上的两个氢原子被不同基团取代,而表现出镇静催眠、抗惊厥、抗癫痫及麻醉等中枢抑制作用。当取代基长而有分支(如异戊巴比妥)或含双键(如司可巴妥),其作用强而短;当其中一个氢原子被苯基取代(如苯巴比妥),则具有较强的抗惊厥、抗癫痫作用;当 C_2 的 O 被 S 取代(如硫喷妥钠),则脂溶性增高,起效迅速,但作用维持时间缩短。

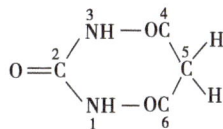

图 9-2　巴比妥酸化学结构
*:除硫喷妥为 S 外,其余均为 O

根据药物作用持续时间,可将巴比妥类药物分为四类:长效类、中效类、短效类和超短效类。巴比妥类药物作用持续时间长短不仅与药物理化性质有关,也与药物剂量、患者身体状态有关。常见巴比妥类药物见表9-3。CNS 对巴比妥类药物敏感性远高于外周组织,但急性巴比妥类药物中毒时,也可影响心血管系统和其他外周组织。

表 9-3　巴比妥类药物代谢动力学比较

分类	巴比妥类药物	显效时间(h)	作用持续时间(h)	$t_{1/2}$(h)	油/水分配系数	消除方式
长效	巴比妥(barbital)	—(慢)	8~12	—	1	肾排泄,部分肝代谢
	苯巴比妥(phenobarbital)	1/2~1	6~8	24~140	3	部分肾排泄,部分肝代谢
中效	戊巴比妥(pentobarbital)	1/4~1/2	3~6	15~48	39	肝代谢
	异戊巴比妥(amobarbital)	1/4~1/2	3~6	8~42	42	肝代谢
短效	司可巴妥(secobarbital)	1/4	2~3	19~34	52	肝代谢
超短效	硫喷妥(thiopental)	静脉注射30s显效	1~4	3~8	580	肝代谢

(一)作用机制

巴比妥类药物作用于 $GABA_A$ 受体的巴比妥类特异性结合位点,增强 GABA 与 $GABA_A$ 受体的亲和力,并增加 GABA 介导的氯离子内流。与苯二氮䓬类药物增加氯离子通道开放频率不同,巴比妥类药物以延长氯离子通道开放时间为主。此外,亚麻醉剂量的巴比妥类药物能减少谷氨酸介导的谷氨酸受体 AMPA 亚型的去极化作用。因此,激活抑制性 $GABA_A$ 受体和抑制兴奋性 AMPA 受体是巴比妥类药物产生 CNS 抑制作用的机制。

(二)药理作用

1. 镇静催眠作用　小剂量巴比妥类药物可产生镇静、抗焦虑作用,但弱于苯二氮䓬类药物。中等剂量时,可产生催眠作用,即缩短睡眠潜伏期、减少清醒以及 REM 和慢波睡眠的时间。夜间反复用药,可在数天内出现耐药性,用药2周后,药物对睡眠的影响可降低50%以上。久用停药,会出现 REM 时相反跳性延长,伴多梦、睡眠障碍等症状。另外,巴比妥类药物为肝药酶诱导剂,影响其他药物的代谢速度;不良反应较多,过量可产生严重毒性作用。因此,巴比妥类药物已不作为镇静催眠药使用。

2. 抗惊厥作用　某些巴比妥类药物,特别是以5-苯基为取代物的药物如苯巴比妥和甲苯

Note

比妥,具有选择性抗惊厥作用。苯巴比妥可用于癫痫大发作和癫痫持续状态的治疗。也可用于小儿高热、破伤风、子痫、脑膜炎、脑炎及中枢兴奋药引起的惊厥。

3. 麻醉及麻醉前给药　一些超短效和短效巴比妥类药物如硫喷妥和美索比妥可作为麻醉药物使用,用于全麻诱导/维持。长效及中效巴比妥类药物可作为麻醉前给药,以消除患者术前紧张,但效果不及地西泮。

(三) 体内过程

当用于镇静催眠、抗惊厥治疗时,巴比妥类药物通常口服或肌内注射给药,吸收迅速而完全。但肌内注射应注入较大肌肉以免疼痛和浅表部位坏死。而静脉给药多用于治疗癫痫持续状态(苯巴比妥钠)或全麻诱导/维持(硫喷妥钠或美索比妥)。

巴比妥类药物分布广泛,易通过胎盘屏障进入胎儿循环。各药进入脑组织的速度与药物的脂溶性呈正比,如硫喷妥钠脂溶性极高,易通过血-脑屏障,静脉注射后立即起效;而脂溶性较低的苯巴比妥静脉注射后,需 30 分钟起效。静脉给药后,巴比妥类药物最初分布于 CNS,脂溶性高的药物会再分布至外周脂肪组织,导致血浆中巴比妥类药物浓度迅速下降。因此,使用麻醉剂量的硫喷妥钠和美索比妥时,患者在注射后 5~15 分钟即可清醒。巴比妥类药物的血浆蛋白结合率与脂溶性密切相关,脂溶性高者结合率高,反之则低。

除脂溶性较低的阿普比妥和苯巴比妥以原形自肾脏直接排出外,巴比妥类药物几乎完全在肝内代谢和(或)结合而失效,然后再经肾脏排出。苯巴比妥为肝药酶诱导剂,反复用药时,不仅使自身代谢加快,还可使同时使用的其他药物经肝代谢速度加快。尿液 pH 可影响苯巴比妥的排泄,碱化尿液时,苯巴比妥解离度增加,肾小管再吸收减少,排出增多。当苯巴比妥中毒时,可通过碳酸氢钠碱化尿液促进其排泄。

(四) 不良反应及注意事项

1. 不良反应

(1) 后遗效应:应用催眠剂量的巴比妥类药物后,次晨可出现头晕、困倦、精神不振及精细活动障碍及判断和协调运动能力下降等。驾驶员或从事高空作业人员服用巴比妥类药物后应警惕后遗效应。

(2) 耐受性:反复应用巴比妥类药物可产生耐受性,表现为药效逐渐降低,需要增加剂量才能维持原来的作用。产生耐受性的原因主要体现在药效学和药动学两方面。前者对药理作用降低的影响比后者更大。神经组织对巴比妥类药物产生适应性会经数周或数月发生,这种药效学耐受会导致所有 CNS 抑制药物如乙醇也出现耐受效应。而药动学的耐受作用与诱导肝药酶加速自身代谢有关。

(3) 依赖性:长时间连续应用巴比妥类药物可产生精神依赖性和躯体依赖性。当躯体依赖性形成后,突然停药可出现戒断症状,表现为兴奋、失眠、焦虑、震颤、痉挛甚至惊厥。因此,应避免长期使用此类药物。

(4) 对呼吸系统的影响:巴比妥类药物对呼吸的抑制程度与剂量呈正比。巴比妥类药物在催眠剂量时对正常人呼吸影响通常不超过自然睡眠状态,但对已有呼吸功能不全(如严重肺气肿或哮喘)的患者,催眠剂量则即可明显降低每分钟呼吸量及动脉血氧饱和量。当剂量增至催眠剂量的 3 倍以上时,巴比妥类药物对呼吸产生明显抑制作用,同时还导致低氧对呼吸的刺激作用减弱,而对化学感受器反射抑制较轻。进一步增大剂量,低氧对呼吸的刺激作用消失。若静脉注射速度过快,治疗量也可抑制呼吸。呼吸深度抑制是巴比妥类药物中毒致死的主要原因。

(5) 其他:少数患者可出现过敏反应,表现为眼睑、面颊或口唇等部位肿胀,以及红斑性皮炎,当患者伴有哮喘、荨麻疹、血管性水肿及有类似倾向时,易发生此类过敏反应。苯巴比妥可导致剥脱性皮炎并致死。

2. 中毒和解救　一次服用 10 倍以上最大催眠剂量的巴比妥类药物,易发生急性中毒,主要表现为深度昏迷、高度呼吸抑制、血压下降、体温降低、休克及肾衰竭等。若同时合用乙醇或其他 CNS 抑制药，较低浓度药物亦可发生中毒，甚至死亡。巴比妥类药物中毒致死的主要原因是深度呼吸抑制。

对急性巴比妥类药物中毒的治疗基于全面支持治疗，维持呼吸和循环功能，保持呼吸道通畅、吸氧，必要时进行人工呼吸，而中枢兴奋药反而增加患者的死亡率，应予以禁用。可用碳酸氢钠等碱性药物加速巴比妥类药物的排泄，在严重中毒时可采用血液透析或血液灌流。

（五）药物相互作用

巴比妥类药物能诱导葡萄糖醛酸转移酶和 CYP1A2、2C9、2C19 和 3A4 的活性，不仅加快自身代谢，还可使多种药物和内源性底物的肝脏代谢速度加快，如双香豆素、四环素、口服避孕药、强心苷、类固醇激素、性激素、维生素 K 等。当巴比妥类药物与上述药物合用时，往往加速这些药物的代谢速度，减弱作用强度，需要增加剂量才能维持原有药效。而停用巴比妥类药物时需要减少这些药物剂量，以免过量中毒。

三、非苯二氮䓬类 GABA$_A$ 受体激动剂

唑吡坦（zolpidem）、扎来普隆（zaleplon）和佐匹克隆（zopiclone）在结构上与苯二氮䓬类药物并不相似，但可通过选择性激动 GABA$_A$ 受体的 BZ$_1$ 苯二氮䓬类特异性结合位点而产生镇静催眠作用。药动学方面的共同点是半衰期短，催眠作用持续时间有限，因此后遗作用小。

1. 唑吡坦 唑吡坦属于咪唑并吡啶（imidazopyridine）类化学物。药理作用与苯二氮䓬类药物相似，但抗焦虑、抗惊厥和中枢性肌松作用很弱，仅用于镇静催眠。唑吡坦对正常成年人的睡眠时相影响极小。失眠患者使用该药可缩短睡眠潜伏期，延长睡眠持续时间，并可维持深度（3 和 4 级）睡眠。突然停药仍可维持催眠作用，而无反跳现象。唑吡坦耐受性和依赖性轻微，安全范围大，但与其他中枢抑制药合用可引起严重的呼吸抑制。

2. 扎来普隆 扎来普隆属于吡唑并嘧啶（pyrazolopyrimidine）类化合物，具有镇静催眠、抗焦虑和肌肉松弛作用。用于成人入睡困难的短期治疗，能够有效缩短入睡时间。副作用、发生率与安慰剂相同。长期使用扎来普隆几无耐受性、依赖性，停药后也无反跳性失眠或戒断症状。

3. 佐匹克隆 佐匹克隆属于环吡咯酮（cyclopyrrolone）类化合物，具有镇静催眠、抗焦虑、抗惊厥和肌肉松弛作用。佐匹克隆作用迅速，有效时间达 6 小时，使患者入睡快且能保持充足的睡眠深度。长期使用无明显耐药现象，无依赖性，停药后无反跳现象。最新药物为右旋佐匹克隆，药效为母药的两倍，但毒性仅为母药的一半。苦回味是最常见的不良反应，发生率为 3.6%。

四、其他类

水合氯醛（chloral hydrate）是三氯乙醛的水合物，口服吸收快，经肝脏代谢为作用更强的三氯乙醇。催眠作用较强，口服后 15 分钟起效，持续 6~8 小时。不缩短 REMS，无后遗效应。可用于顽固性失眠或其他催眠药效果较差的患者。大剂量有抗惊厥作用，可用于子痫、破伤风、小儿高热等。口服水合氯醛可刺激胃黏膜，引起恶心、呕吐及上腹不适等症状，不适用于伴有胃炎、消化性溃疡的患者。大剂量抑制心肌收缩，缩短心肌不应期。过量可损害心、肝、肾等脏器，有严重心、肝、肾疾病的患者禁用。一般以 10% 溶液口服。直肠给药可减少刺激性。长期应用可产生耐受性和成瘾性，戒断症状严重，应避免滥用及长期使用。

甲丙氨酯（meprobamate）又称眠尔通，具有一定的镇静、催眠、抗焦虑作用和弱的中枢性肌松作用。口服易吸收，催眠效果较好。可缩短 REMS，停药后有反跳性 REMS 延长现象。主要用于镇静、抗焦虑、催眠，尤其适用于老年失眠患者。不良反应可见嗜睡和运动失调，偶有荨麻疹等过敏反应。长期应用产生耐受性和成瘾性，停药可引起戒断症状，应避免滥用及长期使用。甲丙氨酯可能加剧癫痫大发作，因此有癫痫病史患者禁用。对肝药酶有诱导作用，影响合用药

物的肝脏代谢。

丁螺环酮(buspirone)是第一个非苯二氮䓬类的阿扎哌隆类(azaperones)抗焦虑药,抗焦虑作用与地西泮相当,但无镇静、肌松和抗惊厥作用。对 5-HT$_{1A}$ 受体有高亲和力,部分激动突触前 5-HT$_{1A}$ 受体,反馈性抑制 5-HT 释放而发挥抗焦虑作用;对苯二氮䓬类受体无明显亲和力,不影响 GABA 作用。口服吸收好,但首过效应明显,大部分在肝内代谢,$t_{1/2}$ 为 2~4 小时。其抗焦虑作用在服药后 1~2 周才能显示出来,4 周达到最大效应。不良反应包括头晕、头痛、恶心、呕吐、便秘等胃肠功能紊乱等。无明显的依赖性和成瘾性。

坦度螺酮(tandospirone)结构上与丁螺环酮相关,亦属阿扎哌隆类药物,为 5-HT$_{1A}$ 受体部分激动剂。坦度螺酮作为抗焦虑药治疗剂量为 30~60mg/d,分 3 次,饭后口服。根据患者年龄和疾病严重程度可适当增减剂量。除抗焦虑作用外,还具有抗抑郁作用。坦度螺酮口服吸收良好,半衰期为 1.2 小时。较长时间连续服用后,药物在体内无蓄积。在体内代谢完全,70% 从尿液中排泄。坦度螺酮不良反应较少,程度也较轻。嗜睡发生率低于地西泮。应用较高剂量时,安全性较好,长期应用后体内无蓄积作用。

第三节　抗癫痫药和抗惊厥药

一、抗癫痫药物

(一)概述

癫痫(epilepsy)是由多种病因所致的神经系统疾病。以脑组织局部病灶神经元高度同步化异常放电所致的反复的、短暂性大脑功能失调为特征。根据癫痫发作的临床表现不同,将其分为局限性发作和全身性发作,对于抗癫痫药物的选择具有指导意义。

据世界卫生组织(World Health Organization,WHO)估计,全球大约有五千万癫痫患者,我国癫痫患病率在 0.4%~0.7% 之间。根据发病机制,抗癫痫药物分为三大类:①通过抑制电压依赖性 Na$^+$ 通道,进而抑制神经元的兴奋;②增强 γ- 氨基丁酸介导的突触抑制;③抑制电压依赖性 Ca^{2+} 通道。

(二)常用抗癫痫药物介绍

1. 苯妥英钠　苯妥英钠(phenytoin sodium)属乙内酰脲类,可用于治疗除失神发作外的各种局灶性发作和强直 - 阵挛性发作。

(1)药理作用机制:动物实验证明,苯妥英钠可抑制电休克引起的惊厥,但不能提高戊四唑所致惊厥阈。苯妥英钠的作用机制十分复杂,研究表明其不能抑制病灶内神经元的异常放电,但可以通过抑制突触传递的强直后增强(post tetanic potentiation,PTP),阻止其向周围正常脑组织扩散。PTP 是指反复高频电刺激突触前纤维,引起突触传递易化,是突触后纤维反应增强的现象。膜稳定作用是苯妥英钠药理作用的基础。苯妥英钠对于 Na$^+$ 通道具有选择性阻断作用,可减少 Na$^+$ 内流,降低细胞膜上的兴奋性,使动作电位不易产生。治疗浓度的苯妥英钠还能选择性阻断 L 和 N 型 Ca^{2+} 通道,阻断 Ca^{2+} 内流,产生稳定细胞膜的作用。

(2)体内过程:苯妥英钠口服吸收慢而不规则,每日给药 0.3~0.6g,连续服药,6~10 天才能达到有效血药浓度。不同制剂的生物利用度显著不同,且有明显的个体差异。由于本品呈强碱性(pH=10.4),刺激性大,故不宜肌内注射。癫痫持续状态时可作静脉注射。血浆蛋白结合率约 90%,主要为白蛋白。结合型苯妥英钠含量的细微改变将显著影响游离型药物的绝对含量,尤其是新生儿、低白蛋白血症及尿毒症患者血浆游离型药物的比例明显增加。60%~70% 在肝内质网中代谢为无活性的对羟基苯基衍生物,以原形由尿排出者不足 5%。消除速率与血浆浓度有密切关系。低于 10μg/ml 时,按一级动力学消除,血浆 $t_{1/2}$ 约 6~24 小时,但随着浓度增加半衰期也相应增加。高于此浓度时,则按零级动力学消除,血浆 $t_{1/2}$ 可延长至 20~60 小时,且血药浓度与剂量不成比例地迅速升高,容易出现毒性反应。由于常用量时血浆浓度有较大个体差异,又受诸多因素影响,最好在临床药物监控下给药。

(3) 不良反应:

局部刺激:苯妥英钠有较强刺激性,口服易引起食欲减退、恶心、呕吐、腹痛等胃肠道症状,所以通常选择餐后给药。静脉注射容易引起静脉炎。约 20% 的患者在长期治疗期间出现牙龈增生现象,尤其儿童和青少年多见。这主要与胶原代谢的改变有关。通常情况下不需停药,按摩牙龈,注意口腔卫生能减少该情况的发生,一般停药 3~6 个月后症状可自行消失。

神经系统症状:本品的治疗浓度与中毒剂量较近,口服过量的苯妥英钠可出现小脑、前庭系统有关的体征,如眼球震颤、共济失调、眩晕、复视等,严重者甚至出现精神错乱、昏迷等症状。大剂量可致明显的小脑萎缩。

慢性毒性反应:长期应用苯妥英钠治疗可引起多种慢性毒性反应。如抑制叶酸吸收,导致叶酸缺乏,引起巨幼红细胞性贫血。加速维生素 D 的代谢和抑制肠道对钙的吸收,引起低钙血症和骨软化症。另外,长期使用本品还会引起女性多毛症、男性乳房增生、胎儿致畸的作用。

过敏反应:2%~5% 的患者出现过敏反应,皮疹、粒细胞减少、血小板减少、再生障碍性贫血。

(4) 药物相互作用:水杨酸类、苯二氮䓬类、磺胺类和口服抗凝药可与苯妥英钠竞争结合血浆白蛋白,使后者血药浓度增加。肝药酶抑制药物(异烟肼、氯霉素等)能够提高苯妥英钠的血药浓度。肝药酶诱导药物(苯巴比妥和卡马西平)加速其代谢,从而降低血药浓度和药效。

2. 苯巴比妥　苯巴比妥(phenobarbital)其特点为相对毒性较低、价格便宜,是目前较为广泛的有效抗癫痫药,同时该药物还具有镇静、催眠作用。

(1) 药理作用机制:苯巴比妥抗癫痫作用是通过作用于 $GABA_A$ 受体,增加 Cl^- 内流,导致膜超极化,从而增强突触抑制来实现的。另外,苯巴比妥还可以抑制突触前膜对 Ca^{2+} 的摄取,减少钙依赖性的神经递质(去甲肾上腺素、乙酰胆碱和谷氨酸等)的释放。

(2) 体内过程:苯巴比妥口服吸收完全,缓慢,给药后数小时血浆浓度达到峰值,40%~60% 苯巴比妥与血浆蛋白结合。由肝脏代谢,经肾脏排出。成人长期服用苯巴比妥日剂量为 1mg/kg 时,其血浆浓度平均为 10μg/ml;儿童每日剂量为 1mg/kg 时,血浆浓度为 5~7μg/ml。一般推荐治疗血药浓度为 10~40μg/ml。

(3) 不良反应:苯巴比妥具有镇静、催眠作用。几乎所有患者在治疗初期均出现不同程度的嗜睡、精神萎靡、共济失调等现象,长期给药易产生耐受性。儿童有时出现兴奋和多动症的现象。长期使用偶见巨幼红细胞性贫血和骨软化症,可用叶酸和大剂量维生素 D 治疗。

(4) 药物相互作用:苯巴比妥为肝药酶诱导剂,可以加速多种药物的代谢,与其他药物联合使用时应注意调整剂量。例如,苯巴比妥与苯妥英钠合用时,由于肝微粒体酶的诱导,苯妥英钠的代谢加快,效应降低。但肝功能有损害时,两者合用,则可与上述相反。苯妥英钠的代谢比正常慢,相应的血药浓度增高,因此合用时,需定期测定血药浓度而调整用量。与卡马西平和琥珀酰胺类药合用时,可使这两类药物的半衰期缩短从而降低血药浓度。

3. 乙琥胺　乙琥胺(ethosuximide,ZARONTIN)属琥珀酰亚胺类,主要用于治疗失神性发作。

(1) 药理作用机制:动物实验表明,乙琥胺能够对抗戊四唑惊厥,且作用显著。其作用机制为特异性降低丘脑神经元阈值 Ca^{2+} 电流(T 型钙电流),T 型钙电流被认为是丘脑神经元的起搏电流,是导致失神发作的主要原因。另外,乙琥胺还具有抑制 Na^+-K^+-ATP 酶和 GABA 转氨酶的作用。

(2) 体内过程:口服后吸收完全,3 小时血药浓度达到高峰,连续服用 7~10 天后达稳态血药浓度。有效血药浓度为 40~100μg/ml,长期服用后脑脊液浓度与血浆浓度相同。血浆半衰期成人平均为 40~50 小时,儿童为 30 小时。血浆蛋白结合率低,约有 25% 以原形从尿中排出。其余部分由肝脏代谢失活,生成无活性的羟乙基衍生物,直接或与葡萄糖醛酸结合后由尿排出。

(3) 不良反应:乙琥胺最常见的剂量相关性的不良反应为胃肠道症状,包括恶心、呕吐和疼痛。其次为中枢神经系统症状,如困倦、嗜睡、头痛、头晕等。焦虑、抑郁、短暂的意识丧失、攻击行为和幻听等精神行为异常,主要见于有神经病史的患者。偶见嗜酸性粒细胞缺乏或粒细胞缺乏症,严重者可发生再生障碍性贫血。

4. 苯二氮䓬类　苯二氮䓬类主要用于镇静催眠,同时还具有广泛的抗癫痫作用。临床常用于癫痫治疗的药物有地西泮、硝西泮和氯硝西泮。

苯二氮䓬类药物可阻止病灶放电向四周扩散,但不能消除这种异常放电。其主要作用机制与其增强 GABA 介导的突触抑制有关。苯二氮䓬类药可作用于 GABA$_A$ 受体,增加 Cl$^-$ 通道开放频率,从而增强突触后抑制作用。

常用的药物有地西泮、硝西泮和氯硝西泮。

(1) 地西泮(diazepam):是治疗癫痫持续状态的首选药物,起效快,且安全性较高。静脉注射 10~20mg,速度不应超过 2mg/min,儿童不宜超过 5mg/min。

(2) 硝西泮(nitrazepam):主要用于癫痫失神性发作,特别是肌阵挛性发作和婴儿痉挛等。

(3) 氯硝西泮(clonazepam):是苯二氮䓬类中抗癫痫谱较广的药物。对各种癫痫均有效,尤其是对失神性发作,静脉注射还可治疗癫痫持续状态。但对抗癫痫作用耐受性出现在用药 1~6个月,此时增加剂量仍无疗效。不良反应小,常见中枢神经系统和消化系统反应,停药后可恢复。

5. 卡马西平　卡马西平(carbamazepine)最初用于治疗三叉神经痛,20 世纪 70 年代开始应用于癫痫的治疗。卡马西平抗癫痫谱广,对不同类型癫痫都具有一定疗效,尤其对精神运动性发作疗效佳,但对失神性发作效果不理想。

(1) 药理作用机制:卡马西平抗癫痫作用机制目前尚不完全明确,可能具有与苯妥英钠类似的膜稳定作用。卡马西平能降低神经细胞膜对 Na$^+$ 和 Ca^{2+} 的通透性,从而降低细胞的兴奋性,延长不应期;也可能增强 GABA 的突触传递功能。卡马西平对突触部位的强直后期强化的抑制,可能是限制致痫灶异常放电扩散的机制。

(2) 体内过程:卡马西平吸收缓慢且不规则,吸收速率具有个体差异性。口服 4~8 小时后达到血药浓度峰值,有效的血药浓度为 4~10μg/ml。70%~80% 以上的药物与血浆蛋白结合。在体内主要代谢产物为 10,11- 环氧化卡马西平,具有与卡马西平类似的抗癫痫作用。单次给药的半衰期为 36 小时,但卡马西平属于药酶诱导药,加快其自身的代谢速率,所以长期给药后半衰期可缩短为 10~25 小时。

(3) 不良反应:常见的不良反应有头晕、嗜睡、视力模糊或复视、乏力、恶心、皮疹、呕吐、偶见粒细胞减少,可逆性血小板减少,甚至引起再生障碍性贫血和中毒性肝炎等,所以应定期检查血常规。

(4) 药物相互作用:卡马西平作为肝药酶诱导剂能够影响其他药物的代谢速率,如加快苯妥英钠、丙戊酸钠、苯二氮䓬类、口服抗凝药等药物的代谢。肝药酶抑制剂丙戊酸钠和西咪替丁等可降低卡马西平的清除速率,使其血药浓度升高。肝药酶诱导剂苯妥英钠和苯巴比妥加速卡马西平的代谢,在合用时要注意血药浓度的变化。

6. 丙戊酸钠　丙戊酸钠(sodium valproate)为一种的广谱抗癫痫药。对各型癫痫如失神性发作、肌阵挛性发作、局限性发作、强直 - 阵挛发作和混合型癫痫均有效。多用于其他抗癫痫药无效的各型癫痫患者,尤以失神性发作效果佳。

(1) 药物作用机制:动物实验结果表明,丙戊酸钠对多种癫痫模型(电休克和戊四唑)均有不同程度的对抗作用。丙戊酸钠抗癫痫作用机制主要为影响 GABA 的代谢,增强 GABA 神经元的突触传递功能。丙戊酸钠抑制脑内 GABA 转氨酶和转运体,从而减少 GABA 的代谢和摄取,提高脑内 GABA 含量;提高谷氨酸脱羧酶的活性,使 GABA 生成增多;增强突触后膜对于 GABA 的敏感性,从而增强 GABA 能神经突触后抑制。另外,丙戊酸钠减弱 T 型 Ca^{2+} 电流,其作用与乙琥胺相似。

(2) 体内过程:口服胃肠吸收迅速而完全,服后 1~4 小时血药浓度达峰值,生物利用度高达 80% 以上,有效血药浓度为 30~100μg/ml。血药浓度约为 50μg/ml 时血浆蛋白结合率约 94%,但随着治疗范围内总浓度增加,结合比例有所下降。经肝脏代谢,部分以原形由肾排出。能通过胎盘,能分泌入乳汁。血浆半衰期为 15 小时。

(3) 不良反应:最常见不良反应表现为消化道症状,腹泻、消化不良、恶心、呕吐等。偶见嗜睡、眩晕、疲乏、头痛、共济失调、轻微震颤、异常兴奋、不安和烦躁等中枢神经系统反应。对肝功能有损害,约有 30% 患者服药后出现肝功能异常,表现为血清碱性磷酸酶和氨基转移酶升高,所以通常服用 2 个月要检查肝功能。丙戊酸钠具有致畸作用,如神经管缺陷。妊娠期妇女禁用。

(4) 药物相互作用:丙戊酸钠抑制肝药酶,能显著提高苯妥英钠、苯巴比妥、氯硝西泮和乙琥胺的血药浓度。可与苯妥英钠竞争结合血浆蛋白,使其血浆游离药物浓度增高。苯巴比妥和卡马西平则能降低丙戊酸钠的血药浓度和抗癫痫作用。

7. 拉莫三嗪　拉莫三嗪(lamotrigine)为苯三嗪衍生物,属于新型抗癫痫药物。

(1) 药理作用机制:拉莫三嗪为电压依赖性 Na^+ 通道阻滞剂,延长 Na^+ 通道从失活恢复的过程,减少通道的 Na^+ 内流,从而增加神经元的稳定性。另外,拉莫三嗪可以抑制兴奋性神经递质谷氨酸的释放。

(2) 体内过程:拉莫三嗪胃肠道吸收迅速且完全,口服给药后约 2.5 小时达到血浆峰浓度,生物利用度为 98%。半衰期为 6.4~30.4 小时(平均 12.6 小时)。拉莫三嗪在肝脏代谢为葡萄糖醛酸结合物,然后经肾脏排泄。

(3) 不良反应:常见不良反应为头昏、头痛、嗜睡、共济失调、视力模糊或复视、恶心呕吐及皮疹,偶见弥散性血管内凝血。

8. 左乙拉西坦　左乙拉西坦(levetiracetam,KEPPRA)一种吡咯烷酮衍生物,为 2000 年上市的新型抗癫痫药物。药理作用机制尚不明确。

左乙拉西坦口服吸收完全且迅速,不与血浆蛋白结合,因不与其他药物发生蛋白结合位点竞争,不易产生显著性的相互作用。95% 的药物及其失活代谢物从尿中排出,其中 65% 为原形,24% 的药物通过水解乙酰氨基而被代谢。左乙拉西坦既不是人体肝脏细胞色素 P450、环氧化水解酶或尿苷二磷酸 - 葡萄苷酶的抑制剂,也不是它们高亲合力的底物。因此,不易出现药代动力学相互作用。最常见的不良反应有嗜睡、乏力和头晕,常发生在治疗初期。长期使用,中枢神经系统相关的不良反应发生率和严重程度会随之降低。

9. 托吡酯　托吡酯(topiramate,TOPAMAX)是一种氨基磺酸盐取代的单糖衍生物,1995 年上市的广谱抗癫痫药。其可能的药理作用机制为降低小脑颗粒细胞电压依赖性 Na^+ 电流,提高 $GABA_A$ 受体的激活率,从而引起 Cl^- 内流。同时,抑制谷氨酸 AMPA 受体的活化。托吡酯可迅速、完全地被胃肠道吸收,血浆结合率低(10%~20%),主要以原形经尿液排出,半衰期 1 天。

最常见的不良反应主要为与中枢神经系统相关的症状,包括:注意力受损、意识模糊、头晕、疲劳、感觉异常、嗜睡和思维异常。偶发失语、抑郁、复视、焦虑、恶心、眼球震颤、言语表达障碍、味觉倒错、视觉异常和体重减轻。另外,动物实验显示托吡酯具有致畸作用,孕妇慎用。

10. 噻加宾　噻加宾(tiagabine,GABITIRIL)是 3- 哌啶羧酸衍生物,GABA 再摄取抑制剂,其作用机制为抑制神经元和胶质细胞的 GABA 转运体,减少其摄取,提高突触间隙 GABA 浓度,从而使神经兴奋敏感性下降。

噻加宾口服吸收迅速,95% 与血浆蛋白结合。由肝脏 CYP3A4 氧化为无活性的代谢产物,随粪便排出体外。半衰期约为 8 小时,如与肝药酶诱导药如苯妥英钠、卡马西平合用时,可加速噻加宾的代谢。常见的不良反应有眩晕、嗜睡和震颤。

（三）抗癫痫药物使用注意事项——血药浓度监测

血药浓度监测是近年抗癫痫治疗的重大进展之一。通过血药物浓度的测定、根据患者的个体情况、利用药代动力学的原理和方法、调整药物剂量、进行个体化药物治疗,不仅能提高药物治疗效果,也避免或减少可能产生的药物毒副反应。

血药浓度监测的指征:

1. 治疗窗很窄,安全范围小,易发生血药浓度过高引起的毒性反应。例如苯妥英钠。

2. 抗癫痫药物已用至维持剂量仍不能控制发作时,应测定血药浓度,以帮助确定是否需要调整药物剂量或更换药物。

3. 在服药过程中患者出现了明显的不良反应,测定血药浓度,可以明确是否药物剂量过大或血药浓度过高所致。

4. 出现特殊的临床状况,如患者出现肝、肾或胃肠功能障碍,癫痫持续状态、怀孕等可能影响药物在体内的代谢,应监测血药浓度,以便及时调整药物剂量。

5. 合并用药尤其与影响肝酶系统的药物合用时,可能产生药物相互作用,影响药物代谢和血药浓度。

二、抗惊厥药

惊厥是各种原因引起的中枢神经系统过度兴奋的一种症状,表现为全身骨骼肌不自主地强烈收缩,多见于小儿高热、子痫、破伤风、癫痫大发作和中枢兴奋药中毒。常用抗惊厥药包括巴比妥类、地西泮、水合氯醛和硫酸镁。

硫酸镁(magnesium sulfate)可因给药途径不同而产生不同的药理作用。口服硫酸镁在肠道吸收很少,有良好的导泻和利胆功能。50% 硫酸镁溶液外用热敷患处,有消炎祛肿的功效。肌内注射或静脉注射硫酸镁,可抑制中枢神经系统,松弛骨骼肌,具有镇静、抗痉挛等作用。

(1) 药理作用机制:Mg^{2+} 主要存在于细胞内液,细胞外液仅占 5%。血液中 Mg^{2+} 为 2~3.5mg/100ml,低于此浓度时,神经及肌肉的兴奋性升高。硫酸镁抗惊厥的机制主要为 Mg^{2+} 特异地竞争 Ca^{2+} 结合位点,拮抗 Ca^{2+} 的作用,减少运动神经末梢钙依赖性乙酰胆碱的释放,使骨骼肌松弛。

硫酸镁对血管平滑肌有舒张作用,使痉挛的外周血管扩张,降低血压,因而对子痫有预防和治疗作用,对子宫平滑肌收缩也有抑制作用,可用于治疗早产。

(2) 不良反应:一般早期表现为食欲缺乏、恶心、呕吐、皮肤潮红、头痛、头晕等,因缺乏特异性,容易忽视。当血清镁浓度达 2~4mmoL/L,可出现神经 - 肌肉及循环系统的明显改变,如血压剧降、心脏骤停和呼吸抑制。肌腱反射消失是呼吸抑制的前兆,因此在应用硫酸镁治疗时应经常检查肌腱反射。由于钙对镁有拮抗作用,静脉注射 10% 葡萄糖酸钙或氯化钙常能缓解症状。

第四节　抗帕金森病和治疗阿尔茨海默病药

帕金森病(Parkinson's disease,PD)和阿尔茨海默病(Alzheimer's,AD)均属于中枢神经系统退行性疾病。这类疾病的特征为大脑特定区域的神经元出现进行性、不可逆缺失。因为疾病的病因和发病机制尚不清楚,多数药物仅限于对症治疗,并不能改变其基础疾病的病程。

一、帕金森病

（一）概述

帕金森病,又名震颤麻痹,是一种由于锥体外系功能障碍引起的慢性、进展性中枢神经系统退行性疾病。因英国人 James Parkinson 于 1817 年首先描述而得名。

研究表明，PD 的发病可能和以下因素有关，年龄因素、环境因素、遗传因素、氧化应激、线粒体功能缺陷和泛素 - 蛋白酶体功能异常等。目前得到大多数学者公认的是多巴胺缺失学说。在纹状体和黑质水平，胆碱能和多巴胺能系统间的平衡对于锥体外系控制运动功能至关重要。正常时两种神经递质处于动态平衡状态，共同参与调节机体的运动功能。在 PD 患者脑内，中枢黑质 - 纹状体通路中多巴胺（dopamine，DA）能神经元进行性退变，从而导致纹状体 DA 缺乏，打破了多巴胺能 - 胆碱能的平衡，造成黑质 - 纹状体通路多巴胺功能减弱，胆碱能神经功能占优势，进而引起躯体运动功能紊乱。

（二）常见帕金森病的治疗药物

由于 PD 的发病机制复杂，至今尚未明确，因此没有从根本上阻止其病情进展的手段。药物治疗的主要目的是改善 PD 症状并试图减缓病情进展。根据目前的发病机制学说，将抗 PD 药物分为拟 DA 药和抗胆碱药两类。

1. 拟多巴胺类药

（1）多巴胺的前体药——左旋多巴：左旋多巴（larodopa，L-dopa）是 DA 神经递质的前体物质，由酪氨酸形成儿茶酚胺的中间产物，是目前治疗帕金森病单用最基本、最有效的药物。

1）药理作用机制：PD 患者的黑质 - 纹状体多巴胺能神经元发生退行性变，导致多巴胺合成减少。左旋多巴是多巴胺的前体，本身并无药理活性，进入中枢神经系统后，经多巴脱羧酶作用转化成多巴胺，补充纹状体中多巴胺不足，发挥药理作用，从而改善帕金森病症状。

2）体内过程：左旋多巴口服后，经小肠芳香族氨基酸转运体迅速吸收，0.5~2 小时达到血药峰值。其吸收速率和吸收量取决于胃肠道状态，如胃排空速度、胃液 pH 和药物接触胃肠黏膜降解酶时间的长短。食物中的氨基酸与本品竞争载体时，可延缓左旋多巴的吸收，低蛋白食物或空腹服药可促进吸收。半衰期为 1~3 小时，但个体差异大。

大部分（95%）的左旋多巴分布在肠黏膜和其他外周组织被氨基酸脱羧酶（aromatic L-amino acid decarboxylase，ADD）脱羧生产多巴胺，仅少部分原药能够通过血 - 脑屏障到达脑循环，进入中枢神经系统的含量大概不到 1%。但左旋多巴若与氨基酸脱羧酶抑制药合用，例如卡比多巴（carbidopa）或苄丝肼（benserazide）。后者可明显减少外周左旋多巴的脱羧代谢，使通过血 - 脑屏障的含量增多。同时减少外周 DA 的产生进而减轻其引起的副作用，如恶心及其他胃肠道症状。左旋多巴在体内代谢后，大部分转变为多巴胺，其主要代谢物为 3- 甲氧基 -4- 羟苯乙酸（HVA）和二羟苯基酸（DOPAC），经肾迅速排泄。

3）不良反应：治疗早期，由于左旋多巴大部分在外周多巴脱羧酶作用下转变为 DA，分别刺激胃肠道和兴奋中枢延髓催吐化学感受区 D_2 受体，从而影响了胃肠道、心血管系统等功能而出现不良反应。患者出现包括恶心、厌食、呕吐或上腹不适等症状，偶见消化道出血，故有消化道溃疡患者慎用。外周 DA 还可以作用血管壁 DA 受体和交感神经末梢，抑制去甲肾上腺素的释放，导致部分患者出现体位性低血压、头晕，甚至心律失常症状。上述不良反应可通过服用外周多巴脱羧酶抑制剂减轻。

长期使用，很多患者会出现与剂量相关的临床波动症状、运动障碍（舞蹈症、肌僵直）或效应下降。左旋多巴的外周不良反应有厌食、恶心、呕吐和直立性低血压，中枢神经系统不良反应有多梦、幻觉、错觉、迷糊、睡眠紊乱。部分患者可突然发生多动不安（开），而后出现运动不能，震颤及强直（关），即"开 - 关"现象。

左旋多巴具有增加眼压作用，因此闭角型青光眼患者禁用。

4）药物相互作用：维生素 B_6 为多巴脱羧酶的辅基，能够增强 L-DOPA 在外周组织转化成 DA，降低 L-DOPA 的疗效，增加不良反应的产生。合用非选择性 MAO 抑制剂（苯乙肼、反环苯丙胺）可加强 DA 外周的作用，引起高热，甚至高血压危象危及生命。抗精神病药物（噻嗪类和丁酰苯类）和利血平不宜与左旋多巴合用，两者具有拮抗作用。

Note

（2）左旋多巴的增效药：

1）氨基酸脱羧酶 AADC 抑制药：卡比多巴，是一种左旋多巴的增效药。卡比多巴不易透过血 - 脑屏障，本身并无抗帕金森病作用，但因其能够抑制氨基酸脱羧酶的脱羧作用，与左旋多巴合用时，仅抑制外周多巴脱羧酶的活性，减少多巴胺在外周组织的生成，减轻其外周不良反应，进而使进入中枢的左旋多巴增多，提高脑内多巴胺的浓度，增强左旋多巴的疗效，改善震颤麻痹症状。所以是左旋多巴的重要辅助用药。卡比多巴单用无效，临床上通常将卡比多巴与左旋多巴按 1：10（心宁美 10/100）或 1：4（心宁美 25/100）比例配伍制成复方制剂。

苄丝肼的药理作用、临床应用与卡比多巴相似。临床上使用的美多巴为苄丝肼与左旋多巴（1：4）复方制剂。单用时极少。

2）单胺氧化酶抑制药：单胺氧化酶有两种同工酶，A 型（MAO-A）主要存在于胃肠道，B 型（MAO-B）位于中枢神经系统。生理状态下，参与单胺类神经递质的降解。单胺氧化酶抑制药主要通过抑制单胺氧化酶的降解作用，使突触间隙递质浓度升高而发挥作用，分为选择性和非选择性两种。非选择性以苯乙肼和超环苯丙胺为代表药物。此类药物可加强左旋多巴的作用，但能促发致命的高血压危象等不良反应，不宜使用。临床常用选择性的单胺氧化酶抑制药。

司来吉兰（selegiline），特异性单胺氧化酶 B 抑制药。选择性和不可逆地抑制 MAO-B，抑制中枢神经系统的 DA 降解。另外，司来吉兰对纹状体神经元有保护作用，对抗氧化应激并且能营养神经元，可延缓 PD 患者的自然进展。其可能保护机制为能够抵抗氧自由基的氧化作用，上调超氧化物歧化酶和过氧化氢酶水平，延迟细胞凋亡，阻止凋亡诱发的线粒体膜电位的下降。研究表明司来吉兰对神经元的保护作用能延长 PD 患者使用左旋多巴的时间 9~12 个月。由于司来吉兰本身可以改善 PD 症状，这也可能与延缓使用有关。与左旋多巴合用时，能增加疗效，减少 L-DOPA 用量，并能消除长期单独使用 L-DOPA 出现的"开 - 关"现象，较好地改善了 PD 患者的运动障碍。

口服吸收迅速，可透过血 - 脑屏障，血药浓度达峰时间为 0.5~2 小时，血浆蛋白结合率为 94%。有首过效应，在肝脏代谢，主要经肾脏排泄。

低剂量的司来吉兰对外周 MAO-A 并无作用，不会产生高血压危象，若日剂量超过 10mg 时也会抑制 MAO-A，应予以避免。慎与哌替啶、三环类抗抑郁药或其他 MAO 抑制药合用。

司来吉兰在体内代谢产物有苯丙胺和甲基苯丙胺，可引起患者焦虑、失眠不良反应。其他不良反应表现为头昏、厌食、恶心、口干、幻觉、直立性低血压和心血管作用。

雷沙吉兰（rasagiline）是 MAO-B 抑制剂，可通过多种神经保护途径减少细胞死亡。本品口服后胃肠道吸收迅速，达峰时间约为 1 小时，口服生物利用度 36%，蛋白结合率为 88%~94%，可通过血 - 脑屏障，肝脏代谢，代谢产物主要由尿排泄。

常见不良反应为束支传导阻滞、高血压、心绞痛；颈痛、关节痛；感觉异常、头痛、眩晕；抑郁；消化不良等。与左旋多巴合用，可见体位性低血压、心绞痛、共济失调等。与恩他卡朋合用，药物清除率增加。

3）儿茶酚 - 氧位 - 甲基转移酶（COMT）抑制剂药：儿茶酚 - 氧位 - 甲基转移酶（COMT）是与 L-DOPA 的代谢有直接关系的一种酶。左旋多巴和多巴胺被 COMT 代谢生成 3- 氧 - 甲基多巴和 3- 甲氧酪胺。COMT 抑制剂可以减少左旋多巴的代谢，可延长 L-DOPA 半衰期和进入中枢神经系统的药量。目前有 3 种 COMT 抑制药：硝替卡朋、托卡朋和恩他卡朋，此类药物特点为抑制作用强，毒性低。作为 L-DOPA 的辅助治疗药物显示出很大的潜力。

恩他卡朋（entacapone）和托卡朋（tolcapone）为新型 COMT 抑制药，两者通过抑制左旋多巴在外周的代谢，使血浆左旋多巴浓度保持稳定，并能增加其脑含量。恩他卡朋口服吸收快，给药后 0.4~0.9 小时达血药浓度峰值，不易透过血 - 脑屏障，约 10% 经肾排泄，90% 经胆汁分泌排泄。常见不良反应为异动症、恶心、眩晕等。

托卡朋口服吸收迅速,血药浓度达峰时间 2 小时,食物可延迟并减少药物吸收,生物利用度 65%,血浆蛋白结合率 99% 以上,消除半衰期为 2~3 小时。常见不良反应为运动障碍、失眠、恶心、呕吐及肝损害,偶见体位性低血压。

硝替卡朋(nitecapone)能够增加纹状体中的左旋多巴和 DA,不易通过血 - 脑屏障,抑制外周 COMT,不影响中枢 COMT,增加纹状体中 L-DOPA 生物利用度。

(3)多巴胺受体激动药:多巴胺受体激动药属于帕金森病多种替代疗法中的一种,其优点是选择性直接激活 DA 受体,不依赖于黑质 - 纹状体神经元的功能;在纹状体内其半衰期比左旋多巴长,有利于克服症状波动;不产生游离基团或潜在的毒性代谢产物,不损伤 DA 神经元;在肠道吸收和经过血 - 脑屏障的过程中,不与蛋白质或氨基酸发生竞争。早期多巴胺受体激动剂为麦角类衍生物(溴隐亭和培高利特);新型多巴胺受体激动剂包括普拉克索和罗匹尼罗。

1)溴隐亭:溴隐亭(bromocriptine),为 D_2 类受体激动药。小剂量溴隐亭可激动垂体细胞 D_2 受体,具有抑制催乳素和生长激素分泌。较大剂量时能够激动黑质 - 纹状体多巴胺 D_2 受体,从而达到治疗 PD 的作用。

溴隐亭口服吸收快而良好。血浆蛋白结合率 96%,血浆药物浓度达峰时间为 1~3 小时。药物主要在肝脏代谢。半衰期 3~8 小时。原形药及代谢物绝大部分经肝脏排泄,代谢率为 94%。但在肝功能损害的患者中,其清除可能会减慢,血药浓度可能会升高,必要时需调整剂量。

单独用效果不佳,多与左旋多巴制剂合用,可减轻运动波动、"开 - 关"现象。

溴隐亭不良反应也较多,消化系统症状多见,如恶心、呕吐、腹泻或消化道出血。溴隐亭可引起直立性低血压,偶见精神神经症状如幻觉、错觉和精神错乱等。

2)罗匹尼罗、普拉克索和吡贝地尔:罗匹尼罗(ropinirole)、普拉克索(pramipexole)和吡贝地尔(piribedil)为新一代多巴胺受体激动剂,选择性地激动 D_2 和 D_3 亚型受体。

罗匹尼罗是选择性多巴胺 D_2 受体激动剂,具有直接激发纹状体多巴胺受体的作用。口服吸收迅速,血药浓度达峰时间 1.5 小时,生物利用度约 50%,蛋白结合率 10%~40%,消除半衰期为 6 小时,在肝脏代谢,经肾脏排泄。常见不良反应为恶心、嗜睡、下肢水肿、腹痛、呕吐和惊厥,偶见症状性低血压和心动过缓。

普拉克索是合成的非麦角类药物,选择性激动多巴胺 D_3 受体,对神经元有保护作用,口服 2 小时起效,2~4 周出现峰反应,单次用药作用持续 8 小时。血药浓度达峰时间 2 小时,生物利用度 90% 以上。体内代谢很少,90% 以原形经肾脏排泄。不良反应为常见外周水肿、恶心、头晕、嗜睡和失眠。

吡贝地尔是选择性多巴胺 D_2、D_3 受体激动剂。口服吸收迅速,药物达峰时间 1 小时,蛋白结合率低,约 70% 经肾脏排泄,25% 经胆汁排泄。药物可逐渐释放活性成分,治疗作用持续 24 小时以上。常见不良反应为恶心、呕吐、头晕、嗜睡等。与氯丙嗪合用药效降低。

3)罗替高汀:罗替高汀(rotigotine)为非麦角四氢萘胺多巴胺 D_3、D_2 和 D_1 受体激动药,通过对所有多巴胺受体激活发挥作用而起效。体外研究显示,本品对 D_3 受体有高亲和力。

局部用药后 16 小时达血药浓度高峰,生物利用度为 37%,进食对本品无影响,经肝脏代谢,71% 经肾脏排泄,消除半衰期为 5~7 小时,血液透析不能清除本药。常见不良反应为恶心、呕吐、便秘、嗜睡、头晕、头痛等,可见体位性低血压、晕厥,以用药初期常见,用药部位可见皮疹。

与麦角衍生的多巴胺受体激动药合用,可出现纤维变性类并发症,与具有镇吐作用的神经安定药合用,可降低药物疗效。

4)阿扑吗啡:阿扑吗啡(apomorphine,APOKYN)是 DA 受体非选择性激动药,属吗啡还原状态。其最大特点在于它能够显著改善"关"的症状,在注射后的最短时间内可有效改善运动状况。

阿扑吗啡与左旋多巴类制剂疗效类似,但前者起效时间更为迅速。研究证明,该药的静脉系统持续给药能产生平稳的血药浓度,患者还可缓解对"关"期出现的恐惧感,提高生活质量。阿扑吗啡具有强催吐作用,所以应用前后需使用止吐药物。阿扑吗啡禁与5-HT₃受体拮抗剂合用,因其合用可能会引起严重的低血压和意识丧失。阿扑吗啡还可能出现延长 QT 间期,注射部位反应和药物滥用情况。由于上述不良反应的可能性,阿扑吗啡仅用于其他药物控制"关"现象无效时。

(4)促多巴胺释放药——金刚烷胺:金刚烷胺(amantadine),是一种抗病毒药,用于预防和治疗甲型流感。1972年偶然发现金刚烷胺能缓解 PD 患者的症状。其可能机制为促进内源性多巴胺的释放,抑制突触前膜对多巴胺的再摄取;抗胆碱能作用;拮抗谷氨酸 NMDA 受体,阻断谷氨酸兴奋性神经毒性作用,因而可能有神经保护作用。

胃肠道吸收迅速,吸收后分布于唾液、鼻腔分泌液中。脑脊液中浓度是血浆浓度的60%,用药后48小时作用明显,2周后达高峰,半衰期为10~28小时。大部分以原形经肾脏排泄。金刚烷胺耐受性良好。最常见的副作用是皮肤的网状青斑,表现为皮肤上出现网状的略带紫色的斑纹。其他的副作用包括失眠、视觉模糊、便秘、口干等其他抗胆碱作用。

2. 抗胆碱药　在左旋多巴出现以前,一直广泛应用抗 M 胆碱受体药治疗帕金森病。目前抗胆碱药应用于帕金森病早期治疗,也可与左旋多巴合用。阿托品和东莨菪碱是最早应用于帕金森病的治疗药物,但因其外周抗胆碱副作用大而被淘汰。目前,抗胆碱药物主要包括苯海索、苯扎托品。

(1)苯海索:苯海索(benzhexol),为中枢抗胆碱抗帕金森病药,作用在于选择性阻断纹状体的胆碱能神经通路,而对外周作用较小,从而有利于恢复帕金森病患者脑内多巴胺和乙酰胆碱的平衡,改善患者的帕金森病症状。

口服后吸收快而完全,可透过血-脑屏障,口服1小时起效,作用持续6~12小时。服用量的56% 随尿排出,肾功能不全时排泄减慢,有蓄积作用,可从乳汁分泌。外周抗胆碱作用较弱,为阿托品的 1/10~1/3,因此不良反应轻。常见的不良反应有口干、便秘、尿潴留、瞳孔散大、视力模糊等抗胆碱反应。

(2)苯扎托品:苯扎托品(benzatropine)作用于阿托品相似,但外周抗胆碱副作用较轻。还有抗组胺和局部麻醉作用,对大脑皮质有抑制作用。口服吸收快而完全。1小时后起效,作用持续24小时。半衰期为6~8小时。不良反应类似于阿托品,可有头晕、眩晕、视力模糊、瞳孔放大、口干、心率加快、嗜睡、精神障碍等。青光眼患者禁用。

二、阿尔茨海默病药

(一)概述

阿尔茨海默病,是一种进行性发展的神经退行性疾病,常起病于老年或老年前期,多缓慢发病、逐渐进展,以痴呆为主要表现。1906 年,德国医师阿洛斯·阿尔茨海默首次描述了一种以记忆、语言和社交能力逐渐退化为特征的疾病,即阿尔茨海默病。AD 的发病率在 65 岁人群为 5%,随年龄增长,发病率显著上升,95 岁人群发病率高达 90%。

(二)AD 的药物治疗

目前 AD 尚无法彻底治愈,但通过积极治疗特别是药物治疗,可延缓 AD 的继续发展。常用于临床的药物有胆碱酯酶抑制剂和谷氨酸受体拮抗剂。

1. 胆碱酯酶抑制剂　乙酰胆碱酯酶(acetylcholine esterase,AChE)抑制剂可以抑制 AChE 活性,延缓乙酰胆碱水解的速度,提高突触间隙乙酰胆碱的水平,从而发挥治疗 AD 的作用。乙酰胆碱酯酶抑制剂是目前对 AD 有明显疗效的药物之一,适用于轻、中度 AD 患者。主要包括他克林、多奈哌齐、利凡斯的明、加兰他敏。

（1）多奈哌齐：多奈哌齐（donepezil），为选择性中枢 AChE 抑制药，对外周 AChE 几乎没有作用，是目前治疗阿尔茨海默病比较安全有效的药物。

1）药理作用机制：盐酸多奈哌齐对 AChE 的选择亲和力比对丁酰胆碱酯酶（butyrylcholinesterase，BChE）强 1250 倍，明显抑制脑组织中的 AChE，提高突触间隙 ACh 含量。但对心肌或平滑肌无作用，对中枢神经毒性比他克林小。

2）体内过程：口服吸收良好，3~4 小时达血浆峰浓度，半衰期长，约 70 小时，多次每日单剂量给药将缓慢达到稳态。治疗开始后 3 周内达稳态，稳态后，血浆盐酸多奈哌齐浓度和相应的药效学活性波动很小。饮食对盐酸多奈哌齐的吸收无影响。多奈哌齐通过肝脏代谢，肾脏排泄，安全性高，不良反应较少，无肝毒性，患者耐受性好。

3）不良反应：常见的不良反应为胆碱功能增强表现，如恶心、呕吐和腹泻，通常为一过性。

4）药物相互作用：多奈哌齐有可能增强琥珀酰胆碱类肌肉松弛药的作用。体外实验表明，CYP3A3/4 抑制剂（酮康唑）和 CYP2D6 抑制剂（奎尼丁）有抑制多奈哌齐代谢的作用。

（2）利凡斯的明：利凡斯的明（rivastigmine），一种非竞争性乙酰胆碱酯酶抑制剂，对海马区和大脑皮质具有选择性，对纹状体和心脏的 AChE 活性抑制力较弱，能够改善阿尔茨海默病患者胆碱能介导的认知功能障碍。此外，还可减慢 β-淀粉样前体蛋白（amyloid precursor protein，APP）片段的形成，而淀粉样斑块是阿尔茨海默病的主要病理特征之一。

本药口服后吸收迅速而完全，约 1 小时达到血浆峰浓度，容易透过血-脑脊液屏障，主要在肝脏内通过胆碱酯酶介导的水解作用而被迅速、广泛地代谢，血浆半衰期 1.4~1.7 小时，主要以代谢物通过肾脏排泄。本品安全性高，耐受性好，不良反应少且轻微，常见恶心、呕吐、眩晕和腹泻，通常 2~3 天后自行消失。由于利凡斯的明是唯一不经过肝脏 P450 代谢的药物，可与其他药物联用，药物的相互作用不大，具有较好的耐受性。

（3）加兰他敏：加兰他敏（galantamine）是一种可逆性乙酰胆碱酶抑制剂，对乙酰胆碱酶有高度选择性，治疗轻中度老年痴呆患者临床有效率约为 60%。口服吸收迅速、完全。血药浓度达峰时间为 45 分钟，半衰期为 5.7 小时，部分经肝代谢，部分经肾以原形排泄。用药前 3 周可有恶心、呕吐等胃肠道反应，继续用药后不良反应可消失。

2. 谷氨酸受体拮抗剂　谷氨酸是兴奋性神经递质，可激活 N-甲基-D-天门冬氨酸（NMDA）受体。谷氨酸能神经传递在学习和记忆中很重要，但谷氨酸能过度兴奋对神经元可能产生毒性作用，与多种神经退行性疾病有关。因此，调控退化的谷氨酸神经元的突触活性可以治疗老年痴呆症。此类药物属于开放式通道阻滞剂，即拮抗作用随细胞外谷氨酸浓度的增加而增强，在生理状态下无抑制作用。

美金刚（memantine），是一种中等程度亲和力、非竞争性 NMDA 受体拮抗剂，是治疗重度阿尔茨海默病首选药物。

（1）药理作用：美金刚非竞争性阻断 NMDA 受体，降低谷氨酸引起的 NMDA 受体过度兴奋，防止细胞凋亡，从而改善患者的记忆和认知功能。美金刚的特点在于其与 NMDA 受体的亲和力为中度，在阻断谷氨酸兴奋性毒性的同时，不妨碍谷氨酸参与正常的生理作用。

（2）体内过程：美金刚口服吸收良好，绝对生物利用度约为 100%，达峰时间（T_{max}）为 3~8 小时，食物不影响美金刚的吸收。在 10~40mg 剂量范围内的药代动力学呈线性。血浆蛋白结合率为 45%。

本品的消除半衰期（$t_{1/2}$）为 60~100 小时。美金刚剂量为每日 20mg 时，脑脊液（CSF）中的美金刚浓度达 0.5mmol/L。

（3）不良反应：不良反应轻微，偶见头昏。

（4）药物相互作用：美金刚与肝药酶、胆碱酯酶抑制剂无相互作用，食物不影响其吸收，具有良好的安全性和耐受性。

Note

第五节　抗精神失常药

精神障碍(psychiatric disorders)是由多种原因引起的精神活动障碍的一类疾病,包括精神分裂症、躁狂症、抑郁症和焦虑症。治疗这类疾病的药物统称为精神药物。根据临床用途分为:抗精神病药物(antipsychotic drugs)、抗躁狂药物(antimanic drugs)或心境稳定剂(mood stabilizers)、抗抑郁药物(antidepressive drugs)及抗焦虑药物(antianxiety drugs)。

一、抗精神病药物

精神分裂症(schizophrenia)是以思维、情感、行为之间不协调,精神活动与现实脱离为主要表现特征的一类最常见精神病。根据临床症状,将精神分裂症分为 I 型和 II 型, I 型以阳性症状(幻觉和妄想)为主; II 型以阴性症状(情感淡漠、主动性缺乏)为主。抗精神病药物大多对 I 型治疗效果好,对 II 型效果较差甚至无效。根据化学结构,将抗精神病药物分为吩噻嗪类、硫杂蒽类、丁酰苯类及其他。

(一)作用机制

1. 阻断中脑 - 边缘系统和中脑 - 皮层系统多巴胺受体　多巴胺(dopamine,DA)是中枢神经系统内最重要的神经递质之一,通过与脑内 DA 受体结合参与神经精神活动的调节,其功能亢进或减弱均可导致严重的神经精神疾病。已经证实脑内 DA 受体分为 D_1、D_2、D_3、D_4 和 D_5 五种亚型。其中 D_1 和 D_5 亚型受体在药理学特征上符合 D_1 亚型受体,而 D_2、D_3、D_4 受体与 D_2 亚型受体相符合,因此分别称为 D_1 样受体和 D_2 样受体。中脑边缘系统和中脑皮质系统主要存在 D_2 样受体。精神分裂症的病因目前得到最广泛认可的学说即:中脑 - 边缘系统和中脑 - 皮层系统 DA 系统功能亢进。支持该学说的研究资料如下:①增强 DA 神经递质活性的药物(如促进 DA 释放的苯丙胺)可加重精神分裂症或诱发精神分裂症;②减少 DA 合成的药物(如酪氨酸羟化酶抑制剂 α-甲基酪氨酸)能加强抗精神病药的疗效;③未经治疗的 I 型精神分裂症患者尸检显示壳核和伏隔核 DA 受体数目增加;④目前临床使用的高效价抗精神病药物大多是强效 DA 受体拮抗剂,对 I 型精神分裂症有较好疗效。

第一代经典抗精神病药物主要通过阻断中脑 - 边缘系统和中脑 - 皮层系统的 DA 受体而发挥治疗作用。由于临床使用的大多抗精神病药物不是选择性 D_2 样受体拮抗剂,可非特异性的拮抗黑质 - 纹状体通路的 DA 受体,因此引起临床不同程度的锥体外系副作用。

2. 阻断 5-HT 受体　目前临床常用的非经典抗精神病药物主要是通过阻断 5-HT 受体而发挥的抗精神病作用。5-HT 受体在体内分布广泛,已证实的受体有 7 种,每种受体又存在亚型,其中 5-HT$_2$ 受体分为 5-HT$_{2A}$、5-HT$_{2B}$、5-HT$_{2C}$ 三种亚型。5-HT$_{2A}$ 受体主要分布于大脑皮质。5-HT$_{2C}$ 受体分布于边缘系统、基底节和黑质等脑区,其分子结构和药理特性均与 5-HT$_{2A}$ 受体相似。5-HT$_{2B}$ 受体的分布和作用尚不清楚。激动 5-HT$_{2A}$ 受体可引起失眠、焦虑和抑制性功能。

利培酮阻断 5-HT$_2$ 受体的作用显著强于阻断 D_2 亚型受体;氯氮平是选择性 D_4 亚型受体拮抗剂,对其他 DA 亚型受体几乎无亲和力,可阻断 5-HT$_{2A}$ 受体。因此,患者长期应用氯氮平和利培酮几乎无锥体外系副作用发生。

(二)常用抗精神病药物

1. 第一代抗精神病药物

【吩噻嗪类】

(1)氯丙嗪(chlorpromazine):是吩噻嗪类药物的典型代表。1952 年在法国用于治疗兴奋性躁动患者,不仅控制了患者的兴奋症状,同时对其他精神症状也有疗效。这一成功对精神分裂症临床治疗具有重大意义,使患者脱离了传统电休克治疗的痛苦,也推动了抗精神病药物的研发。

氯丙嗪抗精神病的主要机制是拮抗脑内边缘系统的多巴胺受体,也能拮抗肾上腺素 α 受体及 M 胆碱受体,这是药物长期应用产生严重不良反应的基础。氯丙嗪是应用最广泛的第一代经典抗精神病药物。

药理作用及机制:

1)中枢神经系统作用:

① 抗精神病作用:氯丙嗪对中枢神经系统有抑制作用,也称神经安定作用。可使患者出现嗜睡,对外部刺激的反应变得迟钝,但易被唤醒,并可回答问题,其认知能力保持完整。精神病患者用药后兴奋躁动状态改善,幻觉、妄想、思维分裂或思维不连贯等精神病症状逐渐缓解。

氯丙嗪等吩噻嗪类药物主要作用于 D_2 样受体,因其与黑质 - 纹状体通路的 D_2 样受体作用,因此长期应用氯丙嗪的患者,锥体外系的副作用发生率较高。

② 镇吐作用:氯丙嗪有较强的镇吐作用。小剂量时拮抗延髓催吐化学感受区的 D_2 受体,大剂量则直接抑制呕吐中枢。不能拮抗前庭刺激或胃肠道引起的呕吐。可抑制延髓催吐化学感受区旁的呃逆中枢调节部位而治疗顽固性呃逆。

③ 体温调节作用:氯丙嗪对下丘脑体温调节中枢有很强的抑制作用,不但降低发热机体的体温,也降低正常体温。其降温作用随外界环境温度而变化,在低温环境,与物理降温配合,可使温度降得更低。在高温环境,因其干扰机体正常散热机制可使体温升高。

2)自主神经系统作用:可拮抗肾上腺素 α 受体及 M 胆碱受体,使机体出现视物模糊、胃液分泌减少、便秘等抗胆碱作用。

3)内分泌系统的影响:作用于结节 - 漏斗系统的 D_2 受体,可增加催乳素的分泌,抑制促性腺激素、糖皮质激素和生长激素的分泌。机体几乎不产生对抗精神病药引起的催乳素分泌的耐受。当停用抗精神病药后,高催乳素血症效应可迅速逆转而引起溢乳。

体内过程:口服吸收慢且不规则,血药浓度达峰时间为 2~4 小时。肌内注射吸收迅速,进入血液 90% 以上与血浆蛋白结合。氯丙嗪分布于全身,以脑、肺、肝、脾、肾分布较多,其中脑内药物浓度可达血浆浓度的 10 倍。主要在肝脏代谢,经肾脏排泄。体内消除和代谢随年龄递减,老年患者应减少剂量。相同剂量的药物在不同个体可有 10 倍以上的血药浓度差别,因此给药剂量应该个体化。药物具有高亲脂性,在停用后的几个月内,其代谢物仍可在尿中检出。

不良反应:

1)一般不良反应:嗜睡、淡漠、无力等中枢抑制症状;视力模糊、口干、眼压升高、便秘等 M 受体拮抗症状;鼻塞、直立性低血压、反射性心悸等 α 受体拮抗症状。局部刺激性强,需深部肌内注射。静脉注射可引起血栓性静脉炎,宜生理盐水或葡萄糖注射液稀释后缓慢注射。为避免出现直立性低血压,给药后应卧床 2 小时后缓慢起身。

2)锥体外系反应:由于氯丙嗪拮抗黑质 - 纹状体通路的 D_2 样受体,使纹状体中 DA 功能减弱,乙酰胆碱(acetylcholine,ACh)功能增强,因此用药后会出现 3 种反应:①帕金森综合征:肌张力增高、面容呆板、动作迟缓、肌肉震颤、流涎等,停药或给予胆碱受体拮抗药 - 抗帕金森病药可逆转;②静坐不能:患者表现为坐立不安、无焦虑或“情绪激动”,是抗精神病药物的特殊不良反应;③急性肌张力障碍:因舌、面、颈及背部肌肉痉挛,表现为强迫性张口、伸舌、斜颈、呼吸运动障碍及吞咽困难。

以上不良反应通常在给药后迅速出现,长期治疗后会出现迟发型综合征,即迟发性运动障碍及罕见的口周颤动,表现为广泛性舞蹈样手足徐动症、口面部运动障碍及口周震颤(“兔子综合征”),停药后仍长期不消。此反应难以治疗,用抗胆碱药使症状加重,抗 DA 药可使反应减轻。

3)精神异常:氯丙嗪本身引起的药源性精神异常,包括意识障碍、萎靡、淡漠、兴奋、躁动、消极、抑郁、幻觉、妄想等,需与原有疾病鉴别,一旦出现需立即减量或停药。

4）惊厥与癫痫：部分患者会出现局部或全身抽搐，脑电表现为癫痫样放电，有惊厥或癫痫史者更易出现，需慎用，必要时加用抗癫痫药物。

5）心血管和内分泌系统反应：直立性低血压最常见，心电图异常和心律失常。长期用药会引起内分泌系统紊乱，由于氯丙嗪拮抗下丘脑催乳素释放抑制通路，引起高催乳素血症，引起乳腺增大、溢乳、闭经及妊娠试验假阳性等。乳腺增生及乳腺癌患者应禁用。

6）过敏反应：荨麻疹或皮炎较为常见，上皮角膜病变及过敏性黄疸等。

7）急性中毒：一次性服用大剂量药物后，可引起急性中毒，患者出现昏睡、血压下降至休克水平，并出现心肌损害，如心动过速、心电图异常（P-R 间期或 Q-T 间期延长，T 波低平或倒置），应立即对症治疗。

（4）药物相互作用：氯丙嗪能增加吗啡的缩瞳和镇静作用，并可增强其镇痛效果。能显著增强哌替啶引起的呼吸抑制作用，同时应用其他阿片类药物也有相似作用。能抑制多巴胺受体激动药和左旋多巴的作用，加重帕金森病的神经系统症状。肝药酶诱导剂（如卡马西平、苯巴比妥和苯妥英钠等）可加快氯丙嗪的代谢，临床应注意调整药物剂量。

（2）奋乃静（perphenazine）：镇静作用、控制精神运动兴奋作用次于氯丙嗪，较氯丙嗪缓和，对心血管系统、肝脏及造血系统的副作用较氯丙嗪轻。口服吸收慢且不规则，生物利用度为 20%，达峰时间为 4~8 小时，主要在肝脏代谢。对慢性精神分裂症的疗效优于氯丙嗪。

（3）三氟拉嗪（trifluoperazine）和氟奋乃静（fluphenazine）：中枢镇静作用较弱，具有兴奋和激活作用。三氟拉嗪为强 D_2 与弱 D_1 受体拮抗药，抗精神病作用与镇吐作用均比氯丙嗪强，作用出现快而持久，催眠及镇静作用较弱。体内过程与氯丙嗪相似，半衰期为 13 小时。

氟奋乃静是多巴胺 D_1、D_2 受体的拮抗药，与 5-HT 受体有高度亲和力，抗精神病作用强于奋乃静，且作用较持久。镇静、降低血压作用弱。但锥体外系反应比奋乃静更多见。口服可吸收，生物利用度为 27%，达峰时间为 2~4 小时。血浆半衰期为 12 小时。用药后易出现锥体外系反应。对本药过敏、帕金森病患者及严重抑郁症患者禁用；昏迷患者、皮层下脑组织受损患者、基底神经节病变者、骨髓抑制患者、青光眼患者禁用；6 岁以下儿童禁用本品片剂，12 岁以下儿童禁用本品注射剂。

（4）硫利达嗪（thioridazine）：有明显的镇静作用，抗幻觉、妄想作用次于氯丙嗪。口服易吸收，血药浓度达峰时间为 1~4 小时，可透过血 - 脑屏障，主要在肝脏代谢。作用缓和，锥体外系副作用小，老年人较易耐受。

【硫杂蒽类】

（1）氯普噻吨（chlorprothixene）：是硫杂蒽类药物的代表，因其结构与三环类抗抑郁药相似，有较弱的抗抑郁作用。口服后吸收快，1~3 小时血药浓度可达峰值，半衰期约 30 小时。主要在肝内代谢，经肾脏排泄。适用于强迫状态或有焦虑抑郁情绪的精神分裂症、焦虑性神经官能症和更年期抑郁症患者。抗幻觉、妄想作用不如氯丙嗪。锥体外系作用较少。

（2）氟哌噻吨（flupenthixol）：抗精神病作用与氯丙嗪相似，具有特殊的激动效应，禁用于躁狂症患者。氟哌噻吨体内血浆蛋白结合率 >95%，血浆半衰期为 35 小时。镇静作用较弱，锥体外系反应常见。偶有猝死报道。

【丁酰苯类】

（1）氟哌啶醇（haloperidol）：是丁酰苯类药物的代表，是第一个合成的该类药物。其化学结构完全不同于氯丙嗪，可选择性拮抗 D_2 样受体，在等同剂量时其拮抗多巴胺受体的作用为氯丙嗪的 20~40 倍，有很强的抗精神病作用。口服药物后 2~6 小时达血药浓度高峰，作用可持续 3 天。该药可显著控制各种精神运动兴奋，并对慢性症状有较好疗效。锥体外系反应发生率高，程度严重，但对心血管系统和肝功能影响较小而应用于临床。

（2）五氟利多（penfluridol）：是二苯基丁酰哌啶类药物。五氟利多阻断 D_2 样受体，对幻觉、妄想和退缩疗效较好,镇静作用较弱。药物贮存于脂肪组织缓慢释放入血,一次用药疗效可持续一周,是口服长效抗精神分裂症药物。主要以原形从粪便中排泄。锥体外系反应常见,偶有白细胞减少。

(3)癸氟哌啶醇(haloperidol decanoate):为氟哌啶醇的长效酯类化合物,体内水解出氟哌啶醇而发挥作用。作用比氟哌啶醇长9~20倍。一般注射后24~72小时发挥作用,6天内作用明显,体内可维持3~4周。主要不良反应为锥体外系反应。与吗啡及其衍生物或催眠药合用,可引起呼吸抑制。

(4)氟哌利多(droperidol):作用与氟哌啶醇相似。体内吸收快,肌内注射与静脉注射起效时间几乎相同,代谢快,作用维持时间短。肌内或静脉注射后起效快,半衰期为2~3小时,作用维持6~12小时。该药集镇痛、安定、镇吐、抗休克作用于一体。

【苯甲酰胺类】

舒必利(sulpiride):是苯甲酰胺类化合物,能拮抗D_1、D_2受体,对D_3、D_4受体也有一定拮抗作用,具有激活情感作用,抗木僵、退缩、幻觉、妄想及精神错乱的作用较强,并有一定的抗抑郁作用,有很强的中枢性止吐作用。自胃肠道吸收,2小时达血药浓度高峰,血浆半衰期为8~9小时,主要经肾脏排泄,可从母乳中排出。

可见轻度锥体外系反应,增量过快可见一过性心电图改变,血压变化等。出现皮疹等过敏反应,应停药。

【二苯氧氮草类】

洛沙平(loxapine)化学结构与氯氮平相似,药理作用与氯氮平相似,为多巴胺D_2、D_3受体拮抗药,口服易吸收,达峰时间为1小时,半衰期3~4小时,有首过效应,体内分布广泛,可通过胎盘屏障,可自乳汁排出,主要在尿中排泄。

2. 第二代抗精神病药物

(1)氯氮平(clozapine):属于苯二氮草类药物,是新型抗精神病药物。氯氮平抗精神病作用强,对精神分裂症疗效与氯丙嗪相当且起效迅速,对于慢性患者、其他抗精神病药物无效的精神分裂症的阴性和阳性症状都有效。氯氮平是选择性D_4亚型受体拮抗药,对黑质-纹状体系统的D_2和D_3亚型受体几乎无亲和力,因此几无锥体外系反应。可引起粒细胞减少,严重者会导致粒细胞缺乏(女性多于男性),用药前及用药期间需进行白细胞计数检查。有引起致畸报道。近有报道提出精神分裂症的DA与5-HT平衡障碍病因学说,认为氯氮平的药理作用机制包括阻断$5-HT_{2A}$和DA受体、协调5-HT与DA系统之间的作用与平衡,因而称氯氮平为5-HT-DA受体阻断剂。

口服吸收迅速、完全,可通过血-脑屏障,血浆蛋白结合率95%,有首过效应,血药浓度达峰时间2.5小时,消除半衰期为8小时,经肝脏代谢,可从乳汁分泌。女性血药浓度显著高于男性,吸烟能加速药物代谢。常见不良反应为头痛、头晕、恶心、呕吐等,可见视力模糊、血压增高,粒细胞减少症或缺乏症。与大环内酯类抗生素合用可显著升高药物浓度,并可诱发癫痫发作。与抗肿瘤、抗甲状腺药合用,可加重血细胞毒性,与地高辛、华法林、肝素合用,可加重骨髓抑制。

(2)奥氮平(olanzapine):是一种新的非典型神经安定药,对多巴胺受体、5-HT受体和胆碱受体有拮抗作用。与氯氮平不同,不引起粒细胞缺乏症、迟发性运动障碍。口服吸收良好,血药浓度达峰时间5~8小时,蛋白结合率93%,消除半衰期为33小时,主要在肝脏代谢,约75%以代谢物形式经尿排泄。女性及非吸烟者半衰期延长,清除率降低。常见不良反应为嗜睡和体重增加。18岁以下患者不宜使用本药。

(3)喹硫平(quetiapine):是新型抗精神病药物,为脑内多种神经递质拮抗药。其作用机制是拮抗中枢多巴胺受体和5-HT受体。口服吸收好,血药浓度达峰时间1~2小时,平均半衰期为6~7小时,有首过效应,主要在肝脏代谢,约70%经尿排泄。常见不良反应为头晕、嗜睡、体位性

Note

低血压,锥体外系不良反应少见。避免与乙醇饮料同时服用。

(4) 利培酮(risperidone):是第二代非典型抗精神病药物。利培酮对 5-HT 受体和 D_2 亚型受体均有拮抗作用,对前者作用更强。利培酮有效剂量低,药物起效快,用药 1 小时可达血药浓度峰值,消除半衰期为 3 小时,大部分经肾脏排泄。锥体外系反应及抗胆碱作用轻,患者依从性优于其他抗精神病药物。

(5) 帕潘立酮(paliperidone):是利培酮的主要活性代谢物。对中枢多巴胺 D_2 受体和 $5-HT_2$ 受体有拮抗作用。血药浓度达峰时间为 24 小时,半衰期约为 23 小时。常见不良反应为神经系统障碍,可见头痛、头晕、嗜睡等。

(6) 齐拉西酮(ziprasidone):对多巴胺 D_2 受体和 $5-HT_{2A}$、$5-HT_{1D}$ 受体有拮抗作用。口服吸收良好,生物利用度约为 60%,血药浓度达峰时间为 6~8 小时,平均半衰期约为 7 小时。主要在肝脏代谢,经肾排泄。不良反应可见嗜睡、心动过速、高血压等。可拮抗左旋多巴及多巴胺受体激动剂的作用。

(7) 阿立哌唑(aripiprazole):是一种新型的非典型抗精神分裂症药物,对 DA 能神经系统具有双向调节作用,是 DA 递质的稳定剂。口服后血药浓度达峰时间为 3~5 小时,半衰期为 48~68 小时。不良反应较轻,主要为头痛、失眠等,患者耐受性较好。

(8) 氨磺必利(amisulpride):为苯甲酰胺的衍生物,多巴胺 D_2 受体拮抗药,可选择性地与边缘系统 D_2、D_3 受体结合。小剂量有振奋、激活作用;大剂量有镇静作用。人体吸收有两个峰:第一个峰出现在服药后 1 小时,第二个吸收峰在服药后 3~4 小时到达。常见不良反应为催乳素水平升高,体重增加等。可增强中枢神经系统抑制药、抗高血压药的作用。

二、抗躁狂药物

躁狂症(mania)以情绪高涨、烦躁不安、活动过度及思维、言语不能自制为特征。抗躁狂药物主要用于治疗躁狂症,因可防止双相情感障碍的复发,又将此类药物称为心境稳定剂。抗精神病药物也常用于治疗躁狂症,此外,一些抗癫痫药如卡马西平和丙戊酸钠也可用于躁狂症的治疗。

(一) 碳酸锂(lithium carbonate)

1949 年应用于临床治疗躁狂症。

1. 药理作用机制

(1) 锂选择性抑制肌醇单磷脂酰酶活性,干扰磷脂酰肌醇途径,降低脑内肌醇浓度,抑制蛋白激酶 C(protein kinase C,PKC)活性。中枢神经细胞第二信使三磷酸肌醇(IP_3)和二酰基甘油(DAG)是 α_1 受体效应的细胞内信使。锂通过抑制磷酸酶作用,降低细胞内 IP_3 和 DAG 含量,抑制靶蛋白磷酸化,最终明显减弱去甲肾上腺素激动 α_1 受体的效应,缓解躁狂症状。

(2) 能显著抑制中枢神经递质去甲肾上腺素和多巴胺释放,促进神经元突触的再摄取,使突触间隙去甲肾上腺素和多巴胺浓度降低。

(3) 锂离子理化性质与钠类似,通过离子通道进入细胞置换胞内钠离子,抑制钠离子产生动作电位,降低细胞兴奋性。

(4) 有实验表明,锂能促进细胞摄取葡萄糖及合成糖原,抑制糖异生,影响葡萄糖的代谢。

2. 体内过程
在胃肠道中几乎全部吸收,血药浓度达峰时间为 2~4 小时,不易与血浆蛋白结合,体内分布最初位于细胞外液,然后逐渐蓄积在不同组织。通过血 - 脑屏障很慢。约 95% 的锂经尿液排出,肾小球滤过的锂有 80% 在近曲小管重吸收,与钠的重吸收竞争,增加钠摄入可促进其排泄,而缺钠则可使锂在体内蓄积,引起中毒。

3. 不良反应
恶心、腹泻、嗜睡、多尿、多饮、体重增加、手细微震颤及痤疮。急性中毒表现为呕吐、严重腹泻、大幅震颤、共济失调、昏迷和惊厥。治疗浓度的锂可引起非癫痫患者的癫痫发作,加重重症肌无力,偶有弥散性甲状腺肿大和轻度脱发。锂的治疗指数低,安全且有效的浓度范围为 0.6~1.25mmol/L。因此,定期监测血药浓度很关键。

(二)卡马西平

有抗癫痫和抗躁狂 - 抑郁作用,可以改善某些精神疾病症状。作用机制包括可以增强 GABA 突触后作用;抑制边缘系统和间脑的阵发性放电活动发生和传播;减少 DA 引起的 cAMP 合成。但上述机制与其发挥抗躁狂作用的关系尚不清楚。用于急性躁狂发作、抑郁发作以及双相情感性精神障碍的维持治疗。对于锂盐治疗不能耐受或无效的患者,可考虑用卡马西平替代。

(三)丙戊酸钠

具有抗癫痫和抗躁狂 - 抑郁作用。丙戊酸可抑制 GABA 转氨酶活性,阻断 GABA 降解,从而增加脑内 GABA 浓度,用于急性躁狂发作的治疗。长期服用可以预防双相情感性精神障碍的反复发作。

三、抗抑郁药物

抑郁症(depression)是以情绪低落、思维迟缓、言语行为减少为主要症状的一类精神障碍。常有消极观念,严重的患者会出现自杀行为。抗抑郁药物可使 70% 的患者病情显著改善,长期治疗可减少反复发作的抑郁复发。

目前临床使用的抗抑郁药物包括三环类抗抑郁药、去甲肾上腺素(noradrenaline,NA)再摄取抑制药、5- 羟色胺(serotonin,5-HT)再摄取抑制药(SSRI)和单胺氧化酶抑制药等。大多数抗抑郁药作用于单胺类神经递质,特别是 NA 和 5-HT。药物的抗抑郁作用需要 2~3 周才显现。

(一)三环类抗抑郁药

三环类抗抑郁药物因结构中含有 2 个苯环和 1 个杂环而得名,是非选择性单胺摄取抑制剂,主要抑制 NA 和 5-HT 的再摄取。

1. 丙米嗪(imipramine)　是最早应用的三环类药物。

(1)药理作用及机制:

1)中枢神经系统作用:阻断 NA 和 5-HT 在神经末梢的再摄取,使突触间隙内递质浓度增高,从而促进突触的传递功能。

正常人用药后出现安静、嗜睡、血压稍降、头晕、目眩及口干、视力模糊等抗胆碱反应,连续用药会出现注意力不集中和思维能力下降。抑郁症患者连续用药后出现精神振奋现象,显著疗效则出现在持续用药 2~3 周后,表现为情绪高涨,症状减轻。

2)自主神经系统作用:治疗量丙米嗪有阻断 M 胆碱受体作用,表现出视力模糊、口干、便秘及尿潴留等症状。

3)心血管系统作用:治疗量丙米嗪可阻断单胺类再摄取而引起心肌 NA 浓度增高,可引起血压降低及心律失常,以心动过速最常见。心电图可表现为 T 波倒置或低平。丙米嗪对心肌有奎尼丁样直接抑制作用,心血管患者应慎用。

(2)体内过程:口服吸收良好,血药浓度达峰时间为 2~8 小时,血浆半衰期为 9~24 小时,蛋白结合率为 76%~95%,体内广泛分布,以脑、肝、肾和心脏分布较多,肝脏内代谢,自尿液排出。

(3)不良反应:口干、视力模糊、便秘、尿潴留及心动过速等抗胆碱作用最常见,因此青光眼、前列腺肥大患者禁用,还会出现多汗、无力、头晕、皮疹、体位性低血压、共济失调、肝功能异常、粒细胞缺乏症等。

2. 阿米替林(amitriptyline)　是临床常用的三环类药物,其药理机制与丙米嗪极为相似,对 5-HT 再摄取的抑制作用明显强于对 NA 再摄取的抑制。其镇静作用与抗胆碱作用也更强。一般用药后 7~10 天可产生明显疗效。

药物口服吸收稳定,8~12 小时达血药浓度高峰,体内与蛋白质广泛结合,肝脏代谢生成活性代谢物去甲替林,经尿液排出。阿米替林不良反应与丙米嗪相似,但更为严重。偶见加重糖尿病症状。禁忌证与丙米嗪相同。

3. 多塞平(doxepin)　作用与丙米嗪类似,抗抑郁症作用弱,镇静作用、抗焦虑作用及对血压的影响作用强于丙米嗪,对心脏影响小。口服易吸收,2~4 小时达血药浓度高峰,血浆蛋白结合率为 76%,体内分布广泛,可通过血 - 脑屏障和胎盘屏障。不良反应与丙米嗪相似,慎用于儿童和孕妇,老年患者需减量。

4. 氯米帕明(clomipramine)　通过抑制突触前膜对 NA 与 5-HT 的再摄取而产生抗抑郁作用。其抑制 5-HT 再摄取作用强于其他三环类药物,抗胆碱作用中等。口服吸收良好,能透过胎盘屏障。半衰期为 21~31 小时,经肝脏代谢,约 70% 经肾脏排泄。

5. 马普替林(maprotiline)　属三环结构,但其中央杂环结构与三环类抗抑郁药有明显不同,能阻断中枢神经突触前膜对 NA 的再摄取,对 5-HT 的再摄取无阻断作用。抗抑郁效果与丙米嗪、阿米替林相似,但起效快,不良反应少。口服、注射均可迅速吸收,分布至各组织,血药浓度达峰时间为 12 小时,平均半衰期为 43 小时,主要在肝脏代谢,约 57% 经肾脏排泄。不良反应少且轻,以胆碱拮抗症最常见。

(二) NA 再摄取抑制药

选择性抑制 NA 的再摄取,药物起效快,镇静作用、抗胆碱作用和降压作用均弱于三环类抗抑郁药物。

1. 地昔帕明(desipramine)

(1) 药理作用机制:强效 NA 再摄取抑制剂,对 DA 摄取也有一定的抑制作用,拮抗组胺 H_1 受体作用较强,还具有较弱的 M 受体和 α 受体拮抗作用。有轻度镇静作用。

(2) 体内过程:口服快速吸收,血药浓度达峰时间为 2~6 小时,肝脏内代谢成有活性的去甲丙米嗪,主要经尿液排出,少量经胆汁排泄。

(3) 不良反应:与丙米嗪相比不良反应较小,对心脏的作用与丙米嗪相似,过量会引起血压降低、心律失常、震颤、惊厥、口干、便秘等。老年人应减量。

2. 去甲替林(nortriptyline)

是阿米替林的代谢产物,药理作用与阿米替林相似,镇静、抗胆碱、降低血压作用、对心脏的影响及诱发惊厥作用均弱于母药阿米替林。口服吸收完全,生物利用度 46%~70%,血浆蛋白结合率为 93%~95%,半衰期 18~93 小时。24 小时内由尿排出 58%,其中少量为原形,大部分为羟基代谢物。不良反应比丙米嗪少而且轻,常见有口干、嗜睡、便秘、视力模糊、排尿困难、心悸,偶见心律失常、眩晕、运动失调、癫痫样发作、体位性低血压、肝损伤及迟发性运动障碍。严重心脏病、青光眼及排尿困难者禁用。

(三) 5-HT 再摄取抑制药

选择性 5-HT 再摄取抑制剂是目前抗抑郁新药开发最多的一类,其结构与三环类抗抑郁药完全不同,对 5-HT 再摄取的抑制作用选择性强,对其他递质和受体作用轻微,与三环类药物相比,疗效相似,不良反应少,已成为一线抗抑郁药物。

本类药物的作用机制是抑制突触前膜 5-HT 的再摄取,增加突触间隙内 5-HT 浓度,提高 5-HT 能神经的传导。

1. 氟西汀(fluoxetine)

(1) 药理作用机制:强效选择性 5-HT 摄取抑制剂,是抑制 NA 摄取作用的 200 倍,对抑郁症的疗效与三环类相当,耐受性与安全性优于三环类药物。

(2) 体内过程:口服吸收良好,血药浓度达峰时间为 6~8 小时,血浆蛋白结合率 80%~95%,半衰期为 48~72 小时,肝脏内代谢生成有活性的去甲氟西汀。

(3) 不良反应:恶心呕吐、头痛头晕、乏力失眠、厌食、体重下降、震颤、惊厥、性欲降低等。肝病者用药后可延长半衰期,肾功能不全者应减少用药剂量。警惕出现"5-HT 综合征",氟西汀与单胺氧化酶抑制剂合用时表现为不安、激越、恶心呕吐、腹泻,随后出现高热、强直、肌阵挛或震颤、自主神经功能紊乱、心动过速、高血压、意识障碍,最后可引起痉挛和昏迷,严重者可致死。

2. **帕罗西汀(paroxetine)**　强效 5-HT 摄取抑制剂,增加突触间隙内 5-HT 浓度而发挥治疗作用。口服吸收良好,血浆蛋白结合率为 95%,全身广泛分布,可通过乳腺分泌,主要经肝脏代谢。常见不良反应为口干、便秘、视力模糊、震颤、头痛、恶心等。禁与单胺氧化酶抑制剂联用,避免出现"5-HT 综合征"。

3. **舍曲林(sertraline)**　是选择性 5-HT 摄取抑制剂。口服易吸收,6~8 小时达血药浓度高峰,血浆蛋白结合率为 98%,主要不良反应为口干、恶心、腹泻、震颤、男性射精延迟、出汗等。禁与单胺氧化酶抑制剂合用。

4. **氟伏沙明(fluvoxamine)**　选择性抑制 5-HT 转运体,阻断突触前膜对 5-HT 的再摄取,无兴奋、镇静作用,无抗胆碱、抗组胺作用,对心血管系统无影响,不引起体位性低血压。口服吸收完全,生物利用度可达 90% 以上,血药浓度达峰时间为 1.5~8 小时,半衰期为 15~20 小时,血浆蛋白结合率 77%,在肝脏代谢,94% 经肾脏排泄。

5. **西酞普兰(citalopram)、艾司西酞普兰(escitalopram)**　西酞普兰是外消旋体,其左旋对映体可选择性抑制 5-HT 转运体,阻断突触前膜对 5-HT 的再摄取。艾司西酞普兰是单一的左旋对映体,在体内对 5-HT 再摄取的抑制作用是外消旋体的 5~7 倍。两药口服吸收良好,西酞普兰血药浓度达峰时间为 2~4 小时,生物利用度为 80%,在肝脏代谢,经肾脏排泄。艾司西酞普兰生物利用度 80%,蛋白结合率约为 56%,消除半衰期为 27~32 小时。两者均可经乳汁分泌。两药不良反应通常都短而轻微,常发生于用药后 1~2 周,持续用药不良反应可减轻或消失。常见不良反应为食欲减退、恶心、口干、腹泻等。

(四) 单胺氧化酶抑制剂

单胺氧化酶抑制剂是第一代非三环类抗抑郁药,能提高情绪,对抑郁症有明显疗效。老一代药物因严重的肝损害及高血压危象而被淘汰,近年研制的新型单胺氧化酶抑制剂又重新应用于临床。药物的药理作用机制为抑制神经末梢单胺氧化酶,增加单胺浓度从而增强递质功能而发挥治疗作用,体内单胺氧化酶(monoamine oxidase,MAO)分 A、B 两型,MAO-A 被抑制具有抗抑郁作用,新型药物对其选择性高,因此,食物中的酪胺可被降解,减少高血压危象的风险。传统单胺氧化酶抑制剂对 A、B 两型均有抑制作用,因肠道中单胺氧化酶被抑制,削弱肠道等组织对酪胺的降解作用,促使酪胺转化为去甲肾上腺素,当药物与拟交感药物或富含酪胺类食物(奶酪、啤酒、酵母)合用,会导致严重的高血压危象。此外,新型药物对 MAO 的抑制作用具有可逆性,8~10 小时可恢复酶的活性。

吗氯贝胺(moclobemide)是苯酰胺类衍生物,能可逆性抑制 MAO-A,从而提高脑内 NA、DA 和 5-HT 的水平,产生抗抑郁作用。口服吸收快而完全,血药浓度达峰时间为 1~2 小时,血浆蛋白结合率为 50%,在肝脏代谢,经肾脏排出,原形药可自乳汁分泌。不良反应少,偶见血压升高、失眠等。可增加糖尿病药物的药效,与卡马西平合用,能引起急性高血压、高热和痫性发作等。与增强 5-HT 能活性的药物合用,会导致严重的 5-HT 综合征。

(五) 其他抗抑郁药物

1. **曲唑酮(trazodone)**　属四环类抗抑郁药。作用机制可能与抑制 5-HT 摄取有关,但目前还不清楚,具有 α$_2$ 肾上腺素受体阻断剂特点,可翻转可乐定的中枢性心血管效应。口服吸收良好,与食物同服,可推迟其吸收,并使其吸收量下降,血浆蛋白结合率为 89%~95%,经肝脏代谢。不良反应较少,偶有恶心呕吐、体重下降、心悸、直立性低血压等。不能与单胺氧化酶抑制剂合用。两药用药间隔需 14 天以上。

2. **米安色林(mianserin)**　是四环类抗抑郁药。对突触前 α$_2$ 肾上腺素受体有阻断作用,其药理作用机制是通过抑制负反馈使突触前 NA 释放增加,疗效与三环类药物相当,抗胆碱能副作用较少。口服吸收,有首过效应,生物利用度约 70%,血浆蛋白结合率为 90%,全身分布,易透过血 - 脑屏障,经肝脏代谢,主要在尿中排泄。不良反应少,大剂量可见头晕、嗜睡等。

3. 米氮平(mirtazapine)　阻断突触前 α_2 肾上腺素受体,增加 NA 和 5-HT 释放,而 NA 的释放增加可刺激 5-HT 能神经元胞体上兴奋性的 α_1 肾上腺素受体,使神经元放电增加,间接性进一步提高 5-HT 的释放从而发挥治疗作用,抗抑郁效果与阿米替林相当。不良反应较轻。常见不良反应为体重增加和嗜睡。

4. 文拉法辛(venlafaxin)　为苯乙胺衍生物,是二环类抗抑郁药,可拮抗 5-HT 和 NA 的再摄取,具有抗抑郁作用。口服吸收良好,生物利用度 45%,血药浓度达峰时间 5.5 小时。有首过效应,血浆蛋白结合率为 27%~30%,在肝脏代谢,主要经肾脏排泄,可自乳汁分泌。不良反应少,可见恶心、嗜睡、口干、头昏、便秘等。

5. 度洛西汀(duloxetine)　为强效、高度特异性 5-HT 和 NA 双重再摄取抑制剂,可同时显著增加大脑额叶皮层和下丘脑细胞外 5-HT 和 NA 的浓度。口服吸收完全,与食物同服会推迟血药浓度达峰时间 6~10 小时。通常于给药后 6 小时达血药浓度峰值。生物利用度 50%,蛋白结合率高于 90%,消除半衰期为 12 小时。在肝脏代谢,经肾排泄。常见不良反应为恶心、镇静、嗜睡、失眠和头晕。

第六节　镇　痛　药

疼痛是一种因实际的或潜在的组织损伤而产生的痛苦感觉,常伴有不愉快的情绪或心血管和呼吸方面的变化,是临床多种疾病的常见症状。剧烈疼痛给患者不仅带来情绪反应,还引起机体生理功能紊乱,甚至诱发休克。控制疼痛是临床药物治疗的主要目的之一。

广义的镇痛药包括麻醉性镇痛药和非麻醉性镇痛药。本节介绍的镇痛药是指通过作用于中枢神经系统特定部位的阿片受体,消除或减轻疼痛,并同时缓解疼痛引起的不愉快情绪的药物。因其镇痛作用与激动阿片受体有关,且易产生药物依赖性或成瘾性,故称阿片类镇痛药或麻醉性镇痛药、成瘾性镇痛药。

阿片(opium)是罂粟科植物罂粟未成熟蒴果浆汁的干燥物,含有 20 多种生物碱,其中仅吗啡、可待因和罂粟碱具有临床药用价值。阿片类药物是源自阿片的天然药物及其半合成衍生物的总称。体内能与阿片类药物结合的受体称为阿片受体。阿片受体主要存在于下丘脑、中脑导水管周围灰质、蓝斑核和脊髓背角区。机体内主要由 μ、δ、κ 三类阿片受体介导阿片类药物的药理效应。

根据药理作用机制,阿片类镇痛药可分为 3 类:吗啡及其相关阿片受体激动药;阿片受体部分激动药和激动 - 拮抗药;其他镇痛药。

一、吗啡及其相关阿片受体激动药

(一) 吗啡(morphine)

吗啡是菲类生物碱,由德国学者 Serturner 于 1803 年首次从阿片中分离出来,以希腊梦神 Morpheus 的名字命名。可待因是 1832 年 Robiquet 发现的阿片中另一重要菲类生物碱,也产生阿片样作用,但镇痛作用较吗啡弱。罂粟碱由 Merck 于 1848 年发现,属于苄基异喹啉类生物碱,具有松弛平滑肌、舒张血管作用。

【药理作用】

1. 中枢神经系统

(1) 镇痛作用:吗啡激动脊髓胶质区、丘脑内侧、脑室及导水管周围灰质的阿片受体。具有强大的镇痛作用,对绝大多数急性痛和慢性痛的镇痛效果良好,对持续性慢性钝痛作用大于间断性锐痛,对神经性疼痛的效果较差。一次给药镇痛作用可持续 4~6 小时。

(2) 镇静、致欣快作用:吗啡能激活边缘系统和蓝斑核的阿片受体,中脑边缘叶的中脑腹侧背盖区——伏隔核多巴胺能神经通路与阿片受体/肽系统的相互作用,改善由疼痛所引起的焦虑、紧张、恐惧等情绪反应,产生镇静作用,提高对疼痛的耐受力。给药后,患者出现嗜睡、精神朦胧、理智障碍等,安静环境易诱导入睡,但易被唤醒。吗啡还可引起欣快症,表现为满足感和飘然欲仙等,对正处于疼痛状态的患者十分明显,而对于适应慢性疼痛的患者则不显著或引起烦躁不安。

(3) 抑制呼吸:降低脑干呼吸中枢对血液 CO_2 张力的敏感性,抑制脑桥呼吸调节中枢。治疗量可抑制呼吸,使呼吸频率减慢、潮气量降低、每分通气量减少,尤以呼吸频率减慢突出,并随剂量增加而作用增强,急性中毒时呼吸频率可减慢至 3~4 次/分,是吗啡急性中毒致死的主要原因。呼吸抑制发生的快慢及程度与给药途径密切相关,静脉注射 5~10 分钟或肌内注射 30~90 分钟,呼吸抑制最为明显。与麻醉药、镇静催眠药和乙醇等合用,加重其呼吸抑制,吗啡抑制呼吸的同时,不伴有对延髓心血管中枢的抑制。

(4) 镇咳:直接抑制延髓咳嗽中枢,使咳嗽反射减轻或消失,产生镇咳作用,可能与激动延髓孤束核阿片受体有关。

(5) 缩瞳:可兴奋支配瞳孔的副交感神经,引起瞳孔括约肌收缩,使瞳孔缩小。吗啡中毒时瞳孔极度缩小,针尖样瞳孔为其中毒特征。治疗量可降低正常人和青光眼患者眼内压。

(6) 其他中枢作用:作用于下丘脑体温调节中枢,改变体温调定点,使体温略有降低,长期大剂量应用,体温反而升高;兴奋延髓催吐化学感受区,引起恶心和呕吐;抑制下丘脑释放促性腺激素释放激素和促肾上腺皮质激素释放激素,从而降低血浆促肾上腺皮质激素、黄体生成素、卵泡刺激素的浓度。

2. 平滑肌

(1) 胃肠道平滑肌:减慢胃蠕动,使胃排空延迟,提高胃窦部及十二指肠上部的张力,易使食物反流,减少其他药物的吸收;提高小肠及大肠平滑肌张力,减弱推进性蠕动,延缓肠内容物通过,促使水分吸收增加,并抑制消化腺的分泌;提高回盲瓣及肛门括约肌张力,加之对中枢的抑制作用,使便意和排便反射减弱,而引起便秘。

(2) 胆道平滑肌:治疗量引起胆道奥迪括约肌痉挛性收缩,15 分钟内升高胆总管压 10 倍,作用可持续 2 小时以上。

(3) 其他平滑肌:降低子宫张力、收缩频率和收缩幅度,延长产妇分娩时程;提高膀胱外括约肌张力和膀胱容积,可引起尿潴留;大剂量可促进柱状细胞释放组胺引起支气管收缩,诱发或加重哮喘。

3. 心血管系统

扩张血管,降低外周阻力,当患者由仰卧转为直立时可发生直立性低血压,治疗量吗啡仅轻度降低心肌耗氧量和左室舒张末压。因抑制呼吸使体内 CO_2 蓄积,引起脑血管扩张和阻力降低,引起脑血流增加和颅内压增高。

4. 免疫系统

抑制淋巴细胞增殖,减少细胞因子分泌,减弱自然杀伤细胞的细胞毒作用。也抑制人类免疫缺陷病毒蛋白诱导的免疫应答,这可能是吗啡吸食者易感 HIV 病毒的主要原因。

【作用机制】

体内痛觉传入神经末梢通过释放谷氨酸、神经肽 P 物质(substance P,SP)等递质将痛觉冲动传向中枢,内源性阿片肽由特定神经元释放后激动脊髓感觉神经突触前、后膜上的阿片受体,通过百日咳毒素敏感的 G-蛋白耦联机制,抑制腺苷酸环化酶、促进 K^+ 外流、减少 Ca^{2+} 内流,使突触前膜递质释放减少、突触后膜超极化,最终减弱或阻滞痛觉信号的传递,产生镇痛作用,同

Note

时内源性阿片肽还通过增加中枢下行抑制系统对脊髓背角感觉神经元的抑制作用而产生镇痛作用。

吗啡的镇痛作用是通过激动脊髓胶质区、丘脑内侧、脑室及导水管周围灰质等部位的阿片受体,主要是 μ 受体,模拟内源性阿片肽对痛觉的调制功能而产生镇痛作用,而其缓解疼痛伴随的不愉快等情绪和致欣快的药理作用则与激活中脑边缘系统和蓝斑的阿片受体而影响多巴胺能神经功能有关。

【体内过程】

口服易吸收,首过消除作用强,生物利用度约为 25%,半衰期为 1.7~3 小时,进入体内 1/3 与血浆蛋白结合,广泛分布于全身各组织器官,以肺、肝、肾和脾等血流丰富的组织中浓度最高,通过血 - 脑屏障的速度慢。吗啡代谢的主要途径是与肝内葡萄糖醛酸结合。生成具有活性的吗啡 -6- 葡糖醛酸,其药理作用与吗啡相似,全身用药时效能是吗啡的两倍。吗啡长期用药时,其镇痛作用中较大部分是由吗啡 -6- 葡糖醛酸所致,吗啡 -6- 葡糖醛酸经肾脏排泄,肾衰竭时会引起积聚,老年患者建议使用低剂量吗啡。

【不良反应】

1. **常见不良反应** 治疗量引起眩晕、恶心、呕吐、便秘、呼吸抑制、尿少、排尿困难(老年多见)、胆道压力升高甚至胆绞痛、直立性低血压(低血容量者易发生)和免疫抑制等。偶见烦躁不安等情绪反应。

2. **耐受性及依赖性** 长期反复应用阿片类药物易产生耐受性和药物依赖型。耐受性是指长期用药后中枢神经系统对其敏感性降低,需要增加剂量才能达到原来的药效。其原因可能与血 - 脑屏障中 P- 糖蛋白表达增加,使吗啡难以通过血 - 脑屏障,以及孤啡肽生成增加拮抗阿片类药物作用有关。吗啡常规剂量连用 2~3 周即可产生耐受性。剂量越大,给药间隔越短,耐受出现越快越强,并与其他阿片类药物有交叉耐受性。依赖性表现为躯体依赖性,停药后出现戒断症状,甚至意识丧失,患者出现病态人格,有明显强迫性觅药行为,即出现成瘾性。

3. **急性中毒** 吗啡过量可引起急性中毒,主要表现有昏迷、深度呼吸抑制、针尖样瞳孔,伴有血压下降、严重缺氧及尿潴留。呼吸麻痹是致死的主要原因。抢救措施为建立开放性气道,维持患者通气,静脉注射阿片受体拮抗药,首选药物是纳洛酮。

吗啡禁用于分娩止痛和哺乳期妇女止痛,因其对抗缩宫素对子宫的兴奋作用而延长产程,且能通过胎盘屏障或经乳汁分泌,而抑制新生儿和婴儿呼吸。因抑制呼吸、抑制咳嗽反射及促组胺释放可致支气管收缩,禁用于支气管哮喘及肺源性心脏病患者。禁用于颅脑损伤所致颅内压增高的患者、肝功能严重减退患者及新生儿和婴儿。

(二) 可待因(codeine)

可待因又称甲基吗啡。口服易吸收,生物利用度为 60%,大部分在肝内代谢,代谢产物经肾排泄。

可待因与阿片受体亲和力低,药理作用与吗啡相似,作用较吗啡弱,镇痛作用为吗啡的 1/12~1/10,镇咳作用为吗啡的 1/4,对呼吸中枢抑制较轻,无明显镇静作用。无明显便秘、尿潴留及直立性低血压等不良反应,欣快感及成瘾性也低于吗啡。

(三) 哌替啶(pethidine)

哌替啶是苯基哌啶衍生物,1937 年在人工合成阿托品类似物时发现其具有吗啡样作用,是目前临床常用的人工合成镇痛药。

1. **药理作用** 主要激动 μ 型阿片受体,药理作用与吗啡基本相同,镇痛作用弱于吗啡,为吗啡的 1/10~1/7,作用持续时间较短,较少引起便秘和尿潴留。大剂量哌替啶可引起支气管平滑肌收缩,无明显中枢性镇咳作用,有轻微子宫收缩作用,但对妊娠末期子宫收缩无影响,也不对抗缩宫素的作用,因此不延缓产程。

2. 体内过程　口服易吸收,生物利用度为 40%~60%,皮下或肌内注射吸收更迅速,起效更快,因此临床常注射给药,血浆蛋白结合率为 60%,可通过胎盘屏障,进入胎儿体内。在肝内可代谢为哌替啶酸和去甲哌替啶,两者以结合形式经肾排泄。去甲哌替啶有中枢兴奋作用,反复大量使用哌替啶可引起肌肉震颤、抽搐甚至惊厥。

3. 不良反应　治疗量时不良反应与吗啡相似,可致眩晕、出汗、口干、恶心、呕吐、心悸和直立性低血压等。剂量过大可明显抑制呼吸,偶见震颤、肌肉痉挛、反射亢进甚至惊厥,中毒解救时可配合抗惊厥药。久用产生耐受性和依赖性。禁忌证与吗啡相同。

(四) 美沙酮(methadone)

μ受体激动药,是左、右旋异构体各半的消旋体,左旋美沙酮镇痛强度是右旋美沙酮的 50 倍。

1. 药理作用　镇痛强度与吗啡相当,但持续时间较长,镇静、抑制呼吸、缩瞳、引起便秘及升高胆内压作用较吗啡弱。美沙酮进入体内先与组织中蛋白结合,再缓慢释放入血,因此与吗啡相比,耐受性与成瘾性发生较慢,戒断症状略轻。口服美沙酮后再注射吗啡不引起原有的欣快感,不出现戒断症状,因而可减弱吗啡等的成瘾性,被广泛用于治疗吗啡和海洛因成瘾,即使不能根治,也有很大的改善。

2. 体内过程　口服吸收良好,30 分钟起效,血药浓度达峰时间为 4 小时,皮下或肌内注射达峰更快。血浆蛋白结合率为 90%,主要在肝脏代谢,经尿、胆汁或粪便排泄。美沙酮与各种组织包括脑组织中的蛋白结合,反复给药可在组织中蓄积,即使停药组织中的药物也可缓慢释放入血。

3. 不良反应　常见恶心、呕吐、便秘、头晕、口干和抑郁。长期用药出现多汗、淋巴细胞增多,血浆白蛋白、糖蛋白及催乳素增高。皮下注射有局部刺激作用。用于替代治疗时,肺水肿是过量中毒的主要死因。禁用于分娩止痛,以免影响产程、抑制胎儿呼吸。

(五) 芬太尼及其同系物

1. 芬太尼(fentanyl)　μ受体激动药。作用与吗啡相似,镇痛强度为吗啡的 100 倍。起效快,静脉注射 1 分钟起效,4 分钟可达高峰,维持约 30 分钟,肌内注射约 7 分钟起效,作用可维持1~2 小时。血浆蛋白结合率为 84%,经肝脏代谢。芬太尼透皮贴可使血药浓度维持 72 小时,镇痛效果稳定,使用方便。常见不良反应为眩晕、恶心、呕吐及胆道括约肌痉挛,大剂量可出现肌肉僵直。静脉注射过快可引起呼吸抑制。反复用药可产生依赖性。

2. 舒芬太尼(sufentanil)和阿芬太尼(alfentanil)　芬太尼的类似物,作用于μ受体,对δ和κ受体也有较弱作用。舒芬太尼的镇痛作用是吗啡的 1000 倍。两药起效快,作用时间短,称为超短效镇痛药。血浆蛋白结合率为 90%,经肝脏代谢后经肾排出。对心血管系统影响小。阿芬太尼体内很少蓄积,短时间手术可分次静脉注射,长时间手术可持续静脉滴注。

3. 瑞芬太尼(remifentanil)　新型芬太尼衍生物,μ受体激动药。注射后起效快,体内被快速水解,为短效镇痛药,血浆蛋白结合率 70%~90%,瑞芬太尼与芬太尼镇痛作用相似,体内几无蓄积。

(六) 二氢埃托啡(dihydroetorphine)

我国研制的强效镇痛药。主要激动μ受体,对δ和κ受体也有较弱作用。镇痛强度是吗啡的 6000~10 000 倍。因依赖性强,目前临床已基本不用。

二、阿片受体部分激动药和激动 - 拮抗药

阿片受体部分激动药在小剂量或单独使用时可激动某型阿片受体,表现镇痛等作用,当剂

量加大或与激动药合用时，又可拮抗该受体。某些阿片类药物对某一型阿片受体起激动作用，而对另一型阿片受体则起拮抗作用，因此称为阿片受体混合型激动 - 拮抗药。

(一) 喷他佐辛 (pentazocine)

阿片受体部分激动剂，可激动 κ 受体和拮抗 μ 受体。

1. 药理作用　镇痛作用为吗啡的 1/3，呼吸抑制作用为吗啡的 1/2，剂量超过 30mg 时，呼吸抑制程度不随剂量增加而加重，大剂量 (60~90mg) 可产生烦躁不安、梦魇、幻觉等精神症状，可用纳洛酮拮抗。对胃肠道平滑肌的兴奋作用比吗啡弱。大剂量可加快心率和升高血压，这与其升高儿茶酚胺浓度有关。冠心病患者静脉注射本药能提高平均主动脉压、左室舒张末压，增加心脏做功。

2. 体内过程　口服、皮下和肌内注射均吸收良好，首过消除作用明显。血药浓度与镇痛作用强度、持续时间相一致。血浆蛋白结合率为 60%，主要在肝脏代谢，经肾排泄。代谢速率个体差异大，是镇痛作用个体差异大的主要原因。

3. 不良反应　常见镇静、嗜睡、眩晕、出汗、轻微头痛，剂量增大能引起烦躁、幻觉、噩梦、血压升高、心率增快、思维障碍和发音困难等。局部反复注射，可使局部组织产生无菌性脓肿、溃疡和瘢痕，故应经常更换注射部位。经常或反复使用，可产生吗啡样躯体依赖性，但戒断症状比吗啡轻，此时应逐渐减量至停药，与吗啡合用可加重其戒断症状。能增加心脏负荷，故不适于心肌梗死的疼痛治疗。

(二) 布托啡诺 (butorphanol)

常用其酒石酸盐。

1. 药理作用　阿片受体部分激动药，可激动 κ 受体和弱拮抗 μ 受体。镇痛强度和呼吸抑制作用是吗啡的 3.5~7 倍，呼吸抑制程度不随剂量增加而加重，对胃肠道平滑肌兴奋作用较吗啡弱，可增加外周血管阻力和肺血管阻力，增加心脏做功。

2. 体内过程　口服可吸收，首过效应明显，生物利用度低，肌内注射吸收迅速而完全，血药浓度达峰时间为 30~60 分钟，血浆蛋白结合率为 80%，主要在肝脏代谢经肾排出。

3. 不良反应　常见镇静、乏力、出汗，个别出现嗜睡、头痛、眩晕、漂浮感、精神错乱等。常用可产生依赖性。

(三) 丁丙诺啡 (buprenorphine)

是一种半合成、高脂溶性的阿片受体部分激动药，可激动 μ 受体和 κ 受体，对 δ 受体有拮抗作用。镇痛强度是吗啡的 25 倍，作用时间长。与喷他佐辛比，较少引起烦躁等精神症状，易引起呼吸抑制。成瘾性比吗啡小，海洛因成瘾者服用后，能较好控制毒瘾。

(四) 纳布啡 (nalbuphine)

对 μ 受体的拮抗作用强于布托啡诺，κ 受体的激动作用弱于布托啡诺。镇痛作用稍弱于吗啡，呼吸抑制作用较轻，依赖性小、戒断症状轻。

(五) 美普他酚 (meptazinol)

μ 受体激动 - 拮抗剂，化学结构与吗啡相似。可口服、肌内注射、静脉给药。口服有首过效应，95% 经肝脏代谢。不良反应较轻，尤其呼吸抑制作用较弱。与其他阿片类药物比，基本无成瘾性。

三、其他镇痛药

(一) 曲马朵 (tramadol)

合成的可待因类似物，较弱的 μ 受体激动作用，与其亲和力为吗啡的 1/6000，能抑制去甲肾上腺素和 5-HT 再摄取。镇痛强度与喷他佐辛相当，镇咳作用为可待因的 1/2，呼吸抑制作用弱，对胃肠道无影响，也无明显的心血管作用。其镇痛机制尚未阐明，代谢物 O- 去甲基曲马朵对

μ受体亲和力比原形药高4倍,镇痛效应不完全被纳洛酮拮抗,提示有其他机制参与镇痛作用。口服1小时起效,血药浓度达峰时间为2~3小时,生物利用度68%,主要在肝脏代谢经肾排出。不良反应有多汗、头晕、恶心、呕吐、口干、疲劳等。可引起癫痫,静脉注射过快可出现颜面潮红,一过性心动过速。长期应用可成瘾。

(二)布桂嗪(bucinnazine)

布桂嗪又名强痛定(fortanodyn,AP-273)。镇痛强度是吗啡的1/3,口服10~30分钟起效,皮下注射10分钟起效,作用持续3~6小时。呼吸抑制和胃肠道作用较轻。偶见恶心、头晕、困倦。有一定的成瘾性。

(三)延胡索乙素及罗通定

延胡索乙素(tetrahydropalmatine)是我国学者从中药延胡索中提取的生物碱,即消旋四氢帕马丁,有效部分为左旋体,即罗通定(rotundine)。具有镇静、安定、镇痛和中枢性肌肉松弛作用。无明显成瘾性。镇痛作用与脑内阿片受体和前列腺素系统无关,能阻断脑内多巴胺受体,增加与痛觉有关的特定脑区脑啡肽原和内啡肽原的mRNA表达,促进脑啡肽和内啡肽释放。过量可致帕金森病。口服吸收后,10~30分钟起效,作用维持2~5小时。

四、阿片受体拮抗药

(一)纳洛酮(naloxone)

1. **药理作用**　对各型阿片受体均有竞争性拮抗作用,作用强度表现为:μ>κ>δ受体。

2. **体内过程**　口服易吸收,首过消除明显,静脉注射2分钟起效,作用持续30~60分钟,主要在肝脏代谢。

3. **不良反应**　无内在活性,不产生药理效应,不良反应少,对女性可刺激催乳素释放,大剂量偶见轻度烦躁不安。

(二)纳曲酮(naltrexone)

与纳洛酮相似,对κ受体的拮抗作用强于纳洛酮,口服生物利用度作用时间高于纳洛酮。

第七节　解热镇痛抗炎药

解热镇痛抗炎药(antipyretic-analgesic and antiinflammatory drugs)具有解热、镇痛作用,多数还具有抗炎和抗风湿的作用。由于其化学结构和抗炎机制与甾体药物不同,故又称为非甾体抗炎药(non-steroidal anti-inflammatory drugs,NSAIDs)。

一、作用机制

(一)抗炎作用

1969年由Willis首次提出前列腺素(prostaglandins,PGs)是炎症介质。NSAIDs是通过抑制环氧合酶(cyclooxygenase,COX),干扰花生四烯酸转化成前列腺素,进而产生抗炎作用(图9-3)。COX有两种异构体,即结构型COX-1和诱导型COX-2。COX-1在体内大多组织中表达,以维持生理平衡为主,参与血管舒缩、血小板聚集、胃黏膜血流、胃黏液分泌及肾功能等调节,其功能与保护胃肠黏膜、调节血小板聚集、调节外周血管阻力和调节肾血流量分布有关。COX-2正常情况下细胞内水平很低,多种致炎因子或细胞因子,可诱导大量COX-2产生,进而引起组织大量合成PGs,引起组织炎性反应。因此,在传统非甾体抗炎药的治疗中,胃肠道COX-1的抑制作用是胃肠道不良反应发生的主要原因,也为选择性COX-2抑制药的发展奠定了理论基础。目前临床常用的COX抑制剂的相关选择性见表9-4。

Note

细胞膜磷脂

磷脂酶 A₂ ← (−) 甾体抗炎药(糖皮质激素类)

花生四烯酸

脂氧合酶(LO)　环氧合酶(COX) ← (−) 非甾体抗炎药(阿司匹林类)

5-HPETE

PGG₂

PGI₂ 合成酶(血管内皮)　TXA₂ 合成酶(血小板)

PGH₂

异构酶　还原酶

LTs
参与过敏反应支
气管收缩白细胞
趋化诱发炎症

PGI₂
血管扩张
抗血小板聚集

PGE₂
诱发炎症
发热致痛
收缩子宫

PGF₂α
收缩支气管
收缩血管

TXA₂
血小板聚集
收缩血管

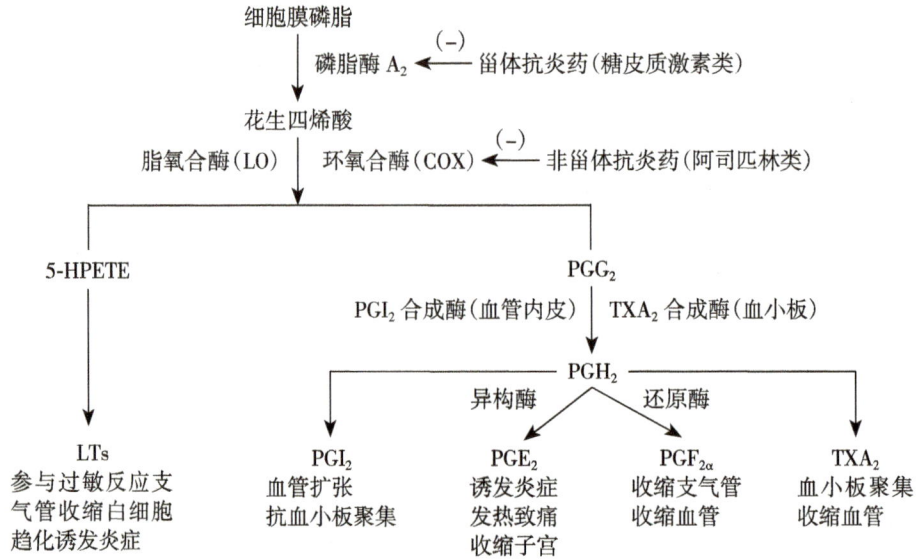

图 9-3　花生四烯酸代谢途径和主要代谢物的生物活性及药物作用环节

5-HPETE:5-过氧化氢廿碳四烯酸;LTs:白三烯类;PGG₂:前列腺素 G₂;PGI₂:前列腺素 I₂;
TXA₂:血酸素 A₂;PGE₂:前列腺素 E₂;PGF₂α:前列腺素 F₂α

表 9-4　临床常用的 NSAIDs 比较

分类	药物	主要特点
非选择性 COX 抑制药		
水杨酸类	阿司匹林	解热、镇痛、抗炎等作用;有胃肠反应及出血倾向
苯胺类	对乙酰氨基酚	解热镇痛作用,抗炎作用极弱,胃肠道反应常见
吲哚类	吲哚美辛	强效抗炎镇痛作用,不良反应发生率高
芳基乙酸类	双氯芬酸	中等强抗炎镇痛药,不良反应发生率较低
芳基丙酸类	布洛芬	一线药,不良反应发生率低
烯醇酸类	吡罗昔康	胃肠系统不良反应约 20%,耳鸣、皮疹等
	美洛昔康	与其他非选择性 COX 抑制剂比较,胃肠道反应轻
烷酮类	萘丁美酮	前体药,肝脏激活,不良反应较少,解热作用显著
异丁芬酸类	舒林酸	前体药,体内转化为磺基代谢物,不良反应中等程度
选择性 COX-2 抑制药		
二芳基吡唑类	塞来昔布	胃肠系统毒性显著降低
二芳基呋喃酮类	罗非昔布	胃肠系统毒性显著降低

(二)解热作用

NSAIDs 可使发热的体温降至正常,不影响正常人体温。正常状况下,人体依靠自身调节机制,保持体温相对恒定范围(正常成年人体温在 37℃ 左右)。在某些疾病状态下,发热激活物质(如病原体及其代谢产物)作用于机体,体内产生并释放内生致热原,再作用于体温调节中枢,促进下丘脑视前区合成中枢性致热介质前列腺素 E₂,能使中枢体温调定点上移,产热增加,进而体温增加。解热镇痛抗炎药通过抑制下丘脑 PGE₂ 的生成而发挥解热作用,但并不影响其他的因素,如环境温度变化或运动引起的体温升高。

(三)镇痛作用

NSAIDs 与麻醉性镇痛药物不同,只适用轻度到中度的慢性疼痛,尤其对一些化学性炎症引起的炎性疼痛非常有效,如牙痛、神经痛、关节痛或痛经,作用部位主要在外周,不会产生呼吸抑制和躯体依赖性。可与阿片类药物联合应用抑制术后疼痛。组织损伤或炎症时,可引起前列腺素合成增加,前列腺素是导致疼痛的重要炎症递质之一,可以使痛觉感受器对机械性和化学性刺激敏感,通过降低伤害感受器的感受阈值。解热镇痛药通过抑制中枢神经系统前列腺素的合成,降低组织对疼痛的敏感性,从而发挥镇痛作用。

二、不良反应

由于 NSAIDs 抑制了 COX,从而使 PGs 生成减少,产生抗炎镇痛的作用,但同时前列腺素的生理作用如抑制胃酸分泌、保护胃粘膜、调节肾血流、抑制血小板聚集及促进钠排泄等作用受到抑制,产生不良反应。

1. **胃肠道反应**　以胃肠道不良反应多见,可出现上腹部不适、恶心、呕吐、食欲减退等消化不良症状。严重者可出现胃、十二指肠溃疡及胃肠穿孔和出血。在相同剂量下,COX-2 选择性抑制药要比传统 NSAID 发生胃肠道不良反应概率低。

2. **心血管**　心血管不良反应源于 NSAIDs 对体内 COX-1 和 COX-2 抑制不平衡所引起。COX-1 在血小板表达,具有激活血小板产生血栓素(thromboxane A_2,TXA_2),可促进血小板聚集、血管收缩和血管增生的作用;而 COX-2 催化生成的前列环素(PGI_2)则抑制血小板聚集,促进血管舒张,并防止血管平滑肌细胞增生。选择性 COX-2 抑制剂抑制 PGI_2 形成同时,并不影响 TXA_2 的心血管效应。

3. **肾脏损害**　NSAIDs 可引起急性肾衰竭、水钠潴留、肾病综合征等,与其能抑制 PGs 的合成,从而抑制 Cl^- 重吸收和抗利尿激素的作用,导致水钠潴留,引起肾血管收缩和肾血流量减少有关。

4. **抑制分娩**　理论上,任何前列腺素合成抑制剂都可引起子宫动脉导管收缩和延长产程。吲哚美辛作为抗分娩剂时,会引起宫内胎儿动脉导管闭合以及胎循环受损,特别是大于 32 周的胎儿。且怀孕后期应用 NSAIDs 药物会增加产后出血的危险性。因此,怀孕是所有 NSAIDs 药物的相对禁忌证。

5. **超敏反应**　NSAIDs 药物可引起变态反应,表现为皮疹、全身性荨麻疹、瘙痒及哮喘等。

三、非选择性环氧合酶抑制药

(一)水杨酸类——阿司匹林

水杨酸是最早应用的 NSAIDs,其中阿司匹林(aspirin)是应用最广泛的解热、镇痛、抗炎药(图 9-4)。

1. **药理作用**　通过抑制前列腺素、组胺和缓激肽等的合成,从而产生解热镇痛以及抗炎的作用。

(1)镇痛:广泛用于缓解疼痛,疼痛类型为体表轻度疼痛而不是内脏痛,对头痛、关节痛和肌肉痛尤为有效,属于外周性镇痛药。

(2)解热:作用于下丘脑体温调节中枢,可引起外周血管扩张,增加皮肤血流,引起出汗和散热增加,能有效使发热者体温降低,但同时增加耗氧量和代谢率。中毒剂量的阿司匹林还可引起发热,同时大量出汗并加重脱水,导致水杨酸中毒。

(3)抗风湿:为治疗风湿热的首选药物。使用最大耐受剂量发挥明显的减轻关节组织和周围部位的炎症,是类风湿性关节炎治疗药物的对

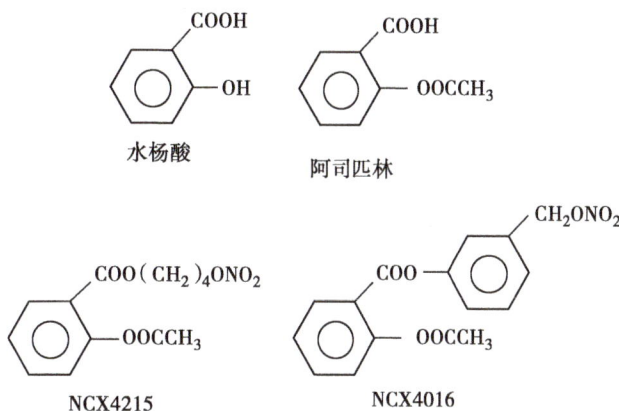

图 9-4　水杨酸、阿司匹林及其衍生物

照标准。但由于其胃肠道等不良反应,临床应用受到限制。

(4) 防止血栓形成:能使血小板 COX 不可逆的乙酰化,从而使 TXA_2 的生成减少。阿司匹林对血小板 COX 的作用是永久的,持续血小板的整个生命全程(7~10 天),直到足量的新生血小板产生,阿司匹林反复给药对血小板的作用具有累积效应,是其预防血栓栓塞性心肌梗死的作用机制。因此,每天给予小剂量阿司匹林(40mg),能明显减少 TXA_2 水平,而对 PGI_2 无明显影响。因此小剂量阿司匹林广泛用于心脑血管缺血事件一级和二级预防。

2. 体内过程　口服胃肠道吸收迅速。吸收转运过程中被胃黏膜、红细胞和肝脏中的酯酶水解,生成水杨酸,分布到全身组织器官,也可进入关节腔和脑脊液,也可通过胎盘。水杨酸与血浆蛋白结合率可达 80%~90%,经肝脏代谢,肾脏排出,排泄速度与尿液 pH 值相关,尿液碱化时,以水杨酸形式排出的比例增加;酸化时,以水杨酸形式排出的药物减少。

3. 不良反应

(1) 胃肠道反应:胃肠道反应最常见。口服可以直接刺激胃黏膜,引起上腹不适、恶心、呕吐,会引起胃溃疡并加重消化性溃疡症状(如胃部灼热、消化不良),甚至发生胃出血和糜烂性胃炎。

阿司匹林引起的胃出血可以是无痛的,若无察觉会导致缺铁性贫血。每日服用阿司匹林(4~5g),会经便血导致血流失 3~8ml。阿司匹林治疗者的胃镜检查常发现有胃黏膜溃疡和出血性损伤。

(2) 凝血障碍:阿司匹林有抑制血小板凝集的作用,使出血时间延长。有严重肝损伤、低凝血酶原血症、维生素 K 缺乏或血友病的患者禁用阿司匹林。对于手术患者,需手术前一周停用阿司匹林。对于机械性心脏瓣膜置换的患者,阿司匹林与口服抗凝药合用时应密切观察,因为两者都会延长出血时间,同时合用更易引起胃黏膜出血。

(3) 水杨酸中毒:阿司匹林过量会出现中毒反应,常发生于儿童,表现为头痛、眩晕、恶心、呕吐、耳鸣、听力减退、视力障碍、精神恍惚,甚至出现惊厥和昏迷等症状。水杨酸中毒属于急症事件,可引起死亡,没有特异性解药,快速诊断后立即治疗,遵循"A(airway)、B(breathing)、C(circulation)、D(decontamination)"方案。活性炭可以防止阿司匹林胃肠道进一步吸收。碳酸氢钠可碱化尿液,碱性尿液可最大程度的排出水杨酸盐。若上述方法不能改善症状,可进行血液透析。

(4) 对肝脏的影响:大剂量的阿司匹林会引起肝脏损伤,通常无明显症状,仅是肝脏转氨酶水平升高,但部分患者有上腹部不适,伴有触痛,黄疸少见。在停药后损伤可以逆转,但对于有慢性肝病的患者应禁用。另外,儿童患有如流感、水痘、麻疹等病毒性疾病同时服用阿司匹林退热时,会引起瑞夷综合征(Reye's syndrome),以严重肝损伤和肝性脑病为症状表现。因此,病毒感染的儿童禁用阿司匹林。

(5) 过敏反应:少数人服用阿司匹林会出现过敏反应,表现多样,如荨麻疹、支气管哮喘甚至喉头水肿、支气管狭窄。阿司匹林过敏反应与白三烯合成增多有关,进而影响花生四烯酸向脂氧酶转化代谢途径。

4. 药物相互作用　有增加不良反应的危险,因此避免与其他 NSAIDs 合用。与皮质激素合用时,会增加阿司匹林的胃肠道出血和溃疡等不良反应的发生率。抗酸药物及碱性药物会促进阿司匹林的排泄而降低疗效。能增加胰岛素的降血糖作用。可增加香豆素抗凝药、磺胺类降糖药、苯妥英钠、甲氨蝶呤的活性。

(二) 苯胺类——对乙酰氨基酚

对乙酰氨基酚(acetaminophen),又名扑热息痛(paracetamol),是非那西丁体内代谢产物,毒副作用显著小于非那西丁,被广泛用于临床。

1. 药理作用　与阿司匹林类似,有很好的解热镇痛作用,但抗炎作用较弱。虽然对非炎性骨关节炎的患者能有效缓解疼痛,但对于慢性炎症如类风湿性关节炎,仍无法取代阿司匹林。

耐受性较好,胃肠道不良反应少,单次或反复给药,对于心血管、血小板或凝血过程无影响,不会引起胃部刺激及出血现象。

对乙酰氨基酚已取代阿司匹林用于解热和镇痛,对于禁用阿司匹林的患者如胃溃疡、阿司匹林过敏、儿童发热尤为有效。

2. 体内过程　口服利用度高,达峰时间为 30~60 分钟,血浆半衰期为 2 小时。血浆蛋白结合率与其他 NSAIDs 相比要小。用药第 1 天,90% 药物从尿中排出,主要经肝脏代谢,约 60% 与葡萄糖醛酸结合,35% 与硫酸结合,3% 与半胱氨酸结合,还有少量羟基化和乙酰化产物。

3. 不良反应　非处方药,不良反应轻。偶见荨麻疹、皮疹,同时伴有药热和黏膜损害。对水杨酸盐过敏的患者很少对该药敏感。超剂量用药可引起致命性肝坏死,也可发生肾小管坏死和低血糖昏迷。

4. 药物相互作用　能增强抗凝药的作用,长期服用时需注意监测凝血酶原时间并调整给药剂量。与其他 NSAIDs 合用时,能增加肾脏毒性。

(三) 吲哚类——吲哚美辛

吲哚美辛(indomethacin,消炎痛),是甲基化吲哚衍生物。

1. 药理作用　有显著的解热镇痛和抗炎作用,与水杨酸盐类类似。吲哚美辛对于 COX-1 和 COX-2 抑制作用强于阿司匹林,患者不容易耐受,仅作为短期使用该药。目前用于抗炎和镇痛,如关节炎、腱鞘炎、强直性脊柱炎等。

2. 体内过程　口服生物利用度高,血药浓度达峰时间 1~2 小时,血浆蛋白结合率 90%,脑脊液中药物浓度很低。10%~20% 的药物原形经尿液排出。肝脏代谢物为去甲基化物和去氯苯甲酰化物。游离型和结合型产物均由尿、胆汁及粪便排出。存在肝肠循环,药物半衰期平均 2.5 小时。

3. 不良反应　使用治疗剂量的吲哚美辛,有 35%~50% 的患者出现不良反应。以胃肠道反应最为常见,包括腹泻、溃疡。有消化性溃疡的患者应禁用吲哚美辛。最常见的中枢神经系统反应包括剧烈头痛、眩晕,长期服用者 25%~50% 患者会出现。此外,偶见精神失常、极度抑郁、幻想和自杀。对于老年患者或有潜在精神错乱和癫痫的患者需谨慎用药。造血系统不良反应包括中性粒细胞减少、血小板减少等。

4. 药物相互作用　与其他 NSAIDs 合用、饮酒或与皮质激素合用时,能增加消化道溃疡的发病率,增加出血倾向。增强洋地黄、肝素、胰岛素、口服抗凝药、口服降糖药、硝苯地平、碳酸锂、甲氨蝶呤以及齐多夫定的药理作用或毒性。降低呋塞米、布美他尼的利尿降压作用。与氨苯蝶啶合用易引起肾功能损害。

(四) 芳基乙酸类——双氯芬酸

双氯芬酸(diclofenac)为邻氨基苯甲酸类衍生物。

1. 药理作用　具有解热镇痛和抗炎活性,通过改变花生四烯酸的释放或吸收过程,从而可以降低白细胞内游离花生四烯酸的浓度,用于类风湿性关节炎、骨关节炎和强直性脊柱炎的长期对症治疗。

2. 体内过程　口服吸收迅速,血浆蛋白结合率高达 99.7%,半衰期 1~2 小时,存在首过效应,口服生物利用度 50%,经肝脏代谢后与葡萄糖醛酸或硫酸结合后,迅速排出体外。

3. 不良反应　服用该药物 20% 患者发生不良反应,主要是胃肠道反应。5%~15% 的人会出现转氨酶水平轻度升高。其他不良反应还包括中枢神经系统反应、过敏反应,偶见肾功能损害。对于儿童、孕妇及哺乳期女性不推荐此药。此药对 COX-2 有一定选择性,对于心血管危险或脑血管疾病患者不宜选用。

Note

（五）芳基丙酸类——布洛芬

布洛芬（ibuprofen）是广泛使用的第一个丙酸类 NSAIDs，是非处方药。之后又研制开发出萘普生（naproxen）、非诺洛芬（fenoprofen）、酮布芬（ketoprofen）、氟苯布洛芬（flurbiprofen）等。

1. 药理作用 属于非选择性 COX 抑制药，药理作用与其他传统 NSAIDs 相似，通过抑制环氧化酶，减少前列腺素的生成，产生解热、镇痛、抗炎作用，临床治疗类风湿性关节炎、骨关节炎、强制性关节炎、滑液囊炎等，对于原发性痛经也有很好的疗效。

2. 体内过程 口服吸收完全，血浆蛋白结合率高，为 99%，主要由肝脏代谢，代谢产物为羟基和羧基结合产物，代谢产物主要由肾脏排泄，半衰期 2 小时。动物体内实验中，布洛芬易通过胎盘屏障。

3. 不良反应 与阿司匹林相比耐受性好，胃肠道不良反应发生率低于阿司匹林，但仍然会有 5%~15% 的患者出现胃肠道症状。不良反应常见包括血小板减少、头痛、眩晕、视力模糊，出现视力异常者需停药，妊娠晚期慎用。

4. 药物相互作用 增加肝素及口服抗凝药的出血危险性。增加甲氨蝶呤、降糖药的作用以及毒性，使呋塞米降压作用减弱。与维拉帕米、硝苯地平及丙磺舒合用，布洛芬的血药浓度增加。

（六）烯醇酸类——吡罗昔康

吡罗昔康（piroxicam）属于烯醇酸类衍生物。

1. 药理作用及临床应用 用于类风湿关节炎和骨关节炎的治疗，疗效与阿司匹林、吲哚美辛或萘普生类似，可用于急性痛风。因其起效慢，一般不适于急性镇痛。

2. 体内过程 口服吸收完全，存在肝肠循环，达峰时间为 2~4 小时，本药物吸收受食物影响可延缓，血浆半衰期平均 50 小时。血浆蛋白结合率高。主要代谢方式是肝药酶 CYP 介导的羟基化作用，生成无活性代谢产物和葡萄糖醛酸结合物。

3. 不良反应 胃肠道不良反应如恶心、胃部不适及消化不良最为常见，会引起中性粒细胞减少、嗜酸性粒细胞增多，停药后一般可自行消失，对过敏体质者可出现过敏反应，表现为皮疹、荨麻疹。长期服用须注意血常规及肝肾功能，心肾功能不全、出血性溃疡、凝血机制异常者及孕妇和儿童慎用。

4. 药物相互作用 与左氧氟沙星、氧氟沙星合用，可使中枢兴奋性增高，易引起癫痫发作。与利托那韦合用会引起吡罗昔康的血药浓度，增加毒性危险，应避免合用。

四、选择性环氧合酶 -2 抑制剂

传统 NSAIDs 大多是非选择性 COX 抑制药，因为抑制 COX-1，胃肠道不良反应发生率高，限制了其临床应用。因而这几年来选择性的 COX-2 抑制药相继出现。典型药物为昔布类，包括塞来昔布、罗非昔布等，该类药物可选择性抑制 COX-2，但是不抑制 COX-1，保护胃肠道免受溃疡的作用，进而避免 NSAIDs 胃肠道的不良反应。但许多研究证实选择性 COX-2 抑制剂可增加心脏病发作风险，选择性 COX-2 抑制剂的安全问题开始引起人们的关注。

（一）塞来昔布

1. 药理作用 塞来昔布（celecoxib）选择性抑制 COX-2，抑制 PGI_2 合成，但是不影响 TXA_2 合成，具有抗炎、镇痛和解热作用，用于治疗骨关节炎和风湿性关节炎，也可用于牙痛和痛经。由于存在潜在的心血管事件发生的危险，建议临床用最低治疗剂量，并尽可能短期应用，不作为首选药物。

2. 体内过程 口服易吸收，与血浆蛋白广泛结合，血药浓度达峰时间在给药后 2~4 小时，经肝脏细胞素色 CYP2C9 代谢，因此，临床用药应避免同时给予主要被细胞素色 CYP2C9 代谢的药物。

3. **不良反应**　胃肠道和血小板不良反应发生率明显降低,有心血管疾病倾向的患者应慎用。

4. **药物相互作用**　与细胞色素 CYP2C9 抑制剂他汀类降脂药、扎鲁司特和氟康唑合用,可使塞来昔布血药浓度增加。塞来昔布可使 β 受体拮抗剂、抗抑郁药及其他抗精神病药的血药浓度升高。

(二)罗非昔布

罗非昔布(rofecoxib)是选择性 COX-2 抑制剂,具有解热镇痛和抗炎作用,用于骨关节炎。口服吸收较好,血浆蛋白结合率为 87%,主要在肝脏代谢。近几年流行病学研究结果证实罗非昔布与高心血管事件风险的关联性,包括血栓、钠潴留和血压升高。Merck 公司将罗非昔布在全球范围内撤回。

第八节　全身麻醉药

全身麻醉药(general anesthetics)是能广泛可逆的抑制中枢神经系统,可以镇痛,使记忆缺失、意识丧失、感觉和反射消失及骨骼肌松弛,便于外科手术的进行。因为治疗指数很低,用药时需谨慎小心,需根据药物的药代动力学和不良反应来选择麻醉药物的种类和给药途径,除此之外还应根据外科手术的具体情况,以及患者自身身体状况,如年龄、病史和用药史。

一、全身麻醉药的作用机制

1. **作用部位**　由于全身麻醉药物可广泛抑制中枢神经系统的电活动,因此很难确定其精确的作用部位。大体来说,全身麻醉药可在众多水平上干扰神经系统功能。通过作用于中枢神经系统的不同部位而产生不同的麻醉效果。

2. **细胞水平**　吸入性麻醉药可使神经元超极化,突触后神经元兴奋性降低,减少神经递质释放诱导动作电位。吸入性麻醉药和静脉麻醉药,都可以影响突触神经递质的产生。吸入性麻醉药还可抑制兴奋性突触,同时增强抑制性突触的功能。

3. **分子水平**　麻醉药物的重要作用靶点是配体门控离子通道。抑制性 $GABA_A$ 配体门控氯离子通道对吸入性麻醉药和静脉麻醉药敏感。大多数全身麻醉药可增强 $GABA_A$ 受体对 GABA 敏感性,进而抑制性神经递质的作用加强,抑制神经系统活动。少数全身麻醉药通过抑制 N- 甲基 -D- 门冬氨酸(NMDA)受体,如氙气和氧化亚氮是 NMDA 选择性强效抑制剂,这些药物可通过作用于 NMDA 受体使机体意识消失。除此之外,吸入性麻醉药的作用还与激活 K^+ 通道的某些亚型有关。

二、吸入性麻醉药

常用吸入性麻醉药物治疗指数(LD_{50}/ED_{50})为 2~4,是临床用药中最为危险的药物之一。因此,吸入性麻醉药物的选用要考虑患者的病理生理状态,以及吸入性麻醉药的理化特点和副作用。理想的吸入性麻醉药物应具备麻醉诱导迅速,停药后患者恢复快。

(一)体内过程

吸入性麻醉药的效价强度常用最小肺泡浓度(minimum alveolar concentration,MAC)来评价。以 MAC 作为效价强度衡量标准,是因为首先肺泡内药物浓度可通过红外光谱仪或质谱仪进行测定;其次反映了麻醉药物在中枢神经系统作用部位的游离浓度;第三为临床提供易于测定的指标。吸入性麻醉药有各自的 MAC 数值(表 9-5)。MAC 数值越低,则该药物的麻醉作用越强。

Note

表 9-5　吸入性麻醉药物特性

药物特性	氧化亚氮	乙醚	氟烷	恩氟烷	异氟烷
血/气分布系数	0.47	12.10	2.30	1.80	1.40
脑/血分布系数	1.06	1.14	2.30-3.50	1.45	4.00
MAC(%)	100.0	1.92	0.75	1.68	1.15
诱导用吸入气浓度(%)	80.0	10.0-30.0	1.00~4.00	2.00~2.50	1.50~3.00
维持用吸入气浓度(%)	50.0~70.0	4.00~5.00	1.50~2.00	1.50~2.00	1.00~1.50
诱导期	快	很慢	快	快	快
骨骼肌松弛	很差	很好	差	好	好

1. **吸收**　吸入性麻醉药进入脑内发挥麻醉作用前,先进入肺泡,通过气/血和血/脑过程发挥作用,影响吸入性麻醉药物进入肺泡的主要因素包括吸入气内的药物浓度、肺通气量和血/气分配系数有关。血/气分配系数指血中药物浓度与吸入气中药物浓度达到平衡时的比值。血/气分配系数大的药物,在血液中的溶解度大,达到分压平衡慢,麻醉诱导时间长。

2. **分布**　药物在各个组织器官的分布量取决于该器官的血流供应量、药物在该组织的溶解度和动脉血与组织中麻醉药的分压差和组织的质量或容积。血液中药物浓度与脑组织药物浓度达到平衡时的比值即脑/血分配系数,脑/血分配系数越大,则进入脑组织的药量越大,意味着麻醉效应强而且持久。

3. **消除**　吸入性麻醉药物的消除主要是其摄取的逆向过程。以原形从肺部排出,脑/血和血/气分配系数较高的药物不容易被血液带走,患者苏醒慢。此外,增加通气量可以加快吸入性麻醉药从肺内的排泄,因此一旦发现患者麻醉过深,除停止给药外,还可通过加大通气量,加速吸入性麻醉药物的排泄。

(二) 常见用药

1. **氟烷**　氟烷(halothane)室温下为无色透明易挥发的液体,对光敏感,因此在棕色瓶中储存。氟烷和氧气或空气混合不会燃烧或者爆炸。氟烷其血/气和脂/血分配系数高,因此诱导相对较慢。氟烷长时间给药后在组织中蓄积,麻醉恢复时间随给药时间的延长而延长。60%~80% 氟烷经肺原形排出,未经肺排出的氟烷经肝脏 CYP 代谢。氟烷是耐受性好的强效吸入性麻醉药,用于麻醉的维持,常用于儿童以及术前静脉置管困难患者。不良反应包括剂量依赖性降低动脉血压,引起肾脏、脑和内脏器官在血压下降时灌流不足,以及诱发心律失常和升高颅压。随着副作用更小的新型吸入性麻醉药物的出现,氟烷临床应用已逐渐减少。

2. **异氟烷**　异氟烷(isoflurane)室温为易挥发液体,和氧气或空气混合不会燃烧或者爆炸。其血/气分配指数低于氟烷或恩氟烷,因此诱导麻醉及恢复迅速,经肺部原形呼出,有刺激性气味,通常用于麻醉的维持。不良反应包括气道刺激作用,可松弛子宫平滑肌,因此不适用于分娩的镇痛和麻醉。能减少脑代谢氧耗量,对脑血管扩张作用弱,是神经外科手术首选麻醉用药。

3. **恩氟烷**　恩氟烷(enflurane)室温下为无色澄清易挥发的液体,需密闭保存,和氧气或空气混合不会燃烧或者爆炸。与其血/气分配系数一致,其麻醉诱导和恢复相对较慢。临床主要用于麻醉维持。不良反应与异氟烷相似。

4. **地氟烷**　地氟烷(desflurane)室温为高挥发性液体,需密闭保存,和氧气或空气混合不会燃烧或者爆炸。其血/气和脂/血分配系数小,因此麻醉诱导迅速,停药后恢复快。在体内代谢少,以原形经肺部呼出。由于其起效快,苏醒迅速,因此门诊手术广泛应用。不良反应包括可降低体循环阻力,血压下降,但是心排血量影响不大,因此不影响重要脏器的血流灌注;对气道有刺激性,引起咳嗽以及喉痉挛,因此不作为麻醉诱导;可引起患者颅内压升高。

5. **七氟烷**　七氟烷(sevoflurane)室温下为无色澄清可挥发的液体,需密封保存,和氧气或

Note

空气混合不会燃烧或者爆炸。与干粉状 CO_2 吸收剂可产热，导致气道烧伤或燃烧、爆炸，因此禁止将七氟烷用于已被 CO_2 吸收剂干燥过的麻醉机中。其在血液和其他组织溶解度低，因此麻醉诱导迅速，停药后患者苏醒迅速。因此，适用于门诊患者麻醉。不会引起心动过速，适用于心肌缺血患者。对呼吸道无刺激性。

6. **氧化亚氮**　氧化亚氮（nitrous oxide）室温为无色无味气体。无可燃性和爆炸性。难溶于血液和其他组织，因此诱导迅速，苏醒快。但患者停用后，氧化亚氮可以从血液弥散到肺泡，稀释肺泡氧气，引起弥散性缺氧，因此临床上停用氧化亚氮后，需继续给予患者吸入纯氧而非空气。MAC 数值高，因此麻醉作用弱，主要作为其他麻醉药物的辅助用药。

三、静脉麻醉药

静脉麻醉药是通过静脉注射、肌内注射或口服等给药途径，产生麻醉等作用。与吸入性麻醉药相比具有使用方便，不刺激呼吸道，无易燃易爆危险，不污染手术室空气等优点。

1. **硫喷妥钠**　硫喷妥钠（thiopental sodium）是超短效作用的巴比妥类麻醉药。脂溶性高，易通过血-脑屏障，麻醉作用迅速，无兴奋期，但维持作用时间短。常规诱导剂量（3~5mg/kg）可在 10~30 秒内丧失患者意识，1 分钟达到峰值效应，药物从脑组织到其他组织存在再分布，因此单次给药的麻醉作用只持续 5~8 分钟。维持麻醉状态需持续给药。主要经肝脏代谢。不良反应包括呼吸抑制、支气管痉挛。临床常用于麻醉诱导和基础麻醉。

2. **丙泊酚**　丙泊酚（propofol）是目前较常用的静脉麻醉药。该药物不溶于水，配制成 1% 的乳剂，仅用于静脉注射。与硫喷妥钠具有相似的诱导剂量、起效时间和麻醉维持时间。清除半衰期相当短，通常也用于麻醉维持。血浆蛋白结合率高，肝脏代谢，肾脏排出。患者苏醒迅速完全，药物不易蓄积。不良反应包括可使血压呈剂量依赖性下降，因此慎用于低血压风险或无法耐受血压下降的患者。有呼吸抑制作用，用药后需严密观察以保证足够的氧合和通气。对新生儿活动只会产生一过性抑制，因此可以安全用于孕妇。

3. **氯胺酮**　氯胺酮（ketamine）是苯环己哌啶类化合物，是 NMDA 非竞争性拮抗剂，与 NMDA 受体蛋白的苯环己哌啶结合，从而抑制 NMDA 受体，进而阻断兴奋性神经传导。

氯胺酮与其他麻醉药物不同，它能迅速产生截然不同的催眠状态，产生显著镇痛作用、使患者对指令无反应，出现记忆缺失，可能出现睁眼，自发机体运动以及自主呼吸，这种木僵状态称为"分离麻醉"（dissociative anaesthesia）。起效快，镇痛作用强大，这点优于其他静脉麻醉药。

不良反应包括可增加脑血流量和颅内压，因而禁用于颅内压升高和有脑缺血危险的患者。还可使血压升高、心率加快，增加心肌耗氧量，因此不适用于心肌缺血倾向的患者。但由于其是强效支气管扩张药，适用于支气管痉挛高风险患者的麻醉。

4. **依托咪酯**　依托咪酯（etomidate）是强效超短时非巴比妥类催眠药。起效迅速，诱导剂量持续时间 4~8 分钟，肝脏代谢灭活，通过肾脏和胆汁排出。优点是诱导后患者心血管系统稳定，不影响冠脉灌注压，有利于心血管系统的稳定，因此依托咪酯是冠状动脉疾病、心肌病、脑血管疾病患者的最佳选择。与硫喷妥钠相比，依托咪酯的呼吸抑制轻，但是可引起恶心和呕吐，并且会抑制肾上腺皮质激素的应激反应。

四、全身麻醉辅助用药

全身麻醉药物经常与辅助用药联合应用，全身麻醉辅助用药使麻醉药的作用得以扩充，并且减少全身麻醉药物的用药量，进而减少全身麻醉药物的不良反应。

（一）苯二氮䓬类

围术期常用的苯二氮䓬类药物为咪达唑仑（midazolam），其次为地西泮（diazepam）、劳拉西泮（lorazepam）。因其在麻醉剂量产生记忆缺失和镇静作用时间过长，因此只作为镇静药而非麻醉药使用。老人对苯二氮䓬类药物较敏感,恢复较慢,因此对于老年患者需小剂量给药。苯二氮䓬类药物可轻度降低血压和呼吸动力,偶尔引起呼吸暂停,因此静脉给予苯二氮䓬类药物用于镇静时,应监测患者的血压和呼吸频率。

(二) α_2 肾上腺素能受体激动药

α_2 肾上腺素能受体激动药右旋美托咪啶激活 α_{2A} 受体,产生镇静和镇痛作用,其镇痛作用近似于自然睡眠,患者易于唤醒,但记忆缺失作用不明显。常见的不良反应包括低血压和心动过缓,恶心和口干也较为常见。有严重低血压倾向的患者应减量。

(三) 镇痛药

全身麻醉药常合用镇痛药,用以减少麻醉药物用量,并减少疼痛刺激所带来的血流动力学变化。非甾体抗炎药、环氧合酶-2抑制剂或对乙酰氨基酚作为外科小手术提供镇痛作用。而阿片类药物起效快、作用强,是围术期最常用的镇痛药物。

芬太尼、舒芬太尼、阿芬太尼、瑞芬太尼、哌替啶和吗啡都是围术期常用静脉镇痛药物,通过激活阿片受体发挥镇痛作用。它们的作用强度依次为舒芬太尼 > 瑞芬太尼 > 芬太尼 > 阿芬太尼 > 吗啡 > 哌替啶。

(四) 神经肌肉阻断药

麻醉诱导时应用肌松药,可松弛下颌、颈部及气道肌肉,便于放置喉镜和气管插管。麻醉诱导后,同样需要去极化型和非去极化型肌松药,使肌肉持续松弛,便于外科手术的暴露和避免不必要的体动。常用肌松药包括去极化型(如琥珀胆碱)和非去极化型(如泮库溴铵)。

(彭 亮)

本章小结

中枢神经药理学不仅是研究中枢神经系统药物与机体相互作用及作用规律的学科,也是研究中枢神经系统功能的工具。中枢神经系统药物作用机制较其他系统药物更为复杂,药物效应受到细胞信号传导持续性变化和神经元可塑性影响。多数中枢神经系统药物是通过作用于靶细胞上特异性受体,调节突触信息传递而发挥作用;少数药物通过非特异性机制产生效应。本章主要内容包括:①镇静催眠药:是一类对中枢神经系统产生广泛抑制,减少机体活动,降低兴奋性,诱导和维持近似生理睡眠作用的药物,常用药物包括苯二氮䓬类、巴比妥类、非苯二氮䓬类 GABA$_A$ 受体激动药等。②抗癫痫和抗惊厥药物:根据癫痫发病机制,将其分为三类:一类通过抑制电压依赖性 Na$^+$ 通道,进而抑制神经元的兴奋,如苯妥英钠等;二类增强 γ-氨基丁酸介导的突触抑制,如苯巴比妥等;第三类为抑制电压依赖性 Ca^{2+} 通道,如乙琥胺等;抗惊厥药物主要包括硫酸镁,可抑制中枢神经系统,松弛骨骼肌。③抗帕金森病和治疗阿尔茨海默病药物:多数药物仅限于对症治疗,并不能改变其基础疾病的病程,抗帕金森药物主要恢复多巴胺能和胆碱能神经系统的平衡状态,包括拟多巴胺药,如左旋多巴、卡比多巴等;抗胆碱药,如苯海索和苯扎托品。治疗阿尔茨海默病药物主要机制为增加中枢胆碱能神经元功能和减少谷氨酸神经毒性,包括胆碱酯酶抑制剂,如多奈哌齐;谷氨酸受体拮抗剂,如美金刚。④抗精神失常药物:通过作用于中枢神经系统的神经递质受体,从而调节神经递质参与的神经精神活动,达到临床治疗目的;根据临床用途分为抗精神病药物、抗躁狂药物或心境稳定剂、抗抑郁药物及抗焦虑药物,根据结构将抗精神病药物分为吩噻嗪类、硫杂蒽类、丁酰苯类及其他;第一代经典抗精神病药物主要通过阻断中脑-边缘系统和中脑-皮层系统的 DA 受体,如氯丙嗪;第二代非经典抗精神病药物主要是通过阻断 5-HT 受体,如利培酮和氯氮平;抗抑郁药物包括三环类抗抑郁药、去甲肾上腺素再摄取抑制药、5-羟色胺再摄取抑制药（SSRI）和单胺氧化酶抑制药等；大多数抗抑郁药作用于单胺类神经递质，特别是 NA 和 5-HT；躁狂症治疗代表药物为碳酸锂，降低脑内肌醇浓度及突触间隙 NA 和 5-HT 浓度。⑤解热镇痛抗炎药：根据对环氧合酶抑制性不同，将其分为非选择性环氧合酶抑制药，代表药包括阿司匹林、对乙酰氨基酚、吲哚美辛等；选择性环氧合酶 -2 抑制药，代表药包括塞来昔布和罗非昔布。

复习思考题

1. 简述中枢神经系统药物的特点。
2. 简述苯二氮䓬类药物的作用机制、药理作用和临床应用。
3. 简述抗癫痫药物作用机制、临床应用和不良反应。
4. 简述抗帕金森病常用药物分类、作用机制和临床应用。
5. 简述抗精神失常药物的主要作用机制。
6. 比较阿片类镇痛药与解热镇痛抗炎药的镇痛作用特点。

参考文献

1. Hertz L, Song D, Li B, et al. Signal transduction in astrocytes during chronic or acute treatment with drugs (SSRIs, antibipolar drugs, GABA-ergic drugs, and benzodiazepines) ameliorating mood disorders. J Signal Transduct, 2014, 2014 : 593934.

2. 杨宝峰. 药理学. 第 8 版. 北京：人民卫生出版社, 2013.

3. 杨世杰. 药理学. 第 2 版. 北京：人民卫生出版社, 2010.

4. 杨世杰. 药理学. 北京：人民卫生出版社, 2001.

5. 陈新谦, 金有豫, 汤光. 新编药物学. 第 17 版. 北京：人民卫生出版社, 2011.

6. Laurene L. Brunten and Keith L. Parker 主编 刘惠 金满文主译. Goodman & Gilman 药理学和治疗学手册. 北京：科学出版社, 2009.

Note

第十章　作用于周围神经系统的药物

第一节　周围神经系统药理概述

一、作用于周围神经系统药物的分类

周围神经系统(peripheral nervous system)又称外周神经系统,可分为自主神经系统(autonomic nervous system)和躯体神经系统(somatic nervous system)。自主神经系统包括交感神经系统(sympathetic nervous system)和副交感神经系统(parasympathetic nervous system),形成对内脏器官的双重神经支配,主要支配心脏、血管、平滑肌和腺体等效应器,产生如心肌收缩、平滑肌收缩和腺体分泌等不受人的意识控制的非随意性活动。运动神经系统则支配骨骼肌,产生肌肉运动和呼吸等随意性活动(图 10-1)。

周围神经系统从中枢神经系统发出大量神经纤维分布至全身各器官和组织中,起传入和传出信息的作用。传入神经(afferent nerve),也称感觉神经,是将外周感受器上发生的神经冲动传到中枢的神经纤维;传出神经(efferent nerve),也称运动神经,是将中枢发出的神经冲动传至外周效应器的神经纤维。传出神经根据其末梢释放的递质不同,可分为胆碱能神经(cholinergic nerve)和去甲肾上腺素能神经(noradrenergic nerve),前者释放乙酰胆碱(acetylcholine,ACh),后者主要释放去甲肾上腺素(noradrenaline,NA),胆碱能神经主要包括全部交感神经和副交感神经的节前纤维、运动神经、全部副交感神经的节后纤维和极少数交感神经节后纤维(支配汗腺分泌和骨骼肌血管舒张的神经)。去甲肾上腺素能神经则包括几乎全部交感神经节后纤维(图 10-2)。

作用于周围神经系统的药物包括了作用于传入神经的药物和作用于传出神经的药物两大部分。在本章中,作用于传入神经的药物只介绍局部麻醉药,作用于传出神经系统药物的药理作用表现为拟似或拮抗神经递质(乙酰胆碱和肾上腺素)的功能,故按其药理作用、对不同类型受体的选择性和作用部位进行分类如表 10-1 所示。

表 10-1　作用于传出神经系统药物的分类和代表药

拟似药	拮抗药
胆碱受体激动药	胆碱受体阻断药
M 受体激动药(毛果芸香碱)	M 受体阻断药(阿托品及合成代用品)
N 受体激动药(烟碱,无临床应用)	M_1 受体阻断药(哌仑西平)
M、N 受体激动药(卡巴胆碱)	N 受体阻断药
抗胆碱酯酶药	N_N 受体阻断药(美卡拉明,已淘汰)
易逆性抗胆碱酯酶药(新斯的明)	N_M 受体阻断药(琥珀胆碱)
难逆性抗胆碱酯酶药(有机磷酸酯类)	胆碱酯酶复活药(氯解磷定)
肾上腺素受体激动药	肾上腺素受体阻断药
α 受体激动药	α 受体阻断药
α_1 受体激动药(去氧肾上腺素)	α_1 受体阻断药(哌唑嗪)

续表

拟似药	拮抗药
α₂ 受体激动药(可乐定)	α₂ 受体阻断药(育亨宾,无临床应用)
α₁、α₂ 受体激动药(去甲肾上腺素)	α₁、α₂ 受体阻断药
β 受体激动药	①短效类(酚妥拉明)
β₁ 受体激动药(多巴酚丁胺)	②长效类(酚苄明)
β₂ 受体激动药(沙丁胺醇)	β 受体阻断药
β₁、β₂ 受体激动药(异丙肾上腺素)	β₁ 受体阻断药(美托洛尔)
α、β 受体激动药(肾上腺素)	β₁、β₂ 受体阻断药(普萘洛尔)
	α、β 受体阻断药(拉贝洛尔)

备注:本章所列药物是 2013 年版国家基本药物目录和 2012 年国家医保目录里的药物

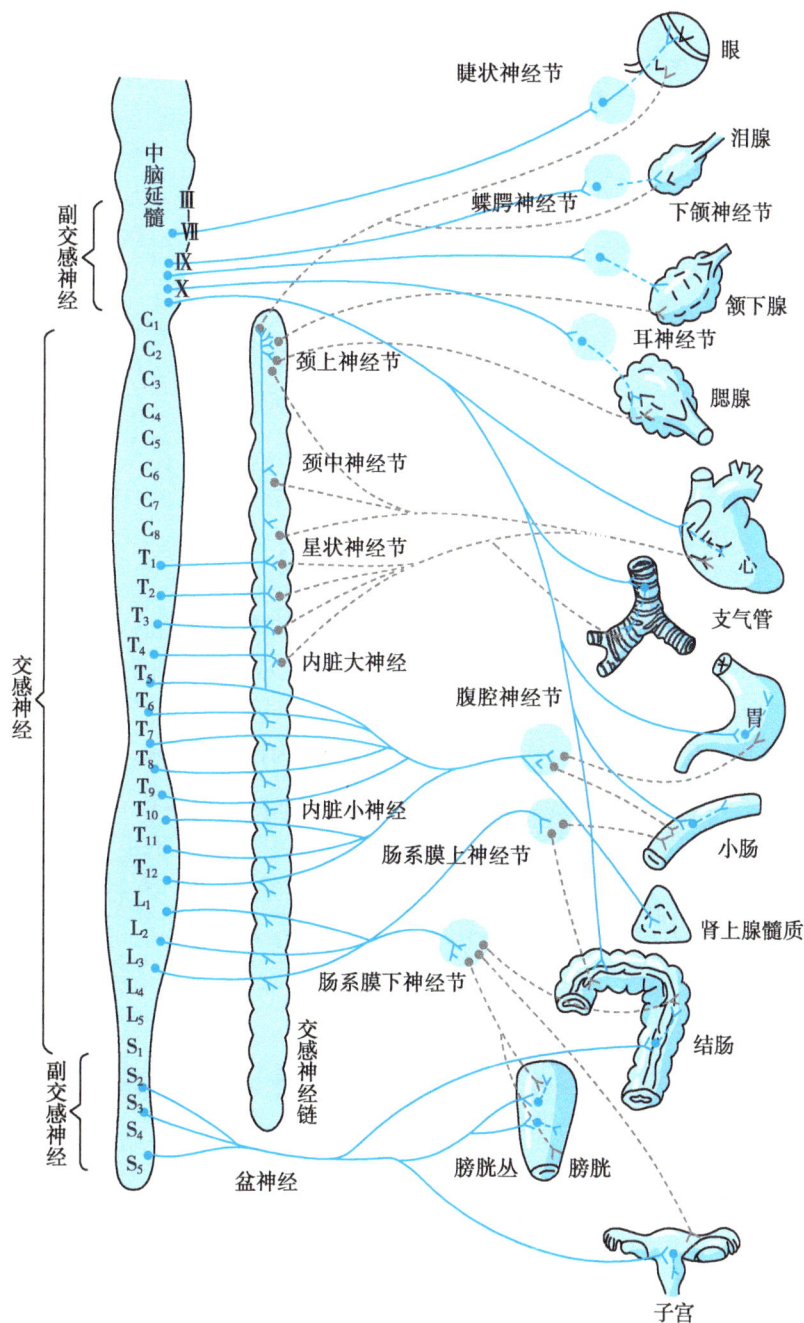

图 10-1　自主神经系统分布示意图

蓝色:胆碱能神经,实线:节前纤维,灰色:去甲肾上腺素能神经,虚线:节后纤维

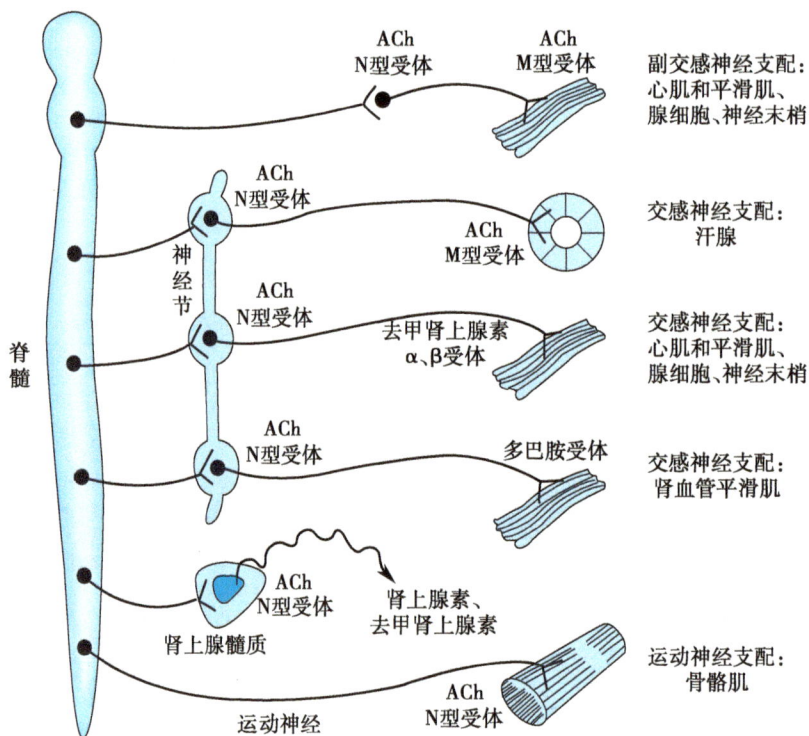

图 10-2　传出神经分类模式图

二、传出神经系统药物的基本作用方式

作用于传出神经系统的药物主要是在突触部位通过与受体结合而产生生理效应或通过影响递质的合成、贮存、释放和代谢等环节而发挥作用。

（一）直接作用于受体

许多传出神经系统药物是直接与胆碱受体或肾上腺素受体结合,产生相应的生理学效应。若与受体结合后产生效应与神经末梢释放的递质效应相似,如表 10-2 所示,称为激动药(agonist);若结合后不产生或较少产生拟似递质的作用,并可妨碍递质与受体的结合,产生与递质相反的作用,称为阻断药(blocker),对激动药而言,则称为拮抗药(antagonist)。

表 10-2　传出神经系统的受体和相应的生理学效应

效应器	肾上腺素能神经兴奋 释放去甲肾上腺素（NA）		胆碱能神经兴奋 释放乙酰胆碱（ACh）	
	效应	受体	效应	受体
心脏				
心肌	收缩力加强	β_1,β_2	收缩力减弱	M_2
窦房结	心率加快	β_1,β_2	心率减慢	M_2
传导系统	传导加速	β_1,β_2	传导减慢	M_2
平滑肌				
血管				
皮肤、内脏	收缩	α	舒张	
骨骼肌	舒张	β_2		
	收缩	α		
冠状动脉	舒张	β_2		
内皮			释放 EDRF	M_3
支气管,气管	舒张	β_2	收缩	M_3

续表

| 效应器 | 肾上腺素能神经兴奋 释放去甲肾上腺素（NA） | | 胆碱能神经兴奋 释放乙酰胆碱（ACh） | |
	效应	受体	效应	受体
胃肠道				
胃肠壁	舒张	α_2、β_2	收缩	M_3
括约肌	收缩	α_1	舒张	M_3
分泌			增加	M_3
肌肠丛			激活	M_1
泌尿道				
膀胱壁	舒张	β_2	收缩	M_3
括约肌	收缩	α_1	舒张	M_3
生殖道				
子宫（妊娠）	舒张	β_2		
	收缩	α	收缩	M_3
阴茎,精囊	射精	α	勃起	M
眼				
虹膜	瞳孔扩大肌收缩（扩瞳）	α_1	瞳孔括约肌收缩（缩瞳）	M_3
睫状肌	舒张（远视）	β	收缩（近视）	M_3
腺体				
大汗腺	分泌	α		
唾液腺	分泌 K^+、H_2O	α	分泌 K^+、H_2O	M_1
胃肠道、呼吸道腺体	分泌淀粉酶	β_2	分泌	
胰岛（B 细胞）	促进分泌	β_2		
	抑制分泌	α_2		
皮肤				
竖毛肌	收缩	α		
代谢				
肝脏糖代谢	肝糖原分解、糖异生	α、β_2		
骨骼肌糖代谢	肌糖原分解	β_2		
脂肪代谢	脂肪分解	β_3		
肾脏代谢	肾素释放	β_1		
自主神经末梢				
交感			减少 NE 释放	M
副交感	减少 ACh 释放	α		
骨骼肌			收缩（运动神经）	N_M

注：各种组织都有不同类型的受体分布,本表所列是在各组织中占多数的受体;EDRF:内皮依赖性舒张因子

　　这类药物品种很多,也较常用。由于胆碱受体分为 M 和 N 两型,肾上腺素受体也有 α 和 β 两型。因此,选择性地作用于不同类型受体的激动药和阻断药也具有相应的分类。如去甲肾上腺素主要与 α 受体结合,称为 α 受体激动药;异丙肾上腺素与 β 受体结合,为 β 受体激动药;而普萘洛尔与 β 受体结合,不产生效应,称为 β 受体阻断药。

（二）影响递质

1. 影响递质合成　密胆碱可以抑制乙酰胆碱的合成,α- 甲基酪氨酸能抑制去甲肾上腺素生物合成,但两者目前无临床应用价值,仅作为药理学研究工具药。

2. 影响递质释放　麻黄碱和间羟胺通过促进去甲肾上腺素的释放,发挥拟肾上腺素作用;卡巴胆碱通过促进乙酰胆碱的释放,发挥拟胆碱作用。

3. 影响递质的转运和贮存　利血平通过抑制去甲肾上腺素能神经末梢内囊泡膜对去甲肾上腺素的主动再摄取,使贮存在囊泡内的递质逐渐减少,最终耗竭,阻碍去甲肾上腺素能神经冲动的传递。

4. 影响递质的代谢　抗胆碱酯酶药新斯的明通过抑制乙酰胆碱酯酶(acetylcholinesterase,AChE),阻止 ACh 的水解,发挥拟胆碱作用。

第二节　胆碱受体激动药

胆碱受体激动药(cholinoceptor agonists)通过与 M 和(或)N 胆碱受体结合,直接激动受体,产生与递质 ACh 相似的作用。ACh 是中枢和外周神经系统的内源性神经递质,激动 M 和 N 胆碱受体。根据药物对不同胆碱受体亚型的选择性,分为 M 胆碱受体激动药和 N 胆碱受体激动药。

一、M、N 胆碱受体激动药

这类药物既可作用于节后胆碱能神经支配的效应器的 M 胆碱受体,也作用于神经节的 N_N 胆碱受体和骨骼肌的 N_M 胆碱受体。

(一)乙酰胆碱(acetylcholine,ACh)

乙酰胆碱的化学性质不稳定,遇水易分解,在体内可被 AChE 迅速破坏,且作用广泛,选择性差,故可作为药理学研究的工具药,但无临床实用价值。ACh 作为胆碱能神经递质,分布较广,具有非常重要的生理功能,因此熟悉 ACh 的药理作用及机制有助于掌握胆碱受体激动药和胆碱受体阻断药的药理作用。ACh 的药理作用包括:

1. 心血管系统

(1) 舒张血管:静脉注射小剂量(20~50μg/min)乙酰胆碱可舒张全身血管,如肺血管和冠状血管。舒张血管的作用是由于激动血管内皮细胞 M_3 受体,导致内皮依赖性舒张因子(endothelium-derived relaxing factor,EDRF)即一氧化氮(nitric oxide,NO)释放,从而引起邻近平滑肌细胞松弛;也可能通过压力感受器或化学感受器反射引起舒张血管的作用。若内皮细胞受损则上述效应消失,相反可引起血管收缩。此外,ACh 也可激动去甲肾上腺素能神经末梢突触前膜 M_1 受体,抑制 NA 的释放而产生舒张血管作用。

(2) 负性肌力作用(negative inotropic effect):即减弱心肌收缩力。胆碱能神经主要分布于窦房结、房室结、普肯耶纤维和心房,而心室较少有胆碱能神经支配,故 ACh 对心房收缩的抑制作用大于心室。但由于迷走神经末梢与交感神经末梢紧密相邻,迷走神经末梢所释放的 ACh 可激动交感神经末梢突触前 M 受体而抑制 NA 的释放,导致心室收缩力减弱。

(3) 负性频率作用(negative chronotropic effect):即减慢心率。大剂量的 ACh 能使窦房结舒张期自动除极延缓,复极化电流增加,使动作电位到达阈值的时间延长,导致心率减慢。

(4) 负性传导作用(negative dromotropic effect):即减慢房室结和普肯耶纤维传导。ACh 延长了房室结和普肯耶纤维(Purkinje fibers)不应期,使其传导减慢。

(5) 缩短心房不应期:乙酰胆碱不影响心房肌的传导速度,但可使心房不应期及动作电位时程缩短(即为迷走神经作用)。

2. 平滑肌

(1) 胃肠道:乙酰胆碱可兴奋胃肠道平滑肌,使其收缩幅度、张力和蠕动增加,能促进胃、肠分泌,引起恶心、嗳气、呕吐、腹痛和排便等症状。

(2) 泌尿道:乙酰胆碱可使泌尿道平滑肌蠕动增加,膀胱逼尿肌收缩,使膀胱最大自主排空压力(maximal voluntary voiding pressure)增加,降低膀胱容积,同时膀胱三角区和外括约肌舒张,促进膀胱排空。

（3）支气管：乙酰胆碱可使支气管收缩。

3. 眼睛　机制参见毛果芸香碱。

（1）缩瞳：乙酰胆碱局部滴眼可使瞳孔括约肌收缩产生缩瞳作用。

（2）调节痉挛：乙酰胆碱睫状肌收缩，使视近物清晰而视远物模糊（近视）。

4. 腺体　乙酰胆碱可使泪腺、气管和支气管腺体、唾液腺、消化道腺体和汗腺分泌增加。

乙酰胆碱对心脏、平滑肌、眼睛和腺体的作用是通过激动 M 受体引起的，被称为 M 样作用（muscarine-like effect，毒蕈碱样作用）。

5. 其他作用

（1）乙酰胆碱还能兴奋颈动脉体和主动脉体化学感受器。

（2）尽管中枢神经系统有胆碱受体存在，由于 ACh 不易通过血 - 脑屏障，故外周给药很少产生中枢作用。

6. N 样作用（nicotine-like effect，烟碱样作用）　剂量稍大时，ACh 也能激动 N 胆碱受体，产生与兴奋全部自主神经节和运动神经相似的作用，还能兴奋肾上腺髓质的嗜铬组织（此组织在胚胎发育中与交感神经节的来源相同，受交感神经节前纤维支配），使之释放肾上腺素。

许多器官是由胆碱能和去甲肾上腺素能神经双重支配的，通常是其中一种占优势。如在胃肠道、膀胱平滑肌和腺体是以胆碱能神经占优势，而心肌收缩和小血管则以去甲肾上腺素能神经占优势。故在大剂量 ACh 作用下，全部神经节（N_N 胆碱受体分布）兴奋的结果是胃肠道和膀胱等器官的平滑肌兴奋，腺体分泌增加，心肌收缩力加强，小血管收缩，血压升高。过大剂量的 ACh 很容易使神经节从兴奋转入抑制。

ACh 还激动运动神经终板上的 N_M 胆碱受体，表现为骨骼肌收缩，并可导致肌肉麻痹，严重时可引起呼吸肌麻痹。

（二）卡巴胆碱（carbachol）

卡巴胆碱的化学性质稳定，不易被 AChE 水解，作用时间长，对 M、N 胆碱受体选择性与 ACh 相似，直接激动 M 和 N 受体，也可能促进胆碱能神经末梢释放 ACh 而发挥间接作用。卡巴胆碱对胃肠及膀胱平滑肌选择性较高，可用于手术后腹气胀和尿潴留。但因其选择性差，作用广泛，副作用较多，而且阿托品对它的解毒效果差，故目前主要局部滴眼，缩瞳以降低眼内压，用于治疗青光眼。可用于人工晶体植入、白内障摘除和角膜移植等需要缩小瞳孔的手术。

（三）醋甲胆碱（methacholine）

激动 M 和 N 受体，作用特异性差，已不列入国家基本药物目录和医保药物目录。

二、M 胆碱受体激动药

（一）毛果芸香碱（pilocarpine）

毛果芸香碱是从毛果芸香属植物叶中提取出来的生物碱，也能人工合成。选择性地激动 M 胆碱受体，产生 M 样作用。对眼睛和腺体的作用最明显。

1. 药理作用及机制

（1）眼睛：毛果芸香碱溶液滴眼后易透过角膜，作用温和，较短暂。

1）缩瞳：激动瞳孔括约肌的 M 胆碱受体，使瞳孔缩小。

2）降低眼内压：毛果芸香碱的缩瞳作用使虹膜向中心拉紧，虹膜根部变薄，前房角间隙扩大，房水易于通过滤帘进入巩膜静脉窦，从而降低眼内压（图 10-3，图 10-4）。滴眼后，眼内压先是短暂上升，数分钟后眼内压下降，持续 4~8 小时。

3）调节痉挛：使睫状肌向眼的中心方向收缩，悬韧带松弛，晶状体变凸，屈光度增加，视近物清晰而视远物模糊，故称调节痉挛（图 10-3）。

（2）腺体：毛果芸香碱较大剂量（10~15mg）皮下注射可激动腺体的 M 受体，使腺体分泌增加。

Note

对汗腺和唾液腺的作用显著。也可使泪腺、胃腺、胰腺、小肠腺体和呼吸道黏膜分泌增加。

2. 临床应用

（1）青光眼：青光眼（glaucoma）是由于眼内压间断或持续升高而引起视乳头凹陷和视力减退，甚至导致失明的严重眼病，分为闭角型青光眼（angle-closure glaucoma）和开角型青光眼（open-angle glaucoma）两种。闭角型青光眼是因前房角狭窄，房水回流受阻而致眼内压增高。开角型青光眼是因小梁网及巩膜静脉窦变性或硬化，房水回流受阻而使眼内压升高。毛果芸香碱滴眼治疗闭角型青光眼疗效较好，因其缩瞳作用，前房角间隙扩大，眼内压降低，缓解青光眼的症状。毛果芸香碱对开角型青光眼的早期也有一定疗效。

（2）虹膜睫状体炎：与扩瞳药交替滴眼，可防止虹膜与晶体或角膜粘连。

（3）其他：口服可用于治疗口腔干燥，但在增加唾液分泌的同时，汗液分泌也明显增加。还可以用于胆碱受体阻断药阿托品中毒的解救。

3. 体内过程

毛果芸香碱具有水溶和脂溶的双相溶解度，故其滴眼液的通透性好。1% 滴眼液滴眼后 10~30 分钟出现缩瞳作用，持续 4~8 小时。降眼压的达峰时间约为 75 分钟，持续 4~14 小时，与浓度相关。

4. 不良反应

滴眼后，缩瞳和调节痉挛可使视力下降，产生暂时性近视、视力模糊和视物发暗，也可出现结膜充血、眼痛、眉弓部疼痛、头痛和眼刺激等症状。因此，滴眼时，应压迫内眦，避免药液经鼻泪管流入鼻腔吸收而产生不良反应。长期使用可引起强直性瞳孔缩小、虹膜后粘连、虹膜囊肿、白内障及近视程度加深等。频繁滴眼可因过量吸收产生副交感神经系统过度兴奋的效应，特别以汗腺及唾液腺分泌增加最为明显。可用阿托品对抗，并用对症治疗和支持疗法，如维持血压和人工呼吸等。

（二）毒蕈碱（muscarine）

毒蕈碱是由捕蝇蕈分离提取。本品虽不作为治疗性药物，但具有重要的药理活性和毒理意义，故作简要介绍。

毒蕈碱为经典 M 胆碱受体激动药，其效应与节后胆碱能神经兴奋症状相似。我国民间因食用野生蕈而中毒的病例时有发生。毒蕈碱最初从捕蝇蕈中提取，但含量很低（约为 0.003%），人食用捕蝇蕈后并不至于引起毒蕈碱中毒。但在丝盖伞菌属和杯伞菌属中含有高的毒蕈碱成分，食用这些菌属后，在 30~60 分钟内可出现毒蕈碱样中毒症状（即 M 样作用），与有机磷农药中毒相似，表现为体内多种腺体分泌增加和平滑肌收缩所产生的症状和体征，如流涎、流泪、恶心、呕

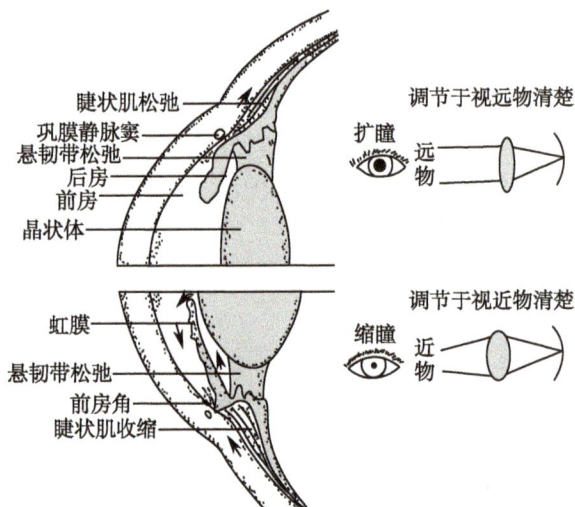

图 10-3　M 受体激动药和阻断药对眼睛的作用
上：胆碱受体阻断药的作用；下：胆碱受体激动药的作用；箭头表示房水流通及睫状肌收缩或松弛的方向

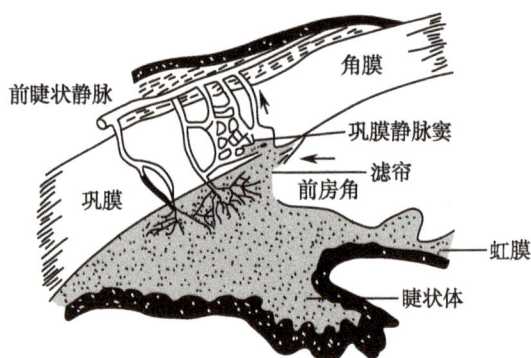

图 10-4　房水回流通路
箭头表示房水回流方向

吐、头痛、视觉障碍、腹部绞痛、腹泻、支气管痉挛、心动过缓、血压下降和休克等。可用阿托品治疗(每隔30分钟，肌内注射1~2mg)。毒蕈碱与突触后膜的受体结合而不能被乙酰胆碱酯酶降解，从而持续刺激神经细胞，这或许是造成其毒性的原因之一。

三、N 胆碱受体激动药

烟碱(nicotine,尼古丁)，是从烟草中提取的一种液态生物碱，脂溶性极强，可经皮肤吸收。烟碱可兴奋自主神经节的 N_N 胆碱受体和神经肌肉接头的 N_M 胆碱受体。其对神经节的 N_N 胆碱受体作用呈双相性，即开始使用时可短暂兴奋神经节 N_N 受体，随后可持续抑制神经节 N_N 受体。烟碱对神经肌肉接头的 N_M 受体的作用与其对神经节的 N_N 受体作用类似，由于烟碱作用广泛、复杂，故无临床实用价值，仅具有毒理学意义。

烟草中含有烟碱成分。长期吸烟与许多疾病如癌症、冠心病、溃疡病、中枢神经系统疾患和呼吸系统疾病的发生关系密切。此外，吸烟者的烟雾中也含有烟碱和其他致病物质，易被他人吸入，危害别人，故对吸烟者应劝其戒烟。

烟碱可用于治疗尼古丁(烟碱)依赖，以减少因吸烟造成的健康问题，称为尼古丁替代疗法。医疗人员给予戒烟者定量的烟碱，其形式可能为口嚼式、贴片、含片、香烟替代品或鼻腔喷雾剂。1996年世界卫生组织向世界各国推荐采用"尼古丁替代疗法"进行戒烟。

第三节　抗胆碱酯酶药和胆碱酯酶复活药

胆碱酯酶(cholinesterase)分为真性胆碱酯酶和假性胆碱酯酶。真性胆碱酯酶指的是乙酰胆碱酯酶(acetylcholinesterase,AChE)，一般简称为胆碱酯酶。AChE 主要存在于胆碱能神经末梢突触间隙，特别是运动神经终板突触后膜的皱褶中聚集较多；也存在于胆碱能神经元内和红细胞中。AChE 对 ACh 的水解特异性较高，在胆碱神经末梢、效应器接头或突触间隙等部位将 ACh 水解为胆碱和乙酸，ACh 的作用被终止。AChE 活性极高，1 个酶分子在 1 分钟内水解 6×10^5 分子 ACh 分子。假性胆碱酯酶指的是丁酰胆碱酯酶(butyrylcholinesterase,BuChE)，广泛存在于神经胶质细胞、血浆、肝、肾、肠中，可水解其他胆碱酯类如琥珀胆碱，对 ACh 的特异性较低，对终止体内 ACh 的作用并不重要。本章所提及的胆碱酯酶主要指 AChE。

AChE 蛋白分子表面的活性中心有两个能与乙酰胆碱结合的部位，即带负电荷的阴离子部位和酯解部位。阴离子部位含有一个谷氨酸残基，酯解部位含有一个由丝氨酸的羟基构成的酸性作用点和一个由组氨酸咪唑环构成的碱性作用点，两者通过氢键结合，增强了丝氨酸羟基的亲核活性，使之易于与 ACh 结合。

AChE 水解 ACh 分为 3 个步骤：①ACh 分子结构中带正电荷的季铵阳离子头，以静电引力与 AChE 的阴离子部位相结合；同时 ACh 分子中的羰基碳与 AChE 酯解部位的丝氨酸的羟基以共价键形式结合，形成 ACh 和 AChE 的复合物；②ACh 与 AChE 复合物裂解成胆碱和乙酰化 AChE；③乙酰化 AChE 迅速水解，分离出乙酸，AChE 的活性恢复(图 10-5)。

抗胆碱酯酶药(cholinesterase inhibitors)和 ACh 一样，也能与 AChE 结合，但结合较牢固，水解较慢，使 AChE 活性受抑制，导致胆碱能神经末梢释放的 ACh 大量堆积，间接兴奋胆碱受体，表现 M 样作用及 N 样作用。抗 AChE 药与胆碱受体激动药合称为拟胆碱药(cholinomimetic drug)。

根据抗 AChE 药与 AChE 结合后水解速度的快慢，可分易逆性抗 AChE 药和难逆性抗 AChE 药。临床上使用的是易逆性抗 AChE 药，以新斯的明为代表。难逆性抗 AChE 药主要是有机磷酸酯类，具有毒理学意义。

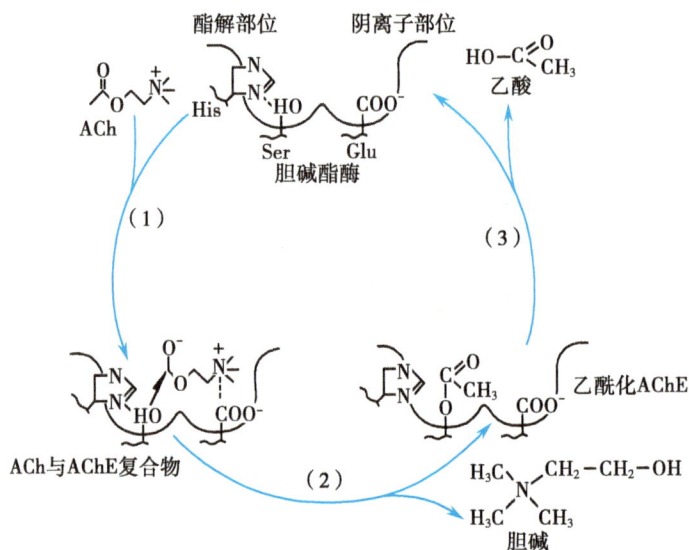

图 10-5　胆碱酯酶水解乙酰胆碱过程示意图
Glu:谷氨酸,Ser:丝氨酸,His:组氨酸

一、易逆性抗 AChE 药

(一)易逆性抗 AChE 药的作用机制

易逆性抗 AChE 药分子结构中含有带正电荷的季铵基团和酶结构(图 10-6)。如新斯的明以季铵阳离头以静电引力与 AChE 的阴离子部位结合,同时其分子中的羰基碳与 AChE 的酯解部位丝氨酸羟基形成共价键结合,生成 AChE 和新斯的明复合物。由复合物进而裂解成的二甲胺基甲酰化胆碱酯酶的水解速度较乙酰化 AChE 的水解速度为慢,故酶被抑制的时间较长,但比难逆性抗 AChE 药有机磷酸酯类短,故称易逆性抗 AChE 药。二甲胺基甲酰化 AChE 水解后,形成二甲胺基甲酸和复活的 AChE,酶的活性才得以恢复(图 10-7)。

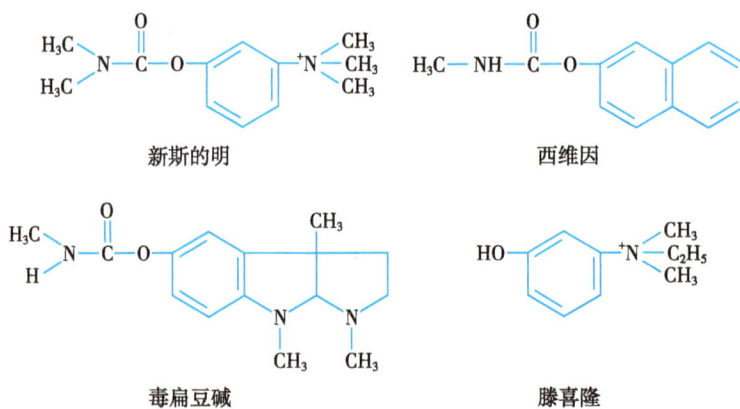

新斯的明　　　　西维因

毒扁豆碱　　　　滕喜隆

图 10-6　易逆性抗胆碱酯酶药的化学结构

(二)易逆性抗 AChE 药的共同特性

1. 药理作用

(1) 眼:本类药物结膜用药时可产生结膜充血,可使位于虹膜边缘的瞳孔括约肌收缩和睫状肌收缩,导致瞳孔缩小和调节痉挛,使视力调节在近视状态。其中缩瞳作用可在几分钟内出现,30 分钟达最大效应,持续数小时到数天不等。瞳孔可缩到"针尖样"大小,但对光反射一般

易逆性抗胆碱酯酶药　　　酯解部位　　阴离子部位　难逆性抗胆碱酯酶药

图 10-7　抗胆碱酯酶药的作用机制

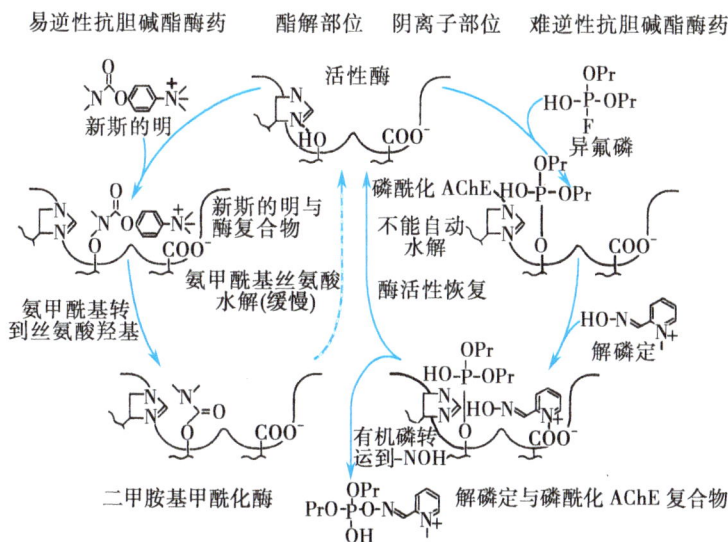

不消失,而晶状体调节障碍比缩瞳时间短。上述的作用可促使房水回流,从而使升高的眼内压下降,临床上用于治疗青光眼。

(2) 胃肠道:不同药物对胃肠平滑肌作用不同。新斯的明可促进胃的收缩及增加胃酸分泌,拮抗阿托品所致的胃张力下降和增强吗啡对胃的兴奋作用。当支配胃的双侧迷走神经被切断后,新斯的明上述作用即被减弱。新斯的明对食管下段具有兴奋作用,在食管明显弛缓和扩张的患者,新斯的明能促进食管的蠕动,并使其张力增加。此外,新斯的明尚可促进小肠、大肠(尤其是结肠)的活动,促进肠内容物排出,临床上用于治疗术后肠胀气。

(3) 骨骼肌神经肌肉接头:大多数强效抗 AChE 药对骨骼肌的主要作用是通过抑制神经肌肉接头 AChE,但也有一定的直接兴奋作用。新斯的明有此作用,而毒扁豆碱则无。该类药可逆转由除极化型肌松药(竞争性 N_M 胆碱受体阻断药)引起的肌肉松弛,但并不能有效拮抗由除极化型肌松药(非竞争性 N_M 胆碱受体阻断药)引起的肌肉麻痹,因后者是由神经肌肉运动终板去极化所致的。治疗量下,本类药物可适度增加内源性 ACh 的作用,导致骨骼肌收缩力增强,尤其对简箭毒箭等竞争性 N_M 胆碱受体阻断药所致的肌无力作用明显,对重症肌无力有效;大剂量时,由于体内堆积的 ACh 导致肌纤维震颤,继而整个运动单位的肌束震颤,随着体内 AChE 抑制程度的加重,肌张力逐渐下降,其作用与除极化型肌松药琥珀胆碱相似,加重肌松作用,故禁用于除极化型肌松药琥珀胆碱中毒的解救。

(4) 其他作用:低剂量的抗 AChE 药可增敏神经冲动所致的腺体分泌,较高剂量则增加基础分泌率。这类药还可引起细支气管和输尿管平滑肌收缩,使后者的蠕动增加。

抗 AChE 药对心血管系统的作用较复杂,因为堆积的 ACh 可以作用在神经节和节后纤维,产生交感和副交感神经节的兴奋,而这两者对心血管的效应常是相反的,最后的结果为两者的综合效应。由于副交感神经对心脏的支配占优势,ACh 对心脏的主要作用表现为心率减慢、心排血量下降,故大剂量抗 AChE 药可引起血压下降,也与抗 AChE 药作用于延髓的血管运动中枢有关。

抗 AChE 药对中枢各部位有一定兴奋作用,但高剂量时常引起抑制或麻痹,与血氧浓度过低密切相关。

2. 临床应用

(1) 重症肌无力(myasthenia gravis,MG):是一种神经肌肉接头传递障碍所致的自身免疫性疾病,多数患者血清中有抗 N_M 胆碱受体的抗体,其运动终板的 N_M 胆碱受体数量减少 70%~90%。

抗 N_M 胆碱受体的抗体破坏了神经肌肉接头处突触后膜上的 N_M 胆碱受体,使突触传递发生障碍,从而导致部分或全身骨骼肌无力和易疲劳,活动后症状加重,休息后症状减轻,可表现为眼睑下垂、四肢无力、咀嚼和吞咽困难,严重者可致呼吸困难。易逆性抗胆碱酯酶药可使胆碱能神经末梢释放的 ACh 暂时不被水解而积聚,改善肌力,是本病最主要而有效的控制症状药物。由于本类药物作用时间较短,故需反复给药。本类药物并无免疫抑制作用,因而只能治标不能治本。

(2) 胃肠道胀气和尿潴留:兴奋胃肠道平滑肌及膀胱逼尿肌,促进排气和排尿,适用于手术后胃肠道胀气和尿潴留。新斯的明的疗效较好。

(3) 青光眼:以毒扁豆碱、地美溴铵较为多用。滴眼后可使瞳孔缩小,眼内压下降。闭角型青光眼常用本类药物进行短时的紧急治疗,长期疗法为手术治疗。开角型青光眼的发作具有逐渐加重的特点,且常对手术治疗反应不佳,可用本类药物作长期治疗。

(4) 解毒:用于非去极化型(竞争性)骨骼肌松弛药的过量时解救。主要用新斯的明、依酚氯铵和加兰他敏治疗。毒扁豆碱常用于对 M 胆碱受体阻断药如阿托品等中毒的解救,因其易进入中枢神经系统,拮抗中枢和外周的 M 胆碱受体的兴奋效应。

(5) 阿尔茨海默病(Alzheimer's disease,AD):AD 是一种进行性认知和记忆功能丧失的神经变性疾病,其发病率随年龄增长而增加。在 AD 的早期,胆碱功能缺乏的症状早于其他任何症状,AD 病理特征之一的神经元凋亡也主要发生在胆碱神经元。AD 患者中枢神经系统中 ACh 的浓度较低,通过抑制 AChE 可以提高脑内 ACh 的水平,起治疗 AD 的作用。美国 FDA 批准上市治疗 AD 的均为易逆性抗 AChE 药。现用于临床的有多奈哌齐(donepezil)、利凡斯的明(rivastigmine)、加兰他敏(galanthamine)和石杉碱甲(huperzine A)等。本类药物对痴呆症早期以及改善认知功能障碍有效,但也有一定的不良反应及作用短暂等缺点,尤其是他克林(tacrine)对肝脏损伤严重,现已少用。

3. 不良反应　详见以下各药。

(三) 常用的易逆性抗 AChE 药

1. 新斯的明(neostigmine)　为季铵类化合物,极性大,口服吸收少而不规则。一般口服剂量为皮下注射量的 10 倍以上。药效维持 0.5~2 小时。既可被血浆中胆碱酯酶水解,也可在肝脏代谢。用药量的 80% 可在 24 小时内经尿排出,其中原形药物占给药量 50%,15% 以 3- 羟基苯 -3- 甲基铵的代谢物排出体外。血浆蛋白结合率为 15%~25%。不易透过血 - 脑屏障,无明显的中枢作用。溶液滴眼时,不易透过角膜进入前房,故对眼的作用也较弱。

新斯的明对胃肠道和膀胱平滑肌的收缩作用较强,对骨骼肌的收缩作用最强,因为除抑制 AChE 而增强运动神经的效应外,还能直接兴奋运动终板上的 N_M 受体和促进运动神经末梢释放 ACh,故对肢体无力的效果较好。对腺体、眼、心血管、支气管平滑肌和中枢的作用较弱。治疗重症肌无力时,可口服给药,也可皮下或肌内注射给药,但静脉注射有一定危险性;也常用于术后的胃肠道胀气和尿潴留。可用于非去极化型(竞争性)骨骼肌松弛药过量时的解救和阵发性室上性心动过速。

新斯的明的不良反应与胆碱能神经过度兴奋有关,上腹部不适、腹痛和腹泻等常见。过量新斯的明可导致胆碱能危象,如恶心、呕吐、流泪、流涎、心动过缓、肌肉震颤或无力等。过量时,可用 M 受体阻断药阿托品解救。禁用于机械性肠梗阻或泌尿道梗阻。

治疗重症肌无力时,应避免同时应用各种能松弛骨骼肌的药物,如地西泮、氯丙嗪、苯妥英钠、普萘洛尔、普鲁卡因胺、奎尼丁、氨基糖苷类和多黏菌素 B 等药物,以防加重病情,影响治疗。

2. 吡斯的明(pyridostigmine)　药理作用和不良反应与新斯的明相似,对延髓支配的肌肉无力效果较好。但起效缓慢,达峰时间为 1~5 小时,作用时间较长(2~8 小时),口服吸收较差,使用剂量较大。主要用于治疗重症肌无力,用法与新斯的明相似。也可用于手术后胃肠道胀气及尿潴留。

3. 依酚氯胺（edrophonium）　药理作用与新斯的明相似，但抗 AChE 的作用较弱，对骨骼肌收缩有较强的作用。起效快而短暂，肌内注射吸收快，起效时间肌内注射 2~10 分钟，静脉注射 0.5~1 分钟，肌内注射作用持续时间 0.1~0.5 小时，静脉注射 0.1~0.2 小时，故不宜作为治疗药物。常用于诊断重症肌无力，先快速静脉注射 2mg，如在 30~45 秒后未见任何药物效应，可再静脉注射 8mg，给药后若受试者出现短暂肌肉收缩改善，同时未见舌肌纤维收缩症状（此反应常见于非重症肌无力的患者），则诊断为重症肌无力。在诊断用药时应准备阿托品，以防出现严重毒性。依酚氯胺尚可用于判断在重症肌无力治疗过程中症状未被控制是由于抗 AChE 药过量还是用量不足。若肌力增加，则提示治疗剂量不足；若出现肌力减退，则提示治疗剂量过大。

4. 安贝氯铵（ambenonium）　抗 AChE 和兴奋骨骼肌作用都较新斯的明强，作用维持时间也较长，适用于重症肌无力，尤其是不能耐受新斯的明和吡斯的明的患者。

5. 地美溴铵（demecarium bromide）　是一种作用时间较长的易逆性抗 AChE 药，主要用于青光眼治疗，滴眼后 15~60 分钟可见瞳孔缩小，持续 1 周或更长时间。用药后 24 小时降眼内压作用达高峰，并可持续 9 天以上。适用于治疗无晶状体畸形的开角型青光眼及对其他药物无效的青光眼患者。

6. 毒扁豆碱（physostigmine）　又称依色林（eserine）。药理作用与新斯的明相似，但无直接激动受体作用。其结构为叔铵类化合物，可进入中枢。眼内局部应用时，其作用类似于毛果芸香碱，但较强而持久，表现为瞳孔缩小，眼内压下降。吸收后外周作用与新斯的明相似，表现为 M 和 N 胆碱受体激动作用，进入中枢后亦可抑制中枢 AChE 活性而产生作用。临床主要用于治疗青光眼。与毛果芸香碱相比，本药奏效较快，刺激性亦较强，长期给药时，患者不易耐受，可先用本药滴眼数次后，改用毛果芸香碱维持疗效。本药滴眼后可致睫状肌收缩而引起调节痉挛，并可出现头痛。滴眼时应压迫内眦，以免药液流入鼻腔后吸收中毒。本药全身毒性反应较新斯的明严重，大剂量给药时可致呼吸麻痹。

7. 加兰他敏（galanthamine）　抗 AChE 作用较弱，但能透过血 - 脑屏障，故中枢作用较强。用于治疗重症肌无力、脊髓灰质炎后遗症、进行性肌营养不良、儿童脑型麻痹、外伤性感觉运动障碍、多发性神经炎及脊神经根炎等。还可以治疗轻、中度老年性痴呆。口服迅速而完全地被吸收。给药后 45 分钟达血药峰值。部分药物在肝内代谢。$t_{1/2}$ 约 6 小时，部分药物随尿排出。

二、难逆性抗 AChE 药

有机磷酸酯类（organophosphate）与 AChE 结合时间持久，AChE 难以恢复水解 ACh 的功能，故称难逆性抗 AChE 药。主要用作农业和环境卫生杀虫剂，如敌敌畏（DDVP）、对硫磷（parathion，605）、内吸磷（systox，E1059）和甲拌磷（3911）等属强毒类，敌百虫（dipterex）、乐果（rogor）和马拉硫磷（malathion）属低毒类。战争毒气（war gases）的塔朋（tabun）、沙林（sarin）和索曼（souman）也属于本类毒物，但其毒性更大。只有少数可医用作为滴眼剂如异氟磷（isoflurophate）等发挥缩瞳作用。

（一）中毒机制

有机磷酸酯类进入人体后，其亲电子性的磷原子与 AChE 的酯解部位丝氨酸羧基上具有亲核性的氧原子形成共价键结合，生成难以水解的磷酰化 AChE，使 AChE 失去水解 ACh 的能力，导致 ACh 在体内大量堆积而引起一系列中毒症状。如不及时抢救，AChE 可在几分钟或几小时内"老化"（图 10-7）。"老化"可能是磷酸化 AChE 的磷酰化基团上的一个烷氧基断裂，生成更为稳定的单烷氧基磷酰化 AChE。此时即使应用 AChE 复活药也难以恢复酶的活性，必须等新生 AChE 形成，才能恢复水解 ACh 的能力。此恢复过程需 15~30 天。因此，一旦中毒，应迅速抢救，在磷酰化 AChE 老化之前，用 AChE 复活药，使 AChE 复活。

Note

(二) 中毒表现

有机磷酸酯类抑制了 ACh 水解,而 ACh 的作用又极其广泛,故有机磷酸酯类的中毒症状表现多样化。轻者以 M 样症状(M 样作用)为主,中度者可同时有 M 样症状和 N 样症状(N 样作用)即急性胆碱能危象(acute cholinergic crisis),严重中毒者除外周 M 样和 N 样症状外,还出现中枢神经系统症状。

1. 急性中毒　主要表现为对胆碱能神经突触(包括胆碱能节后神经末梢及自主神经节部位)、胆碱能神经肌肉接头和中枢神经系统的影响。

(1) M 样症状:①瞳孔缩小:当眼部接触毒物蒸汽或雾剂后,眼部症状可首先出现,多数有瞳孔缩小(严重中毒时几乎全部出现)、眼球疼痛、睫状肌痉挛、眼眉疼痛,但随着症状加重,由于交感神经节的兴奋作用,缩瞳作用可能并不明显;②胃肠道症状:当毒物由胃肠道摄入时,胃肠道症状可首先出现,由于胃肠道受到直接刺激,可引起厌食、恶心、呕吐、腹痛和腹泻等;③心血管系统症状:M 样作用可引起心率减慢和血压下降,但由于同时还发生 N 样作用,有时可出现心率加速、血压升高;④腺体分泌:可见泪腺、鼻腔腺体、唾液腺、支气管和胃肠道腺体分泌增加,严重中毒者口吐白沫,大汗淋漓;当毒物经皮肤吸收中毒时,则首先可见与吸收部位最邻近区域出汗及肌束颤动;⑤呼吸困难:胸腔有紧缩感,另外由于支气管平滑肌痉挛和腺体分泌增多,造成呼吸困难,严重时可造成肺水肿。

(2) N 样症状:交感和副交感神经节 N 受体兴奋的各种表现。严重中毒时,可见自主神经节呈先兴奋后抑制状态,产生复杂的自主神经综合效应,常可表现为口吐白沫、呼吸困难、流泪、阴茎勃起、大汗淋漓、大小便失禁、心率减慢和血压下降。骨骼肌运动终板 N_M 受体被激动表现为肌束颤动,常先从眼睑、颜面等处小肌肉开始,逐渐波及全身,最后又转为肌无力,并可导致肌肉麻痹,严重时可因呼吸肌麻痹而死。

(3) 中枢神经系统症状:除了脂溶性极低的毒物外,其他毒物均可通过血 - 脑屏障而产生 CNS 作用。通常中毒早期以 CNS 兴奋为主,表现为躁动不安、幻觉、谵妄甚至抽搐、惊厥。后期转为抑制,出现意识模糊、共济失调、反射消失和昏迷等症状。严重中毒晚期,出现呼吸中枢麻痹所致的呼吸抑制甚至呼吸停止和血管运动中枢抑制引起的血压下降甚或循环衰竭,危及生命。

急性有机磷酸酯类中毒死亡可发生在 5 分钟到 24 小时内,取决于摄入体内的毒物种类、剂量、途径及其他因素等,死亡的主要原因为呼吸衰竭及继发性心血管功能障碍。

2. 慢性中毒　多发生在生产有机磷酸酯类的工人或长期接触的人员中。主要表现为血中 AChE 活性持续明显下降,而临床症状不明显。主要症状有头痛、头晕、视力模糊、思想不集中、记忆力减退、多汗、失眠、易倦、乏力等,类似于神经衰弱综合征。偶尔可见肌束颤动和瞳孔缩小。

(三) 体内过程

一般有机磷酸酯类易挥发,脂溶性高,可经呼吸道、消化道黏膜甚至完整的皮肤吸收。当有机磷酸酯类被呼吸道吸入后,全身中毒症状可在数分钟内出现。如经胃肠道或皮肤吸收,则中毒症状出现可有不同程度延缓,取决于所接触毒物的化学性质、脂溶性、体内活化、稳定性及磷酰化 AChE 的老化等因素。使用农药时,主要是通过皮肤吸收中毒,6~12 小时血中浓度达最高峰,并分布于全身各器官,以肝脏含量最高,其次是肾、肺、脾等,肌肉及脑的含量最低。

在体内主要是通过氧化或水解迅速代谢。通常氧化后毒性增加,如对硫磷在肝脏内氧化成对氧磷,毒性增强。水解后毒性降低,如敌百虫迅速水解成三氯乙醛,毒性明显下降。体内磷酸酯酶和酰胺酶能水解某些有机磷酸酯类。有机磷酸酯类大部分经肾排泄,小量从粪便排出。

(四) 中毒的抢救

1. 急性中毒

(1) 清除毒物,避免继续吸收:一旦发现急性中毒,应立即使患者脱离有毒环境。对于经皮肤吸收中毒者,应用大量温水和肥皂彻底清洗皮肤。切勿使用热水,以免皮肤血管扩张,加速毒物吸收。经口中毒者,应首先抽出胃内容物,并用 2% 碳酸氢钠或 1% 食盐水反复洗胃,直到洗出液不含农药味,然后用硫酸镁导泻。敌百虫口服中毒时,不能用碱性溶液洗胃,因敌百虫在碱性溶液中可转化为毒性更强的敌敌畏。对硫磷中毒忌用高锰酸钾洗胃,因可氧化成对氧磷而毒性增强。眼部染毒,可用 2% 碳酸氢钠溶液或 0.9% 盐水冲洗数分钟。

(2) 解毒药物:积极使用解毒药物是抢救成功的关键。

1) 阿托品(atropine):属 M 胆碱受体阻断药,是治疗急性有机磷酸酯类中毒的特异性、高效能解毒药物。阿托品能迅速对抗体内 ACh 积聚引起的 M 样作用,表现为松弛多种平滑肌、抑制多种腺体分泌、加快心率和扩大瞳孔等,减轻或消除有机磷酸酯类中毒引起的恶心、呕吐、腹痛、大小便失禁、流涎、支气管分泌增多、呼吸困难、出汗、瞳孔缩小、心率减慢和血压下降等。由于阿托品对中枢的胆碱受体无明显作用,故对有机磷酸酯类中毒引起的中枢症状,如惊厥、躁动不安等对抗作用较差。

开始可用阿托品 2~4mg 静脉注射或肌内注射,若无效,可每隔 5~10 分钟肌内注射 2mg,直到 M 样作用症状消失或阿托品化。阿托品第 1 天用量常超过 200mg,即达到阿托品化,并维持 48 小时。对中度或重度中毒患者,必须采用阿托品与 AChE 复活药早期合并应用的治疗措施。

2) 戊乙奎醚(penehyclidine):是新型选择性抗胆碱药,主要选择作用于 M_1 和 M_3 受体,而对 M_2 受体的作用较弱或不明显,不阻断突触前膜 M_2 受体调控神经末梢释放 ACh 的功能,稳定心率。因此,戊乙奎醚在外周能较好地拮抗有机磷酸酯中毒引起的 M 样中毒症状,如支气管平滑肌痉挛和分泌物增多、出汗、流涎、缩瞳和胃肠道平滑肌痉挛或收缩等。戊乙奎醚能通过血 - 脑屏障进入脑内,阻断 ACh 对脑内 M 和 N 胆碱受体的激动作用,较好地拮抗有机磷酸酯中毒引起的中枢中毒症状,如惊厥、中枢呼吸循环衰竭和烦躁不安等;戊乙奎醚还能增加呼吸频率和呼吸流量,但由于戊乙奎醚对 M_2 受体无明显作用,故对心率无明显影响;对外周 N 受体无明显拮抗作用。主要用于麻醉前给药以抑制唾液腺和气道腺体分泌以及有机磷酸酯中毒急救治疗和中毒后期或 AChE 老化后维持阿托品化。用戊乙奎醚治疗时,不能以心跳加快来判断是否"阿托品化",而应以口干和出汗消失或皮肤干燥等症状判断"阿托品化"。

3) AChE 复活药:能使被有机磷酸酯类抑制的 AChE 恢复活性的药物,常用的药物有氯解磷定、碘解磷定和双复磷等。

(3) 解毒药物的应用原则:

1) 联合用药:M 受体阻断药阿托品能迅速缓解 M 样中毒症状,AChE 复活药不仅能恢复 AChE 的活性,还能直接与有机磷酸酯类结合,迅速改善 N 样症状,对中枢中毒症状也有一定改善作用,故两种解毒药物合用能取得较好疗效。

2) 尽早用药:在清除毒物的同时,必须及早、足量、反复注射阿托品,可以缓解症状,挽救生命。磷酰化 AChE 易"老化",故 AChE 复活药也应及早使用。

3) 足量用药:阿托品的用量必须足以拮抗 ACh 大量积聚所引起的症状。阿托品足量的指标是 M 样中毒症状迅速消失或出现"阿托品化",即瞳孔较前散大,不再缩小、颜面潮红、皮肤干燥、肺部湿性啰音显著减少或消失、意识障碍减轻或昏迷患者开始苏醒等。然后减量维持,逐渐延长间隔时间,直至临床症状和体征基本消失后,方可停药。AChE 复活药足量的指标是 N 样中毒症状全部消失,全血或红细胞中 AChE 活性分别恢复到 50%~60% 或 30% 以上。

4) 重复用药:中、重度中毒或毒物不能从吸收部位彻底清除时,应重复给药,以巩固疗效。

(4) 对症治疗:抢救有机磷酸酯类中毒时,对症治疗也很重要,不可忽视。

1) 维持患者气道通畅,包括支气管内吸引术,必要时进行人工呼吸、给氧,输液以加速毒物排泄,纠正电解质紊乱,抗休克等。

Note

2）用地西泮（5~10mg，静脉注射）控制持续惊厥。

3）抗休克。

2. 慢性中毒　目前尚缺有效的治疗方法，使用阿托品和 AChE 复活药疗效均不佳。预防为主，加强生产及使用农药的劳动保护措施。农药生产工人或长期接触者，若发现 AChE 活性下降至 50% 以下时，不待症状出现，即应彻底脱离现场，以免中毒加深。常用对症和支持疗法。

三、AChE 复活药

AChE 复活药（cholinedterase reactivators）是一类能使被有机磷酸酯类抑制的 AChE 恢复活性的药物，它不但使单用阿托品所不能控制的严重中毒病例得到解救，而且显著地缩短了一般中毒的病程。常用的药物有氯解磷定、碘解磷定和双复磷等，均为肟类（oxime）化合物。

（一）氯解磷定（pralidoxime chloride，PAM-Cl）

氯解磷定水溶液较稳定，使用方便，可肌内注射或静脉给药，作用极快，不良反应较小，故临床上较为常用。肌内注射后 1~2 分钟开始见效，效果并不亚于静脉注射。少数患者可有轻度头昏、恶心、呕吐等。由于其使用方便，不良反应少，故临床上较为常用。

1. 药理作用　对神经肌肉接头的功能恢复效果最明显，用药后迅速制止肌颤动；对自主神经系统功能的恢复效果较差，对中枢效果微小。

（1）恢复 AChE 的活性：其分子中带正电荷的季铵氮与磷酰化 AChE 的阴离子部位以静电引力相结合，结合后使其肟基（＝N—OH）趋向磷酰化 AChE 的磷原子，进而与磷酰基进行共价键结合，生成磷酰化 AChE 和解磷定的复合物，后者经裂解产生磷酰化氯解磷定，同时使 AChE 游离出来，恢复其水解 ACh 的能力（图 10-7）。

（2）直接解毒作用：直接与体内游离的有机磷酸酯类结合，成为无毒的磷酰化氯解磷定从尿中排出，从而阻止游离的毒物继续抑制 AChE 活性。

2. 临床应用　氯解磷定明显减轻 N 样症状，对骨骼肌痉挛的抑制作用最为明显，能迅速抑制肌束颤动；对中枢神经系统的中毒症状也有一定改善作用，但对 M 样症状影响较小，故应与阿托品合用，以控制 M 样症状。

3. 不良反应　治疗剂量的氯解磷定毒性较小，肌内注射局部有轻微疼痛。静脉注射过快（>500mg/min）可出现头痛、眩晕、乏力、视力模糊、恶心及心动过速。剂量过大（>8g/24h）时因其也可以抑制 AChE，使神经肌肉传导阻滞，严重者呈癫痫样发作、抽搐、呼吸抑制。

（二）碘解磷定（pyraloxime methoiodide，PAM）

碘解磷是最早应用的 AChE 复活药。药理作用、临床应用和不良反应与氯解磷定相似。该药水溶性较低，水溶液不稳定，久置可释放出碘。对不同有机磷酸酯类中毒疗效存在差异，如对内吸磷、马拉硫磷和对硫磷中毒疗效较好，对敌百虫、敌敌畏中毒疗效稍差，而对乐果中毒则无效。因为乐果中毒时，形成的磷酰化 AChE 几乎是不可逆的。

静脉注射较快（每分钟超过 50mg）或用量超过 2g 时，也会产生神经肌肉阻滞作用和抑制 AChE 的作用，症状同氯解磷定。本药含碘，可引起口苦、咽痛和对注射部位有刺激性。由于本药不良反应多，药理作用弱，且只能静脉注射，故目前已较少使用。

第四节　胆碱受体阻断药

胆碱受体阻断药（cholinoceptor antagonist）与胆碱受体结合，阻碍胆碱能神经递质或胆碱受体激动药与 M 或 N 胆碱受体的结合，从而产生抗胆碱作用。按其对受体亚型选择性不同，胆碱受体阻断药可分为 M 胆碱受体阻断药和 N 胆碱受体阻断药。

一、M 胆碱受体阻断药

颠茄生物碱是由茄科植物颠茄、曼陀罗、莨菪、东莨菪及唐古特莨菪等分离得到的生物碱。其临床应用的代表物为阿托品、东莨菪碱和山莨菪碱。

(一)阿托品(atropine)

阿托品是从植物颠茄、洋金花或莨菪等提取的生物碱,也可人工合成。阿托品与 M 胆碱受体可逆的结合,但无内在活性,能阻断节后胆碱能神经支配的效应器细胞上的 M 胆碱受体,抑制神经兴奋,尤其是副交感神经。阿托品对于胆碱受体 M_1、M_2、M_3 亚型之间的作用几乎没有差别。较小剂量阻断 M 胆碱受体,但大剂量亦可阻断 α_1 受体和神经节 N_N 受体。阿托品的器官选择性较低,因此作用广泛。各器官对阿托品阻断 M 受体作用的敏感度不同,随剂量增加可依次影响腺体、眼、心脏、内脏平滑肌和进入中枢等,如表 10-3 所示。

表 10-3 阿托品的药理作用和剂量的关系

剂量(mg)	药理作用
0.5	轻度心率减慢,轻度口干,汗腺分泌减少
1.0	口干、口渴感,心率加快、有时心率可先减慢,轻度扩瞳
2.0	心率明显加快、心悸,口干明显,扩瞳,调节麻痹
5.0	上述所有症状加重,说话和吞咽困难,不安,疲劳,头痛,皮肤干燥,发热,排尿困难,肠蠕动减少
10.0	上述所有症状加重,脉细速,瞳孔极度扩大,极度视力模糊,皮肤潮红、热、干和猩红,运动失调,不安,激动,幻觉,谵妄和昏迷

1. 药理作用及机制

(1)腺体:抑制腺体分泌,其中以唾液腺(M_1 受体)与汗腺最为敏感。用 0.5mg 阿托品时,即可产生口干和皮肤干燥(表 10-3)。此外,还可使泪腺和呼吸道腺体分泌减少。较大剂量可减少胃液的分泌量,但对胃酸浓度的影响较小,因为胃酸是由胃的壁细胞分泌的,这种分泌功能受许多因素的影响,主要包括神经和体液调节;支配胃酸分泌的是迷走神经,当迷走神经兴奋时,节后纤维末梢释放 ACh 直接作用于壁细胞膜上的 M 胆碱能受体,引起 H^+ 分泌增加,阿托品能阻断此效应;但在体液调节方面,刺激胃酸分泌的内源性物质主要有胃泌素和组胺,阿托品不能阻断此作用,而且还抑制胃中 HCO_3^- 的分泌,故阿托品对胃酸浓度的影响较小。

(2)眼:①扩瞳:阿托品阻断 M 胆碱受体,松弛瞳孔括约肌,而瞳孔扩大肌是去甲肾上腺素能神经支配的,保持原有肌张力,从而使得瞳孔扩大,失去对光反射;②眼内压升高:由于瞳孔扩大,使虹膜退向四周边缘,因而前房角间隙变窄,阻碍房水回流入巩膜静脉窦,造成眼内压升高,因此阿托品禁用于青光眼或有眼内压升高倾向者;③调节麻痹(视近物模糊):阿托品阻断睫状肌的 M 胆碱受体,使睫状肌松弛而退向外缘,从而使悬韧带拉紧,使晶状体变为扁平,其折光度减低,而不能将近物清晰地成像于视网膜上,导致看近物模糊不清,这种不能调节视力的作用称为调节麻痹(cycloplegia)(图 10-3)。

阿托品的扩瞳、眼内压升高和调节麻痹作用在局部滴眼和全身给药时都可出现,需要注意。

(3)平滑肌:阿托品能松弛许多内脏平滑肌,尤其对过度活动或痉挛的内脏平滑肌松弛作用较显著。但肠道除了胆碱受体,也受其他种类的受体、离子通道和载体等支配,故阿托品阻断胆碱受体不能完全使肠道停止活动。阿托品可抑制胃肠道平滑肌的强烈痉挛,降低蠕动的幅度和频率,缓解胃肠绞痛效果最好。胃肠道括约肌的反应主要取决于括约肌的功能状态。例如胃幽门括约肌痉挛时,阿托品具有松弛作用,但作用不显著和不恒定。阿托品对膀胱逼尿肌也有解痉作用;但对胆管、输尿管和支气管的解痉作用较弱;对子宫平滑肌影响小。

Note

(4) 心脏:①心率:治疗量的阿托品(0.5mg)可使部分患者心率轻度短暂地减慢,一般每分钟减少 4~8 次,不伴随血压和心排血量的变化,这可能是阿托品阻断突触前膜 M_1 受体,从而减少突触中 ACh 对递质释放的负反馈抑制作用所致;较大剂量的阿托品(1~2mg)则阻断窦房结起搏点的 M_2 受体,解除迷走神经对心脏的抑制作用,使心率加速,加速程度取决于迷走神经张力;在迷走神经张力高的青壮年,心率加速作用显著,如肌内注射 2mg 阿托品,心率可增加 35~40 次/分;②房室传导:阿托品能拮抗迷走神经过度兴奋所致的传导阻滞和窦性心动过缓,但在心肌梗死时要慎用阿托品,由于其加速心率,加重心肌缺血缺氧,可能会激发室颤。

(5) 血管与血压:治疗量阿托品单独使用时对血管和血压无显著影响,是因为绝大多数小动脉等阻力血管不受胆碱能神经支配。但阿托品可完全拮抗由胆碱酯类药物所引起的外周血管扩张和血压下降。较大剂量阿托品(偶见治疗量)引起皮肤血管扩张,产生皮肤潮红、温热、干燥和猩红,以面颊部皮肤为甚。扩血管的作用机制未明,与抗 M 胆碱作用无关,可能是机体对阿托品所引起的体温升高(由于抑制汗腺,出汗减少)的代偿性散热反应,也可能是阿托品的直接扩张血管的作用。

(6) 中枢神经系统:治疗量的阿托品对中枢神经系统的影响不明显。较大剂量(1~2mg)可较大兴奋延髓和大脑;2~5mg 时兴奋加强,出现焦虑不安、多言、谵妄;中毒剂量(10mg)产生幻觉、定向障碍、运动失调和惊厥等中毒症状;继续增加剂量,也可由中枢兴奋转入抑制,出现昏迷和呼吸麻痹,最后死于循环与呼吸衰竭。

2. 临床应用

(1) 各种内脏绞痛:对胃肠痉挛引起的绞痛和膀胱刺激症状(尿频、尿急等)疗效较好;对胆绞痛和肾绞痛的疗效较差,需与镇痛药如哌替啶合用。

(2) 全身麻醉前给药:皮下注射 0.5mg,可减少麻醉过程中唾液腺和支气管黏液分泌,预防术后引起肺炎,并可消除吗啡对呼吸的抑制,还可用于盗汗和流涎(如重金属中毒与帕金森病的流涎)等。

(3) 眼科应用:①虹膜睫状体炎:0.5%~1% 阿托品溶液滴眼,松弛虹膜括约肌和睫状肌,使之充分休息,有利于炎症的消退;可与缩瞳药交替使用还可预防虹膜与晶体的粘连,滴时按住内眦部,以免流入鼻腔吸收中毒;②验光、眼底检查:阿托品滴眼使睫状肌松弛,产生调节麻痹作用,晶状体固定,可正确地检验出晶状体的屈光度,但因阿托品扩瞳作用可维持 1~2 周,调节麻痹也维持 2~3 天,视力恢复较慢,目前以短效的合成扩瞳药如后马托品取而代之;只有儿童验光时,仍可用阿托品,因为儿童的睫状肌调节功能较强,须阿托品发挥充分的调节麻痹作用。

(4) 缓慢型心律失常:阿托品可解除迷走神经对心脏的抑制作用,可用于治疗迷走神经过度兴奋引起的窦性心动过缓、窦房阻滞和房室传导阻滞等缓慢型心律失常。但在心肌梗死时,要慎用阿托品,由于其加速心率,加重心肌缺血缺氧,可能会激发室颤。阿托品对大多数的室性心律失常疗效差,在某些患者,阿托品可减轻伴有过缓心房率的室性期前收缩。

(5) 抗中毒性休克:对暴发型流行性脑脊髓膜炎、中毒性菌痢、中毒性肺炎等所致的感染性休克,可用大剂量阿托品治疗,解除血管痉挛,舒张外周血管,改善微循环。但对于休克伴有心率过快或高热者,不用阿托品。

(6) 解救有机磷酸酯类中毒:有机磷酸酯中毒抢救时,可用 2~4mg 静脉注射(根据阿托品化程度重复使用)。

3. 体内过程　口服吸收快,迅速分布于全身组织,达血药峰浓度需 1 小时,$t_{1/2}$ 为 4 小时,除对眼的作用持续 72 小时外,其他所有器官的作用维持约 4 小时。血浆蛋白结合率为 50%。吸收后分布于全身组织,可透过血 - 脑屏障和胎盘屏障,也可分泌至乳汁。肌内注射 12 小时内有 85%~88% 以原形或代谢产物经尿排泄。

4. 不良反应　阿托品的药理作用有多种,临床上应用其某一作用时,其他作用便成为副作用,副作用是药物不良反应中的一种类型。阿托品的不良反应与剂量相关(表 10-3)。常见不良反应有口干、心率加快、瞳孔扩大、视力模糊和皮肤干燥。剂量过大时,有中枢兴奋症状,如烦躁不安、谵妄,以致惊厥。兴奋过度可转入抑制,出现呼吸困难,可致死亡。误吃过量的颠茄果、曼陀罗果、洋金花或莨菪根茎等也可出现中毒症状。阿托品的最低致死量在成人为 80~130mg,儿童约为 10mg。

5. 中毒解救 用量超过 5mg 时,即产生中毒,但死亡者不多,因中毒量(5~10mg)与致死量(80~130mg)相距甚远。中毒主要是对症治疗。急救口服阿托品中毒者可洗胃和导泻,以清除未吸收的阿托品。阿托品中毒的 M 样症状可注射拟胆碱药如新斯的明、毒扁豆碱或毛果芸香碱解救,直至瞳孔缩小、症状缓解为止。当解救有机磷酸酯类的中毒而用阿托品过量时,不能用抗 AChE 药新斯的明和毒扁豆碱解救。阿托品引起中枢过度兴奋可用镇静催眠药如地西泮对抗,但不可过量,以避免与阿托品的中枢抑制作用产生协同作用。呼吸抑制时用呼吸中枢兴奋药尼可刹米。

6. 禁忌证 青光眼与前列腺肥大禁用,后者因可能加重排尿困难。老年人慎用,因容易发生抗 M 胆碱样副作用,如排尿困难、便秘和口干,尤易致汗液分泌减少,影响散热。孕妇慎用,因静脉注射阿托品可使胎儿心动过速。心律失常、充血性心力衰竭、冠心病和二尖瓣狭窄等慎用。反流性食管炎、食管与胃的运动减弱和下食管括约肌松弛者慎用,因可使胃排空延迟,从而促成胃潴留,并增加胃 - 食管的反流。

(二)阿托品的合成代用品

阿托品用于眼科作用太持久,用于内科治疗因器官选择性低而副作用较多,针对这些缺点,通过改变其化学结构,合成了不少代用品用于临床。这些合成品具有选择性高、副作用少、疗效强等特点,包括合成扩瞳药、合成解痉药和选择性胆碱受体阻断药。

1. 合成扩瞳药 均为短效 M 受体阻断药,它们的扩瞳和调节麻痹作用消退时间均较阿托品快,且持续时间较短,适用于扩瞳检查眼底和验光。青光眼患者禁用。各药滴眼后作用的比较见表 10-4。为减少全身吸收,滴药后用指压迫泪囊 2~3 分钟。药物被全身吸收后所产生的不良反应类似阿托品,但轻微。

表 10-4 几种扩瞳药滴眼作用的比较

药物	浓度(%)	扩瞳作用		调节麻痹作用	
		高峰(min)	消退(d)	高峰(h)	消退(d)
硫酸阿托品	1.0	30~40	7~10	1~3	7~12
氢溴酸后马托品	1.0~2.0	40~60	1~2	0.5~1	1~2
托吡卡胺	0.5~1.0	20~40	0.25	0.5	<0.25
环喷托酯	0.5	30~50	1	1	0.25~1
尤卡托品	2.0~5.0	30	1/12~1/4	(无作用)	

(1)后马托品(homatropine):扩瞳与调节麻痹作用都比阿托品明显短暂,调节麻痹作用在用药后 1~2 天消退,适用于一般眼科检查。其调节麻痹作用高峰出现较快,但不如阿托品完全,特别是对于儿童。

(2)托吡卡胺(Tropicamide):特点是起效快而持续时间最短。除用于检查眼底和验光,也可用于防治青少年假性近视。

(3)环喷托酯(cyclopentolate):调节麻痹的时间短、作用快而强。

(4)尤卡托品(eucatropine):扩瞳作用持续更短,没有调节麻痹作用。

2. 合成解痉药 属非选择性 M 受体阻断药,但对胃肠道或泌尿道平滑肌选择性高,主要用于胃肠痉挛和泌尿道痉挛及消化性溃疡。随着 H₂ 受体阻断药和质子泵抑制剂的出现，这类药在治疗消化性溃疡方面的应用逐渐减少。

（1）季铵类解痉药：脂溶性低，口服生物利用度低，不易透过血 - 脑屏障，较少发生中枢作用，是外周抗胆碱药，对胃肠道解痉作用较强。包括溴丙胺太林、溴甲东莨菪碱、甲溴后马托品（homatropine methylbromide）、溴化甲哌佐酯（mepenzolate bromide）、贝那替嗪（benactyzine methobromide）等。

溴丙胺太林（probanthine）：又称普鲁本辛（bromide）。对胃肠道 M 胆碱受体的选择性较高，是一种临床常用的合成解痉药。一次用量（15mg）维持作用 6 小时。注射给药时，对胃肠道平滑肌的解痉作用较强而持久，能延缓胃的排空，并有不同程度的神经节阻断作用。较大剂量才能减少溃疡病患者的胃酸分泌，若与 H₂ 受体阻断药合用，小剂量即有效，并因此减少副作用。主要用于胃、十二指肠溃疡、胃肠痉挛、泌尿道痉挛和妊娠呕吐等，睡前口服本药 15~45mg 可治遗尿症。中毒量可致神经肌肉传递阻断，引起呼吸麻痹。

溴甲东莨菪碱（methscopolamine bromide）：为一种外周作用较强的抗胆碱药。本药的外周作用较阿托品强而维持时间短，对呼吸中枢有兴奋作用；中枢作用以抑制为主；能抑制腺体分泌；解除毛细血管痉挛，改善微循环；扩张支气管；解除平滑肌痉挛；对大脑有镇静催眠作用；对呼吸中枢有兴奋作用。用于胃及十二指肠溃疡、胃炎、溃疡性结肠炎、肠蠕动亢进等的治疗。

异丙托溴铵（ipratropium bromide）：是一种对支气管平滑肌有较高选择性的强效抗胆碱药，松弛支气管平滑肌作用较强，对呼吸道腺体和心血管系统的作用不明显。其扩张支气管的剂量仅为抑制腺体和加快心率剂量的 1/20~1/10。用于防治支气管哮喘和哮喘型慢性支气管炎，尤适用于因用 β 受体激动剂产生肌肉震颤、心动过速而不能耐受此类药物的患者。还有慢性阻塞性肺疾病（chronic obstructive pulmonary disease，COPD）的维持治疗。与 β 受体激动剂合用可相互增强疗效。气雾剂吸入给药，30~90 分钟作用达高峰，维持 4~6 小时。

噻托溴铵（tiotropium bromide）：选择性抑制平滑肌 M₃ 受体，产生支气管扩张作用。长期维持治疗 COPD 伴有的支气管痉挛，包括慢性支气管炎和肺气肿。干粉注射吸入给药，作用达高峰比异丙托溴铵稍晚，维持约 24 小时，故每天给药 1 次。

此外，还有格隆溴铵（glycopyrronium bromide），奥普溴铵（oryphenonium bromide）、戊沙溴铵（valethamate bromide）、地泊溴铵（dipenine bromide）、喷噻溴铵（penthienate bromide）、异丙碘铵（isopropamide iodide）、溴哌喷酯（pipenzolate bromide）、甲硫二苯马尼（diphenatil metilsufate）、羟吡溴铵（oxypyrronium bromide）、依美溴铵（emepronium bromide）等，均可用于缓解内脏平滑肌痉挛，作为消化道溃疡的辅助用药。

（2）叔铵类解痉药：口服较易吸收，脂溶性高，易透过血 - 脑屏障，故有些药有中枢作用，有较好的解痉和抑制胃酸分泌作用。这类药物包括盐酸双环维林（dicyclomine hydrochloride）、盐酸黄酮哌酯（flavoxate hydrochloride）和氯化奥昔布宁（oxybutynin chloride），除非选择性抑制 M 胆碱受体外，还能非特异性直接松弛平滑肌的作用。在治疗剂量时减少胃肠道、胆道、输尿管和子宫的平滑肌痉挛，对腺体、眼和心血管系统影响轻微，主要用于平滑肌痉挛、肠蠕动亢进、消化性溃疡。

托特罗定（tolterodine）：为一种强的 M 胆碱受体阻断药，对膀胱的选择性高，对膀胱收缩的抑制约为对唾液腺抑制的 20 倍。用于治疗伴有尿急、尿频和急迫性尿失禁的膀胱过度活动症。

贝那替秦（benactyzine，胃复康）：具有中枢镇静作用。适用于兼有焦虑症的溃疡病、胃酸过多、肠蠕动亢进或膀胱刺激症状的患者。

此外，同类药羟苄利明（oxyphencyclimin）、阿地芬宁（adiphenine）、氨戊酰胺（aminopentamide）、甲卡拉芬（metcaraphen）、地芬明（diphemin）、丙哌维林（propiverine）、曲地碘铵（tridihexethyl iodide）和哌立度酯（piperidolate）等均有非特异性内脏平滑肌解痉作用。

Note

3. 选择性 M 受体阻断药

（1）M_1 受体阻断药：竞争性阻断 M_1 受体，对胃黏膜的 M_1 受体亲和力强，对平滑肌、唾液腺等的 M_1 受体亲和力弱，所以一般治疗量能选择性地抑制胃酸分泌，与 M 受体阻断药相比其副作用较少。

目前临床上应用的选择性 M_1 受体阻断剂有哌仑西平（pirenzepine）、替仑西平（telenzepine）和唑仑西平（zolenzepine）等。与哌仑西平相比，替仑西平具有作用强，而唑仑西平具有生物利用度高等优点。这类药物选择性阻断胃壁细胞上的 M_1 受体，抑制胃酸和胃蛋白酶分泌、细胞保护作用和增加胃黏膜保护作用，后两项增强防御功能的作用，可能是通过改善胃黏膜循环完成的。主要用于消化性溃疡的治疗。

哌仑西平的化学结构与三环类抗抑郁药丙米嗪相似。单用哌仑西平疗效并不理想，与 H_2 受体阻断药合用有增效作用。替仑西平作用强度比哌仑西平强 10 倍。由于该类药物不易透过血 - 脑屏障，故无中枢兴奋作用。口服吸收差，食物可减少其吸收，故应餐前用药。治疗剂量时较少出现口干和视力模糊等反应。前列腺肥大、青光眼患者慎用，妊娠妇女禁用。

（2）M_1、M_3 受体阻断药：戊乙奎醚（penehyclidine）参见第三节抗胆碱酯酶药和胆碱酯酶复活药。

（3）M_2 受体阻断药：M_2 受体主要分布于心肌，其激动引起心脏收缩力和心率降低，tripitamine 能对抗胆碱性的心动过缓。

（4）M_3 受体阻断药：M_3 受体主导膀胱逼尿肌的收缩，达非那新（darifenacin）通过阻断 M_3 受体松弛膀胱逼尿肌，用于治疗伴有急迫性尿失禁、尿急和尿频症状的膀胱过动症。

（三）东莨菪碱（scopolamine）

是一种莨菪烷型生物碱，存在于茄科植物中。口服吸收迅速，1~2 小时血药浓度达峰值，可透过血 - 脑屏障。

东莨菪碱的外周作用与阿托品相似，仅在作用强度上略有不同，抑制腺体分泌较阿托品强，对心血管作用较弱。扩瞳和调节麻痹作用较阿托品稍弱，持续时间也较短，为 3~7 天。

东莨菪碱在治疗剂量时即可引起中枢神经系统抑制，表现为困倦、遗忘、疲乏、少梦、快速动眼睡眠时相（REMS）缩短等；较大剂量时，则有催眠作用。此外，还有欣快作用，因此容易造成药物滥用；可兴奋呼吸中枢。

东莨菪碱具有抗晕动作用，可能和抑制前庭神经内耳功能或大脑皮质以及抑制胃肠道蠕动有关，可与苯海拉明合用以增加效果。预防性给药效果好，如已发生呕吐再用药则疗效差。也用于妊娠呕吐及放射病呕吐。东莨菪碱对帕金森病也有一定疗效，可改善流涎、震颤和肌肉强直等症状，可能与其拮抗中枢神经的 ACh 作用有关。

东莨菪碱用于麻醉前给药、晕动病和帕金森病。不良反应和禁忌证与阿托品类似。

（四）山莨菪碱（anisodamine）

山莨菪碱的人工合成品称为 654-2，口服吸收较差，口服 30mg 后组织内药物浓度与肌内注射 10mg 者相近。静脉注射后 1~2 分钟起效。半衰期约 40 分钟。注射后很快从尿中排出，无蓄积作用，排泄比阿托品快。

山莨菪碱药理作用与阿托品相似或稍弱，可对抗 ACh 所致的平滑肌痉挛和抑制心血管作用，此作用与阿托品相似而稍弱，但山莨菪碱的对血管痉挛的解痉作用的选择性较高，故可扩张血管和改善微循环。山莨菪碱的的扩瞳和抑制腺体分泌的作用仅为阿托品的 1/20~1/10。因不易透过血 - 脑屏障，故其中枢兴奋作用很弱，主要用于感染性休克和内脏平滑肌绞痛。不良反应和禁忌证与阿托品类似，但不良反应症状较轻。

二、N 胆碱受体阻断药

（一）N_N 受体阻断药

N_N 受体阻断药又称神经节阻断药（ganglionic blocking drugs），能与神经节的 N_N 受体结合，竞争性阻断 ACh 与受体的结合,使 ACh 不能引起神经节细胞除极化,从而阻断了神经冲动在神经节中的传导。

N_N 受体阻断药对交感神经节和副交感神经节都有阻断作用,因此其综合效应是以两类神经对该器官支配占优势者而定。如交感神经对血管支配占优势,则用药后对血管主要为扩张作用,尤其对小动脉,使血管床血流量增加,加上静脉也扩张,回心血量减少及心排血量降低,结果使血压明显下降。又如在胃肠道、眼、膀胱等平滑肌和腺体则以副交感神经占优势,因此用药后常出现便秘、扩瞳、口干、尿潴留及胃肠道分泌减少等。

N_N 受体阻断药曾用于抗高血压,但现在已被其他降压药取代。可用于麻醉时控制血压,以减少手术区出血。也可用于主动脉瘤手术,尤其是当禁忌使用 β 肾上腺素受体阻断药时,此时应用 N_N 受体阻断药不仅能降压,而且能有效地防止因手术剥离而拉扯组织所造成交感神经反射,使患者血压不致明显升高。除美卡拉明(mecamylamine,美加明)和樟磺咪芬(trimetaphan,阿方那特)外,其他药物已基本不用。N_N 受体阻断药具有嗜睡、口干、便秘、排尿困难及视力模糊等副作用。

(二) N_M 受体阻断药

N_M 受体阻断药又称神经肌肉阻滞药(neuromuscular blocking agents),是一类竞争性阻断骨骼肌运动终板上的 N_M 受体,使骨骼肌松弛的药物,也称骨骼肌松弛药(skeletal muscular relaxants),简称肌松药。按机制分为:除极化型肌松药和非除极化型肌松药。肌松药只能使骨骼肌麻痹,而不产生麻醉作用,不能使患者的神志和感觉消失,也不产生遗忘作用。

除极化型肌松药(depolarizing muscular relaxants) 又称非竞争性肌松药(noncompetitive muscular relaxants)。分子结构与 ACh 相似,与神经肌肉接头后膜的 N_M 胆碱受体有较强亲和力,且在神经肌肉接头处不易被胆碱酯酶分解,因而产生与 ACh 相似但较持久的除极化作用,使神经肌肉接头后膜的 N_M 胆碱受体不能对 ACh 起反应,此时神经肌肉的阻滞方式已由除极化转变为非除极化,前者为药物导致的 I 相阻断,后者为 II 相阻断,从而使骨骼肌松弛。除极化型肌松药起效快,持续时间短,主要用于小手术麻醉的辅助药,特别是插管。本类药的作用特点为:①最初可出现短时肌束颤动,与药物对不同部位的骨骼肌除极化出现的时间先后不同有关;②连续用药可产生快速耐受性;③抗胆碱酯酶药不仅不能拮抗其肌松作用,反能使之加强,因此过量时不能用新斯的明解救;④治疗剂量并无神经节阻断作用。目前临床应用的除极型肌松药只有琥珀胆碱。

琥珀胆碱(suxamethonium,succinylcholine)又称司可林(scoline),由琥珀酸和两个分子的胆碱组成。

【药理作用】

静脉注射琥珀胆碱 10~30mg,先发生短暂的肌束颤动,尤以胸腹部肌肉明显,1 分钟后转松弛肌肉,2 分钟内作用达峰值,但在麻醉情况下,肌束颤动很少见。琥珀胆碱引起的肌松作用从颈部肌肉开始,逐渐波及肩胛、腹部和四肢。肌松部位以颈部和四肢肌肉最明显,面、舌、咽喉和咀嚼肌次之,而对呼吸肌麻痹作用不明显,但对喉头和气管肌作用强。琥珀胆碱的肌松效能为筒箭毒碱的 1.8 倍。

【临床应用】

静脉注射主要用于气管内插管、气管镜和食管镜等短时的操作。辅助麻醉静脉滴注可维持较长时间的肌松作用。本药可引起强烈的窒息感,故对清醒患者禁用,可先用硫喷妥钠进行静脉麻醉后,再用琥珀胆碱。

【体内过程】

口服不易吸收,琥珀胆碱须静脉注射给药,1 分钟内出现肌松作用,在血液中很快被血浆与肝的丁酰胆碱酯酶(属假性胆碱酯酶)水解,血浆半衰期 2~4 分钟。只有 10%~15% 的给药量到达神经肌肉接头部位。重复静脉注射或持续静脉滴注可使作用延长,作用强度可通过滴速加以调节。琥珀胆碱的水解过程分两步进行,首先分解成琥珀单胆碱,肌松作用大为减弱,然后又缓慢分解成为琥珀酸和胆碱,肌松作用消失。有 2% 以原形经肾随尿排出。

【不良反应】

1. **窒息**　过量可致呼吸肌麻痹。严重窒息可见于遗传性胆碱酯酶活性低下者,用时需备有人工呼吸机。

2. **眼内压升高**　能使眼外骨骼肌短暂收缩,引起眼内压升高,故禁用于青光眼、白内障晶状体摘除术。

3. **肌束颤动**　肌松前有短暂的肌束颤动,25%~50% 患者诉手术后肩部、胸腹部肌肉疼痛,一般 3~5 天可自愈。

4. **血钾升高**　因肌细胞持续去极化使细胞内 K^+ 外流,在肾衰竭、大面积软组织损伤患者,可产生危及生命的高钾血症,血钾可升高 20%~30%,应禁用本药。

5. **心血管反应**　激动自主神经节 N_N 受体及心脏的 M 胆碱受体,引发心律失常,如产生心动过缓或过速、心律失常、低血压或高血压、心脏停搏。

6. **促进组胺释放**　出现皮疹、支气管痉挛、哮喘,甚至过敏性休克。

7. **恶性高热**　小儿比成人更易发生,属染色体异常的遗传病。患者肌细胞肌浆网 ryanodine 受体基因突变,引起肌浆网内 Ca^{2+} 释放至胞质引起肌肉收缩和产热,出现恶性高热、酸中毒和昏迷,具有很高的死亡率(65%)。可以给予丹曲林(dantrolene)治疗,丹曲林是一种直接作用于骨骼肌的肌松剂,主要作用部位是骨骼肌的肌浆网,通过抑制肌浆网释放钙离子而减弱肌肉收缩。

8. **特异质反应**　患有先天性 AChE 活性不足的患者,用琥珀胆碱后表现为持久呼吸肌麻痹或窒息,故使用前最好测定丁酰胆碱酯酶活性,以防发生特异质反应。

【药物相互作用】

琥珀胆碱在碱性溶液中可分解,故不宜与硫喷妥钠混合使用。凡可降低假性 AChE 活性的药物都可使其作用增加,如胆碱酯酶抑制药、环磷酰胺、氮芥等抗肿瘤药;普鲁卡因、可卡因等局麻药;某些氨基糖苷类抗菌药如卡那霉素及多肽类抗菌药如多黏菌素 B 也有肌肉松弛作用;与琥珀胆碱合用时,易致呼吸麻痹,应注意。

非除极化型肌松药(nondepolarizing muscular relaxants)　又称竞争型肌松药(competitive muscular relaxants),与 ACh 竞争性地结合运动终板膜上的 N_M 受体,阻断 ACh 与 N_M 受体结合诱发突触后兴奋性动作电位,产生骨骼肌松弛作用。在肌松之前无肌肉震颤,其肌松作用可被抗AChE 药新斯的明所拮抗,用于手术的肌肉松弛。重症肌无力者慎用。

非除极化型肌松药药多为天然生物碱及其类似物,化学上属苄基异喹啉类(benzylisoquinoline),主要有筒箭毒碱、阿曲库铵、多库氯铵、米库氯铵、米库溴铵、阿库氯铵、氯二甲箭毒、傣肌松和粉肌松等;类固醇铵类(ammonio steroids)主要包括泮库溴铵、维库溴铵、罗库溴铵和哌库溴铵等。由于体内过程不同,它们在起效时间和维持时间上存在差异。

(1) 筒箭毒碱(tubocurarine):是南美印第安人用数种植物制成的植物浸膏箭毒(curare)中提出的生物碱,右旋体具有活性。筒箭毒碱 1942 年首次应用于临床,是临床应用最早的典型非除极化型肌松药。筒箭毒碱口服难吸收,静脉注射后 4~6 分钟起效,快速运动肌如眼部肌肉首先松弛,尔后可见四肢、颈部和躯干肌肉松弛,继之肋间肌松弛,出现腹式呼吸。如剂量加大,最终可致膈肌麻痹,患者呼吸停止。肌肉松弛恢复时,其次序与肌松时相反,即膈肌麻痹恢复最快。临床上可作为麻醉辅助药,用于胸腹手术和气管插管等。

筒箭毒碱还有神经节阻断和释放组胺作用,可引起心率减慢、血压下降、支气管痉挛和唾液分泌增多等。大剂量引起呼吸肌麻痹时,可进行人工呼吸,并用新斯的明对抗解救。禁忌证为重症肌无力、支气管哮喘和严重休克。

简箭毒碱为经典药物，但其作用时间较长，用药后作用不易逆转，不良反应多，目前已被以下药物所替代。

(2) 阿曲库铵(atracurium)：用于各种外科手术麻醉时的肌松。起效快(1分钟)，持续时间短(15分钟)。50%的药物可通过霍夫曼消除反应(Hoffmann elimination reaction)快速代谢，而且阿曲库铵也可被丁酰胆碱酯酶水解，代谢产物经肾脏排出，作用时间不受肝肾功能的影响，故可用于严重肝和肾功能不全的患者。重复给药无明显蓄积作用。神经肌肉阻滞作用时程为等效量泮库溴铵的1/3。大剂量尤其是快速给药，可诱发组胺释放而引起低血压、皮肤潮红和支气管痉挛。故支气管哮喘、有过敏史、重症肌无力与其他神经肌肉疾病者慎用。与吸入性麻醉剂同时使用可能增强其肌松作用。与有肌松作用的药物如硫酸镁、氨基糖苷类抗菌药物、噻嗪类利尿剂和神经节阻滞剂等合用时，可能增强非除极化肌松作用和(或)作用期限可能延长。

(3) 多库氯铵(doxacurium chloride)：长效，作用强度是非除极化型神经肌肉阻滞药中最强的一种。静脉注射后约5分钟起效，作用持续时间为100分钟。不被代谢，主要随尿和极少随粪便排出。较少引起组胺释放和神经节阻断作用，对心血管系统影响较小，心率、血压变化不明显，对血流动力学无显著作用，适合于冠心病和瓣膜性疾病患者。

(4) 泮库溴铵(pancuronium bromide)：肌松效价强度为简箭毒碱的5倍。静脉注射后起效快，1分钟出现肌松，2~3分钟达高峰，持续20~40分钟。在体内20%经肝代谢，40%由肾排出，40%由胆汁排泄。泮库溴铵无神经节阻滞作用，不促进组胺释放。治疗剂量时对心血管系统影响较小，很少通过胎盘，对胎儿几无影响。较大剂量时可使心率加快，心收缩力减弱，外周阻力增加等。用于气管插管和外科手术时维持肌松。

(5) 维库溴铵(vecuronium bromide)：肌松作用和特点与泮库溴铵相似，肌松效能比简箭毒碱强3倍。静脉注射0.08~0.1mg/kg，1分钟内显效，3~5分钟达高峰，维持时间30~90分钟。无阻断迷走神经作用，由于维库溴铵不引起心率增快，故适用于心肌缺血及心脏病患者，但合用兴奋迷走神经药及β受体阻断药容易产生心动过缓。维库溴铵组胺释放作用弱，也有支气管痉挛及过敏反应，但很少见，不通过胎盘。

(6) 罗库溴铵(rocuronium)：静脉注射1分钟可达到插管状态，是目前起效最快的非除极化型肌松药。作用强度弱，只有维库溴铵的1/8，与简箭毒碱接近。琥珀胆碱禁忌时可用罗库溴铵于气管插管。

(7) 哌库溴铵(pipecuronium bromide)：长效，效应强度为泮库溴铵1~1.5倍。起效时间为5~7分钟，维持时间120~180分钟。临床剂量无心血管不良反应，也不释放组胺，在体内基本不代谢，以原形从肾排泄，尤适用于心肌缺血患者和长时间手术。

第五节　肾上腺受体激动药

肾上腺素受体激动药(adrenoceptor agonists)是一类化学结构及药理作用和肾上腺素、去甲肾上腺素相似的药物，与肾上腺素α受体和(或)β受体结合并激动受体，产生肾上腺素样作用，又称拟肾上腺素药(adrenomimetic drugs)。它们都是胺类，而作用又与兴奋交感神经的效应相似，故又称拟交感胺类(sympathomimetic amines)。

肾上腺素受体激动药的基本化学结构是β-苯乙胺(β-phenylethylamine)，当苯环、α位或β位碳原子的氢及末端氨基被不同基团取代时，可人工合成多种肾上腺素受体激动药。这些基团可影响药物对α、β受体的亲和力及激动受体的能力，而且还影响药物的体内过程(表10-5)。苯环是与β受体作用的关键结构，β-羟基是与受体结合的基团，β-碳的绝对构型对激动效应影响较大,其 R 构型(左旋体)的活性远高于 S 构型(右旋体)的活性。氨基部分是与 α 受体作用的关键结构,可在生理 pH 条件下形成氮正离子,与 α 受体阴离子部位结合,产生激动效应。

表 10-5　肾上腺素受体激动药的化学结构和受体选择性

名称							
1. α₁、α₂受体激动药							
去甲肾上腺素	H	OH	OH	H	OH	H	H
间羟胺	H	H	OH	H	OH	CH₃	H
2. α₁受体激动药							
去氧肾上腺素	H	H	OH	H	OH	H	CH₃
3. α₁、β受体激动药							
肾上腺素	H	OH	OH	H	OH	H	CH₃
多巴胺	H	OH	OH	H	H	H	H
麻黄碱	H	H	H	H	OH	CH₃	CH₃
4. β₁、β₂受体激动药							
异丙肾上腺素	H	OH	OH	H	OH	H	CH—CH₃ / CH₃
5. β₁受体激动药							
多巴酚丁胺(消旋)	H	OH	OH	H	H	H	①
6. β₂受体激动药							
沙丁胺醇	H	OH	CH₂OH	H	OH	H	C(CH₃)₃

说明:① —CH(CH₃)—(CH₂)₂—⬡—OH

$$\text{① } -\underset{\underset{CH_3}{|}}{CH}-(CH_2)_2-\bigcirc-OH$$

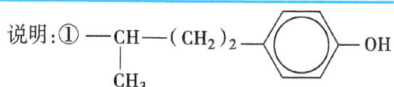

　　肾上腺素受体激动药的构效关系体现为:①苯环上化学基团:肾上腺素、去甲肾上腺素、异丙肾上腺素和多巴胺等在苯环 3、4 位 C 上都有羟基形成儿茶酚,被称为儿茶酚胺类(catecholamines),它们的外周作用强而中枢作用弱,易被儿茶酚胺氧位甲基转移酶(COMT)灭活,故作用时间短;如果去掉一个羟基,其外周作用将减弱,而作用时间延长,口服生物利用度增加,如间羟胺;去掉两个羟基,则外周作用减弱,中枢作用加强,如麻黄碱;属非儿茶酚胺类的药物有间羟胺、麻黄碱、甲氧明和去氧肾上腺素(新福林)。②烷胺侧链 α 碳原子上氢被取代:如被甲基取代(间羟胺和麻黄碱),则不易被单胺氧化酶(MAO)代谢,作用时间延长,易被摄取 -1 所摄入,在神经元内存在时间长,从而发挥促进递质释放的作用,如间羟胺和麻黄碱。③氨基上氢原子被取代:被取代后,药物对 α、β 受体选择性将发生变化,取代基团从甲基、异丙基到叔丁基,对 α 受体的作用逐渐减弱,β 受体作用却逐渐加强。如异丙肾上腺素的取代集团是异丙基,是 β 受体的激动药。

　　按其对肾上腺素受体亚型的特异性可分为三大类(表 10-6):α 肾上腺素受体激动药(α-adrenoceptor agonists,α 受体激动药)、β 肾上腺素受体激动药(β-adrenoceptor agonists,β 受体激动药)和 α、β 肾上腺素受体激动药(α、β- adrenoceptor agonists,α、β 受体激动药)。

表 10-6　拟肾上腺素药的分类及基本作用的比较

分类	药物	对不同肾上腺素受体作用的比较			作用方式	
		α 受体	β₁ 受体	β₂ 受体	直接作用于受体	释放递质
α 受体激动药	去甲肾上腺素	+++	++	+-	+	
	间羟胺	++	+	+	+	+
	去氧肾上腺素	+	+-	+-	+	+/-
	甲氧明	++	−	−	+	−
α、β 受体激动药	肾上腺素	++++	+++	+++	+	
	多巴胺	+	++	+-	+	+
	麻黄碱	++	++	++	+	+
β 受体激动药	异丙肾上腺素	−	+++	+++	+	
	多巴酚丁胺	+	++	+	+	+/-

一、α 肾上腺素受体激动药

（一）α₁、α₂ 受体激动药

去甲肾上腺素（noradrenaline, NA）　是肾上腺素去掉 N- 甲基后形成。它既是一种神经递质,主要由交感节后神经元和脑内肾上腺素能神经末梢合成和分泌,是后者释放的主要递质;也是一种激素,由肾上腺髓质合成和分泌,但含量较少。循环血液中的去甲肾上腺素主要来自肾上腺髓质。药用的 NA 是人工合成品,化学性质不稳定,见光、遇热易分解,在中性尤其在碱性溶液中迅速氧化变色而失效,在酸性溶液中较稳定。常用其重酒石酸盐。

【药理作用及机制】

激动 α 受体作用强大,对 α₁ 和 α₂ 受体无选择性。对心脏 β₁ 受体作用较弱,对 β₂ 受体几乎无作用(表 10-6)。

1. **收缩血管**　激动 α₁ 受体,引起全身小动脉和小静脉收缩,外周阻力增加和有效循环血量增多,从而导致血压上升。皮肤和黏膜血管 α₁ 受体密度最高,其收缩最为明显,其次为肾脏血管,对脑、肝、肠系膜、骨骼肌血管也有收缩作用,但冠状动脉血管扩张,这是由于心肌代谢产物(如腺苷)增加所致,同时因为血压升高,提高冠状血管的灌注压,故冠脉流量增加。在整体情况下,由于血压升高,反射性兴奋迷走神经使心率减慢,心脏收缩力减弱,心排血量不变或稍下降。去甲肾上腺素的升血压作用不被 α 受体阻断药所翻转。

2. **兴奋心肌**　对 β₁ 受体兴奋作用较肾上腺素弱,使心肌收缩性加强,心率加快,传导加速,心搏出量增加,心律失常少见为其优点。在整体情况下,由于血压升高通过窦弓反射,使迷走神经发放冲动增加而表现为心率减慢。

3. **升高血压**　由于 β 受体对去甲肾上腺素的敏感性比 α 受体高,小剂量去甲肾上腺素兴奋心脏,收缩压升高,此时血管收缩作用不剧烈,故舒张压升高不多而脉压差加大(图 10-8)。较大剂量时,因 α 受体激动引起血管强烈收缩,外周阻力明显增高,故收缩压、舒张压均明显升高,脉压差变小。

4. **其他**　对机体代谢的影响较弱,仅在大剂量时才出现血糖升高,对中枢神经系统的作用较弱。可增加孕妇子宫收缩的频率。

【临床应用】

1. **抗休克**　用于早期神经源性休克以及嗜铬细胞瘤切除后和药物中毒时的低血压。如中枢神经系统抑制药中毒可引起低血压,静脉滴注去甲肾上腺素可使血压回升,维持于正常水平。

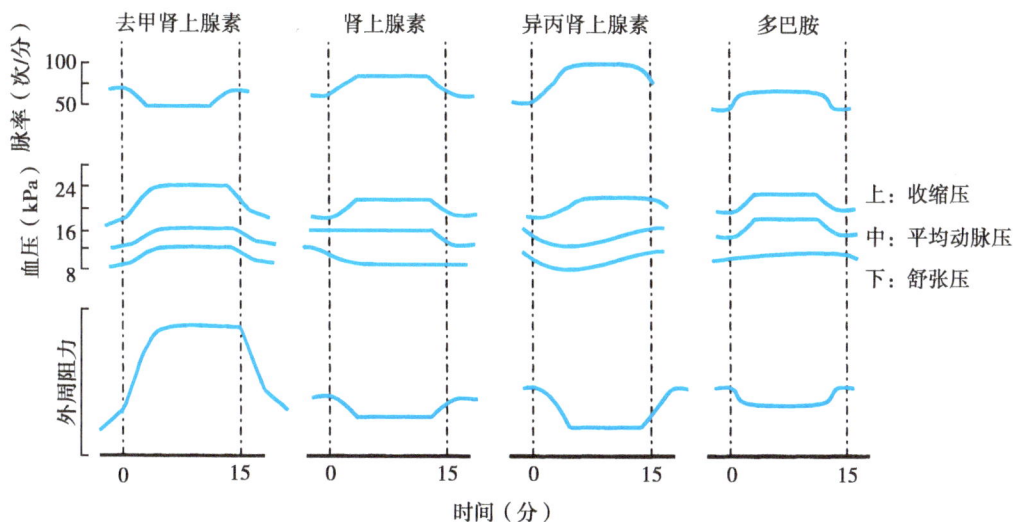

图 10-8 去甲肾上腺素、肾上腺素、异丙肾上腺素及多巴胺作用比较

（静脉滴注,除多巴胺 500μg/min 外,其余均 10μg/min）

特别是氯丙嗪(chlorpromazine)中毒时应选用去甲肾上腺素,而不宜用肾上腺素。利用去甲肾上腺素的升血压作用治疗休克,仅是暂时措施,休克治疗的关键还是补充血容量和改善微循环。

2. 治疗上消化道出血 去甲肾上腺素 1~3mg 用适量的冷生理盐水稀释口服,剧烈收缩上消化道(食管和胃)黏膜血管,控制上消化道大出血症状。

【体内过程】

口服因收缩食管和胃黏膜血管而难吸收,在肠内被碱性肠液破坏;皮下注射可引起血管强烈收缩吸收少,并且可引起局部组织坏死,故一般采用静脉滴注给药。外源性去甲肾上腺素分子极性大,难通过血-脑屏障,但可通过胎盘,引起子宫收缩而导致胎儿缺氧。内源性和外源性去甲肾上腺素大部分被去甲肾上腺素能神经末梢摄取后,进入囊泡贮存(摄取-1),被非神经细胞摄取者,大多被 MAO 和 COMT 代谢失活(摄取-2)。代谢产物为活性很低的间甲去甲肾上腺素,其中一部分再经 MAO 的作用脱胺形成 3-甲氧-4-羟扁桃酸(VMA),后者可与硫酸或葡萄糖醛酸结合,最终从肾脏排泄。由于去甲肾上腺素进入机体迅速被摄取和代谢,故作用时间短。

【不良反应】

1. 局部组织缺血坏死 静脉滴注时间过长、浓度过高或药液外漏,可引起局部缺血坏死。如发现外漏或注射局部皮肤苍白,应立即停止注射或更换注射部位,局部热敷,并用普鲁卡因或用 α 受体阻断药酚妥拉明稀释后作局部浸润注射治疗。

2. 急性肾衰竭 滴注时间过久或剂量过大均可使肾血管强烈收缩,肾血流减少,产生少尿、无尿和肾实质损伤。故用药期间尿量应至少保持在每小时 25ml 以上,否则应立即减量或停用,必要时用甘露醇(mannitol)等脱水利尿。

3. 停药后血压下降 长期滴注后突然停药,可引起血压骤降,这是由于长期处于收缩状态的静脉在停药后迅速扩张,外周循环中血液淤积,有效循环量减少,因而血压下降,故应逐渐减少剂量和减慢滴注速度而后停药。

【禁忌证】

伴有高血压、动脉粥样硬化症、器质性心脏病、少尿、无尿、严重微循环障碍的患者以及孕妇禁用。

2. 间羟胺(metaraminol) 又称阿拉明(aramine),为人工合成品,化学性质较稳定,不易被 MAO 破坏,故作用较持久。肌内注射约 10 分钟起效,皮下注射 5~20 分钟,作用持续约 1 小时,静脉注射 1~2 分钟起效,作用持续 20 分钟。主要在肝内代谢,代谢物大多数经胆汁和尿液排出,尿液酸化可增加以原形自肾排泄。

间羟胺与去甲肾上腺素相似,主要激动 α 受体,对 β_1 受体作用较弱。另外,间羟胺也可被肾上腺素能神经末梢摄取,进入囊泡,通过置换作用使囊泡中的去甲肾上腺素释放,间接发挥作用。短时间内连续应用,可因囊泡内去甲肾上腺素的减少,使效应减弱而产生快速耐受性,此时适当加用小剂量去甲肾上腺素可恢复或增强其升压作用。

间羟胺收缩血管,升压作用比去甲肾上腺素弱而持久;对肾血管收缩也较弱,但仍能明显减少肾血流量;对心脏略增强其收缩力,使休克患者的心排血量增加;对心率影响小,有时血压升高反射性地使心率减慢,很少引起心律失常;比去甲肾上腺素较少引起心悸和少尿等不良反应。间羟胺可静脉滴注也可肌内注射,因此目前临床上作为去甲肾上腺素的代用品,用于休克早期、手术后或脊椎麻醉后的休克。也可用于治疗阵发性室上性心动过速,特别是伴有低血压的患者,反射性减慢心率,并对窦房结可能具有直接抑制作用,使心率恢复正常。

(二) α_1 受体激动药

1. 去氧肾上腺素(phenylephrine)　又称新福林(neosynephrine),是人工合成品。去氧肾上腺素作用机制与间羟胺相似,直接或间接激动 α 受体,且对 α_1 受体的作用强于 α_2 受体。因此,称为 α_1 受体激动药。它不是儿茶酚衍生物,因此不易被 COMT 和 MAO 代谢。去氧肾上腺素作用比去甲肾上腺素弱,是一种血管收缩药,可以升高收缩压和舒张压,但因能显著减少肾血流量,现已少用于抗休克治疗。它对心脏本身没有效应,但当胃肠外给药时可引起反射性的心动过缓。它常被局部用于治疗鼻黏膜充血,在眼科滴剂用于散瞳。去氧肾上腺素兴奋瞳孔扩大,作用比阿托品弱,持续时间较短,一般不引起眼内压增高和调节麻痹,在眼科检查时作为快速短效的扩瞳药,用于检查眼底。去氧肾上腺素作为一种鼻黏膜解充血剂,能产生长时间的血管收缩效应。

2. 甲氧明(methoxamine)　为人工合成品,主要与 α 受体相结合,而且对 α_1 受体的作用优于 α_2 受体。通过激动动脉 α_1 受体,引起血管收缩,而升高血压,这将引起总外周阻力增加。基于它对迷走神经的作用,甲氧明在临床上用于减少室上性心动过速的发作。它也被用于缓解外科手术氟烷麻醉时出现的低血压。与大部分其他的肾上腺素能药物相比,甲氧明并不触发一般麻醉药诱发的心律失常。不良反应包括高血压性头痛和呕吐。

(三) α_2 受体激动药

1. 可乐定(clonidine)　是中枢突触后膜的 α_2 受体激动药,属中枢性降压药。

(1) 药理作用及机制:高脂溶性,作用部位主要位于延髓。降压机制是选择性激动延髓孤束核次级神经元(属抑制性神经元)突触后膜的 α_2 受体,抑制交感神经中枢的传出冲动,使外周血管舒张,血压下降,可乐定也可作用于延髓嘴端腹外侧核区的咪唑啉 I_1 受体,使交感张力下降,外周血管阻力降低,从而产生降压作用。可乐定还激动外周交感神经突触前膜 α_2 受体,增强其负反馈作用,减少末梢神经释放去甲肾上腺素,降低外周血管和肾血管阻力,减慢心率,降低血压。直立性症状较轻或较少见。可乐定激动蓝斑核中的 α_2 受体可产生镇静、嗜睡作用;激动近端肾小球咪唑啉 I_1 受体,产生利尿作用。

可乐定的降压作用中等偏强,血压持久下降,伴有心率减慢、心排血量减少,能明显降低肾血管阻力。

可乐定滴眼可激活 α_2 受体,减少房水生成,增加房水流出,产生降眼压作用,但对瞳孔大小、视力及眼调节功能均无影响。

(2) 临床应用:口服用药治疗其他降压药无效的中度高血压。高血压危象时应静脉滴注给药。滴眼液治疗原发性开角型青光眼及闭角型青光眼,尤其适应于不能耐受缩瞳药的青光眼患者。

滴眼后可被全部吸收,故也可使对侧眼的眼压下降,滴眼后 30 分钟眼压下降,1~2 小时达高峰,持续 4~8 小时。

（3）体内过程：口服 70%~80% 吸收,吸收后很快分布到各器官,组织内药浓度比血浆中浓度高,能通过血 - 脑屏障蓄积于脑组织。蛋白结合率为 20%~40%。口服 30~60 分钟起效,3~5 小时血药浓度达峰值,作用持续 6~8 小时。$t_{1/2}$ 约 13 小时。肝内代谢,40%~60% 以原形于 24 小时内经肾排泄,20% 经肝肠循环由胆汁排出。

（4）不良反应：抗胆碱的作用如口干、便秘和腮腺疼痛;水钠潴留;镇静、嗜睡和头痛;突然停药时,少数长期用药患者可出现短时的交感神经功能亢进的停药现象,表现为心悸、出汗和血压突然升高等,α 受体阻断药酚妥拉明可缓解症状。

2. 甲基多巴（methyldopa） 是中枢突触后膜的 α_2 受体激动药,属中枢性降压药。降压效能与可乐定相似,能明显降低外周血管阻力,在降压同时不减少肾血流量和肾小球滤过率。用于治疗中度高血压,特别适用于伴有肾功能不全的高血压患者。

3. 羟甲唑啉（oxymetazoline,氧甲唑啉） 是外周突触后膜的 α_2 受体激动药。滴鼻可引起微、小血管收缩,减少血流和黏液分泌,减轻炎症反应所致的鼻黏膜充血和肿胀,从而改善鼻塞和流鼻涕症状,用于治疗鼻黏膜充血和鼻炎。常用浓度 0.05% 滴鼻,起效迅速（1~5 分钟）,作用持久（8~12 小时）。

4. 阿可乐定（apraclonidine） 是外周突触后膜的 α_2 受体激动药。阿可乐定是可乐定的衍生物,其角膜通透性下降,但通过结膜和巩膜进入睫状体的能力增强,1% 溶液点眼能降低眼压,滴眼后 15~30 分钟出现眼压下降,3~5 小时降眼压作用最大,可持续约 8 小时。阿可乐定对血压和心率无影响,因此优于可乐定而曾广泛用于临床。

5. 美托咪定（medetomidine） 是新型的高效、高选择性 α_2 受体激动药,α_2 ： α_1 选择性比例则为 1620 ： 1。在极低浓度（纳摩尔水平）即产生效应。临床用有旋异构体右美托咪定（dexmedetomidine）。右美托咪定首过消除明显,口服生物利用度很低。经皮下或肌肉给药后,快速吸收,达峰时间为 1 小时。血浆白蛋白结合率高达 95%,可被完全代谢并以甲基化和葡萄糖醛酸结合物形式经肾脏排泄。

α_2 受体广泛存在于中枢神经系统和外周神经、自主神经节中。右美托咪定激动脑桥蓝斑和延髓的 α_2 受体,降低了交感神经信号从中枢向外周的传递,抑制交感神经兴奋性,从而降低血压和心率。交感神经兴奋作用的降低,可使麻醉药需要量减少。可乐定镇痛和镇静的特性能减少手术中麻醉药物的用量,但是由于可乐定的半衰期较长,限制了它在手术中常规使用。而右美托咪定半衰期较短,且 α_2 受体选择性高,因此在麻醉、镇静等过程中,大剂量用右美托咪定不会引起因激动 α_1 受体而导致的血管反应,副作用相应减少。另外,右美托咪定可以抑制应激刺激引起的血浆儿茶酚胺浓度升高,有利于围麻醉期血流动力学的稳定,包括抑制气管插管反应。右美托咪定除了具有中枢性抗交感作用,还能产生近似自然睡眠的镇静作用;同时具有一定的抗焦虑作用,对呼吸无抑制。右美托咪定激动位于交感神经末梢的突触前 α_2 受体,可抑制去甲肾上腺素的释放,并中止疼痛信号的传导。

右美托咪定的中枢和外周激动 α_2 受体的作用综合起来可以产生镇静、抗焦虑、交感抑制和镇痛作用。用于全身麻醉的手术患者气管插管和机械通气时的镇静,术前用药可减轻拟交感胺类药,如氯胺酮、地氟醚、异氟醚引起的血流动力学紊乱。常见的不良反应是低血压、心动过缓和口干。

二、β 肾上腺素受体激动药

（一）β₁、β₂ 受体激动药

以异丙肾上腺素（isoprenaline）为例。

1. 药理作用及机制 主要激动 β 受体,对 β_1 和 β_2 受体选择性很低,对 α 受体几乎无作用。

（1）激动心脏：激动心脏 β_1 受体，产生正性肌力作用（positive inotropic effect）、正性频率作用（positive chronotropic effect）和正性传导作用（positive dromotropic effect），使心脏收缩性增强、房室传导和心率加快，易引起心律失常。心脏排空完全，回心血量增加，每搏量增加。兴奋心脏，明显增加心肌耗氧，但较少引起心室颤动。作用比肾上腺素强。

（2）舒张血管：激动血管的 β_2 受体，使骨骼肌血管舒张，对肾血管和肠系膜的舒张作用较弱，对冠状血管也有舒张作用。当静脉滴注 $2\sim10\mu g/kg$ 时，由于心脏兴奋和外周血管舒张，出现收缩压升高而舒张压略下降，脉压增大（图 10-8），冠脉流量增大。但当静脉注射较大剂量时，则舒张压和收缩压均降低，主要是静脉明显扩张，有效血容量下降，回心血量减少，而致血压下降，由于冠脉灌注压降低，冠脉有效血流量不增加。

（3）舒张支气管平滑肌：激动支气管平滑肌 β_2 受体，使支气管平滑肌松弛，缓解支气管痉挛，且其效应比肾上腺素强。它也能抑制组胺等过敏介质的释放，但对支气管黏膜血管无收缩作用，故消除黏膜水肿作用比肾上腺素差。

（4）其他：通过激动 β_3 受体，可以促进脂肪分解，升高血糖，也能增加组织的耗氧量。且与肾上腺素相比，两者升高血中游离脂肪酸的作用相似，而升高血糖作用比前者弱。另外，它还有微弱的 CNS 兴奋作用。

2. 临床应用

（1）心搏骤停：适用于心室自身节律缓慢、高度房室传导阻滞或窦房结功能衰竭并发的心搏骤停。但由于异丙肾上腺素可引起舒张压下降，降低冠脉灌注压，因此常与去甲肾上腺素或间羟胺合用，作心室内注射，以减弱周围血管扩张，提高冠脉灌注压。

（2）房室传导阻滞：可用于治疗 Ⅱ、Ⅲ 度房室传导阻滞，常采用舌下给药。对完全性传导阻滞者可以静脉滴注，并根据心率调整滴注速度，使心率维持在 60~70 次/分。

（3）支气管哮喘：舌下或气雾剂吸入给药均能迅速控制支气管哮喘急性发作，疗效快而强，可持续 1 小时左右。

（4）休克：适用于血容量已补足而心排血量较低、外周阻力较高的休克患者，以增加心排血量和扩张外周血管。目前临床已少用。

3. 体内过程
口服易在肠黏膜与硫酸基结合而失效，而且首过消除明显，故口服无效。气雾吸入给药，吸收完全，吸入 2~5 分钟起效，作用可维持 0.5~2 小时；静注维持不到 1 小时；舌下给药因能舒张局部血管，少量可从黏膜下的舌下静脉丛迅速吸收，15~30 分钟起效，吸收后被儿茶酚氧位甲基转移酶及单胺氧化酶迅速破坏，作用时间短，作用维持 1~2 小时。静脉注射后作用于 β_1 肾上腺素受体，半衰期仅 1 分钟。主要在肝内和其他组织中被 COMT 代谢，肾脏排泄。雾化吸入后 5%~10% 以原形排出，静脉注射后 40%~50% 以原形排出。

4. 不良反应
常见有心悸、头痛、头晕和皮肤潮红。在用药过程中应控制心率。支气管哮喘患者，如果用量过大，可激动心脏 β_1 受体，使心肌耗氧量增加，诱发心绞痛和心律失常。重复使用可产生快速耐受现象，药效下降。冠心病、心肌炎、甲状腺功能亢进及嗜铬细胞瘤患者禁用。

（二）β_1 受体激动药

1. **多巴酚丁胺（dobutamine）** 为人工合成品，以消旋化合物的形式存在，化学结构和体内过程与多巴胺相似。

（1）药理作用：多巴酚丁胺是含有左旋多巴酚丁胺和右旋多巴酚丁胺的消旋体，其中左旋体激动 α_1 受体，右旋体阻断 α_1 受体，故对 α 受体的作用相互抵消。左、右旋体都激动 β 受体，但右旋体激动效应是左旋体的 10 倍，且对 β_1 受体的激动效应强于 β_2 受体。多巴酚丁胺的作用是两者效应的综合结果，主要激动 β_1 受体。

多巴酚丁胺选择性激动心脏 β_1 受体，其正性肌力作用比多巴胺强，使心脏收缩性加强，心排血量增加。对外周血管收缩作用小。很少增加心肌耗氧量，能降低心室充盈压，促进房室结传导,故可用于治疗慢性心力衰竭。与异丙肾上腺素比,多巴酚丁胺的正性肌力作用比正性频率作用显著。但在静脉滴注速度过大或浓度过高时(超过 $20\mu g/kg$),则可致心率加快。

(2) 临床应用:主要用于器质性心脏病心肌收缩力下降引起的慢性心力衰竭,因为多巴酚丁胺增加心肌收缩力,增加心排血量和降低肺毛细血管楔压,并使左室充盈压明显降低,使心功能改善,继发促进排钠、排水、增加尿量,有利于消除水肿。多巴酚丁胺还可用于心肌梗死所致的心源性休克及术后低血压。

(3) 体内过程:口服无效,静脉滴注 1~2 分钟内起效,10 分钟达高峰,持续数分钟。半衰期约 2 分钟,在肝脏代谢成无活性的化合物,经肾脏排出。

(4) 不良反应:可以引起心动过速、室性期前收缩、血压上升,其他可见恶心、头痛、胸痛、气短等。另外,在心肌梗死患者由于多巴酚丁胺可致心肌耗氧量增多,偶见梗死面积增加,应注意。由于能增加房室传导速度,心房纤颤和心室颤动患者禁用,梗阻型肥厚性心脏病患者也禁用。

2. 普瑞特罗(prenalterol)　合成的选择性 β_1 受体激动药,正性肌力作用大于正性频率作用。主要作用特点是增强心肌收缩力,增加心排血量,不影响心率,但可改善传导阻滞。对 β_2 受体作用甚微,因此不影响动脉血压,不增加外周血管阻力。主要用于各种原因引起的急性、慢性心力衰竭的治疗。普瑞特罗口服吸收快,达峰时间为 30 分钟,生物利用度约为 45%,半衰期约为 2 小时,作用可持续 4~6 小时。

3. 扎莫特罗(xamoterol)　是具有选择性 β_1 受体部分激动和保护双重作用的药物。当交感神经张力低下时,起 β_1 受体激动药作用,表现为正性肌力和正性频率作用;而当交感神经功能增高(如运动状态下)则对 β_1 受体起保护作用,产生负性肌力作用。这种双向作用是其他药物所不常见的。因此,扎莫特罗具有特殊的休息时正性肌力作用,而当患者从轻度运动加强到中度运动时又具有降低心肌耗氧量的能力。主要用于慢性充血性心力衰竭的治疗,尤其适用于因气喘、疲劳等症状使活动受到限制的心力衰竭患者。扎莫特罗口服,胃肠道吸收率约为 9%,药物的 60%~70% 与葡萄糖醛酸结合从肾脏排出。健康受试者的消除半期为 16 小时,心力衰竭患者约 21 小时。副作用较少。偶见有胃肠道不适、头痛、眩晕、心悸、心绞痛、肌肉痉挛和急躁等,减量或停药即可消失。

(三) β_2 受体激动药

β_2 受体激动药是目前临床应用较广、种类较多的支气管扩张药,尤其是 β_2 受体激动药的吸入剂型已广泛用于支气管哮喘急性发作的治疗,可以有效地缓解哮喘的急性症状。β_2 受体激动药具有很强的平喘作用,其支气管扩张效应是氨茶碱 1000 倍左右。此类药物较多,β_2 受体激动药可分为短效(作用维持 4~6 小时)和长效(维持 12 小时),长效又可分为速效(数分钟起效)和缓慢起效(半小时起效)两种。短效的药有沙丁胺醇、特布他林和克仑特罗等,长效的包括沙美特罗和福莫特罗。体外试验,对气道平滑肌和心肌作用所需等强度浓度比较,求得药物的选择性指数,以沙丁胺醇最高为 250,特布他林为 138,异丙肾上腺素为 1.4。

1. 沙丁胺醇(salbutamol)

(1) 药理作用及机制:选择性激动 β_2 受体,舒张呼吸道平滑肌,产生支气管扩张作用,与异丙肾上腺素相当或略强。沙丁胺醇在气管内吸收较慢,而且不易被体内的硫酸酶破坏,所以产生持续时间较长的平喘作用,大剂量也能加快心率。沙丁胺醇还能有效地抑制组胺和致过敏性迟发反应物质的释放,防止支气管痉挛。对心脏的 β_1 受体的激动作用较弱,故其增加心率作用仅及异丙肾上腺素的 1/10。

(2) 临床应用:气雾剂含 0.2% 沙丁胺醇吸入可迅速缓解支气管哮喘急性发作症状、哮喘型支气管炎和肺气肿患者的支气管痉挛。口服给药预防频发性或慢性哮喘发作。

(3) 体内过程:因不易被消化道的硫酸酯酶和组织中的儿茶酚氧位甲基转移酶破坏,故口服有效,作用持续时间较长。口服生物利用度为 30%,服后 15~30 分钟起效,2~4 小时达高峰,持续 6 小时。气雾吸入时大部分吸入剂量被吞咽，然后由胃肠道吸收。气雾吸入的生物利用度为 10%，吸入后 1~5 分钟生效，1 小时达高峰，可持续 4~6 小时。大部在肠壁和肝脏代谢，进入循环的原形药物少于 20%，80% 在 3 天内由尿液排出。

(4) 不良反应：主要有肢体及面颈部骨骼肌震颤，发生率约 30%，继续用药可逐渐减轻或消失。引起肌肉震颤的原因是由于沙丁胺醇激动骨骼肌慢收缩纤维上 β_2 受体，使之收缩加快有力，破坏快、慢收缩纤维之间的融合现象所致。静脉给药的平喘疗效并不优于气雾吸入，而且增加手足震颤与代谢改变等副作用发生率。少数人可见恶心、头痛、脸潮红、心悸，还能引起血乳酸、丙酮酸升高，并出现酮体升高。糖尿病患者使用时应注意。

2. **特布他林（terbutaline）**　特布他林对气道 β_2 受体选择性较高，扩张支气管作用与沙丁胺醇相近。对心脏的作用仅为异丙肾上腺上素的 1/100。特布他林以间羟酚环取代了儿茶酚环，并在乙醇胺侧链上的叔丁基取代氨基的氢原子。由此结构的变化使之不易被 COMT、单胺氧化酶或硫酸激酶灭活，作用时间明显延长，成为其最显著特点。气雾给药和口服外，还能皮下注射，用于气雾给药无效的严重哮喘治疗。特布他林还可兴奋子宫肌层的 β_2 受体，抑制子宫自发性收缩或缩宫素引起的子宫收缩。少数患者有手颤、头痛、心悸及胃肠障碍。口服 5mg 时，手颤发生率为 20%~30%。

3. **克仑特罗（clenbuterol）**　为强效 β_2 受体激动药，特点为有效剂量小而作用时间持久，扩张支气管效应强度为沙丁胺醇的 100 倍。克仑特罗尚能增强纤毛运动和促进痰的排出，有助于提高平喘疗效。口服克仑特罗平喘作用较特布他林强 170 倍。气雾吸入约 5 分钟起效，作用维持 2~4 小时。口服后 15 分钟起效，作用维持 6 小时以上。栓剂直肠给药，作用维持时间可达 24 小时。偶见短暂头昏、轻度肌震颤和心悸等，一般用药过程中可自行缓解。

在中国，通常所说的瘦肉精指的是克仑特罗，当以超过治疗剂量 5~10 倍的用量用于家畜饲养时，可增加蛋白质的合成作用，使动物瘦肉率增加。但因为克仑特罗可在动物可食性组织中蓄积，大量摄入时可产生中毒反应，危害人的身体健康，我国已经禁止用克仑特罗做动物饲料添加剂。

4. **沙美特罗（salmeterol）和福莫特罗（formoterol）**　是长效 β_2 受体激动药，因分子结构中具有较长的侧链，因此具有较强的脂溶性和对 β_2 受体较高的选择性。可高浓度存在于平滑肌细胞膜，作用强而持久，并能改善气雾吸入皮质激素抗哮喘作用，具有明显的抗炎作用。气雾吸入作用可持续 12 小时以上。吸入长效 β_2 受体激动药适用于哮喘（尤其是夜间哮喘和运动诱发哮喘）的预防和持续期的治疗。福莫特罗因起效迅速，可按需用于哮喘急性发作时的治疗。

5. **丙卡特罗（procaterol）**　是一种较有效而又安全的新型 β_2 受体激动药。其扩张支气管作用为沙丁胺醇的 3~10 倍，用药量小而作用持久，每次口服用药可维持 5 小时以上。实验表明，其主要药理作用特点为：①在增加细胞内 cAMP 浓度同时，可抑制由 P 物质刺激咳嗽受体诱发的咳嗽；②抗过敏作用，对接种流感 C 病毒引起的支气管过敏亢进有抑制作用，经豚鼠和大白鼠气道激发实验证明，丙卡特罗不但能抑制即时型呼吸道阻力增加，也可抑制迟发型的气道反应性增加；③可促进呼吸道纤毛运动，增加防御功能；可抑制气道黏膜水肿，尚具有剂量效应的相关性；④可抑制肺水肿的形成。丙卡特罗口服后 1 小时起效，2 小时达最大作用，作用维持 12 小时。

偶有心律失常、心率加快或面色潮红。可有肌颤、头痛、眩晕或耳鸣。偶有恶心或胃肠不适、皮疹、口渴、鼻塞或周身倦息。

三、α、β 肾上腺素受体激动药

1. **肾上腺素（adrenaline）**　是肾上腺髓质的主要激素。其生物合成主要是在髓质嗜铬细胞中首先形成去甲肾上腺素，然后进一步经苯乙胺 -N- 甲基转移酶（phenylethanolamine N-methyl

transferase,PNMT)的作用,使去甲肾上腺素甲基化形成肾上腺素。药用的肾上腺素是从家畜肾上腺中提取或由人工合成。化学性质不稳定,见光易失效。在中性尤其是碱性溶液中,易氧化变色而失去活性。

【药理作用】

对 α 和 β 受体均有强烈而短暂的激动作用。肾上腺素的作用与机体的生理和病理状态、靶器官中肾上腺素受体亚型的分布、整体的反射作用和神经末梢突触间隙的反馈调节等因素有关。

(1)心脏:激动心肌、传导系统和窦房结的 β 受体,从而使心肌收缩力加强,传导加速,心率加快,心排血量增加。心肌兴奋性提高,可使停跳心脏起搏。肾上腺素舒张冠状血管,改善心肌的血液供应,且作用迅速。虽然肾上腺素是一个起效快作用强的心脏兴奋药,但在提高心脏兴奋性和自律性的同时,心肌耗氧量也显著增加,尤其当患者处于心力衰竭、心肌缺氧时,或剂量过大、静脉注射过快时,均可引起心律失常,出现期前收缩、心动过速甚至引起心室纤颤。加速房室传导,因此心肌收缩力加强,心排血量增加。

(2)血管:激动 α_1 受体引起血管收缩,激动 β_2 受体导致血管舒张。肾上腺素主要作用于小动脉及毛细血管前括约肌,因为这些小血管壁的肾上腺素受体密度高;而静脉和大动脉的肾上腺素受体密度低,故作用较弱。此外,体内各部位血管的 α 和 β 受体的种类和密度各不相同,所以肾上腺素对各部位血管的效应也不一致,以皮肤、黏膜血管收缩为最强烈;胃肠道血管和肾血管,也显著收缩;对脑和肺血管收缩作用十分微弱,有时由于血压升高而被动地舒张;骨骼肌和肝脏的血管平滑肌上 β_2 受体占优势,故小剂量的肾上腺素可使它们舒张;也能舒张冠状血管。

(3)血压:对血压的影响因剂量和给药途径不同而不同。皮下注射治疗量(0.5~1mg)或低浓度静脉滴注时,由于心脏兴奋,皮肤、黏膜血管收缩,收缩压和舒张压升高(图10-8),心排血量增加;但由于骨骼肌血管舒张对血压的影响抵消或超过皮肤黏膜血管收缩作用的影响,故舒张压不变或下降,脉压加大,此时身体各部位血液重新分配,以适应紧急状态下机体应激的需要。

当较大剂量静脉注射时,除心脏强烈兴奋外,血管平滑肌 α_1 受体激动占优势,特别是皮肤黏膜和肾脏血管等显著收缩,使舒张压和收缩压均上升。当升压作用消失后,常随之出现降压效应,这是 β_2 受体激动扩张骨骼肌血管导致降压的表现。如事先给予 α 受体阻断药如酚妥拉明,肾上腺素的升压作用可被翻转,出现明显的降压反应,即"肾上腺素作用的翻转"。此外,肾上腺素尚能作用于邻肾小球细胞的 β_1 受体,促进肾素的分泌。

(4)平滑肌:肾上腺素对平滑肌的作用主要取决于器官组织上的肾上腺素受体的类型。肾上腺素激动支气管平滑肌 β_2 受体,发挥强大舒张作用;并能抑制肥大细胞释放过敏性物质如组胺等;还可激动支气管黏膜血管的 α 受体,使血管收缩,降低毛细血管的通透性,有利于消除支气管黏膜水肿。

肾上腺素激动胃肠平滑肌的 β_1 受体使其张力降低,自发性收缩频率和幅度减少。肾上腺素对子宫平滑肌的作用与性周期、子宫充盈状态和给药剂量有关,在妊娠末期肾上腺素抑制子宫张力和收缩。另外,其 β 激动作用还可使膀胱逼尿肌舒张,α 受体激动作用使三角肌和括约肌收缩,由此可引起排尿困难和尿潴留。

(5)促进代谢:肾上腺素能提高机体代谢率,在治疗剂量下可使耗氧量增加 20%~30%。由于肾上腺素能够抑制胰岛素(insulin)分泌(α_2 效应),增加高血糖素分泌(β_2 效应),使肝糖原和肌糖原分解和糖原异生,同时还具降低外周组织对葡萄糖摄取的作用,因此具有明显的升血糖作用,比去甲肾上腺素显著。肾上腺素激动脂肪组织 β 受体而产生脂肪分解,机制为 β 受体的激动活化 cAMP,从而提高环磷酸腺苷水平,而后者又激动甘油三酯酶加速脂肪分解,使血液中游离脂肪酸升高。

(6)中枢神经系统:肾上腺素不易透过血-脑屏障,仅在大剂量时才出现中枢兴奋症状,如激动、呕吐、肌强直甚至惊厥等。治疗量时有时会出现不安、恐惧、头痛和震颤等,这可能继发于肾上腺素对心血管、骨骼肌和代谢的作用。

【临床应用】

(1) 心搏骤停:用于麻醉、手术意外、溺水、药物中毒、急性传染病和房室传导重度阻滞等所致的心搏骤停,在有效的心脏按压、人工呼吸和纠正酸中毒的同时,可用肾上腺素做心室内注射。对电击所致的心搏骤停也可用肾上腺素配合心脏除颤器或利多卡因(lidocaine)等除颤。

(2) 过敏性疾病:①过敏性休克:药物或输液等引起的过敏性休克,表现为小血管扩张和毛细血管通透性增加,出现循环血量降低,血压下降,同时支气管平滑肌痉挛,出现呼吸困难,而肾上腺素激动 α 受体,收缩小动脉和毛细血管前括约肌,降低毛细血管的通透性,激动 β 受体可改善心脏功能,缓解支气管痉挛,减少过敏介质释放,扩张冠状动脉,可迅速缓解过敏性休克的临床症状,挽救患者的生命,因此为治疗过敏性休克的首选药物;一般肌内或皮下注射 0.25~1mg,危急时也可用生理盐水稀释 10 倍后缓慢静脉注射,但必须控制注射速度和用量,以免引起血压剧升及心律失常等不良反应;②支气管哮喘:迅速缓解哮喘症状,仅适用于治疗急性发作;③血管神经性水肿及血清病:肾上腺素可迅速缓解血管神经性水肿、血清病、荨麻疹、枯草热等变态反应性疾病的症状。

(3) 局部应用:肾上腺素与局麻药配伍,通过收缩局麻注药部位的血管,从而延长局麻药作用时间,并减少局麻药吸收入血引起不良反应。局部麻醉药常含有 1:250 000 的肾上腺素,一次用量不要超过 0.3mg。将浸有 0.1% 肾上腺素的纱布或棉球用于鼻黏膜和牙龈表面,可使微血管收缩,用于局部止血。

【体内过程】

与去甲肾上腺素相同,但收缩血管作用不如去甲肾上腺素显著,可供皮下注射和肌内注射。易在碱性肠液、肠黏膜、肝脏内被破坏,故口服无效。皮下注射因收缩局部血管而吸收缓慢,作用可维持 1 小时左右。肌内注射因扩张骨骼肌血管而吸收较为迅速,作用可维持 10~30 分钟。静脉注射立即生效,但作用仅维持数分钟,在体内可迅速被去甲肾上腺素能神经末梢摄取,被组织中的 COMT 和 MAO 代谢,经肾排泄,故作用短暂。

【不良反应】

主要为心悸、烦躁、头痛和血压升高等。剂量过大或皮下注射误入血管内或静脉注射太快时,α 受体过度兴奋使血压骤升,有发生脑出血的危险,故老年人慎用。当 β 受体兴奋过强时,可使心肌耗氧量增加,能引起心肌缺血和心律失常,甚至心室纤颤,故应严格掌握剂量。禁用于高血压、脑动脉硬化、器质性心脏病、糖尿病和甲状腺功能亢进症等。

2. 多巴胺(dopamine) 是去甲肾上腺素生物合成的前体,存在于外周去甲肾上腺素能神经、神经节和中枢神经系统的某些部位,也是多巴胺能神经的递质。药用的是人工合成品。

【药理作用】

多巴胺主要激动 α 和 β 受体以及外周的多巴胺(D)受体,并促进神经末梢释放去甲肾上腺素。

(1) 心血管:随多巴胺剂量逐渐加大,先后激动多巴胺受体、β 受体和 α 受体。小剂量(滴速小于 $2\mu g/kg^{-1}\cdot min^{-1}$)多巴胺仅激动肾、肠、系膜和血管上的 D_1 受体,使冠状动脉血流和脑血流量增加;中等剂量(滴速 $2\sim5\mu g/kg^{-1}\cdot min^{-1}$)多巴胺激活 D_1 受体和 β_1 受体,引起心肌收缩力增加、心率加快和心排血量增加,但作用温和,很少引起心律失常;大剂量($5\sim10\mu g/kg^{-1}\cdot min^{-1}$)激动 α 受体,增加心率及冠状动脉和外周血管阻力,包括肾血管阻力,升高血压。

(2) 血压:多巴胺在大剂量时,可增加收缩压,但对舒张压无明显影响或轻微增加。脉压差增大(图 10-8)。由于心排血量增加,而肾和肠系膜血管阻力下降,其他血管阻力基本不变,总外周阻力变化不大。继续增加剂量,产生血管收缩,外周阻力增加,这一效应可被 α 受体阻断药所对抗,说明是激动 α 受体的结果。

(3) 肾脏:多巴胺在低剂量时激动 D_1 受体,改善内脏器官微循环,增加肾血流量及肾小球滤过率,使尿量及尿 Na^+ 排泄增加。大剂量时激动肾血管的 α 受体,可使肾血管收缩,肾血流量减少。

【临床应用】

用于各种休克,如感染中毒性休克、心源性休克及出血性休克等。多巴胺作用时间短,需静脉滴注,可根据需要逐渐增加用量。抗休克时须先补足血容量。多巴胺与利尿药联合应用于急性肾衰竭。也可用于急性心功能不全,具有改善血流动力学的作用。

【体内过程】

口服后易在肠和肝中被破坏而失效。一般用静脉滴注给药。在体内迅速被 MAO 和 COMT 代谢而失效,故作用时间短暂,$t_{1/2}$ 约 7 分钟。不易透过血 - 脑屏障,故外源性多巴胺没有中枢作用。

【不良反应】

一般较轻,偶见恶心、呕吐。但如用量过大或滴注太快时,可出现心动过速、心律失常和肾血管收缩而致肾功能下降等,一旦发生,应减慢滴注速度或停药。必要时可用 α 受体阻断药如酚妥拉明对抗。

3. 麻黄碱(ephedrine)　是从中药麻黄中提取的一种生物碱。麻黄碱现已能人工合成,药用的为其左旋体和消旋体。

【药理作用】

麻黄碱可直接激动 α 和 β 受体,还可促进肾上腺素能神经末梢释放去甲肾上腺素而发挥间接作用。与肾上腺素比较,麻黄碱具有下列特点:①化学性质稳定,口服有效;②拟肾上腺素作用弱而持久;③中枢兴奋作用较显著;④易产生快速耐受性。

(1) 心血管:激动心脏 $β_1$ 受体,使心肌收缩力加强,心排血量增加。但在整体情况下,由于血压升高,反射性兴奋迷走神经使心率减慢,可抵消它直接加速心率作用,故心率变化不大。麻黄碱的升压作用出现缓慢,但维持时间较长。

(2) 支气管平滑肌:松弛支气管平滑肌作用较肾上腺素和异丙肾上腺素弱,而且起效慢,作用持久。

(3) 中枢神经系统:具有较显著的中枢兴奋作用,较大剂量可兴奋大脑和皮层下中枢,引起精神兴奋、不安和失眠等。

(4) 快速耐受性:麻黄碱短期内反复给药,作用逐渐减弱,称为快速耐受性(tachyphylaxis),也称脱敏(desensitization)。停药后可以恢复。每日用药小于 3 次,则快速耐受性一般不明显。麻黄碱快速耐受性产生的机制,一般认为有受体逐渐饱和与递质逐渐耗损两种因素。最近通过放射性配体结合实验证明,离体豚鼠肺组织在连续给予麻黄碱后,其与 β 受体的亲和力显著下降。

【临床应用】

(1) 用于预防支气管哮喘发作和轻症的治疗,对于重症急性发作疗效较差。

(2) 消除鼻黏膜充血所引起的鼻塞,常用 0.5%~1.0% 溶液滴鼻,可明显改善黏膜肿胀。

(3) 防治某些低血压状态,如用于防治硬膜外和蛛网膜下腔麻醉所引起的低血压。

(4) 缓解荨麻疹和血管神经性水肿的皮肤黏膜症状。

【体内过程】

化学性质稳定,口服易吸收,不易被消化液破坏,吸收后能够透过血 - 脑屏障进入中枢神经系统。麻黄碱属非儿茶酚胺,是 COMT 和 MAO 的弱活性底物,小部分在体内脱胺氧化,60%~70% 以原形从肾排泄,且排泄缓慢,故作用较肾上腺素持久。$t_{1/2}$ 为 3~6 小时。

【不良反应】

有时出现中枢兴奋所致的不安、失眠等，晚间服用宜加镇静催眠药防止失眠。

【禁忌证】

同肾上腺素。

4. 伪麻黄碱(pseudoephedrine)　是麻黄碱的立体异构物，通过促进去甲肾上腺素的释放，间接发挥拟交感神经作用；具有选择性的收缩上呼吸道毛细血管，消除鼻咽部黏膜充血、肿胀、减轻鼻塞症状，对全身其他脏器的血管无明显收缩作用，对心率、心律、血压和中枢神经无明显影响。主要用于减轻感冒、过敏性鼻炎、鼻炎及鼻窦炎引起的鼻充血症状。口服易吸收，不易被MAO代谢，55%~75%以原形从尿中排泄，半衰期随尿 pH 改变而异，约为数小时。不良反应参见麻黄碱。

由于伪麻黄碱是制造冰毒的关键原料，许多国家对销售含有伪麻黄碱的感冒药进行限制，以防止不法分子大量购买用于提炼毒品。世界各大药厂也在逐步改变感冒药的配方，用去氧肾上腺素等药品替代伪麻黄碱。

5. 美芬丁胺(mephentermine)　又称恢压敏(wyamine)，药理作用与麻黄碱相似，通过直接作用于 α 和 β 受体和间接促进递质释放两种机制发挥作用，以 β 受体为主。增强心肌收缩力，提高心率和心排血量，轻度收缩外周血管，使收缩压和舒张压升高。美芬丁胺兴奋心脏的作用比异丙肾上腺素弱而持久。加快心率的作用不明显，较少引起心律失常。与麻黄碱相似，也具有中枢兴奋作用。主要用于腰麻时预防血压下降；也可用于心源性休克或其他低血压，此外尚可用 0.5% 滴鼻治疗鼻炎。

第六节　肾上腺素受体阻断药

肾上腺素受体阻断药(adrenoceptor blocking drugs)又称肾上腺素受体拮抗药(adrenoceptor antagonists)，能阻断肾上腺素受体，拮抗去甲肾上腺素能神经递质或拟肾上腺素受体激动药的作用。根据所阻断的受体不同，分为 α 受体阻断药、β 受体阻断药和 α、β 受体阻断药三大类。

一、α 肾上腺素受体阻断药

α 肾上腺受体阻断药(α-adrenoceptor blockers)能选择性地与 α 肾上腺素受体结合，其本身不激动或较少激动肾上腺素受体，却能阻碍去甲肾上腺素能神经递质及肾上腺素受体激动药与 α 受体结合，从而产生抗肾上腺素作用。α 受体阻断药能将肾上腺素的升压作用翻转为降压作用，此现象称为"肾上腺素作用的翻转"(adrenaline reversal)。这是因为 α 受体阻断药选择性地阻断了与血管收缩有关的 α 受体，但不影响与血管舒张有关的 β 受体，所以肾上腺素的血管收缩作用被取消，而血管舒张作用得以充分地表现出来。对于主要作用于血管 α 受体的去甲肾上腺素，α 受体阻断药仅能取消或减弱其升压效应，而无翻转作用。对于主要作用于 β 受体的异丙肾上腺素的降压作用则无影响(图 10-9)。

α 受体阻断药可根据其选择性分为 α_1、α_2 受体阻断药、α_1 受体阻断药和 α_2 受体阻断药。

(一) α_1、α_2 受体阻断药

非选择性 α 受体阻断药主要影响血压。因为正常的血管交感神经的控制大部分是通过激动 α 受体起作用，阻断 α 受体，可使外周血管阻力下降，减少血管的交感张力，使血压下降，可引起反射性的心动过速。临床常用的是酚妥拉明、妥拉唑啉和酚苄明等。

1. 酚妥拉明(phentolamine)　是短效的竞争性 α 受体阻断药。酚妥拉明与 α 受体以氢键、离子键或范德华力结合，较为疏松，易于解离，故能竞争性地阻断 α 受体，对 α_1、α_2 受体具有相似的亲和力，可拮抗肾上腺素的 α 作用，使激动药的量效曲线平行右移，但增加激动药的剂量仍

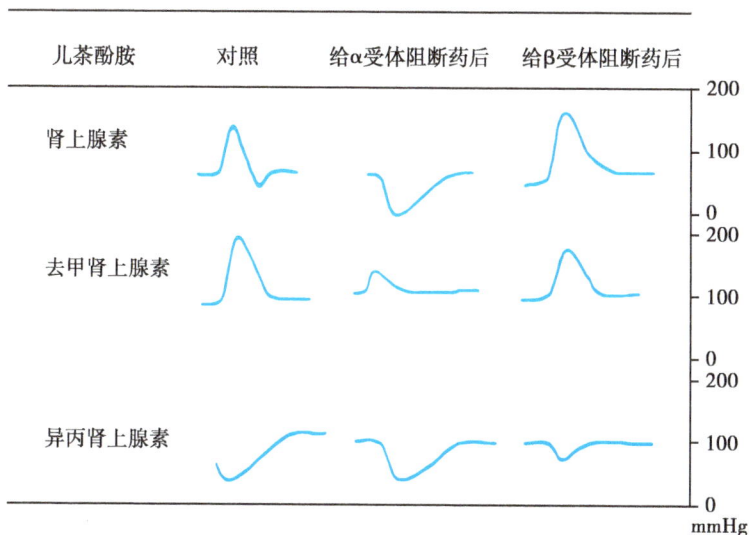

图 10-9　给肾上腺素受体阻断药前后,儿茶酚胺对犬血压的作用

可达到最大效应。

【药理作用】

(1) 血管:静脉注射能使血管舒张,血压下降,对静脉和小静脉的 α 受体阻断作用比其对小动脉作用强,使肺动脉压和外周血管阻力降低。因此,可引起明显的体位性低血压。降压机制主要是对血管平滑肌 α_1 受体的阻断作用和直接舒张血管作用。

(2) 心脏:具有心脏兴奋作用,使心肌收缩力增强,心率加快,心排血量增加。这种兴奋作用部分是由血管舒张、血压下降、反射性兴奋交感神经引起;部分是阻断神经末梢突触前膜 α_2 受体,从而促进去甲肾上腺素释放,激动心脏 β_1 受体的结果。偶可致心律失常。此外,酚妥拉明尚具有阻断 K^+ 通道的作用。

(3) 其他:还能阻断 5- 羟色胺(5-HT)受体、激动 M 胆碱受体和组胺受体 H_1 和 H_2,促进肥大细胞释放组胺,使胃肠道平滑肌张力增加,可被阿托品拮抗。酚妥拉明可引起皮肤潮红等。

【临床应用】

(1) 血管痉挛性疾病:如肢端动脉痉挛的雷诺综合征(Raynaud's syndrome)、血栓闭塞性脉管炎及冻伤后遗症。

(2) 静脉滴注去甲肾上腺素发生外漏:外漏可致皮肤缺血、苍白和剧烈疼痛,甚至坏死。用酚妥拉明作局部浸润注射,以拮抗去甲肾上腺素的血管收缩作用,防止组织坏死。

(3) 急性心肌梗死和顽固性充血性心力衰竭:心力衰竭时,因心排血量不足,导致交感张力增加,外周阻力增高,肺充血和肺动脉压力升高,易产生肺水肿。用酚妥拉明可扩张血管、降低外周阻力;使心脏后负荷明显降低、左室舒张末压与肺动脉压下降、心排血量增加,心力衰竭得以减轻。用酚妥拉明等血管扩张药治疗其他药物无效的急性心肌梗死及充血性心脏病所致的心力衰竭。

(4) 抗休克:酚妥拉明舒张血管,降低外周阻力,使心排血量增加,并能降低肺循环阻力,防止肺水肿的发生,从而改善休克状态时的内脏血液灌注,解除微循环障碍,尤其对休克症状改善不佳而左室充盈压增高者疗效好。适用于感染性、心源性和神经源性休克,但给药前必须补足血容量。有人主张合用去甲肾上腺素,目的是对抗去甲肾上腺素的 α_1 收缩血管的作用,保留其 β_1 加强心肌收缩力的作用,使心收缩增加,提高其抗休克的疗效,减少毒性反应。

(5) 肾上腺嗜铬细胞瘤:酚妥拉明降低铬细胞瘤所致的高血压,用于肾上腺嗜铬细胞瘤的鉴别诊断、骤发高血压危象以及手术前的准备。作鉴别诊断试验时,可引起严重低血压,曾有致死

Note

的报道,故应特别慎重。

静脉注射 5mg/ 次(小儿每次 0.1mg/kg),注射后每 30 秒测血压,连续测 10 分钟,前 2~4 分钟内血压下降超过 35/25mmHg(4.7/3.3kPa)则为鉴别诊断试验阳性。

(6) 药物引起的高血压:用于肾上腺素等拟交感胺药物过量所致的高血压。也可用于突然停用可乐定或应用单胺氧化酶抑制药患者使用富含酪胺食物后出现的高血压危象。

(7) 其他:酚妥拉明口服或直接阴茎海绵体内注射用于诊断或治疗阳痿。

【体内过程】

口服吸收快,但肝脏的首过效应强,生物利用度低。约 30 分钟浓度达峰值,作用维持 3~6 小时;肌内注射作用维持 30~45 分钟。注射效力比口服强 4 倍。体内代谢迅速,大多以无活性的代谢物从尿中排泄。

【不良反应】

常见的是体位性低血压,胃肠平滑肌兴奋所致的腹痛、腹泻、呕吐和诱发溃疡病,可能与酚妥拉明激动 M 胆碱受体作用有关。静脉给药有时可引起严重的心率加快、心律失常和心绞痛,因此须缓慢注射或滴注。胃炎,胃、十二指肠溃疡病,冠心病患者慎用。注射给药偶可发生心肌缺血、严重低血压或休克,可用 α 受体激动药救治,但不能用肾上腺素治疗,否则可引起血压更低。

妥拉唑啉(tolazoline)的药理作用、临床应用和不良反应与酚妥拉明相似,但阻断 α 受体作用较弱,阻断 M 受体和激动组胺受体 H_1 和 H_2 作用较强,可增加唾液腺、汗腺等分泌。妥拉唑啉口服吸收缓慢,排泄较快,以注射给药为主,还可用于治疗新生儿的持续性肺动脉高压症。

2. 酚苄明(phenoxybenzamine) 又称苯苄胺(dibenzyline),是长效的非竞争性 α 受体阻断药。

【药理作用】

酚苄明可与 α 受体形成牢固的共价键。在离体实验时,即使加入高浓度的儿茶酚胺也难与之竞争,达不到最大效应。需要待酚苄明从体内清除后,α 受体阻断作用才能消失。酚苄明起效慢,对受体的阻断强而持久,一次用药作用可持续 3~4 天。

酚苄明能舒张血管,降低外周阻力,其作用强度与交感神经兴奋性有关。对于静卧的正常人,酚苄明的降压作用不明显。但当伴有代偿性交感性血管收缩,如血容量减少或直立时,就会引起显著的血压下降。由于血压下降所引起反射作用,加上阻断突触前膜 $α_2$ 受体作用和对摄取 -1、摄取 -2 的抑制作用,可使心率加快。酚苄明除可阻断 α 受体外,在高浓度应用时还具有抗 5-HT 及抗组胺作用。

【临床应用】

1. 用于外周血管痉挛性疾病。

2. 抗休克 适用于治疗感染性休克。

3. 治疗嗜铬细胞瘤 在不宜手术或恶性嗜铬细胞瘤的患者,可持续应用;也可用于嗜铬细胞瘤术前准备。

4. 治疗良性前列腺增生 用于前列腺增生引起的阻塞性排尿困难,可明显改善症状,可能与阻断前列腺和膀胱底部的 α 受体有关,但作用出现缓慢。

【体内过程】

酚苄明刺激性强,故不作肌内或皮下注射,主要以静脉和口服给药,但口服吸收少而不规则,吸收率为 20%~30%。静脉注射酚苄明后,其分子中的氯乙胺基须环化形成乙撑亚胺基,才能与 α 受体牢固结合,阻断 α 受体,故起效慢,1 小时后可达最大效应,但作用强大。酚苄明脂溶性高,大剂量用药可积蓄于脂肪组织中,然后缓慢释放,停药一周后尚有少量残存于体内。由于药物与受体结合牢固,加以排泄缓慢,一次用药其作用可持续 3~4 天。

【不良反应】

常见直立性低血压、反射性心动过速、心律失常及鼻塞；口服可致恶心、呕吐、嗜睡及疲乏等。静脉注射或用于休克时必须缓慢给药，并且密切监护。

(二) α_1 受体阻断药

α_1 受体阻断药对动脉和静脉的 α_1 受体有较高的选择性阻断作用，对去甲肾上腺素能神经末梢突触前膜上 α_2 受体无明显作用，因此在拮抗去甲肾腺素和肾上腺素的升压作用同时，无促进神经末梢释放去甲肾上腺素，无明显加快心率的作用。

临床常用哌唑嗪、特拉唑嗪、多沙唑嗪和坦洛新等。主要用于高血压病和良性前列腺增生的治疗。

1. **哌唑嗪（prazosin）**　是选择性突触后膜 α_1 受体阻断药，对 α_2 受体的阻滞作用很弱，与 α_2 受体的亲和力约为 α_1 受体的 1/1000。哌唑嗪舒张小动脉及静脉血管平滑肌，引起外周阻力降低，血压下降，同时不影响肾血流量，用于治疗轻、中度高血压，常作为抗高血压二线药物。哌唑嗪既能扩张容量血管，降低心脏前负荷，又能扩张阻力血管，降低心脏后负荷，从而使左心室舒张末期压下降，心功能改善，故可用于治疗心力衰竭。

哌唑嗪还能降低血浆甘油三酯、总胆固醇、低密度脂蛋白和极低密度脂蛋白，增加高密度脂蛋白含量，有利于预防冠脉硬化，尤其适用于高血压合并高脂血症。哌唑嗪不阻断突触前膜 α_2 受体，不增加去甲肾上腺素的释放，故降压时不加快心率，也不影响血浆肾素活性，适用于高血压伴肾功能不全者，与噻嗪类利尿药和 β 受体阻断药合用能增强降压效应。此外，哌唑嗪还能阻滞前列腺、尿道和膀胱颈的 α_1 受体，从而减轻前列腺肥大患者的排尿困难症状。

不良反应主要是首剂效应，即第 1 次用药容易出现体位性低血压，表现为晕厥、心悸、意识丧失等，因此首剂药量宜小，并在睡前服用。还可出现鼻塞、口干、嗜睡、头痛和腹泻。

2. **特拉唑嗪（terazosin）**　选择性阻断 α_1 受体，减低外周血管总阻力，降低收缩压和舒张压，且舒张压降低更为显著。通常并不伴随反射性心动过速。口服后 15 分钟内，血压逐渐降低，数小时后血药浓度达峰值，血压降低最明显，药效持续 24 小时。特拉唑嗪可轻度降低总胆固醇、低密度及极低密度脂蛋白胆固醇，并使高密度脂蛋白胆固醇 HDL/LDL 的比率明显升高，三酰甘油（甘油三酯）明显降低。特拉唑嗪通过阻断前列腺及膀胱出口平滑肌的肾上腺素受体，改善良性前列腺肥大患者的尿流动力和临床症状。特别适宜于治疗高血压伴有前列腺肥大的患者。不良反应同哌唑嗪。

3. **多沙唑嗪（doxazosin）**　是长效 α_1 受体阻断药，作用机制和降压、治疗良性前列腺增生、降血脂的作用与特拉唑嗪相似。不良反应同哌唑嗪。多沙唑嗪控释剂较普通剂型能减少因血药浓度突然升高而使血压骤降引起的晕厥、直立性低血压等不良反应。

4. **坦洛新（tamsulosin）**　是 α_1 受体亚型 α_{1A} 的特异性阻断药，对 α_{1A} 受体的阻断作用远强于对 α_{1B} 受体阻断作用。对 α_1 受体的亲和力较对 α_2 受体强 5400~24 000 倍，这一特性可使其疗效增强，不良反应减少。坦洛新对心率和血压无明显影响。尿道、膀胱颈部及前列腺存在的 α_1 受体主要为 α_{1A} 受体，坦洛新对尿道、膀胱颈部及前列腺平滑肌具有高选择性的阻断作用，使平滑肌松弛，尿道压迫降低，主要用于因前列腺增生所致的排尿障碍等症状，如尿频、夜尿增多、排尿困难等。坦洛新抑制尿道内压上升的能力是抑制血管舒张压上升能力的 13 倍，因此坦洛新的疗效明显且可减少服药后发生直立性低血压的危险。坦洛新的结构与其他 α_1 受体阻断药不同，生物利用度高，食物可减少坦洛新的吸收，从而降低坦洛新的生物利用度。$t_{1/2}$ 为 9~15 小时。

(三) α_2 受体阻断药

1. **育亨宾（yohimbine）**　α_2 受体在介导交感神经系统反应中起重要作用，包括中枢与外周。育亨宾易进入中枢神经系统，阻断 α_2 受体，可促进去甲肾上腺素能神经末梢释放去甲肾上腺素，增加交感神经张力,导致血压升高,心率加快。育亨宾使海绵体神经末梢释放较多的去甲肾上腺素,减少阴茎静脉回流,利于充血勃起。少量应用时,可使会阴部肿胀,刺激脊髓勃起中枢而使性功能亢进。育亨宾还能产生心理上的兴奋作用,增加性欲。临床上曾用育亨宾治疗男性性功能障碍,但疗效并不确切,目前主要作为实验室工具药。

2. 咪唑克生(idazoxan) 是高选择性的 α_2 受体阻断药。属咪唑林(imidazolin)类药物,主要与咪唑林受体 I_2 结合,还有较弱的 5-HT$_{1A}$ 受体激动效应,试用于抑郁症的治疗。

二、β 肾上腺素受体阻断药

β 肾上腺素受体阻断药(β-adrenoceptor blockers)能与去甲肾上腺素能神经递质或肾上腺素受体激动药竞争 β 受体,从而拮抗其 β 型拟肾上腺素作用。它们与激动药呈典型的竞争性拮抗(图 10-10)。β 肾上腺素受体阻断药可根据其选择性分为 β_1、β_2 受体阻断药、β_1 受体阻断药和 β_2 受体阻断药。本类药物中有些除具有 β 受体阻断作用外,还具有一定的内在拟交感活性。

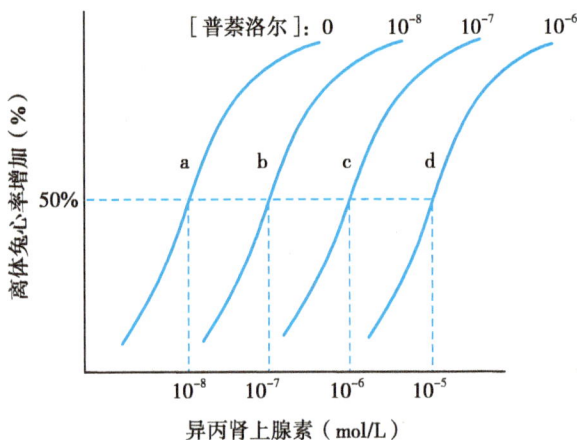

图 10-10 普萘洛尔的典型竞争性拮抗曲线

(一)β 受体阻断药的共同特性

【药理作用】

1. β 受体阻断作用

(1) 心血管系统:在整体动物,β 受体阻断药的作用也取决于机体去甲肾上腺素能神经张力以及对 β 受体亚型的选择性。例如,它对正常人休息时心脏的作用较弱,当心脏交感神经张力增高时(如运动或病理情况),对心脏的抑制作用明显。主要由于阻断心脏 β_1 受体,可使心率减慢,心肌收缩力减弱,心排血量减少,心肌耗氧量下降,血压略降。β 受体阻断药还能延缓心房和房室结的传导,延长心电图的 P-R 间期(房室传导时间)。β 受体阻断药普萘洛尔对血管 β_2 受体也有阻断作用,加上心脏功能受到抑制,反射地兴奋交感神经引起血管收缩和外周阻力增加,肝、肾和骨骼肌等血流量减少。β 受体阻断药对正常人血压影响不明显,而对高血压患者具有明显的降压作用,常用于高血压病的治疗。其降压机制复杂,可能是这类药物多系统 β 受体阻断的结果。

(2) 支气管平滑肌:支气管的 β_2 受体激动时使支气管平滑肌松弛,β 受体阻断药则使之收缩而增加呼吸道阻力。但这种作用较弱,对正常人影响较少,只有在支气管哮喘或慢性阻塞性肺疾病的患者,有时可诱发或加重哮喘的急性发作。选择性 β_1 受体阻断药的此作用较弱。

(3) 代谢:①脂肪代谢:一般认为人类脂肪的分解主要与激动 β_1、β_3 受体有关,β 受体阻断药抑制交感神经兴奋所引起的脂肪分解,增加血浆中极低密度脂蛋白(VLDL),中度升高甘油三酯,降低高密度脂蛋白(HDL),减少游离脂肪酸自脂肪组织的释放,增加了冠状动脉粥样硬化性心脏病的危险性;β_1 受体阻断药对脂肪代谢的作用较弱,机制尚未明;②糖代谢:肝糖原的分解与激动 α_1 和 β_2 受体有关,儿茶酚胺增加肝糖原的分解,可在低血糖时动员葡萄糖;当 β 受体阻断药与 α 受体阻断药合用时则可拮抗肾上腺素的升高血糖的作用;普萘洛尔并不影响正常人的血糖水平,也不影响胰岛素的降低血糖作用,但能延缓用胰岛素后血糖水平的恢复,这可能是其抑制了低血糖引起儿茶酚胺释放所致的糖原分解;β 受体阻断药往往会掩盖低血糖的症状如心悸,易延误低血糖的及时诊断,可通过出汗来判断;③甲状腺功能亢进时,β 受体阻断药不仅可对抗机体对儿茶酚胺的敏感性增高,而且也可抑制甲状腺素(T_4)转变为三碘甲状腺原氨酸(T_3)的过程,可有效控制甲状腺功能亢进的症状;④肾素:β 受体阻断药通过阻断肾小球旁器细胞的 β_1 受体而抑制肾素的释放,这可能是其降血压作用原因之一。普萘洛尔降低肾素释放的作用最强,噻吗洛尔次之,其他的药物较弱。

2. 内在拟交感活性　有些 β 肾上腺素受体阻断药与 β 受体结合后除能阻断受体外,对 β 受体具有部分激动作用(partial agonistic action),也称内在拟交感活性(intrinsic sympathomimetic activity,ISA)。由于这种作用较弱,一般被其 β 受体阻断作用所掩盖。ISA 较强的药物在临床应用时,其抑制心肌收缩力、减慢心率和收缩支气管作用一般较不具 ISA 的药物为弱。具有 ISA 作用的 β 受体阻断药有吲哚洛尔和阿普洛尔(alprenolol)等。

3. 膜稳定作用　有些 β 受体阻断药具有局部麻醉作用和奎尼丁样作用(quinidine-like effect),这两种作用都由于其降低细胞膜对离子的通透性所致,故称为膜稳定作用(membrane-stabilizing action)。对人离体心肌细胞的膜稳定作用仅在高于临床有效血浓度几十倍时才能发挥。此外,无膜稳定作用的 β 受体阻断药对心律失常仍然有效。因此,认为这一作用在常用量时与其治疗作用的关系不大。

4. 其他　β 受体阻断药尚有降低眼内压作用,这可能由于减少房水的形成所致。普萘洛尔有抗血小板聚集作用。

【临床应用】

1. 心律失常　β 受体阻断药是唯一能通过减少心脏性猝死而降低总死亡率的抗心律失常药物。对多种原因引起的快速型心律失常有效,特别是对运动或情绪紧张、激动所致心律失常如窦性心动过速或因心肌缺血、强心苷中毒引起的心律失常较好。

2. 心绞痛和心肌梗死　对心绞痛有良好的疗效,使心绞痛发作减少,程度减轻,运动耐量改善,早期应用普萘洛尔、美托洛尔和噻吗洛尔等还可降低心肌梗死患者的复发率和猝死率,用量比抗心律失常的剂量要大。

3. 高血压　能使高血压患者的血压下降,伴有心率减慢,是初始和长期应用的降压药物之一,可单用或与其他降压药物合用。年轻高血压患者可积极考虑使用 β 受体阻断药。合并快速性心律失常、冠心病、慢性心力衰竭、交感神经活性增高(如心率增快、精神压力增加、围术期高血压、高循环动力状态如甲状腺功能亢进等)等疾病的患者,应优先使用 β 受体阻断药。推荐选用无内在拟交感活性、对 β₁ 受体选择性较高或兼有 α 受体阻断扩血管作用的 β 受体阻断药,如美托洛尔、比索洛尔和卡维地洛。这些药物对代谢影响小,不良反应少,可较安全地用于伴糖尿病、慢性阻塞性肺病(COPD)以及外周血管疾病的高血压患者。β 受体阻断药与长效二氢吡啶类钙拮抗剂(CCB)合用是目前推荐的降压药物联合方案之一。高血压合并冠心病的患者应联合使用β 受体阻断药和ACEI(或 ARB),合并慢性心力衰竭的患者通常应联合使用β 受体阻断药、利尿剂和 ACEI(或 ARB)。

4. 充血性心力衰竭　应用美托洛尔等 β₁ 受体阻断药对扩张性心肌病的心力衰竭有明显的治疗作用,改善预后。目前认为其治疗作用可能与以下几方面因素有关:①改善心脏舒张功能;②缓解和减轻由于儿茶酚胺类所致的心脏损害;③抑制前列腺素或肾素所产生的缩血管作用;④使 β 受体数目上调,恢复心肌对内源性儿茶酚胺的敏感性。美托洛尔、比索洛尔、卡维地洛是经大型临床研究证实的慢性心力衰竭治疗药物。

5. 甲状腺功能亢进(甲亢)　普萘洛尔对交感兴奋引起激动不安、心动过速和心律失常等症状有效,并能降低基础代谢率,可有效控制甲亢的症状。

6. 其他　β₂ 受体阻断引起的血管平滑肌收缩可阻止和治疗偏头痛的发作,故普萘洛尔用于治疗偏头痛,还试用于肌震颤和乙醇中毒等。噻吗洛尔常局部用药治疗青光眼,降低眼内压。

【体内过程】

β 受体阻断药的体内过程与药物的脂溶性有关,常用 β 受体阻断药的药物代谢动力学参数见表 10-7。

表 10-7　常用 β 受体阻断药的药理学特性和药物代谢动力学参数

药物名称	内在拟交感活性 ISA	膜稳定作用	溶解度	口服生物利用度(%)	首过消除(%)	$t_{1/2}$(h)	血浆浓度个体差异(倍)	消除途径
β₁、β₂ 受体阻断药								
普萘洛尔 propranolol	−	++	脂溶性	30	60~70	3~5	20	肝
吲哚洛尔 pindolol	++	+	脂溶性	90	10~20	3~4	4	肝
噻吗洛尔 timolol	−	−	脂溶性	75	25~30	3~5	2~7	肝肾(20%)
纳多洛尔 nadolol	−	−	水溶性	30~40	−	14~24	5~7	肾
索他洛尔 sotalol			水脂双溶性	90~100		10~20		肝肾
β₁ 受体阻断药								
美托洛尔 metoprolol	−	+−	脂溶性	50	25~60	3~4	5~20	肝
阿替洛尔 atenolol	−	−	水溶性	40	0~10	5~8	4	肾
比索洛尔 bisoprolol	−	−	水脂双溶性	20	80	10~12		肝肾
α、β 受体阻断药								
拉贝洛尔 labetalol	+−	+−	脂溶性	20~40	60	4~6	0	肝
卡维地洛 carvedilol	−	−	脂溶性	30	60~75	6~7		肝
阿罗洛尔 arotinolol			水脂双溶性	85	−	10~12	−	肝肾

　　脂溶性高的 β 受体阻断药如普萘洛尔等口服易吸收,但首过消除明显,口服生物利用度低,个体差异大,需个体化用药。相反,水溶性好的药物如纳多洛尔和阿替洛尔等口服吸收率低,但首过消除不明显,可弥补口服吸收率低的损失,仍能达到相当的生物利用度,有效血浓度的个体差异较小。

　　脂溶性好的 β 受体阻断药主要经肝代谢而消除,$t_{1/2}$ 短,一般在 3~6 小时,首过消除受肝血流量及肝功能影响,肝功能不良时,肝消除和首过消除减少,消除减慢,应减少剂量。水溶性好的 β 受体阻断药则主要经肾以原形从尿排出,其 $t_{1/2}$ 较长,3~24 小时,消除主要受肾功能影响,肾功能不良易产生积蓄,应视肾功能、尿量调整剂量,或改用脂溶性好的 β 受体阻断药。

【不良反应】

　　一般不良反应有恶心、呕吐、轻度腹泻等消化道症状,偶见过敏性皮疹和血小板减少等。严重的不良反应常与应用不当有关,可导致严重后果。

　　1. 抑制心脏功能　由于对心脏的 β₁ 受体阻断作用,出现心脏功能抑制,特别是心功能不全、窦性心动过缓和房室传导阻滞的患者,由于其心脏活动中交感神经占优势,故对本类药物敏感性提高,加重病情,甚至引起重度心功能不全、肺水肿、房室传导完全阻滞以致心搏骤停等严重后果。具有 ISA 的 β 受体阻断药较少引起心动过缓、负性肌力作用等心功能抑制。同时,服用维拉帕米或用于抗心律失常时应特别注意缓慢性心律失常。

　　2. 外周血管收缩和痉挛　由于 β 受体阻断药对血管平滑肌 β₂ 受体阻断作用,可使外周血管收缩甚至痉挛,导致四肢发冷、皮肤发白或发绀,出现雷诺症状或间歇跛行,甚至可引起脚趾溃烂和坏死。以普萘洛尔发生率最高。

　　3. 诱发或加剧支气管哮喘　由于对支气管平滑肌的 β₂ 受体的阻断作用,非选择性 β 受体阻断药可使呼吸道阻力增加,诱发或加剧哮喘;选择性 β₁ 受体阻断药及具有内在拟交感活性的药物,一般不引起上述的不良反应,但这类药物的选择性往往是相对的,故对哮喘的患者仍应慎重。

4. 中枢神经系统　多梦、幻觉、失眠、疲乏、眩晕以及抑郁等症状,特别是脂溶性高的β受体阻断药,易通过血 - 脑屏障引起不良反应,如普萘洛尔、美托洛尔。

5. 反跳现象　长期应用β受体阻断药时如突然停药,可引起原来病情加重,机制与受体向上调节有关。因此长期用药者应逐渐减量直至停药。

6. 其他　β受体阻断药不影响胰岛素的降血糖作用,但对正在使用胰岛素治疗的糖尿病患者,使用β受体阻断药能延缓胰岛素引起低血糖反应后的血糖恢复速度,即产生低血糖反应,故糖尿病患者或低血糖患者应慎用本类药品。

【禁忌证】

禁用于严重左室心功能不全、窦性心动过缓、重度房室传导阻滞和支气管哮喘的患者。心肌梗死患者及肝功能不良者应慎用。

(二) β_1、β_2 受体阻断药

无内在活性的 β_1、β_2 受体阻断药也称非选择性β受体阻断药,是较早应用而目前仍广泛应用的一类β受体阻断药。

1. 普萘洛尔 (propranolol)　是等量的左旋和右旋异构体的消旋品,仅左旋体有阻断β受体的活性。

【药理作用】

普萘洛尔具有较强的β受体阻断作用,对 β_1 和 β_2 受体的选择性很低,没有内在拟交感活性。用药后心率减慢,心肌收缩力和心排血量减低,冠脉血流量下降,心肌耗氧量明显减少,对高血压患者可使其血压下降,支气管阻力也有一定程度的增高。其作用特点为温和、缓慢、持久,能抑制肾素分泌,无直立性低血压症。治疗震颤的机制可能与 β_2 受体有关,也有可能是中枢作用。

【临床应用】

(1) 高血压:不易引起直立性低血压,是抗高血压的首选药之一。

(2) 心律失常:用于交感神经兴奋引起的窦性心动过速、房性期前收缩、室性期前收缩、心房颤动及室上性心动过速以及全身麻醉药或拟肾上腺素药引起的心律失常等。

(3) 心绞痛和心肌梗死:普萘洛尔有阻断肾上腺素或拟交感胺的作用,一方面使心率减慢,心肌收缩力减弱,血压降低,从而使心脏氧耗量减少,有利于心绞痛。另一方面由于加强加心室喷射时间及心室容积而增加氧耗量,又不利于心绞痛。但以上两种作用对消,仍为防治心绞痛有效药物。可减少心绞痛发作次数,常与硝酸酯类合用,可增高疗效,减少不良反应。

(4) 其他:如嗜铬细胞瘤手术前准备,控制甲状腺功能亢进等,也用于原发性震颤。

【体内过程】

口服后胃肠道吸收较完全(90%),首过消除率 60%~70%,生物利用度仅为 30%。与食物同服或加大剂量可减少首过消除,提高生物利用度。不同个体口服相同剂量的普萘洛尔,血浆高峰浓度相差可达 25 倍,这可能由于肝消除功能不同所致。因此,临床用药需从小剂量开始,逐渐增加到适当剂量。口服后血浆高峰时间为 1~3 小时,$t_{1/2}$ 为 2~5 小时。血浆蛋白结合率大于90%。易于通过血 - 脑屏障和胎盘屏障,也可分泌于乳汁中。主要在肝脏代谢,其代谢产物为 4- 羟普萘洛尔,仍具有一些β受体阻断药的活性。老年人肝功能减退,$t_{1/2}$ 可延长。当长期或大剂量给药时,肝的消除功能饱和,其生物利用度可提高。其代谢产物 90% 以上经肾排泄。

【不良反应】

参见β受体阻断药的共性。为防止停药反应发生,长期用普萘洛尔者,撤药须逐渐递减剂量,至少经过 3 天,一般为 2 周。

2. 纳多洛尔 (nadolol)　对β受体阻断作用略强于普萘洛尔,阻断作用持续时间长,$t_{1/2}$ 为

10~12 小时,没有膜稳定性和内在拟交感活性。其他作用与普萘洛尔相似,但强 6 倍。纳多洛尔可增加肾血流量,所以在肾功能不全且需用 β 受体阻断药者可首选此药。纳多洛尔在体内代谢不完全,主要以原形从肾脏排泄,由于半衰期长可每天给药一次。在肾功能不全时也可在体内蓄积,应注意调整剂量。

3. 噻吗洛尔(timolol)　短效 β 受体阻断药,是已知作用最强的 β 受体阻断药。对 β 受体阻断作用为普萘洛尔的 5~10 倍,对心肌抑制作用较普萘洛尔轻。没有膜稳定性和内在拟交感活性。噻吗洛尔是治疗青光眼新一代药物,滴眼减少房水生成量,无缩瞳和调节痉挛等不良反应,对心率及血压无明显影响,治疗指数高,噻吗洛尔 0.1%~0.5% 溶液的疗效与毛果芸香碱 1%~4% 溶液相近或较优,高于肾上腺素,但须长期使用。

4. 吲哚洛尔(pindolol)　具有较强内在拟交感活性的 β 受体阻断药,主要表现在激动血管平滑肌 $β_2$ 受体所致的舒张血管作用,有利于高血压的治疗。作用类似普萘洛尔,其强度为普萘洛尔的 6~15 倍。对于心肌所含少量 $β_2$ 受体(人心室肌 $β_1$ 与 $β_2$ 受体比率为 74∶26,心房为 86∶14)的激动,又可减少其心肌抑制作用。

5. 索他洛尔(sotalol)　为 β 受体阻断药和具有Ⅲ类(延长心肌动作电位时程)电生理活性的抗心律失常药。小剂量时,表现为 β 受体阻断作用,可延长窦房结周期和房室结不应期,减慢房室传导;较大剂量时,可延长心房、心室动作电位时间和有效不应期。临床用于各种心律失常,包括室性心律失常、室上性心律失常,各种症状性及危及生命的心律失常,以及心房颤动、心房扑动转律后正常窦性节律的维持。也可用于高血压及心绞痛。

(三)$β_1$ 受体阻断药

$β_1$ 受体阻断药的选择性不高,低浓度时阻滞 $β_1$ 受体的激动,但较高浓度或大剂量时也影响 $β_2$ 受体。尽管这类药物增加呼吸道阻力较轻,可用于哮喘患者,但仍需谨慎,而且用药剂量不宜过大。此外,对血糖的影响也较小,糖尿病患者需要使用 β 受体阻断药应选用 $β_1$ 受体阻断药。

1. 美托洛尔(metoprolol)　没有膜稳定作用和内源性拟交感活性。对 $β_2$ 受体作用较弱,故增加呼吸道阻力作用较轻,但对哮喘患者仍需慎用。用于轻、中度原发性高血压;也用于劳力性心绞痛、心肌梗死后的二级预防、心律失常等。还可用于治疗特发性扩张型心肌病及缺血性心脏病引起的心力衰竭。美托洛尔脂溶性高,口服后几乎被完全吸收,大部分在肝脏代谢,70% 由肝酶 CYP2D6 介导,CYP2D6 的基因多态性是决定美托洛尔药代动力学参数的关键因素,引起药物代谢有显著的个体和种族差异,其个体间血药浓度、临床疗效和不良反应差异较大;在中国人群中,CYP2D6 有较高突变率,导致代谢酶的活性降低,故临床应用应个体化。

2. 阿替洛尔(atenolol)　与美托洛尔相似,但脂溶性低,首过消除少,口服血药浓度个体差异较普萘洛尔轻。阿替洛尔每日 75~600mg 的降压效果比普萘洛尔每日 60~480mg 为佳。阿替洛尔的 $t_{1/2}$ 和作用维持时间均较普萘洛尔和美托洛尔长,每日口服一次即可,用于高血压、心绞痛和心律失常的治疗。阿替洛尔经睫状肌扩散入睫状上皮,使房水产生减少,眼压下降,可用于青光眼。

3. 比索洛尔(Bisoprolol)　是目前国内上市的 β 受体阻断药中对 $β_1$ 受体选择性最高的药物,降低血压,可单独使用治疗高血压或与其他抗高血压药合用,治疗充血性心力衰竭。在治疗剂量范围内,没有明显的膜稳定作用或内在拟交感作用。但是,它的心脏选择性不是绝对的,在高剂量时(≥20mg)也抑制位于支气管和血管平滑肌的 $β_2$ 受体;要保持选择性,使用最低的有效剂量尤为必要。对 $β_1$ 受体的选择性是阿替洛尔的 4 倍。既有水溶性 β 受体阻断药首过效应低、半衰期长的优势,又有脂溶性 β 受体阻断药口服吸收率高的优势;中度透过血 - 脑屏障,既发挥了阻断部分 $β_1$ 的作用,也减少了中枢神经系统不良反应。半衰期 10~12 小时,每日给药 1 次,可有效控制 24 小时的血压,尤其是清晨的血压高峰。比索洛尔通过肝、肾代谢,轻中度的肝、肾功能障碍不需调整剂量。对于肝药酶介导的药物相互作用和基因多态性对比索洛尔的影响也相对较小,个体间血药浓度差异较小。

(四) α、β 受体阻断药

本类药物对 α、β 受体的阻断作用选择性不强,临床主要用于高血压的治疗,以拉贝洛尔为代表,其他药物还有阿罗洛尔、卡维地洛、布新洛尔(bucindolol)和氨磺洛尔(amosulalol)等。

1. 拉贝洛尔(labetalol)

(1) 药理作用:拉贝洛尔在化学结构上有两个化学中心,有 4 种立体异构体,故拉贝洛尔的药理学特性较复杂,每一种异构体可显示不同的活性,阻断受体的选择性各不相同,临床应用的拉贝洛尔为消旋混合物,所以兼有 α、β 受体的阻断作用。对 β 受体的阻断作用为普萘洛尔的 1/6~1/4,但无明显心肌抑制作用;α 受体的阻断作用为酚妥拉明的 1/6~1/10,对 β 受体的阻断作用强于对 α 受体阻断作用的 5~10 倍。口服时阻滞 β:α 为 3:1,静脉注射时为 6.9:1。对 β_1 和 β_2 受体有相同的阻断作用,对突触后膜 α_1 受体也有阻断作用,但较弱。拉贝洛尔与单纯 β 受体阻断药不同,在降低外周血管阻力的同时没有反射性心动过速的缺点。由于对 β_2 受体的内在拟交感活性及药物的直接作用,可使血管舒张,可增加肾血流量。大剂量时具有膜稳定作用,内源性拟交感活性甚微。

(2) 临床应用:用于中度和重度的高血压、心绞痛,静脉注射可用于高血压危象。因对胎儿无影响,可用于孕妇高血压;亦用于某些心律失常及麻醉过程中控制高血压。

(3) 体内过程:口服可吸收,部分被首过消除,生物利用度为 20%~40%,口服个体差异大,容易受胃肠道内容物的影响。拉贝洛尔的 $t_{1/2}$ 为 4~6 小时,血浆蛋白结合率为 50%。约有 99% 在肝脏迅速代谢,只有少量以原形经肾脏排出。

(4) 不良反应:常见有眩晕、乏力、恶心等。哮喘及心功能不全者禁用。它与单纯 β 受体阻断药相比能降低卧位血压和外周阻力,一般不降低心排血量,可降低立位血压,引起直立性低血压。拉贝洛尔对儿童、孕妇及脑出血者忌用静脉注射。注射液不能与葡萄糖盐水混合滴注。

2. 阿罗洛尔(arotinolol)
具有 β 受体阻断作用和适度的 α 受体阻断作用。

(1) 药理作用:与拉贝洛尔相比,α 受体阻断作用强于 β 受体阻断作用,其作用比大致为 1:8。可降低心肌收缩力,降低心肌耗氧量,减慢心率,减少心排血量。适度的 α 受体阻断作用,在不使末梢血管阻力升高的情况下,呈现 β 受体阻断作用而降压。降血压效能较普萘洛尔强。阿罗洛尔产生外周血管扩张作用,抵消阻断 β 受体对血糖、血脂的影响及冠状动脉痉挛的不良反应。阿罗洛尔滴眼后可降低眼内压,其 0.50% 溶液的降眼内压强度与 0.5% 噻吗洛尔溶液者相当。滴眼后 1 小时见效。

(2) 临床应用:可用于高血压、心绞痛及室上性心动过速的治疗,对高血压合并冠心病者疗效佳,可提高生存率。阿罗洛尔还具有原发性震颤的独特适应证。

(3) 体内过程:口服后,2 小时血药浓度达高峰,$t_{1/2}$ 约为 10 小时,连续给药无蓄积性。在体内代谢后仍保持一定的药理活性,其氨基甲酰基水解代谢产物部分经肾排泄,部分经粪便排泄。

(4) 不良反应:少见的不良反应有乏力、胸痛、头晕、稀便,以及肝脏转氨酶升高等。罕见的不良反应是心悸、心动过缓、心力衰竭加重、周围循环障碍、消化不良及皮疹、荨麻疹等。孕妇及哺乳期妇女禁用。长期使用应定期监测心功能、肝肾功能。如有心动过缓或低血压应减量或停药。

(5) 药物相互作用:与利血平或交感神经抑制剂、降糖药及钙通道阻滞剂合用可产生协同作用,应注意调整剂量。

3. 卡维地洛(carvedilol)
是一个新型的同时具有 α_1、β_1 和 β_2 受体阻断活性的药物,还具有抗氧化作用和抗细胞增殖作用,对心力衰竭、心肌梗死、动脉粥样硬化的血管内皮增殖性狭窄及心室重构有益。

(1) 药理作用:卡维地洛是左旋体和右旋体的混合物,左旋体具有 α_1 和 β_1 受体阻断作用,右旋体只具有 α_1 受体阻断作用,整体 α_1 和 β 受体阻断作用的比率为 1:10,因此阻断 α_1 受体引起的不良反应明显减少。无内源性拟交感活性,仅有微弱膜稳定作用,β 受体阻断作用类似普萘洛尔,但作用时程较长。卡维地洛产生外周血管扩张作用,抵消阻断 β 受体对血糖、血脂的影响及冠状动脉痉挛的不良反应。

(2) 临床应用:治疗轻、中度高血压疗效与其他 β 受体阻断药、硝苯地平等类似。用于治疗充血性心力衰竭可以明显改善症状,提高生活质量,降低病死率。

(3) 体内过程:同样存在肝代谢酶基因多态性的问题,个体间药物浓度差异较大。

(4) 不良反应:最常见的有水肿、头晕、心动过缓、低血压、恶心、腹泻和视力模糊等。

第七节　局部麻醉药

局部麻醉药(local anaesthetics)简称局麻药,是一类局部应用于神经末梢或神经干周围的药物,它们能暂时、完全和可逆性地阻断神经冲动的产生和传导,在意识清醒的条件下,使局部痛觉暂时消失,以便于外科手术进行。普遍应用于口腔科、眼科、五官科、妇科和一些外科小手术中,用于暂时解除疼痛。一般局麻药的作用局限于给药部位并随药物从给药部位扩散而迅速消失,神经功能可完全恢复,对各类组织都无损伤性影响。

最早应用的局麻药是从南美洲古柯树叶中提出的生物碱可卡因(cocaine),但由于吸收后毒性大,使用受到限制。1904 年根据可卡因的化学结构特点,人工合成了低毒性的普鲁卡因后,使用范围不断扩大。1943 年合成的利多卡因则是酰胺类局麻药的典型。

一、局麻药的共同特性

1. **构效关系**　常用局麻药由芳香族环、胺基团和中间链(酯链或酰胺链)三部分组成(表 10-8)。根据中间链的结构,可将常用局麻药分为两类:第一类为酯类,结构中具有—COO—基团,如普鲁卡因;第二类为酰胺类,结构中具有—CONH—基团,如利多卡因。

表 10-8　常用局麻药比较表

分类	化学结构			pKa	相对强度(比值)	相对毒性(比值)	作用持续时间(小时)	一次极量(mg)
	亲脂基团	中间链	亲水基团					
酯类								
普鲁卡因	H_2N—〇—O—COCH$_2$CH$_2$N$\begin{smallmatrix}C_2H_5\\C_2H_5\end{smallmatrix}$			8.90	1	1	1	1000
丁卡因	H_9C_4—HN—〇—O—COCH$_2$CH$_2$N$\begin{smallmatrix}CH_3\\CH_3\end{smallmatrix}$			8.45	10	10	2~3	100
酰胺类								
利多卡因	〇(CH$_3$)—NHCCH$_2$N$\begin{smallmatrix}C_2H_5\\C_2H_5\end{smallmatrix}$			7.90	2	2	1~1.5	500
布比卡因	〇(CH$_3$)—NHC—N(C$_4$H$_9$)			8.20	6.50	>4		150

芳香族环具有疏水亲脂性;胺基团属弱碱性,也具有疏水亲脂性,但与氢离子结合后具有疏脂亲水性,因此局麻药具有亲脂疏水性和亲水疏脂性的双重性。亲脂基团或亲脂性可增强局麻作用效果。有利于药物与相应位点的结合与分离,与药物发生作用直接相关。中间链为 4~5 个原子结构,原子的多少将决定药物分子与膜受体反应的特性。一般中间链长为 0.6~0.9mm,链长者将增加局麻药的效能,但超过一定的长度又将降低其效能。

酯类和酰胺类局麻药,除了在起效时间和时效有明显不同外,前者的代谢是在血浆内被水解或胆碱酯酶所分解,酰胺类则在肝内被酰胺酶所分解。一般认为,酯类局麻药所含的对氨基化合物可形成半抗原,可引起变态反应;酰胺类则不能形成半抗原,故引起变态反应者极为罕见。属于酯类局麻药的有普鲁卡因、氯普鲁卡因和丁卡因等。酰胺类药物有利多卡因、布比卡因、罗哌卡因、辛可卡因、依替卡因、甲哌卡因和丙胺卡因等。

依据临床上局麻药作用时效的长短进行分类:一般将普鲁卡因和氯普鲁卡因划为短效局麻药;利多卡因、甲哌卡因和丙胺卡因属于中效;布比卡因、丁卡因、罗哌卡因和依替卡因则属于长效。

2. 药理作用　局麻药可作用于神经,提高产生神经冲动所需的阈电位。抑制动作电位去极化上升的速度,延长动作电位的不应期,甚至使神经细胞丧失兴奋性及传导性。局麻药的作用与神经细胞或神经纤维的直径大小及神经组织的解剖特点有关。一般规律是神经纤维末梢、神经节及中枢神经系统的突触部位对局麻药最为敏感,细神经纤维比粗神经纤维更易被阻断。对无髓鞘的交感、副交感神经节后纤维在低浓度时可显效。对有髓鞘的感觉和运动神经纤维则需高浓度才能产生作用。

对混合神经产生作用时,首先消失的是持续性钝痛(如压痛),其次是短暂性锐痛,继之依次为冷觉、温觉、触觉、压觉消失,最后发生运动麻痹。进行蛛网膜下腔麻醉时,首先阻断自主神经,继而接上述顺序产生麻醉作用。神经冲动传导的恢复则按相反的顺序进行。

3. 作用机制　神经动作电位的产生是由于神经受刺激时引起膜通透性的改变,产生 Na^+ 内流和 K^+ 外流。局麻药的作用是阻止这种通透性的改变,使 Na^+ 在其作用期间内不能进入细胞。

局麻药作用机制的学说较多,目前公认的是局麻药阻断神经细胞膜上的电压门控性 Na^+ 通道(voltage-gated Na^+ channels),使传导阻滞,产生局麻作用。有实验证明,用 4 种局麻药进行乌贼巨大神经轴索内灌流给药时,可产生传导阻滞,而轴索外灌流则不引起明显作用。进一步研究认为本类药物不是作用于细胞膜的外表面,而是以其非解离型进入神经细胞内,以解离型作用在神经细胞膜的内表面,与 Na^+ 通道的一种或多种特异性结合位点结合,产生 Na^+ 通道阻断作用。

因此,目前认为局麻药具有亲脂牲、非解离型是透入神经的必要条件,而透入神经后则须转变为解离型带电的阳离子才能发挥作用。不同局麻药的解离型 / 非解离型的比例各不相同,例如盐酸普鲁卡因只有 2.5% 转化为非解离型,而利多卡因则为 25%,所以局麻药的解离速率、解离常数(pKa)及体液 pH 与局麻作用密切相关。

局麻药的作用又具有频率和电压依赖性。频率依赖性即使用依赖性(use dependence),在静息状态及静息膜电位增加的情况下,局麻药的作用较弱,增加电刺激频率则使其局麻作用明显加强,这可能是由于在细胞内解离型的局麻药只有在 Na^+ 通道处于开放状态才能进入其结合位点而产生 Na^+ 通道阻断作用,开放的钠通道数目越多,其受阻滞作用越大。因此,处于兴奋状态的神经较静息状态的神经对局麻药敏感。除阻断 Na^+ 通道外,局麻药还能与细胞膜蛋白结合阻断 K^+ 通道,产生这种作用常需高浓度,对静息膜电位无明显和持续性的影响。

4. 临床应用

(1) 表面麻醉(surface anaesthesia):是将局麻药溶液直接滴入、涂布或喷射于皮肤或黏膜表面,使黏膜下的感觉神经末梢麻醉,适用于眼、鼻、口腔、咽喉、气管、食管及尿道黏膜部位的浅表手术。如耳鼻喉科手术前咽喉喷雾法麻醉。一般选择表面穿透力较强的局麻药,如丁卡因和利多卡因等。优点是既有麻醉作用又有缩血管作用,能减少手术创面的出血。

(2) 浸润麻醉(infiltration anaesthesia):是将局麻药溶液注射到预定手术切口周围部位的皮内、皮下的组织,使手术范围及其附近组织的感觉神经末梢麻醉。浸润麻醉适用于不需要骨骼肌松弛的多种小手术,是目前最常用的一种局麻方法之一。根据需要可在溶液中加少量肾上腺素,可减缓局麻药的吸收,延长作用时间。浸润麻醉的优点是麻醉效果好,对机体的正常功能无影响。缺点是用量较大,麻醉区域较小,在做较大的手术时,因所需药量较大而易产生全身毒性反应。可选用利多卡因和普鲁卡因。

(3) 传导麻醉(conduction anaesthesia):是将药物注射在外周神经干的附近,以阻断神经传导,使该神经所分布的区域产生麻醉。如臂丛神经阻滞可使整个上肢麻醉。阻断神经干所需的局麻药浓度较麻醉神经束梢所需的浓度高,但用量较小,麻醉区域较大。可选用利多卡因、普鲁卡因和布比卡因。为延长麻醉时间,也可将布比卡因和利多卡因合用。

(4) 蛛网膜下腔麻醉(subarachnoid anaesthesia)又称脊髓麻醉或腰麻(spinal anaesthesia):是将麻醉药注入腰椎蛛网膜下腔,麻醉该部位的脊神经根。首先被阻断的是交感神经纤维,其次是感觉纤维,最后是运动纤维。常用于下腹部和下肢手术。常用药物是利多卡因、丁卡因和普鲁卡因。药物在脊髓管内的扩散受患者体位、姿势、药量、注射力量和溶液比重的影响。普鲁卡因溶液通常比脑脊液的比重高。为了控制药物扩散,通常将其配成高比重或低比重溶液。如用放出的脑脊液溶解或在局麻药中加 10% 葡萄糖溶液,使其比重高于脑脊液;用蒸馏水配制溶液的比重可低于脑脊液。患者取坐位或头高位时,高比重溶液可扩散到硬脊膜腔的最低部位,相反,如采用低比重溶液有扩散入颅腔的危险。

脊髓麻醉的主要危险是呼吸麻痹和血压下降,后者主要是由于静脉和小静脉失去神经支配后显著扩张所致,其扩张的程度由管腔的静脉压决定。静脉血容量增大时会引起心排血量和血压的显著下降,因此维持足够的静脉血回流心脏至关重要。可取轻度的头低位(10°~15°)或预先应用麻黄碱预防。

(5) 硬膜外腔麻醉(epidural anaesthesia):是将局麻药注入硬脊膜外腔内,使药物沿脊神经根扩散而进入椎间孔,以阻滞椎间孔内的神经干。硬膜外腔终止于枕骨大孔,不与颅腔相通,药液不扩散至脑组织。无腰麻时的头痛或脑脊膜刺激现象。但硬膜外麻醉用药量较腰麻大 5~10 倍,如误入蛛网膜下腔,可引起严重的毒性反应。硬膜外麻醉也可引起外周血管扩张、血压下降及心脏抑制,可应用麻黄碱防治。常用药物为利多卡因、布比卡因及罗哌卡因等。

(6) 区域镇痛(regional analgesia):外周神经阻滞技术及局麻药的发展为患者提供了更理想的围术期镇痛的有效方法,通常与阿片类药物联合应用,可减少阿片类药物的用量。酰胺类局麻药如布比卡因、左旋布比卡因及罗哌卡因在区域镇痛中运用最为广泛,尤其是罗哌卡因,具有感觉和运动阻滞分离的特点,使其成为区域镇痛的首选药。

5. 体内过程

(1) 吸收:局麻药从作用部位吸收后,进入血液循环的量和速度决定血药浓度。影响因素有:①药物剂量;②给药部位;③局麻药的性能;④血管收缩药。

(2) 分布:局麻药吸收入血后,首先分布到脑、肺、肝、肾等高灌流器官,然后以较慢速度分布到肌、肠、皮肤等血液灌流较差的部位。

(3) 代谢和消除:局麻药进入血液循环后,其代谢产物的水溶性更高,并从尿中排出。酯类局麻药主要由假性胆碱酯酶水解失活,如有先天性假性胆碱酯酶质量的异常,或因肝硬化、严重贫血、恶病质和晚期妊娠等引起量的减少者,酯类局麻药的用量都应减少。酰胺类药物的转化降解规律尚不完全清楚,主要在肝细胞内质网代谢转化,故肝功能不全的患者用量应酌减。

6. 不良反应及防治

（1）毒性反应：局麻药的剂量或浓度过高或误将药物注入血管时引起的全身作用，主要表现为中枢神经和心血管系统的毒性。

1）中枢神经系统：局麻药对中枢神经系统的作用是先兴奋后抑制。初期表现为眩晕、惊恐不安、多言、震颤和焦虑，甚至发生神志错乱和阵挛性惊厥。中枢过度兴奋可转为抑制，之后患者可进入昏迷和呼吸衰竭状态。中枢抑制性神经元对局麻药比较敏感，由于中枢神经系统的兴奋、抑制的不平衡，中枢神经系统脱抑制而出现兴奋症状。局麻药引起的惊厥是边缘系统兴奋灶向外周扩散所致，静脉注射地西泮可加强边缘系统 GABA 能神经元的抑制作用，可防止惊厥发作。中毒晚期维持呼吸是很重要的。普鲁卡因易影响中枢神经系统，因此常被利多卡因取代。可卡因可引起欣快和一定程度的情绪及行为影响。

2）心血管系统：局麻药对心肌细胞膜具有膜稳定作用，吸收后可降低心肌兴奋性，使心肌收缩力减弱，传导减慢，不应期延长。多数局麻药可使小动脉扩张，血压下降，因此在血药浓度过高时可引起血压下降，甚至休克等心血管反应，特别是药物误入血管内更易发生。高浓度局麻药对心血管的作用常发生在对中枢神经系统的作用之后，偶有少数人应用小剂量突发心室纤颤导致死亡。布比卡因较易发生室性心动过速和心室纤颤，而利多卡因则具有抗室性心律失常作用。

防治：应以预防为主，掌握药物浓度和一次允许的极量，采用分次小剂量注射的方法。小儿、孕妇、肾功能不全患者应适当减量。

（2）变态反应：较为少见。在少量用药后立即发生类似过量中毒的症状，出现荨麻疹、支气管痉挛及喉头水肿等症状。一般认为酯类局麻药比酰胺类发生变态反应为多，如普鲁卡因可引起过敏反应。

防治：询问变态反应史和家庭史，酯类局麻药麻醉前做过敏试验，用药时可先给予小剂量，若患者无特殊主诉和异常再给予适当剂量。另外局麻前给予适当的巴比妥类药物（肝药酶诱导药），使局麻药分解加快。一旦发生变态反应应立即停药，并用肾上腺素、肾上腺皮质激素和抗组胺药抢救。

二、常用的局麻药

（一）芳香酯类局麻药

1. 普鲁卡因（procaine） 属短效酯类局麻药，毒性较小，是常用的局麻药之一。亲脂性低，对黏膜的穿透力弱。一般不用于表面麻醉，常局部注射用于浸润麻醉、传导麻醉、蛛网膜下腔麻醉、硬膜外麻醉及局部封闭疗法等。浸润麻醉在 1~3 分钟起效，作用维持 30~45 分钟。加用肾上腺素后维持时间可延长 20%。普鲁卡因在血浆中能被酯酶水解，转变为对氨苯甲酸（PABA）和二乙氨基乙醇，前者能对抗磺胺类药物的抗菌作用，故应避免与磺胺类药物同时应用。普鲁卡因也可用于损伤部位的局部封闭。用量过大或注射速度过快可出现中枢神经系统和心血管反应，如恶心、出汗、脉速、呼吸困难、颜面潮红、谵妄、兴奋和惊厥等，有时可引起过敏反应。故用药前应做皮肤过敏试验（0.25% 0.1ml 皮内注射）。但皮试阴性者仍可发生过敏反应。对本药过敏者可用氯普鲁卡因和利多卡因代替。普鲁卡因反复应用后可产生快速耐受性。

氯普鲁卡因（chloroprocaine）：是采用化学修饰方法将普鲁卡因分子中对氨基苯甲酸的 2 位上用氯原子取代形成氯普鲁卡因，形成新一代局麻药，是酯类短效局麻药。有较强的抗光照、热稳定性和湿稳定性，可持续给药而无快速耐药性。氯普鲁卡因毒性较低，且其代谢产物不是引起过敏的物质，不需要做皮试，临床应用方便易行。

2. 丁卡因（tetracaine） 与普鲁卡因同属酯类局麻药。其麻醉强度比普鲁卡因强 10 倍，毒性大 10~12 倍。丁卡因对黏膜的穿透力强，常用于表面麻醉。用 0.5%~1% 溶液滴眼。无角膜损伤等不良反应。作用迅速,1~3 分钟显效,作用持续为 2~3 小时。丁卡因也可用于传导麻醉、腰麻和硬膜外麻醉,因毒性大,一般不用于浸润麻醉。丁卡因主要在肝脏代谢,但转化、降解速度缓慢,加之吸收迅速,易发生毒性反应。大剂量可致心脏传导系统和中枢神经系统抑制。

(二)酰胺类局麻药

1. 利多卡因(lidocaine)　是目前应用最多的局麻药。相同浓度下与普鲁卡因相比,利多卡因具有起效快、作用强而持久、穿透力强及安全范围较大等特点,同时无扩张血管作用及对组织几乎没有刺激性。可用于多种形式的局部麻醉,有"全能麻醉药"之称。主要用于传导麻醉和硬膜外麻醉,也可用于表面麻醉。利多卡因属酰胺类,在肝脏被肝微粒体酶水解失活,但代谢较慢,$t_{1/2}$ 为 90 分钟作用持续时间为 1~2 小时。利多卡因的毒性大小与所用药液的浓度有关,增加浓度可相应增加毒性反应。中毒反应来势凶猛,应注意合理用药。对普鲁卡因过敏者可选用利多卡因。利多卡因也可用于心律失常的治疗。

碳酸利多卡因(lidocaine carbonate):是用碳酸氢钠调节盐酸利多卡因的 pH 值,并在二氧化碳饱和条件下制成的碳酸利多卡因灭菌水溶液,以 28℃ 为临界点,28℃ 以下无结晶析出,因此,碳酸利多卡因应在较低室温使用,药液抽取后必须立即注射。由于释放 CO_2 的碳酸利多卡因比盐酸利多卡因具有麻醉起效快、阻滞完善、所需时间短、对阻滞节段无影响、血药浓度安全范围窄等特点。

2. 布比卡因(bupivacaine)　属酰胺类局麻药,长效。化学结构与利多卡因相似,局麻作用比利多卡因强 45 倍,作用持续时间长,可达 5~10 小时。主要用于浸润麻醉、传导麻醉和硬膜外麻醉。与等效剂量利多卡因相比,可产生严重的心脏毒性,并难以治疗,特别在酸中毒、低氧血症时尤为严重。偶见精神兴奋和低血压反应。

左旋布比卡因(levobupivacaine):为新型长效局麻药,为布比卡因的异构体。在理论及动物试验的证据证明具有相对较低的毒性,在患者对药物的个体差异、临床需要较大剂量局麻药及局麻药持续应用时,其优越性显得十分重要。

3. 罗哌卡因(ropivacaine)　属酰胺类局麻药,长效。其阻断痛觉的作用较强而对运动的作用较弱,感觉阻滞和运动阻滞分离更明显,作用时间短,使患者能够尽早离床活动并缩短住院时间。对心肌的毒性比布比卡因小,有明显的收缩血管作用,使用时无需加入肾上腺素。适用于硬膜外、臂丛阻滞和局部浸润麻醉。它对子宫和胎盘血流几乎无影响,故适用于产科手术麻醉和术后镇痛。

利多卡因与布比卡因广泛应用于临床,罗哌卡因和左旋布比卡因作为新型的长效局麻药,至今大量临床与基础研究资料均证实其临床应用的安全性和有效性。从麻醉效能看,布比卡因 > 左旋布比卡因 > 罗哌卡因,但后两者具有毒性低、时效长、良好的耐受性等特性,使其成为目前麻醉用药的重要选择,也是布比卡因较为理想的替代药物。

4. 辛可卡因(cinchocaine)　虽为酰胺类局麻药,但不同于利多卡因,是长效局麻药。15~20 分钟起效,维持 3~4 小时。其麻醉效能与毒性均相当于普鲁卡因 的 12~15 倍。代谢主要通过肝脏缓慢转化,大部分以原形从尿内排泄。辛可卡因目前在临床上已很少用,已被其他毒性低、时效长的局麻药所取代。故只限于表面局麻和蛛网膜下腔阻滞。软膏制剂,可供皮肤和黏膜表面局麻用。

5. 依替卡因(etidocaine)　为利多卡因的衍生物,即在利多卡因的结构上加一个甲基和乙基,因此使蛋白结合力增加 50%,脂溶性也增加 50%。其优点是起效快,时效持久。麻醉效能为利多卡因的 2~3 倍,皮下注射的毒性为利多卡因的 2 倍,静脉内注射的毒性可增至 4 倍。适用于浸润麻醉、神经阻滞和硬膜外阻滞。因其对运动神经的阻滞较感觉神经更为显著,适用于要求有满意肌松的腹部手术。

6. 甲哌卡因(mepivacaine)　麻醉作用、毒性与利多卡因相似,但维持时间较长(2 小时以上),有微弱的直接收缩血管的作用。在肝内代谢为主,以与葡萄糖醛酸结合的形式排入胆汁,肠道再吸收经肾脏排泄,仅 1%~6% 原形出现于尿液。它的 pKa 很接近于生理范围 pH,故注射后能离解出较大比率的不带电荷的脂溶性碱基,与利多卡因相比,其血内浓度要高 50%。母体血内水平高,势必迅速经胎盘向胎儿转移,胎儿 / 母体比率达 0.65~0.70,故不适用于产科麻醉。用于局部浸润、神经阻滞、硬膜外阻滞和脊髓麻醉。

7. 丙胺卡因(prilocaine)　结构也与利多卡因很相似,易于分解,故毒性较为少见。起效较快,约 10 分钟,时效 2.5~3 小时。可透过胎盘。代谢快,降解产物 α- 甲苯胺可使低铁血红蛋白氧化成高铁血红蛋白,临床表现为青紫、血氧饱和度下降及血红蛋白尿。适用于局部浸润麻醉和神经阻滞和硬膜外阻滞。按麻醉时效与阻滞效能比较,其 3% 溶液相当于 2% 利多卡因加肾上腺素,故 3% 溶液可用于对肾上腺素有禁忌的患者(如甲状腺功能亢进)。

(汪雪兰)

本章小结

　　本章药物包括作用于传入神经的药物和作用于传出神经的药物两大部分。

　　作用于传入神经的局部麻醉药,阻断神经细胞膜上的电压门控性 Na^+ 通道,在意识清醒下使局部痛觉消失,暂时解除疼痛,普遍应用于口腔科、五官科、妇科和一些外科小手术中。

　　作用于传出神经的药物分为:胆碱受体激动药和阻断药、抗胆碱酯酶药、胆碱酯酶复活药、肾上腺素受体激动药和阻断药。

　　胆碱受体激动药和抗胆碱酯酶药因为其作用类似 ACh,称为拟胆碱药。胆碱受体激动药作用缺乏器官选择性,对外分泌腺体、消化系统和心血管系统都有广泛影响,大部分已少用。M 受体激动药毛果芸香碱,具有缩瞳、降低眼内压的作用,主要用于治疗青光眼。易逆性抗胆碱酯酶药如新斯的明,可使 ACh 短暂堆积兴奋 M、N 受体,尤其是激动 Nm 受体引起骨骼肌收缩,主要用于重症肌无力、手术后胃肠道胀气和尿潴留等。有机磷酸酯类和神经毒气属难逆性抗胆碱酯酶药,中毒时产生 M 样、N 样和中枢神经系统等症状,可用胆碱酯酶复活药氯解磷定等解救失活的胆碱酯酶。

　　胆碱受体阻断药分为 M、N 受体阻断药。M 受体阻断药如阿托品,有加快心率、抑制腺体分泌、扩瞳和松弛平滑肌等作用,临床上用于心动过缓、全麻前给药、散瞳、缓解内脏绞痛、抗中毒性休克和解救有机磷酸酯类中毒等。针对阿托品作用广泛、副作用多,合成了高效的阿托品代用品,包括合成扩瞳药和合成解痉药。N_N 受体阻断药即神经节阻断药,作用广泛而复杂,故烟碱无临床实用价值。N_M 受体阻断药即骨骼肌松弛药,用于辅助全身麻醉或气管插管。唯一在临床使用的除极化型肌松药为琥珀胆碱,用于气管插管。在临床上使用较多的非除极化型肌松药如阿曲库铵等。

　　肾上腺素受体激动药分为 α、β 和 α、β 受体激动药。α 受体激动药如去甲肾上腺素,具有很强的血管收缩作用,可用于休克和上消化道出血。β 受体激动药如异丙肾上腺素,激动心脏 $β_1$、激动 $β_2$ 使骨骼肌血管和支气管舒张,主要用于心搏骤停、房室传导阻滞、支气管哮喘和休克。$β_1$ 受体激动药多巴酚丁胺,具有正性肌力作用而不增加心肌耗氧量,主要用于慢性心力衰竭。$β_2$ 受体激动药是目前临床应用较广、种类较多的支气管扩张药,尤其是吸入剂型已广泛用于支气管哮喘的急性发作治疗。α、β 受体激动药如肾上腺素,主要用于心搏骤停、过敏性休克、支气管哮喘和局部止血等。

　　肾上腺素受体阻断药分为 α 和 β 受体阻断药。α 受体阻断药如酚妥拉明,使血管舒张,

Note

血压下降,用于外周血管痉挛性疾病、休克、嗜铬细胞瘤和药物性高血压等。α_1 受体阻断药如哌唑嗪,降压作用显著,是治疗高血压的二线药。β 受体阻断药如普萘洛尔,能减慢心率、减少心肌收缩性从而降低心肌的氧耗以及降低心肌缺血患者的病死率,广泛用于高血压、心律失常、心绞痛和心肌梗死等治疗。β_1 受体阻断药如美托洛尔,不良反应比普萘洛尔显著降低,临床应用相似。兼有 α_1 和 β 受体阻断作用的拉贝洛尔用于高血压、心绞痛。

复习思考题

1. 毛果芸香碱对眼睛的作用有哪些? 作用机制是什么?

2. 阿托品的不良反应有哪些?

3. 比较山莨菪碱和东莨菪碱的异同点。

4. 为什么青霉素过敏性休克时,首选肾上腺素进行抢救?

5. 论述多巴胺的药理作用及其临床应用。

6. 酚妥拉明属何类药物? 为什么能用于治疗难治性急性心肌梗死及充血性心脏病所致的心力衰竭?

7. 为什么多巴酚丁胺能用于治疗慢性心力衰竭,而同为 β 受体激动药的肾上腺素和去甲肾上腺素则不能用?

8. 试述 β 受体阻断药的药理作用及其临床应用。

9. 简述利多卡因局麻的临床应用和不良反应。

参考文献

1. 杨宝峰. 药理学. 第 8 版. 北京:人民卫生出版社,2013 年.

2. 杨世杰. 药理学. 第 2 版. 北京:人民卫生出版社,2010 年.

中英文名词对照索引